花溪年鉴

HUAXI YEARBOOK 2018

贵阳市花溪区地方志编纂委员会办公室 编

（总第五期）

方志出版社
Publishing House of Local Records

图书在版编目(CIP)数据

花溪年鉴．2018 / 贵阳市花溪区地方志编纂委员会办公室 编．—北京：方志出版社，2018.11

ISBN 978-7-5144-3413-2

Ⅰ.①花… Ⅱ.①贵… Ⅲ.①区(城市)—贵阳—2018—年鉴 Ⅳ.①Z527.34

中国版本图书馆 CIP 数据核字(2018)第 261112 号

花溪年鉴(2018)

编　　者：贵阳市花溪区地方志编纂委员会办公室
责任编辑：高孟君

出 版 人：冀祥德
出 版 者：方 志 出 版 社
地址　北京市朝阳区潘家园东里 9 号(国家方志馆 4 层)
邮编　100021
网址　http://www.fzph.org
发　　行：方志出版社图书经销中心
电话(010)67110500
经　　销：各地新华书店
印　　刷：成都市标点制版印务有限责任公司

开　　本：889 × 1194　　1/16
印　　张：24.75
字　　数：610 千字
版　　次：2018 年 12 月第 1 版　　2018 年 12 月第 1 次印刷
印　　数：0001 ~ 1000 册

ISBN 978-7-5144-3413-2　　　　定价：268.00 元

编辑说明

一、《花溪年鉴》（2018 版）是记述花溪行政区域内自然、政治、经济、文化、社会等方面情况的年度资料性工具书。由花溪人民政府主办，花溪区地方志编纂委员会主持编纂，全区各部门、驻区单位、乡镇（社区）供稿，区地方志编纂委员会办公室编辑部编纂出版。

二、本年鉴以马列主义、毛泽东思想、邓小平理论、“三个代表”重要思想、科学发展观和习近平新时代中国特色社会主义思想为指导，旨在全面、系统、客观反应全区各行各业的基本情况和发展变化，为党政领导订计划、作决策提供可靠的参考依据，为社会各界人士、中外投资者了解花溪提供丰富详实的信息，为研究区情和续修《花溪区志》积累资料。

三、资料收录范围：时限为 2017 年 1 月 1 日至 12 月 31 日；地域为贵阳市花溪区，在本行政区划内不属区管，但对本区有直接影响的事物亦在记述之列；某些特殊、重要信息或必须交代的背景在时限上可适当放宽。

四、本年鉴除图片专辑外，设特载、大事记、区情概览、中共花溪区委员会、花溪区人民代表大会及其常务委员会、花溪区人民政府、政协花溪区委员会、民主党派·人民团体、法治、军事、城乡建设、城市管理、交通·邮政·电信、生态建设、农业、工业、旅游业、财政·税务·商务、金融、经济管理、教育、科技·社科、文化·新闻、卫生·体育、劳动与社会保障、社会生活、乡镇、社区、人物、附录、索引共 31 个类目，按类目、分目、条目 3 个层次编排。

五、所有收录资料均由部门（单位）指定专人撰写，经单位领导审阅签字盖章，具有可靠性和权威性。

六、本年鉴检索方法有目录和索引两种，目录在卷首，索引在卷尾。目录编排到条目；索引采用主题分析法编制，按标引词首字的汉语拼音顺序排列。

花溪一览

（2017 年）

土地面积 964.32 平方公里
平均海拔 1100 米
常住人口 66.71 万人
人口自然增长率 7.92‰
乡镇 9 个
社区 18 个
村（居）委会 174 个
常用耕地 33248.48 公顷
森林面积 59.17 万亩
森林覆盖率 48.4%
人均占有绿地 15.46 平方米
城市园林绿化率 49.21%
区花 桃花、玫瑰花
区树 青岩油杉、桂花树
年平均气温 15.9℃
年日照时数 1312.4 小时
年降水量 1111.7 毫米
水资源总量 4.184 亿立方米
大中型水库容量 10981.65 万立方米
水利设施供水能力每日 5 万立方米
城市饮用水达标率 100%
城镇污水处理率 96.5%
城乡生活垃圾无害化处理率 96%
环境空气优良率 93.8%

国家级历史文化名镇 1 个
国家级文保单位 2 个
省级文保单位 12 个
市级文保单位 15 个
旅游总人数 2928.63 万人（次）
旅游总收入 268.10 亿元
各类学校 265 所
小学在校生 51504 人
初中在校生 19505 人
高中在校生 12451 人
小学学龄儿童入学率 99.23%
公共体育场地 8 个
各级各类医疗卫生机构 309 所
卫生机构床位 0.35 万张
执业（助理）医师 1767 人
电视人口覆盖率 100%
固定电话用户 9.31 万户
移动电话用户 105.68 万户
互联网宽带用户 28.75 万户
铝土矿储量 209.99 万吨
煤矿储量 5172.94 万吨
粮食产量 45065 吨
油菜籽产量 3531 吨
社会消费品零售总额 262.88 亿元
花溪片区（不含经开区）金融机构人民币各项存款余额 524.47 亿元
花溪片区（不含经开区）金融机构人民币各项贷款余额 375.71 亿元

外贸进出口总额 6585 万美元
直接利用外资 25268 万美元
引进省外资金 281.88 亿元
农村居民人均可支配收入 14782 元
城镇居民人均可支配收入 31559 元
财政总收入 92.09 亿元
公共财政预算收入 41.88 亿元
公共财政预算支出 77.70 亿元
市场主体总量 21719 户
各类企业 7307 户
个体工商户 24768 户
全区注册资本 512438.4 万元
城镇登记失业率 3.1%
新增就业人数 20839 人
全区生产总值 602.28 亿元
人均生产总值 91313 元
专利申请 4510 件
专利授权 1592 件

时政要闻

◆ 9月9日，全国政协副主席罗富和（中）考察高坡乡旅游业 （高坡乡 供稿）

◆ 5月9日，省委常委、省委秘书长李再勇（前排左四）考察花溪政法办案协同系统应用试点工作 （区公安分局 供稿）

◆ 9月7日，中央纪委驻最高人民法院纪检组副组长吕广伦（左二）考察区法院法官审判权运行监督机制工作 （区法院 供稿）

◆ 7月5日，贵阳市政协主席王保建（左九）调研高坡乡“精准扶贫”扰绕村项目 （高坡乡 供稿）

6月30日，区委书记、花溪河长钟阳（前排右二）巡察花溪河

（区河长制办公室 供稿）

12月19日，区人民政府区长梅俊（前排左三）查看贵阳中电环保发电有限公司安全生产工作

（区政府办 供稿）

◆ 10月27日，中共贵阳市花溪区委十一届二次全体（扩大）会议暨经开区领导干部大会（杨小平　摄）

◆ 1月6日，花溪区第十七届人民代表大会第一次会议（杨小平　摄）

1月5日，政协花溪区第十届委员会第一次会议（杨小平　摄）

◆ 5月27日，贵阳花溪与硅谷湾区大数据+旅游（贵阳）创新中心”在花溪区溪云小镇剪彩运营（杨小平　摄）

◆ 3月3日，青岩镇获国家AAAAA级景区

（青岩镇　供稿）

◆ 6月28日，花溪区综合行政执法局成立

（城管局　供稿）

◆ 9月29日，花溪区首届富美乡村旅游文化节在高坡乡扰绕村启动

（区旅游局　供稿）

◆ 9月14日，花溪区欢送新兵大会

（区人武部　供稿）

◆ 9月12日，区志愿者参加花溪区全国文明城市巩固提升工作集中大整治行动誓师大会

（区直机关工委　供稿）

◆ 5月28日，领英联合创始人兼产品管理副总裁与领英中国副总裁于志伟等参加数博会座谈。

（孙操　摄）

◆ 9月15日，花溪合唱团参加贵州省合唱优秀作品展演活动

（文化馆　供稿）

◆ 3月5日，花溪阳光妈妈志愿者协会在花溪公园举办“不忘初心　撸起袖子加油干”大型公益演出活动

（区委政法委　供稿）

◆ 6月18日，中国汽车场地拉力锦标赛贵阳青岩站开赛

（孙操　摄）

-社会生活-

◆ 3月20日，花溪区开展2017年全民义务植树活动 （区生态局 供稿）

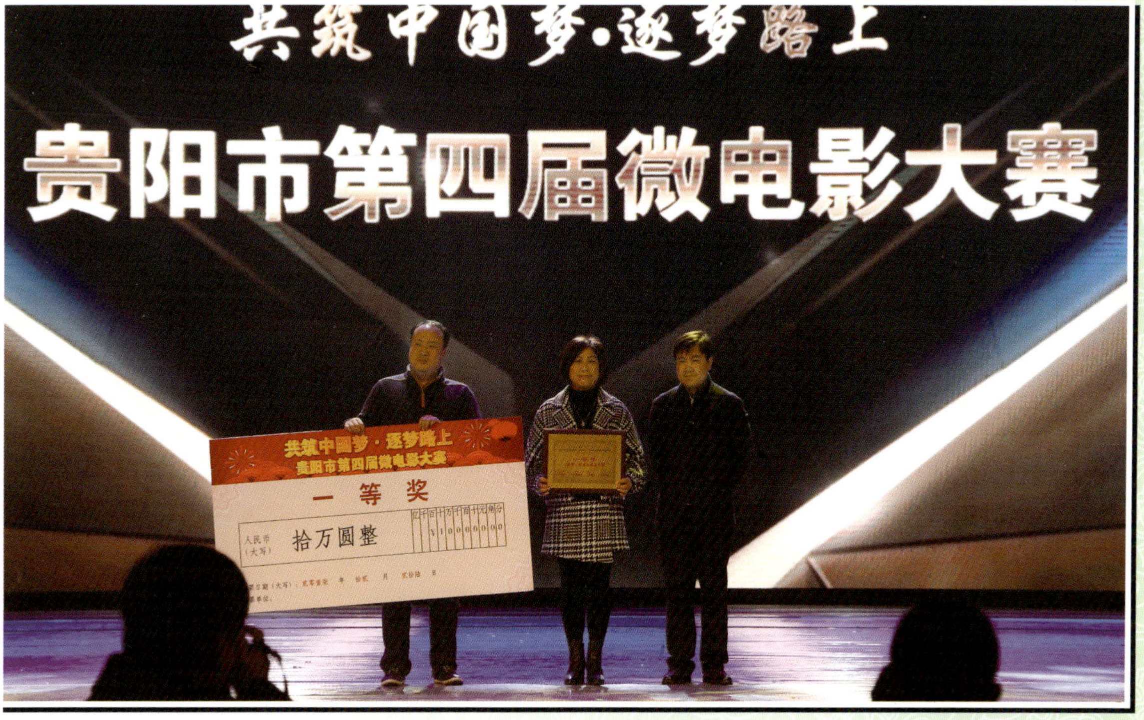

◆ 1月6日，花溪区微电影《中国货车》获追逐中国梦贵阳第三届微电影大赛一等奖
（区委宣传部 供稿）

◆ 1月24日，花溪贵州十和田集团党委到摆古村慰问
（区总商会　供稿）

◆ 3月18日，清华中学教职工调研花溪区全域旅游文化创新示范区建设
（清华中学　供稿）

◆ 11月2日，花溪区文联主办，花溪区书协、花溪区美协、花溪华文图书城承办的送书画艺术进校园活动在花溪品华学校开展
（区文联　供稿）

◆ 插入 249.jpg

◆ 青岩赶年活动
（区旅游局　供稿）

◆ 6 月 20 日，金竹社区开展应急救援演练活动
（金竹社区　供稿）

◆ 1 月 19 日，区法院召开农民工工资暨执行案款兑现大会
（区法院　供稿）

◆ 高坡乡苗家女收获红米
（高坡乡　供稿）

◆ 花溪区“12·4”国家宪法日宣传活动
（区司法局　供稿）

◆ 3月23日，花溪区世界气象日宣传活动
（区气象局　供稿）

◆ 9月28日，区妇联向未成年人宣传青少年家庭教育知识　（区妇联　供稿）

◆ 5月12日，花溪区举办国地税税收知识有奖问答活动　（区地税局　供稿）

◆ 3月30日，贵阳市群众文艺精品节目展演活动——花溪区文化馆群星舞蹈队《射背牌》（文化馆　供稿）

-民风民情-

◆ 3月3日，花溪区举办民族民间歌舞大联欢活动　　（杨小平　摄）

◆ 9月29日，黔陶乡布依歌会　　（黔陶乡　供稿）

◆ 9月23日，花溪区百姓健康舞大赛　　（区文化馆　供稿）

◆ 花孟社区举办布依族“六月六”活动　　（花孟社区　供稿）

◆ 4月30日，花溪区“诚信农商、大美高坡”苗族四月八风情节活动在高坡云顶草原举行

（高坡乡　供稿）

-5A 景区青岩古镇-

◆ 青岩古镇定广门　　（徐雁　摄）

◆ 青岩古镇西城门　　（李朝明　摄）

◆ 夜色青岩 （彭浩 摄）

◆ 青岩桥

◆ 特色小吃　　　　（乔啟明　摄）

◆ 街行
（刘满堂　摄）

◆ 古镇除夕
（金静　摄）

目　录

中共花溪区委员会

花溪区人民代表大会

花溪区人民政府

政协花溪区委员会

民主党派・人民团体

法　治

军　事

城乡建设

城市管理

交通·邮政·电信

生态建设

农　业

工 业

旅游业

财政·税务·商务

金　融

经济管理

教　育

科技·社科

文化·新闻

卫生·体育

劳动与社会保障

社会生活

乡　镇

社 区

人　物

附　录

索　引

特 载

扛起历史使命　强化责任担当 全力推进大生态战略花溪十大行动

中共花溪区委书记　钟　阳

党的十九大已经胜利闭幕，新一届中共中央政治局常委也于昨天上午集体亮相，并发出了“新时代要有新气象，更要有新作为”的政治宣言，让我们感受到了中国开启圆梦复兴的磅礴力量。

党的十九大是在全面建成小康社会决胜阶段、

中国特色社会主义进入新时代的关键时期召开的一次十分重要的大会。习近平总书记以“不忘初心，牢记使命，高举中国特色社会主义伟大旗帜，决胜全面建成小康社会，夺取新时代中国特色社会主义伟大胜利，为实现中华民族伟大复兴的中国梦不懈奋斗”为主题，代表第十八届中央委员会向大会作了报告，总结了党的十八大以来党和国家事业的历史性变革，作出了中国特色社会主义进入新时代、我国社会主要矛盾已经转化为人民日益增长的美好生活需要和不平衡不充分的发展之间的矛盾等重大政治论断，系统阐述了新时代中国特色社会主义思想，明确提出了新时代坚持和发展中国特色社会主义的基本方略，深刻回答了新时代坚持和发展中国特色社会主义的一系列重大理论和实践问题，对决胜全面建成小康社会、开启全面建设社会主义现代化国家新征程作出了全面部署。进一步为党和国家事业标定了历史方位、擘画了发展蓝图、指明了前进方向，是我们党团结带领全国各族人民在新时代坚持和发展中国特色社会主义的政治宣言和行动纲领，是党和国家发展史上的新起点、里程碑，是面向未来的宣言书、动员令。

会议期间，习近平总书记还参加了贵州代表团讨论，在充分肯定贵州五年来取得成绩的同时，再次叮嘱我们要守好发展和生态两条底线，创新发展思路，发挥后发优势，决战脱贫攻坚，决胜同步小康，续写新时代贵州发展新篇章，开创百姓富、生态美的多彩贵州新未来。当前和今后一段时期，我们要把学习宣传贯彻党的十九大精神和习近平总书记在参加贵州代表团讨论时重要讲话精神作为首要政治任务，迅速掀起学习宣传贯彻的高潮，始终坚持知行合一、学以致用，切实转化为推动发展的务实举措。今天的会议既是对党的十九大精神特别是关于生态文明建设决策部署的初步学习，也是对省委十一届七次全会、省第十二次党代会、市第十次党代会、市委十届二次全会等精神的认真落实。目的就是要让大家统一思想、凝聚共识，在党的十九大精神指引下，以更高标准、更实举措、更大力度、更强合力，为建设富强民主文明和谐美丽的社会主义强国作出我们的努力和贡献！

下面，我重点讲四个方面。

一、站在新的历史起点，要切实增强抓好生态文明建设的方向感、责任感、使命感

市委十届二次全会明确提出，高标准、高质量、高品质建成全国生态文明示范城市，是贵阳肩负的重大历史使命，要高一格快一步深一层推进大生态战略行动，继续在全省生态文明建设上“作表率、走前列、当先锋、做贡献”。再勇书记进一步指出，全力实施大生态战略贵阳行动，是讲政治的具体体现，是明大势的战略选择，是敢担当的民生情怀，让我们更加深刻地领会到实施大生态战略贵阳行动的重大意义和使命责任。会议明确的主要任务、提出的科学路径和描绘的美好蓝图、作出的庄严承诺与党的十九大关于生态文明建设的战略部署高度契合、一脉相承，充分体现了市委把握中央决策意图的远见卓识、审时度势的高瞻远瞩。

我们要从“一个统揽、五大体系”中准确把握大生态战略贵阳行动的核心要义。市委《实施意见》提出的“一个统揽”“五大体系”，构成了大生态战略贵阳行动的主要目标、基本骨架和重要脉络。“一个统揽”就是“以生态文明理念为统揽”，全面落实主体功能区定位、严格实行“多规合一”、加快推进海绵城市建设、建立现代城市和富美乡村协同共建机制、严守资源环境生态红线，优化全域一体的城乡空间布局的总要求。“五大体系”，即：加强生物多样性保护，构建“一河百山千园”自然生态体系；坚持生态产业化、产业生态化，构建绿色低碳高效生态经济体系；运用法治思维和法治方式，构建生态环境保护监督监管体系；强化宣传教育引导交流，构建公平共享生态文化体系；严格考核评价追责问责，构建生态文明责任制度体系。我们要深刻领会、精准把握好市委的决策意图和根本要求，不折不扣当好践行者、先行者。

我们要从“七幅美好蓝图”中准确把握“爽爽贵阳”的丰富内涵。全会报告从以建成高标准、高质量、高品质全国生态文明示范城市为总体目标，以坚持人民为中心的发展思想为价值取向，以“四个四共”为主导理念，以高一格快一步深一层为工作要求，以建成海绵城市为关键抓手，以建成“千园之城”为显著标志，以生物多样性为重要特征“七个方面”描绘了百姓富、生态美的爽爽贵阳新未来的美好蓝图。这七个方面是推进大生态战略贵阳行动、打造爽爽贵阳新未来的“时间表”和“路线图”，内涵丰富、任务艰巨、使命光荣。我们要切实找准“切入点”和“突破口”，确保美好蓝图如期实现。

我们要从“八个统筹”中准确把握大生态战略贵阳行动的科学路径。再勇书记强调，实施大生态战略贵阳行动，关键是找准工作的“切入点”和“突破口”。全会明确提出了统筹“三色建设”，实现百姓富、生态美的有机统一；统筹“三生空间”，构建宜居宜业宜游的绿色家园；统筹“三条红线”，实行最严格生态保护制度；统筹“三次产业”，推动经济绿色低碳高效发展；统筹“三大载体”，切实抓好全域生态建设；统筹“三大战役”，切实改善环境质量；统筹“三个环节”，实现自然资源市场化配置；统筹“三大主体”，提高各方共商共建共治共享生态文明的积极性。我们要以“八个统筹”为有效遵循，有的放矢推进生态文明建设。

我们要从“六大保障”中准确把握大生态战略贵阳行动的坚定决心。再勇书记要求，实施大生态战略贵阳行动，要向改革要动力、向开放要活力，通过完善各种保障措施，切实推进各项工作落到实处。全会立足推进生态文明建设的重要路径、关键环节，提出了实施大生态战略贵阳行动的六大保障措施，即：推进城乡“三变”改革、用好对外开放平台、强化要素投入支撑、完善法治保障体系、实行绿色发展考核、压紧压实主体责任，共同构成了实施大生态战略贵阳行动的动力源泉和保障措施，体现了市委推进大生态战略贵阳行动的坚定决心和坚强意志。我们要撸起袖子、甩开膀子，以实干实绩向市委和两区人民交上满意答卷。

二、准确把握全力推进大生态战略花溪十大行动的背景意义和战略部署

近年来，两区始终坚守发展和生态两条底线，坚持生态优先，绿色发展，始终聚焦产业准入、污染治理、执法监管等关键环节和重点领域，既把好“入口关”又打好“组合拳”，集中式饮用水源达标率、城镇污水处理率、环境空气质量优良率等重要生态指标始终保持省、市前列，花溪成为全市首个“国家生态示范区”，经开荣获全市首家“全国知名品牌示范区”。生态文明建设步伐从未停止，好声音不断传出。

同时，我们也清醒地看到两区生态文明建设中存在的薄弱环节：城乡发展不平衡、不充分，人居环境品质不高；水、土壤、农村环境综合整治等领域的环境问题依旧突出，“山水林田湖草”系统性修复保护有待加强；产业绿色化转型升级发展缓慢；良好的生态文化尚未普遍形成；落实环境保护“党政同责”“一岗双责”还有欠缺，生态文明建设的体制机制仍需进一步建立完善。在加快建设全域文化旅游创新区和以大数据骨干企业为导向的经济转型发展先行区新的历史起点上，如何更好地处理加快发展与保护生态环境的关系，成为我们必须响亮作答的重大课题。今天会议印发的《关于全力推进大生态战略花溪十大行动的实施意见》（以下简称《实施意见》），是以党的十九大精神为指引，对表中央、省、市指示精神，对照《国家生态文明试验区（贵州）实施方案》《中共贵州省委　贵州省人民政府关于推动绿色发展建设生态文明的意见》《中共贵阳市委关于大生态战略贵阳行动的实施意见》等文件精神，经过区委、工委党政班子成员多次集体讨论，广泛征求各方意见，集体审议形成。大家要精准领会、深刻把握，切实将思想认识和具体行动统一到区委、工委的决策部署上来。

（一）要准确把握全力推进大生态战略花溪十大行动的战略考量。主要基于三个方面：要站在旗帜鲜明讲政治的高度来认识。坚持人与自然和谐共生，是新时代中国特色社会主义思想和基本方略的重要内容。党的十八大以来，以习近平同志为核心的党中央将生态文明建设纳入“五位一体”总体布局，作出了“生态优先、绿色发展”“百姓富、生态美有机统一”等一系列安排部署。省委牢记习近平总书记对贵州生态环境保护的殷殷嘱托，将“大生态”作为全省三大战略行动之一。市委以高度的政治自觉和强烈的责任担当，吹响了全力实施大生态战略贵阳行动的冲锋号。我们要向中央看齐，向省委、市委对标，确保中央、省委、市委决策部署落地生根、开花结果。要站在对人民高度负责的立场来认识。从“盼温饱”到“盼环保”，从“求生存”到“求生态”，生态环境问题已成为当下群众最关心的问题。尤其对64万花溪、经开群众来讲，他们生于斯、长于斯，对传承好、治理好、保护好生态环境的期盼比其他任何人都更为期待、更加迫切。大家必须时刻牢记为人民谋幸福这个初心不变，下大力气解决好群众身边的生态环境问题，让水变得更加干净，食品变得更加健康，空气变得更加清新，环境变得更加美丽，不断满足两区人民群众对美好生活、美好环境的需要和向往。要站在抢抓好发展机遇的角度来认识。近年来，国家大力实施绿色发展战略，出台《关于加快推进生态文明建设的意见》《生态文明体制改革总体方案》等系列政策文件，支持产业生态化、生态产业化的红利加快释放；省委省政府全力推进国家生态文明试验区建设，得到了中央在政策、试点、项目等方面强有力的支持，生态文明成为贵州大地的主旋律；市委推进大生态战略贵阳行动的《实施意见》为我们提供了最直接的保障。花溪是省、市的“会客厅”和生态文明的重要“窗口”，经开是全省第一个获批建设的综合类国家生态工业示范园区，我们有责任、有基础、有条件用足用好用活这些政策，千方百计捕捉宝贵机遇，抢占发展先机，为转型升级绿色发展开足马力。

（二）要准确把握全力推进大生态战略花溪十大行动的工作目标。到2020年，实现“三率先三创建三争当”：率先建成国家全域旅游示范区、国家级旅游度假区、国家级生态工业示范园区；创建国家生态文明建设示范区、国家生态旅游示范区、国家级智能制造示范区；争当以生态为特色的世界旅游名城核心区、城乡“三变”改革创新区和生态文明宣传教育示范区。全区环境质量进一步提升，森林覆盖率达到60%以上，建成区绿化覆盖率达到47%以上，城市空气质量优良天数比例达到95%以上，PM2.5年均浓度稳定控制在35微克/立方米以内，区域内江河湖泊水功能区水质达标率达到86%。形成生产生活生态空间更加优化、“大花园、大溪流”特色更加凸显、绿色经济产业发展更加高效、生态文化社会氛围更加浓厚、生态文明体制机制更加健全的人与自然和谐发展现代化建设新格局，努力走出一条百姓富、生态美有机统一的绿色发展新路。

（三）要准确把握全力推进大生态战略花溪十大行动的内涵特征。主要从八个方面去把握：要深刻把握“新”这个大势。《实施意见》融入了党的十九大和习近平总书记关于生态文明建设的新理念、新思想、新战略。我们要以满足人民日益增长的美好生产生活生态环境需要为根本出发点，保持坚强的政治定力、战略定力、路径定力，自觉肩负起新时代中国特色社会主义的历史使命。要深刻把握“实”这个基础。《实施意见》以数字化、项目化、责任化绘就了两区今后三年生态文明建设的“时间表”和“路线图”，内容具体、任务具体、目标具体，体现了区委、工委一贯的务实作风。我们要进一步增强思想自觉和行动自觉，用心用情用力做好“证明题”。要深刻把握“全”

这个重心。我们立足长远和整体，提出了全区域规划融合发展、全方位呵护生态系统、全产业加快转型升级、全路网优化旅游公路、全境式推进休闲度假、全维度厚植生态文化、全流程强化执法监管、全要素提升人居环境、全社会推动公平共享、全链条压实工作责任，就是要把功在当代、利在千秋的生态文明事业一步一步走好，把人民对美好生活向往的奋斗目标一个个实现好，大家要深刻把握区委区政府、工委管委提出十大行动的良苦用心，不折不扣地将各项目标任务落细落小落实落地。要深刻把握“补”这个要害。木桶能装多少水，取决于最短的板。《实施意见》坚持问题导向，对应“全”的要素，致力补齐城乡融合、自然生态、交通路网、绿色产业、生态文化、人居环境、责任落实等短板。我们要锁定目标任务，大胆改革创新，找准载体抓手，强化“昼无为、夜难寐”的责任感，集中力量逐一攻坚制约生态文明建设的关键性瓶颈，千方百计把最硬的“骨头”啃下来。要深刻把握“高”这个标准。高一格快一步深一层推进大生态战略贵阳行动是市委的明确要求，也是《实施意见》的一条主线。我们要自加压力，确保生态指标考核在18个城区方阵中保持上游，积极探索一批可复制、可推广的生态文明建设经验，建成全省生态环境最好的区域之一，在贵州建设国家生态文明试验区、贵阳建设全国生态文明示范城市中勇担当、作贡献。要深刻把握“美”这个关键。花溪的寓意为“花开四季、碧水长流”，饱含神韵、令人向往，凝结了很多市民、学子、游客最美好、最难忘的记忆。我们要全速发力，将《实施意见》绘就的“城乡美、和谐美、发展美、景观美、特色美、人文美、环境美、品质美、创新美、活力美”的美好蓝图一一实现。要深刻把握“共”这个理念。《实施意见》聚焦提供更多优质生态产品，坚持共商共建共治共享理念，携手打造生态文明建设利益共同体和命运共同体。我们要不断强化生态文明“四共”的机制创新、制度供给和模式探索，形成政府为主导、企业为主体、社会组织和公众共同参与的生态环境保护治理体系。要深刻把握“变”这个核心。《实施意见》贯穿向改革要活力、向创新要动力的内在逻辑，着力推进发展理念、发展方式、发展动力的创新升级、转型升级，最大限度地叠加释放生态价值、经济价值、社会价值、旅游价值。我们要积极探索城乡“三变”等改革创新路径，推动生态要素向生产要素、生态财富向经济财富、生态优势向发展优势转变，让绿水青山变成源源不断的金山银山。

三、全力推进大生态战略花溪十大行动的主攻重点

对美好生活的向往和建设美丽中国已经成为全党和全社会的共识，成为了各界共同奋斗的目标。党的十九大报告提出实现第二个百年奋斗目标的两个阶段安排，无论是美好生活还是美丽中国，都包括了对美好生态环境的考量。结合《实施意见》，我重点对文件的核心精神进行解读。

第一，全区域规划融合发展，让花溪更显城乡美。之所以强调全区域规划融合发展，是基于当前我国社会的主要矛盾已转化为“人民日益增长的美好生活需要和不平衡不充分的发展之间的矛盾”。而解决这一矛盾的关键就是推动城乡融合发展，切入点就是做好城乡融合发展规划。一是优化城乡融合发展的顶层设计。由第三方公布的县级政府行政服务群众满意度及经济发展群众满意度调查结果显示，花溪区全域城乡统筹发展不均衡，城镇空间布局不合理，城乡基础设施配套不完善，在公共交通、医疗卫生、文化教育方面城乡差距较为突出，多项结果满意度低于省、市平均水平。因此我们编制的《城乡融合发展战略规划》一定要严格以生态文明理念为统领，以人为核心，注重空间发展、产业发展、基础设施、公共配套服务、生态保护等方面的融合，加快各生产要素和资源在城乡之间、区域之间的双向流动和优化重组，实现自然生态、经济生态、社会生态、文化生态的高度统一和协调。二是完善城乡融合发展的功能布局。《实施意见》提出要编制城乡融合发展各专项规划，全域一体不断优化城乡空间发展格局和综合管控功能。规划编制中必须充分考量两区自然资源、生态承载能力、发展空间，在充分尊重和认识两区自然山水、城市风貌、乡村林田、人文风情、历史积淀背景下，优化现代都市、特色小镇、富美乡村城乡空间。以花溪的青山绿水为城市基底，通过山脉、河流、通风走廊等自然分隔，使老百姓“住在富美乡村、行走在特色小镇、工作在现代都市”不再是梦想。三是探索城乡融合发展的体制机制。规划的落地要把握好编制、审定和执行等关键环节。这次我们提出成立城乡融合发展规划管理委员会，就是要从规划的诞生到落地全流程监管好。《实施意见》提出实行“多规合一”，是基于常年管理部门不同、规划理念不同、编制依据不同、审批机关不同、编制审批脱节等导致各项规划各自为阵、互相冲突、互为前置，限制了经济社会发展，影响了生态文明建设有序推进的背景下提出的。在“多规融合”过程中，要回答好“一张蓝图干什么”，就是要抓好城乡融合发展的顶层设计，实现城市规划、土地规划、生态规划（林规）与道路交通、产业发展、市政基础设施、公共服务配套等专项规划无缝衔接、全覆盖。要回答好“一张蓝图谁来干”，就是要探索建立由区委区政府、工委管委牵头，省内外各领域专家、市民代表、区各相关职能部门组成的城乡融合发展规划管理委员会，通过建立事前会商、事中监督、事后审查机制，保证规划的科学性、合理性和严肃性，实现“一本规划、一张蓝图、一个平台、一套机制”，提升政府空间管控能力和效益。要回答好“一张蓝图干得怎么样”，更加突出批后管理，对违反规划、破坏生态环境及综合验收不合格的项目第一时间惩戒，严厉追责问责，确保规划能刚性执行。

第二，全方位呵护生态系统，让花溪更显和谐美。习近平总书记指出，生态环境保护是我国持续发展最为重要的基础，关系人民福祉、关乎民族未来。我们要以对人民群众、对子孙后代高度负责的态度和责任，真正下决心把生态系统呵护好。一方面，加强“山水林田湖草”的生态保护和修复，实现人与自然和谐共生。人与“山水林田湖草”共同构成了生命共同体，因此对其进行系统保护、系统修复，就要打通彼此间的“关节”与“经脉”。要全面摸清两区生态系统建设中存在的突出问题、主要矛盾和重点区域，高起点、高质量编制生态保护修复规划，优化工作思路，找准主攻重点。要充分整合资金政策，强化部门分工合作，加快十里河滩湿地公园、花溪水库、阿哈水库、孟关林场、云顶草场等重点区域的整体保护、系统修复、综合治理。以十里河滩湿地公园、阿哈湖湿地公园为重点，建立健全湿地生态系统保护、恢复与补偿制度；进一步优化花溪水库、阿哈水库等湖库生态补水调节功能，让自然生态系统持续稳定和功能持续提升。生物多样性是衡量一个城市生态文明水平和可持续发展的重要标志，市委将其摆在了前所未有的高度。要突出物种多样性、基因（遗传）多样性和生态系统多样性三大重点，2018 年，全面启动生物多样性综合调查，建立花溪物种本底资源数据库，为党委政府决策和制定保护措施、纵深拓展科研、对外宣传教育创造条件。要建立生物多样性监测、预警体系及跨区域联动机制，严防外来有害物种入侵；要加强对自然保护区、风景名胜区、古茶树等重点区域和物种的保护，探索构建生物多样性保护网络，确保连通性和完整性，带动生态空间整体修复。另一方面，突出“大花园、大溪流”特色，构建“全域为园、全城为景”的公园城市形态。丰富多样的生态系统不仅能极大凸显“花”和“溪”的特色，提供更多的生态产品和生态服务，还能让老百姓在享受的同时，更加呵护、维系、平衡城市的生态系统。要加快编制《“大花园、大溪流”概念规划》，将文化体育、文化创意、旅游观光等要素充分融入，构建多层次立体化的生态系统，让更多老百姓共建共有共享。总体布局上，要突出“山水为核、花木为媒”，将公园均布在城市各功能组团内，通过城市绿廊有机串联山水、公园绿道、公共空间，与“四园、六通道、七走廊”大花园和“花溪河、青岩河、马铃河、赵司河”四大水系景观交相呼应，形成“全域为园、全城为景，四季有花、花韵不同，山水环绕、水绕溪城”的生态城市系统。建设过程中，要选好花和树的品种，丰富花和溪的表现手段，更加注重乔木、灌木、草本植被、水生态植物的全系统、立体式的整体设计，实现处处协调平衡精致，构建最佳的环境体系。时序把握上，尽快启动花溪湖公园建设，2018 年，务必把黄金大道景观公园、数安公园、大屯山竹文化公园等市级示范公园建成高品质、高水平、高标准的城市公共客厅，建成一批老百姓身边的山体公园、社区公园、乡镇公园、村落公园。确保 2020 年人均公园绿地面积达到 13.5 平方米，成为名副其实的“百园之区”。增绿覆绿上，紧盯 2020 年森林覆盖率达到 60% 以上的目标，深入实施绿色花溪行动计划，大力种植经济效益高、旅游价值高的茶树、果树、中药材等树种，努力实现绿满花溪。

第三，全产业加快转型升级，让花溪更显发展美。要始终坚持产业生态化和生态产业化协同并进，发展绿色低碳循环经济，做大做强做优绿色实体经济，着力构建绿色产业体系。一是以“四个价值最大化”为目标推动农业产业结构调整。作为全域文化旅游创新区，农业结构和农业产品必须围绕旅游产业调优、调绿。要大力完善都市休闲农业产业体系，调优粮经种植结构，大力发展经济林、经果林、特色经济作物和特色粮食作物，确保 2018 年完成调减传统低效玉米种植 3.4 万亩，2020 年建成 10 万亩生态茶园、10 万亩精品水果基地。要进一步拓展农业多功能性，打造一批生态田园综合体、富美乡村旅游示范点。要大力完善都市休闲农业生产体系，加快推进绿色农产品“泉涌”工程，完善农业“产加销”全产业链条，加快建设一批优质绿色农产品生产基地，创建一批无公害农产品、绿色食品、有机食品和地理标志保护产品，构建服务城市、服务旅游的生态农产品供给体系。要加快构建现代农业经营体系，大力发展多种形式的规模适度经营，积极培育新型农业经营主体，引导和支持种养大户、家庭农场、农民合作社、龙头企业等发展壮大，使其逐步成为发展现代农业的主导力量。二是坚持“绿色、低碳、循环”三大重点加快工业转型升级。党的十九大报告指出，要加快建立绿色生产和消费的法律制度和政策导向，建立健全绿色低碳循环发展的经济体系。大力发展绿色制造。要按照“生态利用型、循环高效型、低碳清洁型、环境治理型四型产业增加值占地区生产总值的比重超过 50%”的要求，加大技改投入，加大对新型环保企业的扶持力度，鼓励企业使用绿色低碳能源和加大对先进适用的低碳新技术、新工艺、新设备和新材料的推广应用，淘汰落后设备工艺，从源头减少污染物产生。推进大数据与实体经济的深度融合，加快航天电器、贵阳海信、同济堂等工信部智能制造试点建设，推动辖区企业智能化改造，打造一批“绿色制造”品牌。大力发展数字经济。经开片区要将大数据安全和数字物流的先行优势转变为发展优势，以国家级大数据安全靶场建设为重点，加快大数据安全示范区建设，尤其要筹备好今年的“大数据与网络安全攻防演练活动”，使其成为大数据安全产业的一张响亮名片；充分发挥货车帮和传化物流的龙头带动作用，加快推进货车帮总部基地、传化公路港项目二期仓储中心和商业中心建设，构建“物流 + 互联网 + 金融”的全新生态模式，打造涵盖多功能的全国数字物流产业基地。花溪片区要立足现有产业基础、空间规划和发展分工，联动高校资源，加快数字经济示范小镇建设，培育绿色经济新的增长点。大力建设绿色产业园区。结合小孟工业园区创建国家级生态工业示范园区，高标准、高规格完善园区功能配套，促进企业、园区、行业、区域间链接共生和协同利用，确保园区绿色化、循环化改造率达100%。加快孟关、石板、燕楼、麦坪等园区建设，重点引进一批高端装备制造、新医药大健康、大数据、节能环保等生态、绿色、高新企业，逐步提升低碳绿色循环产业占比。三是突出“六度”品牌打造以生态旅游为龙头的现代服务业。“爽爽的贵阳”整体特征概括起来就是“六度”（纬度、高度、温度、湿度、浓度、风度）。花溪作为贵阳市的后花园，“六度”品牌优势更为明显。要进一步深挖北纬26度的清凉之都、海拔1200米的风水宝地、年平均气温15度的养生之地、雨热同期的清爽之地、“一高两低”的宜居之城（一高是负氧离子高，两低是PM2.5低和紫外线辐射低）、风清云淡的温柔之乡（风速在3.0米/秒以下）六大核心价值，为打造核心旅游产品奠定基础。要全力打造集旅游、休闲、度假、养生、康体、游学为一体的生态旅游产业链，培育一批山地型、森林型、草原型、湿地型、体旅型休闲生态旅游区，不断丰富品牌产品。加快推进以青岩、天河潭周边为重点的特色优势健康休闲养生集聚区建设。全力推动碧桂园、融创、美的等一批生态旅游房地产项目，全面提升避暑度假产业服务水平。大力发展文化、商贸、物流等生态型现代服务业，加快推进石板地利物流园、孟关汽贸城、小孟工业园、青岩古镇四个省级服务业集聚区建设，全面提升现代服务业的竞争力。到2020年，服务业增加值占GDP比重达40%左右。

第四，全路网优化旅游公路，让花溪更显景观美。谋划旅游交通路网，关键是促进产城园景深度融合，真正让市民和游客置身于山水田园的诗意画卷，流连于处处可游的缤纷美景，感受到“快旅慢游”的舒心惬意。一是立足特色景观，优化绿色旅游公路环线。我们要以最优线型、最美景观、最佳效益精心打造市级绿色旅游公路环线，确保2018年底全面完成花溪段的建设任务，并以市级旅游公路环线为依托，优化全域路网结构，做好麦坪—久安、天河潭、燕楼—马铃、青岩古镇、高坡五条区级旅游环线与市级旅游环线的互通和衔接，合理布局环线及周边生态产业，加快建成沿线18个景区、10个特色小镇、15个田园综合体、21个富美乡村，最大限度提高旅游环线的生态价值、经济价值、社会价值、旅游价值，真正把市、区旅游环线打造成生态路、景观路、致富路。二是立足集散功能，加快建设骨干路网。旅游环线与骨干路网互联互通是其作用发挥最大化的关键节点。要尽快完善市、区绿色旅游公路环线周边骨干路网，实现旅游环线与周边主次干道的互联互通，积极争取火车站、汽车站、飞机场等重要节点至花溪各景区景点的道路规划建设和景观升级改造，不断提升花溪作为全省旅游目的地和集散地的承载能力。2017年，重点打通花桐路、花石路、孟溪路、花溪互通、贵惠大道（青岩至惠水段），2020年确保实现甲秀南路、花溪大道、环城高速等旅游环线周边骨干路网的互联互通。高起点规划省委至花溪的快速通道，优化路线选择，高品质打造沿线景观。要充分发挥好空铁视野开阔的优势，充分结合空中、山上、水上，全力推动天河潭—花溪—青岩市域空铁旅游示范线建设。三是立足“最后一公里”，加快建设“组组通”公路。“组组通”公路三年大决战是全省脱贫攻坚秋季攻势“三大战役”之一，我们要依托市、区两级绿色旅游公路环线，构建便捷、通畅、高效、安全的交通路网，整合一切资金、资源快速推进“组组通”工程建设；在新建85.7公里通组路的基础上，全面启动555.18公里通组公路改造提升，确保到2019年实现100%的村民组通硬化路，以路网全覆盖带动边远村寨发展乡村旅游，让每一条路都在全面同步小康中发挥最大效益。

第五，全境式推进休闲度假，让花溪更显特色美。从花溪的资源禀赋、区位条件来看，休闲度假旅游是我们的优势和主攻方向。从2016年携程旅游数据显示，家庭亲子出行比例达到30%～

40%，在寒暑假期间亲子出行的比例更高，为平日的1.5倍。以“三大创建”为抓手，把花溪打造成为以家庭为主体的休闲度假旅游目的地。一是增强吸引力，打造家庭休闲度假核心产品。要统筹城乡全域一体布局，突出世界级旅游产品高端定位，加快建设青岩国际特色旅游小镇、天河潭国家级生态旅游度假区、十里河滩国家城市湿地公园带、恒大童世界主题乐园和高坡暮曙暗夜公园暨国际山地运动基地，打造全域旅游发展核；围绕五条区级旅游环线周边合理布局田园综合体、富美乡村、农旅产业带，开发红岩峡谷、花溪湖等“十大景区景点”，提高溪南十锦、天河四寨、久安茶旅文化示范区等乡村旅游项目核心吸引力，形成旅游集中展示区。要全面构建集自然观光、田园农场体验、观光型主题公园、博物科普、教育培训、户外运动、游乐型主题公园等丰富业态组成的休闲度假旅游体系，成为全国户外运动、山地运动、水上运动、生态康养的大本营。二是着眼高品质，构建家庭休闲度假配套体系。要大力构建“快旅慢游”交通体系，加快建成青岩省级旅游集散中心，建成十里河滩北广场至青岩古镇游憩商业区（RBD）。要引进全球知名旅游企业打造大型家庭休闲度假村，尽快建成近30公里的绿道慢行系统示范段，加快形成集旅游服务功能、家庭休闲度假、旅游集散功能为一体的旅游集散综合体。要超前规划布局景区生态停车场，加快完善自驾服务体系建设，满足不同方式出行家庭的个性化需求。要全力破解游客住不下的突出问题，全面清理整合闲置和可开发土地资源，引进希尔顿、洲际、万豪等国际一流度假酒店品牌，打造主题鲜明、特色突出的精品度假酒店、休闲公寓等酒店，满足不同休闲度假游客需求，力争到2020年，旅游接待床位达到2万张以上。三是提升参与度，打造家庭休闲度假体验活动。冬季产品不足是全市也是花溪区旅游业发展的短板。要加强冬季体验产品的研究，围绕市场消费需求，不断丰富“春赏花、夏避暑、秋运动、冬养生”的四季旅游体验；要围绕延长游客停留时间，打造“清晨练、上午游、下午养、晚上乐”四时旅游体验产品。要下大力气补齐文化休闲和城市休闲度假短板，按照“打造城市客厅、城市名片”的要求，全力谋划文化休闲和城市休闲度假体验产品。要更加突出群众参与性、互动性创新，策划包装好“花溪之夏”、苗族“四月八”国际民族风情节、布依族“六月六”等民族节庆活动，让游客“零距离”体验到休闲度假的健康生活方式和少数民族独特、丰富的民俗文化。要聚焦高端人才、双创人才，积极争取举办全国大学生旅游节、音乐节、高原露营观星节、旅游达人采风大会等一批旅游主题活动及以亲子、培训、体验为目的的家庭休闲度假活动，增强娱乐体验、教育体验和审美体验的吸引力。

第六，全维度厚植生态文化，让花溪更显人文美。和谐的生态文化是生态文明的重要标志和靓丽名片，要将生态价值观、生态道德观、生态发展观、生态消费观、生态政绩观等生态文明核心理念纳入社会主义核心价值观，转化为人民的自觉行动和时尚追求。一是着力培育更多的自然生态“明白人”。全方位、多领域、常态化推进生态文化宣传教育，唱响“天人合一·知行合一”主旋律。在内容上，紧扣人与自然是一个生命共同体这一主题，让公众充分了解“山水林田湖草”“花鸟鱼虫”等生态系统的常识、功能和价值，增强市民生态伦理、生态道德和生态价值观念；在范围上，推进绿色理念进单位、进学校、进企业、进乡镇、进社区、进村居，强化全域覆盖；在载体上，用好孔学堂等文化传播阵地，新建十里河滩生态文化教育基地，支持贵阳中电环保发电厂等企业建设环保生态科普基地，更大程度发挥教化作用；在方式上，用好网络新媒体、主题活动日等平台，通过微视频、文艺节目、体验项目等群众喜闻乐见的形式，大力挖掘、宣传全国十大“江河卫士”雷月琴等典型人物的生态文明故事。确保到2020年，生态文明教育普及率提高到

85%，公众对生态文明知识的知晓度超过 90%，推动尊重自然、顺应自然、保护自然的生态理念在两区深深扎根。二是着力发动更多的绿色环保“践行者”。广泛发动社会力量，充分整合各方资源，共同建好生态文化数据库。大力推广节能节水节材环保产品，逐步普及绿色公交，弘扬文明简约的社会风尚。机关企事业单位和领导干部要带头厉行节俭、绿色办公；督促企业自觉履行环保主体职责和社会责任，形成绿色发展的企业文化；鼓励社团通过购买服务、志愿活动等方式，组织开展以绿色低碳为主题的公益宣传展示、专题讲座、实地考察等群众参与和互动性强的活动；引导市民积极开展志愿服务和绿化美化活动，为廊道、小区、院坝、阳台等“穿衣点黛”，向随地乱扔垃圾、水源保护区违规垂钓等不良行为说“不”，创建一批国家级、省级生态示范乡（镇、社区）、村（居）、企业。激发和尊重群众首创精神，依托“画版”“领英”等平台，着力打造文化、生态和科技深度融合的生态文化产品，打造生态文化产业，让全民生态意识内化于心、外化于行，蔚然成风。三是着力打造更多的生态文化“样板点”。加大生态文化传承创新，充分挖掘自然遗产、森林、茶、湿地、民俗等文化资源，加大青岩龙井、高坡扰绕、石板镇山等民族村寨、传统村落的传承和保护，建设高坡云顶非物质文化遗产展示中心和青岩龙井布依族文化交流中心，支持“花溪苗绣”“孟关猴鼓舞”“青岩玫瑰糖”等特色非物质文化遗产项目创新发展，创建没有围墙的生态文化博物馆。依托“中国青岩·古镇峰会”等高端平台，举办有影响力的生态文化研讨交流、生态文化创意产品博览等活动，促进交流互鉴。将生态文化元素有效融入基础设施、公共建筑等建设，因地制宜高品质推出一批具有生态科普功能的生态旅游带、森林公园、湿地公园、健身步道，打造更多展示两区生态文明建设成果的窗口。

第七，全流程强化执法监管，让花溪更显环境美。之所以要突出生态环境监管，一方面是党的十九大报告要求要改革生态环境监管体制，实现“三个统一”；另一方面，主要是因为两区正处于大建设、大开发时期，一旦监管不到位，将对生态环境本就脆弱的喀斯特地貌带来不可修复的破坏。《实施意见》明确了提高监管制度化、信息化、法治化水平三个主攻方向，在具体推进中要重点把握好三个方面：一是要通过监管制度化解决“管不到”的问题。所谓管不到，主要是指部门间按照资源属性进行分别管理，导致自然资源和生态保护职能分散，与生态系统的完整性有所冲突，出现归属不清、权责不明、监管缺位等问题。要紧跟中央、省、市步伐，有序推进自然资源资产管理体制改革，强化统一行使全民所有自然资源资产所有者职责、国土空间用途管制和生态保护修复职责、监管城乡各类污染排放和行政执法职责，推进自然资源资产所有者与管理者分开、开发与保护分离。现阶段，要加快建立生态、国土、农业、水务、林业等部门组成的生态监管联席会议机制，强化对“山水林田湖草”的系统管护，划定生态保护、永久基本农田、城镇开发边界“三条红线”，科学评估环境承载能力，合理控制开发规模和强度，改变过去“重开发、轻保护”的局面。二是要通过监管信息化解决“管不住”的问题。所谓管不住，主要是指单靠执法人员巡查等传统监管方式，出现的发现慢、处理慢等问题。要对照 2019 年完成生态环境大数据监测监控中心和城市管理块数据中心建设的时间节点，强化生态环境保护大数据应用，发挥两区在大数据方面的先行先发优势，以重点区域监控探头全覆盖、核心数据采集更新全天候、数据自动分析运用全流程为原则，加快建立涵盖“互联网 + 大数据管理、分析、信息公开、应急管理”等模块且数据互通共享的智慧生态环境管理平台，通过无人机、物联网和调查统计等技术的综合应用，实现对空气质量、河流水质、土壤环境、工业固废等的监控、分析、预警和调控，打通环境问题快知快处的快速通道，让污染源无处遁形，助推环境治理体系和治理能力现代化。三是要通过监管法治化解决“管不好”的问题。所谓管不好，主要是指对环保法律法规执行不严格、不到位的问题。要坚持有法必依、执法必严、违法必究，以新《中华人民共和国环境保护法》为准绳，聚焦事前、事中、事后“三大环节”，严把环境影响评价、“三同时”、排污收费、排放污染物总量控制等关口。综合运用行政、司法等手段，加大环境网格化、制度化、常态化执法力度，强化“督政”与“督企”同步抓，层层压实环保主体责任，扎实开展“六个一律”环保“利剑”行动，对环境违法违纪行为做到“冒头就打”。同时，鼓励律师机构、社会组织加强对环境问题的法律援助，将生态保护纳入村规民约，构建全社会学《中华人民共和国环境保护法》、守《中华人民共和国环境保护法》、用《中华人民共和国环境保护法》的良好氛围。

第八，全要素提升人居环境，让花溪更显品质美。最能让老百姓切身体会到的生态文明建设成果，就是生态宜居的绿色家园。要让居民望得见山、看得见水、记得住乡愁，努力建成整洁有序、环境优美、文明和谐、宜居宜业宜游的生态新城。一是全力推进“双改、双建、双升”，建设绿色家园。要加快旧城区和城中村改造，建设特色小镇和富美乡村，全面提升城乡基础设施和公共服务配套水平。在“双改”中，实施城区“绿化、美化、亮化”工程，彰显建筑风格和文化品位，加快城区改造提升，2020年完成所有棚户区改造任务。在“双建”中，要把绿色作为小镇建设的底色，高标准打造以童世界、足球小镇、健康小镇、溪云小镇、温泉小镇为重点的绿色小镇。经营好乡村的旅游、村舍、生态等资源，全面提升乡村生产效益、生活品质、生态价值，因地制宜发展田园综合体。用三年的努力，完成21个富美乡村建设。在“双升”中，要全面提升城市绿化率，加快以供水、供电、停车场、排污、给水为重点的基础设施建设；推进海绵城市建设，基本实现城市建成区20%以上的面积就地消纳和利用70%的降雨；优化医疗、教育等城市综合配套，提升城市宜居水平。二是全力推动“治水、治气、治土、治固废”，守护绿色家园。党的十九大报告指出，要加大对“水、气、土、固废”的整治力度。我们要以保障人居环境安全为出发点，聚焦中央环保督察反馈突出问题。集中精力抓水污染防治，严格落实“河长制”，加快南明河花溪段、陈亮河、麻堤河等综合治理，确保今年除臭、明年变清，水质稳定达到功能水体标准。加快乡镇污水处理厂建设，完善污水配套管网，实现雨污分流，污水应收尽收。确保2020年地表水水质优良率稳定持续在100%，县级以上水源地水质达标率100%；集中精力抓大气污染防治，紧盯环境空气质量排名稳定在全市前列目标，狠抓能源结构优化，科学划定主城区“禁煤区”，大力推行循环经济和清洁生产，加快新能源、清洁能源车辆的推广应用。加强施工工地扬尘防治，严禁露天焚烧。要集中精力抓土壤污染防治，启动土壤污染详查，重点加强重金属污染治理和农业面源污染治理，减少化肥、农药、农膜等使用量，确保2020年全区总体保持土壤环境质量稳定；集中精力加强固体废弃物污染防治及处置，统筹城乡建设固体废物环境卫生设施、危险废物集中处置设施、场所以及其他环境保护公共设施，确保2019年完成浪风关非正规垃圾场垃圾治理。三是全力解决城乡“脏乱差”、交通拥堵、违法建筑突出问题，管好绿色家园。省委要求，2020年，贵阳市要实现生活垃圾全收集、全处理。理顺环境卫生管理体制，建立健全城市环境卫生管理和监察网络，积极推进“大环卫一体化”改革，深入推进城乡生活垃圾“扫收转运处”一体化，2020年力争城区范围内实施生活垃圾分类管理，农村生活垃圾基本形成减量化、资源化、无害化处理，生活垃圾回收利用率达35%以上，绿色村庄标准的行政村达到70%以上。加快完善城乡交通路网规划，强化交通秩序管理，开展治堵综合整治专项行动，治理中心城区交通堵点。要积极引导社会资本参与公共停车场建设，缓解主城区停车压力。要总结打击违法建筑的好经验好做法，逐步形成“齐抓共管、上下互动、多方联动”的全方位、立体化控违拆违格局。要坚持疏堵结合，全力推进村（居）民住房审批、确权、征收制度建设，斩断违法建筑利益链，将控违拆违纳入法制化、常态化、规范化轨道。

第九，全社会推动公平共享，让花溪更显创新美。加快推进城乡“三变”改革，是聚焦公平共享的创新实践，是促进先富带后富、逐步走向共同富裕的有效手段。要把城乡“三变”作为推动大生态战略花溪实践的重要路径和方法。一是资源要素“优起来”，实现整合最大化。着力解决资源资金人力闲置、分散问题，最大限度释放生态、生活、生产资源要素价值。要让沉睡的资源“活起来”，加快摸清区域内水流、森林、山岭、荒地等自然资源和可经营资产的使用权、承包经营权和房屋产权等底数，统筹开展“确权”“赋权”“活权”环节，推动自然资源市场化配置，让环境有价、资源增价；要让城乡要素“通起来”，加快土地、资本、劳动力、技术、生态环境及公共政策等资源要素在城乡之间的双向流动和优化重组，激活城乡资源、释放资源红利；要让分散的资金、人力“聚起来”，通过组建区、乡（镇、社区）、村（居）三级承载主体，实行组织化、专业化管理，强化资源全域统筹，人员全体参与，收益全域平衡。二是关键环节“统起来”，实现效益最大化。坚持党委领导、政府主导、试点推进、风险可控。在项目选择上，主攻特色小镇、富美乡村、棚户区改造、停车场建设等经济效益好的绿色生态产业；在资源掌控上，将能变成好项目的好资源牢牢掌握在政府手里，把自然资源的生态环境效益、污染治理成本、生态修复成本等折股进入，作为区级政府平台公司的优质资产；在合作对象选择上，通过参股、控股等多种方式，与恒大、融创、美的等经济实力雄厚、社会责任心强的大型企业、龙头企业开展合作，确保项目持续增收；在人员进入上，依次组织带动全区低收入困难群体、项目涉及的居民（村民）、项目所在地的全体居民（村民）及村集体参股入股，以脱贫标准线为“硬杠杠”，动态做好入股对象的“进、退、留”。打造以市民为主体、企业为龙头、产业为平台、项目为载体、股权为纽带、共享为目标的利益联结共同体，形成市民收益、基层创收、平台做大、企业得利的共赢局面。三是组织建设“强起来”，实现保障最大化。强化党委、政府的全过程、全方位调控，是“三变”改革取得实效的根本保证。建立由两区党政主要领导任组长的城乡“三变”改革领导小组，完善区、乡（镇、社区）、村（居）三级工作组织架构，扎实做好工作调度和总结推广。抓好乡（镇、社区）、村（居）队伍建设，尤其要配优配强区级平台公司领导班子，充分发挥平台公司在城乡“三变”改革中的合作经营主体作用，打造一支敢于担当、善于创业的城乡“三变”改革队伍。培育壮大新经济组织和村级集体经济，支持大中专毕业生、外出务工人员等回乡创业就业，参与城乡“三变”改革，引导市民建立市民合作经济组织，依法依规创办领办经济实体。通过股权的合理配置，做到联股联业、联股联责、联股联心，形成人人参与、人人受益、人人有责的共商共建共治共享模式。要用好“三变”思维，将“三变”改革与生态修复、污染治理、森林覆盖率提升等有机结合起来，加快城乡基础设施、产业发展、环境保护、社会治理等一体化发展。

第十，全链条压实工作责任，让花溪更显活力美。聚焦工作重点、突出问题、关键环节建章立制，以改革创新的方法和力度为生态文明建设保驾护航。一是抓统筹促合力提升。切实发挥各级党组织总揽全局、协调各方作用，统筹顶层设计，各单位“一把手”负总责、带头抓、作表率，对重大生态环保问题亲自研究、亲自部署、亲自协调；强化生态文明建设领导小组办公室职能，加大牵头抓总和推动落实力度，层层压紧压实责任链条；统筹各方力量，构建党委统一领导、政府组织实施、人大、政协监督、部门分工协作、全社会参与的生态文明建设格局，发挥群团组织枢纽型社会组织作用，充分调动干部群众的积极性、主动性和创造性。二是抓督查促实效提升。以督查作为推动工作落实的重要抓手，找准督查重点，创新督查方式，用好督查成果。督任务，重点看各级各部门是不是紧扣生态文明建设要求开展工作，是不是严格落实环保“党政同责”“一岗双责”，是不是结合自身实际对工作任务进行细化分解、责任到人；督进度，整合区纪委、区督办督查局、区生态局等力量，对标时限、质量、标准，全程、动态、跟踪督查，定期发布环保督查通报，确保工作落实步子稳、节奏快、执行强、标准高；督成效，以“四个价值最大化”为风向标，综合资源利用、环境治理、生态保护、群众满意度等指标，建立科学实用的考评体系，抓实生态环保履职年度报告会，将考评结果严格与年终目标、干部选拔、评优评先等挂钩。三是抓责任促干部提升。坚持真抓真管、严抓严管、抓早抓小，以“四种形态”常态化推动责任落细落小落实、入脑入心入髓。以责强化思想认识，坚决落实离任审计要求，区管干部调动、提拔必须严过“环保关”，督促干部要厘清自身责任清单和行为红线，牢固树立绿色政绩观；以责提高履职能力，通过约谈提醒、组织处理等方式，让干部搞清楚自身差距在哪里、短板在哪里，不断提高统筹能力、谋划能力、执行能力；以责锻造过硬作风，凡是有令不行、推诿扯皮、敷衍塞责、不作为乱作为等的单位和个人，一律从严从重处理，倒逼干部算好时间账、任务账、进度账。

四、全力推进大生态战略花溪十大行动落地生根

越是美好的未来，越需要我们付出艰辛努力。《实施意见》的美好蓝图要变成普遍实践、结出丰硕成果，必须有细致周密的系统谋划、以上率下的责任担当、精准聚焦的关键突破、协力共建的平台机制。

一是坚持系统谋划，有的放矢推进目标任务。完成《实施意见》的各项目标任务，必须步步为营、久久为功。要迅速明晰自身任务。以《实施意见》为蓝本进行再分解细化，坚持一个行动计划一个总体方案，一项工作任务一个配套方案，确保执行有依据、建设有方向、推动有抓手。要迅速拟定分期目标。聚焦目标要求，坚持长短结合，循序渐进，切实处理好目标与指标、长期与短期、横向与纵向的关系，明确阶段任务、时间节点、重点难点，明确每项工作、每个环节在每个时间段应该干什么、干成什么样，做到心中有本账。要迅速分解落实到人。两区督办督查部门要立即将《实施意见》进行责任分解，做到定时间表、定工作量、定路线图、定责任人。各级各部门、乡镇（社区）要对照目标主动出力、自加压力，落实好各项任务。

二是坚持以上率下，齐心协力确保行动落实。《实施意见》内容较多、涉及面广，需要统筹好人、财、物等各种力量、各种资源，汇成合力。区委区政府、工委管委合力抓统筹。将从制度上着手，全面统筹力量、资源和资金，开展全方位调度，在关键时点、关键环节、关键问题上严督实查，使各项任务快速推动。今后，区委、工委每季度专题听取生态文明建设和履行环境保护情况汇报，区政府、管委每月调度一次重点领域、重点项目。两区党政班子成员牵头抓推动。一方面，要主动提升决策能力和担当能力，对推进过程中可能出现的问题要预判到位，提出解决问题的方案要充分；对重大问题的决策，必须认真研究、认真把关。以解决难题和复杂问题突出担当，以深度调研、研究问题、统筹资源体现担当。另一方面，要树立全局意识和服从意识，站在全市的高度推动计划落实，自觉维护区委工委、区政府管委重要决策的权威性、严肃性，《实施意见》

定下来的事情必须无条件执行。区人大、区政协协力抓落实。区人大、区政协要聚焦大生态战略，放眼省内外好经验、好做法，结合全区目标，对关键问题开展广泛深入的专题调研，找准生态文明建设的关注点、着力点、支撑点、切入点和薄弱点，积极为大生态战略花溪实践出谋划策、建言献策。部门、乡（镇、社区）通力抓实施。区直各部门要发挥好牵头作用，认真对照《实施意见》，把任务找准找实，把方案做全做细，把措施标明标清，把人员用好用活，把责任压实压牢。要对照分解目标理出责任清单、定好责任范围和内容，抓好实施落地。

三是坚持关键突破，集中精力攻克重点难点。要善于把握规律，从关键环节、核心指标和重点项目入手，找到破解难题、克服困难的路径。紧盯关键环节谋突破。《实施意见》需要破解的热点难点问题多，比如，绿色经济产业体系构建难度大，绿色家园建、护、管困难多，等等。这些问题不解决，两区的生态文明建设就难以取得突破性进展。各级领导干部、各单位部门要拿出攻坚的勇气，锲而不舍，深层着力，力求难题一个一个解决。决不能搞击鼓传花，今年推到明年干。紧盯核心指标谋突破。要重点围绕“三率先三创建三力争”工作目标以及森林覆盖率、建成区绿化覆盖率、城市空气质量优良天数比例、PM2.5年均浓度、重要江河湖泊水功能区水质达标率五大核心指标，逐一明确意见、拿出方案、严督实导，以奋起直追的态势补短板。紧盯重点项目谋突破。以更开放、更长远的眼光，全面做好项目储备、审批、建设、服务一条龙工作，加快推进交通路网、绿地公园、生态园区、旅游景观、人居环境等项目落地，确保《实施意见》明确的任务早日开花结果。

四是坚持协力共建，充分整合各方资源要素。要素投入支撑是《实施意见》快速落地见效的重要保障。以平台搭建聚合力。进一步拓展思路，搭建一系列有助于生态建设、有利于民生福祉的平台，吸纳社会资本、科技成果、专业人才等落户两区。依托高校聚集优势，加强与高校、科研机构的合作交流，运用大数据搭建生态技术创新平台，促进环境科技成果转化，促进产学研用紧密连接和深度融合。以要素重组聚合力。加大资金、技术、人才等要素集聚和组合，发挥财政资金的杠杆作用，优化资源配置，加大生态项目投入，助推生态产业发展，扩大生态效益。采取招才引智、委托培训、定向培养等方式，加快培养一批专业人才和本土实用型人才，做大做强人才储备。以全民参与聚合力。多角度、多层次把《实施意见》的内容宣传好、经验总结好、问题监督好、典型树立好，激发全体市民以强烈的主人翁意识、积极的参与者姿态、务实的推动者角色，规范自己的言行，贡献自己的智慧，付出自己的力量。

花溪区2018年政府工作报告

花溪区人民政府区长 梅 俊

一、2017年政府工作回顾

过去一年，我们在习近平新时代中国特色社会主义思想指引下，在市委、市政府和区委的坚强领导下，在区人大、区政协的监督和支持下，认真学习贯彻党的十九大精神和习近平总书记在贵州省代表团重要讲话精神，全面落实中央、省、市和区委的各项决策部署，始终坚守发展和生态两条底线，坚持稳中求进工作总基调，坚持新发展理念，紧紧围绕建设公平共享创新型中心型城市的战略目标，牢牢把握全域文化旅游创新区的发展定位，强力推进大扶贫、大数据、大生态三大战略行动，凝心聚力、攻坚克难，圆满完成全年各项目标任务，为加快推进国家全域文化旅游创新区建设打下了坚实基础。

经初步测算，2017年，预计完成地区生产总值591.8亿元，同比增长11.7%；规模以上工业（2000万元口径）增加值260.39亿元（其中花溪36.58亿元，经开223.81亿元），同比增长9.6%；固定资产投资（500万元口径）525.7亿元，同比增长20.2%；公共财政预算收入41.88亿元，同比增长14.7%（其中花溪14.53亿元，同比增长10.6%；贵安9.42亿元，同比增长46.6%；经开17.93亿元，同比增长5.9%）；省外实际到位资金276亿元（其中花溪138亿元，经开138亿元）；实际直接利用外资2.52亿美元，同比增长20%（其中花溪1.27亿美元，同比增长20%；经开1.25亿美元，同比增长20%）；社会消费品零售总额264亿元，同比增长12%；城镇常住居民人均可支配收入31502元，同比增长9.1%；农村常住居民人均可支配收入14810元，同比增长10%；

旅游总收入267亿元，同比增长35%，接待省外游客1800万人次，同比增长30%；城镇新增就业人数20839人，同比增长2.4%。

一年来，我们致力于推进产业转型升级，经济发展质量持续提高。坚持把发展作为第一要务，从供给侧推动产业结构调整，全区三次产业比例优化为3.30∶55.82∶40.88。供给侧结构性改革深入推进。“三去一降一补”成效显著，煤炭企业全部关停，取缔“地条钢”企业，淘汰落后产能30万吨。商品房销售面积达193.3万平方米（其中花溪82.1万平方米，经开84.3万平方米，贵安26.9万平方米），房地产库存去化周期处于合理可控水平。全面推进“营改增”试点，组织企业申报直购电，降低企业税费、用电成本2.39亿元。工业企业加快转型升级。大力实施“双千工程”，通过“千企改造”，加大传统产业升级改造、产品创新和技术创新力度，实施贵州华工汽车轻量化等技改项目7个。新培育规模以上企业7家。推进质量强区建设，工业产品质量合格率提升至97%。大数据新兴产业不断壮大。通过“千企引进”，领英、勤智等知名企业落户溪云数字小镇，孟关大数据服务外包、贵州智慧旅游联盟基地初见成效，全域旅游DT云平台、供销农产品大数据平台等建成投运，大数据企业超过50家，大数据企业主营业务收入同比增长22%。现代服务业结构更加优化。贵阳传化物流公路港建成并投入运营，中信银行、中国银行在花溪设立分支机构，金融机构人民币存款余额达548亿元，同比增长13.2%。推进贵州顺和骏驰汽车运动产业基地等产业项目建设。新增规模以上服务业企业11家，规模以上营利性服务业主营业务收入同比增长63.9%；第三产业增加值同比增长14.5%，增速高于GDP增速2.8个百分点。现代新型农业发展稳步推进。实施绿色农产品“泉涌”工程，马铃“一山牌”长豇豆等16个农产品获绿色有机食品认证，申报认证无公害农产品6个、农产品地理标志2个，成功创建省级出口茶叶质量安全示范区。培育省级以上农业龙头企业15家，完成销售收入55亿元，聚集了一批以贵州贵茶公司为代表的茶叶生产加工型企业和以贵州地利物流园为代表的农产品销售型企业。加快推进久安景观茶园等一批农旅观光园建设。

一年来，我们致力于推进大扶贫战略行动，困难群体保障持续加强。坚持把扶贫攻坚作为第一民生工程，高一格快一步深一层推进大扶贫战略行动。突出精准施策。扎实推进脱贫攻坚“春季攻势”“夏季大比武”“秋季攻势”三大行动，坚决打赢基础设施、产业扶贫、易地扶贫搬迁、住房教育医疗“三保障”四场硬仗，实施医疗卫生关爱救助、社会保障兜底和财政金融扶持等十大行动，千方百计增加低收入困难群体收入。突出项目带动。整合中央、省级财政专项扶贫资金465万元，在高坡、马铃等乡（镇）实施农业产业扶持和基础设施项目11个，项目备案率、拨付率、报账率均达100%。突出资源整合。盘活资金3639.1万元，实施扶贫项目35个；通过产业和就业扶持1252人；“两无”人员低保兜底1675人；发放教育精准扶贫资金2895.99万元，惠及师生60538人（次），教育扶贫准确率达100%；实现低收入困难群体医疗健康管理5个100%全覆盖。全区贫困人口从604户1149人减少到363户602人，农村低收入困难群体人均可支配收入整体越过4800元，脱贫出列的241户549人（含自然增长2人）全部实现“一达标、两不愁、三保障”，贫困发生率降低到2‰，实现贫困人口零增长、脱贫人口零返贫。

一年来，我们致力于推进大生态战略行动，生态文明基础持续夯实。坚持生态产业化、产业生态化，全力实施大生态战略花溪十大行动。生态环境治理成效显著。中央环保督察组转办案件31批112件全部办结，解决了一批群众反映强烈的环保突出问题。加快推进“百园之区”建设，建成各类公园65个。完成人工造林、封山育林、森林抚育2.8万亩，实施山体治理206亩，全区森林覆盖率达48.38%。新增绿地20万平方米，建成区绿地率达49.98%。加快南明河花溪段综合治理，青岩、石板、孟关污水处理厂投入使用，花溪垃圾焚烧发电项目及青岩、孟关垃圾转运站建成投运，深入推进大环卫一体化，纳入市场化保洁面积达660余万平方米，完成垃圾分类试点1000户以上，城市饮用水水源地水质达标率达100%，1至11月环境空气质量优良率达94.8%。绿色产业体系加快形成。加快推进传统工业绿色化改造升级，加速实施公交车"油改电"、风力发电等绿色能源替代工程，淘汰高耗煤电设施设备。以燕楼产业园区为重点，积极打造绿色园区。积极培育茶、蔬、果、菌等特色优势产业，建成茶园4.7万亩，种植蔬菜20.7万亩次，发展葡萄、樱桃等精品水果1.6万亩，生产食用菌828万棒，着力培育以茶叶和精品水果为主导产业、农旅融合为主要业态、生产加工销售为一体的特色农业产业体系。生态文明制度逐步完善。全面推行政府、民间"双河长制"，扎实开展"六个一律"环保利剑行动、"百日攻坚"行动和森林保护"六个严禁"执法行动，立案查处环保违法案件61件，移送司法机关4件，罚款269.3万元。完成领导干部自然资源资产离任审计。高坡被评为省级生态乡，青岩、马铃、久安被评为全国卫生乡（镇）。

一年来，我们致力于推进全域旅游创建，旅游品牌影响力持续扩大。强力推进国家全域旅游示范区创建工作，文化旅游创新区建设初见成效，旅游业持续"井喷"增长。编制全域旅游规划。完成《花溪区全域旅游发展规划》《花溪南部片区产业发展策划》等规划的编制，旅游资源开发更加精准，旅游产业发展更加高效。打造核心景区景点。改造提升青岩古镇、天河潭、湿地公园三大核心景区。全面推进贵阳故事街、民族风情街、多彩贵州街项目建设，启动高坡国际山地户外运动基地、恒大花溪童世界等旅游综合体建设，形成一批富有特色的旅游产品。青岩古镇成功获评国家5A级旅游景区，花溪区荣获2017年全域旅游魅力指数排行榜（百代Top20）区县级第一名。完善旅游配套设施。在全省率先实施"厕所革命"，新建改建旅游厕所25座，建成省级精品乡村客栈、农家乐4家，完善青岩古镇、"溪南十锦"等景区景点标识标牌，启动绿道慢行系统和贵州省旅游集散中心（青岩）建设。建成青岩古镇、天河潭景区智慧旅游服务体系。宣传推广旅游品牌。成功举办理查德·克莱德曼钢琴音乐会、第五届中法城市与建筑可持续发展论坛、花溪首届富美乡村旅游节，大型纪录片《记住乡愁》对青岩古镇进行专题报道，向全世界讲述青岩故事，传播花溪好声音。全年旅游服务满意度达100%，旅游安全事故零发生。

一年来，我们致力于推进城乡融合发展，城乡环境面貌持续改善。统筹城乡空间、规模、产业三大结构和生产、生活、生态三大空间，促进城乡一体化发展。以规划统筹城乡协调发展。完成《花溪区城乡融合发展规划》《花溪区全域乡村建设规划》的编制，启动编制区域性规划及专项规划12个，推进城规、土规、林规等"多规合一"。统筹推进规划建设、产业布局、基础设施、社会事业、社会保障和公共管理等六个一体化建设，促进城乡基础设施和公共服务均等化，城镇化率提高到75.35%。严格执行城乡规划，加大违法建筑管控和查处力度，拆除违法建筑77.4万平方米。以路网畅通城乡互动渠道。花安高速、贵惠大道（花溪段）、花溪互通立交、孟溪路、花桐路等城市干线（道）相继建成通车，完成花石路提升改造工程，启动市级绿色旅游公路环线（花溪段）和花冠路建设，配合做好轻轨3号线一期建设的相关工作。开工建设组组通公路25.4公里，启动实施农村道路提等升级31公里，启动花溪燕楼至长顺团茶道路改造项目，完成黔陶至高坡石门道路改造提升，建成农村招呼站102个，完成农村班线公交化改造5条。以项目带动富美乡村建设。完成青岩山王庙、石板镇山2个市级美丽乡村提高型示范点建设；完成12个农村环境示范点整治；实施“溪南十锦”系列项目，集中打造青黔高乡村旅游示范带。扎实推进红岩水库、栗木水库建设。在旅游环线沿线规划布局10个特色小镇，青岩、孟关、天河潭3个特色小城镇建设取得阶段性成效。完成238户城市棚户区改造、250户小康房建设、18条背街小巷整治提升。

一年来，我们致力于推进全面深化改革，对外开放活力持续释放。全力谋划推动重点领域和关键环节改革，推出改革举措84项，财税体制改革等重点改革工作取得实质性进展。扎实推进城乡“三变”改革。全面完成农村土地承包经营权确权登记颁证工作。深入推进18个村“三变”改革试点，实施各类项目22个，引导农民土地入股1.7万余亩，资金入股3300余万元，实现农民变股东7700余人，入股农民人均增收1100余元。编制《城市资源变资产资金变股金市民变股东“三变”改革试点工作方案》，在棚户区改造、公共停车场建设、服务型综合超市建设等领域进行探索。成立“三变”改革办公室，统筹推进城乡“三变”改革工作。执法体制改革稳步推进。深入推进城市综合执法体制改革试点工作，花溪区综合行政执法局正式挂牌，理清了行业监管职责和后续监管职责，探索建立职能部门与综合执法机构联动工作机制。全面推行“多证合一、一照一码”“证照分离”改革试点，新增市场主体1400余户。招商引资新模式逐步建立。借力数博会、茶博会等大型活动，全年新签约项目74个，签约金额163.06亿元。实施精准招商，恒大、美的、中建科技等5家世界500强企业落户花溪。通过全球最大的职场社交平台“领英”开展海外招商宣传推介，与10家海外企业达成初步投资意向，形成线上线下招商引资的新格局。

一年来，我们致力于推进文化繁荣发展，文化资源优势持续凸显。围绕以文“化”区，加快文化产业、文化事业发展。挖掘文化创造精品。大型民族歌舞剧《射背牌》荣获贵州省第六届少数民族文艺会演金奖，小品《走访路上》在省内外巡演100余场，微电影《新香》荣获贵阳市第四届微电影大赛一等奖，《不破不立》《中国货车》获中宣部社会主义核心价值观主题微电影征集展示活动三等奖。围绕文化包装企业。青岩古镇管理公司荣获第五批“省级文化产业示范基地”称号。引进“一琴堂”“缤纷天下画版”等一批文化企业。在板桥艺术村、青岩寻坊、贵阳故事街等文化产业聚集区孵化一批中小微文化企业。文化产业增加值达10.1亿元，增长24.6%，占地区生产总值比重达1.9%。传承文化丰富活动。深入开展送文艺下乡、正月十三民族民间歌舞大联欢、“书香”花溪、农村公益电影放映等文化惠民活动，举办苗族“四月八”、布依族“六月六”等具有民族特色的文化活动。

一年来，我们致力于推进社会事业发展，人民生活水平持续提升。“十件实事”全面完成，民生支出达21.22亿元，占公共预算支出的69.02%，主要用于解决教育、医疗、住房等急需解决的民生难题。民生事业更加牢固。教育经费实现“三个增长”，新建改扩建学校25所，增加学位5490个。完成全民参保计划入户登记调查工作，启动实施机关事业单位养老保险社会化发放及征缴，社会保险覆盖率达93.38%。完成2个社区卫生服务中心标准化建设。取消公立医院药品加成，破除以药补医机制，区属城市公立医院全面实行零差率销售，区域内就诊率达90%以上。城市低保和农村低保分别提高到641元/人·月、3840元/人·年。建成农村老年人互助幸福院2个。完成高坡乡苦蒿冲提水工程和天河潭人饮恢复工程等人饮工程，解决了5.6万余人的农村饮水安全问题。引进大型惠民生鲜超市4个，改造提升传统农贸市场11个，确保物价水平稳中有降。顺利通过国家慢性病综合防控示范区复核评审、国家三类城市语言文字评估。社会治理体系逐步完善。修订完善《花溪区自然灾害救助应急预案》等20余个应急救援预案，组织开展各类应急演练，应急处突能力大幅提升。全力推进矛盾纠纷排查化解，深入开展集中打击和防范“盗抢骗”“三打击一整治”“打黑除恶”“禁毒人民战争”等专项行动，刑事案发数同比下降4.71%，“两抢一盗”同比下降10.2%；安全生产事故起数、死亡人数实现“双降”，群众安全感上升到98.51%，在全省排位同比上升51位。此外，国防动员、双拥优抚、司法行政、民族宗教、粮食安全、外事、侨务、对台、人防、档案、地方志、文史、妇女、儿童、老龄、残疾人等各项事业取得新进步。

过去的一年，我们坚持不懈地加强政府自身建设。坚持依法行政，自觉接受人大法律监督、工作监督和政协民主监督，办理人大代表建议150件、政协委员提案109件，办复率均达100%。推进“两学一做”学习教育常态化制度化，加强政府廉政建设，强化审计监督和行政监察，坚决纠正部门和行业不正之风，全年立案审查174件178人，政务环境不断优化，政治生态风清气正。

各位代表，成绩来之不易，经验弥足珍贵。过去一年，花溪的变化令人鼓舞，花溪的发展振奋人心。这些成绩的取得，是市委、市政府和区委坚强领导的结果，是区人大和区政协监督支持的结果，是全区广大干部和各族群众团结奋斗的结果，是花溪历届老领导、驻区单位和社会各界大力支持的结果。在此，我代表区人民政府，向全区各族人民、各级干部表示诚挚的敬意！向人大代表、政协委员，向各民主党派、各人民团体和社会各界人士，向驻区人民解放军、武警官兵和人民警察，向驻区各级单位，向花溪历届老领导、老同志和所有关心、支持花溪建设发展的各界朋友，表示衷心的感谢！

在充分肯定成绩的同时，也清醒地认识到，我区经济发展不平衡、不充分的问题还比较突出。一是产业结构不够优。从农业看，推进“接二连三”融合度不够，农业附加值不高，特色不明显。从工业看，传统工业转型升级较慢，大数据等新型业态发展规模小、投入少、动力弱。从服务业看，汽车销售占社会消费品零售总额比重偏高，以文化旅游为支撑的现代服务业体系尚未形成。二是融资方式不够多。受国家宏观财政金融政策的影响及区级财政可承受能力的限制，项目融资仅限于PPP模式，吸纳民间投资办法不多，中小企业融资难融资贵的问题依然突出。三是创新动力不够强。科技开发投入不足，创新型高端人才紧缺，科技供给不足，科技成果转化率较低。四是公共服务基础不够牢。农村教育、医疗、社会保障等公共服务相对落后，城乡优质教育资源不均衡，乡村两级卫生机构基础条件相对较差，城乡二元结构特征仍然明显。

二、2018年工作安排

今年是贯彻党的十九大精神的开局之年，是改革开放40周年，是决战脱贫攻坚、决胜全面小康和实施“十三五”规划承上启下的关键一年。我们要精准聚焦建设公平共享创新型中心城市的新目标，抢抓机遇，率先突破，让全区发展更有质量，让全区人民生活更加幸福美好。

今年政府工作的总体要求是：全面贯彻落实党的十九大、习近平总书记在贵州省代表团重要讲话、中央经济工作会议、中央农村工作会议、全省经济工作会议、市委十届三次全会的精神，以习近平新时代中国特色社会主义思想为指导，加强党对一切工作的集中统一领导，按照中央、省、市和区委的决策部署，坚持稳中求进工作总基调，坚持新发展理念，紧扣经济社会主要矛盾的变化，按照高质量发展的要求，统筹推进“五位一体”总体布局和协调推进“四个全面”战略布局，牢记嘱托、感恩奋进，大力弘扬新时代贵州精神，拥抱新时代、聚焦新目标，坚持以供给侧结构性改革为主线，坚持主基调主战略，统筹稳增长、促改革、调结构、惠民生、防风险各项工作，全力推动质量变革、效率变革、动力变革，坚决打好防范化解重大风险、精准脱贫、污染防治攻坚战，加强和改善民生，守好发展和生态两条底线，以城乡“三变”改革为基本路径，高一格快一步深一层实施大扶贫、大数据、大生态三大战略行动，促进全区经济社会持续健康发展，高质量打造以生态为特色的世界旅游名城核心区，奋力在贵阳市建设公平共享创新型中心城市新征程中承担新使命、展示新作为。

今年经济社会发展的主要预期目标是：地区生产总值增长11%左右，规模以上工业增加值增长8.5%，固定资产投资增长18%左右，社会消费品零售总额增长11.2%，实际直接利用外资增长15%左右，引进省外实际到位资金增长25%左右，一般公共财政预算收入增长8%，城镇、农村常住居民人均可支配收入分别增长9%和10%左右，城镇登记失业率控制在4.2%以内，居民消费价格涨幅控制在全市调控目标范围内，万元生产总值综合能耗、主要污染物排放总量控制在全市下达目标范围内，森林覆盖率达50.1%，空气环境质量优良率达95%。

围绕上述目标，我们将坚持质量第一、效益优先，把高质量发展这个根本要求体现到经济社会发展的各方面和全过程，统筹兼顾、突出重点，坚决打好三大攻坚战，全力抓好七个方面工作。

（一）坚决打好防范化解重大风险攻坚战。切实强化政治责任，采取有力措施，抓好重点领域风险防范化解工作。一是强化地方政府性债务风险防控。严格落实政府性债务管理“七严禁”要求，坚决“堵后门、开前门”，合法合规开展融资，从严控制新增债务，积极消除存量债务，积极推进区级平台公司转型做实，防止形成新的政府性债务及隐性债务。加强财政预算资金管理，优化财政支出结构，在确保刚性需求和中心工作的前提下，强化区级统筹和资金使用监管。根据中央、省、市关于从严控制政府性债务的相关规定，对新增项目、续建项目融资从严把关，所有项目融资必须按照“借、用、还”一体化的要求制订方案，按程序报区投融委审批，严格把全区政府性债务控制在财政可承受的能力范围内。试行新的乡（镇、社区）财政管理体制，激发乡（镇、社区）发展活力，壮大经济实力。积极探索以“三变”改革的方式，破解融资难题、化解债务风险的新路子，牢牢守住不发生区域性债务风险的底线。二是强化社会风险防控。继续防控辖区内小额贷款公司、融资性担保公司、区属国有平台公司、上规企业等可能产生的非法集资风险。加强对互联网金融、交易类场所、互联网金融广告、投资咨询等领域可能扰乱经济金融秩序行为的摸排和管控。严格落实重大项目、重大政策风险评估机制，做好土地征收、劳资纠纷等方面的矛盾纠纷排查，加强网络舆情、公共卫生、交通安全、食品安全、消防安全、自然灾害等方面的风险防控，坚决遏制重特大事故的发生。

（二）坚决打好精准脱贫攻坚战。坚持把脱贫攻坚作为头等大事和第一民生工程，高一格快一步深一层推进大扶贫战略行动，坚决打赢脱贫攻坚“四场硬仗”，全面巩固脱贫成果。一是落实精准要求。坚持靶向攻坚，以建档立卡低收入困难群体为重点，建立大数据管理平台，对低收入困难群体实行动态管理。在全区深入开展精准扶贫“回头看”活动，确保“不错一户、不漏一人”。二是夯实基础设施。加快完善扶贫攻坚重点区域的基础设施，扎实推进“组组通”公路建设；全力完成1060人易地扶贫搬迁；大力实施农村安全饮水主体工程，解决边远贫困村寨用水难问题。三是做实产业扶贫。强力推进农业产业结构调整，因地制宜种植茶、蔬、果、花、药、菌等高效经济作物，增加低收入困难群体收入。充分发挥石板地利物流园和本地蔬菜批发市场的辐射带动作用，加强冷链物流体系建设，千方百计畅通边远贫困地区农产品销售渠道。四是压实责任链条。进一步完善脱贫攻坚责任体系、包保体系、考核体系，筑牢“纵到底、横到边”的区、乡、村三级扶贫攻坚责任链条，确保压力层层传导、责任层层落实。探索建立低收入困难群体参与城乡“三变”改革的机制，打破乡（镇、社区）、村（居）行政边界，将全区的“三变”项目收益全域平衡，让低收入困难群体共享发展成果。

（三）坚决打好污染防治攻坚战。坚守发展和生态两条底线不动摇，持续推进大生态战略花溪十大行动，积极创建国家生态文明建设示范区。一是抓实环境污染治理。深入扎实地抓好中央环保督察反馈问题的整改工作，在高标准高质量完成25项整改任务的基础上，建立健全长效管理机制。严格落实水十条、大气十条、土十条，深入推进碧水、蓝天、田园、绿地“四大行动”，实施“十大行业治理”，严厉打击环境违法行为。全面推行“河长制”，加大对全区河流的保护和治理力度，重点实施花溪河流域水环境治理及周边农村环境整治，加快推进吉林、养牛片区雨污分流工程，启动洛平污水处理厂建设，运用大数据实时监测花溪河的水质状况，为南明河变清作出贡献。二是抓实生态保护工作。狠抓花溪水库、阿哈水库、十里河滩湿地公园等重点区域的保护、治理与修复，大幅增强生态功能。大力实施新一轮退耕还林工程，完成植树造林及农业结构调整8万亩以上，修复山体迹地165亩，确保森林覆盖率提高到50.1%。编制全区自然保护区总体规划，划定自然保护区范围，加强生物多样性保护。借助黔中水利枢纽工程，加快推进花溪湖建设，强化花溪河流域生态保护与治理。加快推进红岩水库、水场堡水库、栗木水库建设。三是抓实体制机制建设。严格执行国家产业政策、环境影响评价和环保“三同时”制度，严格落实生态环境损害责任终身追究制度、生态环境损害赔偿制度和生态保护补偿机制，制定环境保护指标考核办法，构建属地政府、主管部门、主体企业“三位一体”的责任体系。强化生态环保“两把利剑”“两个问责”，实现环保督察巡查全覆盖。

（四）围绕实施乡村振兴战略，全力推进城乡融合发展。统筹推进现代城市、特色小镇、富美乡村建设，全面实施乡村振兴战略，加快构建城乡协调融合、一体发展、各美其美、美美与共的均衡格局。一是加快规划编制工作。坚持以规划为龙头，站在统筹全区城乡一体化发展的高度，以战略性布局和战略性重组为重点，推进城乡融合发展。以2017年修订并获国务院批复的《贵阳市城市总体规划（2011—2020年）》为依据，在编制《花溪区城乡融合发展规划》的基础上，抓紧编制乡村振兴、产业发展、综合交通等专项规划，精细谋划重点领域、重点行业的发展方向和实现路径，为城乡融合发展提供专项支撑。二是加快完善交通路网。加快编制花冠路、甲秀南路、花溪大道沿线整体开发规划，优化路网、产业、生态等布局。加快推进市、区两级绿色旅游公路环线建设，积极配合市域快铁、轨道3号线、S1号线建设，加快推进以组组通为重点的乡村路网建设，打通进村入户的“毛细血管”，构建安全、便捷、高效、绿色的现代综合交通体系和“两环五纵八横”骨干路网。三是加快推进城乡建设。坚持以棚户区改造、老旧小区提升为抓手，按照现代城市的标准打造中心城区。围绕旅游环线和交通骨干路网，启动建设10个休闲旅游型、商贸物流型、教育科技型、美丽宜居型特色小镇。抓好黔陶乡整乡推进和高坡乡石门村、青岩镇新哨村整村推进“富美乡村”建设试点，积极探索乡村空间战略重组和产业发展战略重组的新路子。打造青岩山王庙等4个田园综合体。推动花溪、经开深度融合，加强与贵安新区、南明区、双龙航空港经济区、龙里县、惠水县等区域的联动合作，推动区域间要素互补、同城发展。

（五）围绕供给侧结构性改革，全力发展壮大实体经济。深入推进供给侧结构性改革，把提高供给体系质量作为主攻方向，把发展经济的着力点放在实体经济上，牢牢把握高质量发展的根本要求，走高端化、绿色化、集约化和智能化发展的路子，加快构建现代化经济体系。一是着力推进大数据产业发展。按照建设“中国数谷”的要求，加快推进大数据与实体经济融合发展，支持北极熊等企业在智能化改造、数据分析应用方面转型升级。重点推进溪云数字小镇、大数据服务外包示范基地等一批重点项目建设，力争大数据经济规模总量达30亿元以上。加快实施花溪生态大数据监测监控平台等应用场景。加大科技人才、创新团队引进力度，形成多层次、多类型的大数据人才队伍。二是着力推进工业倍增计划。优化工业发展布局，加快燕楼产业园区建设。深入实施“双千工程”，重点推动泰邦科技园、中建科技装配式建筑等一批重点项目建设，力争规上企业总量达60家。三是着力推进农业转型升级。积极引进农业产业化龙头企业，以茶叶、精品水果种植为重点，强力推进农业产业结构调整，在久安、黔陶、麦坪、燕楼等区域大力发展茶产业，在青岩、马铃、高坡等区域种植精品水果，确保完成6.4万亩茶叶、1.6万亩精品水果的种植任务，着力推动特色农业发展，打造农业产业品牌，促进全域增绿、全民增收。四是着力推进服务业提质增效。积极推动孟关汽贸城发展，加快石板片区市场建设，结合产业专项规划和棚户区城中村改造，发展城市商业综合体，培育文化旅游、商贸物流等现代服务业，逐步改变单一依靠汽车销售支撑社会消费品零售总额的局面。新增限上商贸流通企业10家。

（六）围绕创建全域旅游示范区，全力提升花溪旅游品质。围绕创建国家全域旅游示范区，加快建设以生态为特色的世界旅游名城核心区，推动旅游业持续“井喷”。一是提升旅游资源富集度。按照世界旅游名城的标准和要求，高质量提升青岩古镇、天河潭、湿地公园三大核心景区品质，积极推进恒大花溪童世界等旅游综合体建设，加快打造“溪南十锦”和高坡国际山地运动基地，推进天河潭国家AAAAA级旅游景区创建，增强花溪对国内外游客的吸引力。二是提升旅游发展全域度。依托市、区旅游公路环线建设，制定乡村旅游规划，将散布在各乡（镇）的景区景点开发与特色小镇、美丽乡村建设有机结合，推动花溪从景区景点旅游向全域旅游发展。三是提升旅游要素配套度。全力打造全省旅游集散地、全国旅游目的地，引进1～2家高端酒店，配套建设主题特色型、中档舒适型、环保低碳型等高、中、低档酒店，新增酒店床位2000张。推动贵州省旅游集散中心（青岩）建设，力争开通1～2条花溪至机场、高铁站、市域快铁和全省其他景区景点的旅游观光巴士专线。四是提升旅游服务满意度。做实“1+3+X”旅游综合执法常态化管理机制，建立健全涉旅行业信用体系，力争引进国内外知名旅行社1～2家。新建改造景区景点旅游厕所10座。

（七）围绕构建精神文明家园，全力丰富城市文化内涵。充分发挥花溪文化资源丰富的优势，深挖文化内涵，激活文化创新，丰富文化表达，加快文化事业和文化产业发展，提升花溪的历史厚度、人文高度、形象风度，满足人民过上美好生活的新期待。一是打造文化精品。弘扬传统历史文化，支持孔学堂三期项目建设，提升中华传统文化传承教化基地的辐射带动作用。深化校地合作、校地互动，发挥高校文化资源优势。传承优秀民族文化，做大做强“花溪之夏”艺术节、苗族“四月八”、布依族“六月六”等特色活动，打造特色文化品牌。支持“花溪苗绣”“高坡射背牌”等非物质文化遗产项目创新发展，建设高坡云顶非物质文化遗产传习基地和青岩龙井布依族文化交流中心，打造具有地域特色的文化展示平台和文化旅游品牌。二是发展文化产业。健全现代文化产业体系和市场体系，创新生产经营机制，完善文化经济政策，培育新型文化业态。着力推进青岩古镇文化产业聚集区、板桥艺术村、恒大花溪童世界主题公园、多彩贵州街“碧桂园·出山里”特色文化小镇等项目建设，打造大型生态文化旅游综合体。加快“文化+信息”融合发展，充分利用大数据手段，通过“画版”“领英”等项目平台，持续举办文化产品创意大赛，着力打造文化、生态和科技深度融合的文化产品。三是发展文化事业。培育和践行社会主义核心价值观。完善公共文化服务体系，深入实施文化惠民工程，丰富群众性文化活动。提升扩展乡镇综合文化站、社区文化服务中心（活动室）活动空间，逐步在大型居民小区建设“书香小区”，稳步推进农村公益电影放映计划、乡（镇）农体、多彩贵州“广电云”户户用等一批民生工程，打通公共文化服务“最后一公里”，促进城乡基本公共文化服务均等化，真正让老百姓共享文化成果。四是开展全民健身活动。加快推动贵州骏驰国际赛车场二期建设，协助办好CRCC中国场地拉力锦标赛等全国型赛事。举办十里河滩健康徒步行、高坡山地自行车骑行及红岩峡谷徒步游等活动，打造富有花溪地域特色的生态体育品牌。

（八）围绕推进重大项目建设，全力做大做实有效投资。始终把抓项目扩投资作为稳增长的关键支撑，做实项目、做优招商、做大投资，持续增强发展后劲。一是突出抓好资源整合，提高项目储备质量。全面整合招商引资资源、土地资源、政策资源，加强部门之间信息共享、数据互通、深度运用，紧盯主导产业、重点行业、重点领域，分类别、分产业、分区域做实项目库，确保花溪区重大项目库投资总额动态保持在2000亿元以上，计划实施项目总投资达500亿元。二是突出抓好项目引进，确保项目落地数量。深入实施大招商行动计划，搭建招商引资公平共享开放平台，紧紧围绕实体经济开展精准招商，力争引进技术含量高、成长性好、引领性强的国内外优强企业6家，其中500强企业1家；引进省外到位资金突破170亿元以上，增长25%以上；实际直接利用外资突破1.4亿美元以上，增长15%以上。三是突出抓好项目实施，扩大有效投资增量。重点围绕基础设施、现代城市、特色小镇、富美乡村、产业培育、民生保障等领域，统筹推进花冠路、旅游公路环线、十里河滩周边区域城市棚户区改造等项目建设，加大恒大花溪童世界配套市政基础设施等20个省重大工程、重点项目的推进力度，确保固定资产投资增速达18%以上，持续发挥投资对稳增长、调结构、补短板的支撑作用。

（九）围绕深化改革扩大开放，全力激发动力增强活力。用好改革开放关键一招，增强经济发展动力和活力。一是推进城乡“三变”改革。深入推广农村“三变”改革试点经验，切实发挥政府的主导作用和龙头企业的带动作用，积极推进农村集体产权制度改革，盘活农村资源要素，加快整合国家各类财政补助资金，以股权为纽带，鼓励和引导农民参与农业产业结构调整和富美乡村、田园综合体建设，享受建设成果，拓宽增收渠道。加快推进城市“三变”改革，启动险峰苑等棚户区城中村改造项目，不断积累城市“三变”改革经验。二是推进“放管服”改革。进一步深化行政审批制度和商事制度改革，严格执行项目并联审批，推行“一口受理、全程服务”模式；全面开展“减证便民”专项行动，深化“多证合一”“先照后证”等改革，全面实行清单制度、“双随机、一公开”和相对集中行政许可权改革。加快构建以公众为中心的“互联网+政务服务”体系，推进政务服务线上线下融合发展。三是推进开放平台建设。按照打造国家内陆开放型经济实验区核心区的要求，充分利用“领英”对外开放平台，加大对外宣传推介力度，吸引更多的海外游客到花溪旅游度假，吸引更多的海外企业和人才到花溪投资兴业。

（十）围绕实施民生保障工程，全力满足美好生活需要。坚持以人民为中心的发展思想，把人民对美好生活的向往作为奋斗目标。一是实施就业创业提升工程。深入实施大学生创业引领计划、农民工返乡创业计划等大众创业扶持工程，确保全年城镇新增就业2万人以上。二是实施收入提升工程。千方百计增加城乡居民工资性、经营性、财产性收入，实现居民收入增长和经济发展同步、劳动报酬增长和劳动生产率提高同步。城乡低保标准与扶贫标准“三线合一”，提高到8076元/人·年，让低收入困难群体共享发展成果。三是实施人居环境提升工程。扎实开展农村人居环境提升行动，改造提升一批城市老旧小区，加快5842户棚户区城中村改造进程。创建一个国家级卫生乡（镇）。四是实施交通出行提升工程。对全区3个交通拥堵点进行常态化长效化治理，以打通城区断头路和推进组组通建设为重点，让群众出行更通畅、心情更舒畅。五是实施教育供给提升工程。完成新一轮教育规划布局调整，加强学校标准化建设，加大中小学校、幼儿园新建改扩建力度，全面改造薄弱学校，办好公平优质教育。六是实施医疗健康提升工程。完成基层医疗卫生服务能力三年提升计划任务。实施食品安全放心工程和药品质量安全提升行动，巩固提升城乡居民大病保险水平，加强社区卫生服务中心标准化建设，完成区疾病预防控制中心提升改造。七是实施养老敬老提升工程。推进老龄事业发展和养老体系建设，加强农村养老服务，推进医养结合，建成农村幸福院10个，新增养老床位120张，65岁以上老年人健康管理率达到67%。八是实施城市文明提升工程。办好新时代农民（市民）讲习所，实施文化惠民工程，丰富群众性文化活动，加快构建城市社区15分钟健身圈。九是实施智慧治理提升工程。实施一批大数据综合应用项目，推出停车资源共享利用、数智共享社区、物联网应用等示范应用。十是实施平安花溪提升工程。加快构建立体化治安防控体系，严厉打击“黄赌毒黑拐骗”违法犯罪，突出抓好重点领域、重点行业安全生产，严防严控各类风险，让社会安定有序，让百姓安居乐业。十一是实施“菜篮子”提升工程。加强新型标准化农贸市场、惠民生鲜超市建设，丰富“菜篮子”品种，保障蔬菜和水果供应，有效平抑市场物价，切实解决市民买菜贵买菜难问题。

今年拟办“十件民生实事”：①新建改扩建中小学校2所，新增学位1890个；②新建或改造提升社区公共卫生厕所、星级公共卫生厕所、旅游厕所等厕所13个；③整治城镇背街小巷11条，硬化美化亮化绿化5个城镇老旧小区；④建成生鲜超市2个；⑤新建城市公共停车位1000个。⑥完成一批农村危房改造；⑦启动花溪车站搬迁项目，实施农村公路安全生命防护工程隐患治理47.7公里；⑧实施“广电云”户户用工程，新增用户11400户；⑨实施10个村寨农村生活垃圾生活污水治理工程；⑩实施公共安全视频监控建设联网应用“雪亮工程”。

三、切实加强政府自身建设

各位代表！贯彻新思想、迈进新时代、踏上新征程，对政府工作和自身建设提出了新的更高要求。我们要不忘初心、牢记使命，努力建设人民满意的政府。

（一）坚持全面从严治党、廉洁从政。坚决用习近平新时代中国特色社会主义思想武装头脑，牢固树立“四个意识”，严守政治纪律和政治规矩，在政治立场、政治方向、政治原则、政治道路上同以习近平同志为核心的党中央保持高度一致。坚定不移把中央、省、市和区委的决策部署落到实处，推进“两学一做”学习教育常态化制度化，开展好“不忘初心、牢记使命”主题教育。深入贯彻《中共中央政治局贯彻落实中央八项规定的实施细则》、省委《关于进一步深化作风建设切实提升工作实效的通知》和市委、市政府《关于进一步贯彻落实中央八项规定精神切实加强作风建设的实施细则》精神，持之以恒整治“四风”，严格执行办公用房使用标准，严守禁酒令。扎牢数据铁笼、制度铁笼，打造忠诚、干净、担当的公务员队伍，大力建设廉洁政府。

（二）坚持全面依法履职、守法尽责。全区政府系统及公职人员都要带头学法遵法守法，尊崇法治、敬畏法律、依法行政。坚持法治城市、法治政府、法治社会一体建设，完善重大行政决策程序、制度合法性审查，全面推进公正文明执法。自觉接受人大法律监督、政协民主监督和社会监督、司法监督，广泛听取各民主党派、工商联、无党派人士的意见。坚持把全民普法和守法作为建设公平共享创新型中心城市的长期性基础性工作，以创建省级“法治建设先进县”为契机，深入开展“七五”普法，引导全民自觉守法、遇事找法、解决问题靠法。强化政务厂务村（居）务公开，实行不公开事项目录管理，让人民监督权力，让权力在阳光下运行。

（三）坚持全面转变作风、勤政务实。牢固树立以人民为中心的发展思想，把老百姓的操心事、烦心事当做政府的事，一件一件办好办实。始终把执行落实作为政府工作的生命线，坚持“干”字当头、“实”字为要，以逢山开路、遇水架桥的勇气，改革创新、锐意进取，敢作敢为、善作善成。大力提升执政能力和本领，紧扣抓落实的责任链、任务链，一诺千金、说到做到，大力建设责任政府、诚信政府。推行政策设计、工作部署、干部培训、监督检查、追责问责“五步工作法”，确保各项工作落细落小落实。

（四）坚持全面增强素质、提升能力。创建全域文化旅游创新区，推进“三大战略”，既要政治过硬、作风过硬，也要能力过硬，要大兴调查研究之风、真抓实干之风、勤俭节约之风、廉洁自律之风、学习培训之风。要始终保持朝气蓬勃、干事创业的良好精神状态，敢于突破旧框框的束缚，在创新中抢抓机遇，在拼搏中闯出新路，以干事创业的积极成效取信于民、造福于民。要不断强化战略思维、创新思维、辩证思维、法治思维、底线思维等“五种思维”，不断增强学习、政治领导、改革创新、科学发展、依法执政、群众工作、狠抓落实、驾驭风险等“八大本领”。

花溪区人民代表大会常务委员会工作报告

花溪区人民代表大会常务委员会主任　秦建军

2017 年主要工作

2017 年，在中共花溪区委的坚强领导下，区人大常委会全面贯彻落实党的十八大和十八届历次全会精神，认真学习宣传贯彻党的十九大精神和习近平总书记参加贵州省代表团讨论时的重要讲话精神，以习近平新时代中国特色社会主义思想为指引，全面落实中央、省委、市委、区委重要工作部署，紧紧围绕“六个坚持、六个新跨越”的奋斗目标，构建“七个体系”、建成“七个城市”的全面部署，牢记区委主要领导在区十七届人大一次会议闭幕式上提出“主动勇挑重担，切实服务发展大局”的要求，开拓创新，主动作为，依法履职，各方面工作取得新进展。全年召开常委会会议 9 次、主任会议 21 次，听取和审议“一府两院”专项工作报告 22 项，作出决议 2 项，组织执法检查 2 次、调研视察 18 次、专题询问 1 次，依法任免国家机关干部 53 人次，补选区人大代表 9 名，区十七届人大一次会议交办的 150 件代表建议、批评和意见全部答复完毕。

一、维护核心，贯彻精神，在坚持党的领导上坚定不移

坚持党的领导、人民当家做主、依法治国有机统一是社会主义民主政治发展的必然要求，区人大常委会始终把坚持党的领导作为人大工作的根本保证，体现在人大工作的方方面面。

（一）深入学习贯彻党的十九大精神和习近平总书记参加贵州省代表团讨论时的重要讲话精神。 把学习贯彻党的十九大精神和习近平总书记参加

贵州省代表团讨论时的重要讲话精神作为首要政治任务，通过常委会党组（扩大）会议、常委会会议、主任会议、领导干部职工大会、主题党日活动、代表小组活动、代表学习培训等形式，并采取常委会主任、副主任到联系乡（镇）、社区和在人大系统宣讲等方式，营造学习宣传贯彻良好氛围，持续掀起学习宣传贯彻热潮。

（二）坚持把党的领导作为人大工作的根本保证。牢固树立“四个意识”，坚定“四个自信”，坚持以习近平新时代中国特色社会主义思想武装头脑、指导实践、引领工作，坚决维护习近平总书记的核心地位，坚决维护以习近平同志为核心的党中央权威，始终在思想上政治上行动上同党中央保持高度一致，始终把党的领导贯穿于人大工作的方方面面、时时处处，做到党的领导与依法履职有机统一，做到自觉接受区委领导，确保正确政治方向。

（三）认真贯彻落实区委的决策部署。区委一直以来高度重视人大工作，把加强和改进人大工作放在重要位置。区委常委会议定期听取区人大常委会党组、区人大常委会工作汇报，支持区人大常委会开展调研视察、执法检查、专题询问、代表培训等工作。区委主要领导多次就人大工作作出指示和批示，为全区人大工作指明方向。区人大常委会党组认真贯彻落实区委的决策部署，凡属重大问题或重要工作及时向区委请示报告，切实把区委要求作为加强和改进工作的标准，确保做到在思想上与区委同心、目标上与区委同向、工作上与区委同步。

（四）切实发挥区人大常委会党组的领导核心作用。坚持重大决定和重要工作由党组会议讨论研究，坚持党组成员带头贯彻执行党的路线、方针、政策，全年召开党组（扩大）会议 29 次，研究事项 90 余项，确保党组把方向、管大局、保落实的作用得到全面发挥。

二、把握要求，突出重点，在依法履职上务实作为

一年来，区人大常委会坚持以人民为中心的发展理念，认真履行宪法与法律赋予的职责，围绕大扶贫、大数据、大生态三大战略行动实施和公平共享创新型中心城市、全域文化旅游创新区、以大数据骨干企业为导向的经济转型发展先行区建设等中心工作，突出重点工作和民生问题监督，依法任免国家机关工作人员，努力提升履职实效。

（一）抓好换届选举，圆满完成选举任务。在区委的正确领导和有力支持下，2017 年 1 月，组织召开区十七届人大一次会议，依法选举产生新一届区人大常委会主任、副主任、委员，区人民政府区长、副区长，区人民法院院长、区人民检察院检察长，花溪区出席贵阳市第十四届人民代表大会代表，圆满完成区乡人大及“一府两院”换届选举工作。

（二）围绕中心工作，努力提升监督实效。坚持把全区中心工作纳入区人大常委会监督重点，综合运用多种方式，依法开展监督，促进工作落实。

一是关注脱贫攻坚，助推大扶贫战略行动实施。按照决胜脱贫攻坚战略部署，结合人大工作职责，组织开展《贵州省大扶贫条例》执法检查、“溪南十锦”建设情况视察，深入查找执法和建设中存在的问题和困难，提出进一步强化法规执行和推进项目建设的建议，确保条例“落地生根”，助推农旅深度融合，为高一格、快一步、深一层推进大扶贫战略行动提供法律保障。

二是关注大数据发展，助推大数据战略行动实施。把监督大数据发展应用作为助推大数据战略行动实施的有力抓手，认真开展《贵州省大数据发展应用促进条例》执法检查。精心组织市人大花溪代表组视察溪云小镇建设情况，提出加强和改进工作的意见建议，为我区大数据发展应用凝智聚力。

三是关注环境保护，助推大生态战略行动实施。以助推生态建设为工作重点，组织区人大常委会组成人员视察大水沟、养牛大沟、洛平大沟治理情况以及“千园之城·百园之区”建设情况，听取和审议区人民政府关于环境保护工作的情况报告，针对中央环保督察组反馈的问题和环保工作中的热点难点问题首次开展专题询问，确保环保法律法规得到贯彻执行、大生态战略行动得到有效实施、全域文化旅游创新区重点项目得到强力推进。

四是关注经济建设，助推经济社会健康发展。针对新时代经济发展面临的新形势和新要求，区人大常委会在深入实地开展调研视察的基础上，听取和审议区人民政府关于2016年财政决算和审计工作报告、2017年上半年国民经济和社会发展计划、预算执行情况报告，审查和批准2016年财政决算草案和2017年预算调整草案，听取和审议区人民政府关于供给侧结构性改革推进情况的报告、国资管理公司和旅文公司国有资产经营管理情况的报告，及时提出产业发展、项目建设、国资管理等方面意见建议，为保障经济规范运行、促进国有资产保值增值作出积极贡献。

五是关注违建治理，助推发展环境持续改善。按照区委主要领导要求，区人大常委会成立违法建筑治理调研工作组，先后召开6次座谈会，采取个别访谈、考察学习、查阅法律法规等方式，深入15个乡（镇）、社区及其村（居）实地调研，分析研究存在问题，找出根本原因，提出对策建议，为区委决策提供参考。在此基础上，听取和审议区人民政府关于违法建筑治理工作情况的报告，从组织领导、职责权限、协调联动等方面提出意见建议，有力助推全区违法建筑治理工作。

（三）聚焦民生福祉，切实回应群众期盼。坚持把以人民为中心的发展理念贯穿于人大工作的各个环节，紧盯人民群众普遍关心的热点难点问题，强力开展监督。

一是强化实事办理监督，提升群众获得感。把区人民政府承诺实事列为监督重点，组织区人大常委会组成人员对办理情况开展专题调研，督促政府及有关部门加强组织领导，强化目标管理，严格责任落实，及时解决实事办理过程中的具体问题，努力完成既定目标任务，确保实事办好、实事办实。

二是强化教育卫生监督，提升群众幸福感。针对“上学难、看病贵”等问题，区人大常委会对我区教育经费使用和新建楼盘配套建设学校情况进行专项检查，对政府贯彻执行《贵阳市人大常委会关于依法推进教育立市战略实施的决定》情况、义务教育阶段“大班额”情况进行调研，积极建言献策，促进“上学难”问题加快解决。对全区卫生工作开展情况及卫生基础设施建设情况进行检查，组织代表参加区人民政府“看病难、看病贵”座谈会，提出健全人才激励机制、完善基层卫生设施、加快新建项目进度、保障建设资金落实等意见建议，助推医疗卫生事业发展，促进教育卫生水平提高。

三是强化禁毒工作监督，提升群众安全感。禁毒工作事关人民群众身心健康，事关社会治安，区人大常委会把禁毒工作监督纳入年度工作要点，组织开展会前调研活动，听取和审议区人民政府禁毒工作情况报告，提出完善工作机制、整合社会力量等建议，有力助推禁毒人民战争开展。

（四）加强法律监督，强力推进依法治区。围绕民主法治建设，区人大常委会会议听取和审议区人民政府依法行政工作情况报告、区人民法院司法体制改革以来人民陪审员工作情况报告、区人民检察院近年来查处民生资金案件情况报告，督促政府依法行政、“两院”公正司法，推动依法治区工作不断深入。

（五）严格法定程序，依法进行人事任免。坚持党管干部和人大依法任免干部的有机统一，进一步规范拟任命人员任前法律知识考试、与区人大常委会组成人员见面、供职发言、颁发任命证书、向宪法宣誓等任免工作程序。在按年度计划召开区人大常委会会议的基础上，增开3次常委会会议，及时按程序任免国家机关干部。全年组织5批次拟任命干部任前法律知识考试，依法任免国家机关干部53人次，组织宪法宣誓33人次，为“一府两院”工作开展提供组织保障。

三、强化措施，创新载体，在发挥代表作用上主动作为

尊重代表主体地位，充分发挥代表作用，是坚持和完善人民代表大会制度的内在要求。区人大常委会坚持把密切联系代表、发挥代表作用作为提高人大工作水平的一项重要措施，改进工作方法，营造履职环境，激发履职热情，推动代表工作更加富有成效。

（一）加强学习培训，提高代表履职能力。一是拟定《花溪区人大常委会五年代表培训规划》和年度培训计划，确保培训工作有序推进。二是举办以学习党的十九大精神和习近平总书记参加贵州省代表团讨论时的重要讲话精神、城乡“三变”改革、监督法、代表法、大扶贫条例及财政预算知识等为内容的专题培训班共6期，培训人数达710人次，提高了代表综合素质。三是为代表订阅之江新语、省第十二次党代会精神内容摘要、人大论坛、花溪人大内刊等学习资料，让代表多角度多途径知政知情，进一步提升代表履职能力。

（二）创新履职载体，拓宽代表履职平台。一是坚持邀请代表列席区人大常委会会议和参加调研视察等活动，保障代表知政权、知情权、监督权。二是实行区人大常委会组成人员联系代表制度和代表联系选民制度，解答代表、选民提出的问题，解决代表、选民存在的实际困难，促进代表积极履职。三是组织全区各代表组结合实际，有针对性地开展小组活动3次，并向代表发出脱贫攻坚倡议书，号召代表积极参与脱贫攻坚工作，发挥代表在脱贫攻坚中的作用。四是开展市人大花溪代表组活动2次，围绕大扶贫、大数据、大生态三大战略行动，到溪云小镇、燕楼垃圾焚烧发电厂等地开展视察，让代表多角度、多层次了解全区发展形势，积极建言献策。

（三）完善工作机制，规范代表履职行为。一是建立代表工作台账，记录代表学习培训、提出批评建议等履职情况，增强代表的履职责任。二是制作代表履职工作手册及代表证，让代表持证履职，推进代表履职规范。三是完善区人大代表辞职制度、区人大代表向选民述职制度，进一步规范代表管理。

（四）注重监督实效，认真督办批评建议。一是及时梳理汇总代表批评建议150件，召开专题会议交办，明确承办单位、责任人和办理期限，确保办理责任得到落实。二是明确常委会督办件3件、主任督办件12件，推动重点难点问题解决。三是采取连续跟踪督办、召开专题会集中督办、“回头看”机制查缺补漏等方式，强力推进代表批评建议办理。一年来，代表批评建议答复率达100%，满意率达100%。

四、开拓思路，精准发力，在探索监督方式上扎实作为

区人大常委会坚持以探索监督方式为主线，以提高监督实效为目标，开拓思路，创新作为，推动我区人大工作不断取得新突破。

（一）启动专题询问，监督工作获得新提升。区人大常委会制定出台专题询问办法，结合中央环保督察要求，以环境保护工作为选题，在精心准备、深入调研、反复讨论和征求意见的基础上，对区生态局、区农业局、区城管局、区市场监管局、区水务局等5个单位开展专题询问。采取问、答、改相结合的方式，对反映出的9个问题跟进监督、追踪问效，有效推进花溪河保护、餐饮油烟污染防治、花溪养牛大沟治理、农村垃圾污染防治等群众关心关注的热点难点问题的解决，得到区委和区委主要领导的肯定。

（二）强化制度建设，监督工作得到新保障。2017年是新一届区人大常委会的开局之年，也是“制度建设年”。区人大常委会以制度的“废、改、立”作为工作重点，从规范工作程序、加强代表管理等方面，对原有的各项议事规则、规章制度进行了全面修改完善，先后拟定了常委会议议事规则、主任会议议事规则、常委会组成人员联系代表制度等20余项制度，制度体系进一步完善，“以制度管人，按制度办事”的目标初步实现。

（三）探索“外脑”建设，监督工作注入新活力。为汇聚人才资源和智慧力量，推进参政议政、民主监督能力水平提升，区人大常委会把筹建智囊团摆在突出位置，审议通过常委会聘任法律顾问工作方案、常委会组建预算审查咨询专家组工作方案，有针对性地邀请经济、法律、大数据等专业人员，组建法律顾问组和财经专家咨询组，充分发挥其参谋助手作用，提升常委会决策质量。

（四）抓实目标考核，监督工作再上新台阶。为坚持和发展人民代表大会制度，加强和改进全区人大工作，在区委的高度重视和支持下，我区在全市各区（市、县）中首次将人大工作列入年度目标考核，由区人大常委会对各乡（镇）、社区及区人民法院、区人民检察院、区人民政府各部门的人大工作目标完成情况进行考核，进一步增强人大工作权威，凝聚人大工作合力，促进人大工作扎实开展。

五、服从大局，勇于担当，在推进中心工作上积极作为

区人大常委会严格按照区委的安排部署，围绕脱贫攻坚、社会稳定、防汛抗灾、生态文明建设、重点项目建设等工作积极作为，切实发挥参谋助手作用。

（一）勇于担当尽责，积极参与脱贫攻坚工作。区人大常委会切实按照区委部署，扎实开展精准扶贫工作，由常委会领导带队，科级干部积极参与，经常深入联系乡（镇）、社区、村（居）和所包保的低收入困难户，开展蹲点调研，检查指导，已落实帮扶资金93.2万元，尽心竭力为群众办实事、解难事、做好事，支持和帮助联系乡（镇）、社区扎实推进精准扶贫等工作。同时，充分发挥代表与人民群众联系广泛的优势，发动80余名代表参与结对帮扶，助力群众脱贫。认真组织大扶贫条例培训，部分人大代表、各乡（镇）、社区及各部门负责人共213人参训，增强扶贫意识，推动大扶贫战略行动实施。

（二）围绕工作大局，积极参与重点项目建设。区人大常委会、人大机关全体人员以及全体人大代表均全身心参与花溪的大建设，常委会部分副主任分别参加花溪公园提升改造、花溪云上村上下寨地块整治、孟溪路建设、大学城周边环境整治等项目建设，为全域文化旅游创新区建设作出积极贡献。

（三）坚守生态底线，积极参与迎接中央环保督察。区人大常委会积极投身全区生态建设，常委会主任、副主任分赴各自联系乡（镇）、社区指导开展工作并积极落实“河（库）长”“路（段）长”职责，确保环保责任落到实处。认真履行花溪区关于迎接中央环保督察工作方案确定的职责，积极参与环保专班工作，检查督导环境污染整改。开展“6·5”世界环境保护日宣传活动和“6·18”贵州生态日暨“保护母亲河·河长大巡河”宣传活动，助力生态文明建设。

（四）巩固创文成果，积极参与全国文明城市复评迎检。区人大常委会积极参与全区创建文明城市工作，常委会领导以身作则，主动作为，切实履行包保职责。区人大机关参与公共文明引导值守和重点路段宣传引导工作，共出动200多人次，为我市创建文明城市贡献人大之力。

（五）维护社会稳定，积极参与矛盾纠纷化解工作。按照区委统一安排，区人大常委会领导按时进行“大接访”，认真落实包保责任和十九大期间值班制度，一年来，共接访158人次，化解矛盾纠纷41件。常委会有关领导在“一带一路”峰会期间带队赴京开展信访维稳工作，顺利完成了省、市提出的工作目标。区人大机关认真做好区人大信访接待工作，共接访36人次，化解矛盾纠纷8件，为我区的社会和谐稳定发挥了积极作用。

（六）心系群众安危，积极参与防汛抗灾工作。区人大常委会全面落实防汛抗灾工作责任，常委会主任、副主任先后共27次深入联系的乡（镇）、社区和包保的隐患点开展指导工作。人大机关严格执行领导带班值班制度，全体干部职工保持24小时通讯畅通，确保随时响应号召，投入抗灾工作。

六、内强素质，外树形象，在加强自身建设上奋发作为

一年来，区人大常委会始终以“讲政治，守规矩，顾大局，重团结，爱学习，勤调研，多思考，善协调，会统筹，敢创新”为目标，牢固树立“四个意识”，紧紧围绕中心大局，全力推动作风建设，全面提升履职能力，忠实践行责任担当，切实增强履职实效。

（一）加强学习教育，在思想建设中增强政治定力。区人大常委会把思想政治建设摆在首要位置，扎实进行“两学一做”学习教育常态化制度化，全面贯彻落实党的十八大和十八届历次全会精神，认真学习宣传贯彻党的十九大精神和习近平总书记参加贵州省代表团讨论时的重要讲话精神，学习党章党规，学习省、市、区重要会议精神，学习监督法、地方组织法、代表法、立法法等法律法规，坚持学以致用，理论联系实际，着力在真学、真懂、真信、真用上下功夫，进一步深化人大干部对党的领导、人民当家做主、依法治国有机统一的认识，促进人大干部的责任感和使命感明显提升，政治定力和行动自觉显著增强，依法履职、服务大局能力得到强化。

（二）加强作风建设，在实际工作中树立良好形象。区人大常委会严格落实中央“八项规定”精神，努力改进调研视察、执法检查、专题询问、跟踪督办等工作程序，规范公务接待，减少“三公”经费支出，持续推进“四风”整治。一年来，修订完善请销假制度、接待工作管理办法等机关管理制度10余项，做到用制度管事、管人，不断强化机关的廉洁作风和工作作风，有力地推动常委会各项工作依法、规范、有序开展。

（三）加强工作交流，在互相学习中提升能力水平。区人大常委会坚持把加强对外交流作为创新人大工作的重要途径，组织班子成员及机关干部带着课题外出考察、上门请教，吸纳借鉴成熟的工作经验。一年来，先后在省人大培训中心组织代表开展专题培训，并先后赴西安交通大学、白云区、乌当区、平坝区等地学习制度建设、法律监督、预算审查、城乡“三变”等工作经验，与省内外28个兄弟区（县）人大进行交流，拓宽工作视野，学习先进经验，提高工作水平。

（四）加强工作联系，在上下互动中提升工作水平。区人大常委会适时向上级人大汇报工作，主动接受上级人大的工作指导，积极参与上级人大组织的各类活动，协助省人大常委会筹备《贵州省古茶树保护条例》新闻发布会，在上下互动中不断提升自身业务水平。认真贯彻落实贵州省乡镇人大工作条例，积极开展基层人大工作和建设调研，对人大主席和乡（镇）、社区人大工作者进行全面培训，指导和支持乡（镇）、社区完善人大工作制度，坚持邀请乡（镇）人大主席列席常委会会议和参加常委会组织的视察调研等活动，提升基层人大工作水平。

（五）加强对外宣传，在塑造形象中展示精神风貌。区人大常委会广泛宣传人大制度，鼓励机关工作人员踊跃向各级各类媒体投稿。一年来，向省人大、市人大、区委办、区新闻信息中心报送信息达120余篇，其中在省人大论坛上发表2篇，在《贵阳日报》上发表5篇，被贵阳“两学一做”学习教育云平台采用12篇，得到区委主要

领导的肯定性批示 4 篇，广泛宣传区人大工作动态。通过花溪人大内刊和花溪人大微信公众号，宣传中央、省委、市委、区委的重要会议精神，宣传区人大常委会及代表履职情况，展示人大干部良好的精神风貌。

各位代表，回顾过去的一年，区人大常委会所做的工作和取得的成绩，是在市人大常委会精心指导下，在中共花溪区委坚强领导下，在“一府两院”和乡（镇）人大、社区密切配合下，在全区各族人民和社会各界大力支持下，全体人大代表、常委会组成人员及人大工作者共同努力的结果。在此，我谨代表区人大常委会向所有关心、支持、帮助人大工作的同志们、朋友们，表示崇高的敬意和衷心的感谢！

回顾过去的一年，我们清醒地认识到：区人大常委会的工作与宪法和法律赋予的职责相比，与党和人民群众的期望相比，还存在差距，主要是：人大工作者的能力和水平还需进一步提升，人大代表履职意识和作用发挥有待进一步加强，监督检查工作针对性和实效性尚需进一步提高。对此，区人大常委会将高度重视，认真研究，努力克服，不断完善。

2018 年主要任务

各位代表，2018 年是贯彻党的十九大精神的开局之年，是全面建成小康社会的关键之年，区人大常委会工作总的指导思想是：以习近平新时代中国特色社会主义思想为指引，认真学习贯彻党的十九大精神和习近平总书记参加贵州省代表团讨论时的重要讲话精神，深入贯彻落实省委十二届二次全会、市委十届三次全会及区委十一届三次全会精神，在区委的坚强领导下，牢记“在贵阳市建设公平共享创新型中心城市新征程中承担新使命、展示新作为”的嘱托，围绕公平共享创新型中心城市和全域文化旅游创新区建设，坚持以人民为中心，聚焦全区人民的诉求关切，认真履行宪法和法律赋予的职责，充分发挥地方国家权力机关作用，奋力在新时代展现人大新作为。

一、坚持党的领导，在提高政治站位上展现新气象

党的领导是人民当家做主和依法治国的根本保证。一要坚决维护习近平总书记的核心地位，旗帜鲜明地拥戴核心、服从核心、捍卫核心、对标核心，真正做到党中央提倡的坚决响应、党中央决定的坚决执行、党中央禁止的坚决不做，始终在思想上政治上行动上同党中央保持高度一致，以实际行动践行对党的忠诚。二要坚持党对人大工作的全面领导，凡属重大问题或重要工作及时向区委请示报告，凡是区委的决策部署都不折不扣贯彻落实，时刻跟区委保持一致。三要把思想和行动统一到市委建设公平共享创新型中心城市，区委在贵阳市建设公平共享创新型中心城市新征程中承担新使命、展示新作为的决策部署上来，谋划新思路，开启新征程，续写新篇章。四要率先垂范、以上率下，充分发挥人大代表联系群众广泛的优势，大力宣传党的先进性和纯洁性，积极引导人民群众响应党的号召，最大限度激发全区人民干事创业的热情和干劲，加快打造全域文化旅游创新区和以大数据骨干企业为导向的经济转型发展先行区。

二、完善工作机制，在提升监督实效上力图新成效

坚持在法律法规的框架内，以创新作为加强监督和提升监督实效的主要路径。一要健全完善监督工作制度。以监督法为依据，学习借鉴其他地区的先进经验和做法，结合我区的人大工作实际，从完善议事规则入手，规范议事流程，提高议事和审议质量。建立完善监督工作制度，形成一套科学性、操作性强的工作机制，切实提升监督实效。二要多形式开展监督。围绕区委的决策部署，选准选精监督重点，在视察、调研、审议

工作报告的基础上，按照区委主要领导关于专题询问“要形成常态”的要求，适时开展工作评议、专题询问，综合运用多种监督方式，把“柔性”监督与“刚性”监督结合起来，把事前、事中和事后监督结合起来，加强对“一府一委两院”监督，及时向区委汇报监督情况，确保区委的决策部署落细落小落实。三要加强监督事项的调查研究。坚持以调查研究为基础，以充分听取广大群众意见为依据，以全面掌握实际情况为前提，认真开展监督工作，确保提出的意见建议针对性强、操作性强、助推性强，提高监督质量。

三、对标中心工作，在精准监督内容上突出新重点

围绕区委的决策部署和“一府一委两院”的工作重点，拓展监督覆盖面，全方位、多角度开展监督。一要在建设公平共享创新型中心城市中展现新作为。把脱贫攻坚工作、生态文明建设、大数据发展与应用、民生保障和改善、城乡“三变”改革等和公平共享创新型中心城市息息相关的工作作为监督重点，适时开展监督，助力工作落实。二要在乡村振兴战略上展现新作为。围绕“组组通”“旅游环线”“乡村旅游”等项目建设，用切实有效监督方式，助推乡村振兴战略实施。三要在经济监督上展现新作为。认真开展“十三五”规划中期评估，积极探索预算监督延伸到部门的路径办法，扎实进行预算联网监督调研等准备工作，切实加强对政府性债务、产业结构调整的监督，促进经济持续健康发展。四要在民生监督上展现新作为。针对群众普遍关心的停车场建设、棚户区改造等民生问题，认真开展监督，督促问题解决。五要在法律监督上展现新作为。听取和审议政府依法行政、“两院”公正司法的报告，加强公共法律服务体系建设，严格执行区人大常委会规范性文件备案审查规定，推进依法治区。

四、充分反映民意，在决定重大事项上谋求新作为

积极探索重大事项决定机制。一要紧紧围绕花溪发展定位，聚焦群众关心的热点难点问题，按照法定职责，依法行使重大事项决定权。二要准确把握稳中有进的工作总基调，听取和审议区人民政府国民经济和社会发展计划执行情况，财政预算执行及审计情况，农村改革、农业发展、农民增收、扶贫开发以及重大涉农政策的贯彻实施情况等报告，作出决议决定。三要不断提高常委会讨论决定重大事项的质量，完善决议决定起草、论证、审议机制，及时把区委的重大决策部署转化为“一府一委两院”和群众的共同行动，当好区委的助手，“一府一委两院”的鼓手，为区委分忧，为“一府一委两院”加油。

五、强化服务保障，在发挥代表作用上探索新举措

坚持以加强和完善代表工作为突破口，不断创新代表工作方法，搭建代表活动平台，激发代表履职激情。一要进一步加强培训。严格执行代表学习培训规划，加强代表培训，着力提高代表依法履职的能力和水平。二要进一步完善代表工作机制。健全完善邀请代表列席区人大常委会会议、参加重要活动以及常委会组成人员联系代表等制度，加强与代表的沟通联系，不断拓宽代表知情参政渠道，保障代表依法履职。三要进一步加强人大代表履职平台建设。加强区、乡两级人大代表履职平台建设，推进闭会期间代表履职活动常态化、规范化，更好地发挥人大代表在维护社会稳定、促进经济发展中的作用。四要进一步探索建立代表履职激励机制。采取选树代表履职典型、宣传代表履职事迹等方式，让后进代表认识先进、赶超先进，激发广大代表履职动力。五要进一步强化代表批评建议办理。进一步建立健全代表批评建议办理工作机制，加大对交办、办理、答复等各个环节的跟踪监督，推动落实率的

逐步提高，全面激发代表履职热情。

六、加强自身建设，在提高履职能力上取得新成绩

紧紧围绕省委常委、市委书记李再勇提出的党员领导干部要“强化五种思维，锤炼八大本领”的要求，以提高区人大常委会自身领导水平和执政能力为落脚点，切实加强自身建设。一要加强思想建设。认真开展“不忘初心、牢记使命”主题教育活动，持续推进“两学一做”学习教育常态化制度化，深入学习贯彻党的十九大精神和习近平总书记参加贵州省代表团讨论时的重要讲话精神，学好用好《习近平谈治国理政》第二卷，提高政治站位和政治觉悟。二要全面推进从严治党。坚定执行党的政治路线，严格遵守政治纪律和政治规矩，严格执行新形势下党内政治生活若干准则；用习近平新时代中国特色社会主义思想武装头脑，坚定理想信念，解决好世界观、人生观、价值观这个“总开关”问题；加强常委会机关党组织建设，把机关党总支、党支部打造成宣传党的主张、贯彻党的决定、团结动员群众、推动改革发展的坚强战斗堡垒。三要切实加强党风廉政建设。严格执行党风廉政建设责任制，将党风廉政建设承诺落到实处，认真组织开展党风廉政层层约谈，实行党风廉政风险清单管理，突出抓好风险防控，强化督查问责，以“谈心谈话”形式督查机关干部党风廉政意识情况，以“交流汇报”形式督查干部深入基层调研情况，以“回头看”形式督查各项规章制度执行情况，营造风清气正氛围，推动党风廉政建设工作不断深入。四要持续推进作风建设。旗帜鲜明反对“四风”，严格执行中央八项规定、省委十项规定、市委二十九条实施细则及区委相关规定，发扬苦干实干加油干的精神，提高执行力和落实力。五要深入开展调查研究。坚持调查研究与区委中心工作相结合，与群众关心的热点难点问题相结合，由区人大常委会主任、副主任领题，带着问题、带着责任、带着感情下去，集中精力钻研摸透实际问题，找出不足和短板，积极思考对策建议，做到问政于民、问需于民、问计于民。六要稳步推进相关工作机构的建立。按照省、市人大的要求，努力争取各方支持，依法设立法制专门委员会和财经专门委员会，夯实我区人大工作基础。七要重视对外交流。进一步加强和省内外区（县）人大交流，学经验，找差距，补短板。进一步加强对乡（镇、社区）人大工作的联系和指导，不断提升全区人大工作水平。

政协花溪区第九届委员会常务委员会工作报告

花溪区政协主席　宋　力

一、过去一年的工作回顾

一年来，花溪区政协在中共花溪区委领导下和市政协指导下，坚持团结和民主两大主题，充分调动广大政协委员的积极性和主动性，紧紧围绕省委十二届二次全会、市委十届二次全会、区委十一届三次全会精神，围绕同步全面建成小康社会、开创百姓富、生态美的三大目标，围绕区委、区政府为民办实事重大民生工程，认真履行政协三大职能，为促进全区经济社会和谐发展作出了积极贡献。按照区委要求，制定2017年主席会督办提案协商计划；专门委员会调研工作计划和视察工作计划；专委会跟踪督办民主监督计划；拟定《花溪区关于进一步加强政协民主监督工作的实施意见》，完善了提案办理、委员履职、政协党组中心组专题学习等多项制度，政协事业呈现出团结奋进、民主和谐、创新发展的良好局面。

（一）认真学习贯彻十九大精神，坚持党对政协工作的领导

区政协通过党组中心组学习、举办常委会专题学习讲座、主席专题会、委员专题培训等多种形式，深入学习宣传贯彻党的十九大精神，把思想和行动统一到习近平新时代中国特色社会主义思想上来，进一步增强“四个意识”，把党的十九大报告提出的对人民政协工作的新要求作为最重要的遵循。着力统一思想，提高站位，充分认识党的十九大精神的重大意义。按照区委统一要求，区政协党组成员和副县级领导干部深入到自己所联系乡镇、社区开展十九大报告的宣讲活动，结合政协工作，把贯彻落实省、市、区党代会提出工作任务，作为政协工作目标，牢牢把握党在新时代的历史使命，不断增进思想共识，巩固履职基础，积极引导全区政协各参加单位和全体委员

在坚持中国特色社会主义道路、理论体系和制度上达成共识，在全面建成小康社会和实现中华民族伟大复兴的宏伟目标上坚定信念，在全面深化体制改革的进程中合力而为，在建设花溪全域文化旅游创新区和以大数据骨干企业为导向的经济转型发展先行区过程中凝聚智慧和力量。同时，围绕大扶贫、大数据、大生态三大战略行动，以及区委确定的“加快建成全域文化旅游创新区”这一奋斗目标，研究制定区政协2017年工作要点和区政协2017年度协商计划，切实把中央、省、市、区的要求体现到全区政协工作的各个方面。

（二）认真完成换届工作，不断强化队伍建设

根据市委、区委关于区县换届选举工作的部署要求，区委成立选举领导小组，制定选举方案、选举办法，精心组织，周密部署，经过多层次、全方位协商，推举出政治素质较高、参政议政能力较强、热心政协工作的211名政协委员，组成强有力的政协委员队伍。同时，选举产生政协花溪区第十届委员会领导班子和常务委员会组成人员，实现了区委提出的政治坚定、作风廉洁、工作高效的新一届区政协领导班子组织工作目标。

在政协花溪区第十届委员会第一次全体会议期间，政协委员审议通过了政协花溪区第九届委员会常务委员会工作报告和提案工作情况报告。列席了区人大十七届一次会议，听取并讨论了《花溪区人民政府工作报告》《花溪区2016年国民经济和社会发展计划执行情况及2017年计划草案报告》《花溪区2016年综合财政预算执行情况及2017年本级综合财政预算草案》及其他相关报告。全体政协委员以饱满的政治热情、高度的政治责任感和强烈的历史使命感，紧紧围绕打造国家级全域文化旅游创新区和以大数据骨干企业为导向的经济转型发展先行区这个主题，积极议政建言，共商发展大计。

（三）认真履行政协职能，不断加强民主建设

1. 会议协商议政。召开全体会议、常委会议、主席会议、专委会专题协商会议等协商议政共商区情。一年来，区政协召开1次全体会议、1次常委会组成人员专题学习贯彻十九大报告会、4次常委会议、1次主席督办重点提案民主监督会、13次主席会议、4次党组全面从严治党主体责任专题会议，就花溪区经济社会发展的重大问题和涉及群众切身利益的热点、难点问题广泛协商，谋科学发展大计，献睿智务实良策。

2. 强化提案督办工作。区政协十届一次全会以来，共收到提案109件，社情民意3件，经审查立案109件。全会结束后，区政协及时启动重点提案遴选工作，组织召开提案交办会议，与区政府签订提案交办书，交由涉及的乡（镇）、社区及区属部门办理，并从中挑选3件作为主席会督办提案、5件作为专委会跟踪督办提案，分别由主席、副主席和5个专委会进行跟踪督办，确保提案办理取得实效。区政协对《关于恢复重建“花溪”碑的建议》（第55号提案）进行专项督办。政协委员通过实地查看、座谈讨论等方式，就恢复重建“花溪”碑工作提出意见建议。提案承办牵头单位区文广局高度重视提案办理工作，对委员提出的意见建议进行认真梳理，启动恢复重建工作，传承花溪历史文化。针对3件主席会督办提案，专题召开主席督办民主监督会进行督办。区人民政府、法制办、三家承办单位、政协委员提案人、相关协办部门督办，积极有效督办提案的落实。

3. 认真开展环保督察。按照上级的工作要求，区政协党组积极协助和参与区委、区政府完成中央环保督察各项工作任务，研究制定《区政协环保督查制度》，组织区政协全体干部职工学习贯彻省、市、区关于中央环保督察相关工作会议及生态文明建设和环境保护相关政策、文件精神，要求做到以身作则、率先垂范，并根据《花溪区（经开区）全面推行河长制实施方案》文件要求，区政协主席、副主席对各自担任的河段“河长”、水库“库长”工作高度重视，认真履行工作职责，

组织带领相关部门负责人深入一线开展环境督查，对发现的中铁八局拟拦腰截断石板镇芦荻河段等问题，及时提出整改意见，意见得到落实，完成区委、区政府交办的工作任务。

4. 全力维护社会稳定。积极投身“一号工程”，一年来，区政协班子成员共参加大接访活动30余次，按照区委统一部署，为认真做好花溪区十九大期间各项维护稳定工作，区政协主席、副主席深入自己所联系乡镇、社区开展维稳工作，一名副主席带队到北京开展维稳，为维护全区经济发展和社会稳定作出了积极努力。同时，全力做好百日攻坚矛盾纠纷排查。按照区委统一安排部署，区政协主席及各位副主席对涉及包保信访案深入到工作第一线，督促检查和具体落实维稳工作。积极参加县级领导干部联系乡镇、社区活动，帮助基层和群众解决实际问题。

5. 积极探索深化改革。为深入贯彻中共中央深化体制改革的精神，落实省、市、区关于全面深化体制改革相关工作要求，按照区委全面深化体制改革领导小组的安排部署，区政协党组高度重视，专门成立区政协全面深化体制改革领导小组和深改办，研究制定《花溪区政协深化体制改革工作计划》，认真起草《花溪区关于进一步加强政协民主监督实施意见》和《关于深化花溪区政协健全委员联络机构，完善委员联络制度工作改革的实施方案》等文件，进一步规范政协民主监督程序、拓展监督渠道、创新监督方式，进一步改进履职方式、提高履职能力、增强履职实效，切实把改革创新精神贯穿到履行政协职能的各方面和全过程，着力提升履职能力，努力在我区经济社会发展中发挥更大作用。

6. 整合资源扶贫帮困。按照全省深度贫困地区脱贫攻坚工作推进大会精神，区政协党组认真按照区委、区政府战略行动总体要求，多次深入贫困户家中调查研究，与贫困户共商产业扶贫措施，挤出有限办公经费30余万元对45户低收入困难户进行资金扶持，对困难户、居住条件进行改善，切实把帮村扶贫工作落到实处。协助市政协积极做好北京市朝阳区政协到我区高坡乡开展扶贫帮困活动，北京市朝阳区政协向高坡乡中心完小捐赠价值12万元的青少年读物，并为高坡乡中心完小“乐童之家”图书室进行揭牌，帮助高坡乡中心完小学生拓展视野、提升综合素质。积极开展智力支边、助学支教、节日慰问等社会服务工作。协调民盟贵阳市委到我区溪南中学开展“烛光行动”高考考前心理辅导培训，共520余名高三毕业生参加，活动反响热烈。积极协调市智力支边办在我区久安乡中心完小设置书画室、在吴山村诚兴学校设置茶文化室，关心关爱青少年成长，加强久安茶乡文化推广传承。协调市智力支边办帮扶资金14万元，作为久安乡打通村28户低收入困难户入股合作社的股金，帮助久安乡打通村发展林下食用菌种植，带动低收入困难户脱贫致富。协调市工商联、市侨联、民盟贵阳市委、民建花溪区总支帮扶多名贫困大学生和中学生，发放助学金共计3.4万元。帮助久安乡开展林下食用菌种植技术培训，发放价值1万余元科普书籍100余册。

按照市委、区委驻村帮扶工作要求，区政协党组高度重视，选派一名主任科员到石板镇花鱼井村任“第一书记”，帮助开展后进村党组织清理整治和帮村扶贫工作，通过创新工作机制、完善各项制度、发展集体经济，切实加强村基层党组织建设工作。创新性制定《花鱼井村不适任村干部劝退办法》，花鱼井村由过去的后进村转变为先进村，得到市委组织部领导高度肯定。截至目前，区政协协调资金150余万元，对该村部分路段共计2050米道路进行硬化建设，帮助1200余名师生和百姓解决了出行难的问题；帮助该村清理、整合村集体闲置土地5余亩，盘活闲置资产出租，每年为村集体经济增收15万元。

（四）认真抓好协商民主，有效助推决策落实

1. 精选课题开展调研。一年来，区政协组织开展专题调研活动5次，形成调研报告5篇，提出25条意见和建议。比如：在调研报告中建议，在花溪公园文化提升改造中，建议恢复建设“借花草堂”别墅，将周奎、周际华等花溪历史名人的事迹、诗文及专家学者研究的成果加以展现，做成花溪公园的一个人文景观，让游客在欣赏花溪公园自然美景的同时，也了解花溪的历史文化。《关于花溪公园文化提升改造的报告》得到区委书记钟阳、区长梅俊充分肯定并作出批示。又比如：要切实抓好政府数据共享开放的工作部署，按照省市工作要求，结合区情实际，扎实做好数据目录、数据收集、数据存储、数据共享开放和数据开发利用等前期基础工作的建议；以特色产业的提升发展为核心，结合花溪独特的地域特征、资源优势，聚焦民俗风情等传统产业和文化，大力开拓“大数据+”、“互联网+”、智慧旅游等新兴产业发展等方面建议，得到区委、区政府领导好评。协助部分省政协委员、民革贵州省委常委到我区开展对社区服务中心工作情况的调研。

2. 围绕中心进行视察。区政协组织开展专项视察活动15次，其中，专委会视察活动10次、委员活动小组5次。形成视察报告和简报15份，向区委区政府提出工作建议50余条。比如：在对花溪区大扶贫攻坚春季攻势工作情况的视察报告中，提出关于加强农旅结合，增强叠加效应；加大美丽乡村建设、农村基础设施建设力度，完善乡村旅游配套服务设施，改善农村生态环境；规划建设乡村旅游环线，培育乡村旅游景观，挖掘农家乐特色餐饮，保护民俗文化，做到乡乡有特色，促进休闲农业与乡村旅游不断发展，推动旅游产业扶贫等建议，有效促进全区乡村文化旅游事业发展。比如：委员活动第三小组开展对贵阳伊科达制衣有限公司关于残疾员工生产、生活情况视察和对花溪特殊教育学校智力障碍、脑瘫及自闭症等残疾障碍适龄儿童教育情况视察。通过现场参观、听取情况介绍、观看员工操作和参观残疾儿童学校学生学习、生活之后，委员们非常感动，深受教育。协助市政协开展对花溪区、经开区三江口尾段、中段以及孟关乡污水处理厂的视察；配合市政协常委会议第三视察组开展对花溪区青岩镇农村基础设施建设六项行动计划、农村环境综合整治情况的视察。

3. 精心组织委员活动。一年来，区政协组织协调委员小组开展对花溪区城市片区公共停车场规划建设及交通拥堵治理工作、花溪区禁毒工作及“阳光就业家园”建设情况的视察活动，对我区交通拥堵治理和禁毒工作提出意见建议，得到区委、区政府主要领导批示。同时，为提高区政协委员参政议政能力，学习外地全域旅游及文化旅游发展经验，区政协于2017年6月19日至24日，组织部分政协委员，赴安徽省徽州区、黟县进行文化旅游专题考察，学习借鉴全域旅游、文化旅游等方面的先进理念和经验，形成考察报告一篇，提出意见建议16条，报区委区政府决策参考。区政协组队参加沪昆高速公路贵昆段沿线政协协作会第十五次年会，围绕“生态产业、绿色发展”进行交流学习。

4. 投身参与项目建设。发挥政协联系面广的优势，充分调动政协委员、各民主党派、工商联和社会各界的积极性、主动性和创造性，区政协主席及各位副主席积极参与全区重大项目建设、文化旅游创新区指挥部及各个区域指挥部相关工作。同时，区政协还积极组织政协委员，加大对全区重大建设项目的视察调研力度，帮助查找重大建设项目实施过程中存在的困难和问题，提出解决问题的办法和措施，为完成区委、区政府交办重大项目建设任务，作出了应有的贡献。

5. 宣传营造工作氛围。区政协借助电视、报刊、书籍、网络等媒体优势，拓展宣传渠道，加大宣传力度，为政协工作营造良好舆论氛围。认

真开展文史资料收集工作，完成《贵阳故事——山里山外贵阳人》《迈向小康——贵阳市“三农”工作发展历程》的征稿工作。积极开展花溪历史名人周奎、周际华有关资料的收集，已收集到“民国”十三年（1924）贵阳文通书局出版的《麟阳周氏房谱》二册，对研究周奎、周际华具有重要的参考价值。一年来，《贵州政协报》刊载区政协工作稿件8篇，其中4篇在头版刊登、4篇在二、三版刊登；在贵州省政协信息网刊载信息5篇；向贵州省政协理论研究学术年会提供学术论文3篇。在贵阳市政协信息网上刊载信息12篇，在花溪区委信息发稿10篇，通过“花溪新闻”播报区政协工作新闻42条，《高原明珠报》、花溪网站宣传报道、《贵州日报》《贵阳晚报》宣传政协工作44篇，编发《政协简报》42期，编印《参政议政》专刊，助推花溪区历史文化的发展。

6. 广泛开展交流合作。一年来，区政协先后接待全国政协副主席马培华、罗富和、马飚，全国政协副秘书长、全国政协致公党中央常务副主席蒋作君，河南省政协、山东省政协、青海省政协、北京市朝阳区政协、北京市朝阳区专家志愿服务队赴花溪区高坡乡开展医疗卫生帮扶活动，香港贵州联谊会考察团、澳门大学考察团等60余个单位和组织共计700余人到花溪调研视察工作，按照省、市政协要求，顺利完成全国政协在花溪召开的“全国暨地方政协民族和宗教委员会工作交流会”各视察点的保障工作，得到全国政协领导，省、市领导好评。为宣传多彩贵州，促进花溪全域文化旅游创新区发展做出积极贡献。特别是在与西宁市城中区政协的交流座谈会上，双方在政协委员队伍管理和政协委员进社区等方面进行了广泛交流，西宁市城中区政协对我区明珠社区在“政协委员进社区”工作中所采取的“四抓四聚”工作法给予了高度评价，一致认为此举对有效推进政协委员进社区工作成效明显，值得借鉴推广。

（五）认真完善自身建设，不断增强主体责任

1. 加强学习提高能力。区政协以建设学习型政协、做知识型干部为抓手，始终把学习贯穿于日常工作中，不断增强学习的针对性和实效性。积极组织全体政协委员、机关党员干部职工深入学习党的十九大和习近平总书记系列重要讲话精神、省委市委和区委全会精神，切实提高政协组织和委员推动科学发展、促进社会和谐的能力，为更好地履行职能奠定坚实的思想理论基础。编发《委员学习手册》第十九辑，为全区政协委员订阅《贵州政协报》，集中购置十九大报告、《习近平谈治国理政》（第二卷），在全会期间分发到全体政协委员，为委员学习提供参考。为进一步加强政协委员队伍建设，研究制定《政协花溪区委员会关于加强政协委员学习培训工作的意见》《政协花溪区委员会2017年度政协委员学习培训工作计划》等文件。举办2017年区政协委员培训班一期，集中对全区220余名政协委员和政协机关干部进行履职培训，提高委员政治素质和业务知识水平，切实做到“懂政协、会协商、善议政”。

2. 推进创新型党组织建设。认真抓好区政协党组全面从严治党主体责任各项工作，大力推进政协机关创新型党组织建设，坚持在政协机关开展每月一次党支部党日活动，组织机关全体党员前往瓮安猴场会议会址参观学习，缅怀革命先烈，重温入党誓词。坚持“三会一课”制度和“两学一做”学习教育常态化制度化，制定区政协机关党支部创新型党组织清单和区政协离退休党支部创新型党组织清单，开展趣味性党总支活动，打造“两学一做”党建文化墙、“书香政协”，把政协机关党组织建设成为善于学习、勇于创新、敢于担当、求真务实、艰苦奋斗、富有活力的战斗堡垒。同时，区政协党组认真贯彻落实省、市、区纪委全会精神及党风廉政相关文件精神，签订区政协2017年党风廉政建设工作责任书和承诺书，严格要求全体党员干部切实增强“四个意识”，坚

持把纪律挺在前面，坚持严于律己坚守底线，坚持“两个主体”责任。认真履行党组任务清单，党员领导干部任务清单，党支部、党员任务清单。

二、过去一年的工作体会

回顾过去一年的工作，在中共花溪区委正确领导下，在市政协正确指导下，区政协常委会认真履行政协工作担当，紧紧围绕区委、区政府统一部署，精准选题、精准调研、精准建言。一年的履职实践告诉我们，做好新形势下人民政协工作，关键是要做到“五个坚持”：

（一）坚持党的领导，强化四个意识。一年来，中共花溪区委高度重视政协工作，钟阳书记深入到政协委员中，广泛听取意见和建议，区委常委会定期听取政协工作汇报，专题研究区政协年度协商计划，为做好新形势下的政协工作指明方向，提供了遵循。区委、区政府主要领导对区政协提案、建议案、协商议政报告、调研视察报告等及时作出重要批示，有力推动了委员履职成果转化落实，极大调动了广大委员的参政议政热情。

坚持中国共产党的领导，既是政协组织的应有之义，更是政治规矩。区政协常委会在政协党组直接领导下，牢固树立“四个意识”，自觉在中共花溪区委领导下开展工作，重大问题及时向区委请示、报告，始终做到与区委同频共振。全区政协事业不断取得新进展、新成效，最根本是源于区委的高度重视和坚强领导。区委把政协工作纳入重要议事日程，区委、区政府主要领导认真审阅区政协2017年协商计划，对报送调研、视察报告认真批示，区委常委会定期听取政协工作情况汇报，充分体现了区委、区政府对区政协工作关心和支持。

（二）坚持紧扣中心，积极协商建言。围绕中心、服务大局是政协履职的第一要务，也是我们一以贯之的工作主线。区政协主动围绕区委战略部署、目标任务、工作重点来谋划和推动全区政协工作，聚焦花溪实施大扶贫、大生态、大数据、大旅游，加快推进“千园之城、百园之区”建设，高一格快一步深一层推进大生态战略花溪十大行动实施重大决策部署，广泛组织委员协商议政，积极建诤言，谋良策，出实招，有力助推区委区政府重大战略的落实。由于我们坚持在选题上聚焦中心，议政上突出需求，建言上强化实效，才使得政协的优势得到充分发挥。

（三）坚持不忘初心，践行履职为民。人民政协来自人民，政协全部工作都是为了人民。一年来，区政协常委会始终关注民生民情，聚焦上学难上好学难、妇幼保健、文化旅游创新区建设、社会治安禁毒、环境保护等民生“十困”问题，通过调研、视察、提案办理、社情民意等方式提出意见建议，推动了一批民生实事办理，传递了党委、政府的关怀，提升了群众的“获得感”“幸福感”。正是由于全区政协委员始终坚持履职为民的初衷，自觉做到政为民所议、言为民所建、力为民所出，才使得政协工作扎根于人民群众之中，获得源源不断的力量支持。

（四）坚持协商民主，着力增进共识。“有事好商量，众人的事情由众人商量，是人民民主的真谛。协商民主是实现党的领导的重要方式，是我国社会主义民主政治的特有形式和独特优势。”这是习近平总书记十九大报告的重要论述。一年来，我们面对人民政协协商民主的新基点、新挑战，在工作中不断创新，积极推动协商民主广泛、多层、制度化建设。根据年初主席会、常委会研究确定协商计划，主动呈报区委、区政府以及区属相关部门，进行民主协商，充分发扬求同存异、体谅包容的优良传统，广泛征求各党派、各界别民主人士的意见和建议，着力增进共识。在区委、区政府领导关心和支持下，我们不断提高人民政协协商民主制度化、规范化、程序化水平，更好协调关系，汇聚力量，建言献策，服务大局。

（五）坚持委员主体，激发履职活力。政协委员是政协履职主体，政协作用发挥在委员，活力展现看委员，事业发展靠委员，委员的责任使命重大。一年来，我们坚持“政协搭台、委员唱戏”，全区政协委员各展所长，各尽所能，在各自岗位上，认真履行政协委员政治责任，用真心、怀真情，把增强人民群众的福祉作为委员履职的出发点和落脚点。可以说，全区政协工作取得的每一项成果，获得的每一项进步，都离不开委员的积极参与，离不开委员的智慧投入，离不开委员的倾情奉献！在此，我代表区政协十届常委会、区政协党组向全区政协委员一年来辛勤工作和支持政协工作的同志们表示衷心感谢！但我们也清醒地看到，我们的工作还有很多不足，比如：民主监督的职能还需进一步加强，民主协商工作机制还需进一步健全，政协调研、视察成果还需进一步转化，委员联络小组指导还需进一步加强，联系服务委员能力还需进一步增强，政协机关效能建设还需进一步提升，都需要在今后工作中认真加以解决。

三、今年工作的打算

各位委员，习近平总书记在党的十九大报告中强调：“人民政协是具有中国特色的制度安排，是社会主义协商民主的重要渠道和专门协商机构。人民政协工作要聚焦党和国家中心任务，围绕团结和民主两大主题，把协商民主贯穿政治协商、民主监督、参政议政全过程，完善协商议政内容和形式，着力增进共识，促进团结。加强人民政协民主监督、重点监督党和国家重大方针政策和重要决策部署的贯彻落实，增强人民政协界别的代表性，加强委员队伍建设。”习近平总书记的重要思想为推进政协事业发展指明了前进方向，提供了根本遵循和广阔舞台。面对新时代、新使命、新思想、新征程，如何贯彻落实习近平总书记重要指示精神，区政协要以十九大精神为引领，围绕省、市、区党代会提出的目标任务，认真践行“懂政协、会协商、善议政”的重要思想，切实履行政治协商、民主监督、参政议政三大职能，团结带领全区广大政协委员和全体政协干部为加快打造创新型中心城市贡献智慧和力量，不断谱写政协事业新篇章。

（一）提高政治站位，坚定正确政治方向。人民政协是中国共产党领导的多党合作和政治协商的重要机构，只有坚持和依靠党的领导，才能正确地履行职能。全区政协委员和机关干部要把加强学习贯彻十九大报告精神，学习贯彻习近平新时代中国特色社会主义思想摆在突出位置，把习近平总书记在报告中对政协工作提出重要指示精神学深学透，进一步增强全体政协委员“四个意识”特别是核心意识、看齐意识。坚定正确政治方向，更加紧密地团结在以习近平同志为核心的中共中央周围，维护中共中央权威和集中统一领导。在中共花溪区委正确领导下，组织开展主题鲜明、形式多样、务实高效的学习活动，及时贯彻好学习好中共十九大报告，把中央、省委、市委和区委的各项决策部署融入到今后政协工作之中。

（二）增强以人民为中心的理念，提高协商议政实效。十九大报告提出：坚持以人民为中心的发展思想，坚持创新、协调、绿色、开放、共享的发展理念。人民政协的主题是团结和民主，围绕中心、服务大局始终是政协找准位置、发挥优势、体现价值的关键所在。人民政协要坚持以人民为中心，以党的领导为核心，充分发挥人民政协作为社会主义协商民主的重要渠道和专门协商机构的作用。在谋划和推动政协工作中，自觉服从和服务于全区工作大局。把市委、区委党代会提出的目标任务落实，作为全区政协委员和干部履职方向和主线。把区委十一届二次全体会议制定《关于全力推进大生态战略花溪十大行动的实施意见》以及区委书记钟阳同志在区委十一届二次全会上“扛起历史使命，强化责任担当，全力推进大生态战略花溪十大行动”重要讲话精神，作为全区政协委员和区政协机关全体干部行动指南。紧紧围绕区委提出到2020年，努力实现率先建成国家全域旅游示范区、国家级旅游度假区、国家级生态工业示范园区；创建国家生态文明建设示范区、国家生态旅游示范区、国家级智能制造示范区；争当以生态为特色的世界旅游名城核心区、城乡“三变”改革创新区和生态文明宣传教育示范区；充分发挥政协人才智慧的作用，不断创新完善协商议政内容和形式，坚持把人民群众的小事当作政协的大事，从人民群众关心的事情做起，从让人民群众满意的事情做起。通过广泛动员组织委员开展调查研究，灵活运用常委会议、主席会议、专委会议、专题协商、提案办理等多种方式，积极建睿智之言，献务实之策。

（三）进一步增进团结民主，凝聚智慧力量。《中国共产党统一战线工作条例（试行）》出台，为强化人民政协统战职责提出新要求。《条例》明确了新的社会阶层人士这一群体，人民政协在进行协商时将这部分人士纳入其中。如何在新时代寻找新的思路、形式和路径，作为政协组织要始终把大团结大联合摆在更加突出的位置，充分发挥人民政协协调关系、汇聚力量、联系面广、包容性强的优势，切实把各方面的智慧和力量凝聚到全区社会各项事业发展上来。要加强与全区各民主党派、工商联的联系，通过定期或不定期召开党派座谈会、协商会、恳谈会、专题会，联合开展视察调研，积极支持各民主党派结合自身优势开展工作，发挥好切实有效的智库作用，为凝心聚力推动全区经济建设、政治建设、文化建设、社会建设和生态文明建设“五位一体”全方位发展作出新贡献。

（四）深入开展调查研究，使政协工作更加贴近基层。政协委员是政协履职的主体，是政协组织肌体的“细胞”。政协委员社会知名度大，关注度高，一言一行都具有影响力和示范性。全区政协委员来自各个界别，代表着各个界别的人民群众参政议政，人民的利益是政协事业的出发点和落脚点。要不忘初心，牢记政协委员使命。要不断强化全区政协委员政策水平、知识理论提高，加大开展政协委员外出培训力度，充分利用全国知名党校、知名高校、全国政协培训中心平台培训政协委员，提升全区政协委员履职能力。全区政协委员要时刻秉持民生民本情怀，牢固树立“人民政协为人民”的理念，切实在思想上尊重群众，在感情上贴近群众，在工作上依靠群众。发挥政协联系各界、委员联系群众的优势，认真开展政协调研视察活动，努力让人民群众真切感觉到政协离自己很近，替民代言，为民建言。全区政协委员要紧紧围绕区委、区政府总体目标任务，围绕人民群众关心关注热点难点问题，带着感情、带着责任，主动深入到全区社区、乡镇、企业、学校体察群众的疾苦，做好民意工作，了解和反映群众的利益诉求，广泛听取意见和建议，做到上情下达，下情上传，让全区人民群众从委员身上不仅感受到政协的温暖，而且感受到党和政府的温暖。

（五）承担新使命，为公平共享创新型中心城市贡献政协力量。中共贵阳市第十届三次全会提出：中共贵阳市市委关于建设公平共享创新型中心城市决定；中共花溪区委、经开区党工委提出：关于在贵阳市建设公平共享创新型中心城市新征程中承担新使命、展示新作为的意见。作为全区政协委员要认真深刻学习领会好贵阳市建设公平共享创新型中心城市的重大意义，围绕市委、区委提出的重大战略部署，积极发挥政协委员民主监督作用，不断创新工作方式和方法，围绕公平共享创新型中心城市建设，围绕“十大民生提升工程”，充分应用政协常委会、主席会、专题协商会等民主监督平台，突出重点增强监督的工作成效。紧紧围绕区委想什么政协就议什么，围绕政府干什么政协就帮什么，围绕群众盼什么政协就呼吁什么。积极深入调查研究，自觉担当起政协委员责任使命。

（六）牢记使命从严治党，加强作风建设。习近平总书记反复强调政协委员要“懂政协、会协商、善议政、守纪律、讲规矩、重言行”。从严治党，作风建设永远在路上。党的十九大报告从党和国家事业全局出发，提出了新时代党的建设总要求，对推动全面从严治党向纵深发展作出新部署。花溪区政协党组，将认真贯彻落实中央、省、市、区全面从严治党精神，在“不忘初心，牢记使命”主题教育中认真履行好党组主体责任和监督责任，牢固树立“四个意识”，不断提高政治站位和政治自觉，以永远在路上的坚韧锲而不舍抓好作风建设，团结带领全区政协委员和机关党员干部，按照“四个坚持”要求：带头讲政治，做维护核心的表率；带头讲大局，做知责谋事的表率；带头讲学习，做勤学善思的表率；带头讲团结，做合作共事的表率；带头讲纪律，做遵章守纪的表率。

中共贵阳市委十届三次全会提出：建设公平共享创新型中心城市，是顺应新时代的新要求。中共花溪区委十一届三次全会提出：加快全域文化旅游创新区和以大数据骨干企业为导向的经济转型发展先行区，需要我们全体政协委员树立新思想、新观念，履行好新职责，在中共花溪区委的坚强领导下，以更加强烈的责任担当，更加昂扬的精神状态，更加务实的工作作风，为加快花溪区社会经济各项事业发展贡献政协力量，担当新使命谱写新篇章。

大事记

一月

1日　贵州省第三次全国农业普查入户启动仪式在花溪区青岩古镇举行。省市区领导刘远坤、任湘生、刘玉海、梅俊、秦永康等出席活动。

6日　花溪区选送的微电影《中国货车》参加贵阳市第三届微电影大赛获一等奖，被中宣部评为三等奖。

4~8日　政协花溪区十届委员会第一次会议在贵州省委党校开幕。会上选举宋力为区政协主席，楚湘黔、张朝洲、张吉林、李瑾、何勇、练余天为副主席，吴硕为秘书长。

5~9日　花溪区第十七届人民代表大会第一次会议在区委党校大礼堂开幕。会议选举秦建军为区人大常务委员会主任，孙剑、王小兵、邹吉鸿、吴治岑、张贵昇、吴小强为副主任；选举梅俊为区人民政府区长，赵代刚、秦永康、张宝祎、管路、袁莉、周印为副区长。

20~24日　经开区党工委书记、花溪区委书记钟阳，区委副书记、区长梅俊等区四大班子领导率队深入部队、乡镇、部门等基层一线开展新春慰问。

二月

10日　贵阳市政府副市长钟汰甬、市政协副主席杜正军到花溪区调研民族村寨和传统村落保护情况。

同日　贵州省委改革办专职副主任、省委法制办副主任郑云跃率队到经开区，就“贵阳市以大数据为引领打造创新型中心城市改革路径研究”课题开展调研。

13日　中共花溪区第十一届纪律检查委员会第二次全体会议暨经开区党风廉政建设工作会召开，经开区党工委书记、花溪区委书记钟阳作重要讲话，会议通过《花溪区纪委常委会工作报告》《花溪区纪委十一届二次全会决议》。

24日　花溪区黄永绂、赵同竹、杨芬获“贵阳市道德模范”称号。

三月

3日　青岩古镇荣膺国家AAAAA级旅游景区揭牌仪式在青岩古镇北门广场举行。市区领导刘文新、王玉祥、钟汰甬、刘刚、钟阳、梅俊、洪兵，花溪文化旅游创新区党工委副书记、管委会副主任孙昕参加揭牌仪式。

7日　花溪区人大召开第十七届人大常委会第一次会议，传达学习市第十四届人大一次会议精神和区第十一次党代会精神。表决通过区人大常委会委员辞职事项和有关人事任命事项；举行宪法宣誓仪式并组织新任职人员宣誓。

9日　贵阳市政协主席王保建率市旅发委、财政局、生态局、农委等市直部门相关负责人，到高坡乡调研精准扶贫工作及农业产业项目建设情况。经开区党工委书记、花溪区委书记钟阳，区政协主席宋力等参加调研。

10日　贵阳市总工会联合区总工会、贵州花溪农村商业银行在天河潭景区举行营造“贵阳市劳模示范林”暨绿色宣传文艺演出活动。贵州省总工会党组书记、副主席杨兴，市人大常委会副主任、市总工会主席李志鹏，区委副书记陈启榆，区政协副主席张吉林等参加植树活动。

24日　政协花溪区第十届委员会常务委员会第一次会议召开。会议传达学习全国政协十二届五次会议、省政协十一届五次会议和市政协十二届一次会议精神；通报《关于政协花溪区第十届委员会主席、副主席、秘书长工作分工的通知》；审议《政协花溪区第十届委员会2017年工作要点》。

29日　恒大集团、恒大旅游集团斥资22.87亿元，在花溪区贵筑社区投资建设包括世界童话主题乐园、度假酒店等项目在内的大型文化旅游综合体。

四月

5日　共青团花溪区委“学习总书记讲话　做合格共青团员”主题演讲比赛举行，各乡镇、社区、机关单位的35名选手参加比赛。

8日　区委副书记洪兵，区委常委、副区长秦永康，副区长周印率区水务、区人社、区旅游、区财政等相关部门负责人前往长顺县代化镇开展对口帮扶工作。

10日　贵阳市道德模范和身边好人事迹巡讲暨现场交流会在花溪区举行，全区机关干部、企业职工、学校师生1000余人聆听巡讲。

同日　由市总工会主办、区总工会协办的贵州省第六届手工制茶技能大赛贵阳地区选拔赛在花溪区久安乡贵茶公司举行，来自贵阳市茶产业的30余名“炒茶高手”参加比赛。

14日　经开区党工委书记、花溪区委书记钟阳到大数据安全示范区项目建设地调研，经开区党工委委员、管委会副主任余大林参加。

27日　经开区党工委书记、花溪区委书记钟阳带领生态、水务、城管、农业、住建等相关部门及石板、贵筑、溪北等乡镇社区负责人实地调研花溪区全面推行河长制工作情况，区政府副区长谭虎、袁莉，花溪国家湿地公园管理处处长李保军参加。

同日　区人大常委会主任秦建军，副主任孙剑、吴治岑率队视察花溪河沿河排污情况，区委常委、区政府副区长韩匡时等参加考察。

30日　由花溪区委宣传部、高坡乡主办，区民宗局等单位协办的“诚信农商·大美高坡苗族四月八”风情节在高坡乡云顶草场举行。

五月

3日　贵阳市委副书记、市长刘文新到花溪区养牛大沟现场督导环保督察问题整改，副市长钟汰甬，区领导钟阳、梅俊、谭虎、袁莉、周印参加督查。

6日　贵阳市委常委、常务副市长陈少荣到花溪区调研环保问题整改及环保项目建设。区领导钟阳、梅俊，花溪文化旅游创新区党工委副书记、管委会常务副主任孙昕，副区长袁莉、周印参加调研。

10日　召开花溪区、经开区领导干部会议，宣布市委有关干部任免职决定。经开区党工委书记、花溪区委书记钟阳宣读市委有关干部任免职决定。

同日　区十七届人大常委会第三次会议召开。会议听取和审议花溪区人民政府关于花溪区国资管理公司、旅文公司国有资产经营管理情况，听取和审议花溪区禁毒工作、违法建筑治理工作情况的报告。

17日　昆明市委常委、市委统战部长杨皕率考察团到花溪区参观考察，交流志愿服务工作。市委统战部副部长向洋，区委常委、宣传部长卢代康，区委常委、统战部长禄竹参加考察活动。

同日　国家质量监督检验检疫总局发布2017年第32号公告，正式命名贵阳经济技术开发区为“全国工程特种车辆及零配件产业知名品牌创建示范区”。

18日　经开区党工委书记、花溪区委书记钟阳到青岩镇山王庙村宣讲贵州省第十二次党代会精神，山王庙村全体党员、青岩镇19个村村支两委主要负责人和青岩镇党政班子成员在现场聆听宣讲。

25日　传化智联中国智能物流大数据（贵阳）中心在花溪区启动。

同日　由中国信息安全测评中心和贵阳市人民政府共同主办，经开区承办的“第三届中国大数据安全高层论坛”在贵阳举行，市政府副市长、市公安局长陈小刚，经开区管委会副主任曾少军等参加论坛。

26日　中国社会科学院2017发展中国家治国理政总统顾问研讨班到青岩古镇参观考察，区委常委、组织部长张瑜参加。

同日　2017年中国国际大数据产业博览会花溪区系列活动之一的招商项目签约仪式举行，区领导梅俊、秦建军、宋力、卢代康、禄竹、张瑜，花溪文化旅游创新区党工委副书记、管委会常务副主任孙昕等出席。

31日　贵州省省委书记、省人大常委会主任陈敏尔到天河潭景区、久安现代高效茶叶示范园区，调研旅游业和绿色农产品发展情况，省委常委、省委秘书长李再勇等参加。

六月

1日　花溪区委常委、经开区党工委全体（扩大）会议召开。会议传达学习贯彻落实贵州省委书记、省人大常委会主任陈敏尔有关指示精神及市委常委（扩大）会议精神，陈敏尔调研花溪区时重要指示精神及贵阳市委、市政府专题会议精神，对做好相关工作进行安排部署。

同日　区委、区人大、区政府、区政协领导到各小学、幼儿园慰问。

7日　民革贵州省委常委李晓松率队到花溪区调研基层社区建设工作，贵阳市政协副主席殷勤、区政协主席宋力参加。

14日　贵州省省级示范幼儿园专家评估组对花溪区第四幼儿园进行第二次评估，区委常委、统战部长禄竹参加专家反馈会。

19日　全国人大财经委副主任委员李学勇率队到经开区调研大数据安全产业园建设，贵州省人大财经委主任委员丁治学，经开区党工委书记、花溪区委书记钟阳，经开区党工委委员、管委会副主任余大林等参加。

20日　经开区党工委书记、花溪区委书记钟阳率区生态、水务、城管、农业、住建等相关部门及社区负责人对花溪河开展巡河检查。区政府副区长张宝祎，花溪文化旅游创新区党工委委员、副书记李保军参加巡查。

25日　贵州省政府副秘书长樊新中率省民政厅、省水利厅、省教育厅等负责人到高坡乡云顶村孟耳水库现场指导花溪区防汛抗灾工作，市区领导刘玉海、钟阳、周印参加考察。

28日　区政协主席宋力、副主席张吉林率部分政协委员视察花溪区实施“阅读引导”工程，推动“书香花溪”建设工作。

七月

1日　贵州省国土资源厅副厅长王赤兵、贵阳市政府副秘书长杨鹏率队到花溪区督查地质灾害防治工作。区委常委、区政府副区长秦永康参加。

5日　市政协主席王保建、市政府副市长刘玉海率队到高坡乡调研精准扶贫工作，区领导梅俊、宋力、秦永康、周印、练余天参加。

9日　贵阳经开区党工委书记、花溪区委书记钟阳，到高坡乡调研“三变”改革、脱贫攻坚等工作，并看望慰问困难党员，区产业园区管委会常务副主任、区委办主任安中发参加。

14日　区人大常委会组织召开近年来查处民生资金案件情况专题调研座谈会，区人大常委会副主任孙剑、邹吉鸿、吴治岑、张贵昇参加。

20日　贵阳市政协副主席杜正军率市政协常委会第三视察组到花溪区视察农村基础设施“六项行动”计划实施、农村环境综合整治、交通改善、农业产业配套、规划情况等，区政协主席宋力、区委副书记薛昌柱、区政协副主席张朝洲参加。

26日　经开区党工委书记、花溪区委书记钟阳率队走访慰问驻区部队官兵，区领导陈启榆、卢代康、禄竹、张吉林等参加。

同日　区十七届人大常委会第五次会议召开，审议并通过《花溪区人民代表大会代表辞职制度》和《花溪区人民代表大会代表向选民报告履职情况制度》。

28日　花溪区国家慢性病综合防控示范区建设复核评审通过国检。

同日　第十届中国—东盟教育交流周主题活动之一的“生态健行　走向未来”徒步活动在花溪国家城市湿地公园举行。

29日　主题为“久安千年茶　长利百姓家”的第四届中国—东盟茶文化论坛贵州花溪（久安）分论坛在花溪久安乡举行，来自马来西亚、印度尼西亚、俄罗斯、菲律宾、缅甸等国家和国内高校、科研院所的茶学专家学者参加。

八月

1日　区四大班子领导率队到区人民武装部、驻区部队看望慰问部队官兵。

16日　贵阳市“福彩杯”“最美老人”评选活动中，花溪区车素珍被评为“最美老人”。

29日　共青团花溪区委第十八次代表大会召开，选举产生第十八届委员会和新一届领导班子。刘天当选为第十八届团区委书记，李茸当选副书记。

31日　花溪区妇联第十二次代表大会召开，选举产生区妇联第十二届领导班子和执行委员会。李德琼当选为区妇联第十二届执行委员会主席，刘正琴当选为副主席。

同日　花溪区召开大扶贫攻坚秋季攻势动员部署会。会议听取高坡乡、黔陶乡推进“高一格”大扶贫战略行动，讨论花溪区2017年大扶贫攻坚秋季攻势相关工作。

九月

11日　区委副书记、区长梅俊到贵州大学实地调度迎接国务院安委会综合督查工作，区政府副区长周印参加。

同日　区委副书记、区长梅俊率区文明办、区交管、区教育局等部门到驻区高校，实地督查创文工作开展情况，区领导卢代康、禄竹、周印、练余天参加。

19日　全国爱卫会命名一批国家卫生县城（乡镇），青岩镇、马铃乡榜上有名。

22日　第二届孔学堂·国学图书博览会暨2017国际出版论坛孔学堂国学分论坛在贵阳孔学堂开幕。

24日　贵阳市委副书记、代市长陈晏率队到石板地利农产品物流园调研“菜篮子”工程，副市长刘玉海、市政府秘书长刘本立，区委副书记、区长梅俊，区委常委、副区长秦永康参加。

十月

11日　经开区党工委书记、花溪区委书记钟阳率花溪区生态、水务、住建等相关部门及社区负责人对花溪河开展巡河检查，区政府副区长周印，区产业园区管委会常务副主任、区委办主任安中发参加巡查。

17日　高坡乡平寨村苦蒿冲提水工程完工，解决当地千余户少数民族村民饮水问题。

18日　区委副书记、区政府区长梅俊率区安监局、区住建局、区商务局等部门负责人，深入建筑工地、加油站等重点领域开展安全生产检查。

20日　花溪区二轮修志编纂工作推进会召开，通报花溪区2001—2015年地方志编纂工作进展情况，区委副书记薛昌柱参会。

30日　花溪区人大常委会召开环境保护问题专题询问会，对干部群众普遍关心的环保问题及群众投诉处理情况进行专题询问。区人大常委会主任秦建军、副主任孙剑、王小兵、邹吉鸿、吴治岑、张贵昇及部分区人大代表参会。

同日　经开区党工委书记、花溪区委书记钟阳主持召开花溪区委常委、经开区党工委全体（扩大）会议，传达学习中共十九大精神、习近平总书记在贵州代表团讨论时的重要讲话精神，全省、全市领导干部大会和省委、市委常委（扩大）会议精神，并对相关工作进行安排部署。

31日　区政府召开第十次常务会议，传达学习贯彻中共十九大精神、习近平总书记在贵州代表团讨论时的重要讲话精神，全省、全市领导干部大会和省委、市委常委（扩大）会议、市政府党组（扩大）会议及区委常委会议精神，对做好相关工作进行安排部署。

同日　贵惠大道花溪至惠水段通车仪式在贵惠大道惠水段举行。

十一月

3日　经开区党工委书记、花溪区委书记钟阳率区交通、规划、住建、国土等多部门主要负责人，深入调研花溪区旅游环线规划建设情况。区政府副区长周印、区产业园区管委会常务副主任安中发参加。

11日　贵州省首个24小时无人便利店在花溪区溪云小镇开业，区政府副区长管路参加开业仪式。

13日　2017年花溪区人大代表第三期履职工作培训班在贵州省人大干部培训中心开班，区人大常委会主任秦建军、副主任吴治岑参加开班仪式。

17日　中国检验检疫科学研究院原院长、国家质监总局检查组组长李怀林，率国家质监总局检查组成员到花溪区现场检查青岩古镇作为贵阳市创建“全国质量强市示范城市”示范点建设情况。市区领导魏定梅、梅俊、秦永康，花溪文化旅游创新区党工委副书记、管委会常务副主任、青岩镇党委书记孙昕参加现场验收。

22 日　区委副书记薛昌柱、区政府副区长周印一行到镇宁县开展对接对口帮扶工作。

28 日　区人大常委会党组召开党风廉政建设主体责任集体约谈会，传达学习经开区、花溪区党风廉政警示教育大会精神。区人大常委会主任秦建军在会上对花溪区人大机关党员干部职工进行廉政建设集体约谈。

29 日　在花溪区创建国家三类城市语言文字工作评估反馈会上，贵州省语言文字工作委员会办公室主任朱琴宣布花溪区创建国家三类城市语言文字工作通过省级验收。区委常委、统战部长禄竹，区政协副主席楚湘黔参加评估反馈会。

同日　花溪区巾帼讲习队宣讲中共十九大精神启动仪式在青浦社区举行。

同日　青岩古镇“最佳餐饮商户”评选结果出炉，17 家餐饮店成为年度最佳餐饮首轮入选商户。

十二月

1 日　贵州省委宣讲团到金竹社区、阳光社区、燕楼镇和区人社局，以“党的声音进万家　新时代理论上讲堂　总书记话记心上”为主题，为各地干部职工、村支“两委”、各非公支部、党员代表、辖区学校、单位、部队代表宣讲中共十九大精神和习近平总书记重要讲话精神。

4 日　花溪区在花溪公园一号门广场举办主题为“学习贯彻中共十九大精神　维护宪法权威”的国家宪法日宣传活动。

8 日　国家知识产权局授予经开区“国家知识产权试点园区”。

18 日　花溪区职工篮球赛在新落成的“花溪区市民健身中心”开幕，区委副书记、区全民健身指导委员会主任薛昌柱参加开幕式。来自全区的 12 支代表队、150 余名运动员参赛。

20 日　花溪区知识分子联谊会第一次会员大会暨成立大会举行，选举花溪区知识分子联谊会第一届理事会理事。市委统战部常务副部长向洋，区委常委、统战部长禄竹参会。

21 日　贵阳市 2017 年森林防火应急演练在孟关林场举行，市森林公安、区森防办、区森林消防队，花溪区、白云区、清镇市、开阳县等 10 个区（市、县）森林专业消防队 140 余名队员参加。

23 日　经开区党工委书记、花溪区委书记钟阳到高坡乡五寨村回访低收入困难户，花溪区产业园区管委会常务副主任、区委办主任安中发参加慰问。

26 日　由花溪区委宣传部推送的微电影《新香》在贵阳市 2017 市民才艺大赛暨第四届微电影大赛中获一等奖。

（徐小平、孙操、胡晓静、何东、王丹丹、胡廷富）

责任编辑　张乡里

区情概览

区情简介

【概　况】　花溪区位于东经106°27′～106°52′，北纬26°11′~26°34′。地处黔中腹地，隶属于贵州省贵阳市。东邻黔南州龙里县，西接贵安新区，南连黔南州惠水县、长顺县，北与南明区、观山湖区接壤。行政区域总面积964.15平方千米，耕地面积332.49平方千米。先后获得“国家级生态示范区”“全国农产品加工业示范基地”等国家级称号。花溪区交通便利，贵昆、湘黔铁路贯通区内，北有贵阳西站及货场，西有湖潮站和磊庄机场，东北部有贵阳机场；贵花高等级公路直通市区，312国道和101省道贯穿全境。

2017年，花溪区空气质量优良率93.8%，地表水达标率100%，集中式饮用水达标率100%；森林覆盖率48.38%，建成区绿地率47.73%，建成区人均公园绿地面积15.46平方米。（杨　琴）

【建置沿革】　今花溪区境，西周至春秋时期属牂牁国，秦朝属且兰县，汉朝属牂牁郡，东晋属晋乐县，唐宋属矩州，元朝属八番宣慰司、顺元等路军民宣慰司、中曹百纳等处长官司。明洪武四年（1371）置贵州宣慰使司，由安、宋两氏分任正、副使，今花溪区境属宋氏（副司）统领，后隶属贵州卫、贵阳府。明万历十四年（1586）置新贵县，花溪区境属新贵县，隶贵阳府。清康熙二十六年（1687）置贵筑县，县署驻贵阳城西南隅，新贵县原辖地全归贵筑县。

1914年，废贵阳府，置贵阳县，贵筑县署移至息烽城，更名息烽县，花溪改属贵阳县。1941年，贵阳设市，市郊置贵筑县，县治于1942年7月从市府路移至花溪河北岸蟠龙山南麓，辖花溪区、白云区、乌当区及观山湖区部分，贵筑县县治花溪一直延续到1958年2月。

1949年11月，贵筑县隶属贵阳专署。1952年7月，贵阳专署由花溪迁贵定县城。贵筑县隶属于贵定专署。1956年，贵定专署撤销，置安顺专署，贵筑县隶属安顺专署，县辖7个区40个乡镇。同年10月，高坡苗族自治区划归黔南州惠水县。

1958年2月，贵筑县撤销，所辖区乡镇全部划归贵阳市，以原市郊的黔滇、黔桂公路分界，公路以南置花溪区，以北置乌当区。花溪区辖两镇23乡，7月，调整为两镇13乡，9月两镇13乡组建为12个人民公社，称管理委员会。1959年1月，12个人民公社先后并为花溪、青岩、石板、孟关4个大公社。

1961年，高坡人民公社由惠水县划回花溪区，4大人民公社解体，恢复为青岩、燕楼、马铃、石板、湖潮、麦坪、久安、花溪、党武、中曹、孟关、小碧、黔陶13个人民公社，青岩镇、花溪镇从人民公社分出恢复镇建制。1966年6月，13个人民公社两个镇分别组成4个人民公社联社，即花溪联社、石板联社、青岩联社、小河联社。1966年8月，花溪、乌当两区组建为贵阳市郊区，称郊区人民委员会。1967年2月，造反派夺权，恢复花溪区和13个公社和两个镇建制，称区、公社、镇革命委员会。1981—1984年，区、公社、镇革命委员会逐步改为区、乡、镇人民政府。1987年3月，撤销中曹乡，建立小河镇。

1993年，小河镇划归贵阳市小河经济技术开发区管辖。2000年，金竹镇划归小河区；花溪区辖3镇11乡，165个行政村，19个居委会。2005年，花溪区撤部分乡镇建办事处，撤销原花溪镇、花溪乡，建贵筑、溪北、清溪3个办事处，至此，花溪区辖两镇10乡，3个办事处。2009年，花溪区小碧乡划归南明区，花溪区辖两镇9乡，3个办事处，151个行政村。2012年，撤办事处建新型社区，撤销3个办事处建贵筑、清溪、溪北、阳光、明珠5个新型社区。同年撤销小河区，与花溪区合并成立新花溪区，新花溪区辖两镇9乡，18个社区，151个村，52个居委会。

2013年12月，党武镇、湖潮布依族苗族乡托管到贵安新区（行政区划仍属花溪区），花溪区辖2镇7乡，18个社区。2014年9月，燕楼、麦坪两乡撤乡建镇，花溪区辖4镇5乡、18个社区，122个村，52个居委会。 （杨　琴）

【政　区】　截至2017年12月，花溪区有27个乡镇和社区，即：青岩镇、石板镇、党武镇、麦坪镇、燕楼镇、久安乡、孟关苗族布依族乡、马铃布依族苗族乡、黔陶布依族苗族乡、高坡苗族乡、贵筑社区服务中心、阳光社区服务中心、清溪社区服务中心、溪北社区服务中心、明珠社区服务中心、金欣社区服务中心、金竹社区服务中心、平桥社区服务中心、三江社区服务中心、航天社区服务中心、航空社区服务中心、花孟社区服务中心、小孟社区服务中心、瑞华社区服务中心、清浦社区服务中心、黔江社区服务中心、兴隆社区服务中心、黄河社区服务中心。 （周用红）

【人口与民族】　2017年年末，花溪区实有人口364237人，其中户籍人口275549人，流动人口88688人。根据第六次全国人口普查数据资料统计，全区有汉族、苗族、布依族等40个民族，少数民族39个。少数民族人口为151444人（原花溪区少数民族107836人，原小河区少数民族43608人），占全区总人口的31%。从民族成分来看，花溪区世居少数民族主要是苗族、布依族。其中，苗族人口5.88万人，占少数民族人口总数的39%；布依族人口5.76万人，占少数民族人口总数的38%。62个民族聚居村主要分布在4个民族乡（30个民族村）。

（区公安分局、民宗局）

地理概况

【地　质】　花溪区位于扬子准地台的黔北台隆和黔南台陷两个次级构造单元的过渡地带，以南北向隔槽式褶皱为主，主要有贵阳向斜、狮子口背斜。经多期构造运动，为不同期构造运动遗迹的组合和叠加，境内有南北向构造体系、北东向早期和晚期新华夏构造体系，各构造体系之间发生斜接、交切，形成较复杂的构造格局。

花溪区出露地层由老至新有泥盆系、石炭系、二叠系、三叠系、侏罗系及第四系。以三叠系、二叠系地层分布最广，于中部及北部大遍区域内出露；石炭系、泥盆系次之，仅在花溪区南部马铃乡、青岩镇一带出露，分布范围相对较小。地层岩性以白云岩、灰岩等硬质岩类为主，其次为石英砂岩、粉砂岩、泥岩、页岩等软硬相间岩类和软质岩类。第四系松散岩类黏土、亚黏土、亚砂土及沙砾石层零星分布。（区国土分局）

【地形地貌】 花溪区位于贵州高原中部，地处云贵高原由西向东低山丘陵过度的斜坡，层状地貌比较明显，属贵阳城区向南形成的花溪—中曹—陈亮—孟关—青岩槽谷盆地和白云—花溪—青岩构成的多级台地及岩溶丘洼地貌。东西两侧山地、丘陵地势较高，海拔1200米以上；中部槽谷盆地地势较低，海拔1100米左右。境内山峰众多，山地性显著，坝地较少。（区国土分局）

【气　候】 2017年，花溪区全年平均气温15.9℃。其中，冬季平均气温8.4℃，春季平均气温15.7℃，夏季平均气温22.9℃，秋季平均气温17.2℃。与历年相比，全年平均气温偏高0.9℃。其中，冬季偏高2.2℃，春季偏高0.4℃，夏季偏高0.3℃，秋季偏高1.4℃。全年极端最高气温33.0℃，出现在8月1日；极端最低气温-0.9℃，出现在12月21日。全年降水量1111.7毫米，与历年相比，偏多7.0毫米；一日最大降雨量99.2毫米，出现在6月12日；6月降水量超历史极值，但未造成严重灾害；最长连续降水日数10天，降雨量274.6毫米，出现在6月22日至7月1日；最长连续无降水日数13天，出现在2月9—21日。全年日照时数1328.4小时，比历年偏多149.5小时；全年日照百分率30%，大于等于60%的天数86天，小于等于20%的天数184天。全年无霜期353天。2017年高温、多雨、多日照，光温水条件较好。（吴　丹）

【水　文】 花溪区是贵阳市唯一跨长江流域和珠江流域的区县，全区（含经开区）现有水资源总量4.184亿立方米，径流深433.9毫米，地下水资源量1.28亿立方米，人均水资源占有量641.6立方米/人·年。水库18座（含新增1座大坪水库，不含汪官水库、松柏山水库区划调整2座），塘坝238座，河流16条（不含冷饭河区划调整），河流总长273.9千米，多年平均流量25.32立方米/秒。（张艳利）

自然资源

【土地资源】 花溪区行政区域总面积96414.66公顷，耕地面积33248.48公顷，园地面积953.19公顷，林地面积33967.67公顷，草地面积6140.13公顷，城镇村及工矿8302.24公顷，交通运输用地2055.35公顷，水域及水利设施用地1198.10公顷，其他土地2361.38公顷。（区国土分局）

【水资源】 花溪区地处长江流域和珠江流域的分水岭地带，年降水量1127.4毫米。2017年，全区水资源总量4.184亿立方米，当年径流深433.9毫米，多年平均水资源量5.271亿立方米，全区地下水资源量1.280亿立方米，多年平均地下水资源量1.589亿立方米，人均水资源占用量641.6立方米/人·年，全区年总用水量1.9950亿立方米，年总耗水量0.7181亿立方米。全区有大小河流51条，河长超过10千米或流域面积大于20平方千米的河流17条。花溪河、凯伦河、车田河、小车河、东门桥河、白岩河、小黄河、三江口河8条河流汇入长江流域；马铃河、湾河、翁岗河、青岩河、扬眉河、老榜河、赵司河、三岔河、坝王河9条河流汇入珠江流域。有中型水库2座，为花溪水库和阿哈水库，花溪水库总库容3140万立方米，阿哈水库总库容7200万立方米；小（一）型水库1座，扬眉水库总库容155万立方米；小（二）型水库15座，总库容458万立方米；规模以上山塘9座，总库容28.65万立方米。水库、山塘总水域面积9.59平方千米，中型水库中花溪水库和阿哈水库水质均为二类水质，是贵阳市重要的城市饮用水源地，其余小型水库及山塘水质均为三类水质。

（张艳利）

【生物资源】 花溪区有木本植物655种，隶属107科280属，包括裸子植物9科19属29种和被子植物98科261属626种。其中，国家Ⅰ、Ⅱ级保护植物和省级保护植物分别有2种、5种、11种。珍稀植物主要有红豆杉、银杏、香果树、香樟、花榈木、马尾树、红豆树、榉木、青岩油杉、铁杉、乐东拟单性木莲、青钱柳等。

全区野生动物种类繁多，区内分布的野生动物主要有兽类、鸟类、昆虫类、鱼类等。常见的有穿山甲、野兔等走兽，白鹭、猫头鹰、秧鸡等飞禽，菜花蛇、锦蛇等爬行类动物及鲤、鲫、白鲢等鱼类。 （区生态局）

【森林资源】 花溪区地带性原生植被为中亚热带湿润常绿阔叶林，境内大将山脉、皇帝坡等局部地带有壳斗科、樟科、山茶科为主的常绿阔叶林分布，其他地区植被均为次生植被，乔木树种主要有马尾松、桦木、桃、李、梨、杨梅等，灌木树种主要有女贞、月月青、悬钩子等。

（区生态局）

【矿产资源】 花溪区境内矿产资源较丰富，全区发现矿产13种，查明资源储量的有12种，主要有煤矿、铁矿、铝土矿、镓矿、冶金用砂岩、铸型用砂岩、水泥用灰岩、玻璃用砂岩、建筑石料用灰岩、饰面用灰岩、建筑用白云岩、砖瓦用页岩和砖瓦用黏土，其中煤矿、铝土矿、水泥用灰岩为区内优势矿产。煤炭主要分布于麦坪镇、燕楼镇、马铃乡，有上表矿区10处，保有资源储量5172.94万吨。铝土矿仅发现一处矿区，分布于马店村附近，保有铝土矿资源储量209.99万吨。作为铝土矿的伴生矿产镓矿，保有镓金属资源储量138.83吨。铁矿，作为铝土矿的共生矿产，保有铁金属资源储量51.32万吨。水泥用灰岩主要分布于南泥沟地区，保有资源储量9758.02万吨。饰面用灰岩主要分布于南泥沟地区，保有资源储量363万立方米。冶金用砂岩主要分布于马玲乡一带，保有资源储量6357.2万吨。建筑用白云岩主要分布于王家坟附近，保有资源储量32.89万立方米。玻璃用砂岩主要分布于王家坟附近，保有资源储量890万吨。建筑石料用灰岩主要分布于彭官村、吴山村、落底村等地区，保有资源储量141.92万吨。砖瓦用页岩主要分布于花溪乡附近，保有资源储量28.95万立方米。砖瓦用黏土主要分布于大窝寨附近，保有资源储量426万立方米。

（区国土分局）

国民经济和社会发展

【概　况】 2017年，花溪区GDP总量首次突破600亿元大关，达602.28亿元，同比增长12.3%，增速分别比全省、全市加快2.1和1.0个百分点，经济发展综合测评分数82.24分，在全省城区方阵18个区（市）中排第2名，经济发展的首位度进一步提升，工业增加值、示范小城镇建设发展综合指数、人均GDP等指标继续领跑全省城区方阵，GDP、固定资产投资、社会消费品零售总额等总量指标位列全省城区方阵前3位。 （马　磊）

【区域综合实力】 2017年，规模以上工业（2000万口径）增加值完成260.39亿元，同比增长9.9%，增速比全省、全市分别高0.4和0.2个百分点，比2016年提高1.2个百分点。固定资产投资（500万口径）完成535.62亿元，同比增长22.5%，增速比全省、全市分别高2.4和4.4个百分点。一般公共财政预算收入完成41.88亿元，同比增长14.7%，增速比全省、全市分别高7.5和6.7个百分点。省外实际到位资金完成281.88亿元。实际直接利用外资完成25268万美元，同比增长20.3%。外贸进出口总额完成6585万美元，同比增长6.6%。社会消费品零售总额完成262.88亿元，同比增长11.5%，增速分别低于全省、全市0.5和0.2个百分点。城镇常住居民人均可支配收入完成31559元，同比增长9.3%，增速比全省、全市分别高0.6和0.2个百分点。农村常住居民人均可支配收入完成14782元，同比增长9.8%，增速比全省高0.2个百分点、比全市低0.2个百分点。旅游总收入完成268.10亿元，同比增长35.6%。（马　磊）

【产业转型升级】 2017年，花溪区第一产业增加值20.10亿元，同比增长6.3%；第二产业增加值357.24亿元，同比增长11.0%；第三产业增加值224.94亿元，同比增长14.6%。三次产业结构从2016年的3.48∶59.45∶37.07调整为2017年的3.34∶59.31∶37.35，第一产业、第二产业比重均下降0.14个百分点，第三产业比重提高0.28个百分点。

花溪区在创建全域文化旅游创新区的总体定位下，数字经济发展的基础体系初步形成，溪云数字经济小镇、花溪（孟关）电商产业园、花溪（孟关）服务外包及呼叫中心示范基地、洛平旅游数字联盟等一批空间板块基本建成；全球领英、中国普天、大唐融合、智星无限、缤纷天下、中兴通讯、勤智数码等创新企业落地入驻；区块链技术、基金发行与投资、大数据服务外包等数字经济业态基本形成；接口数字经济发展的贵阳花溪大数据产业投资有限责任公司组建运营。经开区以数字化改造为突破口，以智能制造和“两化”融合为重要抓手，加快推进工业企业信息化、绿色化、服务化改造；航天电器、同济堂、詹阳重工等10家企业入选全省第一批“大数据+工业”深度融合试点示范企业。

通过实施“千企改造”“一企一策”行动计划，花溪区工业企业转型升级取得阶段性成效，贵州华工工具注塑有限公司的汽车轻量化、贵州北极熊实业有限公司的特色饮料生产基地建设项目有序推进，中意食品、久安古茶树茶业两户企业成为全市重点工业转型升级试点示范企业。经开区9户企业列入全省“千企改造”龙头企业，6户企业列入全省“千企改造”高成长性企业。积极培育新的支柱产业，全年新上规企业20户（花溪区7户，经开区13户）。

在旅游业方面，实施“大数据+旅游”行动计划，做好创建国家全域旅游示范区的创建验收工作，推进天河潭等景区改造提升。2017年2月，青岩古镇景区通过国家旅游局创建5A级景区验收，“溪南十锦”乡村旅游带亮相，带动全区旅游业“井喷式”增长，全年旅游总收入完成268.1亿元，同比增长35.55%。接待游客总人数2928.63万人次，同比增长34.21%，其中接待外省游客1800万人次，同比增长30%；接待入境游客39800人次，同比增长18%。在商贸物流业方面，加快推进孟关汽贸城二期主体工程、电子商务及服务外包产业园、汽车超市配套写字楼和商务酒店项目建设；促进信息技术、检验检测、现代金融等服务平台建设，引进中信银行、中国银行两家金融机构设立分支机构；贵阳传化物流公路港建成并投入运营，货车帮成为国家级物流信息化示范平台。发展健康、养老、休闲、度假等新型服务业，推进贵州顺和骏驰汽车运动产业基地等大健康产业项目建设，全区培育贵阳青岩古镇景区管理有限公司等14家新增规模以上服务业企业，规模以上营利性服务业主营业务收入同比增长63.9%；第三产业增加值同比增长14.6%，增速高于GDP2.3个百分点。

围绕农村特色化，以实施绿色农产品“泉涌”工程为抓手，推动农业“接二连三”。久安现代高效茶叶示范园、青黔现代休闲农旅一体化示范园、燕马都市蔬菜基地示范园加快发展，建成茶园4.7万亩、绿色蔬菜种植20.7万亩、无公害农产品基地2.8万亩，培育农民专业合作社33个、省级以上龙头企业15家，三大园区完成产值37.2亿元。做大做强三大主导产业，蔬菜、水果、茶叶等主要农产品产量分别达25.9万吨、0.89万吨、0.2万吨。培育以获得中国有机食品认证的马铃"一山牌"长豇豆为代表的绿色食品，创建省级出口茶叶质量安全示范区。全区非粮农业增加值占农林牧渔业增加值比重达97.4%。（马　磊）

【城乡融合发展】　2017年，花溪区编制完成《花溪区城乡融合发展规划》《贵阳市花溪区全域旅游发展规划》《花溪区全域乡村建设规划》《花溪村庄规划》等区域性规划和专项规划。环城高速花溪互通立交、花石路、孟溪路、花桐路和青惠路建成通车。完成青岩歪脚至黔陶、黔陶至高坡石门道路改造提升；启动花溪燕楼至团茶道路等改造项目。推进孟关智慧物流、石板旅游度假特色小镇、久安茶产业和茫父文化等特色小镇建设，推进青岩镇、孟关乡、石板镇等示范小城镇建设。以"溪南十锦"建设为主载体，打造青岩—黔陶—高坡、天河潭－青岩古镇景区2条"美丽乡村"示范带和青岩镇山王庙村三格田、石板镇镇山村大寨2个示范点，农村人居环境进一步优化美化。开工建设25.4千米"组组通"公路，完成高坡乡苦蒿冲提水工程和天河潭人饮恢复工程等人饮工程，解决5.64万人农村饮水安全问题。建成农村招呼站102个，完成5条农村班线公交化改造。城镇化率提高到75.35%。严格控制城市建筑红线，完成1个棚户区238户的改造，整治4900余栋房屋立面。整治提升背街小巷18条，完成小康房建设250户。推进亨特云涧溪山、贵高速·花溪26°、万科花溪大都会等一批高端房开项目加快建设，建成亨特·公园里、花溪荟溪城等城市综合体。示范小城镇建设发展综合指数为97.80；城镇化进程指数为87.4。（马　磊）

【改革开放创新】　2017年，花溪区实施改革试点任务5项，推出112项改革举措。

推进供给侧结构性改革，围绕"三去一降一补"去产能，制定"双退出"年度实施计划，拆除贵阳闽达钢铁有限公司落后生产工艺设备中（工）频炉8台、淘汰地条钢落后产能30万吨；处置3家"僵尸企业"；房地产去化周期6.9个月，处于合理可控水平；着力补民生短板，投入资金17788万元用于"全面改薄"建设，完成幼儿园、标准化运动场等项目建设；切实降低企业成本，全年营改增行业累计优惠3870.87万元，增值税共计减免税额16539.06万元，企业所得税减免税额3318.09万元。户籍制度改革等重点改革工作取得实质性进展。推进农村"三变"改革，完成18个农村"三变"改革试点工作，实施各类项目22个，引导农民土地入股1.7万余亩，资金变股金3300万、农民变股东7700人、入股农民人均增收1100元。推进城市"三变"改革，拟定《城市资源变资产、资金变股金、市民变股东"三变"改革试点的工作方案（试行）》（1＋N）配套文件，重点在公共停车场、棚户区改造、服务型综合超市等领域进行探索，将花溪大寨地块棚户区改造等10个项目列入公平共享试点项目，引进恒大、美的、融创等龙头企业作为城乡"三变"改革实施经营主体，确保城乡"三变"改革项目落地。

推进创新创业服务平台建设，促进花溪区六度创客工场与贵阳火炬科技成果评估交易服务有限公司合作，推动科技进步和科技成果转化。推进产学研协作，"高速轧辊磨床液体动静压轴承及其液压润滑系统的研究""茶树重要病虫害技术研究"等6项研究获贵州省2017年度科技进步三等奖。2017年，全区拥有有效发明专利1243件，其中贵州大学的一种合成氯乙烯用的低汞触媒和贵州泰邦生物制品有限公司的人静脉注射免疫球蛋白中活化凝血因子XI检测方法两项专利获第十八届中国专利优秀奖。

花溪区通过中国国际大数据产业博览会、产

业扶贫招商会、中国·贵州跨境投资与贸易合作洽谈会等重大招商引资活动，签约领英大数据+旅游创新发展中心、恒大花溪童世界项目等，形成线上线下招商引资的新格局。引进恒大集团、领英集团等5家世界500强企业。2017年，引进省外实际到位资金281.88亿元，实际直接利用外资25268万美元。

花溪区综合行政执法局正式授牌，探索建立职能部门与综合执法机构联动工作机制，城市管理规范化、一体化。（马　磊）

【项目投资建设】　环城高速花溪互通立交、孟溪路道路建设、天河潭景区提升打造、花溪云上棚户区改造、孟关特色功能区、美的国宾府、恒大花溪童世界（一期）等项目建设推进，形成有效投资，全区37个省重大工程和重点项目完成投资265.1亿元，为全年投资目标的157.2%，占全部固定资产投资的49.5%。

贵惠大道（青岩至惠水段）道路工程、花桐路道路建设项目、花溪公园旅游基础设施提升改造项目、花溪一小至石板公路改扩建工程、大职路道路建设项目、思杨路延伸段道路工程、农村饮水安全巩固提升工程等项目建设推进，开工建设农村“组组通”等一批基础设施项目，改善城乡交通状况。启动花溪区旅游数据中心项目建设，新建和改建旅游厕所25座，完善旅游服务配套基础设施，助推全域文化旅游创新区建设。投资拉动经济增长的关键作用更加凸显，持续促进城乡发展、改善社会民生的预期。

实施“千企引进”“千企改造”工程，聚焦产业培育，加快贵阳传化物流公路港、贵州北极熊实业有限公司特色饮料生产基地建设项目、恒大花溪童世界（一期）项目美食街、贵州中意食品豆制品生产线技术升级项目、贵州汽车运动产业基地等项目建设进度，贵阳传化物流公路港等项目建成投产。产业投资占全部固定资产投资的比重达26.8%，比2017年提高5.4个百分点。

（马　磊）

【生态文明建设】　2017年，青岩、石板、孟关污水处理厂投入使用，花溪垃圾焚烧发电项目及青岩、孟关垃圾转运站建成投运，完成垃圾分类试点1000户以上，全区地表水水质达到Ⅲ类及以上水质要求，城市饮用水水源达标率100%。环境空气质量优良率94.8%。中央环保督察工作取得实效，督查期间接到中央第七环境保护督察组转办案件31批112件全部办结。

建成山体公园、社区公园、城市公园等65个；黄金大道景观公园等一批新提升改造公园建成开园。

实施新一轮退耕还林工程和绿美贵阳行动，

花溪区全国文明城市巩固提升工作集中大整治行动誓师大会图片

新增绿地20万平方米，建成区人均公园绿地面积15.61平方米，森林覆盖率48.38%。

单位生产总值综合能耗下降率3.21%，完成市下达年度节能减排目标。

开展生物资源多样性调查，对现有珍稀濒危特有物种、关键区域，实施优先保护，建立生物多样性预警机制，严格控制外来有害生物的入侵。

推行政府、民间双“河长制”，推进生态红线制度、土地开发强度约束制度、合同能源管理和环境污染第三方治理模式。高坡乡被评为省级生态乡，青岩镇、马铃乡、久安乡被评为全国卫生乡（镇）。完成领导干部自然资源资产离任审计；组织建立环境保护督察制度等8项制度。

（马　磊）

【社会民生事业】 2017年，区财政投入民生支出21.2亿元，占公共财政预算支出的69.02%。

开展脱贫攻坚春季攻势、夏季大比武和秋季攻势等扶贫行动，统筹开展基础设施建设、易地搬迁扶贫、产业扶贫和教育医疗住房扶贫“三保障”四场硬仗；对建档立卡低收入困难户，因户施策，因人施法，实施扶贫项目35个，产业就业扶持1252人，“两无”人员民政低保兜底1675人、教育扶持228人、医疗救助1374人、生态补偿203人，总体实现“六个精准”。全区241户549人脱贫出列，农村低收入困难群体人均可支配收入整体越过4800元，实现贫困人口零增长、脱贫人口零返贫。

就业、增收保持稳定，全年城镇新增就业人数20839人，同比增长2.4%。职业技能培训2911人，发放创业担保贷款新增贷款1462.05万元，高校毕业生自主创业163人，公益性岗位安置就业困难人员657人，城镇“零就业家庭”和农村“零转移就业家庭”保持动态为零。新创建充分就业社区3个，就业村94个。城镇常住居民人均可支配收入完成31559元，同比增长9.3%；农村常住居民人均可支配收入完成14782元，同比增长9.8%。

城镇职工基本养老保险、失业保险、医疗保险、工伤保险、生育保险和城乡居民社会养老保险等参保人数完成计划任务，全民参保入户调查登记工作完成。城市低保从583元/月·人提高到641元/月·人；农村居民最低生活保标准从3336元/年·人提高到3840元/年·人。

全区新建、改建学前教育建设项目10所，实施新建、改扩建义务教育标准化学校建设项目2所，完成高中建设项目1所，新增聘用教师202人。引进广州碧桂园教育集团优质民办教育资源在花溪区举办学校，将民办学校纳入全区统筹安排。开展长顺县代化镇和镇宁县教育帮扶工作。在全区五乡四镇54所中小学和25所幼儿园实施营养改善计划，惠及学生2万余人。

实施“五个全面建成”，建成全区乡镇卫生院（含政府办社区卫生服务中心）远程医疗，建成规范化数字预防接种门诊（9个乡镇卫生院、15个社区卫生服务中心），建成区级公立医院全省统一预约挂号平台，建成全省医药监管平台，建成区域人口健康信息平台。构建“15分钟城市社区健康服务圈”和“30分钟乡村健康服务圈”。花溪区人民医院、花溪区中医院两家试点公立医院实行药品“零差率”销售，取消药品加成，完成医疗服务价格调整。推进花溪区慢性病综合防控示范区复评审工作，7月，通过国家复评审，被国家卫计委再次确认为国家慢性病综合防控示范区。全年未发生突发公共卫生事件。

建立文物资源及非物质文化遗产数据库，创建青岩国家文化产业示范基地，创排一批地域文化艺术精品，小品《走访路上》在西南地区及省内巡演100余场；在上板桥艺术村、青岩寻坊、多彩贵州街等孵化一批中小微文化企业，进一步繁荣文化市场。建成农村老年人互助幸福院2个。引进大型惠民生鲜超市4个，改造提升传统农贸市场11个，物价水平保持稳定，市场供求总体平衡。

以推进“四项建设”为主线，开展“两严一

降”“禁毒人民战争”等专项行动，全区社会治安形势持续好转，刑事发案数持续下降，刑事破案率持续上升，群众安全感98.5%，同比提升2.8个百分点，全省排位同比提升51位。全年未发生较大及以上事故，煤矿、非煤矿山、危化、烟花爆竹等行业（领域）继续保持“零死亡”。防汛救灾工作全民动员、干部群众齐上阵，全区社会大局安全和谐稳定。省、市集中交办的信访案件均在规定时限及时化解。城乡防震减灾获全国县级防震减灾工作综合考核先进单位。（马　磊）

精神文明创建

【整脏治乱】　2017年，花溪区按照省、市“文明在行动·满意在贵州”暨“整脏治乱”专项行动相关文件精神，区委、区政府及时调整充实花溪区精神文明建设指导委员会成员和“文明在行动·满意在贵州”活动暨“整脏治乱”专项行动领导小组成员，确保工作统筹到位，落实到位。把“整脏治乱”专项工作作为“一把手”工程，纳入政府目标考核及干部绩效考核，将全区80余家责任单位300余名领导、工作人员纳入短信平台系统，落实联动制度，在“整脏治乱”工作中，推动线上监督和线下督查相结合。全年“宜花溪”APP共注册账户13600余人，其中新增600余人，全区“整脏治乱”共交办问题1300余个，督办线上群众投诉问题200余个。“整脏治乱”落实工作经费70万元列入财政预算。落实经常性督查机制，采取明察暗访、重点与常规、定期与不定期相结合的方式，对“整脏治乱”专项行动工作进行实地督查。成立5个区领导为组长的督查组，全年通过督查通报、交办表等形式共下发问题1400余个，全区问责8起，问责35人。同时，区委、区政府解决“五脏五乱”问题，优化人居环境、提升花溪旅游环境质量。2017年，花溪区“文明在行动·满意在贵州”活动暨“整脏治乱”专项行动年终考核位列全省第4位。（赵开舟）

【城市美化】　围绕经开片区路网建设，配合推进轻轨1号线周边配套基建项目建设，重点做好浦江路延伸段、中桐路等5条道路建设工作，对漓江路、干平路、淮河路等16条道路进行提升整治；对香椿路、烂泥至新寨公路路面进行修复硬化，结合季节特点开展针对性养护，管养公路里程698.41千米。加大公厕升级改造力度，提升免费公厕服务水平，督促京溪公司、京河公司加强城区免费公厕提升整治力度，完成贵筑路、溪北路、樱花广场等部分免费公厕的升级改造工作。开展“花溪公园地下商场”示范一条街创建工作。对示范街28户经营户进行现场指导，并对经营户给予

2017年3月8日金竹社区开展志愿者业务培训

一定的物质奖励。通过规范安全管理，推动花溪区内餐饮业从“粗放式”向“精细化”转变，保障群众“舌尖上的安全”。以“千园之城、百园之区”建设为契机，2017年，新建各类公园65个。其中社区公园7个、城市公园37个、山体公园8个、森林公园13个，总建设规模约880公顷，总投资约10.6亿元。2017年，由花溪区生态局对黄金大道核心地段至花溪水库下方进行提升改造，建成亲水平台三座，完成园路铺装1930平方米，新修木栈道人行观光廊道260米，增设异形树池景观6个，新增绿化面积达25100平方米，改造园区内厕所外立面一座，修建毛石景墙2座，安装路灯52盏。（赵开舟）

【巩固提升创文成果】 2017年，花溪区高质、按时完成《全国文明城市测评体系》和《全国未成年人思想道德建设工作测评体系》软件资料网上申报和实地迎检工作。成功蝉联2015—2017年度省级文明城市。投入5万元制作志愿者的马甲、帽子、旗子，组织全区志愿者4000人开展文明引导志愿服务活动。开展“绿丝带”志愿服务活动。围绕大生态花溪战略，打造“碧水蓝天”志愿服务活动品牌。中国生态文明先进个人雷月琴多次带领志愿者沿着花溪河开展“碧水蓝天”巡河志愿服务活动。增加协警、特勤100名，警员全部上岗，与城管队伍联合执法，对不文明行为的车辆和行人进行管理、引导。组织各机关单位、驻区单位、社会团体、企业等单位的党员志愿者4000人次开展文明引导志愿服务活动。推进社会主义核心价值观建设。承办贵阳市“道德讲堂”活动，指导全区207家道德讲堂定期开展“道德讲堂”1200场次。开展“我推荐我评议身边好人”活动，花溪区4名身边好人荣登“贵州好人榜”。工作、生活在花溪的毛腊生荣获第六届全国敬业奉献道德模范荣誉称号。在春节、端午、中秋等传统节日，区文明办慰问72人次道德模范和身边好人，累计发放慰问物资约3.01万元。强化志愿服务工作。花溪区“志愿云”信息系统实名注册志愿者人数超过12万人，注册团队290余个，发布项目970余个。花溪明珠社区获得贵阳市唯一的国家级“社区学雷锋志愿服务联络工作示范站”称号。发挥“爱心银行”激励机制，动员市民群众参与志愿服务活动，用好9个社区“爱心银行”，启动其余9个社区“爱心银行”的各项建设工作，做到“爱心银行”在社区的全覆盖。提升“文明创建”活动。以“文明单位”“文明村镇”“文明校园”“文明家庭”“五型村寨”创建活动为载体，通过示范打造、示范引领、示范带动，形成花溪区社会治理工作品牌。花溪区马铃乡谷中村获第五届全国文明村镇荣誉称号，贵阳花溪建设村镇银行、贵州省花溪公路管理段等8家单位获2015—2017年度省级文明单位称号；花溪农村商业银行、青岩镇蝉联全国文明单位、全国文明村镇荣誉称号，花溪明珠社区等4家单位成功蝉联省级文明单位；花溪一小、花溪阳光小学、花溪区实验中学3所学校获市级文明校园称号，花溪区清华中学荣获省级文明校园称号。花溪区辖区内周文英家获得2017年度贵州省最美家庭，周文英获得“家庭美德之星”荣誉称号。明珠社区获“社区学雷锋志愿服务联络工作示范站”称号。加强未成年人思想道德建设。开展“学习和争做美德少年”“征集童谣”活动，推荐的8名区级美德少年，其中1名推荐到省评选，向市级推荐优秀童谣未成年人组5首、成年人组6首参与市级评选。新建省级乡村学校少年宫2所，实现9个乡镇学校少年宫全覆盖。花溪黔陶乡中心完小少年宫的扁担舞获“贵阳市非物质文化特色项目”，金竹民族学校的蹴球、葫芦丝、花式跳绳、陀螺获“贵阳市活动特色项目”，花溪区民族中学的《高坡古歌》获“全国美育特色学校奖”合唱团银奖。（赵开舟）

【建设全域旅游新花溪】 2017年，花溪区综合行政执法局正式挂牌。开展深化环卫市场一体化模式，将新建城区、道路纳入市场化保洁范围。将

147 个迎检点分解包保到各单位。对全区市政设施破损、陈旧等进行补齐更新，完善和提升花溪区城市功能。共修补人行道和车行道 130 余处，新修投入使用停车场 11 个，新建五星级公厕 2 个，完成 23 条背街小巷整治。全区共有 899 条道路，设立文明共建路段长。对 18 个水库、17 条河，按照属地管理、分级负责的原则，分别确定三级河长制。（赵开舟）

【文明创建宣传】 制作《花溪区公益广告安装示意图》，在花溪主干道打造精品墙体广告 8 处，在花溪大道南段、徐家冲路等道路灯杆补增道旗，在黄河路、浦江路等主次干道及浦江广场、管委小广场等各广场安装“社会主义核心价值观、未成年人保护”公益性广告宣传牌。举办“携手同心 共享美好家园”文艺演出暨市民文明手册发放仪式，发放资料近 7000 份；举办“全国文明城市巩固提升工作集中大整治行动誓师大会”，区四大班子相关领导、区属各部门干部职工代表、党员代表、志愿者代表以及市民代表等 500 余人参加活动。成立区、乡（镇、社区）、村三级“除陋习·树新风”文明行动领导小组，每周召开一次“巩固提升创文”工作会，全年共召开文明创建工作推进会 65 场次。制作 6 块大型宣传牌和 67 块小型宣传牌分别安放在主次干道绿化带，制作 3713.46 米长的景观墙。编写制作《新酒歌》《七字诀》《移风易俗倡议书》《文明拍手歌》《贵阳市民“八除八树”行为规范》《市民文明手册》宣传海报。迎检期间，入户宣传 8 万户、宣传群众 1.2 万人次、志愿服务参与 5 万人次，投入经费 3700 余万元。印制“除陋习·树新风”3 万多份进行张贴宣传。组织菊林书院志愿者将《文明拍手歌》《贵阳市民“八除八树”行为规范》等内容编排成快板，在景区景点进行传唱。

（赵开舟）

责任编辑 翟长保

中共花溪区委员会

工作综述

【概　况】　2017年，花溪区成为全市首个“国家生态示范区”，经开区获全市首家“全国知名品牌示范区”称号。花溪是省、市的“会客厅”和生态文明的重要“窗口”，经开区是全省第一个获批建设的综合类国家生态工业示范园区，要捕捉机遇，抢占发展先机，为花溪转型升级绿色发展开足马力。区委以数字化、项目化、责任化绘就两区生态文明建设的“时间表”和“路线图”，出台《实施意见》提出要编制城乡融合发展各专项规划，全域一体不断优化城乡空间发展格局和综合管控功能。整合资金政策，强化部门分工合作，加快十里河滩湿地公园、花溪水库、阿哈水库、孟关林场、云顶草场等重点区域的整体保护、系统修复、综合治理。突出“大花园、大溪流”特色，构建“全域为园、全城为景”的公园城市形态。加快构建现代农业经营体系，发展多种形式的规模适度经营，培育新型农业经营主体，引导和支持种养大户、家庭农场、农民合作社、龙头企业等发展壮大，使其逐步成为发展现代农业的主导力量。谋划旅游交通路网，关键是促进产城园景深度融合，真正让市民和游客置身于山水田园的诗意画卷，流连于处处可游的缤纷美景，感受到“快旅慢游”的舒心惬意。强化执法监管，让花溪更显环境美。提升人居环境，让花溪更显品质美。全社会推动公平共享，让花溪更显创新美。聚焦工作重点、突出问题、关键环节建章立制，以改革创新的方法和力度为生态文明建设保驾护航。

（区委办）

【全面深化改革】　花溪区筹备召开区委全面深化改革领导小组会议17次，抓好国家级试点改革任务1项、省级试点改革任务2项、市级试点改革任务2项，完成区级工作要点改革任务112项，被《贵州改革情况交流》采用信息3篇，动态被采用7篇，综合排位位列全市第2位。其中，《花溪区积极运用大数据推进刑事诉讼法制度改革》获2017年度全省全面深化改革优秀案例。在依法治区方面，“六个三”工作法被省委法治办给予肯

定，花溪区入选“全省十大法治先进县”候选名单，综合排位位列全省前3位。（区政研室）

【同步小康工作】 2017年，花溪区巩固提升省级达标验收成果，紧盯问题短板发力，修改完善同步小康达标县巩固提升和基本现代化统计监测指标体系，开发“花溪统计发布”APP，实现程度未达100%的7项指标进位前移。（区政研室）

【政策研究】 2017年，区政研室（深改办、小康办）紧扣区委中心工作开展专题调研、深入调研，确保建言献策既接天线又接地气。把好文稿服务和政策拟定关，完成区第十一次党代会、区委十一届一次、二次、三次全会及经开区打造千亿量级园区攻坚大会、区委（工委）主要领导在省委全会、省人代会、省委农业农村工作会议等发言材料及区纪委全会、区属党（工）委书记抓党建工作述职评议会议、党风廉政警示教育大会、政法工作会、农村工作会讲话稿等60余篇重大文稿服务工作；牵头撰写《关于在贵阳市建设公平共享创新型中心城市新征程中承担新使命 展示新作为的意见》《城市资源变资产、资金变股金、市民变股东“三变”改革试点助推公平共享的工作方案》等全区重大政策文件；开展《人民群众获得感的情况报告》《农产品市场价格调查报告》《人民群众对美好生活需要民意调查报告》等调研成果，开发“花溪统计发布”APP。起草市委中心组“四找”专题研讨会花溪区汇报材料等文稿。定期向区领导及各单位汇编推送，做好决策参考。针对如何让责任传导更有力，建立“要点”“试点”“痛点”“重点”“亮点”工作台账，推动建立区委深改领导小组会议听取党政班子成员、单位“一把手”、8个专项小组推荐“一正一反”抓改革工作情况汇报、区四大班子成员领题攻坚改革任务、带队开展“三督三察”、干部干事创业容错纠错等系列制度。运用大数据创新推进以审判为中心的刑事诉讼制度改革，得到时任中央政法委书记孟建柱，省委副书记、省长谌贻琴等领导的肯定并在全国推广；创新“三化”模式打造互联网政务服务平台，在全国36个主要城市下辖区县中排名第三；率先在全省构建全域旅游“1+5+N”综合管理模式，获2017年全域旅游魅力指数排行榜（百代TOP20）区县级第一名，青岩古镇成为全省首家文化类5A级旅游景区；率先在全市开展城市综合执法体制改革，成立“花溪区综合行政执法局”探索城市综合执法新路子；探索“网格化”社会治理新模式，“一居两站、六小联通”、便民服务“一证通”等改革成果不断涌现。发挥以文辅政职能作用。区政研室创建“花溪改革”公众号、《花溪决策参考（内刊）》；围绕实施大扶贫、大数据、大生态三大战略行动和建设公平共享创新型中心城市主要目标任务，制定2018年调研计划，将“组组通”、教育医疗住房等公共服务发展情况纳入大调研重点内容，开展调查研究，指导相关工作加快推进，推动调研成果及时转化。协助全区各级领导干部开展季度调研，收集县级领导干部及各单位主要负责同志的调研报告，并整理汇编成册。（区政研室）

【督查工作】 2017年，区督办督查局组织完成2016年度综合目标绩效考核，对全区2016年度在市级综合目标考核中排名靠后的指标进行原因分析和责任倒查。做好市委常委会议、市政府常务会议和市委主要领导决策事项涉及花溪工作任务的督办督查，及时报送工作进展情况报告。做好区委常委会议、区委书记交办件的督办督查。对2017年召开的区委常委会议议定事项和区委书记交办件进行责任分解，并对贯彻落实情况实行“周报告、月通报”制度，其中2017年报送周督查专报4期、月督查通报2期。做好中央环境保护督察组交办案件的督促检查工作，拟写督查通报38期；做好迎接国务院第四次大督查工作，撰写《贵阳市花溪区关于贯彻落实党中央、国务院决策部署情况自查报告》，按时报送问题整改台账表和总体情况调度表，做好迎检资料的收集整理归档。

加强“四重”（经济社区重要发展指标、重点项目和重大工程、重大会议活动、重要任务）工作的督办督查。围绕加快建成国家级文化旅游创新区，加强“四重”工作督查，印发《督查通报》43 期、《督查专报》11 期。对市委、市政府“十件实事”和区委、区政府“十件实事”的推进情况进行定期督查，对区委、区政府安排的巩固创文创卫创模攻坚、森林防火和育林工作、信访维稳“一号工程”、脱贫攻坚、农村环境整治、文化旅游创新区项目建设等，提出督查建议，开展跟踪督办。（督办督查局）

组织工作

【“两学一做”常态化】 在“两学一做”教育活动中，区委组织部树立党的一切工作到支部的鲜明导向，通过多维度学、全方位做、宽领域改，在“学、做、改”上深化拓展。通过领导干部带头“学”、APP 持续学、多方式创新学、大讲堂全面学、培训班专题学等方式组织广大党员真学深学。运用党建红云 APP 学习平台，在职党员党建红云 APP 下载率 100%，开展各类培训 600 余次，参学党员干部 4 万余人次。以“定、选、讲、论、评、示”六步工作法拓展“微型党课”外延，促进党课教育达到“渗透型”效果。投入近 800 万元建成花溪党性教育基地，为全省首家综合性党性专题教育基地，与省委党校签订基层党建工作战略合作协议，拟将基地作为省委党校和省委组干学院培训分校或现场教学点。推广落实主题党日活动，以“1+4”（主题党日 + 服务群众日、支部议事日、交纳党费日、成效检验日）为主要模式，落实主题党日活动，做到对全区基层党支部全覆盖，并作为全市唯一区县代表在全市作经验交流发言。引导党员干部立足岗位比学赶超作贡献，发挥党员顶梁柱作用。梳理查摆党建存在的突出问题 90 个，落实整改措施 106 项。用好巡察利剑，发现问题 295 个，立行立改 48 个。聚焦基层党建工作薄弱环节，在全市率先出台基层党支部主题党日、“三会一课”、党员领导干部带头讲党课、组织生活会和民主评议党员、党内谈心谈话、不合格党员处置、党员领导干部民主生活会等 7 项工作制度，规范基层党建工作。（区委组织部）

【中共十九大精神宣讲】 2017 年，出台经开区、花溪区《关于认真学习宣传贯彻党的十九大精神和习近平总书记在贵州省代表团重要讲话精神的实施意见》《关于全力推进大生态战略花溪十大行动的实施意见》和《关于在贵阳市建设公平共享创新型中心城市新征程中承担新使命展示新作为的意见》，推动党的十九大精神和习近平新时代中国特色社会主义思想落地生根、开花结果。推进“新时代农民（市民）讲习所”建设，122 个村、

2017 年 11 月 3 日，花溪区四大班子领导重温入党誓词（孙操　摄）

18个社区“新时代农民（市民）讲习所”全覆盖；按照中共十九大精神“进企业、进农村、进机关、进校园、进社区、进军营、进网络”要求，分类组建“七进”宣讲队，开展主题宣讲700余场次，覆盖18万余人次。（区委组织部）

【干部管理】 2017年，全区提拔干部59人，平级转重要岗位18人，交流66人。建立《花溪区、经开区干部干事创业容错纠错制度》，对有关单位和个人在履行职责、改革创新过程中出现“未能实现预期目标或出现偏差失误，但勤勉尽责、未谋取私利的”不作负面评价，及时纠错改正，免除相关责任或从轻减轻处理。（区委组织部）

【人才工作】 2017年3月，向全区企事业单位征集高层次人才需求。由用人单位和主管部门按照岗位需求，结合单位实际制定引进高层次人才推荐测试工作方案，按照择优的原则每个岗位按1∶3的比例确定推荐对象进入面试阶段，确保引进的人才用得上。“侧重”用人单位专业化问题，识别专业人才。在高层次人才引进面试程序中采用“1+N+1”（即1个5分钟的竞职陈述演讲，由“流动考官”现场提出的N个专业化问题，1次为期一周的实习测试并撰写调研报告）模式，让优秀人才脱颖而出。全年通过“第五届中国贵州人才博览会”引进高层次人才59人，其中事业单位27人，企业32人；副高职称14人，全日制硕士研究生45人。

落实人才优惠政策，开展花溪区2016年优秀高层次人才评选工作，评选出22名优秀人才，一次性发放奖金20.5万元。发放高层次人才生活津贴和住房补贴38.466万元，区管专家奖励性补贴26.4万元，智库专家工作经费21万元。落实县级领导联系优秀人才制度，组织县级领导对优秀人才进行慰问，并送去慰问金。（区委组织部）

【干部教育】 2017年，全区开展72期自主办班专题培训班，培训各级干部8452人次；举办专题讲座147期，培训各级干部16471人次；配合省、市委组织部完成312人次的干部抽调培训工作，其中县级领导干部197人次，科（局）级领导干部115人次，完成干部教育培训工作的规定内容和自选内容。（区委组织部）

【干部下基层挂帮工作】 2017年，花溪区有131名同步小康驻村干部（含13名第一书记），其中省派8人、市派26人、区派53人、乡派17人、村派27人，组建28个同步小康驻村工作组。同步小康驻村干部和第一书记走访群众22114人次，帮助谋划出路点子273个，解决困难问题248个，化解矛盾纠纷252起（件），办理好事实事568件，协调各类项目144个，协调各类资金2617.7万元。（区委组织部）

12月20日，花溪区知识分子联谊会成立（区委统战部 供稿）

【基层组织建设】 做好党支部换届选举工作，对56个任期届满或干部调整的基层党支部进行换届选举、补选；

批准溪北社区卫生服务中心、区属9家卫生院建立党支部9个。选配一批热爱党务工作、能力强的党务干部，抓好党组织建设，完成教育系统89家党支部的整合与组织设置；继续实行区直机关党务干部上岗履职证制度；对32个任期届满或干部调整的基层党支部进行换届或增补，新任党务工作者74名，其中女性34名，占46%；大专以上学历68人，占91%；35岁以下17名，占23%。花溪区组织9个乡镇，18个社区和5个重点区直部门32名党组织书记进行述职评议。参加评议的基层党组织书记查摆出突出问题96个，剖析具体原因109条，提出113项整改措施，承诺拟办实事96件。完成全区597个党支部专题组织生活会和民主评议党员工作，民主评议党员15682人，党支部征求到意见4380条，党支部班子成员查找问题5901条、收到批评意见4815条。确定石板镇花鱼井村党支部等8个村（居）党支部作为花溪区2017年后进村（居）党组织整顿对象，并确定每个后进村的县级联系领导及部班子成员包保领导。在区级考核验收中，8个后进村（居）党组织中，整顿“效果明显”的党支部有7个，整顿“达到要求”的有1个。（区委组织部）

【社会组织党建工作】 抓实非公企业和社会组织“两个覆盖”，将非公企业和社会组织党组织集中组建工作作为“两学一做”学习教育的重要任务，采取“单建优先、联建次第、派员挂建”的方式，做到应建尽建，能建快建。2017年，全区非公企业和社会组织党组织覆盖率分别达到70.7%和91.7%。（区委组织部）

12月18日区人社局党委新时代讲习队到村宣讲党的十九大精神
（邢召鑫 摄）

【党员队伍】 2017年，全区有党委52个，党支部647个，党员15952人。全区发展党员210名。在2017年春节和“七一”期间，向各基层党委下拨党费44.65万元，走访慰问困难党员、老党员和老干部工作。走访慰问800余人。（区委组织部）

【远程教育】 2017年，花溪区争取工作经费146.8万元。建立党员创业带富专项经费20万元，做实党员创业带富工程。推进市级创新型远教示范站点创建，打造青岩镇龙井村集中学习室、多功能服务室、创新成果展示室、远教“创客沙龙”，夯实远教阵地基础建设。对全区128个乡村宣传队512名队员进行中共十九大精神“进农村”乡村宣讲专题培训，邀请市委讲师团副团长、副教授张永健作专题辅导，新华社贵州分社对专题培训会进行全程网络直播。宣讲队通过“百姓龙门阵”“乡村院坝会”，采取集中宣讲、“送学上门”等多种形式，开展宣讲500余场次，参学3万余人次。（区委组织部）

【创新型党组织创建】 在全区实施“全域创新·全域共享”工程，营造敢创新、能创新、善创新的良好氛围。选优配强各级党组织书记，将创新能力作为党组织书记一项基本功。要求各级党组织书记围绕本单位、本行业、本领域中心任务，带头领办1~2个党建创新项目、经济社会发展项目，带头解决1 ~2个重点难点问题，并将领办项目和推进情况向党员群众公示。在花溪电视台新闻栏目中开设《书记谈创新》专题报道，在电视台、花溪党建网、灵秀花溪APP等媒体平台播出。聚焦创新骨干队伍建设工程。花溪区创新运用新媒体平台，在新华网开展中共十九大精神“进农村”专题宣讲的现场直播，500余名乡村宣讲员进行集体宣誓，6万余名观众在线观看。聚焦创新阵地升级工程。创新与省委党校开展校地合作，借智借脑借平台，签订《省委党校—花溪区基层党的建设研究战略合作协议》，选取花溪党性教育基地以及各领域党支部，作为省委党校党建研究试点基地，开展创新型党组织创建研究；同时强化示范带动，整合落实近400万元资金，围绕青、黔、高，溪南十锦旅游线路，在农村、居委会、学校、机关、企业打造10个创新型党支部示范点。聚焦活动创新工程。在“三晒三评一报告”的基础上，开展各类创新活动，创新开展“四找四比”（找问题、找差距、找路径、找方法、比创新、比实干、比担当、比成效）主题活动；继承与发展花溪党员固定活动日，开展“主题党日活动+主题竞赛活动+N”活动。以支部单位开展观摩交流活动，35家党（工）委、100余党支部、3000余人次参加创新型党组织观摩活动。聚焦制度创新工程。向区委争取每年200万元创建资金，落实经费保障；采取单月例会、双月观摩、季度调度，部机关党员干部包片联系创新示范点，通过督查和重点督导相结合加大创新型党组织创建工作的具体指导推进力度。研究制定一揽子制度，拟定“三会一课”、党组织书记带头讲党课制度、主题党日、民主生活会、组织生活会和民主评议党员、村居党组织活动经费保障等制度，探索建立容错纠错机制、创新项目扶持机制、创新激励机制。

（区委组织部）

区直机关党建工作

【志愿服务活动】　3月，区直工委、区政府办、区生态局、区民政局等部门党员志愿者服务队按照“绿色清明　文明祭祀”的要求，组织160余人次的志愿者参加活动；4—9月，全区各部门约1.2万人次志愿者在58个点开展公共文明引导志愿服务活动。（区机关工委）

【典型示范引导】　命名表彰区委办信息科等28个科室为花溪区直机关“百佳效能科室”，孔凌疆等30人为花溪区直机关“百优服务标兵”；命名表彰花溪区第二小学党总支、花溪公安分局阳光派出所党支部、花溪区司法局党支部、花溪区审计局党支部为区直机关基层党建工作示范点；表彰花溪区老干局党支部（建立小区及院落离退休

11月29日，区委群工委创新型党组织示范点验收（区委群工办　供稿）

党支部或离退休党小组)、花溪区水务局党委(廉政文化进工地活动)、花溪区人社局党委(绽放青春,激发能量——区人社局创新开展“创意网络墙”活动;学典型,树标杆;引领传播正能量——区人社局开展寻找我身边“焦裕禄”式优秀共产党员活动;花溪劳仲支部组建“服务农民工党员先锋队”)、花溪区检察院党总支(警示教育推进廉洁自律)、花溪区国税局党委(抓好四个围绕 推动先进基层党组织建设)、花溪区直机关工委党支部(集中过政治生日活动)为区直机关基层党建创新案例;7月、11月,分别组织“机关党建工作创新案例”现场观摩会。(区机关工委)

【机关文化建设】 每季度开展一次最美人物、最美景物摄影比赛;组织机关党员开展“最美花溪”书法、绘画创作比赛;开展“喜迎党的十九大”板报、手抄报比赛,开展“最美花溪”图片、书法、绘画、人物故事展。结合建党96周年纪念,组织党员集中过政治生日,开展党内关怀行动,以“温暖花溪、扮靓花溪、推动发展”为主题开展机关党员志愿服务,参加服务的党员干部达1.2万人次以上,其中党课进农家(车间、社区)20场。开展“徒步寻找最美花溪”、支部书记谈创新(党支部晒党建创新清单)、“一把手”讲评党课、党务观摩培训等活动,得到党员和群众一致称赞。

(区直机关工委)

群众工作

【概　况】 2017年,区群工委制定印发《花溪区2017年社会治理和群众工作要点》《花溪区以“格治理”进一步提升城乡社会治理水平改革实施方案》《花溪区关于社会治理民生项目监督检查实施方案(试行)》等文件,定期研究、统筹、推动社会治理和群众工作。落实资金投入,花溪片区社会治理常设专项资金1200万元,经开片区600万元,主要用于网格内“三年千院”社区公益事业项目建设、群众工作和社会治理、社会组织培育发展等,确保有钱办事。宣传先进典型,充分发挥“道德讲堂”“感恩课堂”等大讲堂教化作用。将社会治理和群众工作作为领导干部考核及干部“进退流转”的重要依据,纳入科级领导班子和区管干部年度考核评价内容。对照《贵阳市2017年社会治理和群众工作目标考核细则》,逐项进行任务分解,落实责任,将社会治理专项目标纳入区级综合目标考核管理,并逐年加大考核权重分值。组织日常督办、专项督查和年终考核,全年开展专项督查12次,协调解决工作中存在的薄弱环节和难点问题。对“两代表一委员”提出的意见、建议、议案进行整改落实。以公共服务不到边、多元参与不踊跃、网格队伍不稳定、共建共治需提升等问题为导向,对全区18个社区、9个乡镇多次进行专题调查研究,从“以一证通大数据应用项目为重点挖掘大数据政用价值”“深入推进大数据+社会治理模式”“‘社会和云’工程应用”三个方面,以明珠社区为试点,探索格治理模式。会同区委党校开展课题调研,形成《社区公共服务阵地保障路径探索》和《强化社区基础作用 推进公共服务公平共享》2篇调研报告,为推进花溪区基本公共服务公平共享提供理论依据。

(区群工委)

【城乡社区建设】 2017年,在明珠社区探索“数治小区”建设工作,通过健全完善“人脸识别”“车辆识别”智能化管理系统等设备配套,快速、准确获取信息数据,实现小区网格化精细管理和社会化精准服务,形成创新区域治理新模式。在6个社区建成12个“党员作用发挥好、群众协商自治好、环境卫生状况好、社会治安秩序好、邻里关系融洽好、内部建设管理好”的“六好院落”。在7个乡(镇)2个辖村社区建成33个“五型村寨”(其中综合创建点1个,单项创建点32个)。在久安乡结合山体公园,建成巩固村群众服务中心；在燕楼镇结合“四月八”民族活动，建成旧盘村群众服务中心；在黔陶乡产业园区，与农民服务协会有机结合，建成赵司村群众服务中心，解决村民组无活动阵地、群众办事远等实际困难。开展网格员巡查，上报民情42531条。运用“12345”公共服务热线、“百姓—书记市长交流台”、市长信箱、网格员民情上传等线上线下渠道，收集民情民意，“诚解万户难”。花溪区12345（12319）公共服务平台受理案件27732件，处置案件27728件，处置率99.99%。配备9个乡镇、5个社区网格团队网格化服务终端机（手持机）793台。做好“和贵阳APP（领导易、网格易、处置易）”安装注册，全年安装“和贵阳APP”1405人次，注册率100%，“社会和云”网格化系统使用率100%。花溪区在应用市“社会和云”系统平台的基础上，10个社区和6个乡镇建立微信公众号。探索开发智慧门牌APP平台建设，将“城中村”流动人口管理工作做硬做实。（区群工委）

【增强共治凝聚力】 2017年，花溪区新登记社会组织7家，全区社会组织增加至163家。引导20个社会组织和12个在社区登记备案的“六小联通”组织参与社会服务项目23个，获得资金43万元。服务项目内容涉及扶老助老、邻里和谐、关爱儿童、社区戒毒、国学文化、关爱老兵等。在2017年，贵阳市“五比五看——筑城公益星”评选活动中，花溪区社会组织阳光妈妈的黄永绂、菊林书院的饶昌东获评“五比五看——筑城公益星”，圆梦爱心社的《助老追梦·共享阳光项目》、思达英语的《中国梦——思达雏鹰护航行动》获评“五比五看——优秀社会服务案例”。团区委指导“贵阳市花溪区青年志愿者协会”加强青少年群体的关爱和帮扶工作；区妇联拓宽服务内容和服务渠道，开展妇女儿童关爱服务活动，组织巾帼志愿队伍开展志愿服务和互帮互助活动。通过对“枢纽型”社会组织开展“2017年创新农村社会治理加强群众工作”等专项培训，鼓励和引导社区（乡、镇）工作人员105人参加全国社会工作者职业资格水平考试，提升队伍专业化水平。有2人获得社工初级资格证，2人获得社工中级资格证。鼓励和引导本辖区企事业单位开放活动场地，组织各类人员参加志愿服务，通过“四强四助”活动推进全区各级各类型企业加快发展步伐，引领发展。在2017年贵阳市加强群众工作创新社会治理大会上，贵州十和田实业发展有限公司、花溪农村商业银行股份有限公司获得“2016年度贵阳市履行社会责任优秀企业”称号。在第二届“筑城公益汇”期间，组织花溪恒阳（集团）房开有限公司、贵阳闽达钢铁有限责任公司、贵州格力电器销售有限公司、贵州四力机电设备有限公司、贵州十和田实业发展有限公司、老牛哥涮牛肉火锅等企业为花溪区社会组织定向

11月1日，区委政法委书记马彪同志到孟关十河田公司进行十九大精神宣读
（杨小平 摄）

捐赠10万元慈善款助力社会公益服务。

（区群工委）

【提升服务亲和力】 机关干部下基层与乡（镇）、社区干部、网格员共同帮助群众解决生产、生活中的急难问题，全区走访、排查、帮扶1564人次，解决群众困难投入459.97万元。建成20个社会化戒毒康复站，发挥律师在一村一居法律顾问作用，实现半小时法律援助服务圈，群众参与区、乡（镇、社区）、村（居）三级群众工作“网格自治”，开展“群防群治”，加强网格日常巡查以及戒毒康复人员、流动人口等群体的网格服务管理。在校园、农村、企业等宣传道路交通、消防安全、禁毒反邪、公民道德、安全生产等各类法律法规，形成社会群众知法、遵法、守法、用法的良好法治氛围；加强重点项目、重要工作、重大事项的社会稳定风险评估，备案38件。举办10余场“社区小舞台·百姓大圆梦”活动。（区群工委）

【优化社会治理格局】 区群工委在全面摸清18个社区和9个乡镇1113个网格基本信息、问题关键、联动节点、群众需求等要素的基础上，把“一核多元·五力共治”城乡社会治理模式植入网格，引领支持社区探索“格治理”。通过“新型社区·温馨家园”项目，解决群众反映的“路不平、灯不亮、水不通、气不畅、卫生差”等突出问题；通过增加监控设备，网格队伍开展“群防群治”，实现服务群众零距离、解决诉求零距离、化解矛盾零距离；通过“六好院落”“五型村寨”创建和谐共享局面凸显；通过“大数据+”网格服务管理，以“一证通”“人脸识别”等系统的应用打造15分钟便民利民服务圈。明珠社区溪北居委会试点开展“格治理”，90%以上居民安全感增强，辖区零发案、零命案、零邪教，获得2017年“全国模范人民调解委员会”、第四批“国家级充分就业社区”“全国反邪教先进集体”授牌。

以社区党委为核心，由居委会党组织牵头，串起业委会、物业公司、社区社会组织、社区群团组织、社区民警、网格员、党员群众等网格各类资源参与的自治共治线，汇聚起强大合力。全区42名县级领导、510余名科级党员领导干部集体“上夜校”集中学习中共十九大精神；进社区，城市夜话大家学。全区18个社区召开专题学习培训会集中学习50余次，中共十九大专题主题党日活动18次，文艺演出、学习茶话会等12次；在全区9个乡（镇）、18个社区挂牌成立122个“新时代农民讲习所”、18个“新时代市民讲习所”，组织乡（镇）骨干党员、村支两委党员干部、党员致富带头人、第一书记和驻村干部等先学一步，分组走村串寨进组入户给流动党员、农村老党员、村民群众宣讲；利用党校建设“云端上的党建”数据展示平台和“花溪党建”微信公众号、贵阳市“两学一做”APP等新媒体，宣传中共十九大精神。以社区社会建设大党委为基础，建立业委会、辖区企业、物业公司、社区各类组织、社区民警、网格员、党员群众等网格各类资源参与的“六小组织”，形成自我管理、自我教育、自我服务的共治合力。2017年，驻地单位共治会在56个居委会全覆盖，新建3个商户摊贩自管会，5个院落楼栋自管会，1家专业社工机构，激发社区各层面、各行业群众的参与热情；动员社会组织、群团组织、基层自治组织、志愿者、民众等多元力量参与社会治理，公益文化基本形成。创文创卫期间，每天有3000余名志愿者开展志愿服务活动，巩固文明城市建设。“爱心银行”在18个社区全覆盖，各社区在网格内组建不同类别的志愿服务队开展志愿服务，让志愿服务真正做到“长流水、不断线”。2017年，明珠社区被授予全国“社区学雷锋志愿服务联络工作示范站”称号，是贵阳市唯一获得表彰命名的社区。花溪区青年志愿者服务协会在第四届中国青年志愿服务项目大赛上获得铜奖。

利用“社会和云”系统，在环保督查、创文迎复检、中共十九大等重要时间节点，梳理排查信访维稳案件，及时报送区信访维稳专班，做到信息共享，协同处置，维护稳定。花溪区打造“贵阳政法大数据共享应用平台办案协同系统”试点，促进司法工作科学化、精细化、智能化，办案效率和办案水平明显提升。该系统运行以来，检察院受理刑事案件804件925人，同类案件办案时间缩短30%。法院审结195件，服判率87.17%，同比上升4.25%，上诉案件全部维持原判。因证据不足作出无罪判决的案件“零发生”。花溪区经开公安分局率先建成全省第一家智能执法办案监督管理中心，研发“全流程闭环式执法监督系统”，并获得国家专利，实现执法投诉“零发生”。拥有450万名货主和司机会员的全国最大货车综合服务平台货车帮，依托公路物流行业数据，与公安机关搭建起资源共享信息互通桥梁，建立起司机实名登记制度和诚信约束机制，推动企业数据与公安系统数据进行人脸身份识别，定期提供司机行驶路线等信息。

10月31日，区委书记钟阳到高坡乡石门村宣讲党的十九大精神（高坡乡 供稿）

利用临近高校密集区的优势，推进校地联动机制，建立花溪区公共管理和社会学学科大学生实习实践平台，贵州师范大学、贵州财经大学在群工委挂牌成立教学实践和科研基地。2017年，接收贵州财经大学、贵州师范大学两批134名社会学及管理学学科实习生。区群工委被贵州财经大学评为优秀校外实践教学基地。（区群工委）

宣传工作

【理论学习与宣讲】　花溪区委中心组全年开展5次集中学习，将省第十二次党代会精神、中共十九大精神和习近平总书记在参加贵州代表团的讲话等作为学习内容。下发《2017年花溪区党员干部理论学习安排意见》，组织全区党员干部参加市理论学习考试，合格率100%，优秀率97%。区委宣传部成立宣讲团，把中央、省、市、区相关会议精神作为全年宣讲的内容，结合花溪区打造全域旅游先行示范区的实际，采取专题讲座和深入基层宣讲。由区委宣传部、区委党校牵头，组织从事理论宣传工作的有关人员成立区委宣讲团，赴各乡（镇、社区）、教育系统、区公安系统、区卫计局系统及部分单位开展64场宣讲，听讲人数4000余人。借助花溪宣传网、“灵秀花溪”微信公众号等平台，将38篇优秀的宣讲稿件通过新媒体向更多的群众宣讲。区委宣传部下发通知组建讲习队，深入企业、农村、机关、学校、社区、新社会组织宣讲十九大精神，宣讲476场次。区四大班子县级领导干部带头到联系指导的乡镇、社区和行政村开展宣讲工作；邀请省、市专家、领导到花溪区机关、乡镇、社区开展宣讲；基层党组织书记以微型党课为载体，组织党员干部进行学习交流。依照听讲对象的实际情况，将宣讲办到小区广场、楼宇院落、农户院坝、田间地头等。

高坡乡成立苗、汉“双语”广播站，每周定时段播放、讲解党的十九大精神、习近平新时代中国特色社会主义思想等；在燕楼镇设置夜郎讲习台、宣传长廊、粉刷永久性标语等；团区委组建“新时代青春讲习队”深入社区、学校、企业等开展党的十九大精神的宣讲活动；新时代“桑榆志愿者”讲习队到社区、学院、书院、景点等开展10余场宣讲。组建文艺宣讲小分队，采取文艺会演、山歌、舞台剧、小品等喜闻乐见的形式开展宣传工作。在麦坪镇和青岩镇，开展以宣传党的十九精神为主题的文艺汇演；在农村村民编创《十九大放光芒》《歌唱十九大》等布依山歌宣传党的十九大。与新华网合作，在新华网云平台上现场直播两场党的十九大精神宣讲，在线观看听讲10万余人次。2017年，全区开展党的十九大精神宣讲500余场次，参加113000余人次。（赵开舟）

【舆论宣传】 2017年，央视、新华社、中新网、贵州日报、多彩贵州网、贵阳日报、贵州广电等媒体，刊发花溪正面新闻报道1100余条次。中央电视台中文国际频道《记住乡愁》将花溪区青岩古镇纳入其古镇系列纪录片的样片拍摄点，中央电视台财经频道（CCTV－2）、人民网、《环球时报》等媒体到花溪区作重点蹲点采访。中央电视台财经频道（CCTV－2）对花溪区的生态、旅游等作集中报道，并将花溪区推荐的环保卫士雷月琴请到台里做嘉宾参与生态家园的节目录制。邀请人民网、《光明日报》《经济日报》等中央媒体走进花溪开展自然遗产日采访活动；邀请贵州电视台到花溪开展“平安花溪”建设主题宣传；邀请贵州电视台二频道开展走进花溪，对花溪的生态旅游等作全方位展示，进行连续两周的报道。

10月31日，花溪区委书记到“新时代农民讲习所”宣讲十九大精神，区委宣传部做好喜迎党的十九大、区委十一届一次全会、青岩古镇峰会、区人大、政协“两会”等的宣传工作。在中国青岩古镇峰会期间，通过制作电视宣传“片花”、制作青岩古镇全景VR视频和青岩古镇宣传片，在贵州卫视、区内门户网站、区电视台、辖区出租车、贵阳主城区大型LED屏、贵阳全程电梯间视屏投放，与贵阳日报报业集团合作，举办报旅融合创新发展高峰论坛暨百名报业社长总编古镇村落新闻采风活动，加大对青岩古镇的宣传，在《贵州日报》和全国其他50多家城市主流报纸上对青岩做60余个专版宣传，助推青岩古镇创国家5A级景区。在迎接国家环保第七督察组进驻贵州开展督查工作期间，在中国文明网、多彩贵州网、《贵州日报》、《贵阳日报》、贵阳电视台等媒体刊播对外宣传稿件64条次。在迎接全国文明城市复检期间，8～9月，刊播新闻700余条次。（赵开舟）

【政策法规宣传】 2017年，区委宣传部做好流动人口服务管理创新、农民工工资拖欠问题治理、扶贫攻坚、脱贫攻坚、王阳明文化、农村集体产权制度改革、安全生产、维护社会稳定、关爱留守儿童、“健康中国 全民健身”、打击侵权假冒、做好大学生就业创业、群众工作服务创新、户籍制度改革、拥军爱军暨征兵工作、“提升为小微企业提供金融服务”、做好全区禁毒工作督导、青岩古镇申创5A景区、社会治安综合治理之平安花溪创建、打击违法建筑、消防安全、春节“三下乡”活动等宣传；成立花溪区党外人士知识分子联谊会，做好宣传文化系统人才库收集及推荐工作；与区市场监管局、区商务局等部门协作，抓好抓实花溪区为贵阳市创建质量强市示范城市做好相应的宣传工作；与区爱卫办、区食品安全办等单位协作，做好健康城市建设试点城市工作等。

（赵开舟）

【互联网宣传工作】 2017年，花溪区争取省级媒体的合作，在多彩贵州网上开设《砥砺奋进的五年喜迎十九大》花溪专题页面，宣传花溪在“大扶贫、大生态、大旅游”等工作的成就。在《当代贵州》进行喜迎中共十九大专题宣传，与贵州电视台二频道合作开展花溪宣传周活动。加强属地各新闻网站内容管理、加强相关舆情的监测、收集和上报工作。对特别紧急和重大的舆情采取网络舆情快报和手机专报的形式报送。2017年，区网信办与花溪区公安分局网安大队协作，区公安分局网安大队分别对8名网民进行告诫并责令删帖等5件突发事件处置。全年，区互联网信息办公室发现并处置84条舆情信息。其中，安全生产6条，拆违、征地拆迁、补偿7条，行政管理、执法9条，环境保护（污染）8条，教育事业5条，旅游投诉1条，社会客运和公共交通5条，社会治安8条，食品安全类6条，市民基本生活10条，司法、维稳、上访问题5条，突发事件4条，医疗纠纷1条。（赵开舟）

统战工作

【概　况】　2017年，“花溪统战”微信公众号开通，开展“统战宣传周”、大走访、专题讲座、报告会等学习宣传活动。全区参加统战宣传周活动的单位42个，走访党外代表人士175人，悬挂标语27条，制作宣传展板38块，开展各类座谈会、培训会、报告会30次，发放宣传资料6000份，接受宣传人次10000余人次。结合“千名干部大下访，进家入户办实事”主题活动，开展“统战宣传周”、统一战线大走访、党的十九大精神宣讲等。（区委统战部）

【民主党派和无党派人士工作】　2017年区两会期间，民主党派和无党派人士提出人大建议、批评和意见68件，政协提案67件。配合农工党贵阳市委做好扶贫攻坚民主监督工作，实地视察久安、马铃、高坡、黔陶乡扶贫攻坚工作开展情况。支持民主党派组织建设，发展新会员、盟员、党员，给予经费保障，九三学社花溪支社完成换届工作，支持民革花溪区小河支部打造基层支部工作亮点。民主党派开展专题调研活动25次，形成针对性强的调研报告9篇。（区委统战部）

【党外知识分子工作】　花溪区组织召开新的社会阶层人士暨党外知识分子统战工作座谈会，传达学习全国、全省、全市新的社会阶层人士暨党外知识分子统战工作座谈会精神，就新的社会阶层人士和党外知识分子统战工作进行安排部署。建立235人组成的新的社会阶层人士信息库。成立党外知识分子联谊会。召开贵阳市花溪区知识分子联谊会第一次会员大会暨成立大会，选举产生第一届理事会领导班子。同贵州大学党委统战部就加强校地联动、深化交流合作、共建共享抓好党外知识分子统战工作开展座谈交流。组织新社会阶层人士和党外知识分子学习贯彻党的十九大精神、参加培训班、开展考察调研、参与花溪区统一战线“共建共享·同心行”系列活动等统一战线工作和活动。（区委统战部）

【民族宗教工作】　花溪区从政策、资金上向民族乡倾斜，制定《关于支持民族乡村加速发展同步小康的实施意见》《关于进一步支持马铃布依族苗族乡经济社会发展的意见》《关于进一步支持高坡苗族乡经济社会发展的意见》等文件，安排民族工作经费165万元。全区实现民族乡乡乡通油路，村村通水泥路，100%的自然村通电通讯。实施青—黔—高“溪南十锦”美丽乡村计划，石板镇镇山村、溪北社区麦翁寨、青岩镇龙井村被命名为全国少数民族特色村寨，青岩镇龙井村、高坡苗族乡扰绕村、马铃布依族苗族乡谷中村被命名为全省第一批少数民族特色村寨；开展民族文化进校园活动，在高坡乡云顶小学、甲定小学和黔陶乡中心完小实施“双语”教学，在16所中小学开展“花溪苗绣”、苗族古歌、猴鼓舞等进校园活动；加大对少数民族历史文化遗产的保护和抢救力度，整理出版《花溪苗族》《花溪区布依族酒礼歌》《天马系铃·马铃》等书籍；开展正月十三春节民族民间大联欢、“四月八”“六月六”民族文化活动。开展“八个一”“宗教政策法规学习月”“教风年”“民族团结进寺庙”等系列活动和治理工作。组织辖区宗教场所和团体开展慈善帮扶活动，帮扶贫困地区捐款捐物折合人民币约3.7万元。

（区委统战部）

【非公有制经济领域统一战线工作】 2017年1月12日，花溪区工商业联合会（总商会）第七次会员代表大会及第七届执行委员会第一次会议召开。会议选举产生第七届执行委员会委员、常务委员会委员、区总商会副会长、会长和区工商联副主席、主席。5月24日，举行花溪区统一战线聚力大扶贫战略行动典型事迹讲述会。12月7日，举行花溪区非公有制经济人士理想信念教育实践活动报告会，推进“千企帮千村”精准扶贫行动。制定《2017年“高一格”推进大扶贫战略行动实施“千企帮千村”精准扶贫工作方案》（花统字〔2017〕6号），动员34家非公有制经济企业结对帮扶30个贫困村。2017年，“千企帮千村”精准扶贫行动投入帮扶资金4012万元。组建行业商会，指导成立“贵阳市花溪区企业发展交流协会”。通过“以商招商”“走出去引进来”等形式，引进一批优强民营企业落户花溪。10月13日，参加贵阳市工商联举行“同心牵手·筑林贵阳”助力招商系列活动启动仪式，区工商联同福建南安商会签订招商合作协议。（区委统战部）

【港澳台海外统战工作】 2017年4月，台湾花莲县县长傅崐萁率花莲县参访团到花溪区参观考察国家城市湿地公园、贵阳孔学堂、大兴国寺、青岩古镇。6月，由区政府副区长管路带队，参加省台联组织的贵州文创考察团赴台考察，贵阳市花溪区青岩镇与台湾宜兰县南澳乡建立长期友好合作关系，正式签订战略合作框架协议。7月28日至8月3日，应台湾花莲县县长傅崐萁邀请，省委统战部副部长王茂爱率贵州参访团赴台湾花莲县开展文化交流活动，区委常委、统战部部长禄竹随贵州参访团赴台。2017年，协助市委统战部完成香港中联办新界工作部、台湾花莲县县长考察团、筑梦之旅港黔同心创未来——香港各界庆回归20周年贵州专列团、台湾劳动党高雄地区基层社团干部参访团、台湾中小学教师历史文化研习营、两岸企业家峰会文化创意产业合作推进小组“一带一路专题西南文创之旅”考察团、台湾经贸交流考察团的有关接洽工作。开展“5271”爱侨助侨日侨法宣传活动。协调区教育局，帮助2名台胞台属解决子女入学问题；开展归侨侨眷困难户、重点人士慰问活动，开展助侨和慰问活动20人次，发放助侨资金、慰问金15700元。（区委统战部）

【党外代表人士工作】 2017年，花溪区建立526名党外人士组成的统战人物信息库。11月，举办花溪区2017年统一战线干部赴厦门大学培训班，区直相关部门、各乡（镇）、社区党委统战工作分管领导、民主党派代表人士、无党派代表人士、党外干部代表人士、非公有制经济代表人士和新的社会阶层代表人士58人参加。花溪区第十七届人民代表大会代表198人，其中党外代表71人，占代表总数的35.86%；区人大领导班子党外领导干部1人。区政府工作部门24个，实职安排党外干部10人，安排部门占所有部门的比例为41.7%。政协花溪区第十届委员会委员211人，其中党外委员127人，占委员总数的60.2%；政协副主席6人，其中党外副主席3人，占总数的50%。区人大安排党外非公有制经济人士4人，新的社会阶层人士3人；区政协安排党外非公有制经济人士39人，新的社会阶层人士8人。

（区委统战部）

政法工作

【概　况】 2017年，区委政法委抓好特殊时期安全稳定工作，加强情报信息研判，措施精准到位。规范信访秩序，推进“千名干部大下访、进家入户办实事”“三强保平安、喜迎十九大”“迎接十九大、忠诚保平安”三大主题活动。1 月，区委常委、政法委书记马彪在区政府常委会议室主持召开省“两会”期间信访维稳工作专题会，传达省、市“两会”期间信访维稳工作批示精神。5 月，经开区党工委书记、花溪区委书记钟阳在区委常委会议室组织召开“一带一路”国际合作高峰论坛期间信访维稳工作会议，全区各乡镇、社区、区直有关单位、大中专院校负责人出席会议。落实社会治安综合治理工作领导责任制，加强社会治安防控体系建设，严厉打击“两抢一盗”，强化重点地区（区域）的整治，严格重点人群的管控，有效降低刑事发案。（区政法委）

【平安居住小区创建】 2017 年，花溪区深入开展星级平安居住小区创建活动，推进技防、实施天网工程建设。2017 年，全区群众安全感测评为 98.51%，同比上升 2.80 个百分点。全省排名 25 位，同比排名上升 51 位；全市排名 6 位，同比上升 2 位。完善区、社区（乡、镇）、居（村）三级协调联动机制，加强打击震慑毒品犯罪的力度。建成 20 个社会化戒毒康复站，落实一格一员服务管理。2 月，区委常委召开分析调度禁毒工作专题会，对 2010 年禁毒工作考核排名全市末位的相关责任单位、责任人进行问责处理，对下一步禁毒工作进行安排。12 月 4 日，司法部戒毒管理局长曹学军率司法部戒毒管理局管理处处长王书言等国家禁毒委督导组一行，到花溪区阳光就业家园燕楼基地考察指导工作。省禁毒办专职副主任吴泉安，省禁毒办副主任、公安厅禁毒总队副队长蒋文武，省禁毒办指导处处长周胜，贵阳市委常委、市政法委书记、市禁毒办副主任庞鸿，贵阳市政法委副书记、禁毒办主任王斌，花溪区委常委、政法委书记马彪等陪同。（区政法委）

【政法大数据建设】 1 月，在青岩镇政府大会议室举办全区“数据流管综合平台”及“同一率比对工具”业务进行培训，区流管办邀请平台公司工程师对全区流管骨干、社区民警进行业务培训。3 月，在区政府会议室召开“流管工作会议”，区流管办主任梁小涛传达市综治委文件精神。花溪区抢抓贵阳政法大数据办案系统试点的机遇，促使办案机关从源头转变思维。初步实现刑事案件由“抓人破案”向“证据定案”、人力跑腿向网上传输、人工审查向智能审查、制度约束向数据监督的“四个转变”，促进执法、司法工作科学化、精细化、智能化。推进国家安全、反邪教、流动人口管理、政法队伍建设、司法体制改革再上台阶。5 月，在花溪湿地公园广场由区防范办、区反邪教协会联合主办“崇尚科学，远离邪教”宣传活动。

（区委政法委）

党史研究

【概　况】 2017 年，区委党史研究室下发《关于征集花溪文化旅游创新区建设图片资料的通知》，征集有价值图片 94 张。汇编 2 万余字《花溪公园抗战历史文化资料类编》。搞好花溪党史电子图片库建设，收集整理电子档图片 114 张，建立照片档案 7 盒。对区委党研室自成立以来的资料进行数字化建档，扫描图书 25 册，9180 页，实现区党研室 605 万字党史资料的数字化工作。完成与市委党研室联办《贵阳党史》期刊一期的工作。资料被采用 5 篇，其中文章 1 篇、信息 4 篇。

（区委党研室）

【红色文化遗存挖掘整理工作】 区委党研室将党史研究与党性专题教育培训相结合，参与花溪区党性教育基地建设，并将党史研究成果“薪火传承”有关资料在基地展出。在挖掘整理薪火传承有关史料时，六易其稿。重点记录党和国家领导人在花溪，为新中国成立和为共和国建设而壮烈牺牲的革命先烈，共计图片29幅、资料36篇12000余字。撰写花溪红色文化宣传片《青岩记忆——八路军高级干部家属在青岩》脚本。开展邓颖超曾居地陈列布置、周钟瑄文化交流中心布展工作的史实审核工作。参加花溪区政协文史委视察花溪公园文化提升工作。提出增加周恩来、朱德、贺龙、邓颖超一辈无产阶级革命家视察、关怀花溪建设等红色史实。（区委党研室）

【地方史料的征集审核】 开展花溪历史名人周奎、周际华史料挖掘、调研工作。举办花溪公园肇基者周奎、周际华父子史料采集工作座谈会。花溪区吉林村周氏家族21人参加座谈，征集《周氏房谱》2册、清代石碑照片4张，采集口述史料10人次，收集清代历史资料3篇。梳理周氏家族与花溪公园的渊源，参与4000余字调研报告撰写、修改。与区文广局共同对花溪公园内防空亭、“生聚教训”摩崖石刻等抗战文化景点进行勘察。牵头组织区内文史专家审校花溪公园解说词中相关史实。

参加花溪旅文公司开展花溪公园憩园展馆布展工作，并对史实进行甄别、修订，补充徐悲鸿、李宗津等文化名人的历史资料。参加花溪区政协文史委视察花溪公园文化提升工作，提出增加周恩来、朱德、贺龙、邓颖超老一辈无产阶级革命家视察、关怀花溪建设等红色史实；重建花溪风景区缔造者刘剑魂的诗碑；展现花溪公园第一幅彩色绘画长卷——花溪揽胜图等建议。

参与对《青岩历史文化挖掘整理项目设计大纲》和《青岩历史文化资料类编》的史料审核和评审工作。开展央视纪录频道（CCTV－9）《花溪》五集高清纪录片前期调研及相关史料挖掘提供，并对拍摄大纲进行审读。对《高坡非物质文化传习基地展陈方案》的进行评审、论证。

（区委党研室）

老干部工作

【概 况】 2017年，区委离退休干部工作局组织每月20日老干部集中政治学习会。举办省十二次党代会专题讲座，让广大老干部对贵州如何实现“百姓富、生态美”奋斗目标有更清晰的认识。利用远程教育平台，组织基层老同志加强学习。为行走不便老同志开展送学上门。开展“热学热议十九大”“畅谈新变化”活动。采取集中举办“大讲坛”，分散开展“小讲堂”，创新推进“微课堂”等，有160多人参与，召开各种形式活动26次，收到征文6篇，调研报告2个，意见30条。组织离退休干部集中收看中共十九大大会开幕盛况直播，开展“热学热议”十九大精神、《党章修正案》学习讨论座谈会。

（区委离退休干部工作局）

10月2日，区老干局离退休老干部考察“溪南十锦”项目建设
（区老干局 供稿）

【老干部扶贫】 2017年，区离退休老干部工作局深化“百千万”帮扶计划，为扶贫工作献余热。组织老干部参与“311”工程，动员老科协精通农业科技、熟悉农业生产的8名老专家配合老干局参与对高坡乡新安村精准扶贫工作。在科协等部门的支持下，先后投入近5万元资金，帮助新安村建起30亩规

模的芦笋蔬菜种植基地、100亩的果木基地；发展1户从事黑山羊养殖达百只；发展1户林下鸡养殖上千只。帮助10户贫困户找到致富新渠道。动员区人大离退休支部2名党建老专家指导对高坡乡新安村、龙云村党建示范点建设。区关工委出资3000元支助老科协专家到高坡乡新安村开展芦笋栽培技术培训。（区委离退休干部工作局）

【落实老干部待遇】 2017年，区委离退休干部工作局建立“五必访”“老干部包保联系”“困难救助”等工作制度，巩固和落实老干部“两项”待遇。在春节、“五一”、老年节、“七一”等节日慰问老干部、举办游艺、祝寿、体育竞赛活动等。全年走访慰问老干部500多人次，发放慰问金20多万元，送学习资料上门2000多份；为离休干部报销医药费100多万元，救助困难老干部及老干部遗孀20余人次，救助金近10万元。区委离退休干部工作局联系、支持区中医院在老干活动中心建老干部医务室；协助老科协、老年钓鱼协会开展活动；投入资金1万多元为溪北社区老干部活动室搭建休闲活动亭一个，完善老干部院落支部活动阵地。组织春季“三八”妇女节、实职县级外出参观考察等活动。组织参与“点赞十八大、建言十九大”“夕阳无限好”“热学热议十九大”等活动，有300多人次参与。活动收到诗词4首、山歌2首、调研文章4篇、各种点赞发言上百条。

（区委离退休干部工作局）

【创新老年教育】 2017年，区离退休干部工作局通过举办“防金融诈骗”“贵州省第十二次党代会精神宣讲活动”“创文工作专题”等宣传讲座，开展“展示阳光心态、体验美好生活、畅谈发展变化”“余热为党增辉”等社会服务活动，教育引导广大老年学员。区老年大学组织学员参与花溪区和各社区开展的国学进校园、禁毒宣传教育、文化下基层、生态环境保护、公益献爱心、文明创建志愿服务等活动30余次。对“上门送教”“扶老上网”“规范教学”“社团培养”“结对共建”和“师资建设”等六项工作进行目标责任分解，与各乡（镇）、社区老年学校配合，开展“送学上门”工作。通过调研，将航空社区红林老年学校和航天社区航天园老年学校纳入到“常态送教上门”的服务对象，每个月由花溪区老年大学安排授课教师到这2所老年学校授课。与瑞华、溪北、明珠、黄河、清浦、高坡、石板、久安、马铃等乡镇（社区）配合，开展百姓健康舞“四月八”“六月六”民族节日、社区消防讲座、实用农业技术培训、国学文化讲座等送教活动。全年开展“送教上门”199次。与花溪阳光妈妈志愿者协会和花溪区青岩菊林书院签订团队培养互助发展协议，区老年大学组织学员加入“阳光妈妈”志愿者协会和青岩菊林书院工作队伍，参与文艺演出、发放戒毒宣传资料、书写文化墙、与戒毒人员谈心等社会公益文化活动。与清浦社区携手结对共建，每年拨付经费1万元，用于支持清浦社区开展租借教室开展老年教育教学活动，为支持清浦社区群众文化活动的开展，安排教师为社区老年学校授课，组织学校艺术团队参加社区的各项文化演出活动。区离退休干部工作局与花溪区老科协签订结对共建老年教育发展协议，聘请区老科协有农村种养技术专家，把技术培训送到村民家门口，解决在种养发展中遇到的技术困难和问题。针对“送学上门”中出现的师资不足问题，区老年大学挖掘社区和学校内部的人才资源，启用社区内多才多艺的热心人士和各班级的优秀学员担任“送教上门”的教学人员，解决师资匮乏的问题。（区委离退休干部工作局）

【关工委工作】 2017年，花溪区各级关工委开展“两史两情”“三爱一践行”“祖国好·家乡美”等系列主题教育活动；聚焦留守儿童、困境儿童和城市流动儿童的关爱保护，为青少年办实事、办好事、解难事。

2017年1月，由区关工委牵头成立“花溪区法制关爱帮教团”到贵州省未成年人犯管教所，看望花溪籍的13名学员以及长期坚守在监管第一线的十几名干警。3月16日，区关工委领导带领花溪三中两百多名学生参观全国（贵阳）禁毒教育基地。4月20日，区关工委在林中月酒店召开纪念成立三十周年座谈会，对全区47名基层优秀“五老”、35名关工委先进工作者、24名支持关心下一代工作先进个人进行表彰。8月9日，花溪区关工委协同花溪区法院未成年审判庭的法官赴贵定未管所法律回访未成年犯。

做好网吧义务监督以及校外辅导工作。2017年，经过花溪区50位“五老”网吧义务监督员的共同努力，维护花溪区网吧正常的经营环境，特别是禁止未成年人进入网吧起到较大作用。花溪区10个校外辅导组根据学校的实际情况开展工作。溪北完小校外辅导组根据该校学生大多为农民工子弟的特点，为学生讲解安全防火知识；青岩中心完小校外辅导组邀请花溪关工委、青岩菊林书院、青岩诗词协会、书法爱好者等10余人到学校为30多位留守儿童开展捐赠《弟子规》活动，受到学校和家长的好评。

关爱救助留守儿童。在“六一”儿童节期间，区关工委领导及工作人员分成6个小组，奔赴花溪小学、花溪二小、溪北完小、阳光小学、高坡中心完小、青岩中心完小、蒲江小学和爱华小学（该校为民办小学）、花溪区特殊教育学校等9所学校，送去慰问金10000元；受贵阳市关工委的委托，区关工委推荐高坡中心完小100名留守儿童作为慰问对象，同时区关工委为每人购买价值两百元（共计两万元慰问金）书包、运动鞋，送给高坡中心完小。6月，区关工委帮助支持高坡乡教育总支委员会暑假期间组织开展全乡437名留守儿童大走访、大调研活动；区关工委先后到青岩贵璜中学和高坡中心完小，为每所学校家庭困难的50位留守、困境儿童以及品学兼优的10名学生送去50000元的资助金和奖励金。2017年8月25日，小河航空央企关工委举办以“关心下一代·喜迎十九大”为主题的图片展，区关工委出资5000元支持。区关工委协办2017年花溪区第六届青少年科技创新大赛，并给予5000元资金的支持。

（区委离退休干部工作局）

保密工作

【概　况】　2017年，区委对保密委领导班子及成员进行调整，区委副书记、区政府副区长分别担任区委保密委主任和副主任，区四大办主任及纪委、组织、编办、人社等25个单位和部门负责人为成员组成区委保密委员会。区保密局制定《领导干部保密责任制度》《保密要害部门部位管理制度》《计算机和网络保密管理制度》等。6月30日，花溪区召开保密工作会议。区分管保密工作领导出席会议并讲话，会议传达学习各级领导对保密工作的重要批示。（区保密局）

【保密工作检查】　2017年，区保密局开展机关、单位借调、聘用等临时性工作人员保密管理调查统计工作；指导区教育局、区人社局等完成各种国家重要招录考试保密工作8次、市级考试2次、区级考试2次；指导民政局完成保密室建设工作；开展全区党政机关（含所属事业单位）、涉密单位互联网出口IP地址等数据的清理统计工作；开展2017年机关、单位互联网门户网站保密检查工作；制订工作方案，完成全区2017年机关、单位保密自查自评工作任务。（区保密局）

【保密培训】　2017年7月14日，区召开保密基础知识和保密自查自评等各类专项检查培训，机关、单位分管保密工作的领导和从事保密工作的人员203人参加培训。10月30日、31日，区委书记钟阳、区长梅俊、区委副书记薛昌柱带队参加省管干部保密教育轮训和贵阳市有关领导干部保密教育培训。全年全区10余次派出干部参加省、

市举办的各种保密培训。（区保密局）

党校教育

【概　况】　区委党校于2016年10月迁至新校区，开展教学办公。校园占地面积18666.67平方米，主体大楼13层，总建筑面积2.3万平方米，地下停车场有车位82个，室外停车场可停放600余辆车。大楼安装中央空调和广播视频系统，分别设有可容纳700人、170人、120人的报告厅各1个，可容纳88人的全媒体多功能会议室2个，可容纳45人的教学讨论室16间，配备150间学员宿舍；学员餐厅可容纳300余人同时用餐；设置有9间办公室和大小会议室及电教室、多媒体室、档案室、图书室、健身室、书吧、品茗书画室、健身室等；配备500兆独立网络光纤覆盖校园。

区委党校为区委直属的副县级参公事业单位，管理实行校委会领导体制，经费为财政全额预算管理。领导职数设校长1名（兼）、常务副校长1名、副校长2名。历任校长均由区委分管领导兼任，常务副校长主持党校日常工作。校长由区委副书记薛昌柱担任，有校委会成员6名，常务副校长为区委委员。全校核定编制数35个（含社区整体划转15人），实有教职工19名，均是中共正式党员，都具有本科以上学历。9名专职教师（其中副高职称2名、中级职称4名）中，具有研究生学历的6名。内设机构下设办公室、教务科、科研办、总务科四个科室，规格均为副科级。2017年，区委党校完成全省县级党校体制改革复评，获97.3分，被评为优秀等次，为全市第一名。

（区委党校）

【干部培训】　2017年，区委党校完成各类主体班培训10期、培训轮训2655余人次，分别为花溪区、经开区学习贯彻党的十八届六中全会精神科级干部培训班1期，村（居）党组织书记和村（居）民委员会主任履职培训暨十八届六中全会精神辅导培训班2期，区远程管理员培训班1期，村（居）党组织书记、村（居）委会主任扶贫攻坚专题培训班2期，积极分子和发展对象培训班1期，花溪区第一书记及驻村干部培训班1期，领导干部法治专题培训班1期，党的十九大精神进农村乡村宣讲队专题培训班1期等。新校区投入使用一年多来，创办“周末大讲堂”12期，邀请中央党校、省委党校、省委讲师团、贵州大学等知名专家授课，培训人数5303人次。协助相关部门联合办学4个班次，培训658人次。分别为：花溪区开办网格化服务管理培训班1期，安全生产培训班1期，群工中心社会组织专业培训班1期，花溪区司法局干部业务能力培训班1期。参与中共十八届六中全会精神宣讲、省第十二次党代会精神宣讲、党的十九大精神宣讲82场次，宣讲范围遍及全区11个乡镇和18个社区，4861人次听讲。区委党校分批次地组织教职工外出学习培训7次，分别为赴井冈山培训1周、宁波学习考察1周、复旦大学培训学习1周、省委党校培训1个月、厦门大学培训学习1周、北京解说员培训3天、国家行政学院培训学习1周。

（区委党校）

【宣讲活动】　2017年，区委党以久安乡茶产业园作为现场教学基地，选派教师以乡村发展和精准扶贫为专题，分别在久安乡政府、新寨村、久安完小、打通村等地，为乡镇干部、村支两委、村民党员等对象授课。组建以常务副校长杨桂林为团长，抽调教师组成社里乡亲宣讲团，以宣讲中央、省、市、区中心工作为重点，着力于党的理论新概念、新体系、新成果进行宣讲解读。宣讲团成员唐沁、杨蔓、郑旭参加贵阳市宣讲风采大赛的比赛，获贵阳市“十佳宣讲员”称号，并获得中国人民大学学习进修的机会。11月，唐沁在久安乡进行“党的十九大精神进农村”宣讲。12月，唐沁代表花溪区在贵阳市“党的十九大精神”宣讲观摩会中进行宣讲展示。唐沁、杨蔓、郑旭三名教师被评为2017年度贵阳市基层理论十佳宣讲员。唐沁的“聚焦党的十八届六中全会精神”宣讲稿获全国2017年度“优秀理论宣讲报告”表彰。

（区委党校）

【教学研究】 2017年，区委党校开展5次教学活动，为6名青年教师分别开展三次试讲、到青岩调研教学和在久安乡开展现场教学活动。6月，何芳、郑旭老师获得贵阳市“三项基本技能”比赛二等奖。区委党校结合花溪全域旅游先行示范区建设和红色旅游文化、历史名人文化挖掘和研究等工作，为全区重大决策提供理论支撑。《贵阳市“两学一做”学习教育研究——以花溪区为例》《贵阳市培育扶持公共服务型社会组织对策建议》《历史名人文化在贵阳全域旅游发展中的效用》等调研报告、文章被市、区相关部门作为工作决策参考。学校承担区级课题2项，市委党校决策咨询课题3项，省委党校课题1项，有2个决策咨询课题获得良好等次，有4项决策咨询课题获得区委相关领导批示。在省级以上报刊发表文章6篇。

（区委党校）

【花溪党性教育基地建设】 花溪党性教育基地以“不忘初心、继续前进”为主题，按照“4+1”的布局进行设计。“4”即基地展厅的4个板块——党性溯源厅、薪火传承厅、丰碑永铸厅、不忘初心厅，“1”即续厅——高原明珠厅。基地占地面积1000余平方米，投资800万元。在党性基地建设过程中，聘请中央党校教授王长江、省社科院研究员雷厚礼、省委党校马克思主义与党的建设研究院院长王宏等专家对基地建设进行指导。开办万名党员党性大锤炼、周末大讲堂、党建业务等各类培训班10期，1000余人次接受培训。项目的建设，得到中央党校、中组部、省委组织部、市委组织部相关领导和专家认可，中组部组织二局、省委组织部组织二处相关领导到基地进行调研指导。12月8日，与省委党校签订基地党建工作战略合作协议，拟将基地作为省委党校和省委组干学院培训分校或现场教学点。

（区委党校）

中共花溪区纪律检查委员会

【概　况】 2017年，区纪委机关内设9个室，分别为办公室、干部室（纪检监察干部监督室）、宣传教育室、党风政风监督室、第一纪检监察室、第二纪检监察室、第三纪检监察室、信访室、案件审理室；下属1个事业单位：花溪区纪检监察机关举报诉中心（非公有制经济发展侵权投诉中心）。区纪委按照党中央从严治党战略部署，推进党风廉政建设和反腐败工作。全区各级纪检监察组织忠诚履职、不辱使命，持续强化监督执纪问责，加强队伍监督管理，改进作风，惩治腐败，全区党风廉政建设和反腐败工作取得新成效。

（区纪委）

【中共花溪区第十一届纪律检查委员会第二次全体会议】 2017年2月13日，中共花溪区第十一届纪律检查委员会第二次全会召开。出席会议的区纪委委员23人，列席184人。花溪区委常委、区纪委书记谢秩刚主持会议。会议学习贯彻中共十八届六中全会和十八届中央纪委七次全会，省委十一届八次全会，十一届省纪委六次全会、市第十次党代会、十届市纪委二次全会、区十一次党代会精神，总结2016年全区纪律检查工作，研究部署2017年工作任务。审议通过区委常委、区纪委书记谢秩刚代表区纪委常委会所作的题为《从严依纪依规治党　强化监督执纪问责　坚定不移把党风廉政建设和反腐败斗争引向深入》的工作报告。贵阳市国家经济技术开发区党工委书记、花溪区委书记钟阳出席大会并作重要讲话。区人大、区政府、区政协主要领导和区委常委、区人大、区政府、区政协领导班子成员和其他副县级及以上领导、区纪委委员出席会议。区委各部委、区级国家机关各部门、各人民团体、区管企业的主要负责人，区直各部门、各垂管部门纪委书记（纪检组长），文化旅游创新区管委会监察室主任，各乡（镇）党政主要负责人、纪委书记、纪委副书记，各社区党政主要负责人、纪委书记列席。钟阳肯定花溪区 2016 年纪律检查工作取得的成效，对新一年花溪区党风廉政建设和反腐败工作进行安排部署。（区纪委）

【全面从严治党】 2017 年，区纪委协助区委建立完善区委常委会专题调度全面从严治党主体责任工作制度，制定主体责任重点任务清单，细化落实主体责任工作任务 8 项 31 条，从落实责任清单入手，通过自己查、上级点、党员群众提，梳理排查基层全面从严治党工作存在的突出问题和薄弱环节，逐级建立台账、列出清单，做到问题具体化、原因清晰化，确保工作有人抓、问题有人管、责任有人担。

协助区委制定季度督查方案，参与全面从严治党主体责任落实情况检查指导工作。协助区委制定全面从严治党主体责任考核办法，提高全面从严治党主体责任落实考核比重，细化考核方案，明晰考核内容，确保考核更加科学合理，有针对性和可操作性，推动工作落实。全年对作风建设、民生监督、违法建筑管控、环境保护、禁毒、“创文”、目标考核等工作不力的 151 名党员干部进行追责问责。坚持“一案双查”，对顶风违纪问题，查处和问责同步推进，追究相关责任人的责任。全年追究主体责任 13 人、监督责任 1 人。

建立区委巡察制度，设立区委巡察办和区巡察信息服务中心，成立 4 个巡察组。建立巡察组长库、巡察人才库，加强巡察专职队伍建设，为纵深推进巡察监督提供坚强的组织保障。协助区委拟定《十一届区委巡察工作规划》及各年度工作计划。按照规划安排，全年分两轮对 3 个乡（镇）、2 个社区、9 个部门、4 个群团组织 18 家单位进行巡察。通过巡察发现问题 381 个，发现问题线索 46 个，转立案 15 件，党纪处分 13 人。督促被巡察单位对 113 个问题进行整改，提出工作建议 140 条，建立健全制度 106 个，区相关职能部门建立规范管理性文件 3 个。

紧盯节假日和重要时间节点，采取自查自纠与交叉检查、联合检查与信息互通、传统方式与现代技术相结合“三项措施”，抓实日常检查、执纪监督、查处曝光三项工作。全年查处违反中央八项规定精神问题 39 起 68 人，给予党政纪处分 65 人，点名道姓通报曝光典型案例 5 批次 35 人。党政纪处分人数比例较 2016 年增长 19.5%。对全区各单位违规购买使用高档酒、违规操办和参与“升学宴”“谢师宴”、违规使用公务油卡以及党员干部“庸懒散”等进行集中整治。清理出执行不力、推诿扯皮、纪律松弛、作风粗暴、弄虚作假的“五类干部”142 人并督促整改。其中，2 人因整改不到位被辞退，1 人自动辞职。

2017 年，全区开展“四类约谈”7516 人次，

8 月 28 日，花溪区纪检监察系统开展“忠诚卫士薪火相传，当好党内政治生活护林员”主题活动（区纪委　供稿）

其中预防提醒谈话7170人次，询问示警约谈10人次，纠错诫勉约谈278人次，问责处分约谈58人次。党政纪轻处分160人，党政纪重处分13人，移送司法机关4人。受理信访举报156件，立案查处174件178人，其中乡科级干部15人、涉嫌违法犯罪移送司法机关4人。（区纪委）

【民生监督】 区纪委深入27个乡（镇）、社区、178个村（居）走访，涵盖精准扶贫、低保、危房改造等2259户，接访119人次，发现民生问题106个，主要涉及危房改造、低保待遇、扶贫项目、农村安全饮水等问题，为群众解决实际问题52个，责成乡（镇）和职能部门处理问题54个，转立案7件，给予党政纪处分7人。

开设民生监督讲习班，全区纪检干部“上讲堂”，将中共十九大精神和民生监督知识送进“新时代农民讲习所”。立查立改，派发工作任务单70份，督促民生监督组对问题线索深入核查，并对相关责任人进行责任追究，发出监察建议书4份，督促相关单位（部门）限时整改、建章立制。选聘村级民生监督员481名，选取4个乡（镇）、社区作为试点，精减人员提升待遇，制定《村级民生监督员考核方案》，开展民生监督培训20余次，发挥村级民生监督员作用。（区纪委）

【党风教育】 加强党章和“两准则四条例”的学习宣传教育，增强党员干部宗旨和纪律意识。开展廉政美术书法摄影作品联展、廉政文化讲座、廉文征集等活动，营造风清气正浓厚氛围。召开党风廉政警示教育大会，组织新任区管干部开展警示教育活动，组织编辑印发《时刻警醒——莫让人生入歧途》警示教育读本，以案说法、以案明纪，教育引导干部筑牢拒腐防线。完成花溪党建网、花溪公众信息网中“花溪党风廉政建设”专栏和“花溪清风”微信公众号建设，发布信息347篇（次），全年被市级以上媒体采用114篇（次）。（区纪委）

【反腐成果】 2017年，花溪区立案审查党政纪案件174件178人（乡科级15人），同比增长2.35%。结案178件（含2016年立案未结的4件），同比增长7.87%。给予党政纪处分或组织处理等182人（乡科级党员干部16人、一般党员干部23人、聘用1人、村（居）党员干部142人）同比增长10.3%，其中党内警告141人、党内严重警告15人、留党察看1人，行政警告5人、行政记过1人、开除党籍12人、“双开”1人、取消预备党员资格或延长预备期2人、免于党纪处分3人、辞退1人，移送司法机关4人。同时创新“乡案县审”报审举措，严把“乡案”质量。要求报审的“乡案”必须填报结案审批表，压实下级纪委的审理责任。对受处分公职人员处分执行情况采取“三查三核对”方式进行检查，确保党政纪处分的严肃性。

全年查处违反中央八项规定精神问题39个，处理68人，党政纪处分65人，党政纪处分人数占处理人数的95.6%，通报违反中央八项规定精神典型问题5批19起35人。从查处问题数量看，全区作风违纪问题呈逐年下降趋势。从查处问题类型来看，违反中央八项规定精神问题得到有效遏制，以往较突出的收送礼金礼品、发放津补贴或福利等问题明显减少。

在民生监督方面，发现民生问题171个，立案157件，问题成案率达91.81%，党政纪处分159人（乡科级干部17人，一般干部16人，村居干部76人，农村党员50人），移送司法机关4件4人，涉案金额620.85万元，问责45人。与2016年相比，乡（镇）、社区民生监督组自办民生案件率提升61个百分点。（区纪委）

责任编辑　周年辉

花溪区人民代表大会

【花溪区第十七届人民代表大会第一次会议】2017年1月5日在区委党校新址二楼会场召开。出席代表210人，列席71人；主席团58人，秘书长王小兵（兼）。大会听取和审议梅俊所作的《花溪区人民政府工作报告》，审查批准《花溪区2016年国民经济和社会发展计划执行情况及2017年国民经济和社会发展计划（草案）报告》《花溪区2016年全区和区本级财政预算执行情况及2017年全区和区本级财政预算（草案）报告》，审议《花溪区人民政府关于区十六届人大六次会议代表建议、批评和意见办理情况的报告》，听取和审议《花溪区人大常委会工作报告》《花溪区人民法院工作报告》《花溪区人民检察院工作报告》，并通过相应决议。依法选举新一届区人大常委会主任秦建军，副主任孙剑、王小兵、邹吉鸿、吴治岑、张贵昇、吴小强，委员王庆红、王培华、毛巨川、龙兴灿、刘贤忠、池晓静、汤娜、安能云、孙孔华、李茸、李梅、李博、李文科、李德琼、杨刚、杨静、杨炳祥、杨晓娟、吴诚书、张立异、陈正华、郭际昕、曹珺、章宇红、魏琴、

9月28日，花溪区十七届人大常委会第6次会议召开(区人大　供稿)

魏绍伦；选举梅俊为花溪区人民政府区长，赵代刚、秦永康、张宝祎、管路、袁莉、周印为花溪区人民政府副区长；选举吴莎为花溪区人民法院院长，李钧为花溪区人民检察院检察长。

（区人大办公室）

【主要会议】 区人大常委会2017年召开常委会会议9次、主任会议21次，听取和审议“一府两院”专项工作报告22项，作出决议2项，组织执法检查2次、调研视察18次、专题询问1次，依法任免国家机关干部53人次，补选区人大代表9名，区十七届人大一次会议交办的150件代表建议、批评和意见全部答复完毕。全年召开党组（扩大）会议29次，研究事项90余项，确保党组把方向、管大局、保落实的作用得到全面发挥。

（区人大办公室）

【履职行权】 2017年，组织开展《贵州省大扶贫条例》执法检查、“溪南十锦”建设情况视察，查找执法和建设中存在的问题和困难，提出强化法规执行和推进项目建设的建议。开展《贵州省大数据发展应用促进条例》执法检查。组织市人大花溪代表组视察溪云小镇建设情况，提出加强和改进工作的意见建议。

组织区人大常委会组成人员视察大水沟、养牛大沟、洛平大沟治理情况以及“千园之城·百园之区”建设情况，听取和审议区人民政府关于环境保护工作的情况报告，针对中央环保督察组反馈的问题和环保工作中的热点难点问题首次开展专题询问。

听取和审议区人民政府关于2016年财政决算和审计工作报告、2017年上半年国民经济和社会发展计划、预算执行情况报告，审查和批准2016年财政决算草案和2017年预算调整草案，听取和审议区人民政府关于供给侧结构性改革推进情况的报告、国资管理公司和旅文公司国有资产经营管理情况的报告，提出产业发展、项目建设、国资管理等方面意见建议。

按照区委主要领导要求，区人大常委会成立违法建筑治理调研工作组，召开6次座谈会，采取个别访谈、考察学习、查阅法律法规等方式，深入15个乡（镇）、社区及其村（居）实地调研，分析研究存在问题、找出根本原因、提出对策建议，为区委决策提供参考。听取和审议区人民政府关于违法建筑治理工作情况的报告，从组织领导、职责权限、协调联动等方面提出意见建议，助推全区违法建筑治理工作。把区人民政府承诺实事列为监督重点，组织区人大常委会组成人员对办理情况开展专题调研，督促政府及有关部门加强组织领导，强化目标管理，严格责任落实，解决实事办理过程中的具体问题，确保实事办好、实事办实。

2月20日，区人大常委会副主任邹吉鸿视察金竹农贸市场（金竹社区　供稿）

针对“上学难、看病贵”等问题，区人大常委会对全区教育经费使用和新建楼盘配套建设学校情况进行专项检查，对政府贯彻执行《贵阳市人大常委会关于依法推进教育立市战略实施的决定》情况、义务教育阶段“大班额”情况进行调研，建言献策，促进“上学难”问题加快解决。对全区卫生工作开展情况及卫生基础设施建设情况进行检查，组织代表参加区人民政府“看病难、看病贵”座谈会，提出健全人才激励机制、完善基层卫生设施、加快新建项目进度、保障建设资金落实等意见建议。区人大常委会把禁毒工作监督纳入年度工作要点，组织开展会前调研活动，听取和审议区人民政府禁毒工作情况报告，提出完善工作机制、整合社会力量等建议。

围绕民主法治建设，区人大常委会会议听取和审议区人民政府依法行政工作情况报告、区人民法院司法体制改革以来人民陪审员工作情况报告、区人民检察院查处民生资金案件情况报告，督促政府依法行政、“两院”公正司法。

（区人大办公室）

【代表工作】 2017 年，区人大拟定《花溪区人大常委会五年代表培训规划》和年度培训计划。举办以学习中共十九大精神和习近平参加贵州省代表团讨论时的重要讲话精神、城乡“三变”改革、监督法、代表法、大扶贫条例及财政预算知识等为内容的专题培训班 6 期，培训人数达 710 人次。为代表订阅之江新语、省第十二次党代会精神内容摘要、人大论坛、花溪人大内刊等学习资料。邀请代表列席区人大常委会会议和参加调研视察等活动，保障代表知政权、知情权、监督权。组织全区各代表组结合实际，有针对性地开展小组活动 3 次，并向代表发出脱贫攻坚倡议书，发挥代表在脱贫攻坚中的作用。开展市人大花溪代表组活动 2 次，围绕大扶贫、大数据、大生态三大战略行动，到溪云小镇、燕楼垃圾焚烧发电厂等地开展考察。建立代表工作台账，记录代表学习培训、提出批评建议等履职情况，增强代表的履职责任。制作代表履职工作手册及代表证，让代表持证履职，推进代表履职规范。完善区人大代表辞职制度、区人大代表向选民述职制度，规范代表管理。

（区人大办公室）

【督办批评建议】 2017 年，区人大代表批评建议 150 件，召开专题会议交办，明确承办单位、责任人和办理期限，确保办理责任得到落实。明确常委会督办件 3 件、主任督办件 12 件，推动重点难点问题解决。采取连续跟踪督办、召开专题会集中督办、“回头看”机制查缺补漏等方式，推进代表批评建议办理。全年，代表批评建议答复率 100%，满意率 100%。（区人大办公室）

【专题询问与工作监督】 2017 年，区人大常委会制定出台专题询问办法，结合中央环保督察要求，以环境保护工作为选题，对区生态局、区农业局、区城管局、区市场监管局、区水务局等单位开展专题询问。采取问、答、改相结合的方式，对反映出的 9 个问题跟进监督、追踪问效，推进花溪河保护、餐饮油烟污染防治、花溪养牛大沟治理、农村垃圾污染防治等群众关心关注的热点难点问题的解决，得到区委和区委主要领导的肯定。新一届区人大常委会拟定常委会会议议事规则、主任会议议事规则、常委会组成人员联系代表制度等 20 余项制度。区人大常委会审议通过常委会聘任法律顾问工作方案、常委会组建预算审查咨询专家组工作方案，邀请经济、法律、大数据等专业人员，组建法律顾问组和财经专家咨询组，提升常委会决策监督质量。花溪区在全市各区（市、县）中首次将人大工作列入年度目标考核，由区人大常委会对各乡（镇）、社区及区人民法院、区人民检察院、区人民政府各部门的人大工作目标完成情况进行考核。（区人大办公室）

【发挥参谋助手作用】 2017 年，由常委会领导带队，科级干部参与，深入联系乡（镇）、社区、村（居）和所包保的低收入困难户，开展蹲点调研，检查指导，落实帮扶资金 93.2 万元。发动 80 余名代表参与结对帮扶，助力群众脱贫。组织大扶贫条例培训，部分人大代表、各乡（镇）、社区及各部门负责人213人参训。区人大常委会部分副主任分别参加花溪公园提升改造、花溪云上村上下寨地块整治、孟溪路建设、大学城周边环境整治等项目建设，为全域文化旅游创新区建设作出贡献。投身全区生态建设，常委会主任、副主任分赴各自联系乡（镇）、社区指导开展工作，落实“河（库）长”“路（段）长”职责，确保环保责任落到实处。履行花溪区关于迎接中央环保督察工作方案确定的职责，参与环保专班工作，检查督导环境污染整改。开展“6·5”世界环境保护日宣传活动和“6·18”贵州生态日暨“保护母亲河·河长大巡河”宣传活动，助力生态文明建设。区人大常委会履行包保职责，区人大机关参与公共文明引导值守和重点路段宣传引导工作，出动200多人次。常委会主任、副主任27次深入联系的乡（镇）、社区和包保的隐患点开展指导防汛抗灾工作。人大机关严格执行领导带班值班制度，全体干部职工保持24小时通信畅通，确保抗灾工作。

（区人大办公室）

【信访接待】　2017年，区人大常委会领导按时进行“大接访”，落实包保责任和中共十九大期间值班制度，接访158人次，化解矛盾纠纷41件。常委会有关领导在“一带一路”峰会期间带队赴京开展信访维稳工作，完成省、市提出的工作目标。区人大机关做好区人大信访接待工作，接访36人次，化解矛盾纠纷8件。

【人大自身建设】　2017年，区人大常委会进行“两学一做”学习教育常态化制度化，学习宣传贯彻中共十九大精神和习近平参加贵州省代表团讨论时的重要讲话精神，学习党章党规，学习省、市、区重要会议精神，学习监督法、地方组织法、代表法、立法法等法律法规，促进人大干部依法履职、服务大局能力得到强化。区人大常委会严格落实中央“八项规定”精神，改进调研视察、执法检查、专题询问、跟踪督办等工作程序，规范公务接待，减少“三公”经费支出，推进“四风”整治。修订完善请销假制度、接待工作管理办法等机关管理制度10余项，做到用制度管事、管人，推动常委会各项工作依法、规范、有序开展。区人大常委会加强对外交流，组织班子成员及机关干部带着课题外出考察、上门请教，吸纳借鉴成熟的工作经验，在省人大培训中心组织代表开展专题培训，赴西安交通大学、白云区、乌当区、平坝区等地学习制度建设、法律监督、预算审查、城乡“三变”等工作经验。区人大常委会协助省人大常委会筹备《贵州省古茶树保护条例》新闻发布会，落实贵州省乡镇人大工作条例，开展基层人大工作和建设调研，对乡镇人大主席和乡（镇）、社区人大工作者进行培训，指导和支持乡（镇）、社区完善人大工作制度，邀请乡镇人大主席列席常委会会议和参加常委会组织的考察调研等活动。

（区人大办公室）

【人大对外宣传】　2017年，区人大常委会鼓励机关工作人员向各级各类媒体投稿。向省人大、市人大、区委办、区新闻信息中心报送信息达120余篇，其中在省人大论坛上发表2篇，在《贵阳日报》上发表5篇，被贵阳“两学一做”学习教育云平台采用12篇，得到区委主要领导的肯定性批示4篇。

（区人大办公室）

责任编辑　周年辉

花溪区人民政府

政府工作综述

【产业发展】 2017年，花溪区人民政府坚持把发展作为第一要务，从供给侧推动产业结构调整，全区三次产业比例优化为3.30∶55.82∶40.88。煤炭企业全部关停，取缔“地条钢”企业，淘汰落后产能30万吨。商品房销售面积193.3万平方米（花溪区82.1万平方米，经开区84.3万平方米，贵安新区26.9万平方米），房地产库存去化周期处于合理可控水平。推进“营改增”试点，组织企业申报直购电，降低企业税费、用电成本2.39亿元。工业企业加快转型升级。实施“双千工程”，通过“千企改造”，加大传统产业升级改造、产品创新和技术创新力度，实施贵州华工汽车轻量化等技改项目7个。新培育规模以上企业7家。推进质量强区建设，工业产品质量合格率提升至97%。大数据新兴产业不断壮大。通过“千企引进”，领英、勤智等知名企业落户溪云数字小镇，孟关大数据服务外包、贵州智慧旅游联盟基地初见成效，全域旅游DT云平台、供销农产品大数据平台等建成投运，大数据企业超过50家，大数据企业主营业务收入同比增长22%。现代服务业结构更加优化。贵阳传化物流公路港建成并投入运营，中信银行、中国银行在花溪设立分支机构，金融机构人民币存款余额548亿元，同比增长13.2%。推进贵州顺和骏驰汽车运动产业基地等产业项目建设。新增规模以上服务业企业11家，规模以上营利性服务业主营业务收入同比增长63.9%；第三产业增加值同比增长14.5%，增速高于GDP增速2.8个百分点。现代新型农业发展稳步推进。实施绿色农产品“泉涌”工程，马铃“一山牌”长豇豆等16个农产品获绿色有机食品认证，申报认证无公害农产品6个、农产品地理标志2个，创建省级出口茶叶质量安全示范区。培育省级以上农业龙头企业15家，完成销售收入55亿元，聚集一批以贵州贵茶公司为代表的茶叶生产加工型企业和以贵州地利物流园为代表的农产品销售型企业。加快推进久安景观茶园等一批农旅观光园建设。

（区政府办）

【经济状况】 2017年，花溪区完成地区生产总值591.8亿元，同比增长11.7%；规模以上工业（2000万元口径）增加值260.39亿元（花溪区36.58亿元，经开区223.81亿元），同比增长9.6%；固定资产投资（500万元口径）525.7亿元，同比增长20.2%；公共财政预算收入41.88亿元，同比增长14.7%（花溪区14.53亿元，同比增长10.6%；贵安区9.42亿元，同比增长46.6%；经开区17.93亿元，同比增长5.9%）；省外实际到位资金276亿元（花溪区138亿元，经开区138亿元）；实际直接利用外资2.52亿美元，同比增长20%（花溪1.27亿美元，同比增长20%；经开区1.25亿美元，同比增长20%）；社会消费品零售总额264亿元，同比增长12%；城镇常住居民人均可支配收入31502元，同比增长9.1%；农村常住居民人均可支配收入14810元，同比增长10%；旅游总收入267亿元，同比增长35%，接待省外游客1800万人次，同比增长30%；城镇新增就业人数20839人，同比增长2.4%。 （区政府办）

【扶贫解困】 推进大扶贫战略行动，困难群体保障持续加强。推进脱贫攻坚“春季攻势”“夏季大比武”“秋季攻势”三大行动，坚决打赢基础设施、产业扶贫、易地扶贫搬迁、住房教育医疗“三保障”四场硬仗，实施医疗卫生关爱救助、社会保障兜底和财政金融扶持等十大行动，增加低收入困难群体收入。整合中央、省级财政专项扶贫资金465万元，在高坡、马铃等乡（镇）实施农业产业扶持和基础设施项目11个，项目备案率、拨付率、报账率均达100%。突出资源整合。盘活资金3639.1万元，实施扶贫项目35个；通过产业和就业扶持1252人；“两无”人员低保兜底1675人；发放教育精准扶贫资金2895.99万元，惠及师生60538人（次），教育扶贫准确率100%；实现低收入困难群体医疗健康管理5个100%全覆盖。全区贫困人口从604户1149人减少到363户602人，农村低收入困难群体人均可支配收入整体越过4800元，脱贫出列的241户549人（含自然增长2人）全部实现“一达标、两不愁、三保障”，贫困发生率降低到2‰，实现贫困人口零增长、脱贫人口零返贫。 （区政府办）

【生态建设】 推进大生态战略行动，生态文明基础持续夯实。中央环保督察组转办案件31批112件全部办结，解决一批群众反映强烈的环保突出问题。加快推进“百园之区”建设，建成各类公园65个。完成人工造林、封山育林、森林抚育2.8万亩，实施山体治理206亩，全区森林覆盖率48.38%。新增绿地20万平方米，建成区绿地率49.98%。加快南明河花溪段综合治理，青岩、石板、孟关污水处理厂投入使用，花溪垃圾焚烧发电项目及青岩、孟关垃圾转运站建成投运，推进大环卫一体化，纳入市场化保洁面积660余万平方米，完成垃圾分类试点1000户以上，城市饮用水水源地水质达标率100%，1—11月环境空气质量优良率94.8%。加快推进传统工业绿色化改造升级，加速实施公交车“油改电”、风力发电等绿色能源替代工程，淘汰高耗煤电设施设备。以燕楼产业园区为重点，打造绿色园区。培育茶、蔬、果、菌等特色优势产业，建成茶园4.7万亩，种植蔬菜20.7万亩次，发展葡萄、樱桃等精品水果1.6万亩，生产食用菌828万棒，培育以茶叶和精品水果为主导产业、农旅融合为主要业态、生产加工销售为一体的特色农业产业体系。推行政府、民间“双河长制”，开展“六个一律”环保利剑行动、“百日攻坚”行动和森林保护“六个严禁”执法行动，立案查处环保违法案件61件，移送司法机关4件，罚款269.3万元。完成领导干部自然资源资产离任审计。高坡被评为省级生态乡，青岩、马铃、久安被评为全国卫生乡（镇）。

【全域旅游体系建设】 推进全域旅游创建，旅游品牌影响力持续扩大。完成《花溪区全域旅游发展规划》《花溪南部片区产业发展策划》等规划的编制。改造提升青岩古镇、天河潭、湿地公园三大核心景区。推进贵阳故事街、民族风情街、多彩贵州街项目建设，启动高坡国际山地户外运动基地、恒大花溪童世界等旅游综合体建设。青岩古镇获评国5A级旅游景区，花溪区获2017年全域旅游魅力指数排行榜（百代Top20）区县级第一名。在全省率先实施“厕所革命”，新建改建旅游厕所25座，建成省级精品乡村客栈、农家乐4家，完善青岩古镇、“溪南十锦”等景区景点标识标牌，启动绿道慢行系统和贵州省旅游集散中心（青岩）建设。建成青岩古镇、天河潭景区智慧旅游服务体系。举办理查德·克莱德曼钢琴音乐会、第五届中法城市与建筑可持续发展论坛、花溪首届富美乡村旅游节，大型纪录片《记住乡愁》对青岩古镇进行专题报道，向全世界讲述青岩故事。全年旅游服务满意度100%，旅游安全事故零发生。

（区政府办）

【城乡一体化发展】 推进城乡融合发展，城乡环境面貌持续改善。统筹城乡空间、规模、产业三大结构和生产、生活、生态三大空间，促进城乡一体化发展。完成《花溪区城乡融合发展规划》《花溪区全域乡村建设规划》的编制，启动编制区域性规划及专项规划12个，推进城规、土规、林规等“多规合一”。统筹推进规划建设、产业布局、基础设施、社会事业、社会保障和公共管理等六个一体化建设，促进城乡基础设施和公共服务均等化，城镇化率提高到75.35%。执行城乡规划，加大违法建筑管控和查处力度，拆除违法建筑77.4万平方米。以路网畅通城乡互动渠道。花安高速、贵惠大道（花溪段）、花溪互通立交、孟溪路、花桐路等城市干线（道）相继建成通车，完成花石路提升改造工程，启动市级绿色旅游公路环线（花溪段）和花冠路建设，配合做好轻轨3号线一期建设的相关工作。开工建设组组通公路25.4千米，启动实施农村道路提等升级31千米，启动花溪燕楼至长顺团茶道路改造项目，完成黔陶至高坡石门道路改造提升，建成农村招呼站102个，完成农村班线公交化改造5条。以项目带动富美乡村建设。完成青岩山王庙、石板镇山2个市级美丽乡村提高型示范点建设；完成12个农村环境示范点整治；实施“溪南十锦”系列项目，集中打造青黔高乡村旅游示范带。推进红岩水库、栗木水库建设。在旅游环线沿线规划布局10个特色小镇，青岩、孟关、天河潭3个特色小城镇建设取得阶段性成效。完成238户城市棚户区改造、250户小康房建设、18条背街小巷整治提升。

（区政府办）

【推出改革举措84项】 全面推进各项改革，对外开放活力持续释放。谋划推动重点领域和关键环节改革，推出改革举措84项，财税体制改革等重点改革工作取得实质性进展。完成农村土地承包经营权确权登记颁证工作。推进18个村“三变”改革试点，实施各类项目22个，引导农民土地入股1.7万余亩，资金入股3300余万元，实现农民变股东7700余人，入股农民人均增收1100余元。编制《城市资源变资产资金变股金市民变股东“三变”改革试点工作方案》。成立“三变”改革办公室，统筹推进城乡“三变”改革工作。推进城市综合执法体制改革试点工作，花溪区综合行政执法局正式挂牌，理清行业监管职责和后续监管职责，探索建立职能部门与综合执法机构联动工作机制。推行“多证合一、一照一码”“证照分离”改革试点，新增市场主体1400余户。招商引资新模式逐步建立。借力数博会、茶博会等大型活动，全年新签约项目74个，签约金额163.06亿元。实施精准招商，恒大、美的、中建科技等5家世界500强企业落户花溪。通过全球最大的职场社交平台“领英”开展海外招商宣传推介，与10家海外企业达成初步投资意向，形成线上线下招商引资的新格局。

【文化事业产业发展】 推进文化繁荣发展，文化资源优势持续凸显。围绕以文“化”区，加快文化产业、文化事业发展。挖掘文化创造精品。大型民族歌舞剧《射背牌》获贵州省第六届少数民族文艺会演金奖，小品《走访路上》在省内外巡演100余场，微电影《新香》获贵阳市第四届微电影大赛一等奖，《不破不立》《中国货车》获中宣部社会主义核心价值观主题微电影征集展示活动三等奖。围绕文化包装企业，青岩古镇管理公司获第五批“省级文化产业示范基地”称号。引进“一琴堂”“缤纷天下画版”等一批文化企业。在板桥艺术村、青岩寻坊、贵阳故事街等文化产业聚集区孵化一批中小微文化企业。文化产业增加值达10.1亿元，增长24.6%，占地区生产总值比重达1.9%。开展送文艺下乡、正月十三民族民间歌舞大联欢、“书香”花溪、农村公益电影放映等文化惠民活动，举办苗族“四月八”、布依族“六月六”等具有民族特色的文化活动。

（区政府办）

【社会民生工作】 推进社会事业发展，人民生活水平持续提升。“十件实事”全面完成，民生支出达21.22亿元，占公共预算支出的69.02%，主要用于解决教育、医疗、住房等急需解决的民生难题。民生事业更加牢固。教育经费实现“三个增长”，新建改扩建学校25所，增加学位5490个。完成全民参保计划入户登记调查工作，启动实施机关事业单位养老保险社会化发放及征缴，社会保险覆盖率93.38%。完成2个社区卫生服务中心标准化建设。取消公立医院药品加成，破除以药补医机制，区属城市公立医院全面实行零差率销售，区域内就诊率90%以上。城市低保和农村低保分别提高到641元/人·月、3840元/人·年。建成农村老年人互助幸福院2个。完成高坡乡苦蒿冲提水工程和天河潭人饮恢复工程等人饮工程，解决5.6万余人的农村饮水安全问题。引进大型惠民生鲜超市4个，改造提升传统农贸市场11个，确保物价水平稳中有降。通过国家慢性病综合防控示范区复核评审、国家三类城市语言文字评估。社会治理体系逐步完善。修订完善《花溪区自然灾害救助应急预案》等20余个应急救援预案，组织开展各类应急演练，应急处突能力大幅提升。推进矛盾纠纷排查化解，开展集中打击和防范“盗抢骗”“三打击一整治”“打黑除恶”“禁毒人民战争”等专项行动，刑事案发数同比下降4.71%，“两抢一盗”同比下降10.2%；安全生产事故起数、死亡人数实现“双降”，群众安全感上升到98.51%，在全省排位同比上升51位。国防动员、双拥优抚、司法行政、民族宗教、粮食安全、外事、侨务、对台、人防、档案、地方志、文史、妇女、儿童、老龄、残疾人等各项事业取得新进步。

（区政府办）

11月4日，区委副书记、区长梅俊到马铃乡谷中村宣讲中共十九大精神

（马铃乡　供稿）

【依法行政】 2017年，区人民政府加强自身建设。坚持依法行政，自觉接受人大法律监督、工作监督和政协民主监督，办理人大代表建议150件、政协委员提案109件，办复率均达100%。加

强政府廉政建设，强化审计监督和行政监察，纠正部门和行业不正之风，全年立案审查174件178人。

（区政府办）

【落实从严治党主体责任】 2017年年初，区政府办公室召开党风廉政建设专题会，对2016年党风廉政建设工作进行总结，传达市、区党风廉政会议精神，定期组织召开专题会议，分析研究党风廉政建设各项工作。制定《花溪区政府办2017年党风廉政建设和反腐败工作实施方案》，安排部署2017年的党风廉政建设和反腐败工作。制定2017年党风廉政建设工作目标责任制分解表、2017年党风廉政责任书，并层层签订落实。办公室开展"四类约谈"62人，其中主体责任约谈59人，监督责任约谈3人。召开专题会研究作风建设，传达《中共贵阳市花溪区纪委关于开展"四风"突出问题专项自查自纠工作的通知》精神，要求全体干部职工，特别是领导班子成员、财务、后勤及重要岗位工作人员，就《党政机关厉行节约反对浪费条例》实施以来存在的"四风"突出问题，进行自查自纠，防止"四风"突出问题反弹回潮。组织全体党员干部学习党章、《中国共产党廉洁自律准则》《中国共产党纪律处分条例》以及习近平同志重要讲话精神。区政府办党总支书记向全体干部职工上"两学一做"、党课。在坚持正面教育的同时，通报反腐败典型案例，开展警示教育。实行家庭重大事项报告及操办婚丧嫁娶事宜事前报备、事后报告制度，并签订廉政承诺书63份。执行民主集中制，凡涉及重大工作、重大开支等均在主任办公会上集体研究决定。由纪检组长牵头，对全办干部职工开展违法"种房""三禁止"专项检查，并签订承诺书。规范"三重一大"实行报告、公示和备案制度，完善管人、管财和管事制度，建立和完善考核奖惩制度，设立作风建设意见箱1个。制定"权力清单""责任清单""风险清单""负面清单"。增强制度的约束力，开展"小金库"治理工作，推进"三公"经费公开，落实《中国共产党党员领导干部廉洁从政若干准则》。坚持把工作重点放在事前监督、源头防范上，定期对下属各科、室、局的党风廉政建设工作进展情况进行督查。

（区政府办）

【区政府常务会议】 2017年，召开常务会议13次。1月25日，召开2017年第一次常务会议，区委副书记、区政府区长梅俊主持。会议传达学习全国、全省、全市安全生产电视电话会议精神，省"两会"精神，省第十一届纪委六次全会精神、市第十届纪委二次全会精神，听取区生态局关于环保督察和"千园之城"工作情况汇报，传达省纪委关于四起执纪审查中发现的违反中央八项规定精神问题的通报，研究部署关于2017年一季度"开门红"相关工作、项目建设、招商引资、环境治理"三农"工作、扶贫开发工作等几项重要工作，研究新一届区政府领导班子的运转问题。出席会议的有赵代刚、秦永康、孙昕、谭虎、张宝祎、管路、袁莉、范振新、周印；特邀出席的有：禄竹、胡文院；黄亚军及区属各单位、乡（镇）、社区负责人104人列席会议。

3月3日，区政府召开第二次常务会议，区委副书记、区政府区长梅俊主持。会议传达学习习近平在省部级主要领导干部学习贯彻中共十八届六中全会精神专题研讨班上的重要讲话精神和省委常委会议、市委常委会议精神，书面传达学习全国和全省全面推行河长制工作视频会议、全国农村集体产权制度改革工作电视电话会议精神、第三十次全国和全省"扫黄打非"工作电视电话会议精神、全国棚户区改造工作电视电话会议精神、全国农村土地承包确权登记颁证领证电视电话会议精神、省委生态文明建设工作专题会议精神、全省发展和改革工作会议精神、全省财政工作会议精神、全省质监和市场监管工作会议精神，传达学习省纪委《关于十二起侵害群众利益典型问题的通报》《关于九起民生领域落实全面从严治党"两个责任"不力被问责典型问题的通报》《中

共贵阳市委办公厅　贵阳市人民政府办公厅关于认真贯彻落实陈刚同志讲话精神开展好大扶贫攻坚春季攻势的通知》，书面传达学习2016年度全市财税工作会议精神，传达学习贵阳市应急管理工作会议精神、2017年贵阳市教育工作会议精神。出席会议的有韩匡时、谭虎、张宝祎、管路、袁莉、周印；特邀参会的有：禄竹、孙昕；安雄鹰及区属各单位、乡（镇）、社区负责人88人列席会议。（区政府办）

政务服务

【概　况】　2017年，据第三方平台客观数据评估的《2017全国各地政府互联网+政务服务能力调查评估报告》，花溪区“互联网+政务服务能力”在全国36个主要城市下辖区县中排名第三。区政务中心向上级部门报送信息简报18篇，被市政务中心采用11篇，被市级媒体采用1篇、省政务中心采用1篇。（区政务中心）

【政务服务标准化建设】　2017年6月26日，召开花溪区政务服务标准化建设推进会，安排部署政务服务标准化建设工作。区政府办下发《关于印发〈2017年度贵州省县区政务服务中心标准化建设考核指标责任分解表〉的通知》《关于印发〈2017年度贵阳市区（市、县）政务服务中心专项工作目标考核指标责任分解表〉的通知》，安排部署政务服务中心标准化建设工作，并进行责任分解。区委办、区政府办《关于对2017年市委市政府目标任务进行责任分解表及报送2017年目标资料的通知》，将“两个标准”、服务对象评价提出的意见建议的整改工作列入对区直相关部门、各乡镇、各社区的综合目标考核，考核分值为7分。区政府办下发《关于印发抓紧完善贵州省网上办事大厅建设的紧急通知》，区政府区长梅俊签批意见，由区政府办主任黄亚军牵头抓好网厅的督查督办工作。区分管领导刘学副主任多次到政务大厅督促检查标准化建设工作。在花溪区行政中心大楼一楼设置区政务服务大厅，面积基本满足全部行政许可和公共服务事项进驻、办理；在主要路口及政务服务中心附近主要路口设立显著交通指示牌。（区政务中心）

【政务服务管理】　区政府办下发《关于印发〈花溪区政务大厅窗口工作人员行为规范（试行）〉的通知》，明确部门派驻窗口工作人员不少于2人。区政府《关于印发〈花溪区政务服务大厅窗口工作人员选派轮换制度（试行）〉的通知》，明确进驻人员不得承担原单位的其他工作，为保持窗口工作的稳定，工作人员工作时限原则上不少于2年。区委组织部、区人社局《关于进一步加强政务服务中心干部队伍建设的通知》，明确各单位、部门其选派、调整、提拔在服务大厅的工作人员时，须征求政务服务中心的意见。区政府办下发《关于印发〈花溪区政务服务大厅窗口工作人员行为规范（试行）〉的通知》，从考勤、仪表、举止、语言、窗口物品摆放、工作时间行为性、审批行为规范等八个方面作出规范定，以展示良好的窗口形象。下发《关于进一步加强花溪区政务服务大厅纪律巡查的通知》，建立政务服务大厅日常纪律巡查工作制度，采取定时和不定时的方式进行巡查，记录每日巡查台账，作为每月通报的依据。根据窗口部门工作人员遵章守纪、业务办理、服务态度等情况，每月对窗口工作人员进行考核通报，上报区委、区政府和市政务中心，并下发各窗口单位及分厅。区人社局《关于对花溪区政务大厅窗口工作人员单位考核的通知》，落实窗口人员单位实施年度考核，优秀等次比例达到15%。区政务服务中心下发《花溪区政务大厅一次性告知制》《花溪区政务大厅首问责任制》《花溪区政务大厅预约服务制》《花溪区政务大厅上门服务制》《花溪区政务大厅限时办结制》《花溪区政务大厅延时服务制》等制度，推行延时服务、上门服务、预约服务、全程代办服务、“绿色通道”等，让办事群众真正便利化。组织住建、工商、民政、计生等窗口工作人员，主动延时服务，到岗即服务，下班后延长工作时间为群众办理业务，提前上班为群众办理业务。

区政府办下发《关于印发花溪区政务服务大厅窗口单位及分厅专项目标考核（试行）办法的通知》，根据窗口部门工作人员遵章守纪、业务办理、服务态度、服务对象评价等情况，进行月度工作情况考核通报，并上报区委、区政府和市政务中心，下发给各窗口单位及分厅。设立投诉受理窗口，张贴投诉流程，公布投诉电话，受理、办理群众的投诉。通过问卷调查、网络调查等方式开展群众办事满意度测评，建立服务质量网上评议台账。区政务中心对本级行政审批事项及公共服务事项的办理情况录入电子监察系统，对办件实时监控。电子监察系统覆盖100%的行政审批事项和80%服务事项，对办事项实时预警纠错、绩效评估、实时监控，电子监察系统和视频监控系统接入市级平台，主动接受监督考核，实现市、区两级联网。（区政务中心）

【网上办事大厅建设】 2017年，按时完成省级网上办事大厅接入工作，统一使用省政务中心统一开发的行政审批平台，完善系统平台的办事流程，开通网上申报、网上审批，实现全省“一张网”办理行政审批业务，本级部门行政许可、行政确认、行政给付、行政征收、其他类权力事项100%纳入网上办事大厅办理。辖区内乡、村服务事项纳入网上办事大厅办理。本级的行政审批事项及公共服务事项的办理情况录入全省的证照批文库，逐步实现资源共享。按照省进一步规范、完善、更新贵州省政务服务网站群——花溪区政务中心子网站，完善网上办事大厅办事指南，完善贵州省网上办事大厅本级站点服务导航（按行业、按区划、按主题、按部门、按证照）内容。协调邮政快递公司，开设邮政专递窗口，开通“邮政办”服务。全年33个部门在贵州省网上办事大厅编制办事指南809个，27个乡镇、社区编制办事指南637个，178个村（居）编制办事指南1382个，实现部门网上办事大厅100%全覆盖、乡镇网上办事大厅100%全覆盖、村居便民服务站网上办事大厅100%全覆盖，基本形成区、乡、村三级政务服务平台体系，基本实现政务体系全覆盖、全联通。

针对网上办事大厅存在的问题，全面排查，列出问题清单，要求各部门、乡镇、社区及时清理办事指南，重点审查办理流程是否完整、承诺时限是否超时、事项类别是否填写正确、事项是否有缺漏、资料是否齐全、审批人员是否有变、办事指南中不能出现的“其他”“等”字样进行自查自纠，对网上办事大厅办事指南及时更新完善，对法律、法规、规章、规范性文件等，提供全文文档下载，并将办事指南中的申请格式、申请材料范本提供下载。通过网上办事指南和LED显示屏公开公示办事指南中申请条件、申请材料、办理环节、办理时限、收费依据等。审批过程和结果数据及时在网上办事大厅集中公开。

区人民政府办公室下发《关于开展为民服务全程代理制工作的通知》《关于为民服务全程代理制专项目标考核制度（试行）的通知》等文件，将为政务服务工作纳入年终对乡镇、社区的目标绩效考核，每月对乡镇、社区工作开展情况进行考核通报。督促指导各乡镇、社区、村居挂牌，开展业务，实现乡镇政务服务中心全覆盖，村居便民服务站全覆盖，乡镇政务服务中心网上办事大厅全覆盖，村居便民服务站网上办事大厅全覆盖。（区政务中心）

机构编制管理

【概　况】 2017年，区编委办与区委组织部、区纪委、区人社联合，利用手机短信平台向全区副科级以上领导干部推送机构编制有关法律法规短信，强化各党政机关、事业单位对机构编制管理工作、政策法规的认识，维护机构编制权威性、严肃性。区委将机构编制纪律教育纳入党校培训内容。全区各级各部门对机构编制法律法规、用编情况、月工资实际发放情况等内容进行宣传和公示，使干部职工知晓率100%，预防和查处机构编制违纪违规行为，接受社会各界对机构编制工作的监督。（区编委办）

【综合行政执法体制改革】 花溪区是贵阳市综合行政执法体制改革试点区县之一。推进综合行政执法体制改革，是花溪区深化改革的一项重要任务。拟定《花溪区综合行政执法体制改革工作推进方案》，明确花溪区综合行政执法体制改革领导小组成员单位，确定工作思路和工作目标，划分工作任务、工作内容、责任单位以及工作完成的时限，并对工作开展提出纪律要求。4月中旬，区编办会同区法制办开展对全区行政执法工作现状的调研。对全区执法机构的设置、了解运行情况，并向全区行政执法部门征求关于划转综合行政执法局的有关行政处罚事项的意见和建议。结合花溪区的实际，提出相应的意见和建议，及时向市级相关部门进行反馈。4月，根据各部门上报的关于划入综合行政执法局的行政处罚和行政强制事项（1483项，其中行政处罚1455项，行政强制28项），结合调研的情况，区编办和区法制办牵头，草拟《花溪区综合行政执法体制改革工作方案》，向区委、区政府主要领导作汇报后按市级要求上报。根据5月12日市编委办反馈对花溪区初步改革方案的审核意见，结合花溪实际对改革方案进行修改完善后再次上报。5月24日《贵阳市综合行政执法体制改革实施意见（征求意见稿）》下发后，区编办向区编委主要领导汇报，召集相关部门进行讨论，5月，将花溪区最终修订的改革方案报市编委办审核。8月，根据省、市要求，花溪区将改革方案与涉及改革的有关机构编制事项分开拟写上报市编委办审查。（区编委办）

【权责清单动态调整】 2017年6月，区编办与区法制办联合行文，对区直部门和乡镇的权责清单进行动态调整安排，要求各单位结合2016年国家、省、市法律法规制定、修改、废止和国家、省、市行政权力下放、调整、取消等情况，对已公布的权力清单和责任清单（2016年版）予以调整、公布。区编办草拟《花溪区政府部门权责清单管理办法（征求意见稿）》，要求各部门和乡（镇）根据自身实际情况，制定权责清单的相关管理制度，逐步建立和完善花溪区“一表两单”的动态管理机制。（区编委办）

【机构编制年度事项】 2017年，区编办结合机构编制工作要求，配合有关职能部门在城市综合执法改革、盐业体制改革、公证机构体制改革、巡察机构设置等相关工作中开展协调对接，结合花溪机构编制实际，研究提出有关改革中涉及机构编制方面的意见和建议。筹备召开区编委会议，提交讨论有关机构编制事项，按程序报批。配合相关部门做好公开招聘事业单位工作人员以及人才引进的相关工作。办理公开招聘事业单位工作人员152名，高层次人才引进用编96名，“三支一扶”计划用编8名，特岗教师用编27名，公开招聘教师用编163名。按照机构编制管理的相关规定和程序，审核和办理机构编制事项。全年办理人员调动用编审批72人、人员上编186人、下编332人，医保审核15610人、话费补贴409人、奖金审核3224人、职级晋升（转任）审核160人、车补审核4308人。完成2016年机构编制年报统计工作，并根据市编委下达花溪区的2014年底各类编制总量，核对全区各类机构编制数，在机构编制业务工作涉及机构和编制数变动的情况时，严格控制，确保按照下达总量时限只减不增。

（区编委办）

【机构编制监督检查】 2017年10月至11月3日，花溪区开展机构编制管理证年审工作，对全区机关、事业单位的机构名称、机构级别、编制数额、领导职数、现有人员基本情况等信息进行督查审核，保证机构编制信息的真实性和完整性。为巩固党政群机关消化超编人员工作成果，出台《花溪区机构编制上下办理流程》等规章制度，把好人员进出口关。依托机构编制实名制管理系统，对超编进人、超职数配备干部等问题进行动态监测，将违规违纪问题消灭在萌芽状态。同时，统筹协调组织人事部门在办理人员任用、调配、招考、录用、选调、安置、工资审批等事项时，在机构编制部门进行用编审批和备案及不减反增现象。（区编委办）

【机构编制审批联动工作】 为开展好花溪区机构编制问题整改推进审批联动工作，成立以编委领导任组长，区编办主任任副组长，区编办、区委组织部、区人社、区财政、区审计等单位为成员的区机构编制问题整改推进审批联动工作领导小组，领导小组下设办公室在区编委办，负责日常工作。拟定《关于开展机构编制问题整改推进审批联动工作的实施方案》，明确问题整改自查完成时限、阶段工作目标、相关部门职责及分工。向全区各级各部门下发《花溪区编委办关于开展机构编制问题整改自查自纠工作的通知》。经自查，全区机构编制问题整改事项5个，涉及花溪区文体广电局、区安监局、区民族事务局、区市场监督管理局、区政协。主要问题原因是因机构改革及政策原因、消化自定编制等造成人员超编。提出整改措施2条。（区编委办）

【规范领导职数管理】 2017年，区编办与区委组织部联合拟定下发《关于进一步规范领导职数管理工作的实施方案》，明晰阶段目标任务，规范清理自查工作，建立规范领导职数问题台账，并采取电话、书面等形式对相关部门下发整改通知。区编办将与区委组织部、区人社局的沟通协调，按照机构编制部门核定的领导职务配备领导干部。成立区编办、区委组织部、区人社局、区财政局、区审计局等各有关部门参加的联席会议制度、机构编制问题整改推进审批联动工作领导小组、规范领导管理工作领导小组，对机构编制核查、单位机构编制管理、机构编制控编减编、“吃空饷”等工作进行研究和调研，协商解决机构编制管理工作过程中遇到的机构、编制、人员等相关事项的问题。区编办会同组织、人社等部门开展规范领导职数管理、机构编制问题整改自查自纠等清理工作，建立机构编制问题整改台账、规范领导职数问题台账，结合花溪区实际研究提出整改措施。（区编委办）

【机构编制管理】 2017年9月，召开专题联席会议2次，组成2个联合调查组对区教育局、区城管局、区生态局、阳光社区、贵筑社区、花孟社区、青岩镇、久安乡8个单位清理整治“吃空饷”人员、防治“吃空饷”问题长效机制建设、机构编制执行情况等内容进行实地督查。根据花溪区迎接国务院第四次大督查安排部署会议的要求，开展本地区财政供养人员只减不增落实情况自查工作，梳理严控行政事业单位财政供养人员工作落实情况，收集整理文件资料200余份，建立迎检档案。未接到任何举报件，未发生机构编制违纪违规案件。全区实行工资统发，促进编制与人员的实名制管理。区编办与人事、财政对全区行政机关及部分事业单位进行工资统发，统发工资单位400多家，统发人数8000余人。

【事业单位登记与社会信用代码管理】 2017年10月，全区登记管理事业单位法人总数203家，其中新增登记3家。2016年度应报送年度报告备案200家，实际完成200家，公示率100%。办理事业单位法人变更登记65件；注销登记9件；证书补领1件。对4家事业单位法人进行实地核查，被检查单位全部合格。全区统一社会信用代码赋码单位总数280家，其中55家机关、2家垂管机

关、9家群团、203家事业法人、11家事业非法人单位。完成统一社会信用代码赋码日常的变更和换发证工作。（区编委办）

【编制工作调研】 2017年2月，区编办开展对花溪区文化旅游创新区管理体制的专题调研。对花溪文化旅游创新区管理机构在职能职责的定位和界定、内设机构的设置、人员编制和领导职数设置、工作运行情况等方面开展调研。根据相关单位领导和部分干部反映的突出问题，结合机构编制工作的要求和花溪区的实际，区编办对花溪文化旅游创新区管理委员会及其下属事业单位在职责定位、人员编制、经费形式等方面的问题进行研究，草拟有关调整建议提交区编委会议讨论。（区编委办）

【机构编制信息化建设】 按照《花溪区机构编制信息化建设"筑云编制"推进工作方案》，完成全区涉及有政务服务中心、办事大厅单位使用数据平台、数据接口的摸底调查工作，更新完善"筑云编制"数据，对部分机构编制事项变动的单位进行数据变更。全年调整变更单位15家。完成机构编制业务支持实名制系统的完善，采取办理上下编时"审一核一"的方式，审核单位291家，提高实名制系统数据的准确性。按照机构编制部门的要求，做好四部门协同共享系统的前期对接和协调工作。做好中文域名的申请、网络红页的更新监管和网站挂标工作。全区注册中文域名374个，上半年新注册中文域名3个（贵阳市花溪文化旅游创新区管理委员会、花溪区全域旅游数据中心、花溪区青岩景区管理处），开通网络红页380家，完成网站挂标391家。（区编委办）

人力资源管理

【概　况】 2017年，区人社局实施花溪区公开招聘事业单位工作人员工作，公开招聘计划招聘事业单位工作人员149人，下发聘用文件并办理127人的聘用手续，17人因个人原因放弃体检或聘用资格。指导、协助区教育局完成公开招聘教师等工作，下文聘用教师157人、免费师范生11人，签订中央特岗教师27人就业协议。指导、协助区卫计局下文聘用免费医学生2人。通过贵州人才交流合作网、第五届中国贵州人才博览会现场和花溪区人社局QQ邮箱报名的高层次人才有779人，经考试、考核等环节，为区发改局、区旅游局、区文广局、区工信局、区农业局、区统计局、黔陶乡、清华中学、溪南高中和区人民医院等部门引进27名高层次人才。（区人社局）

【公务员管理】 2017年，花溪区办理人员调动、聘用98人，其中区内调动（聘用）58人、区外调动（聘用）40人。区财政局等6家单位完成8名中层干部竞职工作。花溪区新招录公务员（参公人员）12人到基层锻炼，完成试用期考核转正定级、公务员（参公）登记工作。有1名因怀孕推迟转正、登记。完成2017年度公务员（参公人员）年度报表统计工作，对公务员（参公人员）信息管理系统数据进行维护更新，首次实现两库合一，即原公务员（参公）统计系统和公务员（参公）信息管理系统合并；全区政府序列公务员人员524人，参公人员193人。受理政府序列科级以下公务员、参公人员职级晋升、转任41人，其中职级晋升30人（公务员12人、参公人员18人），职级转任11人（均为公务员），办结35人。（区人社局）

【工资福利】 2017年，按照《关于转发〈人力资源和社会保障部　财政部关于执行人民警察法定工作日之外加班补贴有关问题的通知〉的通知》要求，花溪区启动人民警察法定工作日之外加班补贴、执勤岗位津贴政策实施工作，审批结束。完成所有在编司勤人员安置工作（正式在编在岗司勤人员83人，其中内部转岗14人，竞聘上岗69人；单位自聘58人，借用1人，开辟新的就业岗位44人，终止、解除聘用合同和劳动关系合同15人）。

（区人社局）

【“吃空饷”自查自纠】 2017年，区人社局联合花溪区委组织部、花溪区编委办、花溪区财政局牵头开展全区“吃空饷”自查自纠工作，其中行政机关单位57家，事业单位326家，涉及7304人，联合花溪区各部门进行抽查，通过贵阳市督查组检查。

（区人社局）

【年度考核】 2017年，花溪区机关（参照公务员法管理单位）科级以下工作人员应参加年度考核838人，实际参加考核838人；事业单位科级以下应参加年度考核人数5990人，实际参加年度考核5986人。9月27日，经区委常委会研究同意确定田海伟等143人（含机关工勤11人）为机关（参公）考核优秀等次人员，郑红燕等898人为事业单位（含事业工勤）考核优秀等次人员。

（区人社局）

【职称评审】 2017年，花溪区推荐到市评审工程系列35人，通过终审34人，其中助理工程师14人，工程师19人，高级工程师1人；推荐到省、市评审农业、工程、教育、卫生等7个系列73人，通过终审59人，即初级5人、中级20人、副高级31人、正高级3人，其中卫生正高级1人、教育正高级2人；推荐到市进行基层认定教育、卫生、农业三个系列10人，通过终审10人，其中教育8人、卫生1人、农业1人；自行组织教师系列中级职务评审工作，11月中旬，区教育局推荐122人参评，其中一级教师91人（中学一级48人，小学一级40人，幼儿园一级3人），二级教师31人（中学二级1人，小学二级20人，幼儿园二级10人）。经区职改领导小组办公室审查、补充材料、复审，建议并推荐参与评审110人，其中一级教师81人（中学一级43人，小学一级36人，幼儿园一级2人），二级教师29人（中学二级1人，小学二级18人，幼儿园二级10人）。开展全区事业单位专业技术岗位结构比例调整工作，按照省、市相关文件规定的结构比例，完成20余家事业单位涉及编制变动的岗位设置调整工作，并按照新的岗位设置进行人员聘用。聘用3300余人次，完成20多家单位续聘。开展职称年审工作，审核职称资格证书1351人，其中副高级职称102人，初、中级职称1249人；完成职称认定5人。

（区人社局）

信访工作

【概　况】 2017年，区委、区政府以开展“百日攻坚战”“五个专项治理”“千名干部大下访、进家入户办实事”、突出矛盾问题集中攻坚为抓手，以解决群众信访问题和推动进京、到省、到市访总量得到控制为目标，强化源头治理工作，夯实信访工作基础，定期排查化解矛盾问题，推动信访工作形势持续好转。在“一带一路”高峰论坛、数博会、中共十九大重大会议期间，经开区党工委书记、花溪区委书记钟阳和区长梅俊对信访维稳工作亲自安排、部署，对疑难案件亲自调度、化解。全年全区召开信访维稳工作会18次、信访维稳分析会8次、案件调度会29次，实现“七个坚决防止”和“花溪不出事、花溪不惹事”的工作目标。

【党委政府齐抓共管】 2017年，花溪区县级领导接待来访群众25批75人次，解决群众来访反映的问题13个，将来访群众吸附在辖区内，避免越级访等发生。全区各级领导干部开展“千名干部大下访、进家入户办实事”主题活动，化解矛盾纠纷，做到守土有责、守土有方、守土尽责。全区科级以上干部深入村寨、企业下访15131次，办理实事1233件。2017年省市集中交办花溪区的51件“百日攻坚战”案件、51件“五个专项治理”案件、5件省领导包案督访案件、4件市领导包案督访案件，区自行排查交办的235件“千名干部大下访、进家入户办实事”案件，全部落实县级领导包保，明确责任和时限，经共同努力，以上案件均在规定时限内化解（办结），化解（办结）率100%。（区信访局）

【落实信访维稳责任制】 2017年，花溪区出台《花溪区信访工作责任制实施细则（暂行）》《花溪区信访维稳工作问责办法（试行）》《花溪区诉访分离工作制度》《花溪区律师参与信访工作实施办法》《关于深入推进花溪区依法分类处理信访诉求工作的实施意见》等文件，为信访维稳工作开展提供保障。7月14日，区委常委（扩大）会议研究决定，区委主要领导对突出案件实行“一周一调度”工作机制，并制定《花溪区委主要领导调度突出案件工作制度》，区委主要领导原则上每周一下午专题调度1 ~3件突出案件。经开区党工委书记、花溪区委书记钟阳主持召开7次疑难案件调度会，专题研究10件重大疑难案件，化解疑难案件6件。在中共十九大期间，针对排查出的信访案件，明确县级包案化解领导和包稳领导的“双保险”措施，要求县级包案化解领导每周必须召开两次以上协调会，即：周三由案件包保领导召开协调会，研究化解包保案件；周五行业分管领导参与，与案件包保领导和责任单位共同研究案件化解和人员稳控措施。区委主要领导每周一听取县级领导包保工作情况汇报。为抓好进京访治理工作，区委、区政府主要领导、分管领导逐一与进京人员见面谈心，在督促合力诉求解决到位的同时，强化教育疏导力度，消除群众积怨，区委、区政府主要领导、分管领导与进京人员见面8人次，化解进京访问题3件。

以问题为导向，成立征地拆迁、房开物业、欠薪欠款等各类专项工作进村入户开展“一对一”化解稳控工作，特别是对问题比较突出的房开企业，由区政府常务副区长赵代刚、区政府副区长张宝祎牵头，约谈相关房开项目负责人，对不配合的企业进行处理，降低因房开项目造成的不稳定因素。花溪区对涉及信访维稳问题的万科大都会、小城故事、恒森自在城、阳光嘉园、星河国际等房开项目负责人进行约谈，并以停止政府服务等方式督促企业落实信访维稳责任。

（区信访局）

【“三官一律师进村”活动】 2017年，法官、检察官、警官对案件开展回访，疏导当事人情绪，缓解当事人心结，对有进京苗头人员开展法制教育和告诫。司法局派出一村一律师，开展法律宣传，参与矛盾纠纷调处化解。通过“三官一律师”进村工作，化解涉法涉诉案件4件，调处矛盾纠纷31件，公安根据信访重点人员稳定风险等级安排局领导、中层干部、网格民警等分层次开展谈话告诫63人次。

开展重点人员见面约谈和“双向承诺”措施。经开区、花溪区公安分局主要领导、分管领导和科所长对排查的重点人员按照风险等级分层次开展约谈告诫。在约谈中，对上访人的合理诉求作出“依法提供帮助”的承诺，同时对其不法行为进行法制教育和告诫，要求其作出“不进京、不非访、依法依规反映诉求”的承诺。攻坚化解难案积案，减少不稳定隐患。花溪区开展突出矛盾集中攻坚化解活动，在疑难案件的化解工作上狠下功夫，通过政策法规宣传、思想疏导、现场调处等形式，上门与信访人沟通，将积案化解在基层。利用上级和区级信访救助资金、募集和谐花溪促进会等社会帮扶资金，化解肖某珍、杨某华、罗某欢、王某铭、刘某伦等一批“骨头案”“钉子案”。（区信访局）

【规范信访秩序】 2017年，区法院、区检察院、区公安分局、经开区公安分局、区司法局、区信访局联合印发《关于依法规范信访秩序严厉打击扰乱社会秩序行为的通告》，强调二十种严厉禁止的行为，通过张贴通告、媒体报道、网络宣传等方式加大社会面上的宣传，对长期缠访闹访和打横幅等违法行为进行告诫性法治宣传教育、警醒震慑，增强公民合法表达诉求的意识，扭转部分群众“信访不信法”“大闹大解决、小闹小解决”的心理，规范花溪区信访秩序。针对多次进京的夏某妹、堵工堵路的万科个别业主等，公安机关依照《治安管理处罚法》《信访条例》等相关规定严肃打击。制定《关于深入推进花溪区依法分类处理信访工作的实施意见》，制定区级各部门依法分类处理信访诉求责任清单，做到依法分类处理有出口、行得通，实现工作环节的流程化贯通。在区群工中心接访大厅建立法律服务工作室，采取政府购买服务和法律服务志愿者义务服务相结合的方式，安排律师到工作室参与来访群众的接待，做好来访群众的法律服务和解释工作，把应当通过司法渠道解决的涉法涉诉问题从信访渠道中分离出去，引导群众通过法律渠道解决其诉求。全年法律服务工作室接待群众 87 批 144 人次，引导群众通过法定途径反映诉求 34 批 55 人次。

（区信访局）

【“数据信访”建设】 2017 年，区信访局配合完成“数据信访”平台融合化建设工作，将全区各乡（镇）、社区相关职能部门领导干部的信息准确录入系统，确保办理信访案件时第一时间让责任人知晓，在全国“两会”、中共十九大等各个重要节点期间将信访重点人员纳入系统调度，掌握各类重点人员动态，跟踪督促基层重点人员稳控工作落实到位。将信访事项各项信息精准录入系统，运用大数据手段分析、研判信访工作。通过政府门户网站加挂“数据信访”平台链接，将“数据信访”平台打造成数据信访主要渠道。全年全区网上信访量占信访总量的 52%，完成网上信访量占比 40% 以上的工作目标。乡（镇）、社区两级视频接访系统在规定时限内建成使用。（区信访局）

档案工作

【概　况】 2017 年，区档案局接收档案 23177 卷，全馆档案藏量 63029 卷（册），140803 件；声像档案 223 张，照片档案 10786 张，印章档案 832 枚。其中，国家重点档案 7314 卷。全年接待查阅档案（文件资料）利用者 1095 人（次），提供利用档案资料 1766 卷（件、册），复印档案资料 6515 页。

（刘　婷）

【土地确权档案工作】 2017 年，花溪区档案局与区农业局联合下发《花溪区农村土地承包经营权确权登记颁证纸质档案整理方案》，对土地确权案卷目录、卷内文件目录、软封皮、盒脊背等进行规范。区档案局全程参与土地确权档案调研、培训、业务指导。与区农业局组成检查组，采取抽查方式到马铃乡、燕楼镇、高坡乡、黔陶乡、青岩镇进行检查，确保档案规范化整理，整理档案 30820 卷。12 月 22 日，土地确权档案工作通过省级验收。

（刘　婷）

【重点档案抢救和保护】 2017 年，区档案局对馆藏民国档案 556 卷摸底、清查，对卷内邮票、印花税票、徽章、照片、信封等珍贵的实物档案以及破损、脱页、霉烂、粉化、虫蛀的章页逐一登记，更换破损档案装具盒。录入案卷级目录 556 条，文件级目录 18155 条，全文数字化 31340 页，建立民国档案专项数据库和检索工具，采用光盘等存储介质对已数字化扫描的民国档案进行异地备份。

（刘　婷）

【传统村落档案保护工作】 2017年，花溪区档案局到高坡乡枇林村和石板镇镇山村指导传统村落档案工作。高坡乡批林村有文书档案32卷、10栋房屋、5棵古树；石板镇镇山村有文书档案48卷、照片档案20张、印章2枚、证书2本。帮助区住建局收集、整理传统村落档案13件，照片142张，视频4个。（刘 婷）

【旅游资源大普查档案工作】 2017年，花溪区档案局指导区旅普办建立全宗卷，对旅游资源大普查档案的收集、整理及归档工作进行上门服务。完成管理类档案47件、成果类档案10件的规范化整理。（刘 婷）

【区属企业档案保管期限审查】 2017年，花溪区档案局、花溪区国有资产管理办公室联合开展企业文件材料归档范围和管理类档案保管期限表审查工作，制定《关于开展区属国有企业文件材料归档范围和管理类档案保管期限表审查工作的通知》。区属5家企业按照文件要求制定和完善文件材料归档范围和管理类档案保管期限表。全年完成区属企业保管期限审核工作。（刘 婷）

机关事务管理

【概 况】 2017年，区机关事务局主要承担区行政办公中心范围内的园林管护、卫生保洁、警卫安全、消防安全、公共设施设备的维修和维护工作。对行政中心供配电系统、消防系统、排水系统等9大系统进行设施安全检查，排除隐患，确保系统正常运转。全年完成区委、区政府、区人大、区政协等各种大、中、小会议400余场，保障6个公共会议室（行政中心大礼堂、A224、B223、C307、C407、C301电视电话视频会议室）以及区委常委会议室、贵宾厅的会议服务工作；完成花溪区人大政协会议、十七届区委全会、全区旅游扶贫发展大会等会议筹备及服务工作。

（区机关事务管理局）

【综合能耗管理】 2017年，完成全区人均综合能耗同比下降29%、人均水耗同比下降4%、单位建筑面积能耗同比下降3.5%的目标任务和5个公共机构节能技改项目，项目总投资94.64万元，完成年度目标任务的166%，实现市下达的完成人均综合能耗同比下降3%、人均水耗同比下降4%，单位建筑面积能耗同比下降2.5%的节能目标任务。

（区机关事务管理局）

【公务用车管理】 2017年，完成全区行政、参公单位的车辆封存、选取、评估、调配、处置及公务用车车辆标识化张贴系列车改工作，对公车改革后的公务用车给以保障。主要保障全国两会，数博会，省、市、区党代会，环保督察，森林防火、抗洪抢险，信访维稳等大型活动用车，确保全年无重大安全事故发生，实现零事故出行。

（区机关事务管理局）

【文明机关创建】 2017年，花溪区生态公务用车创建率100%，提前3年完成目标任务。创建成功的有88家单位，其中3家创建五星，9家创建四星，47家创建三星，20家创建二星，9家创建一星。（机关事务管理局）

责任编辑 周年辉

政协花溪区委员会

【概　况】　2017年，区委成立选举领导小组，制定选举方案、选举办法，推举出211名政协委员，选举产生政协花溪区第十届委员会领导班子和常务委员会组成人员。区政协党组协助和参与区委、区政府完成中央环保督察各项工作任务，研究制定《区政协环保督查制度》。根据《花溪区（经开区）全面推行河长制实施方案》文件要求，区政协主席、副主席各自担任河段"河长"、水库"库长"，组织带领相关部门负责人深入一线开展环境督查，对发现中铁八局拟拦腰截断石板镇芦荻河段等问题，提出整改意见，并得到落实。区政协党组专门成立区政协全面深化体制改革领导小组和深改办，研究制定《花溪区政协深化体制改革工作计划》《花溪区关于进一步加强政协民主监督实施意见》和《关于深化花溪区政协健全委员联络机构，完善委员联络制度工作改革的实施方案》等文件。全年区政协班子成员参加大接访活动30余次。按照区委统一部署，做好花溪区十九大期间各项维护稳定工作，区政协主席、副主席深入所联系乡镇、社区开展维稳工作。做好百日攻坚矛盾纠纷排查。区政协主席、副主席对涉及包保信访案深入到工作第一线，督促检查和具体落实维稳工作。

（区政协办）

【政协十届一次会议】　政协花溪区第十届委员会第一次全体会议于2017年1月4日至8日在贵州省委党校举行。出席委员211，列席61人，特邀28人。会议审议并同意副主席张朝洲代表政协花溪区第九届委员会常务委员会所作的工作报告，审议并同意副主席李瑾代表政协花溪区第九届委员会所作的九届委员提案工作报告。经开区党工委书记、花溪区委书记钟阳在开幕式上作重要讲话。会议通过无记名投票方式选举政协花溪区十届领导班子，选举宋力为主席，楚湘黔、张朝洲、张吉林、李瑾、何勇、练余天为副主席，吴硕为秘书长，王晓宇等29人为常委。会议期间，全体委员列席区十七届人大一次会议，听取并讨论梅俊区长所作的《政府工作报告》及其他有关报告。组织全体政协委员视察甲秀南路互通、花石路、美的国宾府、恒大童世界。会议审议通过政协花溪区第十届委员会第一次会议决议。审议通过政协花溪区第十届委员会第一次会议提案审查情况

报告。（区政协办）

【政协十届主要会议】 2017 年，区政协召开 1 次全体会议、1 次常委会组成人员专题学习贯彻中共十九大报告会、4 次常委会议、1 次主席会督办重点提案民主监督会、13 次主席会议、4 次党组全面从严治党主体责任专题会议。其中，政协花溪区第十届委员会第一次常委会会议审议并原则同意政协花溪区第十届委员会 2017 年工作要点（送审稿）以及政协花溪区第十届委员会 2017 年调研工作计划、考察工作计划、主席会督办提案协商计划、专委会跟踪督办民主监督计划。

会议书面审议政协花溪区第十届委员会各专门委员会（办）2017 年工作计划。会议通过举手表决的方式，通过《政协花溪区第十届委员会提案法制委员会组成人员名单》（草案）。政协十届第三次常委会议讨论审议《花溪区关于进一步加强政协民主监督工作的实施意见》（送审稿）《花溪区社区（乡、镇）政协委员联络组组长、副组长调整的方案》（送审稿）和《关于政协主席会成员包片联系指导社区（乡、镇）委员联络组，政协常委联系委员及开展政协委员进社区活动的通知》（送审稿）。会议宣布田为民不再担任经济科技委员会主任，改任教文卫体委员会主任。

（区政协办）

7 月 12 日，区政协委员考察全区禁毒工作（区政协办 供稿）

【专委会工作】 提案法制委员会和经济科技委员会开展关于花溪区以大数据为引领，推动全域旅游文化旅游创新区建设的调研，建议抓好大数据重点项目建设，着力培育行业骨干企业，推动服务外包及呼叫中心产业向软件化、智能化方向提升和转变。依托高校人才聚集优势，同时加大与国内外知名高校战略合作；完善医疗卫生、体育、文化、供水、供电、网络等匹配设施建设，形成“吃、住、行、娱”一体的综合服务体系，优化服务环境，为企业提供保姆式服务；构建战略人才数据库，聚集数据高端企业和优秀人才，打造文化旅游社交平台，汇集文化旅游产业；研究细化招商优惠政策。加大招商力度，采取以商招商、小分队招商、点对点招商等方式，制定实施招商计划，主动招商；抓好政府数据共享开放的工作部署，做好数据目录、数据收集、数据存储、数据共享开放和数据开发利用等前期基础工作，力争在社保民生领域和旅游数据领域推进数据有序共享开放试点；加强与各大新闻媒体的互动合作，通过领英及数博会等平台载体，持续滚动推进大数据发展宣传推介工作。引进大数据人才培训机构，根据不同群体，有针对性设置培训课程。文史宣传学习委员会关于历史人物周奎、周际华史料情况的调研，建议组建花溪区历史文化研究会，由一名区领导牵头抓落实，研究会可聘请贵州省文史馆、大专院校有关史学专家、学者参与，可邀请对花溪历史文化有研究兴趣的退休或在职人员参加；召开作品研讨会、出版书籍，举办相关的文化推介活动；在花溪公园文化提升改造中，建议恢复建设

"借花草堂"别墅，将周奎、周际华等花溪历史名人的事迹、诗文及专家、学者研究的成果加以展现，做成花溪公园的一个人文景观；对历史文化的研究要有经费保障。研究工作中所需的调研座谈、征稿编稿、图书出版等一列活动经费要有保障。教文卫体委员会关于花溪区优质民办教育资源布局发展现状的调研，建议要认识民办教育的重要地位和作用，采取有效措施，支持鼓励民办教育发展，落实民办学校与公办学校同等的法律地位，保障民办学校办学自主权，维护民办学校举办者、校长、教职工和受教育者的合法权益；通过统筹、引导，使优质资源更多地向郊区和薄弱地区倾斜，指导和帮助民办学校制定并实行教师的聘用管理办法，给民办学校教师提供一个相对稳定的工作环境，加大对民办学校教师专业化培训，提高其教育教学水平；通过建立公共财政支持政策，探索建立民办教育投融资体制，拓展民办教育投资渠道，借助实体经济或投资集团，组建由国资引导、民资参与的教育担保公司，为民办学校提供贷款担保等服务；利用公办学校或龙头学校的管理经验、管理方法及教师优势等指导民办学校的管理，完善民办教育的办学体系和管理体系，促进民办学校管理上台阶；由政府部门牵头，加强教育网络平台建设，以多种媒体信息形式充实教育信息资源库，激励优秀教师参与到教育信息资源的建设和使用中；将民办学校与公办学校纳入管理范畴，在保证民办学校享有政策规定的办学自主权的前提下，给予服务指导，督促民办学校抓好常规工作，推动民办学校与公办学校共同发展。人口资源与环境委员会关于花溪区妇幼健康工作情况的调研，建议将新建区妇幼保健院纳入区"十三五"社会经济发展总体规划，作为重大民生工程抓紧抓好；建议订立一项人才招培计划，在十三五规划和各年度工作计划中要明确具体任务；规范实施孕产期保健工作，对高危孕产妇实行专案管理；修订完善《花溪区危重孕产妇和新生儿救治方案》，强化母婴保健服务技术的监督和管理，不定期开展产科质量检查，督促各医疗机构加强产科质量建设，严格院内管理，及时启动应急预案，建立多科协作机制；加大健康教育宣传力度，提高孕产妇及家属的风险防范意识和自我保健意识；花溪区妇幼保健院应规划自己的"十三五"妇幼健康"品牌计划"，在深入细致调查研究的基础上，结合群众需求与妇幼保健事业发展要求，建立、建强具有自身特色的技术学科。（区政协办）

【委员提案办理】 区政协十届一次全会期间，收到提案 109 件，经审查立案 109 件。承办的 109 件提案中，按照类别分类：城市建设管理 27 件；交通建设管理 24 件；文化 8 件；教育 9 件；旅游 14 件；民生 9 件；其他 17 件。从中挑选 3 件作为主席会督办提案、5 件作为专委会跟踪督办提案，分别由主席、副主席和 5 个专委会进行跟踪督办，确保提案办理取得实效。区政协通过组织召开提案交办会议、实地查看、座谈讨论等方式，确保提案办理质量，针对 3 件主席会督办提案，专题召开主席督办民主监督会进行督办。区人民政府、法制办、三家承办单位、政协委员提案人、相关协办部门督办，有效督办提案的落实。通过提案人、承办人、区政协、区政府法制办的共同努力，109 件提案全部办复完毕，提案办复率 100%，委员满意率 100%。2017 年，区政协收到社情民意 3 件，经整理报送区委、区政府参考。（区政协办）

【专题调研与视察】 2017 年，区政协组织开展专题调研活动 5 次，形成调研报告 5 篇，提出 25 条意见和建议，主要是：关于以大数据为引领、推动全域文化旅游创新区建设的调研，关于花溪区优质民办教育资源布局发展现状，关于对历史名人周奎、周际华有关史料的调研，关于对花溪区妇幼保健院服务情况及存在问题的调研，关于对"花溪互联网 + 文化旅游创客小镇建设"的调研。协助部分省政协委员、民革贵州省委常委到花溪区开展对社区服务中心工作情况的调研。

区政协组织开展专项视察活动15次，其中专委会视察活动10次、委员活动小组5次。形成视察报告和简报15份，向区委区政府提出工作建议50余条。视察内容主要是：关于对板桥区域以文带旅产业发展的视察；关于对花溪公园文化提升改造工程的视察；关于对“车行家”、贵州星天电线电缆有限公司的视察；关于对实施“阅读引导”工程，推动“书香花溪”建设的视察；关于对花溪区天河潭建设项目完成情况的视察；参观考察货车帮科技有限公司；视察贵惠大道青岩至惠水道路工程项目；关于对花溪水库水源保护情况及存在问题的视察；关于对“周钟瑄文化交流中心”建设及陈列布展有关情况的考察；关于对花溪区禁毒工作出拐点的视察；关于对花溪中医药医疗机构的考察。配合市政协常委会议第三考察组开展对花溪区青岩镇农村基础设施建设六项行动计划、农村环境综合整治情况的视察。

区政协组织协调委员小组开展对花溪区城市片区公共停车场规划建设及交通拥堵治理工作、花溪区禁毒工作及“阳光就业家园”建设情况的视察活动，对花溪区交通拥堵治理和禁毒工作提出意见建议，得到区委、区政府主要领导批示。6月，组织部分政协委员，赴安徽省黄山市徽州区、黟县进行文化旅游专题考察，学习借鉴全域旅游、文化旅游等方面的先进理念和经验，形成考察报告一篇，提出意见建议16条，报区委区政府决策参考。区政协组队参加沪昆高速公路贵昆段沿线政协协作会第十五次年会，围绕“生态产业、绿色发展”进行交流学习。区政协接待全国政协副主席马培华、罗富和、马飚，全国政协副秘书长、全国政协致公党中央常务副主席蒋作君及河南省政协、山东省政协、青海省政协等60余个单位和组织700余人到花溪调研视察工作，完成全国政协在花溪召开的“全国暨地方政协民族和宗教委员会工作交流会”各视察点的保障工作，得到全国政协领导，省、市领导好评。（区政协办）

【文史与宣传】 2017年，区政协完成《贵阳故事——山里山外贵阳人》《迈向小康——贵阳市“三农”工作发展历程》的征稿工作。开展花溪历史名人周奎、周际华有关资料的收集，收集到1924年贵阳文通书局出版的《麟阳周氏房谱》2册，对研究周奎、周际华具有重要的参考价值。《贵州政协报》刊载区政协工作稿件8篇，其中4篇在头版刊登，4篇在二、三版刊登；在贵州省政协信息网刊载信息5篇；向贵州省政协理论研究学术年会提供学术论文3篇。在贵阳市政协信息网上刊载信息12篇，在花溪区委信息发稿10篇，通过“花溪新闻”播报区政协工作新闻42条，《高原明珠报》、花溪网站宣传报道、《贵州日报》《贵阳晚报》宣传政协工作44篇，编发《政协简报》42期，编印《参政议政》专刊，助推花溪区历史文化的发展。

（区政协办）

【委员扶贫帮困】 2017年，区政协党组多次深入贫困户家中调查研究，与贫困户共商产业扶贫措施，挤出有限办公经费30余万元对45户低收入困难户进行资金扶持，对居住条件差的困难户进行改善，把帮村扶贫工作落到实处。协助市政协做好北京市朝阳区政协到高坡乡开展扶贫帮困活动，北京市朝阳区政协向高坡乡中心完小捐赠价值12万元的青少年读物，并为高坡乡中心完小“乐童之家”图书室进行揭牌。开展智力支边、助学支教、节日慰问等社会服务工作。协调民盟贵阳市委到花溪区溪南中学开展“烛光行动”高考考前心理辅导培训，520余名高三毕业生参加。协调市智力支边办在花溪区久安乡中心完小设置书画室、在吴山村诚兴学校设置茶文化室，关心关爱青少年成长。协调市智力支边办帮扶资金14万元，作为久安乡打通村28户低收入困难户入股合作社的股金，帮助久安乡打通村发展林下食用菌种植，带动低收入困难户脱贫致富。发放价值1万余元科普书籍100余册。协调市工商联、市侨联、民盟贵阳市委、民建花溪区总支帮扶多名贫困大学生和中学生，发放助学金3.4万元。

区政协党组选派一名主任科员到石板镇花鱼井村任“第一书记”，制定《花鱼井村不适任村干部劝退办法》，得到市委组织部领导肯定。全年区政协协调资金150余万元，对花鱼井村2050米道路进行硬化建设，解决出行难的问题；帮助花鱼井村清理、整合村集体闲置土地5亩，盘活闲置资产出租，每年为村集体经济增收15万元。

（区政协办）

【政协自身建设】 2017年，组织全体政协委员、机关党员干部职工深入学习中共十九大和习近平系列重要讲话，省委、市委和区委全会精神。制定《政协花溪区委员会关于加强政协委员学习培训工作的意见》《政协花溪区委员会2017年度政协委员学习培训工作计划》等文件。举办2017年区政协委员培训班一期。区政协机关开展每月一次党支部党日活动，组织机关全体党员到瓮安县猴场会议会址参观学习，缅怀革命先烈，重温入党誓词。坚持“三会一课”制度和“两学一做”学习教育常态化制度化，制定区政协机关党支部创新型党组织清单和区政协离退休党支部创新型党组织清单，开展趣味性党总支活动，打造“两学一做”党建文化墙、“书香政协”。签订区政协2017年党风廉政建设工作责任书和承诺书，要求全体党员干部切实增强“四个意识”，坚持把纪律挺在前面，坚持严于律己坚守底线，坚持“两个主体”责任。

（区政协办）

责任编辑　周年辉

民主党派·人民团体

民主党派

【中国国民党革命委员会花溪支部】 2017年，民革花溪支部有党员51人。5月31日，贵阳市民革委副主委滕晓君、原花溪政协副主席李莎、贵阳市民革委宣传部长张珏及花溪民革支部主委周明及支委部分党员一行，到花溪区燕楼乡旧盘村小学开展捐赠活动，捐赠书包20个，价值2000余元。9月21日，开展《完善贵州参政议政机制研究》课题调研。支部党员滕晓君的提案《关于将省府路打造成特色文化街区的建议》、田毅的提案《关于公交车安全问题的建议》成为贵阳市政协十一届五次会议重点提案督查。支部党员向市委会报送社情民意、提案13条。完成《青少年法治教育思路创新》调研报告。（区委统战部）

【中国国民党革命委员会花溪小河支部】 2017年有党员46人，支部党员付殿君为花溪区甲定小学捐赠价值一万元的图书。4月，小河支部参加区委统战部开展扶贫先进事例讲述会，分别获得三等奖和优秀奖；参加市委统战部、民革市委和民革省委组织的扶贫讲述会，支部党员张硕获得民革市委一等奖和民革省委一等奖。6月，支部到花溪区高坡乡龙云村开展调研活动。12月，支部党员杨凯向团省委“春晖行动”捐款1500万元，用于贵州省贫困地区教育精准扶贫。12月8日，在贵州从江县举行发放仪式，首批捐助227名学生。同月，21名党员向贵州从江县的村小学生发放温暖包。完成《一个在改革开放道路上艰难发展的村庄——对龙云村奔小康的思考》调研报告。

（区委统战部）

【中国民主同盟花溪总支】 2017年1月，民盟花溪总支有盟员54人。成员参与区人大和区政协会议，围绕全区中心工作以及人民群众普遍关心关注的教育问题、环境问题、交通问题等提出提案和建议，在区政协会上提交《关于花溪水库污染问题的思考》提案。4月，开展组织活动总结2016年总支工作，安排部署2017年工作，并就花溪公园升级改造情况做实地调研。9月，总支组织盟员开展组织生活暨教师节活动，赴高坡乡调研青黔高旅游一体化发展即“溪南十锦”建设情况进行调研。9月至12月，选派民盟总支主委孙孔华赴中共贵阳市委党校参加秋季主体班学习。10月，选派总支副主委喻明参加民盟市委组织的遵义湄潭考察，与湄潭县民盟进行工作经验交流，学习湄潭扶贫经验，推进贵阳市大扶贫工作顺利进行。11月，选派支委委员苏云参加区委统战部举办的花溪区2017统战干部综合能力提升研修班学习。完成《关于花溪水库水源受污染思考及追踪调查》调研报告。（区委统战部）

【中国民主建国会花溪总支】 2017年，民建花溪总支有会员97人。通过民建市委会批准入会11人，选派20余人参加省、市、区组织的基层负责人培训班。围绕全面深化改革、依法治国、发展经济、改善民生等方面深入调研，在市区两会提出建议和意见10多件，得到有关部门的重视和落实。完成《关于花溪区养老基础设施的调研报告》。春节期间，民建花溪部分成员前往青岩敬老院看望孤寡老人和孤儿，给他们送去慰问金、水果、糖、猪肉、新衣、新帽、新鞋，共计资金26000余元；到遵义慰问贫困学生15名，资金31000元；对青岩镇因病致贫、危房户、无劳动力的6户送去慰问资金29000元；对遵义市务川县丰东镇牛塘村村民邹习妮特困户捐款17600元；帮助农村收购加工农产品；帮助自身脱贫等社会公益活动共计资金71000元，帮助贫困大学生7名，共计资金35000元，为安顺市关岭县贫困艺术学生因学习需要捐赠价值4200元的照相机。

（区委统战部）

【中国民主促进会花溪总支】 2017年，民进花溪总支有会员61人。会员参加市委会和花溪区政协、花溪区委统战部组织的培训会、座谈会、培训班，多次实地考察区域社会建设，组织会员学习统一战线理论和会章会史，发挥民进在教育文化领域的界别优势，提高智力支边和社会服务工作的成效。配合花溪区委统战部完成花溪新一届人大、政协的换届选举工作，完成新委员的培训学习工作。教师节前夕举办尊师重教工作讨论会并开展系列纪念教师节活动。完成《立足大局勇于探索——关于花溪板桥艺术村文化产业发展情况》调研报告。（区委统战部）

【中国农工民主党花溪支部】 2017年，农工党花溪支部有党员35人。发展党员1名。1月，农工党花溪支部6名党员参加花溪区人大、区政协会议，撰写提案《关于废旧纺织品回收建议》《关于修建清溪路十字街路口人行通道的建议》《关于整治花溪幼儿园周边环境的建议》《关于加快贵阳轨道交通3号线建设的建议》《关于加快建设项目前期手续办理的建议》5篇提案，完成《花溪区物流业发展的调研报告》。到花溪区杨中村进行义诊义治、健康咨询服务，发放健康宣传资料120余份，并向村民赠送价值400余元的常用药品。50余名村民免费享受常见病诊治以及部分常规医学检查服务。到花溪区杨中村，对贫困户进行走访慰问，并为住户送上大米、油、牛奶等价值200元的慰问品。（区委统战部）

【中国致公党花溪支部】 2017年，致公党花溪支部有党员14人。支部以自主学习、座谈交流等方式，深入学习贯彻中共十九大精神。组织骨干党员、新党员参加致公党中央、省委、省市社会主义学院、中共贵阳市花溪区委统战部组织的省内外培训学习7人次。发送《十九大会议精神》《习近平同志在贵州讨论组的发言》《中国致公》《贵州致公》和相关学习宣传资料等。参加中共贵阳市花溪区委、区人大、区政府、区政协、区委统战部组织的协商会、通报会、征求意见会、座谈会20多次，对花溪区经济、政治、文化和社会生活的重大事项建言献策，促进区委、区政府决策的科学化、民主化。完成《关于花溪高坡乡发展民族村寨特色旅游调研》调研报告。开展高坡乡

的精准扶贫、旅游扶贫7次，社会服务5次，捐款捐物16000元。 （区委统战部）

【九三学社花溪支社】 2017年10月，九三学社花溪支社有社员15人。支社召开第二届支委换届选举大会，会议选举产生新一届支社主委、副主委。由徐辉任主委，王开猛、刘秀丽任副主委。组织社员学习《九三学社章程》《中国共产党统一战线工作条例》，使全体社员普遍接受理论学习教育。1月，6名社员参加花溪区政协会议，提出《关于推动花溪区智慧旅游建设的建议》《发展种业科技，促进农业产业化发展，从源头上保障农民收入》《关于加强花溪区农产品及食品安全监管的建议》等提案。参加区政协《关于对板桥区域以文带旅产业发展的视察》《关于对花溪公园文化提升改造工程的视察》《关于对“周钟瑄文化交流中心”建设及陈列布展有关情况的视察》《关于对花溪区禁毒工作出拐点的视察》《关于对花溪中医药医疗机构的视察》等。3月，社员中的6名政协委员参加花溪区政协组织的“2017年政协委员培训班”；9月，社员徐辉参加市委统战部组织的“贵阳市各民主党派骨干成员培训班”；11月，主委徐辉参加花溪区委统战部在厦门市举办的“花溪区2017统战干部综合能力提升研修班”。8月3日，九三学社花溪支社调研组赴高坡乡五寨村，调研农业产业化扶贫工作开展情况。完成《关于花溪农业产业化扶贫的调研报告》。（区委统战部）

人民团体

区总工会

【概　况】 2017年，花溪区有工会组织2013个，工会会员66078人。区总工会开展扶贫济困，为7家单位10名困难职工提供生活、医疗救助，发放资金5万余元。开展“两节”送温暖活动，向340名困难职工和农民工发放慰问金17万元。“六一”儿童节慰问贫困师生，发放慰问金5万余元。“教师节”慰问贫困教师17位，发放慰问金1.7万元；慰问边远中小学2所，发放慰问金各1万元；慰问省级人才优秀老师2人，发放慰问金2万元。开展“金秋助学”活动，为113名困难职工（农民工）子女发放救助金47.9万元。举办花溪区职工篮球赛、足球赛，花溪区“三八”妇女节女职工趣味运动会等文体活动。区劳模爱心协会组织10场劳模上讲堂活动，宣扬劳模精神。开展党建扶贫，向麦坪镇场坝村12户计生户发放帮扶资金每户1000元，补助该村计生工作经费1万元。开展精准扶贫工作，给高坡乡克里村拨付办公经费1万元、党支部活动经费1万元。 （区总工会）

【厂务公开】 2017年，区总工会推进“职工之家”“职工小家”建设，兴建省级模范“职工之家”2个，职工小家2个。推行厂务公开，民主管理，对企事业单位厂务公开工作进行规范化目标管理，全区规模以上企业和微小非公有制企业实行厂务公开90%，职工满意率90%以上。非公有制企业职代会建制率95%以上。 （区总工会）

【帮困维权】 2017年，区总工会在全区9个乡（镇）和18个社区设立帮扶中心，接待职工、农民工来信来访43件（次），接访率100%；答复或调处43件（次），满意率100%。区总工会公职律师办公室为困难职工无偿代理劳动争议案件及其他类别民事案件10起（其中3起劳动争议仲裁案件，7起其他民事案件），为职工挽回经济损失170余万元，为符合服务范围对象的困难职工代书各类法律文书50余份，提供法律咨询700余人次，制发法律意见书2份，为职工开展法律知识培训讲座2次。 （区总工会）

【再就业工程】 2017年，区总工会开展职工就业创业帮扶，帮助农民工返乡创业和下岗人员实现再就业，组织参与市总工会春季招聘会；协助人力资源和社会保障部门开展“春风行动”“秋季招聘会”等活动，组织开展招聘活动3场，为1.5万余名下岗职工和失业人员提供就业培训和职业推介，帮助5000余人实现就业和再就业。

（区总工会）

【劳模管理工作】 2017年，花溪区选树1名全国“五一”劳动奖状获得者、1名省级道德模范，1家省级工人先锋号单位，5家市级工人先锋号单位。（区总工会）

共青团贵阳市花溪区委员会

【概　况】 2017年，共青团花溪区委带领全区33个直属基层团委（包括18个社区团委，9个乡镇团委，6个机关团委），把握“凝聚青年、服务大局、当好桥梁、从严治团”四维工作格局，围绕花溪区经济社会发展的大局和全域文化旅游创新区的创建，推动各项事业发展。（团区委）

【共青团基层组织建设】 2017年，共青团花溪区委以“我在这里”主题片进行花溪创建国家全域旅游先行示范区宣传；召开共青团花溪区第十八次代表大会，选举产生共青团花溪区第十八届委员会，制定下一步工作具体计划；组建“花溪区新时代青春讲习队”，在全区乡镇、社区、学校等团员青年中开展中共十九大精神宣讲。对1104名上半年新发展的团员开展团史教育、国情形势教育、中国特色社会主义理论体系教育等。通过“祖国好·家乡美”主题片拍摄活动，引导200余名青少年培育和践行社会主义核心价值观。

（团区委）

【搭建青年交流平台】 2017年，共青团花溪区委通过“花溪青年”微信公众号开展“一学一做”网络征文比赛，微信公众号有3000余名粉丝；全年发布志愿服务、文明城市、禁毒创建等文章37篇；开设“我的青年我的团”短信平台，每季度向593名青年干部推送团建方面重要信息3条；开展“青年之声·花溪”平台建设，邀请22名专家入驻线上，收到青年提问530个，回答750个；开展花溪区“大学生基层服务队”项目，推荐50余名青年志愿者到区内10余家行政事业单位实习；2017年2月，推荐创业青年龚博翔作为贵州省代表入围全国向上向善好青年推选活动。（团区委）

【未成年人保护】 2017年，共青团花溪区开展“乐童兴趣班”项目，指导区青年志愿者服务协会整合社会资源开展常态化帮扶，每周走进马铃乡谷增小学和区三合小学开展书法、自然科技等兴趣班课程；开展做手工作品、举办读书会等小活动丰富课余生活40次；整合高校资源，在贵州大学附属中学及贵州城市职业学院预科学院打造花溪区青少年心理健康中心，提供青少年心理疏导教育；2月，邀请专业心理老师到马铃乡谷增村，对谷增小学5名留守儿童开展心理辅导；组建一支10人的青年律师队伍，开通法律援助及帮助未成年子女普及法律知识的绿色通道；携手贵阳供电段走进区民族小学开展“青春创未来·安全宣讲进校园”活动；组织开展反邪教、社会治安综合治理、依法治区、防溺水安全知识、法制教育等宣传活动15次；联合贵州财经大学，开展“花蕾护航，女童保护”公益项目，帮助3000余名中小学生提高安全防范意识，普及自我保护方法。

（团区委）

【开展助学济困活动】 2017年2月，团区委组织开展“花季护航·青青暖冬行”活动，向明珠社区的22名困境儿童赠送“青青温暖大礼包”，开展系列温暖活动。与团市委共同走进社区5名困难青少年家中，赠送过冬物资和慰问金等；“六一”儿童节期间，联合马铃乡党委政府、区青年志愿者服务协会在马铃乡谷增小学举办“与童齐乐 情暖童心”爱心义卖暨庆“六一”活动，筹集爱心款项7465元，为谷增小学的同学购置校服；开展公益助学工作，组织社会力量，为47名品学兼优的贫困学子送去助学金23万元。（团区委）

【开展志愿服务活动】 2017年，共青团花溪区委下发《花溪区“青春创未来·雷锋精神我传承”学雷锋活动实施方案》，开展学雷锋志愿服务活动；开展“闹元宵 猜灯谜”有奖竞猜活动，500余人参与；携手011基地团工委、瑞华社区团委、泰和泰（贵阳）律师事务所开展“青春创未来·雷锋精神我传承”志愿活动，为群众提供免费法律咨询、义卖、义诊、家电维修、计算机维修、免费配钥匙、手机贴膜、照片过塑、扫描等便民利民活动；利用七夕佳节，举办“相遇花溪、情定万宜”七夕青年联谊会；组织近300名志愿者开展生态建设宣传、助残、禁毒、反邪教、微笑小屋服务、高坡“四月八”“心愿漂流瓶·大家帮大家”社会综合治理等各类志愿服务20余次；2017年上半年，组织近1000人次青年志愿者参加青岩古镇开展的“文明旅游”志愿服务活动；“2017花溪区首届富美乡村旅游节”活动中，团区委组织开展红岩峡谷徒步游活动；在国家环保督查期间，以“青春创未来，文明花溪我添彩”为主题，团区委每日组织50人组成“花溪青年文明城市监督员”，在花溪的大街小巷查找生态文明建设短板，查找问题840个，处理问题120余个，转办问题116个；数博会期间，团区委组织30名青年志愿者参与，承担外宾接待等志愿服务工作；在创建全国文明城市工作期间，团区委组织5000余人次志愿者开展交通文明引导、文明城市创建宣传、不文明行为劝阻、城市脏乱差巡查、文明出行等志愿服务活动。（团区委）

区妇女联合会

【妇女组织改革】 2017年8月31日，花溪区妇女第十二次代表大会在区委党校召开。会议推选妇女先进代表178名，区妇联执委从十一届的23名扩大到37名。以久安乡为试点，7个村妇联完成改革。全区以久安乡村级妇联改革为样板，通过召开妇女代表大会将村（居）妇代会名称改为村（居）妇联；扩大村（居）妇联干部队伍，实现176个村（居）100%全覆盖，选举村（居）妇联主席176名，副主席361名，常委579名，执委2098名。（区妇联）

7月22日，区妇联开展锦绣培训活动（区妇联 供稿）

【星级示范妇女之家创建】 2017年，花溪区开展星级示范妇女之家创建，久安乡妇女之家获贵州省五星级示范妇女之家，久安乡吴山村获贵阳市五星级示范妇女之家。久安乡久安村获市妇联颁发贵阳市文明村寨称号。（区妇联）

【妇女创业就业】 2017年，区妇联与区扶贫办和区人力资源和社会保障局联合，在高坡乡和燕楼镇举办“花溪区2017年脱贫攻坚春季就业招聘会”。7月、8月和11月，结合锦绣计划的实施和脱贫攻坚工作，由贵阳婷婷职业培训学校以及社会组织圆梦爱心社教师，在马铃乡、麦坪镇、高坡乡开办三期锦绣计划民族妇女手工刺绣培训和贫困妇女培训班，培训妇女120人。区妇联推荐刺绣妇女参加省市妇联举办的“锦绣圆梦·巧手脱贫”手工技能大赛，分别获优秀奖及二等奖。（区妇联）

【文明家庭创建】 2017年5月，区妇联组建“巾帼文明督查”志愿者服务队，由最美家庭代表、生态家庭代表、妇女党员、妇女之家负责人以及巾帼志愿者组成，围绕“巩固文明城市·守护生态家园——绿色五月”主题开展“巾帼文明卫士护我清新家园”主题活动，主要进行城市文明行动监督、环境保护、碧水蓝天保护等志愿服务。

区妇联开展平安家庭、生态文明家庭、最美家庭创建评比活动，创建平安家庭272户、生态文明家庭13482户（其中市级四、五星级生态文明家庭5户）；推选出“最美家庭”16户；区妇联向市妇联推荐“最美阳台”4户，“最美庭院”4户，“最美家庭”5户，花溪区刘伟明家庭获全国最美家庭称号。（区妇联）

【妇联精准扶贫】 2017年，区妇联继续开展困难妇女、儿童走访慰问和关爱帮扶活动。通过向社会发放《关爱留守困境儿童·共享蓝天阳光“爱心妈妈（家长）”志愿者招募倡议书》招募爱心妈妈（家长）512名，组建巾帼爱心妈妈志愿服务队伍，由174名“爱心妈妈（家长）”与126名留守困境儿童进行结对，关爱孩子。花溪区集中组织开展关爱活动2次。全区妇联走访帮扶慰问5户困难户、30名留守困境儿童、7位贫困妇女、2位身边好人、2位复退军人、12户计生困难家庭、5位老党员、干部及5名“两癌”患病妇女，发放慰问金88700元。（区妇联）

【妇女儿童维权】 2017年，区妇联牵头编写《花溪区妇女发展规划（2016—2020年）》《花溪区儿童发展规划（2016—2020年）》，调整区妇儿工委领导小组成员和联络员，成员单位增加到36家。全年，妇联接待来电、来访40件，调解回复40件，调解回复率为100%。区妇联整合维权资源，联合社会组织花溪区圆梦爱心社妇女维权志愿服务队及法律律援助工作站接访工作人员到有诉求需求的妇女、儿童家中解答婚姻家庭、权益保障等方面的重点难点问题。区妇联将维权解困资金落到实处，对马铃乡、久安乡、燕楼镇、麦坪镇、明珠社区、三江、兴隆社区8位贫困妇女进行救助，在市妇联的支持下，每户给予500元的妇女维权解困慰问金。（区妇联）

【关爱青少年健康成长】 2017年，区妇联招募爱心妈妈（家长）与留守困境儿童结对。3—6月，区妇联分别在贵州大学南校区、高坡乡、麦坪镇、青浦社区等地开展宣讲12场、留守儿童家庭教育讲座5场，组织学习《贵州省未成年人家庭教育促进条例》；在全区开展“传家训、立家规、扬家风”为主题的科学家教大讲堂活动。4 ~5月，区妇联在全区各中小学、幼儿园组织开展“童绘数博会·快乐过六一”少儿绘画大赛活动。各小学、幼儿园上报193幅绘画作品，区妇联选评推荐93幅优秀绘画作品到贵阳市妇联，参加全市线上线下少儿绘画大赛。花溪区小学组1人获二等奖，2人获三等奖，2人获最佳人气奖，1人获指导老师奖；幼儿组3人获三等奖，1人获最佳人气奖；区妇联获优秀组织奖。（区妇联）

区残疾人联合会

【概　况】 2017年，区残联开展扶贫帮困工作，开展慰问残疾人、安置残疾人工作较多的企业、残疾人福利企业、特教学校及农村种养户。投入

25.22 万元走访慰问全区贫困残疾人 874 户，对花溪区内 5 家集中安置残疾人就业和获得省级创业就业示范点的企业、机构进行慰问，慰问残疾人家庭创业户；开展精防医生和社区康复协调员培训；开展残疾人专职委员培训；开展残疾人法制培训；办理免费乘车卡 2000 余个；办理二代残疾人证 7844 个；接待残疾人来信来访 53 件，来信来访办结率 100%；投入 10.8 万元为 17 户贫困残疾人实施无障碍改造，投入 1 万元为兴隆社区服务中心公共无障碍设施进行改造。12 月，区人民政府出台《区人民政府办公室关于印发〈花溪区残疾人优惠政策规定〉的通知》。区残联组织残疾人参加第九届残疾人文艺会演；组织 15 名贫困、重度残疾人开展残疾人文化进家庭“五个一”项目活动；组织参加贵阳市第五届残疾人职业技能比赛，取得 1 金 1 银。

（区残联）

【残疾人康复】 2017 年，区残联落实康复工作经费 304 万元。指导溪北、黔江、燕楼、久安社区康复示范点开展工作，并分别落实 0.5 万元工作经费。对乡镇、社区残联助理及社区康复协调员培训 136 人次。区残联巩固白内障无障碍区创建工作成果，配合支持贵阳市晶朗眼科医院对全区开展白内障筛查工作；确定贵航贵阳眼科医院为低视力验配康复机构，每年为 20 名低视力患者平均按每人 500 元补助标准配发助视器。全年区残联对听力残疾儿童家长培训 11 人次；对智力残疾儿童家长培训 63 人次。在社区康复示范点为残疾人开展体检、康复训练、心理咨询等多项服务，为肢体残疾儿童 15 人进行康复训练；为智力残疾人 30 人、自闭症儿童 3 人、听力残疾儿童 9 人进行康复训练。争取国家项目资金继续组织实施精神病人免费服药和住院。全区经过住院治疗的精神病人 70 余人，免费服药的病人 100 余人。按规定搞好精防药品管理规范、处方规范；落实贫困精神病人住院补助政策，为 36 名精防医生发放工作补贴 3.6 万元，每人每年 1000 元，市、区各承担 500 元。投入 6.558 万元购置 178 件辅助器具。组织乡镇残疾人专职委员参加市残联举办的康复工作系统录入培训；组织乡镇卫生院精防医生 36 名参加市残联举办的精防知识培训。为残疾人提供辅助器具、康复训练、康复知识咨询等康复服务。发放各种辅助器具 265 件。为贫困残疾人缴纳 2017 年农村合作医疗 5.52 万元。开展“麻风病日”活动，投入 0.35 万元慰问 7 名麻风病人。加大宣传力度，不断提高为残疾人服务的能力和水平，在“爱耳日”“麻风病日”“自闭症日”“爱眼日”“精神卫生日”等活动日开展宣传活动。

（区残联）

4 月 1 日，花溪区残联携手花溪区特殊教育学校、贵州大学科技学院志愿者开展第十个“世界自闭症日”宣传教育活动。图为自闭症孩子们表演节目（区残联　供稿）

【残疾人教育与就业】 2017 年，花溪区创建残疾人创业就业示范点两个——贵州鑫易行农业有限公司和贵阳花溪龙潭汇鑫贸易有限公司，被评为市级创业就业示范基地，获得市区奖励 20 万元。实施残疾人 2 项补贴制度，全区有1640名残疾人享受补助，发放金额86.388万元。投入4.2万元开展送教上门服务7人，确保义务教育阶段特教学生预算内生均公用经费达到6000元/年。开展“扶残助学”活动。投入3.08万元在“六一”儿童节慰问154名残疾儿童；投入2万元慰问3家特殊教育机构，投入4万元帮助贫困残疾人子女和残疾人学生就读市级补助33人，区级补助22人，补助4.17万元。投入0.24万元慰问留守儿童8人次。扶持高坡乡、久安乡残疾人创业户48户，投入9.6万元为每户送去两箱蜜蜂。投入0.85万元扶持一家盲人按摩机构规范化建设。发展残疾人辅助性就业机构1个——贵阳市花溪区松溪老年公寓，帮助残疾人找到适合其就业的固定就业工种。开展各类创业就业培训60人，分别在石板镇、青岩镇和贵筑社区举办三期残疾人GYB创业培训。在高坡乡和久安乡分别举办两期农村实用技术培训，惠及110人。与区就业局联合举办“就业援助月”专项招聘会，帮助8名残疾人就业，在就业援助月期间走访残疾登记失业人员家庭52户，登记失业残疾人员4人，实名制纳入年度培训计划残疾人110人。完成145人的新增就业任务，其中按比例就业20人，集中就业25人，个体和自主创业25人，灵活就业居家就业50人，基地就业10人，社区基层公益性岗位就业5人，辅助性就业8人。开展“阳光家园”居家托养工作，为91户重度残疾人发放托养资金13.65万元。组织10名残疾人参与贵阳市第五届残疾人职业技能比赛，取得1金1银。（区残联）

【残疾人组联维权】 2017年，区残联开展残疾人工作者政治理论、业务知识培训2期61人次。开展5期残疾人专职委员培训，281人次参加。组织28名残疾人专职委员进行“网上学习和能力培训”。落实5个专门协会工作经费近5万元，开展5个专门协会活动：7月20日，结合“特奥日”组织智力孩子和家长在花溪区特殊教育学校开展文娱活动；8月11日，组织肢体残疾人开展文体活动；9月25日，组织聋人朋友开展座谈会活动，并学习花溪区身边好人的事迹；10月10日，到贵阳市精神病康复医生慰问花溪区的住院精神病人；10月13日，组织盲人朋友开展庆祝活动及盲人听电影活动。落实残疾人专职委员工作经费补贴，花溪区片区村级残疾人专职委员按每月200元的标准发放工作补贴，全年发放补贴33.96万元；经开区残疾人专职委员和乡镇社区残疾人专职委员按照公益性岗位工资发放，全年发放工资近120万元。花溪区乡（镇、社区）、村（居）委员基本做到残疾人专职委员全覆盖。开展“邻里守望”“志愿助残阳光行动”等扶残助残志愿服务活动22次。开展残疾人法律法规骨干培训1期。开展信访维稳工作，接待残疾人来信来访53件，来信来访办结率100%。开展法律援助工作，区法律援助中心为4名残疾人提供法律援助。为241名残疾人发放机动轮椅车燃油补贴6.266万元，办理二代残疾人证7844个，办理免费乘车卡2000余个，投入3万元，为17户贫困残疾人实施

10月13日，花溪区盲人协会开展第34次国际盲人节、盲人听电影活动
（区残联 供稿）

无障碍改造，投入 10.8 万元。（区残联）

【残疾人宣传文体工作】 2017 年，区残联在花溪区远程教育频道、贵阳市花溪区残疾人联合会网站、花溪宣传网、《贵州残联》期刊、《高原明珠》内刊、《灵秀花溪》APP 客户端、花溪区人民政府公众信息网等刊发、播发区残联新闻稿件 60 余件。订阅“三刊”（《残疾人研究》《中国残疾人》《三月风》）等。开展“书香中国 阅读有我”活动，组织 15 名残疾人到区图书馆看书。推荐 9 件残疾人作品参加在北京展出的“残健融合共促发展”全国残疾人优秀艺术作品展。开展第七届“残疾人健身周”、残疾人文化周、残疾人文体竞赛下基层等系列活动。组织残疾人开展羽毛球、飞镖、象棋、跳棋、丢沙包、夹弹珠、残疾人茶艺表演等比赛。组织 15 名贫困、重度残疾人开展残疾人文化进家庭“五个一”项目活动，即帮助贫困、重度残疾人家庭每年读一本书、看一次电影、游一次园、参观一次展览、参加一次文化活动。建立残疾人文化艺术及体育人才库，花溪区人才库有 106 人。（区残联）

【全国助残日活动】 2017 年 5 月 21 日，区残联开展第二十七次“全国助残日”宣传活动，慰问集中安置残疾人就业的企业机构 5 家（贵阳广航铸造有限公司、贵阳依科达制衣有限公司、贵州上阳残疾人创业服务有限公司、618 盲人按摩中心、花溪区残疾人创业就业服务协会），向每家单位发放慰问金 1 万元；投入 2 万元慰问 3 家特殊教育机构——花溪区特殊教育学校、花溪区自然之声聋儿语训中心、贵阳昕霖特殊儿童家长援助中心。助残日投入 6.48 万元走访慰问全区 216 户贫困残疾人。对 5 家集中安置残疾人的企业分别发放 1 万元慰问金。元旦、春节期间，投入 19.62 万元走访慰问全区 654 户贫困残疾人。（区残联）

区文学艺术联合会

【概　况】 2017 年，区文联开展艺术展览 14 次，文艺人才培训 7 次，组织采风创作 13 次，组织书画家及志愿者“送文化 迎新春”下乡为群众书写赠送春联活动，前往部分乡镇、社区、居民小区、少数民族村寨为群众书写赠送春联 26 场，赠送春联 3 万余副。（曾川娱）

【文联活动】 区文联开展走进高坡乡甲定小学赠送图书和义务支教，组织书法家到南溪学校为师生开展书法讲座等活动。组织书画家到高坡乡扰绕村游客中心开展“庆中秋 · 迎国庆”文化惠民活动，为游客、村民现场作书作画；联合花溪区书协、花溪区美协、花溪华文图书城在民办花溪品华学校开展“弘扬十九大精神 传播优秀传统文化”赠图书、送书画艺术进校园活动；到石板镇镇山村开展“弘扬十九大精神、传播传统文化”活动，为群众书写对联 120 余副、创作书法作品 20 余幅、赠送图书 100 余册。（曾川娱）

区工商业联合会

【概　况】 2017 年，区工商联完成换届工作。1 月 12 日，召开花溪区工商业联合会（总商会）第七次会员代表大会暨第七届执行委员会第一次会议，选举产生第七届执行委员会委员 75 名、常务委员会委员 310、区总商会副会长 13 名、会长 1 名和区工商联副主席 13 名、主席 1 名。按照工商联章程和会议制度，召开 2 次常委会、2 次执委会。全年会员总数达 3559 个，其中团体会员 34 个，企业会员 2773 个，个人会员 752 人，会员结构逐年优化。全区有基层工商联（商会）20 个，分别是清溪、孟关、石板、溪北、黄河、贵筑、金竹、马铃、明珠、花孟、小孟、金欣、高坡、阳光、青岩、黔陶、平桥、三江、麦坪、燕楼，占全区乡（镇）、社区74%。（区工商联）

【帮困解忧】 2017年，区工商联组织非公有制经济人士学习培训等23场800余人次。处理贵州禾田文化传媒公司与爱可声（嘉善）信息技术有限公司合作项目货款纠纷事宜，帮助协调处理花溪宏盛祥超市顾客故意伤害工作人员并破坏超市财物事件，贵阳俊诚贸易有限公司、贵州联洪合成材料有限公司职工子女读书问题，贵州黔晨石材有限公司因花石路施工对其运输造成影响等问题。组织非公有制企业申报技术职称4人。

（区工商联）

【千企帮千村精准扶贫行动】 2017年，区工商联动员34家非公有制经济企业结对帮扶30个贫困村。花溪区2017年“千企帮千村”精准扶贫行动投入帮扶资金4012万元。（区工商联）

9月23日，区工商联组织6家执常委企业参加贵阳市第二届筑城公益汇活动（区工商联　供稿）

【花溪区统一战线光彩服务团】 2017年，区工商联开展花溪区统一战线“共建共享·同心行”系列活动，并组建花溪区统一战线光彩服务团。开展走进燕楼镇、马铃乡“乐童之家”慰问活动，筹得捐款捐物3.88万元。引导非公有制企业参与光彩事业，9月23日，组织6个执常委企业参加贵阳市第二届筑城公益汇活动，捐资10万元。12月1日，联合6家部门在花溪板桥艺术村花溪美术馆举行2017年“学习十九大·决战脱贫攻坚”书画作品认购义捐活动，募捐到善款1.25万元。

（区工商联）

【非公企业活动】 2017年，区工商联组织非公企业参加市、区统一战线聚力大扶贫战略行动典型事迹讲述会，获得“花溪区统一战线聚力大扶贫战略行动典型事迹讲述会”一等奖和二等奖；贵阳市工商联聚力大扶贫战略典型事迹讲述会二等奖2名；区工商联获得贵阳市工商联聚力大扶贫战略典型事迹讲述会优秀组织奖。推荐非公企业贵州十和田集团参加2017年花溪区“文化惠民大舞台市民才艺展风采”歌唱大赛活动，获三等奖。12月7日，区工商联在花溪区农商行举行花溪区非公有制经济人士理想信念教育实践活动报告会，有12家非公有制企业参赛，80余人到场观看。组织4家非公企业参加贵阳市工商联非公有制经济人士理想信念教育实践活动报告会，1家企业获得三等奖。（区工商联）

责任编辑　周年辉

法　治

法制建设综述

【落实社会稳定责任制】　2017年，花溪区政法机关落实维护社会稳定领导责任制，排查掌握底数，强化稳控责任。抓好特殊时期安全稳定工作，加强情报信息研判，措施精准到位。规范信访秩序，推进“千名干部大下访　进家入户办实事”“三强保平安　喜迎十九大”“迎接十九大　忠诚保平安”三大主题活动。落实社会治安综合治理工作领导责任制，加强社会治安防控体系建设，打击“两抢一盗”，强化重点地区（区域）的整治，严格重点人群的管控，刑事发案率降低。

（区政法委）

5月21日，花溪区公、检、法三家单位通过贵阳政法大数据办案系统，建立互联互通网络（杨小平　摄）

【平安创建】　开展星级平安居住小区创建活动，推进技防措施落实，实施天网工程建设。强化统筹全面推进禁毒工作，健全完善区、社区（乡、镇）、居（村）三级协调联动机制，加强打击震慑力度。发展禁毒志愿组织，推进戒管长期联动，建成20个社会化戒毒康复站，落实一格一员服务管理。推进禁种铲毒全面覆盖。

（区政法委）

【司法改革与创新】　创新工作模式，助推政法各项工作稳步前行。推广运用“贵阳市数据流管综合平台”，强化涉访涉稳人员管控。创新运用大数据助推以审判为中心的刑事诉讼制度改革。推进国家安全、反邪教、流动人口管理、政法队伍建设、司法体制改革等工作。（区政法委）

公　安

【概　况】　2017年，区公安分局有民警378人（男319人，女59人），辅警615人（文职26人、巡防589人），民警数与实有人口万人比为10:36。区公安分局完成中共十九大安保任务，探索出紧盯“一个关键”、用好“两大平台”，抓住“人力+技术”“线上+线下”采集信息“两条主线”、强化“战时支撑”、坚守“两大阵地”的维稳安保工作方法，完成“A7101”“A7102”“数博会”“生态年会”“省党代会”“司改推进会”等警卫安保任务。查获非法传教案1起、阻止境外人员拟组织41人到青岩教案天主教王坟墓朝圣活动。依托分局“五位一体”合成作战中心，合成作战“5+N”工作机制，破获刑事案件820起，同比736起上升11.4%，实现“六升两降一保持”。破获“3·03”“3·05”命案、3起命案积案、大兴国寺系列盗窃功德箱案件、孔学堂北美之鹰被盗案、李海燕被诈骗案件及时冻结止付，挽回损失73万余元。

打造“贵阳政法大数据办案系统”应用试点，得到中央、省、市领导的肯定并在全国推广，接待省内外政法部门学习观摩70余批次。数据指挥中心在中共十九大前夕建成投入使用，大数据智能办案中心建设完成调研、论证、可行性研究等工作。构建“公共安全视频+人像识别技术防控体系”，新建1370路高清摄像头，布建150路人脸识别摄像头，整合2010路社会视频资源。

群众安全感满意度实现“双提升”。花溪区群众安全感98.51%，同比95.71%上升2.8个百分点；在全省排25位，同比76位提升51位。群众对公安机关满意度为95.62%，同比92.17%上升3.45个百分点，从2016年全省、全市末位，提升至65位，在全省排位提升23位。（区公安分局）

【反恐防恐】　2017年，花溪区流入、流出涉恐地区重点关注人员208人次，有4名遣返在花溪务工的重点地区关注人员。全年完善17家加油站、96家寄递、30家物流、272家旅店、40家网吧规范建档管理工作。对全区163所中小学校反恐防恐人员（保安）、装备进行督导检查。对花溪洛平公交枢纽站、花溪车站、9855炸药库、花溪自来水厂、燕楼储气站、83.1千米输油（气）管道和寄递业、旅店业等重点单位和行业开展对抗式检查8次，派出所常规性工作检查2650余次，下达整改通知书18份。开展多部门联合反恐防恐应急演练28次，集中开展反恐防恐知识“进社区、进学校、进机关、进企业、进村寨”活动40余次，发放《反恐怖主义法》《公民防范恐怖袭击手册》等法律法规和反恐防恐常识资料16000余册。（区公安分局）

【安保维稳】　2017年，区公安分局完成警卫安保任务200余起，其中警卫21起（一级4起、二级7起、三级10起）、安保180余起。完成“十九大”安保维稳工作，重点人和重点群体“零非访”，实现“三个不发生”“七个坚决防止”目标。（区公安分局）

【刑事犯罪侦查】　2017年，区公安分局依托分局“五位一体”合成作战中心，合成作战“5+N”工作机制，实现“六升两降一保持”。六升，即破案绝对数上升，2017年破获刑事案件820起，同比736起上升11.4%；现行破案数上升，破获现行案件606起，同比560起上升8.21%；主动管理类案件上升，破获毒品、经济类、生态类、治安类刑事案件367起，同比203起上升80.79%；打击处理数上升，刑事拘留771人，同比603人上升27.86%，起诉666人，同比456人上升46.5%，抓获上网逃犯63人；“八类”重大案件破案率上升，破获83起，破案率94.32%，同比35.92上升58.4个百分点，“两抢”案件破案率上升，破获33起，破案率94.29%，同比32.35%上升61.94个百分点。两降。即：“两抢”案件大幅下降，月均发案3起以下，全年立抢夺案件11起，同比28起下降60.71%，立抢劫案件24起，同比40起下降40%；“八类”重大案件大幅下降，立“八类”案件88起，同比103起下降14.56%。一保持，即现行命案发4破4，破案率100%，未超出全年防控指标，破获命案积案3起。摸排涉黑线索9条，办理九类涉恶案件33起、起诉83人、法院判决生效45人；办理网络贩枪案件6起，传统涉枪案件1起，检察院公诉8人，抓获涉枪案件嫌疑人5人，核查网络线索500余条，收缴各类枪支20支；破获电信诈骗案件14起，刑事拘留14人，紧急止付74起，止付资金17万元，冻结83起，冻结资金25.69万元，开展电信诈骗宣传52次；案事件质量监测3000余条，标准化信息采集1000余条，签处公安部侦查指令20条，完成公安部下发的电信诈骗协查600余条；勘验信息录入现场2093起，盗抢骗案件“案事件系统—现勘系统”关联现场数2093起，关联率100%，现场足迹二值图转换率100%。检验尸体103具，录入人员DNA血卡4506份；办理的王明财故意伤害致死案在公安机关命案卷宗评查考核中得分92.60分，排名全市第一。

（区公安分局）

【经济犯罪侦查】 2017年，区公安分局受理经济犯罪案件58起，立案（含补立）94起，破案57起，抓获犯罪嫌疑人42人，依法采取强制措施42人。建立警税协作机制，与国税部门联动，破获“12·31”虚开增值税专用发票系列案。采集基础信息1637条，物流信息6015条，投资理财类公司信息采集109家。做好辖区涉众型经济类案件涉稳群体的稳控工作，全年未发生涉及花溪辖区“善心汇”“汇金行”“e租宝”“万隆”“甘某明集资诈骗案”等案件出资人参与串联非访。警民联动助推防范工作关口前移，联合区市场监督管理局、金融办等部门，开展“3·15”“5·15”“12·15”主题宣传活动。全年辖区无新增受理非法集资、传销类案件。侦办职务侵占案2起，实施与企业联系制度，前端预防，构筑预防犯罪的管理机制。

（区公安分局）

【生态违法犯罪处理】 2017年，区公安分局破获“生态类”刑事案件19起（破获非法捕捞水产品案18起，破获污染环境案1起），破获假盐案5起；查处噪音污染行政案件11起，行政警告11人。完成中央第七环保督察组督察及在筑安保工作，办结中央环保督查组交办的环保投诉案件5起。针对“花溪公园广场舞噪音扰民”的投诉件，制定《关于花溪公园及周边区域的社会治安管控工作方案》，并联合区生态局、区文广局、湿地公园管理处，制定并与广场舞参与者签订花溪国家城市湿地公园（含花溪公园）广场舞文明公约，拟写、发放关于文明有序地开展广场舞活动的倡议书，并将倡议书制作成海报，张贴在公园醒目位置。与区生态环境保护局建立协调联

8月15日，花溪区打造的阳光工程升级版花溪阳光就业家园黔陶基地揭牌仪式
（政法委 供稿）

动机制，参与生态环境保护集中专项整治行动30余次。

（区公安分局）

【禁毒工作】 2017年，区公安分局破获毒品案件247起（贩卖毒品案件195起、运输毒品案件16起、非法持有毒品案件9起、容留他人吸毒27起；传统毒品案件187起、新型毒品案件60起），抓获毒品犯罪嫌疑人228人（刑事拘留116人、监视居住141人），缴毒9.6911公斤；收戒吸毒人员1383人，其中强制隔离戒毒1022人。禁毒人民战争考核排名全市第二，执法质量考评排名省、市前列。动态管控在册吸毒人员1739人，查获处置中67人、参加药物维持治疗70人，戒断3年以上418人，在场在所422人，死亡85人，社会面有吸毒史242人，社区康复、社区戒毒435人。与贵州大学、贵州民族学院、贵州旅游学校、贵州亚泰学院等10余所学校开展校地联动，加强禁毒宣传教育工作，深入校园开展“毒品危害、以案释法”等禁毒知识讲座，倡议学生参与“珍爱生命、远离毒品”“拒绝毒品进校园”等活动。审核厂矿、企、事业、学校等单位第二类、第三类易制毒化学品购买备案证明申请222证次。

（区公安分局）

【网络安全监管】 2017年，区公安分局网上巡查发现并上报各类信息2255条，其中公安部采用351条、部十一局采用1306条、省厅采用128条。此外，对辖区涉军、涉访、涉稳群体，对辖区各类重点人、出租车司机、学生等群体进行互联网舆情专项巡查，发现上报情报信息63条，舆情信息50条，其中涉及本辖区的互联网舆情26起，落地调查18起。协助公安部十一局开展专项巡查，在“网上涉恐境外清源工作”中，及时发现“煽动涉军人员赴中纪委集合”线索。开展网上巡查工作220余次；参加辖区清查70余次，查获未实名上网10家，行政处罚网吧10家。完成贵州大学、贵州民族大学、花溪区人力资源和社会保障局、花溪医院等100家门户网站的备案工作。对存在安全漏洞和风险隐患的互联网网站开展实地检查45次，下达整改通知书21份，对2家门户网站下达整改通知书2次，并按规定对单位负责人进行约谈5次。预防和处置公安内网计算机447台，其中感染病毒数24台，互联网计算机65台，战胜“WannaCry”勒索蠕虫病毒攻击，防止“WannaCry”病毒扩散。

（区公安分局）

【出入境管理】 2017年，区公安分局接待因私出国（境）咨询约2500人次；办理证件19837本，受理10509人次，登记备案国家工作人员152人次，撤销国家工作人员备案71人次；法定不准出境人员备案14人次，撤销备案人员1人次；登记上报临时来区住宿境外人员3707人次，其中散居辖区的境外人员1339人次；酒店、宾馆登记境外人员2308人次。掌握辖区内常住境外人员的基本

5月9日，全省政法机关召开大数据建设应用工作现场会，现场参观花溪公安分局大数据应用（区公安分局　供稿）

情况，建立相关档案，并对其进行居住地核实、回访。截至年底，花溪辖区常住境外人员819人，较2016年514人上升59.34%。出入境核查重点国家人员157人次。下所检查63次开展集中外管业务培训2次，每月到派出所开展相关外管基层基础工作检查、指导和培训；对辖区中小宾馆及酒店前台接待人员开展2次外管培训。派出所对辖区旅店业工作人员开展临时住宿境外人员住宿登记培训8次，检查34次。在出入境接待大厅增设显示屏及宣传资料，向出入境证件申请人宣传文明旅游注意事项、不文明行为将带来的严重后果等相关知识。（区公安分局）

【消防安全管理】 2017年，花溪区发生火灾25起，死亡1人，无人受伤，直接经济损失587106元。同比2016年，火灾起数上升92.31%，死亡人数上升100%，受伤人数与2016年持平，直接财产损失下降15.96%。抢救被困人员47人，疏散人员405人，抢救财产价值890万元，全年未发生较大以上火灾。区公安分局与乡镇、社区、行业部门签订目标责任书226份，花溪区召开消防工作联席会4次，安排部署全区消防专项工作20余次，领导带队开展消防安全检查36次。强化火灾隐患排查整治，检查单位3079家（次），发现火灾隐患6385处，督促整改火灾隐患6324处，下发责令改正通知书2805份，下发行政处罚决定书90份，实施临时查封59家，实施“三停”45家，罚款总金额111.595万元，拘留18人，并督促3家重大火灾隐患单位完成整改并销案。利用“大数据”管理平台，完成对辖区内万宜广场城市综合体、花溪合力超市等重点单位启动消防物联网建设试点。打造“六有”（有人员、有器材、有制度、有检查、有演练、有奖惩）微型消防站，全区建立90个微型消防站和易燃易爆、商业、旅游区域联防组织。邀请具备专业资质的消防评估机构对高坡苗族乡批林村、青岩镇龙井村、石板镇镇山村进行区域性消防安全评估，出具三个古村寨消防安全评估报告，并建立有人员、有制度、有器材、有检查演练的微型消防站。在社区、街道、楼院的醒目位置张贴消防常识600余份、《高层建筑消防安全综合治理公告》132份、《电气火灾防范通告》400余份、电动车使用消防安全提示及电动车海报500余份、消防宣传挂图50余张；利用电视、官方微博微信等媒体平台，高频次刊播消防公益广告和消防安全提示信息300余条，利用移动平台发送消防提示短信2000余条，利用辖区户外视频、楼宇电视、信息机播放消防安全提示、公益广告及火灾视频3000余次，制作消防栏目《青岩古镇消防宣传培训暨演练》和《党的十九大消防安保火线立功》。（区公安分局）

【治安行政管理】 2017年，花溪区深化网格化接处警工作，将中心城区70%的警情在街面办结；最大限度屯警街面，加强重点时段、重点部位武装值守，进攻性盘查750753人，当场收缴管制器具282把，街面打架斗殴案件下降，民转刑命案“零发生”；查处旅店业行政案件107起；收治违法青少年23人；检查涉危爆危化行业700余次；可防性案件控制在25.6%。强化公共安全、消防安全管理，实现重特大火灾事故“零发生”。

【“110”报警服务】 区公安分局将中心城区阳光、贵筑、清溪、明珠、溪北、松山6个派出所的城区部分划分为3个A级网格和12个接处警点，24小时屯警街面，“有警接警、无警巡逻”，以网格化接处警为“撬点”，深化110接报警服务工作，将中心城区70%的警情在街面办结。全年接听各类电话104956起；二级接处警平台转警22956起，其中刑事类警情3025起；调度网格接处警8101起，其中刑事警情1235起；现场处结5624起，移交派出所2908起，现场处结率65.9%。（区公安分局）

【科技强警】 2017年，区公安分局列支经费86万元，完成无线同频同播系统基站扩容（中转城区内补点及数字对讲机采购）项目建设，中心城区、青岩镇实现“点对点”指挥调度；列支经费39.72万元，建设公安机关“网督系统”；列支经费150余万元用于执法记录仪和部分执法办案设备的升级更换。（区公安分局）

【警务改革】 2017年，花溪区在“刑侦、技侦、网侦、图侦、情报”五位一体的基础上，辅之以“经侦、禁毒、治安、国保”等N个业务子系统，建成“5+N”合成作战室。构建“公共安全视频+人像识别技术防控体系”，全年新建1370路高清摄像头，布建150路人脸识别摄像头，整合2010路社会视频资源。（区公安分局）

【重大案件破获】 2017年，区公安分局破获“3·03”“3·05”命案，破获3起命案积案。快速处置、及时冻结止付李某燕被诈骗案件，挽回损失73万余元。（区公安分局）

【群众治安满意度调查】 2017年，花溪区群众安全感98.51%，同比95.71%上升2.8个百分点；在全省排25位，同比76位提升51位。群众对公安机关满意度为95.62%，同比92.17%上升3.45个百分点，从2016年全省、全市末位，提升至65位，在全省排位提升23位。（区公安分局）

【公安队伍管理】 2017年，区公安分局完成1个总支、34个支部改选，发展党员9名，预备党员转正10名。加强党务工作培训，组织分局各支部书记（组织委员）参加区委党务干部培训班60人次，完成党务干部考核30人，选派两名民警参加区直机关工委组织的专题微型党课。加强对党建工作的督导检查，指导各支部召开专题组织生活会68次，完成民主评议党员322人次，完成全局党费上缴清理工作。组织人事方面，配合市局完成科级干部选拔、交流44人次；完成分局股级干部的选拔交流48人次。加强外借人员和长期病假人员的管理。组织民警参加各类培训78期，培训人员1878人次。市级媒体报道388条、省级媒体报道436条、中央级媒体报道2条，通过花溪公安分局微信公众号编发图文信息70期。立集体三等功4家次、集体嘉奖21家次；立个人二等功1人次、三等功15人次、个人嘉奖84人次。（公安分局）

区公安消防大队

【概　况】 大队每月开展党委中心组学习，增强班子驾驭复杂问题的能力，提升党委“四力”建设；执行“党委一线工作法”，开展“公安消防党旗红”创先争优活动和党员“三亮一评”活动，不断提升队伍向心力、战斗力。大队结合支队每月思想政治工作要求，落实每周二、五学习制度，利用“党建云”平台开展相关配套活动，牢固树立政治工作“生命线”地位。开展“维护核心，听从指挥”主题教育和学习习近平“四句话，十六字”总要求教育活动，提高官兵思想觉悟，增

3月16日，花溪区人武部组织民兵参加植树造林活动（区人武部　供稿）

强消防工作的政治责任感和历史使命感。将“两个经常性”工作做实、做深、做透，深入开展谈心谈话活动。坚持文化育警，通过排练《男儿当自强》文艺节目，展现“花溪消防”铁军风采，培养官兵忠诚为民、敢打必胜的战斗精神。大队利用升旗仪式、重温入党誓词、入伍誓词、主题党团日、红门政教、荣誉室等阵地和活动，激发官兵的身份意识、责任意识和荣誉意识，成立党员突击队，设立党员先锋岗、党员示范班，充分发挥党支部的战斗堡垒作用和党员先锋模范作用；采取“读、写、赛、看、谈”等形式，开展“学习十九大、说说心里话”微党课、“三五分钟演讲”“知识要点 PK 赛”“一句话心得体会”等活动。大队始终把党风廉政建设作为党委和支部的中心工作，大队军政主官与干部层层签订廉洁自律责任书并层层落实责任。大队党委开展授课和谈心谈话活动，大队主官为官兵廉政警示教育授课4次，与干部进行廉政谈话11次。开展消防执法干部“双述双评”活动，组织社会单位填写《述职述廉情况民主测评表》和《消防部队消防执法社会征求意见表》35份，测评满意度100%。2017年，先后获得全省先进基层党组织、全市先进基层党组织、全省“十大消防卫士”（贺光磊）、十九大安保“火线立功”（张伟）等一大批先进组织和个人。 （区公安消防大队）

【全员练兵】 大队按照支队《2017年度全市消防部队实战化执勤岗位练兵实施方案》的要求，将议训议管纳入每月党委议事重要内容，研究查找练兵工作短板，创新训练考核办法。建立完善不同级别、各类岗位人员的分层次考核评价体系，从检验官兵基本知识、基本素质、基本技能、基本水平入手，不断优化练兵机制，训练时间和训练效果得到有效保证；大队运用“指挥云”平台在灭火救援演练中的应用，重点针对“一高一低一大一化工”场所开展辖区重点单位“六熟悉”和实战演练工作，并紧扣“练为战”这一主题，从难、从严、从实战出发锤炼部队。全年，大队提请政府组织开展综合应急演练2次、开展大队级熟悉演练35次，中队级演练70次，修订数字化预案90份；大队将车辆、人员、装备进行科学合理的编配，开展编组磨合性训练和编成拉动。大队在3月实战化岗位练兵考核和练兵比武中获大队团体第一的成绩。全年大队接处警500起，出动车辆882辆，出动警力5242人，抢救被困人员47人，疏散被困人员340人，抢救财产价值880万元。

（区公安消防大队）

【消防队伍管理】 2017年，坚持“依法治警、从严治警”方针，开展“安全五无”“六查六防”和“三争一创”安全创建活动，规范部队四个秩序。利用集中学习、知识竞赛、队列会操、警容风纪检查和开展“队列标兵、内务标兵”评选等一系列活动，不断营造“学条令、守条令、用条令、正警规”的浓厚氛围；建立健全各项规章制度，强化警规禁令的深入学习，大队采取集中学习和利用早交班、晚点名、饭前提问的形式，强化官兵对规章制度的熟知熟记和有效执行。建立健全安全“风险评估”机制，每月分析研判本单位在队伍管理及安全防事故工作中存在的突出问题，找准问题的根源和预防措施，时刻将事故苗头消除在萌芽状态，确保部队高度集中稳定。大队在2017年全市部队队列会操活动中取得第一名。

（区公安消防大队）

【消防管理】 2017年，制定《花溪区“十三五”消防发展规划2017年度实施计划》。深入消防部队和社会单位调研指导消防工作，多次提议在区委常委会议和区长办公会上研究解决消防工作中存在的问题和困难，并将消防工作纳入每月安全生产工作会重点分析研判的内容。全年组织乡镇、社区、行业部门签订目标责任书226份，召开消防工作联席会4次，安排部署全区消防专项工作20余次，领导带队开展消防安全检查36次。按照冬防、夏防和迎接党的十九大安保工作要求，先后开展“今冬明春火灾防控专项整治”“汗蒸、洗浴等人员密集场所消防安全专项工作”“危险化学品消防安全专项治理工作”“夏季消防安全检查专项治理工作”“高层建筑消防安全专项整治”“迎接十九大奋战一百天忠诚保平安”等火灾隐患排查整治工作。对青岩古镇消防安全现状，多次召开专题会议研究部署消防安全隐患整治，组织编制《青岩古镇景区消防建设规划》和《青岩古镇景区消防安全管理办法》，加强重点指导和重点监管，使青岩古镇区域性火灾隐患得到整改提升。大队在专项治理工作中检查单位 2524 家（次），发现火灾隐患 4926 处，督促整改火灾隐患 4868 处，下达责令改正通知书 2282 份、行政处罚决定书 76 份，实施临时查封 48 家，实施“三停”34 家，罚款总金额 92.22 万元；拘留 14 人，督促 3 家重大火灾隐患单位完成整改并销案。花溪区利用“大数据”管理平台，将“物联网”技术运用到消防管理工作中，辖区万宜广场城市综合体、花溪合力超市等 7 家重点单位完成消防物联网建设试点任务。结合年度重点工作任务与辖区火灾形势，打造“六有”（有人员、有器材、有制度、有检查、有演练、有奖惩）微型消防站，全区先后建立 90 个微型消防站和易燃易爆、商业、旅游区域联防组织。按照全年责任目标工作要求，大队邀请具备专业资质的消防评估机构对高坡苗族乡批林村、青岩镇龙井村、石板镇镇山村进行区域性消防安全评估，出具三个古村寨消防安全评估报告。“十九大”期间，由主要领导、分管领导带队检查消防安全工作 15 次，召开专题会议 10 余次，政府与各行业、乡镇、社区分别签订十九大消防安全责任书 30 余份。

【消防宣传】 2017 年，强化宣传教育培训工作，联合辖区宣传大使、志愿者、网格员，在社区、街道、楼院的醒目位置张贴消防常识 600 余份、《高层建筑消防安全综合治理公告》132 份、《电气火灾防范通告》400 余份、电动车使用消防安全提示及电动车海报 500 余份、消防宣传挂图 50 余张。大队联合青岩镇政府、相关行业部门深入青岩古镇开展消防检查、宣传、演练、教育培训，利用青岩古镇南门售票处为消防宣传知识固定点，与古镇商铺签订 420 余份消防安全管理责任承诺书。全年发放宣传资料 2 万余份，消防培训 10 万余人次。大队联合宣传大使、村居警务助理深入 9 个乡镇 5 个社区开展入户宣传，张贴宣传提示牌 3000 余份，完成 31 名代言人海报拍摄制作工作。在花溪政府网站开设消防专题专栏，与区电视台签订栏目合作协议，实现新闻媒体消防知识制度化，利用电视、官方微博微信等媒体平台，刊播消防公益广告和消防安全提示信息 300 余条，利用移动平台发送消防提示短信 2000 余条，利用辖区户外视频、楼宇电视、信息机播放消防安全提示、公益广告及火灾视频 3000 余次，制作消防栏目《青岩古镇消防宣传培训暨演练》和《党的十九大消防安保火线立功》。（区公安消防大队）

检　察

【概　况】 2017 年，区检察院受理提请批准逮捕案件 886 件 1161 人，受理移送审查起诉案件 1124 件 1499 人；立案查办贪污贿赂案件 14 件 17 人、渎职侵权犯罪案件 3 件 3 人。评查案件 1870 件；网上公开程序性信息 1857 件次，公开法律文书 932 件；接待律师 169 次，网上受理辩护和代理预约 31 件；网上受理律师查询案件程序性信息 31 件，为律师刻录光碟 113 次。

2017 年，区检察院团支部被共青团贵州省委评为全省“五四”红旗团支部，反贪局被贵阳市检察院授予集体三等功，民行科被省检察院评为全省检察机关提起公益诉讼试点工作先进集体，区检察院被最高人民检察院评为第九届全国检察机关“文明接待示范窗口”，全院有 14 人次获省

市区表彰。 （区检察院）

【刑事检察】 2017年，区检察院受理公安机关提请批准逮捕各类刑事案件886件1161人；批准逮捕693件886人，不捕285人；受理公安机关、自侦部门移送及市院交办的各类审查起诉案件1124件1499人；依法向花溪法院提起公诉876件1153人，移送贵阳市人民检察院提起公诉34件80人，不起诉152人。贯彻落实轻缓刑事政策，对当事人和解自愿性及合法性进行审查，刑事和解不批准逮捕71人，不起诉108人。 （区检察院）

【反贪污贿赂与反渎职侵权】 2017年，区检察院受理贪污贿赂案件线索14件，经初查决定立案侦查14件17人，均为大案，涉案领域主要为民生资金保护领域，其中涉及农村房屋征收12件15人；受理渎职犯罪案件线索3件3人，经初查决定立案侦查3件3人，均属于特大案件，所办案件涉及征地拆迁等民生领域，全部为渎职与贪贿交织犯罪案件。 （区检察院）

【预防职务犯罪】 2017年，区检察院深入发案单位开展预防调查，形成调查报告9篇、案例分析4篇、检察建议11份。依托警示教育基地开展预防职务犯罪警示教育118次，接待人数3282人，开展警示教育宣传206次，发放宣传资料3000余份。邀请35家民营企业、商会等召开“两长”座谈会1次，开展“两官”座谈会8次。向社会公布行贿档案查询QQ号和微信二维码，684家单位通过QQ传送查询资料、预约查询1000余次；向社会提供行贿犯罪档案查询3566次，被查询单位2559家，被查询人数7971人，查出4人有行贿犯罪记录，阻止4家投标单位准入相关工程项目招投标环节。

（区检察院）

【监所检察】 2017年，区看守所无实质性超期羁押发生。开展罪犯交付执行与留所服刑专项检查活动，清理留所服刑人员465人次，清理未交付执行罪犯13名。对刑罚执行活动中的违法行为，提出纠正意见1次。落实检察官约见制度，对在押人犯谈话1202人次。开展羁押必要性审查工作，提出变更强制措施建议，相关办案部门采纳61件。开展社区矫正法律监督，防止脱管、漏管现象发生，与司法局联合开展社区矫正执法检查活动，联合制定《花溪区人民检察院、花溪区司法局关于联合开展社区矫正执法检查活动的通知》，全年未发现脱管、漏管等违法情形。 （区检察院）

【民事行政检察】 2017年，区检察院受理民事申请监督案件8件，其中市院交办7件、自行受理1件；建抗3件，不支持监督申请4件，发出再审检察建议并被法院采纳1件。受理执行监督案件31件，其中发出检察建议30件，法院全部采纳，终结审查1件。向人民法院提起刑事附带民事公益诉讼1件，民事公益诉讼1件，行政公益诉讼1件。

（区检察院）

【生态保护检察】 2017年，区检察院与经开区、花溪区建立“补植复绿”生态基地932亩。组织非法捕捞水产品罪被告人在花溪平桥举行“增殖放流”生态修复工作，放生鱼苗10万尾。区检察院按照《花溪区“六个一律”环保“利剑”执法专项活动方案》，投入水污染防治、土壤污染防治等专项工作。 （区检察院）

【控告申诉检察】 2017年，区检察院接待群众来信来访116件107人，其中接待群众来访81件104人，接待群众来信35件。开展举报宣传11次，发放举报宣传资料15000余份；受理国家司法救助案件8件，救助12人，发放救助金11.5万元；受理刑事申诉案件4件，审结率100%；受理民事行政诉讼监督案件23件，审结率100%。推行“零公里”信访工作机制，花溪辖区居住偏远、年龄偏大、行动不便的信访人可以通过电话、所属乡镇、社区联系区检察院，由控申科安排检察干警到信访人家中，对群众反映的信访事项进行受理、解答。探索建立律师参与化解和代理涉法涉诉信访工作制度，全年邀请3名律师参与化解和代理涉法涉诉信访工作，接访涉诉涉诉信访工作3件。

（区检察院）

【司法体制改革】 2017年，区检察院在“六抓六建”上下功夫。抓选任入额，建立队伍管理新模式。坚持择优入额的标准，选拔优秀检察官，实现分类管理。抓资源配置，建立办案组织新架构。将现有14个内设业务机构优化整合为“一局五部一办”7个业务部门。面向社会择优招录聘用制书记员，基本形成“检察官＋检察官助理＋书记员”的办案组织架构。抓权力界定，建立司法办案新机制。将批准逮捕、决定起诉等办案权限授予检察官行使，检察官分配任务给检察官助理或书记员，司法办案全程留痕。建立系统随机分案机制，防止人为因素干预。抓规范司法，建立监督制约新体系。完善内外部监督制约机制，强化案件流程监控、审核监督、质量评查和跟踪回访，修订检察官联席会议制度、案件质量评查办法，制定第三方评查案件、案件回访制度，深化检务公开。抓奖惩激励，建立绩效考评新标准。实行检察官单独职务序列和工资制度，完成员额制检察官工资套改。制定三类人员考核办法，完善责任追究和司法档案，建立司法办案事前、事中、事后各环节考核问责体系。抓数据运用，建立深化改革新路径。应用大数据辅助司法办案、检察办公，上线运行贵阳政法大数据办案、大数据司法办案辅助、案件智能研判、大数据分析服务等办案办公系统。 （区检察院）

法 院

【概 况】 2017年，区法院受理各类案件9896件，审执结9057件，同比上升19.68%和16.19%，法定正常审限内结案率93.31%。执行到位金额4.87亿元，执行标的到位率68.2%，生效案件改判发回重审率为0，均位居全市法院第一。法官人均结案数283.03件，实际执行率68.4%，简易程序适用率81.08%。一审案件陪审率89.17%。 （区法院）

【司法改革】 2017年5月，全院32名员额法官按照法官单独职务序列完成法官职务等级（职务等级对应行政级别）晋升。启用“贵州法院绩效信息管理系统”，依托大数据分析，对法官进行以审判业绩考核为主的全方位评价，院领导一并纳入系统进行考核，全年院领导办理案件247件。建立法官权益保障制度，成立法官权益保障委员会。全年未发生一起领导干部和法院内部人员违规过问案件情况。判决案件改判发回重审率同比下降0.02个百分点，长期未结案件同比下降2.88个百分点，调解率同比提升0.24个百分点，当庭送达率提升16.04个百分点。 （区法院）

1月15日，花溪区两抢一盗宣判大会（区法院 供稿）

【政法大数据】 “政法大数据办案系统”启用以来至2017年，区法院利用该系统收案266件，审结265件。结案率99.62%，同比上升6.22个百分点；服判率84.91%，同比上升3.85个百分点；上诉率15.09%，同比下降3.85个百分点。审理周期18.46天，同比缩短4.7天。 （区法院）

【刑事审判】 2017年，区法院受理刑事案件894件，审结872人，结案率97.54%。判处五年以上有期徒刑96人，重刑率10.68%；判处缓刑、拘役299人，免予刑事处罚3人，开展社区矫正231人。审结原云岩区政协副主席王明祥受贿、原财政局高坡乡分局局长李灵开贪污等具有重大社会影响的贪贿案件15件23人。依法惩治合同诈骗、非法经营等犯罪10件12人。审结盗窃犯罪225件310人，审结未成年人犯罪案件35件54人，封存犯轻罪未成年人记录27条。 （区法院）

【民事审判】 2017年，区法院受理民商事案件6173件，同比上升21.73%；审结5607件，同比上升19.78%；结案率90.83%。审结合同纠纷类案件3714件，审理民间借贷纠纷484件，审结劳动争议案件148件。组建两个民商事案件送达程序团队进行集中送达，引进“云证通话”系统，民商事案件法定期限内送达率99.9%。 （区法院）

【执行工作】 2017年，区法院受理执行案件2692件，执结2443件，执结率90.75%，实际执行率68.4%，执行到位金额4.87亿元，执行标的到位率68.2%。设置执行审查、实施、法警、指挥内勤等5个类别8个团队。公开失信被执行自然人信息723人次，法人及社会组织等356家；对39名企业法定代表人和高管限制高消费，依法对202名违法被执行人和2个拒不协助义务单位采取罚款或拘留的强制措施；网络司法拍卖标的物43件，成交额1159万余元，溢价率7.94%。通过网络执行查控系统，全年查询到财产信息2000余条，依法扣划冻结存款3000余万元，依法扣划被执行人征收款近800万元。联合公安机关协助布控扣押被执行人车辆11辆，依法对48名拒不履行生效法律文书的被执行人采取拘留措施。2017年9月1日，经开区党政办、花溪区委办、花溪区政府办联合印发《关于支持花溪区人民法院基本解决执行难问题的实施方案》，明确55个重点部门责任，将对失信被执行人惩戒落实到个人消费限制、出入境限制、入伍限制、入学限制、投标限制、经营限制等各个领域。 （区法院）

【阳光司法建设】 2017年10月底，区法院开通庭审直播系统；至2017年底，通过互联网直播庭审106次。通过中国裁判文书网发布裁判文书6212份。接待贵州大学等多所高校学生及贵安新区国税局干部旁听庭审16次490人。通过花溪法院官方微博、官方微信发布信息156条，新闻媒体对司法改革、重大庭审、巡回审判、普法宣传等工作进行宣传报道150期。建成全省第一家集法律知识宣传、法治文化推广和法治成果展示及法治教育于一体的青少年法治教育基地。 （区法院）

【多元化纠纷解决机制】 2017年，在花溪公共法律服务中心设立法院诉调对接窗口，安排1名法官和1名工作人员常驻，从事诉前调解、调解协议司法确认、小额速裁案件审理及指导调解等工作。11月入驻法律服务中心至年底，成功调解3起纠纷，为21名群众提供法律咨询服务，为全区人民调解员举行专题培训2次。 （区法院）

【派出人民法庭】 2017年，青岩、石板、孟关三个派出人民法庭审结案件1264件，开展巡回审判119次。到石板、燕楼、高坡等地开展送法下乡专项活动6次，现场发放法制宣传资料200余份，提供法律咨询150余人次。在青岩古镇和天河潭景区的旅游法庭，落实节假日全天候值班制度，全年接待咨询100余人次，受理涉旅游纠纷案件20件，

审结19件。（区法院）

【案例】 2017年9月初，区法院将首批查封的8辆需扣押车协助执行通知书送达省公安厅交警总队，请求利用他们的高清路面监控设备和机制实施扣押。一个月时间内，区法院先后扣押执行3辆被执行人的车辆，使老赖在高速路上也无处可遁，解决3件“骨头案”“难办案”。9月23日晚上10:20分，区法院执行局干警收到执行财产线索立即与院领导联系，历经4个多小时，从遵义扣押回1辆原价40万元的丰田霸道越野车。（区法院）

司法行政

【概　况】 2017年，花溪区有司法所17个，律师事务所7个，执业律师137人，法律服务所4个。区司法局调解各类民间纠纷1983件，调解成功1980件，调解率100%，成功率99.8%。完成法律援助案件277件，办理各类公证670件，接收社区矫正人员196人，解除社区矫正151人。

（区司法局）

【人民调解】 2017年，区司法局调解各类民间纠纷1983件，调解成功1980件。其中，婚姻家庭纠纷150件，合同纠纷案件200件，三调联动案件5件，土地纠纷案件675件，工伤赔偿案件72件，邻里纠纷案件708件，农民工欠薪案件15件，其他纠纷158件。对全区27个乡镇（社区服务中心）、176个村（居）的人民调解委员会日常工作进行管理指导，培训全区专职人民调解员1次。

（区司法局）

【法律服务】 2017年，区司法局办理法律援助案件277件，其中民事195件、非诉79件、刑事82件；接待咨询863件，其中来访352件，来电511件。回访案件完成244件。花溪区17个法律援助工作站、179个村居法律援助联络点、妇联、看守所、王武监狱、老龄委、劳动仲裁委、残联等法律援助工作站为群众提供法律服务。在区法院、区检察院新设立法律援助工作站。花溪区在册的4个法律服务所和17名法律服务工作者全部完成注册核准。

2017年，区司法局继续推进“花溪区公共法律服务体系建设暨一村（居）一法律顾问”惠民实事工程；落实“一村（居）一法律顾问”工作，花溪区27个乡镇（社区服务中心）174个村（居）完成法律顾问资源配置全覆盖工作。花溪区公共法律服务中心新办公点正式启用。与花溪区人民法院联合打造诉前调解工作，通过人民调解案件的司法审判和效力确认，化解诉讼难点。

（区司法局）

【公证服务】 2017年，贵阳市明珠公证处办理各类公证670件，公证收费42.95万元，接待群众咨询2800余人次。贵阳市明珠公证处参与孟关污水处理厂，南明河二期花溪河流域治理项目、市域快铁南环线项目、燕楼垃圾处理厂项目、花石路项目、万科项目等保全证据工作。为老、弱、病、

8月26日，花溪区司法局在王武监狱开展“法律进高墙”活动（司法局　供稿）

残提供上门服务，对行动不便的当事人，明珠公证处派出公证人员上门为其办理公证。与法律援助中心的合作，针对经济困难的群众，通过法律援助，予以减免公证费。全年未出现错证、假证。

（区司法局）

【律师队伍建设】 2017年，花溪区有7家律师事务所，有执业律师137人，代理各类诉讼案件548件，其中民事诉讼373件，刑事诉讼143件，行政诉讼32件。律师担任95家政府、企事业单位法律顾问。 （区司法局）

【社区矫正】 2017年，全区接收社区矫正人员196人，解除社区矫正151人，在册社区矫正人员217人，其中缓刑184人、管制3人、假释25人、暂予监外执行5人。区司法局对社区矫正人员是否适用社区矫正进行评估，开展非监禁刑审前调查评估206例，经调查评估适宜纳入社区矫正的146例，不适宜社区矫正的60例，所有调查评估意见均被法院采纳。孟关、溪北司法所被评为贵阳市社区矫正示范点。完善花溪区司法局社区矫正信息管理平台，对社区矫正人员实行定位信息管理。发放定位手机并定位监管160人。 （区司法局）

【刑释解戒人员安置帮教】 区司法局接收刑释解戒人员390人，其中监狱刑满释放258人、强制隔离戒毒出所132人，男性356人、女性34人，重点帮教110人，一般帮教280人。处于安置帮教期内的刑释解戒人员1202人。区司法局协调有关部门为刑满释放人员落实责任田120人，开展就业咨询76次，协调落实困难救助8人次，救助资金4000元、菜油100千克、大米200千克、棉被8床。

（区司法局）

【普法宣传】 2017年，区司法局与区委宣传部联合拟定《花溪区2017年法治宣传工作安排意见》并下发到全区80余家单位。区司法局利用各种宣传媒介开展宣传，印制法治宣传环保袋27000个。按季度制作更新全区（包括经开区）236块法治宣传栏，宣传栏图片内容涉及禁毒、综治、维稳、反邪教、国安、国防教育法等各个方面。参加“文化科技卫生‘三下乡’‘中国梦’文化进万家”宣传活动20余场（次）。组织18个社区服务中心、9个乡镇在辖区开展以播放城管局拆违通告音频为主的宣传活动。开展严打违建专项行动23次，受教育群众13000人次。石板、麦坪、溪北、清溪、青岩、黄河、金竹等司法所在辖区内各中小学校开展“法律进校园”法治宣传活动16次，赠送普法书籍2万余本。开展消费者权益保护日、妇女儿童权益日、安全生产月、综治宣传月、世界环境日等主题宣传活动，发放宣传资料2万余份。9月19日，花溪区区委组织部、区委党校、区司法局联合举行花溪区2017领导干部法治培训班，各职能部门、乡镇领导干部开展法治培训。

（区司法局）

仲 裁

【概　况】 2017年，全区仲裁员培训达每人40学时/年。在岗仲裁员7人，6人分别到成都、银川、北京、香港参加劳动人事争议案件处理相关培训并全部结业。全年收案256件，其中不予受理49件、立案处理195件、上年结转案件12件；按争议类型分：劳动报酬33件，社会保险34件（工伤补偿26件）、确认劳动关系30件、其他110件。审理结案204件（含上年结转案件12件），其中裁决84件（一裁终局占26件），调解119件，移送1件，涉案金额448.05万元。劳动人事争议案件结案率98.5%，终局裁决率31%，调解率62.6%。启用贵阳市劳动人事争议仲裁办案系统，上线使用率100%。 （区司法局）

责任编辑　翟长保

法治

军　事

区人民武装部

【政治理论学习】　2017年，区人武部党委召开2次党委会学习党的十九大报告；两个党小组分别利用组织生活会集中学习、交流、讨论、撰写心得体会；部长、政委两次为全体干部职工和民兵应急骨干分队解读报告内容。11月，在组织年度专武干部及民兵军事训练期间，两次邀请省委、市委党校理论专家，为参训人员进行学习党的十九大精神专题辅导。（区人武部）

【民兵训练】　2017年，抓好森林防火、兵员征集、民兵训练等任务。组织修订完善各种战备方案预案，开展战备形势教育4次，组织紧急拉动、抢险救灾、防暴恐袭击等演练6次。投入2万余元补充更新战备物资器材。11月，组织300余名专武干部和基干民兵，开展学习贯彻党的十九大精神暨民兵军事集训活动。抓好勤邦科技股份有限公司民兵食品快速检测云分队和货车帮科技有限公司民兵物流运输分队训练管理，发挥两支分队在“四新”建设中的示范带动作用，推进武装工作向新兴领域拓展。

（区人武部）

【征兵工作】　5月，在全区开展征兵宣传活动，

9月14日，花溪区召开新兵欢送大会（区人武部　供稿）

全区年满18周岁适龄网上兵役登记率98%。着眼"五率"标准要求，以征集高学历青年为重点，完成征兵任务。（区人武部）

【维稳工作】 2017年，贯彻全军政法工作会议精神和军委国防动员部《关于加强改革中省军区部队管理工作的指示》，抓好条令学习、枪弹专项清查整治和节前安全隐患"大排查"及百日安全活动，消除存在的7个方面33个安全隐患。组织召开军地联席会3次，走访慰问企业军转干部、"两参"人员13人次，到航天社区检查指导维稳工作7次，帮助解决维稳经费等实际困难。（区人武部）

【后勤保障与管理】 2017年，投入20余万元对人武部办公楼进行改造，对民兵应急队伍骨干分队宿舍、办公楼进行修缮。抓好官兵、职工的卫生防病工作。严把车辆派遣关，严格私家车管理，私自出车和干部开车等问题得到控制。

（区人武部）

【解难帮困】 2017年，在元旦、春节等节日期间，投入资金5万余元，走访慰问贫困群众、复退军人和军烈属。投入5万元用于改造帮扶点马铃乡谷中村卫生室，并购置器材设备。与区工信局、民政局共同组织两期农村电商培训班，组织120余名农村复退军人参加培训，引导复退军人参加电商创业，培育特色农产品电商品牌8个。投入4.8万元用于久安乡拐耳村民兵帮扶种养基地大棚建设，带动80名群众增收致富。参加组组通公路攻坚工程，投入4.5万元用于久安乡拐耳村第3村民组进组道路硬化工程，解决当地群众出行难的问题。推进青岩贵璜中学创建贵阳市国防教育示范学校，投入50余万元帮助学校购置电教设备，制作统一校服，两次组织全校师生进行军事训练，并与10名贫困师生结成帮扶对子。（区人武部）

武警花溪中队

【概　况】 2017年，武警花溪中队先后参与设卡临时值勤200余次，查获毒品、违禁违法物品等危害社会安全事件10余起，确保重大会议、节假日社会安全稳定。帮带各类组织开展活动，发挥好参谋、助手、纽带作用。2017年，中队被贵州省总队评为基层建设先进单位，在支队年度工作考评中排名第五。发展党员2名，公平公正推荐中队战士参加技术学习、报考军校、士官集训、晋级等。官兵反响良好，满意率达100%。

（武警花溪支队）

【政治教育】 花溪中队开展"维护核心、听从指挥"主题教育，党员"两学一做"常态化、制度化教育，并抓好经常性思想工作。10月，中队组织官兵学习党的十九大报告，收听广播、阅读报纸、观看新闻。利用《解放军报》《人民武警报》等报刊，在学习党的路线方针政策的同时，着力加强官兵政治理论水平，提高政治文化素养。"看新闻"与"议时事"相结合，围绕时事政策、社会动态、典型事迹等热点进行点评和解读。年初，根据《政治工作条例》《军人委员会工作条例》《团支部工作条例》等规定，指导建强"三支队伍"，划分党团小组、"三互"小组，成立思想、心理骨干等队伍。按照总队下发的"1+6"授课教育教材、支队下发的政治教育计划，开展"当习主席战士最光荣"专题教育、形势任务、密切内部关系、安全、法纪、心理常识、管装爱装、卫生常识等经常性教育，提升官兵思想认识，激发工作动力。年初投入3000余元制作宣传橱窗横幅标语16期，购买党的十九大精神学习笔记本。彻底肃清郭徐流毒，纯正作风环境。丰富官兵文化生活，解决战士在生活、工作、学习和娱乐等方面的实际问题，通过教唱革命歌曲、观看健康影片、倡导读好书、写心得体会、开展球类比赛等，营造官兵健康成长的生活环境。利用周末、元旦、春节、清明节、“五·一”、国庆、中秋节等重大节日广泛征求官兵意见，组织晚会、篮球、套圈、象棋、拔河、读书演讲和军营卡拉OK等官兵喜闻乐见的文体活动。（武警花溪支队）

【后勤管理】 2017年，中队依据《后勤规范化管理实施细则》和《经费管理规定》抓好后勤建设。完善各类应急保障预案，落实“三分四定”，及时补充更换战备物资，保证战备物资量足、质优。抓好武器装备管理。严格落实武器装备周擦拭与保养制度，结合总队、支队开展枪弹专项清查整治活动，严格对军械管理人员政治考核，严密组织对枪支弹药装备进行清点检查，确保枪支弹药的安全性。每天由值班干部对兵器室外围安全、执勤动态枪弹安全检查一遍，保证枪支弹药的绝对安全。规范各类后勤库室设置，每周组织后勤专业人员进行专业训练，落实伙食管理五项制度，科学合理制定菜谱，确保官兵吃饱、吃好、吃出战斗力。严格经费开支审批，落实经费开支使用审批权限，坚持每分钱用到关键处，杜绝跑、冒、滴、漏。抓好卫生工作，卫生员定期对营区和食堂、碗筷等进行消毒。购买口罩、手套、药品等卫生应急物品，防止各种疾病发生。发展农副业生产和养殖，中队利用空地种植小白菜、豌豆尖、大蒜、豆角、豇豆等菜品，养猪6头，收入1万余元，所得收入用于改善官兵生活。

（武警花溪中队）

人防战备

【概　况】 2017年，审核人防地下工程建设项目9个，办理人防地下室易地建设项目12个，依法收取人防易地建设费886万元。推进机动指挥所和人防教育基地建设。完成机动指挥所建设。在市人防办的支持下，按进度推进机动指挥所建设的各项工作任务，组织人员参加市人防办组织的机动指挥所上岗操作培训。人民防空宣传中心建设，开展立项、方案审查、预算报备等工作，力争年内建成花溪区国防、人防教育基地，开展人民防空教育。在《花溪区十三五规划》中将人民防空机动指挥所、地面应急指挥所、本级政府人防指挥所建设等人防设施纳入规划，以《规划》促建设。编制花溪区人防基本指挥所项目建议书，完成基本指挥所项目选址，按计划明年开展设计、动工建设。（熊　琳）

【人防设施管理】 2017年，花溪区开展已结建防空地下室维护管理工作。清理已结建的地下人防工程，按照贵阳市结建人防工程管理规范，开展定期检查和不定期抽查，并将检查结果上传“贵州省双随机一公开监管平台”。区人防办督促人防地下室隶属单位办理结建防空地下室平时使用证，着手建立及落实《岗位责任制》《定期检查和维护保养制度》《消防管理制度》《维护保养档案管理制度》等制度，制作悬挂标志标牌，设立人防专用检查车位，督促项目单位实现有序管理，确保人防工程保持良好状态，做到战时能防空袭，平时能防灾并为经济建设和人民生活服务。警报器的维护管理是人防办重要工作内容之一。为确保现有11台警报器的正常运转，在突发事件时发挥其效益，按照贵阳市的统一安排对全区警报器进行升级改造，并切实落实《警报器维修检查制度》，每月一小查，每季度一次大检查。（熊　琳）

国防教育

【概　况】 2017年，全区围绕纪念中国人民解放军建军90周年，以“赞颂辉煌成就、赓续红色基因、支持改革强军”为主题，发挥全区国防教育基地和爱国主义教育基地作用，以祭扫烈士陵园、参观抗战遗址、走进军营、体验军事生活、过“军事日”活动、举办国防教育展览、开展国防教育讲座及形势报告会等形式，深入开展国防教育。组织开展纪念《中华人民共和国国防教育法》颁布施行16周年、第17个“全民国防教育日”和第8个全省“国防教育月”等宣传教育工作。

（区国教办）

【国防知识宣传教育】 2017年，以企业、农村、社区群众为普及对象，努力提升国防教育的覆盖面。把国防教育与扶贫攻坚、文明社区建设有机结合，充分发挥民兵预备役人员、退伍军人骨干在国防教育中的作用。利用企业、农村、社区活动场所和宣传栏等设施宣传国防知识。在征兵工作期间，按照部署，利用大学城、高校集中的优势，开展征兵政策集中宣传。以《花溪区拥军爱军工作考核实施办法》和《区委、区政府关于做好2017年“八一”建军节期间拥军优属活动的通知》为指导，在纪念中国人民解放军建军90周年期间，开展拥军、爱军、优属等活动。组织各乡、镇、社区开展国防教育宣传活动，推动“六进”工作落实。10月31日，花溪区贵璜中学创建“贵阳市国防教育示范学校”正式启动。加强民兵和预备役人员军事培训，分管领导区委常委、区委统战部部长禄竹亲自到现场指导，并作总结讲话。

（区国教办）

【创建国防教育示范学校】 2016年8月，青岩镇贵璜中学与花溪区人民武装部达成共识，签订双拥共建协议。10月，为增强学校师生国防观念，提升国防意识，在贵阳市警备区、花溪区人武部的指导下，在区教育局的支持下，贵璜中学开始创建国防教育示范校。学校成立创建“贵阳市国防教育示范学校”筹备领导小组，签约后学校成立以校长为组长的领导小组。在花溪区人民武装部和花溪教育局的支持下，投资约200万元在校园打造国防教育元素。学校大门、教学楼楼道、学生宿舍、学校食堂等到处都充满国防教育元素，学校精心设计建造国防教育大厅和国防教育陈列室，定期对学生进行理想、信念教育。在教育教学中充分融入国防教育元素，对师生进行军事化管理，按照“三个进”（组织开展国防教育进校园、英模画像进教室、英雄事迹进课堂）、“四个有”（做到校园有国防教育宣传阵地，班级有国防教育专栏，课程设置上有国防教育课程，班级活动有国防教育主题）、“五个一”（每年至少开展一次国防教育专题讲座，进行一次学生军事体验活动，组织一次祭奠革命先烈活动，观看一部国防教育电影，举办一次国防教育演讲比赛）。在每周一的升旗仪式上，利用国旗下的讲话对全校师生进行国防知识宣讲；每年秋季开学初，对新生进行军训，培养学生良好的习惯和投身国防的意念。对全校学生学习生活进行半军事化管理，各班以“连”为单位，师生统一着装；推行起床、就餐、睡觉、集合等军号的运用，让住校学生闻号则起，依指令行动；寝室内务参照部队的要求标准进行规范管理，收到预期效果，学生文明礼仪素养得到明显提升。在进教室（活动室）、进操场、进食堂以及环境卫生活动中推进军事化管理的元素，如列队进出、唱军歌；强调统一性、纪律性；定期派教官到学校开展国防教育讲座和军训等活动。

（区国教办）

责任编辑　周年辉

城乡建设

城镇基础设施建设

【概　况】　2017年，花溪区住房和城乡建设局围绕实施城镇基础设施、重点项目建设、村镇建设管理、重点工程服务、房地产市场服务监管、房屋征收安置补偿、棚户区改造项目建设、保障性安居工程、示范性小城镇建设等工作，推进花溪区文化旅游创新区建设。加大城市道路建设的工作力度；加快城镇燃气管道工程的建设步伐；按进度组织实施房屋拆迁工作。　　（何　江）

【城市道路建设】　2017年，花溪区建设道路6条，具体情况为：贵惠大道（青岩至惠水段）建设工程：新建道路长6.1千米，路幅宽40米，桥梁1座（玉带河大桥全长211.28米），累计完成投资129566万元，项目全部完工。省道S209线花

花溪三横五纵东西链接线孟溪路建成通车（杨小平　摄）

溪区花溪一小至石板公路改扩建工程：新建道路全长5.56千米，路幅宽40米，完成投资128710万元，项目全部完工。花溪互通立交工程：新建A匝道（主线）全长2069.524米，区间有收费站1座，加油站平场，其中5条匝道（B匝道191.05米，C匝道257.68米，D匝道265.65米，E匝道164.29米，H匝道488.19米），完成投资91049万元，项目全部完工。花桐北路道路工程：新建道路全长1.62千米，路幅宽40米，完成投资38497万元，项目全部完工。大职路道路工程：道路全长1.7期千米，路幅宽40米，完成投资33685万元，项目全部完工。孟溪路道路建设项目：道路全长10.03千米，路幅宽40米，其中桥梁6座（跨开发大道高架桥240.83米，跨珠江路高架桥352.4米）；隧道3座（把火1号隧道464米，把火2号隧道556米，谷仲关隧道388米）；立交7处；改造收费站1处，桥隧比18.66%，项目完成投资294392万元，完成总体形象进度95%。

（何　江）

【燃气管网建设】　2017年，贵州燃气集团股份有限公司在花溪区组织实施燃气工程建设，完成燃气管道建设总长21918米。具体实施项目为：天河潭大道与花二道联络线燃气干线工程：完工，建设管道长度de315－300米；贵惠大道中压燃气干线工程：完工，建设管道长度de315－8000米；天河潭燃气干线：完工，建设管道长度de315－4800米；花溪贵大立交燃气干线工程燃气干线工程：完工，建设管道长度de160－2000米；孟关门站扩容项目：完工，建设管道长度DN500－370米；花桐路干线工程：管道长度de200－1300米，截至年底建成1000米；花石路干线工程（吉林新村至天河潭大道）：完工，建设管道长度de315－3348米；久联化工至龙里管线及计量柜工程：完工，建设管道长度de315－1200米；孟关汽贸城二期一号路燃气干线工程：管道长度de200－780米，2017年建成500米；小河孟关富源二路一标：管道长度de200－700米，2017年建成400米。（许　婷）

【房屋拆迁】　2017年，花溪区房屋征收局组织实施清溪社区幼儿园建设用地项目、贵安新能源汽车项目、贵惠大道（青岩至惠水）道路建设项目、花溪至石板城市道路建设工程等房屋征收项目12个，签约434户约16.7万平方米。

（何江　许婷婷）

城乡规划

【概　况】　2017年，花溪区规划工作围绕“花溪全域旅游文化创新区”建设开展，组织编制《贵阳市花溪区全域旅游发展规划》，启动一批控制性详细规划细则编制工作，强化规划服务力度，推进全区一批重点重大项目建设稳中有进。

（区规划局）

【规划编制】　2017年，花溪区编制完成《花溪区城乡融合发展规划》《贵阳市花溪区全域旅游发展规划》《花溪区全域乡村建设规划》《花溪村庄规划》等区域性规划和专项规划；编制《花溪区麦坪镇总体规划》，结合《贵阳市城市总体规划（2011—2020年）》（2017年修订），逐步开展单元控制性详细规划修改，启动《中心城区控制性详细规划（总则）—花溪组团》《中心城区控制性详细规划（总则）—孟关组团》《中心城区控制性详细规划（总则）—久安组团》《花溪区石板组团合朋单元（SB－02）、花鱼井单元（SB－03）控制性详细规划导则》编制工作，完成《贵阳市花溪城市组团控制性详细规划》思雅组团控规调整方案，并经市政府审批同意。组织编制《花溪区社区服务中心用房和派出所布点规划》，完成《花溪区全域农超布局专项规划》编制工作；优化城市生态功能，推进“千园之城　百园之区”规划建

花溪区美丽乡村建设——马铃乡谷中村（马铃乡　供稿）

设工作，完成《贵阳市花溪区公园城市——百园之区规划》编制工作，编制《贵阳市花溪区绿道系统规划》《花溪区全域综合交通规划》，完成现状堵点调查、客运南站选址两个专项规划；加强对历史文化资源的保护传承，完成《青岩古镇风貌保护与民居修缮导则》编制工作并经专家评审会通过，编制《贵阳市青岩历史文化名镇保护规划》初步方案；编制《花溪区中小学布局专项规划》《花溪区户外广告专项规划》。（区规划局）

【规划实施】　2017 年，环城高速花溪互通立交、花石路、孟溪路、花桐路和青惠路建成通车。青岩歪脚至黔陶、黔陶至高坡石门道路改造提升完成。启动花溪燕楼至团茶道路等改造项目。推进孟关智慧物流、石板旅游度假特色小镇、久安茶产业和茫父文化等特色小镇建设，推进青岩镇、孟关乡、石板镇等示范小城镇建设。以“溪南十锦”建设为主载体，打造青岩—黔陶—高坡、天河潭—青岩古镇景区两条“美丽乡村”示范带和青岩镇山王庙村三格田、石板镇镇山村大寨两个示范点，农村人居环境进一步优化美化。开工建设 25.4 千米“组组通”公路，完成高坡乡苦蒿冲提水工程和天河潭人饮恢复工程等人饮工程，解决 5.64 万人农村饮水安全问题。建成农村招呼站 102 个，完成 5 条农村班线公交化改造。城镇化率提高到 75.35%。控制城市建筑红线，完成 1 个棚户区 238 户的改造，整治 4900 余栋房屋立面。整治提升背街小巷 18 条，完成小康房建设 250 户。推进亨特云涧溪山、贵高速·花溪 26°、万科花溪大都会等一批高端房产项目加快建设，建成亨特·公园里、花溪荟溪城等城市综合体。完成 2016 年立项实施的高坡苗族乡掌已村基本农田基础设施建设项目和农村饮水安全巩固提升工程，解决 1.4 万余人的生产生活用水问题；基本完成花溪区碧云窝水厂改扩建一期工程。（区规划局）

碧桂园贵阳一号（杨小平　摄）

【规划监督】　2017 年，花溪区完成万科花溪大都会、花溪碧桂园 1 号、美的国宾府、恒大花溪童世界等一批房开项目的审查审批工作；开展花溪区孟关乡中心完小、清溪社区幼儿园、燕楼镇第一幼儿园及贵州省工伤职业康复医院一批公益性项目审查及审批。配合完成燕楼产业园污水处理厂、孟关污水处理厂、碧云窝水厂、贵阳花溪城市垃圾综合处理工程、青岩东早路、青燕线道路等一批市政基础设施建设项目的规划服务工作；确保花溪机械厂保障房、洛平北街安置房等一批保障房、安置房等民生项目顺利实施。

（区规划局）

村镇建设

【概　况】　2017年，区住建局开展各项村镇建设工作，完成农村立面改造250户，示范小城镇工作年底完成项目总投资20.032亿元。（陈培红）

【农户集中居住区建设】　2017年，花溪区小康房建设工作完成250户农房立面整治。青岩镇作为全省100个示范小城镇、全省100个旅游景区，围绕5A景区的重心工作，全年区计划完成项目总投资18.46亿元，实际完成项目总投资20.032亿元，完成投资按市级目标比为211%、按省级目标比为333%。在示范小城镇建设目标考核中名列贵阳市第一，在省级考核中名列第二。（陈培红）

建筑业

【概　况】　2017年，区住建局重点抓好建筑市场管理、建筑市场整顿、招投标管理、建筑节能减排、文明施工整治、建筑质量监管、建筑安全施工等方面工作。全年花溪区建筑行业未发生建筑安全生产事故。

（朱高文）

【建筑市场管理】　2017年，区住建局对申请施工许可证的项目进行审查，对建筑市场进行严格管理，对项目竣工归档、备案严格把关，对申请施工许可证、竣工备案、归档的资料提供不完整的项目一律不予审核通过，对未取得施工许可证擅自施工的项目，一律以书面形式责令停工整改。全年下达停止违法行为通知书32份。办理施工许可证28个，总建筑面积107.9万平方米，工程总造价19.42亿元；完成竣工备案项目17个，总面积98.80万平方米，总造价12.59亿元。

（朱高文）

【建筑市场秩序整顿】　2017年，区住建局督促区内从事建设活动的各单位办理《诚信管理手册》，并将各单位办理《诚信管理手册》的情况作为建设工程办理报备案的必要条件。配合贵阳市住房和城乡建设局完善诚信管理平台信息，打击违法分包、转包，违规托管、代管、挂靠、未取得相应证件及资质从事建筑施工等非法违法行为。配合区清欠办、区劳监、区公安等部门多次对区内各在建项目开展农民工工资支付情况排查清理；开展维权普法宣传，着力消除矛盾隐患；开展工

青岩古镇龙井美丽乡村度假区（杨小平　摄）

程建设项目立项和审批联动，建立和完善社会信用约束机制，提高失信成本，保障群众合法权益。处理花溪区阳光花园、花溪思源溪谷工程项目等建设项目清欠纠纷25起，花溪区工程建设领域清偿拖欠工程款3260万元，追发农民工工资427万元。（周云峰）

【招投标管理】 2017年，花溪区公开招标交易工程109个，交易额168944.24万元，节约金额1526.34万元。直接发包登记备案工程141个，备案金额322366.97万元，达到规模的招标工程招标率100%。（朱高文）

【建筑领域节能减排】 2017年，花溪区新增建筑面积（竣工面积）22.6万平方米。实施建筑节能，节能实施率100%。设计阶段均执行节能设计标准，节能设计实施率100%。竣工验收执行节能设计标准，节能实施验收率100%。（周云峰）

【文明施工管理】 2017年，花溪区要求施工单位在施工范围设置围墙、围挡，在大门口设置车辆冲洗设施，对施工现场砂石等易产生扬尘材料、非施工作业面裸土使用防尘网覆盖，建立建筑工地文明施工管理制度，保持施工工地三区环境卫生，改变建筑工地“脏、乱、差”形象。（李　洁）

【建筑质量监管】 2017年，全区对建筑工地开展质量抽查218次，其中，分项工程质量抽查175次，分部工程验收监督33次，竣工验收监督7次。分项工程质量抽查基本符合要求，无违反设计等重大问题。分部工程验收全部符合验收程序要求，验收结论为合格。竣工验收全部符合验收程序要求，验收结论为合格。（周云峰）

【安全施工监管】 2017年，开展对建筑施工安全的定期或不定期安全巡查、安全生产隐患排查12次，季度安全大检查4次，年度专项安全检查4次，安全生产月安全大检查1次，以及重大活动期间及节日期间安全生产大检查等一系列检查，遏制建筑施工安全生产事故的发生。（朱高文）

【建设项目验收】 2017年，全区竣工项目7个，造价40663.44万元，面积226049.21平方米。经项目建设单位、施工单位、监理单位、设计单位、地勘单位共同验收，一致评定为合格。全年未出现质量不合格工程。（朱高文）

房地产业

【概　况】 2017年，花溪区注册房地产开发企业有50个，其中一级资质企业1个、二级资质企业1个、三级资质企业5个、四级资质企业9个、暂定资质企业34个。完成房地产开发投资、棚户区

花溪恒大童世界（杨小平　摄）

改造、房地产市场监管、物业管理、房屋交易备案登记、房屋资金监管等工作，棚户区改造工作得到省级奖励性资金1000万元。（肖叔平）

【房地产开发投资】 2017年，花溪区有34个房地产项目入库入统，其中商品房项目22个、安置房项目12个。房地产开发项目固定资产投资112.55亿元，比上年增长65.80%。（许婷婷）

【棚户区城中村改造】 2017年，花溪区省级棚改项目为花溪区甲秀南路尖山至大坝井土地一级开发城市棚户区改造。该项目完成全年省级目标任务238户，全部采用货币化安置方式，项目消化存量商品房238套，改善约800人的居住条件。项目获得中央财政城镇保障性安居工程专项资金458.59万元，省级补助资金28.24万元。花溪区编制2018－2020年三年棚改计划，将田园中路东侧险峰苑北侧地块棚户区改造项目、恒大足球小镇等13个项目纳入三年建设改造计划内。

（肖叔平）

全年办理商品房交付使用备案7宗，批准交付商品房面积94.45万平方米，其中住宅74.27万平方米。包括保利·溪湖A2地块7～21栋及商业，花溪碧桂园一期白鹭湾、水都蓝桥、林湖、钻石郡、商业街，保利溪湖B地块YF－1～YF－11 GC－1，保利溪湖项目B地块裙楼商业，贵大南苑1－17栋、地下室（车库）及幼儿园，贵阳国际汽车贸易城工程机械市场A－1、A－2栋（含车库），中铁城·锦溪8、9、10、11，12，14栋。

根据《关于开展房地产开发项目手册网上备案工作的通知》开展工作，掌握花溪区房地产项目开发、建设、销售过程。要求房地产开发企业取得土地出让合同之日起15日内开始按照项目信息填报方法进行信息录入和上报。全区房地产项目全部纳入项目手册管理，有51个房开企业有序进行网上申报核验。（章宗婷）

【二手房交易】 2017年，花溪区二手房屋成交846套，成交面积9.01万平方米，成交金额28686.01万元，平均成交价3183.80元，成交套

花溪多彩贵州街（杨小平 摄）

数比上年增长32.19%，成交面积比上年增长36.31%，成交金额比上年增长3.17%。（许婷婷）

【商品房销售】 2017年，花溪区成交商品房8500套，成交面积92.51万平方米，平均成交价6749.63元/平方米，成交套数比上年增长30.29%，成交面积比上年增长5.87%，平均成交价格比上年增长4.12%。全年花溪区房地产权监理所办理区域内二手房、商品房、预售房备案共计15352件。（蒲美竹）

【物业服务管理】 2017年，花溪区依法对物业管理招投标工作进行全程监督并开展前期物管备案工作。监督招投标4次，办理前期物业管理备案4件，分别是亨特翰林溪苑、美的二期两个标段、孟关工程机械市场、万科大都会。开展物业企业市场行为监督检查，对辖区内32家物业服务企业开展市场行为监督检查，其中注册地属于花溪区的19家。依法指导小区设立业主大会和选举业主委员会等工作，完成业主委员会备案2件（保利溪湖、学府雅苑），受理设立申请5件（荷塘月色、溪山御景、城南故事、明秀商贸城、麒鑫怡苑）、换届申请2件（兰馨桂馥、四季花溪），均按照要求进行批复及指导。（许婷婷）

【房屋拆迁安置】 2017年，花溪区完成G07（35）地块洛平水库项目、华融地块、洛平A1地块产业用房等项目的回迁安置工作，安置房屋1062户，面积约16.69万平方米。（章宗婷）

【住房资金管理】 2017年，花溪区维修资金归集小区总数为61个，维修资金归集总额47029.53万元，使用总额343.36万元，增值总额1273.97万元，账面余额47700.04万元。归集维修资金总额13250.34万元，使用总额23.70万元，账户余额479.10万元，归集率100%。

（章宗婷 许婷婷 蒲美竹）

保障性住房建设与管理

【概 况】 2017年，花溪区对建成的公共租赁住房全部分配。全年审核办理公租房租赁补贴保障1730户保障对象，发放补贴425.19万元，实物配租保障户数为2709户。落实“住有所居”的民生政策。（万绍翼）

【房改工作】 2017年，花溪区为房改房住户办理房地产交易市场准入许可证3个（累计3785个），收缴土地收益金42866.2元。为区属各机关单位职工兑现存量补贴1人，兑现存量补贴资金8927元。为区属23个企业职工共兑现增量资金5168万元。

（万绍翼）

责任编辑 翟长保

城市管理

城市综合执法

【概　况】　2017年，花溪区城管执法密切联系社区、服务社区、美化社区，改观社区院落、背街小巷、城中村等重点部位“脏、乱、差”突出的问题。加大对项目区域及周边居民宣传力度和对违法建筑管控、拆除力度，遏制某些居民恶意“种房”行为，避免国有资产的流失，遏制建筑垃圾车乱倒、车辆带泥上路、沿途抛洒等现象。

（区城市综合执法大队）

【城市环境长效管理】　2017年，区城管局围绕建设“全域文化旅游创新区”的品牌定位，以中央环保督察、生态文明贵阳国际论坛、全国文明城市复评迎检等活动为契机，以综合执法为载体，狠抓队伍建设，加大执法力度，健全城市管理长效机制，推进城市精细化管理，完善市政环卫基础设施建设，抓管理源头，抓重点问题，加强城市常态化管理，提高管理水平，提升城市形象。在“环保督查”“多彩贵州文明行动”“数博会”“国家文明城市”复检等的考验下，巩固和提升“创文”“创卫”成果；把噪音扰民、灯光污染、有碍城市容貌的行为作为管控重点来抓，多次开展“门前三包”、门面头匾、户外广告、渣土撒漏、露天烧烤、机动车占用人行道停放、乱贴乱画等专项整治活动，完成各项迎检中的市容市貌管控工作。

（区城市综合执法大队）

【整脏治乱】　2017年，以整治占道经营、野广告、车辆乱停乱放为重点，城管队员与社区工作人员共同管理、联合执法。清理野广告3470余条（含高空广告牌、布幅、落地广告、散发的小广告）；针对高杆广告牌进行4次专项清理，清理200余块；劝阻店外商业噪声650余次，劝阻影响市容市貌的乱拴乱挂行为1800余起，劝阻背篼聚集1940余次，制止露天焚烧行为为41起。

【整治市容市貌】　2017年，花溪区加大市容市貌管控力度，定期开展门面延伸、占道经营专项整治。教育劝退流动摊贩14100余起，清理门面延伸

占道经营4890余起。（区城市综合执法大队）

【违法违章建筑管控】 2017年，花溪区向贵州大学校区扩建（二期）、尖山村、云上村、大学城周边板桥村思杨路、桐惠路、桐木岭、恒大项目区等项目部派驻控违、拆违分队，加强对项目区域及周边违法违章建筑行为进行管控。全区拆除违法建筑1960户，面积77.44万平方米，完成市级目标任务（36万平方米）的215%。

（区城市综合执法大队）

供 水

【概 况】 贵阳水务集团花溪区水务有限公司承担花溪区域内的水务一体化工作，公司下辖碧云窝水厂1座、一级取水泵房1座及南区、孟关、董家堰3个片区加压站。截至2017年年底，公司日供水能力达8万立方米/日，供水人口增长至20万人，供水普及率98%。供水范围南到桐木岭收费站、机械厂廉租房，北到贵阳西站、穗黔物流，东抵孟关改茅、汽贸城，西至尖山路口、保利片区，形成南北长12.5千米、东西长11千米、近40平方千米的供水区域。（区水务公司）

【碧云窝水厂扩容工程建设】 2017年，花溪区启动碧云窝水厂扩容工程（一期）项目。8月，完成水厂扩容工程配套项目取水泵房节能改造项目。12月底，碧云窝水厂扩容工程（一期）基本达到通水条件。通过对碧云窝水厂现有水处理构筑物的挖潜改造，新建一组2万立方米/日的水处理构筑物及配套加矾、加氯系统，新建5千吨清水池1座及配套管线，总供水能力达到8万立方米/日。

（区水务公司）

【饮用水质量保障】 2017年，区水务公司负责花溪区供水水质安全工作，获得贵州省第一批国家饮用水106项达标单位称号。花溪区水质综合合格率达到99%以上，全年未发生水质安全事故。

（区水务公司）

供 电

【概 况】 2017年，花溪区供电分局（不含经开区）实现售电量9.9亿千瓦时，较2016年增加0.8亿千瓦时，增长率8.79%。综合线损率5.31%，较2016年下降0.72%，低于2017年贵阳供电局平均水平，自2013年以来实现5年连续下降，有损线损率5.89%，比2016年下降1.7%。2017年，分局获贵阳供电局先进集体，分局调度班获省公司工人先锋号荣誉。

（贵阳供电局花溪分局）

【供电安全生产】 2017年，花溪区新建投运110千伏石板变，110千伏花溪变增容扩建工程进行新建投运10千伏线路6条，解决部分区域电网卡脖子问题。全年未发生中断安全周期的一、二、三、四级电力安全事故（事件）。强化现场安全纠察，开展现场安全纠察128场次，发现违章17场，涉及26项违章内容，处罚6单。

（贵阳供电局花溪分局）

【供电保障】 2017年，花溪区用户平均停电时间由39.68小时降低至30.37小时，综合电压合格率97.37%，城镇电压合格率99.51%，农村电压合格率99.66%。全年开展一级保电4次，完成中共十九大等重要保供电任务。

（贵阳供电局花溪分局）

【供电营销】 2017年，区供电分局开展集中办公，对全局客户档案、站线变户存量营销、营配基础档案、数据质量进行清理。除分局直管外，其他营业区域专变负控终端完成100%覆盖。完成低压远集抄建设2.8万户。通过建章立制整合资源，理顺营销领域专业岗位职责，培养锻炼一批新鲜血液，改善直管部分低压业扩严重超时问题，处理2000余单遗留客户服务工单，解决居民用户因内部故障导致长时间停电问题。在增供扩销上，全年业扩报装容量超16万千伏安，业务费收缴468万余元。电费收入6.154亿元，电费回收率99.98%，旧欠回收100%。挖潜增效195万元。

（贵阳供电局花溪分局）

市政设施建设与管理

【市政基础设施建设】 2017年，花溪区中心城区市政基础设施管理范围包括：快速路1条（甲秀南路大寨至界牌路段）；主干道6条（溪北路、贵筑路、清溪路花溪大桥至明珠大道路口、明珠大道、田园北路、田园中路）；次干道15条（霞晖路、将军路、徐家冲1号路、徐家冲2号路、徐家冲3号路、民主路、上花阁路、下花阁路、河边路、学士路、大吉路、松涛路、小迎宾路、国宾路、成荫巷）；19条背街小巷，对背街小巷只管理接入市政专变的路灯（太阳能灯、住宅区路灯等属属地社区管理）。

道路设施包括：车行道长21758米，面积394323.6平方米；人行道长21824米（单侧），面积177111平方米，盲道长（单侧）21824米（面积已包含在人行道面积内），慢行系统（明珠大道、田园北路及田园中路）长5720米，面积23300平方米；主城区有花溪平桥、花溪二桥、麦翁桥、麦达桥、花溪大桥5座桥梁，无隧道；过街地下通道5座，1座位于清溪路，属国资公司管养，其余4座位于甲秀南路，均未启用，且施工单位未移交至区市政所；桥涵1座，位于河边路，属于区市政所管辖范围；其他市政设施有护栏2492档，斑马线82条，无隧道、下拉槽及人行天桥；中心城区有路口302个，缓坡604处。

（区市政管理所）

【人行道铺装】 2017年，区市政管理所维修及更换人行道板6615平方米；安装车辆易上人行道处地杠2500棵，校正地杠76棵；拆除路面水泥，修缮缘石坡，安装车辆易上人行道处圆石球11个；修补慢行系统241平方米；整改盲道板659平方米；改造人行道缓坡8处；修补道牙260米。

（区市政管理所）

【路灯管理】 2017年，区市政管理所维修路灯2050盏，高杆灯6盏；接线21处；更换电缆线1011米，灯头84个，触发器520个，交流接触器4个，空开2个，保险2个，护导线1050米；维修变压器2台；拆除被撞坏灯杆4柱，乱搭电线12处，喷刷灯杆油漆6盏；处理外露线缆；修复路灯杆检查扣板31棵；布线200米；校正路灯杆15盏；更换路灯控制柜12台。花溪区主城区有19台专变；专变容量有30千伏安（1台）、100千伏安（6台）、125千伏安（2台）、160千伏安（7台）、200千伏安（1台）、315千伏安（1台）、400千伏安（1台）。配电柜有25个。甲秀南路3号专变和清溪路1~4号专变未设置独立配电柜，明珠大道1号专变设置有两个独立控制柜；园亭路、吉麟路、小迎宾路、民主路、霞晖路、学士路、杨柳巷、徐家冲路、大将路、花谷路10条路设施有独立配电柜，无专变；其余专变都是1个专变带1个独立的配电柜。路灯光源有LED灯（185瓦）和钠灯（400瓦、250瓦、150瓦）两种，路灯共1412柱，2128盏，负荷569.895千瓦。其中主干道有1658盏，1028柱，负荷437.62千瓦；次干道有316盏，243柱，负荷93.775千瓦；背街小巷154盏，141柱，负荷38.5千瓦。

（区市政管理所）

【美化街景】 2017年春节期间，花溪区在主城

区、青岩片区及孟溪路、花石路等路段悬挂灯笼7336个，中国结3200个左右。（区市政管理所）

【市政设施维护】 2017年，区市政管理所维修、更换、安装及校正护栏2850档，处理被撞坏的护栏59档，拆除损坏护栏39档，加固护栏14档，更换护栏脚80个，刷护栏油漆160米；创文期间，新增主次干道人行道护栏325档，新增车行道隔离护栏64档，拆除应急用砖墙护栏并安装石护栏12米。切割、洗刨、摊铺路面沥青4620平方米，修补路面坑洼1200平方米，修补徐家冲路面裂缝。安装花岗岩石球7个；悬挂和拆除节日灯笼分别为9309个；拆除路灯上的广告牌45块、红绿灯上气球1处、道旗8块、树枝1处。更换水沟盖板1块，应急购买更换井盖5套（Φ900复合型实重井盖），应急处理污水2处，收取燃气施工牌10块，处理积水51处，盖雨篦子、井盖53处；安装地杠，通宵迁移公交站台；安装步行街柱子3处，修建河滨路砖墙护栏12米。清理孟关贵惠大道杂物两遍及铺草坪50平方米。（区市政管理所）

【停车场点整治】 2017年，花溪区以迎接“全国文明城市测评”为契机，对全区范围内主干路、次干路、支路街巷等城市道路停车秩序进行整治。通过整治，车辆停放有序。路内停车泊位设置科学合理，机动车停放“入位、顺向、整齐、守时”；管理设施齐全，停车管理交通标志、标线齐全、清晰、醒目；管理责任落实，每条道路停车秩序管理工作均定人、定岗、定责；查处道路机动车违法停车行为。（区市政管理所）

环境卫生

【概　况】 2017年，花溪中心城区环境卫生工作贯彻落实市政府提出建设花溪“旅游文化创新区”工作要求任务，创建整洁有序卫生环境，巩固创卫、创文成果。推进花溪区环境卫生市场化服务工作，发挥利用北京环卫集团技术和资金优势，对花溪主城区环境卫生进行规范化、专业化保障，搞好“扫、收、转、运、处”无缝连接的环卫一体化管理，提升市民对花溪主城区环境卫生的满意度。在城市道路洗扫、降尘、保洁工作方面，增加环卫建设资金投入，加大环卫机械化作业率，按环卫行业作业规范进行作业和管理，确保达到“亮坎亮线亮护栏亮道路本色”工作要求。京溪公司全年清运垃圾87870.73吨，洒水降尘用水51320余车，计36.8万余吨。（区环卫所）

【环卫设施建设】 2017年，花溪区在环卫基础设施建设、车辆购置、果皮箱更新等方面投入1548.81万元。其中，在孟关新建垃圾转运站1座，投入资金430余万元；在花溪亨特公园里建设新概念公厕1座，投入资金约120万元；花溪区既有公厕升级改造投入资金90余万元；环卫设施设备，投入经费395.91万元；果皮箱更新安装85个、垃圾桶900个、垃圾箱体48个；购置作业车辆投入经费460.3万元，其中环卫电动车20辆，计9.3万元；洗扫车5辆，计335万元；垃圾收集车2辆，计116万元。年底，花溪区中心城区环卫设施有8座压缩式垃圾转运站（3座为垂直压缩式，5座为水平压缩式），果皮箱650个、垃圾桶1500余个、垃圾斗及箱体476个。有垃圾清运作业车辆63辆，其中摆臂车3辆，自卸车3辆，后装压缩式车28辆，垃圾清运小钩臂车20辆，转运站集装箱式车9辆、转运车2台。有道路洗扫冲洗作业车辆92辆，其中洗扫车69辆，洒水车15辆，人行道清洗车8辆。有护栏清洗车3辆，吸粪车1辆，装载机1辆。（区环卫所）

【垃圾处理】 2017年，花溪中心城区垃圾收集、收运设施服务范围全覆盖，生活垃圾做到日产日清，运往终端进行处理。12月25日前，运往白云区比例坝垃圾填埋场，之后运往贵阳中电环保发电有限公司焚烧发电厂作无害化填埋或焚烧处理。全年产生并清运生活垃圾 87870.73 吨，垃圾无害化处理率 96% 以上。（区环卫所）

【环境卫生管理】 区环卫所加强对转运站、公厕、果皮箱等环卫设施的长效监督管理考核。对垃圾斗、果皮箱、垃圾桶、公厕及转运站每天督查不少于 1 次。加强对花溪城区及新增 5 条道路的巡查督查工作，发现问题及时下发整改通知书，并进行整改验收。（区环卫所）

【环境卫生体制改革】 2017 年，区城管局将花溪区青岩古镇、新增 5 条道路（思杨路、天河潭大道、龙燕路、谷槐路、清溪路扩建部分）纳入市场化服务管理范围，对外进行招投标。京溪公司于 5 月 24 日，中标花溪区新增 5 条道路综合保洁服务。7 月 27 日，中标青岩古镇市场化服务，花溪区环卫市场化服务保洁面积扩增到 666.6 万平方米。环卫所协同环卫市场化保洁单位制定《花溪区新增五条道路环卫市场化实施方案》及《花溪区新增五条路环境卫生保洁方案》。要求环卫市场化保洁单位认真开展各项环境卫生保障工作。同时，加强对新增区域卫生巡查、督查力度，确保五条新增道路常态化、精细化作业。（区环卫所）

责任编辑　翟长保

交通·邮政·电信

交　通

综　述

【交通建设投资】　2017年，花溪区交通基础设施建设投入资金14.5亿元，其中农村“组组通”公路建设投入资金4676.3万元、农村公路提等改造工程投入资金4152.7万元、国省道改造项目投入资金13.58亿元、金竹社区烂泥沟至新寨公路3.72千米中修投入资金151.6万元、板岩桥危桥改造工程投入资金121万元、农村招呼站建设投入资金74万元。　（区交通运输局）

石板镇天河潭大道（杨小平　摄）

【客运车辆与站点】　2017年，全区投放客运车辆524辆，其中公交车125辆，农村班线车159辆、出租车240辆。开通农村片区客运的乡镇有青岩、马铃、燕楼、黔陶，建成的农村客运站有6个，在建2个（麦坪镇和马铃乡客运站），建成农村招呼站37个。花溪区7个乡4个镇143个行政村的农村公路基本实现通村公路硬化，客运班线车辆覆盖全

区所有乡镇和绝大多数村。（区交通运输局）

【交通运输、管理部门和国有企业】 2017年，花溪区交通运输局下属有4家负责交通运输管理的事业单位：花溪区公路管理所、花溪区交通运输管理所、花溪区汽车行业维修管理所、花溪区地方海事处，另有1个国有企业花溪车站。

（区交通运输局）

公路建设

【农村公路建设】 2017年，建设组组通公路。花溪区“组组通”公路建设项目18个，25.437千米，截至12月末，完成路基16.2千米，工程形象进度为65%，投资4676.3万元。

花溪区农村公路提等改造项目2个，其中投入资金4152.7万元的青岩歪脚至黔陶5.25千米改造工程完工。另外，启动青岩至思若道路改造工程前期工作。

花溪区为推进贵阳市旅游公路环线的建设，涉及花溪段有128.2千米，其中主线76.5千米，环线51.7千米。年末，选定开工示范段，完成开工示范段施工图设计方案及工程可行性研究报告编制。（区交通运输局）

【国道、省道改造建设】 2017年，花溪区普通国道、省道改造项目有3个，其中投入资金7140万元的104省道花溪区黔陶至高坡石门8.659千米改造工程完工；投入资金12.87亿元的花溪一小至石板5.56千米完工；209省道花溪区燕楼至团茶公路19.667千米改扩建工程正在建设中。

（区交通运输局）

【农村客运站点建设】 2017年，区交通局投入74万元建成石板镇、羊艾、党武、燕楼、高坡、孟关6个客运站。建成农村招呼站37个，其中孟关乡有石龙村、上板村贵化厂、谷立村、谷立村长坡4个招呼站；麦坪镇有杉一村、杉二村、兴诚村、彭官村、大坡村5个招呼站；青岩镇有思潜村、思潜村菜场、南街村、北街村4个招呼站；黔陶乡有谷洒村、谷洒村马店、谷洒村野毛寨、骑龙村、骑龙村新寨、骑龙村桐埜书屋6个招呼站；燕楼乡有燕楼村、槐舟村、坝楼村3个招呼站；马铃乡有凯坝村、石浪路口、磨凯3个招呼站；高坡乡有大洪村、高坡村、新安村、云顶村、杉坪村、批林村、掌克村、硐口村、硐口村丫口田、龙云村、龙云村茶山、克里村12个招呼站。

（区交通运输局）

【农村公路养护与管理】 2017年，花溪区级管养农村公路规划提等后的管养里程698.41千米，其中国道1条2.613千米，省道2条79.459千米，县道22条164.097千米，乡道50条163.291千米，村道181条288.95千米。花溪公路管理所建立“常态化巡查、定期清扫维护、专案修复”的周期性作业制度，确保农村公路常年保持良好的技术状况。同时对管养的农村公路桥梁有40座，其中大桥2座、中桥10座、小桥28座。按照《公路桥梁养护管理工作制度》定期对桥梁主体结构及其附属构造物的技术状况进行检查，发现问题，及时处理。（区交通运输局）

【公路安全检查与应急保障】 2017年，花溪区交通局对农村公路、高边坡、高路堤以及桥梁、涵洞等危险路段进行巡查，并建立巡查台账，重点对临崖、临水、临坎、临房等重点路段进行排查。全年出动巡查人员600余人次，巡查里程569.5千米，修复新增挡墙垮塌8处、786立方米，边坡垮塌9处、2300立方米，道路沿线树木倒塌13处、路面损坏7处，对发现的隐患点设置警示标牌50余块。除对发现的安全隐患采取临时措施外，及时将相关情况上报市公路处申请资金进行修复。花溪区交通局成立由主要领导担任组长的12人的

8 月 4 日，黔陶至高坡路段遭水毁，路政人员紧急抢险（区交通局　供稿）

应急抢险小组，准备 200 型挖掘机 2 台，运输车辆 10 台，民工 30 名，24 小时待命，做到区域天气预报第一时间了解，上级防汛指示精神第一时间落实，公路安全隐患第一时间排查。做好应急处置工作，确保公路完好畅通。（区交通运输局）

【路政执法宣传】　2017 年，花溪区交通局配合贵阳公路管理段，利用赶集时间在黔陶乡开展以“爱路护路、服务出行”为主题的“路政宣传月”活动，发放宣传资料 700 余份，提高群众爱路护路意识和安全保护意识。（区交通运输局）

公路运输

【农村班线公交化改造】　2017 年，花溪区完成花溪至燕楼、花溪至久安、花溪至芦荻、花溪至平寨和花溪至马铃 5 条农村班线公交化改造任务。

【投放新能源公交车】　2017 年，花溪区投放新能源公交车 38 辆，其中花溪至天河潭 10 辆、花溪至大学城 6 辆、花溪至燕楼 18 辆、花溪至芦荻 2 辆、花溪至久安 2 辆。（区交通运输局）

【查处非法营运】　2017 年，花溪区交通局联合交警、城管、残联等多家单位开展联合执法，对中心城区非法经营的残车、黑车、摩的等进行查处。全年处理 12319 投诉案 1300 余起，出动稽查车 900 余台次，出动执法人员 4500 余人次，查处营运车辆 175 车次（其中班线车 110 车次，公交车 30 车次，出租车 35 车次），打击非法营运车辆 303 辆，罚没收入 266.07 万元。

（区交通运输局）

【交通安全检查】　2017 年，花溪区交通局对安全生产工作进行研究部署，特别在全国两会、省党代会、高峰论坛、数博会期间，对辖区内 3 个客运企业、4 个危货企业、1 个客运车站及 9 所驾校的道路运输企业开展安全大检查，督促企业落实主体责任。全年检查企业 181 次，出动检查人员 500 余人次，发现安全隐患 510 个，均按要求整改完毕；排查客运车辆 1230 辆次，驾驶员 750 余人次，排查出安全隐患 43 个，均进行整改。

（区交通运输局）

【交通智能监管】　2017 年，花溪区交通局会同数安智能有限公司搭建“客安邦”智慧客运安全平台，加强对农村客运班线车的监管。平台主要对超员、超速、违规停靠、路线偏离、违规代班、问题车辆运营、长时驻点经营、不良驾驶行为以及疲劳驾驶等 9 项监管功能进行智能识别，年末完成平台功能的演练测试。聘请北京至信普林科技有限公司对客运企业的北斗监控进行升级研发，截至 12 月研发工作初步完成，正对系统进行测试。

（区交通运输局）

【交通安全生产宣传】 2017年，花溪区以交通安全生产宣传月活动主题“全面落实企业安全生产主体责任”，开展安全生产知识答题竞赛、宣传咨询日、生产安全事故警示教育、安全生产应急演练等活动。活动期间，发放交通运输安全知识宣传单2100余份，张贴悬挂横幅标语130余条，制作安全宣传展板4块，举办安全生产知识培训班4期。 （区交通运输局）

【汽车维修与管理】 2017年，花溪区交通局对乱停乱放、占道、环境卫生差、废旧轮胎乱堆乱放等现象进行专项清理整顿，组织人员到孟关汽贸城对维修企业进行专项清理整顿，凡是二类以上汽车维修企业，按照要求做到“一源一档”，建立废机油专用库房；对维修企业在质量信誉考核中，不能按管理制度达到规范要求的坚决进行整改，否则不予考核、办证。全年完成机动车维修质量信誉考核的经营企业88户，其中一类企业15家、二类企业37家、三类企业36家。对重新申报的维修企业按新国标进行审核；对原有二类以上维修企业按新标准要求完善场地、设施、设备仪器等，必须符合新国标要求，对审查不合格的企业到期将不予换证，按程序审批后，到区政务大厅进行办证，全年，有9户二类汽车维修企业办理行政许可审批。 （区交通运输局）

【车站安全管理】 2017年，花溪车站例检营运车60303辆次，停发1611辆例检不合格的首发班车；劝阻携带危险品进站乘车的乘客1519人次；站内开展安全隐患排查22次，排查出4403辆客运车存在安全隐患，对存在安全隐患的车辆停止营运并进行现场整改，使所有进站车辆都纳入安全管理范围，并签订进站安全责任书。

为打造花溪全域旅游区形象，改善车站运营环境，在车站出站口建了一个150平方米的旅客进出大厅，规划站内停车位、车辆通道标线，并在进出口大厅设置充电区和旅客休息区，能同时容纳100余人，解决出站口人车混行的安全隐患问题；在站内发车区、办公区、旅客大厅安装监控探头12个，实现全方位、全覆盖实时监控站内安全营运动态。全年溪车站投入环境整治工作经费20万余元。

三创复检工作中，花溪车站对进、出站车辆必须保持洁净、停放有序，配合好交管部门做好动态方面的“整脏治乱”管理，对有违反“整脏治乱”规定在营运中乱停乱放的车主进行批评教育。对车站内卫生做到每日清扫，使车站在“三创”检查中多次得到检查组的认可，全年车站投入“三创”工作经费为25万元。

2017年春运期间，花溪车站加强运力准备，做好运输计划，完善运输组织，对运营车辆进行全面安全大检查，组织定期和不定期抽查，发现问题及时整改，杜绝隐患，以确保春运期间运力充足，调度有序。从春运开始至结束，投入6888辆班线客车，发班2.68万班次，运送旅客37.06万人。 （区交通运输局）

海事管理

【水上交通安全管理】 2017年，花溪区对辖区范围内的松柏库区、花溪水库、花溪河及各景区内的船舶经营点、渡口开展安全生产大检查，重点是加大对“四重”（重点水域、重点船舶、重要时段、重大隐患）的监管力度，以检查船舶技术状态、船舶救生设备的配备和船员持证情况等进行专项检查。全年对区属各有船的乡镇、水库、河流、码头（渡口）进行75次现场监督检查，出动车辆75辆次，检查船舶468艘次，参加检查人数225人次，确保区内水上交通安全无事故。

（区交通运输局）

【航务管理】 2017年，花溪区对有船的3个乡镇、3个船点、4道渡口进行技术性的安全检验。

检验船只32艘，审验船舶营运证28份，巡航检查50余次，巡航时间120小时，巡航里程880千米。

【水上安全知识培训】 2017年7月中旬，花溪地方海事处对现有持证船员分批、分点开展培训，培训贵筑社区服务中心李村和石板镇镇山村乡管员、村支两委负责人、船员80余人次，使各岗位上岗人员执证率100%。 （区交通运输局）

交通环保督查工作

【环保“未批先建”项目清理】 2017年，花溪区交通局按照中央环保督查的工作要求，分别召开全区维修企业、驾培企业环保“未批先建”专题会，配合石板镇、久安乡政府及区质监局等部门对二级水源保护区内涉及的15家汽车维修站点和5家驾校进行关停，督促企业到环保部门进行建设项目环境登记，并签订环保承诺书，对未办理环保手续的企业（站、点）不再给予行政许可。

（区交通运输局）

【船只调离水源保护区】 按照环保督查要求，花溪区地方海事处于2017年4月，将花溪水库29艘船只调离库区统一保管，并安排专人每天对花溪水库、平桥、螃蟹井进行巡查，确保库区无任何过河设施。至环保检查结束，出动海事执法人员62人次，巡航巡查31艘次。 （区交通运输局）

【落实日巡查制度】 2017年，在中央环境保护督察组进驻贵州期间，加强对辖区交通运输企业环保工作监督管理的同时，每日对15家不符合环保要求关停的维修企业以及5家驾驶员培训学校进行巡查，确保工作落到实处。同时，对管养公路沿线以及花溪水库、平桥、螃蟹井等重点区域进行每日巡查，确保公路无垃圾乱堆乱倒、花溪水库水源保护区无任何过河船只等影响环境的问题出现。在环保督查工作期间，出动执法车辆270余车次，执法人员1210余人次，办结信访件8件，办结率100%。 （区交通运输局）

邮　政

【概　况】 2017年，中国邮政集团公司贵阳市花溪区分公司内设机构有办公室、市场部和代金部。下辖集邮文传、渠道电商、包快服务中心、营业部、普邮投递部、包快揽投部、清溪支行、青岩支局、孟关支局、兰馨支局、吉林支局、鑫中支局、石板支局13个经营服务机构以及16个委托代办网点。邮政服务覆盖全区9个乡镇，服务人口46万人。 （李艳明）

【邮政业务类型】 2017年，公司业务除邮政传统业务（信函、印刷品、包裹、汇兑、报刊收订）、邮政储蓄业务、特快专递及快递物流业务、机要业务、集邮业务、电商业务外，还开办代收电信、移动、联通、电力、石油、有线电视、自来水费，代理保险、车证车辆年审、交通违法处罚、烟草代购、国（地）税代开发票等便民服务。

（李艳明）

【邮政经营成效】 2017年，业务总收入3173万元，完成年计划的104.4%。投递报刊流转额1300万元，实现自2015年以来报刊流转额3连增，城乡投递报刊邮件12.47亿件，妥投率94.7%以上；邮政普遍服务满意度测评84.7分。建立30家便民服务站的“邮掌柜”（缴费一站通）和在居民区、新区政府及大学投放“易邮柜”（智能包裹箱）。邮政企业吸纳从事邮政营业、投递的大学毕业生、下岗工人、农民工38人，年末，在册干部职工92人，职工平均年龄37岁，自营网点窗口营业人员都大专以上学历，在岗人员90%以上获本岗位职业资格认证。 （李艳明）

电　信

电信花溪分公司

【概　况】 2017年，中国电信股份有限公司贵阳花溪区分公司统一使用“中国电信”服务标识及10000号服务热线。公司内设机构有办公室、销售服务部、网络服务部。下属机构有青岩支局（管辖青岩镇、燕楼镇、马铃乡）、孟关支局（管辖孟关乡、黔陶乡、高坡乡）、石板支局（管辖石板镇、麦坪乡、久安乡）、贵大校园支局（贵大新校区）、溪北城市支局、溪南城市支局。截至2017年12月，职工人数为85人。公司总经理张贤，副总经理周舟、司迟。（电信花溪分公司）

【电信业务经营】 2017年，公司向用户提供固定电话、移动电话业务、互联网接入及应用、数据通信、视讯服务、国际及港澳台通信等多种类综合信息服务，满足客户的各种通信及信息服务需求。建成无线设施760余套，4G无线信号覆盖全区各乡镇。年底，90%以上用户实现“光纤进家”。公司拥有宽带用户5万余户、固定电话（座机）用户2万余户、移动电话用户7万余户（不包括经开区及湖潮乡、党武镇用户）。

（电信花溪分公司）

移动通信花溪分公司

【概　况】 2017年，公司组织团员和青年，明确青年文明号创建工作目标和工作内容，结合花溪移动改革创新的工作实际，开展志愿者“和公益心相连”学雷锋活动月、“绿箱子”“心手相连”活动，统一使用标识，总结青年突击队工作的成绩与经验，通过各种方式培养青年岗位能手，搭建干事创业的舞台，服务青年员工成长成才。

（金方祖）

【移动公司区域信息化建设】 2017年，花溪移动通信分公司立足于花溪区区域内移动通信的发展和建设，规范公司7S管理办法，提升公司内部管理效能。LTE基站建设规模353个，截至11月14日，开通站点236个，开通率66.86%。新建贵17无线蜂窝物联网基站208个，11月7日，完成站点查勘，12月30日前全部开通。MR覆盖率96.2%，根据传输大会战的要求，骨干层纤芯完好率必须达到95%以上，花溪移动公司组织迁改单位开展纤芯整治，精心制定迁改和割接方案，安排专人审核整治和迁改方案、紧盯整治进度和抢割接窗口。由于计划周密，9月，完成纤芯整治，纤芯完好率100%。按照汇聚层机房传输线路双路由整治的工作要求，组织施工单位逐站现场查勘设计双路由整治方案，同网维中心沟通，制定可行性割接计划，16个汇聚层机房的双路由整治于10月全部完成。（金方祖）

【移动公司业务经营】 2017年，综合业务继续稳步增长。花溪移动公司狠抓员工思想教育和队伍建设，加强营业窗口服务态度的转变和业务技能的提高，为客户营造出一个良好的服务环境。1—2月，在网用户42.65万户，全年收入4.36亿元。花溪移动拓展农村市场，推动农村宽带的快速发展，年农村宽带用户2.113万户。加大高校新业务的推广，为全区移动通信的快速发展打下良好的基础。（金方祖）

中联网通公司花溪区分公司

【概　况】 中国联合网络通信有限公司花溪区分公司成立于2004年，是中国联合网络通信有限公司贵阳市分公司的分支机构，公司下设花溪公众销售中心，负责公司规范营业服务组织和业务宣传活动，为客户提供售前、售中、售后服务。下辖城区网格、青岩网格、孟关网格、石板网格；花溪建维中心负责光（电）缆、联通管线设施的维护，花溪区域内的管线设施、接入网的规划、迁改和工程实施管理，协调与市政建设、施工单位的工作关系；校企中心负责党政军、企业、商业客户、公众客户提供固定电话、移动电话、互联网接入及应用、数据通信、视讯服务、国际及港澳台通信等综合信息服务。

（中联网通花溪区分公司）

【联通公司业务经营】 2017年，联通公司花溪销售中心全年收入4587.17万元，其中移动业务收入3241.19万元，固网业务收入1345.98万元。全年发展用户34477户，其中移动业务发展25946户，固网业务发展8531户。（中联网通花溪区分公司）

【联通公司队伍建设】 2017年，公司有员工42名。公司党支部（贵阳分公司内第八党支部）有中共党员6名，预备党员1名。选送到国资委党校培训班学习6人次，递交入党申请书8人次，在实际生产工作中坚持“党旗在前，党员带队”“攻坚克难，党员先行”，促进公司的业务发展。公司党支部获得贵州联通党委“五好支部”称号，并分别获贵州联通党委、贵阳联通党委“先进基层党组织”“攻坚团队”等荣誉；花溪分公司负责人饶鸿飞荣获贵州省“五一”劳模称号。公司到久安乡慰问2户贫困家庭；2017年1月23日，到党武镇龙井村“送春联贺新春”，公司领导饶鸿飞为当地村民书写春联。（中联网通花溪区分公司）

责任编辑　姚　毅

生态建设

综　述

【花溪环境状况公报】　2017 年，花溪区空气质量优良率为 93.8%，地表水达标率 100%、集中式饮用水达标率 100%、森林覆盖率 48.38%，建成区绿地率 47.73%，建成区人均公园绿地面积 15.46 平方米。（区生态局）

【生态文明创建】　2017 年，花溪区编制《生态文明建设示范区规划》，创建高坡乡为省级生态乡镇，高坡乡石门村、平寨村、云顶村、水塘村、杉坪村、高寨村、甲定村为省级生态村；高坡乡扰绕村、大洪村、高坡村、街上村、新安村、批林村为市级生态村。（区生态局）

【节能降耗】　2017 年，全区发放排污许可证 101 家，其中重点排污单位 15 家，辖区重点排污单位全部实现持证排污，无超标、超证排放行为。贵州新华羲玻璃有限责任公司环保节能改造项目获 2017 年第二批能源节约项目专项资金 120 万元；督促贵州麟山水泥有限责任公司、贵州泰邦生物制品有限责任公司、际华三五三七制鞋有限责任公司、贵州富明行包装有限公司 2017 年度节能减排监测，做好节能工作。全区工业规模以上增加值能耗下降在 5% 以上。督促贵州富明行包装有限公司、新华羲玻璃有限责任公司实施燃煤窑炉天然气改造。主要污染物总量控制在市下达目标内。（区生态局）

水环境管理

【概　况】　2017 年，花溪区饮用水源水质达标率 100%，地表水优良率 100%。全年，水环境质量在全市排名中，花溪区名列第 2 名。

【水环境质量管理】　2017 年，花溪区环境监测站每月对赵司河、三岔河、老榜河、扬眉河、马铃河、湾河、翁岗河、车田河、白岩河、花溪河开展水质监测，及时掌握水质变化情况。（区生态局）

【水环境保护】 2017年，花溪区启动花溪河保护项目，主要实施花溪河两岸截污管网和清淤工程、养牛大沟治理工程、洛平大沟工程以及大水沟综合整治工程。 （区生态局）

【水污染防治】 2017年，孟关污水处理厂和隆昌污水处理厂投运。久安乡小山村、久安村，石板镇花街村大寨、镇山村大寨，青岩镇扬眉村、新楼村、新关村、谷通村、达夯村、二关村、思潜村农村环境综合整治工程启动。 （区生态局）

生态环境保护

【环境保护执法】 2017年，花溪区范围内出动2000余人次进行环境监察，立案查处环境违法案件59件，罚款269.28万元，移送司法机关4件，其中1件涉嫌环境违法犯罪的案件（花溪区孟关乡非法倾倒污染物案），3件涉嫌违法排放污水案件（石板一村3家豆腐作坊），移交公安机关处理。此外，依托贵阳市社会治理大数据云平台、“12369”环境污染举报热线平台，做好环保污染信访、举报投诉工作，制定24小时值班制度，畅通举报渠道。全年，查处群众来电、来访及中央、省、市上级转办件612件，其中大气污染297起、水污染146起、噪声污染97起、其他70起、辐射2起；处理率100%，回复率100%。 （区生态局）

【山体修复治理】 2017年，花溪区统筹推进百山治理工作，以花溪区城市核心区域城市主干道可视范围为重点，对花溪区分布的61个山体，按照保护优先、“一山一策”的方式实施分类治理，消除裸露山体和迹地斑秃，提升植被覆盖度，丰富森林景观，形成点、线、面、环相结合的城市绿地系统。全年完成24个地块、205.67亩山体治理工作。 （区生态局）

【建设项目环保审批】 2017年，花溪区办理建设项目审批手续148项，其中建设项目环境影响评价报告书13项；建设项目环境影响评价报告表132项；开展现状评价3项；建设项目环境影响评价登记表备案827项；项目验收67项。协调省市级项目并出具预审意见30项。 （区生态局）

【建设项目环境管理】 2017年，花溪区对不符合花溪区区域规划、环境保护要求的10余个建设项目予以否决。执行排污许可总量控制制度，发放排污许可证101家，其中重点排污单位15家，辖区重点排污单位全部实现持证排污，无超标、超证排放行为。强化工业企业减排监察，花溪区环境监察大队对辖区内15家环境统计企业实行“双随机”监察，对不能稳定达标排放的企业，责令限期整改或限期治理，直至稳定达标排放。 （区生态局）

2017年2月3日，花溪区开展义务植树活动（杨小平 摄）

【空气污染防治】 2017年，花溪区制发《花溪区2017年大气污染防治工作方案》《关于加强春节期间减少烟花爆竹燃放宣传引导的通知》《关于进一步做好露天禁烧工作的通知》《迎接西南环境保护督察中心在花溪区督查期间环境空气质量保障方案》《省第十二次党代会花溪区环境空气质量保障工作方案》《中央环保督查及数博会期间环境空气质量保障方案》《国务院第四次大督查期间环境空气质量保障工作方案》等文件，加强大气污染防治工作统筹力度，对专项工作进行专项整治。全年花溪区环境空气质量优良率93.8%，环境空气综合指数3.48，相较2016年下降7.4个百分点；PM10浓度比2016年下降10.6个百分点，PM2.5浓度比2016年下降6.2个百分点；二氧化硫月均浓度比2016年下降7.7个百分点；二氧化氮月均浓度比2016年下降8.3个百分点；一氧化碳第95百分位数与2016年持平；臭氧第90百分位数比2016年下降6.4个百分点。（区生态局）

【噪声污染防治】 2017年，花溪区制定印发《花溪区噪声污染防治工作实施方案》《花溪区关于加强建筑工地施工扬尘、废水排放及噪声污染防治工作实施方案》，强化部门联动执法，噪声污染投诉处置率100%。根据监测情况，建成区区域环境噪声平均值为51.6dB（A），建成区交通干线噪声为66.1dB(A)。

【固体废物与危险废物处理】 2017年，督促21家企业季度工业固废产生及利用情况申报。全年花溪区产生工业固废约0.58万吨，利用工业固废约25.65万吨。转移危险废物联单1069单，移出单位110家，废物种类8种，2628.95吨，其中废矿物油与含矿物油废物954.86吨、含铅废物660.63吨、有机溶剂与含有机溶剂废物0.64吨、染料涂料废物0.4吨、含锌废物838.28吨、油水烃混合物或乳化液2.65吨、有机树脂类废物2.66吨、其他废物168.82吨。第一批纳入医废条码管理的医疗机构部分实现数据的接入及正常运行。（区生态局）

【核与辐射环境安全监管】 2017年，花溪区会同省、市辐射管理部门成功处置两起辐射迎接事件，辖域内核与辐射利用单位环保手续、年度评估、上岗证、使用台账、安保措施、辐射安全管理制度等方面均按照《放射性污染防治法》《放射性同位素和射线装置安全和防护条例》等法律法规执行，未发现违规违法行为，辖域内核与辐射环境安全稳定，辐射环境质量总体良好。（区生态局）

【自然保护区管理】 2017年，花溪区成立花溪区县级湿地保护委员会，组织完成青岩油杉自然保护区落界工作，编制完成功能区划和总体规划，区划青岩油杉资源保护区面积400.93公顷，涉及

6月18日，花溪公安分局干警参加"保护母亲河·河长大巡河"暨"6·18生态日"主题活动(高坡乡　供稿)

青岩镇、黔陶乡，并通过市级评审，逐级上报到省林业厅审查。（区生态局）

园林管理

【概　况】 2017年初，花溪建成区绿地面积1592.24万平方米，新增绿地面积20万平方米，随着青岩古镇、恒大童世界的建设，年末建成区总面积增加至3336万平方米。绿地率47.73%，公园绿地面积307.69万平方米。新增公园绿地面积3.3万平方米，建成区人均公园绿地面积15.46平方米，人均面积比2016年增加0.01平方米。（区生态局）

【林木花卉苗圃建设】 2017年，花溪区孟关林场建设繁育中药材树种苗木保障性基地100亩；花溪区燕楼镇新井村规划建设苗木花卉产业基地1000亩，主要繁育城市绿化苗木。年末，全区苗木花卉种植面积1826亩。（区生态局）

【“千园之城·百园之区”建设】 2017年，花溪区新建成公园65个，其中城市公园37个、社区公园7个、森林公园13个、山体公园8个。（区生态局）

林业管理

【概　况】 2017年，花溪区林地面积59.27万亩，森林面积59.17万亩，森林覆盖率48.38%。全年花溪区在耕地上种植樱桃、梨、李等经果林，人工造林15000亩，森林抚育12671.5亩。（区生态局）

【森林资源管理】 2017年，区生态局与全区乡镇、社区签订保护发展森林资源目标责任书，签订率100%。完成森林资源调查、规划；严格使用林地管理，强化项目使用林地占一补一，建立1个2000余亩的林地储备库，强化临时使用林地监管，督促项目业主单位严格按照项目临时使用林地恢复林业生产条件方案开展林地恢复工作，及时收回林地，确保林地总量不降低。完成全区古大树及名木调查资料，全区有古大树木418株，9个古树群，全部挂牌。加强野生动植物保护，以“六个严禁”执法开展野生动植物的巡查和保护工作。花溪区有养殖场所2家，养殖动物为竹鼠，未出现疫病疫源现象。（区生态局）

【公益林建设管理】 2017年，区生态局开展花溪区公益林区划界定工作，做好公益林保护和经营管理，实施公益林补偿，并对补偿资金兑现使用进行监管。实施完成花溪区5.29万亩国家级公益林中央财政森林生态效益补偿基金78.03万元，及41.43万亩地方财政森林生态效益补偿基金331.44万元资金兑现工作，并签订305名专职公益林护林人员管护合同，其中专职重点公益林管护人员22名、地方公益林管护人员261名。（区生态局）

【林地林权管理】 2017年，花溪区对申请登记的林权进行确权，对林权改革确权发证档案进行管理。主要完成花溪区集体林权制度改革确权发证档案移交工作，完成4件林权纠纷案件调处和1件林权诉讼案件的审理。（区生态局）

【林木采伐运输加工管理】 2017年，全区未出现违规、超权限核发采伐证情况，未出现超范围、超面积和乱砍滥伐的现象；严格木材运输管理，按程序开展木材运输许可，强化执法检查，严厉打击违法运输木材的行为；强化木材加工行业管理，不定期开展检查：检查是否存在违法经营、加工木材行为；开展安全生产检查，提高安全生产意识，完善安全生产设施，及时消除安全隐患。（区生态局）

【林权体制改革】 2017年，花溪区对申请登记的林权进行确权，并根据相关林权制度改革配套政策的精神和要求开展林地确权、公益林补偿、政策性农业保险、林权抵押贷款、林地流转及社会化集体经济组织建设等工作。主要完成全区49.78万亩公益林及444亩商品林的政策性森林保险投保工作；完成1个社会化服务体系的建设（林业专业合作社会化建设）。 （区生态局）

【林业执法案例】 贵阳花溪无抗养殖场擅自改变林地用途案：贵阳花溪无抗养殖场于2014年6月在未办理林地使用手续的情况下，修建养殖场，违法使用花溪区马铃乡平山村集体林地面积595.2平方米，地类为乔木林地，无林木蓄积，林种为特种用途林，林地保护等级为3级。该单位对其违法行为认可，并自愿接受区生态局调查处理。该案件经局案件审查组审定，并报局长办公会讨论决定，根据《中华人民共和国森林法实施条例》第43条的规定，给予贵阳花溪无抗养殖场擅自改变林地用途面积每平方米20元的罚款，共计人民币11904元，并责令限期恢复林地原状。

（区生态局）

责任编辑 翟长保

农业

综述

【农村产业产值】 2017年，花溪区15家省级以上农业龙头企业销售收入55亿元，第一产业增加值23.4亿元（贵阳市第5位）。茶叶产量2012吨，蔬菜产量25.9万吨（分别位居贵阳市第2、3位）。发展食用菌828万棒、精品水果1.6万亩，肉类产量1.02万吨，蔬菜、畜禽等农产品质量抽检合格率100%。全区绿色蔬菜种植20.7万亩、产量25.9万吨，培育黔陶香葱等5个连片规模达1000亩的种植基地，马铃"一山牌"长豇豆获得中国有机食品认证，久安猴头菇被省窗口接待单位定点采购。引进青岩农夫果园等一批精品水果项目，新增精品水果种植1.6万亩，水果年产量0.89万吨，打造马铃四季采摘园等一批农旅项目。初步划定全区畜禽禁养区，肉类总产量1.02万吨，禽蛋产量0.447万吨。全区抽检蔬菜、禽肉产品162个，检测合格率100%，新申报无公害产地2.8万亩、无公害农产品5个、绿色有机食品8个，申报国家地理标志2个，花溪区创建为省级出口茶叶质量安全示范区。 （李小球）

【农村"三变"改革】 2017年，花溪区启动农村承包土地确权登记颁证工作完成颁证3.1万户、颁证率100%，档案和数据库建设同步规范完成，以优秀等次通过省级验收。在18个村开展"三变"（农村资源变资产、资金变股金、农民变股东）改革试点工作，农村常住居民人均可支配收入14810元（贵阳市第6位），实施各类项目14个，覆盖低收入困难户的56.6%，土地入股1.7万亩，资金入股3374万元，农民变股东7709人，入股农民人均增收1100元。12月11日，《贵阳日报》以《"三变"改革注活力，"三农"发展增动力》为题进行专题报道。 （李小球）

【溪南十锦项目建设】 2017年，花溪区溪南十锦一期工程竣工，完成投资2.9亿元，以其为主会场举办花溪区第一届乡村旅游节。项目完成12个村环境整治和2个美丽乡村示范点建设。沿旅游环线选定田园综合体15个、富美乡村实施点10个，部

分项目与投资方达成合作意向。　　（李小球）

【农技服务】　2017年，花溪区实施稻水象甲防控8.58万亩；免疫注射家禽167万羽、家畜18.66万头，监测家畜疫病2260份样品，家禽疫病检测4138羽份样品。农业面源污染防治完成阿哈湖水库周边13家畜禽养殖户环保整治，围绕茶叶蔬菜等主导产业推广农业生产绿色防控技术，化肥使用量零增长。　　（胥　瑞）

【实施扶贫项目】　2017年，花溪区投入大扶贫资金3639.08万元，投资465万元实施专项扶贫项目11个。全区贫困人口从2016年12月31日的604户1149人减少到2017年12月31日的314户532人，实现脱贫出列290户617人，其中脱贫标注272户574人，自然增加2人，自然减少18户45人，贫困发生率降为2‰。但尚未脱贫出列的314户532人贫困人口中低保人口520人、占比97.7%，残疾人169、占比31.8%，年龄超60岁的191人、占比35.9%，脱贫的内生动力极弱，财政扶贫资金投入出现边际瓶颈。　　（胥　瑞）

【优良品种推广】　2017年，花溪区推广粮油优良品种50余个，推广区域主要在青岩镇、黔陶乡、燕楼镇、马铃乡、高坡乡、孟关乡、久安乡，其中面积较大的有水稻民优93、蓉3优918、宜香优2115、川优6203等；玉米黔糯768、京科糯2000、安单3号、兴黄单999等；油菜以黔油系列为主；马铃薯以威芋3号为主。　　（李小球、胥瑞）

种植业

【概　况】　2017年，花溪区围绕市级旅游环线，谋划实施农业产业结构调整，计划用两年时间发展茶叶种植10万亩，水果种植2.61万亩，培育起以茶叶和精品水果为主导、农旅融合为主要业态、产加销为一体的特色农业产业体系。全区任务分解到位，明确7个实施经营主体，完成果树茶苗移栽挖坑1.5万亩。全区明确茶、蔬、果、菌、药、花、旅等7个主导产业。　　（何　琦）

久安乡打通村食用菌种植（久安乡　供稿）

【茶产业】　2017年，贵州省委书记陈敏尔到久安高效茶叶示范园区调研。花溪区建成高效茶叶种植面积4.7万亩，投产4.3万亩。全区有贵州贵茶有限公司、贵阳花溪赵司古贡苔茶开发有限公司、贵阳花溪熙皇赵司贡茶茶场、贵阳花溪赵司贡茶茶场、贵阳黔之绿茶场有限公司等5家茶产业加工企业。花溪区培育以国家级龙头企业——贵州贵茶公司为代表的7家规模茶企，茶园面积4.7万亩，年产量0.2万吨，贵茶旗下联盟企业成员51家，带动全区1万余农户发展，茶产业综合产值8.02亿元。贵州贵茶公司培育“绿宝石”“红宝石”等国内外知名茶叶品牌，创新“贵茶联盟”产业扶贫模式，订单收购贵州省7个市州65家联盟企业生产的茶叶，在全省范围内建立符合欧盟出口标准的“绿宝石”专属茶园15万亩，涉及茶农1.5万。贵茶公司与茅台集团达成战略合作，入驻茅台云商，成为其首个非茅台品牌；与华糖集团共同成立全国首个酒茶融合创新研究推广中心。贵茶公司在久安园区建成自动化抹茶生产线结合新型茶叶种植技术，形成标准化技术体系，“贵州制造”抹茶首次规模化出口日本，研发的国产

"绿宝石"生产线成为贵州第一家以茶机成套设备进行销售。

【农业示范园建设】 2017年，花溪区建成久安现代高效茶叶示范园区古茶园、九龙山精品茶园，马铃乡谷中村精品水果采摘园、谷中村园中百花园，青岩农夫果园、国泰现代农业疗愈养生示范园、赵司茶旅一体化示范园、力合种业台湾兴农产业园，高坡一草一木高效农业种植园区，"农业+疗愈养生""农业+采摘体验""农业+房车露营"等新业态初步形成，园区发展农家乐120余家。推进久安现代高效茶叶示范园区、青黔农旅一体化示范园区、燕马都市蔬菜保供基地示范园区3个省级现代高效农业示范园区建设，在2017年省级现代高效农业示范园区建设工作绩效考评结果中，花溪区久安现代高效茶叶示范园区排位第52位，为"引领型"园区，花溪区青黔现代观光休闲农旅一体化示范园区排位第161位，为"发展型"园区，花溪燕马都市蔬菜保供基地示范园区排位第263位，为"发展型"园区。

（胥　瑞）

【久安现代高效茶叶示范园区】 久安现代高效茶叶示范园区自2013年建设以来，建成集标准化茶叶种植、古茶树保护与研发、出口茶叶加工、抹茶加工、食用菌种植、茶旅一体化示范于一体的示范园区，引进贵州贵茶公司、贵州常吃常想食品有限公司等10家企业入园发展。通过"公司+基地+合作社（专业户）"的模式，推行"核心区+辐射区+带动区"的连接机制，在久安乡建2万亩精品茶园，辐射带动久安及周边农民发展高标准茶叶种植。在贵州省全域组建贵茶联盟，带动遵义、铜仁、安顺等地区35万茶农，总产值2亿元，带动农民增收500多万元。2017年，贵茶与茅台集团达成战略合作入驻茅台云商成为其首个非茅台品牌；贵茶与华糖集团共同成立全国首个酒茶融合创新研究推广中心。贵茶公司获道德茶叶合作联盟（ETP）认证。

贵茶公司与贵州省茶科所合作，开发"绿宝石""红宝石"系列产品，茶青采摘技术将传统的一叶一芽改为两叶一芽，提高茶青产量，通过引进日本生产线，实现茶叶加工机械化。在久安园区建成自动化抹茶生产线结合新型茶叶种植技术，形成标准化技术体系，"贵州制造"抹茶首次规模化出口日本。研发出国产"绿宝石"生产线，成为贵州第一家以茶机成套设备销售的企业。久安出口茶叶加工园为积聚展示国际国内农工业新品种、新技术提供平台，省茶科所、贵州大学等国内外10多家科研机构和知名企业入园发展，展示物联网农业、智能灌溉、气象监测、精准农业等当前最先进的农业设施和技术，推广各类新技术30多个。全年园区接待全国20个省、自治区、直辖市100多批次、3000多人次的党政领导干部和农民群众到园区参观学习。接待中央电视台综合

黔陶乡青黔现代农旅一体化示范园区（区农业局　供稿）

频道（CCTV－1）、综艺频道（CCTV－3）、北京电视台、贵州卫视、《人民日报》、《光明日报》、《北京晚报》等主流媒体采访团和“茶旅贵州”专题采访团等新闻媒体10多批次，中秋节期间，贵茶公司“敬世界一杯中国茶”的中秋宣传片成功亮相美国纽约时代广场路透社大屏，贵茶成为首个在中秋节向世界展示中国茶文化的茶企。

（陈　亮）

【青黔农旅一体化示范园区】　2017年，青黔农旅一体化示范园区依托“溪南十锦”乡村旅游带建设，形成“一区七园”的园区建设格局：一区即青黔农旅一体化示范园区，七园即“山王庙农夫果园”“国泰现代农业疗愈养生示范园”“赵司茶旅一体化示范园”“马场标准化香葱种植园”“力合种业台湾兴农产业园”“一草一木高效农业种植园区”“自然之源生态养殖园”。引进贵州力合农业科技有限公司、贵州果舍天香农旅发展有限公司、贵州国泰大金科技农业有限公司等13家企业入园发展。通过“公司＋基地＋合作社（专业户）”的模式，推行“核心区＋辐射区＋带动区”的连接机制，贵州力合农业科技有限公司通过和台湾兴农股份有限公司合作，在青黔园区内力合种业台湾兴农产业园对优良品种进行展示、推广，在贵州地区52个区县进行台湾植保技术及产品推广，有近1000个销售网点，示范带动能力强。借助青岩5A级景区和投资2.7亿元的“溪南十锦”乡村旅游带建设，提升园区基础设施，园区内企业发展农旅结合项目，“农业＋疗愈养生”“农业＋采摘体验”“农业＋房车露营”等新业态初步形成，带动青岩—黔陶—高坡沿线农业产业结构调整。

（李小球）

【燕马都市蔬菜保供基地示范园区】　2017年，燕马都市蔬菜保供基地示范园区形成“一区六园”的园区建设格局：一区即燕马都市蔬菜保供基地示范区，六园即“天意燕楼古茶园”“珏玲蔬菜种植园”“鑫果精品水果采摘园”“现代科技创客园”“云中百花园”及“鑫源标准蛋鸡养殖园”。引进贵阳花溪谷中兴发园林有限公司、贵阳花溪鑫源养殖有限公司、贵州鑫果农业发展有限公司、贵州天意燕楼古茶有限公司等12家企业入园发展。通过“公司＋基地＋合作社（专业户）”的模式，推行“核心区＋辐射区＋带动区”的连接机制，鑫源养殖有限公司的“H型蛋鸡育雏育成自动化饲养设备”是自动化程度较高的蛋鸡养殖设备，可实现自动化投料、自动化捡蛋的生态家禽养殖。贵阳花溪谷中兴发园林有限公司建设的云中百花园是集花卉苗圃、旅游住宿、中药材林间立体套种和旅游景区建设为一体的农旅结合项目，田园综合体雏形初步形成。马铃乡革约蔬菜专业合作社种植黔山牌豇豆深受群众喜爱。（溥丽华）

【农产品质量安全】　2017年，区农业局抽检农产品205个，完成目标任务的102.5%。其中，蔬菜109个、水果（包括草莓）31个、水产品5个、禽肉8个、禽蛋8个、猪肉44个，检测合格样品

马铃乡马铃村梨园（马铃乡　供稿）

205个，合格率100%。检测项目包括蔬菜和水果中甲胺磷、甲基对硫磷、氧乐果、敌敌畏、氯氰菊酯、氰戊菊酯、甲氰菊酯、三氟氯氰菊酯、联苯菊酯等15个农药，畜禽产品主要检测替米考星、环丙沙星、恩诺沙星、沙拉沙星、达氟沙星5个兽药，水产品主要检测氯霉素。通过贵州省农业委员会组织的2017年农产品质量安全检测能力验证（验证盲样20个参数）和贵州省质量技术监督局组织的果蔬汁中敌敌畏测定的考核。（唐化冰）

【种子管理】 2017年，花溪区培训种子企业代表6家、种子代理商12户、种子经营户个体户55户；种子经营户备案55户，备案水稻、玉米“两杂”品种210个，备案种子数量88690千克，其中水稻品种99个33290千克、玉米品种111个55400千克。

（穆志国）

【植物保护】 2017年，花溪区农作物病、虫、草、鼠害发生面积45.93万亩次，防治面积46.93万亩次，总防治率为102%，挽回粮食损失1880吨。区农业局全年发出病虫简报63期1250份（其中趋势预报10期210份），防治技术简报22期420份，指导全区开展病虫害防治，准确率92%以上。全区发生稻水象甲疫情2.5万亩，出动技术人员660人次，对全区19个乡（镇、社区）143个行政村开展疫情普查，全年普查面积5.6万亩次，投入防控经费44万元，开展防治7.8万亩次，防效达86%以上。开展植保技术培训49期1631人次、技术咨询9期430人次。开展植物种子市场检疫种子58批次46670千克、调运检疫种子2187批次264993千克。（穆志国）

【农药监督管理】 2017年，区农业局在全区范围内开展农药标签专项整治活动和质量抽查，进行农药质量监督管理专项检查55次，出动检查人员106人次，检查农药经营户41家，杀鼠剂定点经营单位17个，检查农药品种815个10360千克，对其中42个品种816千克过期农药和标签不合格农药进行处理。检查中未发现有剧毒、高毒、高残留农药销售和使用，市场执法检查中全区的杀鼠剂定点经营单位均未发现经营剧毒鼠药。

（唐化冰）

【果树管理】 2017年，花溪区果树总面积46297.2亩其中2017年新建果树面积7905.5亩，投产面积15990亩，水果总产量8984.3吨，产值5390.58万元。果树品种主要有桃、李、梨、樱桃、杨梅、葡萄、草莓、西瓜、柑桔等。

（傅丽华）

【蔬菜生产】 2017年，花溪区蔬菜播面积20.79万亩，产量27.99万吨，总产值达8.75亿元；供应本地市场8.98万吨，主要品种包括白菜、红苋菜、飘儿白等叶菜类蔬菜及豇豆、棒豆、香葱、辣椒等。新增无公害蔬菜产地认证0.3万亩。

（李小球）

【水稻保险】 2017年，花溪区水稻投保面积26895亩，每亩最高保额为600元（绝收情况），按每亩30元进行投保，投入保费806852元。其中，中央资金322741元、省级242055元、市级36308元、区级84719元、农户自筹121027元。

（何琦）

养殖业

【概　况】 2017年，花溪区养殖业以生猪、蛋鸡养殖为主，有23家养殖企业，主要集中在麦坪、燕楼、高坡、黔陶、马铃五个乡（镇），其他乡（镇）零星分布，其中猪场6家、蛋鸡场12家、肉鸡场2家、其他养殖3家。规模养殖户22户，主要分布在麦坪镇、燕楼镇、高坡乡、马铃乡。2017年年末，全区牛存栏2.64万头；猪存栏6.34

万头，其中能繁母猪0.63万头；羊存栏0.12万只；家禽存栏66.93万羽，其中蛋鸡存栏40.63万羽。全年出栏牛0.86万头、生猪11.99万头、羊0.06万只、家禽108.25万羽。肉类总产量为1.18万吨，其中猪肉0.88万吨、牛肉0.12万吨、禽肉0.18万吨；禽蛋产量4153吨。（毛君婷）

【畜禽改良】 2017年，花溪区畜禽养殖品种以三元瘦肉型猪、土杂猪、专用型蛋鸡、优质杂交肉鸡等为主，兼养有高坡黑猪、茶花鸡、瑶山鸡、本地土鸡等地方品种。引进外来品种主要有大约克、长白、杜洛克等优良纯种猪，形成三级良繁体系，良种覆盖率明显提高。高坡的贵州自然之园生态农业发展有限公司对贵州本地的宗地花猪、高坡黑毛猪、威宁可乐猪等品种进行筛选优化，培育适应山区散养的品种替黑毛猪。（贯惠珺）

【畜禽疫病防治】 2017年，花溪区重大动物疫病防治免疫注射情况：禽167万羽针次，生猪12.8万头针次，牛5.46万头针次，羊0.4万只针次，犬1566头针次。做到应免尽免，村居免疫全覆盖。监测猪瘟750头份、牛羊口蹄疫300头份、猪口蹄疫610头份、猪蓝耳600头份、鸡新城疫1119羽份、禽流感3019羽份、羊布鲁氏菌病及小反刍兽疫300头份；完成省市病原学送样任务330份，其中猪血清80头份，猪淋巴结40头份，牛血清30头份，羊血清30头份，鸡血清50羽份，鸡双棉拭子100羽份。监测样品整体抗体水平均达到国家相关要求，无重大动物疫情发生。集中组织两期村级动物防疫人员业务技术培训，受训人数180人次。实施动物防疫工作购买式社会化服务，花溪众典动物防疫专业合作社分别与3个乡（镇、社区）签订防疫技术服务协议。（浦同灿）

【饲料生产管理】 2017年，花溪区饲料生产企业有7家，从业人员325人，年生产能力24万吨；生产以猪料、鸡料、肉牛料为主的浓缩饲料和配合饲料。全年生产工业饲料19.38万吨，比2016年增长37%，产值67369.72万元。其中，配合料11.13万吨，比2016年增长47.6%；浓缩料8.25万吨，比2016年增长25%。饲料除供应贵阳各养殖场外，还销往全省各地。（周　莉）

【生猪生产】 2017年，花溪区生猪养殖以三元杂交猪为主，同时发展高坡黑毛猪和土杂猪养殖。有生猪养殖企业6家。全区存栏生猪6.34万头，其中存栏能繁殖母猪0.63万头；年末出栏生猪11.99万头。高坡乡贵州自然之园生态农业发展有限公司发展的生态循环农业模式成型，建立生态养殖、屠宰分割、冷鲜配送的产业链。（周　莉）

【蛋鸡生产】 2017年，花溪区蛋鸡产业朝着标准化养殖方向发展，存栏蛋鸡40.63万羽（其中存栏蛋鸡1万羽以上企业14家，存栏3万羽以上企业3家），鲜鸡蛋产量4153吨。引进花溪鑫源养殖有限公司在马铃乡建设全自动化标准化蛋鸡养殖场，2017年下半年建成投产，可存栏蛋鸡30万羽。

（周　莉）

【渔业生产】 2017年，花溪区水产品产量135吨。2月21日，在花溪国家城市湿地公园、花溪水库开展人工增殖放流活动，投放花鲢、白鲢、草鱼3个品种，总放量210万尾。实施水产品质量抽样快速检测12批次、水产品送样10批次，3个检测样（孔雀石绿、氯霉素、硝基呋喃代谢物）抽检合格率100%。（周　莉）

【动物疫病预防控制中心实验室】 花溪区动物疫病预防控制中心实验室隶属于花溪区农业局，是国家农业部定点动物疫情测报站。2017年，有实验室工作人员5名，其中副高级职称3人、中级职称2人（研究生3人、本科生2人）。主要开展血清学、分子生物学实验，对花溪区畜禽免疫抗体进行日常和集中监测，实验室明确有专人负责病原微生物安全管理工作，具有完善的设备仪器和兽医实验室管理制度以及检测能力。作为动物疫病防控技术的主体，花溪区动物疫病预防控制中心实验室是贵州省首批通过考核合格的县级兽医实验室，2017 年 12 月 13 日通过贵州省兽医实验室考核验收并获得优秀等次。获得贵阳市兽医实验室系统技能比赛二等奖。（张正相）

【贵州自然之园生态农业发展有限公司】 公司成立于2011 年，位于高坡乡水塘村。以黑毛猪的生态养殖为主，带动生态青饲料及经济林业种植为辅的生态循环农业模式成型。2017 年，公司有圈舍6000 平方米、隔离舍 500 平方米、生态种植地200 亩，配套建有办公用房、消毒间、高位水池等，安装有消毒设施、产床、饲料加工设备，建有污水处理池及管网等环保设施。2017 年年末，存栏生猪2000 头，其中基础母猪 200 头。公司建有小型屠宰车间，实行黑毛猪屠宰分割配送，猪肉主要销往贵阳市。（杨惠珍）

【贵阳国康生态农牧业发展有限公司】 公司成立于 2011 年，位于高坡乡云顶村。主要以引进长白、约克等外来品种发展商品猪养殖。2017 年，拥有猪舍 2000 平方米，配套建成饲料加工房、售猪室和办公用房等。安装有产床、高位保育床、供电系统、监控系统和消毒系统等设备。年末存栏生猪 300 头，其中基础母猪 100 头。（杨惠珍）

【贵阳花溪鑫源养殖有限公司】 公司位于马铃乡凯坝村，占地 80 亩，主要从事蛋鸡养殖，为全封闭式全自动化饲养。2017 年，有鸡舍 10 栋（约10000 平方米），其中育雏舍 4 栋、大鸡舍 6 栋，配套建设有饲料加工房、蛋库和综合服务室等设施。公司鸡舍安装有国内先进的全自动化育雏和饲养设备，产蛋高峰期产蛋率 98%，创立贵阳市有影响力的“小班哥”牌鸡蛋，年末存栏产蛋鸡 5 万羽。（张正相）

【贵阳花溪无抗养殖场】 养殖场位于马铃乡凯坝村，占地面积 100 亩，主要从事蛋鸡养殖，为全封闭式全自动化饲养。2017 年，有鸡舍 4 栋 4000 平方米，配套建设有育雏室、饲料仓库、综合服务室、蓄水池、积粪池、消毒室等，配套有自动化育雏设备、消毒设备、视频监控设备等。年末存栏产蛋鸡 1.3 万羽。（毛君婷）

农村经济

【概　况】 2017 年，花溪区一产增加值 21.34 亿元，位列贵阳市第 4 位，同比增长 6.2%，增速位列贵阳市第 4 位；非粮占比 97.4%，位列贵阳市第 5 位。全区农村常住居民人均可支配收入 14782 元，位列贵阳市第 6 位；同比增长 9.8%，位列贵阳市第 5 位。全区 122 个村级集体经济总收入41709 万元，同比增长 6.2%；所有行政村集体经济收入突破 50 万元，其中收入 1000 万元以上的村14 个，占 11.5%。（李海波）

【强农惠农措施】 花溪区为全国土地确权试点之一，贵州省第一个试点区。2017 年，全区完成 108 个村 788 个村民小组土地确权登记颁证工作，应确权发证 31143 户已确权发证 31143 户，颁证率100%，12 月通过省级验收，成果样本检查结论评定等级为优秀，验收结论评定为合格。在全区 9 个乡（镇）、社区 18 个试点村推进农村“三变”改革工作，截至 12 月，全区土地入股 17041 亩，村集体资源折价入股 13854 万元；3374.7 万元资金变成股金，其中财政资金 1447.5 万元、村集体资金 1214.3 万元、农民资金 712.9 万元；全区 2209户农户 7709 人变成股东，覆盖低收入困难农户101 户 332 人，占低收入困难户的 56.6%，入股农户实现户均增收 1100 元。（李海波）

【农业产业化龙头企业】 2017 年，花溪区农业产业化经营重点龙头企业有22家，其中国家级2家、省级12家、市级8家。截至第四季度，14家省级以上农业产业化龙头企业资产总额86.57亿元，固定资产17.38亿元，全年实现销售收入19.20亿元，完成税收1.93亿元，利润总额2.54亿元，吸纳就业4857人。 （李海波）

【农民专业合作社】 2017年，花溪区工商登记注册合作社199个，社员数4834人，其中蔬菜类合作社121个、菜叶类合作社33个、生态家禽类合作社17个、食用菌类合作社23个、其他产业类合作社5个。全区合作社出资总额28424.28万元，以按交易量（额）返还的专业合作社有15个，其中以土地入股作为盈余分配2个，带动普通农户6880户，其中贫困农户56户。有4个合作社获得无公害认证产品认证。 （李海波）

【农产品加工】 2017年，花溪区农产品主要有辣椒制品、食用油、豆类制品、旅游休闲食品等。鲜果采摘（包装带走），成为花溪休闲旅游的一大特色，“花溪草莓园”“马铃乡四季采摘园”“农夫果园”，通过采摘—尝鲜—销售的方式实行“农旅一体化”。贵州北极熊、贵州中意食品、贵州惠美添喜食品等，通过食品展销会、电子商务、批发零售等渠道销售产品。全年全区农产品加工企业有40多家，年主营业务收入100万元以上的有25家。全区农产品加工企业营业收入72.56亿元，利税总额3.82亿元，企业职工工资总额2.6亿元。 （杨通帅）

【贵州北极熊实业有限公司】 贵州北极熊实业有限公司成立于1997年。2017年，有在册员工410人，其中中高级管理人员及技术人员65人。2017年，公司被列为贵州省“千企改造”工程龙头企业；“北极熊及图”商标被国家工商行政管理总局商标局认定为中国驰名商标，获“全省工业品牌培育示范企业”“贵州省名牌产品”、2017年度贵州省“标准领跑者”称号。公司固定资产7762万元，流动资产7371万元，总资产25385万元。全年，公司总产值14424万元，利税总额1467万元。集团公司下设5家子公司：贵州北极熊电子商务有限公司、贵州石阡北极熊实业开发有限公司、贵州北极熊生态农业有限公司、贵州北极熊创客科技有限公司、贵州北极熊投资有限公司；拥有分公司2个：贵州北极熊实业有限公司花溪水厂、贵州北极熊实业有限公司桶装水分公司。公司生产山泉水、纯净水、薄荷水、苏打水、维生素饮料、果蔬饮料等产品，桶装饮用水市场占有率62%以上。公司产品在省内具有地方品牌优势，并远销四川、云南、重庆、广东（深圳）等省市。 （杨通帅）

【贵阳市花溪区狮子山蔬菜加工专业合作社】 贵阳市花溪区狮子山蔬菜加工专业合作社位于贵阳市花溪区青岩古镇，以种植和加工蔬菜为主业，主要产品有保鲜蕨菜、腌制酸豇豆、糟辣椒、腌制雪里红、腌制青菜、腌制大头菜等。2017年，合作社有种植基地7000余亩，腌制窖池240口，年生产加工蔬菜2400余吨，年销售腌制产品3500吨左右，产值达700万元。 （杨通帅）

水 利

【概 况】 2017年，区水务局完成水利建设项目21个，投入资金6924.47万元。其中，中央资金1180.57万元，省级资金1486.62万元，市级资金1711.13万元，区级资金2546.15万元。完成新增、恢复灌溉面积0.771万亩、保护耕地0.45万亩，解决58274人农村饮水安全问题。执行24小时防汛值班和领导带班制度，做好防范突发水旱灾害的应急准备。6月23日夜，孟耳水库坝脚出现局部渗漏，坝顶出现局部塌陷等险情，存在一定的安全隐患。国家防总、省市区各级党委政府、

水行政主管部门领导先后亲临现场指挥，开展应急抢险工作。（张艳利）

【水利建设】 2017 年，全区完成 2016 年中央农田水利设施维修养护项目工程投资 102.07 万元，工程于 4 月完工，恢复灌溉面积 1193 亩；完成 2016 年美丽乡村建设水利设施配套项目，投资 332.04 万元，工程于 2 月完工，增加灌溉面积 567 亩，解决 2983 人的饮水安全问题；完成花溪区 2015 年水毁修复工程投资 43.1 万元，工程于 4 月完工；修复黔陶乡水毁渠道 166 米；修复青岩镇水毁渠道 449 米；完成花溪区 2016 年农村饮水安全巩固提升工程投资 1184.39 万元，工程于 4 月完工，巩固提升受益村 14081 人的生活生产用水问题；完成花溪区石板镇镇山村小流域治理工程投资 35.31 万元，工程于 5 月完工；完成花溪区石板镇芦荻村吴家山农灌泵站恢复工程投资 261.86 万元，工程于 5 月完工，恢复 400 余亩农田灌溉用水需求；完成花溪区黔陶乡河拦水坝修复工程投资 19.50 万元，工程于 6 月完工，解决当地耕地灌溉用水问题；完成花溪区高坡乡苦蒿冲提水工程投资 1293 万元，工程于 9 月完工，解决高坡乡云顶村、平寨村、摆龙村、街上村、新安村、扰绕村、五寨村等 7 个村 1615 户 7278 人的饮水问题；完成花溪区黔陶河重点山洪沟防洪治理，项目投资 1229.69 万元，完工后保护人口 2598 人，保护耕地 500 亩；完成麦坪镇麦坪村人饮应急供水工程，投资 36.64 万元，于 7 月底完工，解决 4369 人及 360 头牲畜饮水安全问题；完成高坡乡大洪村机井地面设施配套工程，投资 175.54 万元，解决 2173 人的饮水困难问题；完成花溪区麦坪镇镇新寨村排灌渠建设工程，投资 132.91 万元，保护灌溉面积 300 亩；完成花溪区黔陶乡谷洒村机井配套工程，投资 74.44 万元，解决上马店、下马店、大娘坟和倒马坎等 4 个村民组 280 人的生活生产用水问题；完成花溪区久安乡打通村长鲊片区机井配套工程，投资 58.11 万元，解决上寨、中寨、岩脚寨和对门寨 158 户 530 余人的生活生产用水问题；完成花溪区高坡乡水塘寨养殖灌溉引水工程，投资 34.64 万元，改善灌溉面积 177.8 亩，解决 40 人、3000 头牲畜的用水问题；完成麦坪镇麦坪村水池及管道建设项目，投资 36.46 万元，改善灌溉面积 50 亩，解决 2476 人的用水问题；完成石板镇芦荻村长坡组渠道修复工程、马铃乡凯坝村山塘整治工程投资 65 万元；完成 2017 年美丽乡村“提高型”示范点（青岩镇山王庙村三格田）水利配套实施建设项目投资 74.30 万元；完成花溪养牛村高原提水站迁改工程，投资 229.84 万元；完成高坡乡孟耳水库应急抢险及除险加固工程建设项目，投资 343.42 万元。（张艳利）

6 月 12 日，区水务局工作人员疏通田园北路下水道排污管网

【水资源管理】 2017 年，区水务管理局完成花溪区 2016 年度水资源管理年报工作和严格水资源管理制度考核；完成 2016 年度花溪区全国重要城市饮用水源地达标建设基本评估工作；完成涉及经

济运行及增比进位调度的相关工作；完成花溪区39家自备水源单位2017年取水计划审批工作；完成麦坪镇观音山饮用水制造有限公司、贵航高级技工学校、中国石油西南管道贵阳输气站、贵阳城市垃圾焚烧发电厂等4家单位的取水许可办理工作；开展入河排污口监管，配合长江委、省水利厅、市水务局完成花溪区入河排污口的监管排查工作，对未办理入河排污口设置审批的花溪污水处理厂、麻堤河污水处理厂等7家企业按照规定进入行政审批程序；完成全区154个无证取用水户清理登记工作；完成“3·22”水法宣传活动；完成“6·18”关于做好全区“保护母亲河、河长大巡河”的宣传及准备工作；完成燕楼镇第一幼儿园、清溪社区幼儿园等15块建设用地是否占用水源地的实地勘察工作及意见书；完成政务大厅相关工作；完成国家环保督察期间涉及水资源管理工作；完成花溪区自然资源涉及水资源的资产责任审计工作；完成花溪水库及花溪水厂一级饮用水源地界碑、界桩及公路警示牌工程，投入资金7.8万元完成界碑安装15块，界桩18块，交通警示牌2块，修复黄金大道一级饮用水源保护区破损围栏20余处，更换破损的围栏12块；配合贵阳市水文局完善天河潭水文站建设的相关手续，配合贵阳市水务局完成贵州久联化工公司、北极熊有限责任公司、扬眉水库完成取水在线监控的建设。

（张艳利）

农业机械

【概　况】　2017年，花溪区拥有农业机械总动力20.6万千瓦。其中，柴油机动力17.13万千瓦，汽油机动力1.158万千瓦，电动机动力2.312万千瓦。全区拥有主要农机具19600台，其中各类拖拉机34台、耕地机械8119台、收获机械5台、植保机械282台、排灌机械2615台、农副产品加工机械2371台。农业机械原值达13250万元。

（彭勇刚）

【农机生产作业】　2017年，花溪区拥有插秧机2台、联合收割机3台。春耕期间耕整地面积16.5万亩，其中机械耕整地面积8.2万亩，机械播种面积0.2万亩（机插秧0.2万亩），投入各类农机具6740台套；“三秋”期间机械耕地面积3.86万亩，机械收获面积2万亩，投入各类农机具2870台套。水稻综合机械化率0.479，玉米综合机械化率0.288，小麦未耕种，油菜综合机械化率0.32，马铃薯综合机械化率0.24（权重系数：机耕0.4、机播0.3、机收0.3）。

（彭勇刚）

【农机安全监理】　2017年，花溪区农机安全“四项指标”为零。办理拖拉机（变型拖拉机）变更登记39台，补换证业务（含行驶证及驾驶证）99次，转入登记31台，转出20台。引进具有资质的审车公司开展“送年检下乡”活动，采用机械检测线取代人工检测。集中开展农机安全生产教育培训4次，结合各项业务办理工作对农户进行现场宣传讲解，受益农户800余人次。开展各类安全宣传活动5次，调动各乡（镇）、社区参与发放宣传资料2000余份，张贴安全警示标语20幅。

（彭勇刚）

【农机购置补贴】　2016年，贵州省财政厅、贵州省农业委员会下达给花溪区中央农机购置补贴资金20万元，结转2015年中央农机购置补贴剩余资金655.012万元，共675.012万元。2017年，通过2016年农机购置补贴辅助管理系统使用中央农机购置补贴资金2.766万元，办理农机购置补贴申请19份。

（彭勇刚）

移民工作

【红岩水库建设】　2017年，红岩水库工作建设顺利。实物指标兑现补偿：马铃乡完成征地兑现补偿2335亩，并移交施工方使用；完成青岩镇部分、燕楼镇全部输水管线区征地兑现补偿工作；完成坟墓兑现补偿208座。安置点建设：完成石浪及大荒地集中安置点107.2亩土地征收补偿兑现，安置点内迁改工作完成。围堰截流阶段验收：10月27日，由区政府组织相关部门开展并通过围堰截流阶段自验、初验验收。12月8日，完成围堰截流现阶段市级验收。专复建项目建设工作：复建路建设工作基本完成主体工程，达到通车条件；机耕道正在按程序审查设计方案。《花溪区栗木水库工程建设实物指标补偿补助标准》通过区政府办公会审定，《移民安置规划》编制工作正在进行中；水场堡水库实物指标调查及安置点选址工作完成。（区移民局）

【后期扶贫项目建设】 2017年，区移民局发放移民直补款385.91万元、移民素质提升款31.29万元。实施后扶项目38个，总投资1351万元，主要是安装太阳能路灯、村寨道路硬化（改造）、机耕道、广场、饮水、污水处理、垃圾箱、垃圾车、河道堡坎治理等项目。（区移民局）

【易地扶贫搬迁】 2017年，按照中共贵州省委办公厅《关于进一步加强和完善易地扶贫搬迁领导体制和组织保障工作的通知》要求，拟定下发《关于成立花溪区易地扶贫搬迁指挥部的通知》文件，成立以区党委副书记、政府分管领导任指挥长的指挥部，实行“双指挥长”制，从相关单位抽调10人专职负责易地扶贫搬迁的具体工作。由联系乡镇的区领导对该乡镇此项工作进行包保，突出精准抓对象识别。引导群众签订“一申请两协议”。完成对象识别1060人。立足优势抓安置布局，区政府10月30日专题会议确定搬迁点选定在花溪区清溪社区桐木岭村，并明确区城投公司作为搬迁点建设项目业主单位。12月4日，区政府专题会议审定通过《花溪区易地扶贫搬迁项目设计方案》。（区移民局）

责任编辑　翟长保

工　业

综　述

【工业企业规模】　2017 年，花溪片区有 2000 万口径规模以上工业企业 51 家。按空间属地分，中心城区 15 家、孟关片区 12 家、石板片区 6 家、燕楼 4 家、其他 14 家。按行业企业分，机电行业 17 家、化工行业 3 家、建材行业 9 家、食品行业 9 家、医药行业 2 家、饲料行业 3 家、其他行业 8 家。按产值规模分，10 亿元以上企业 1 家、5 亿 ~10 亿元企业 7 家、1 亿 ~5 亿元企业 20 家、1 亿元以下企业 23 家。按所有制分，民营企业 45 家、国有或国有控股企业 6 家。全年完成工业投资 32.86 亿元，其中技改投资完成 1.653 亿元。2000 万口径规模以上民营企业 45 家，完成工业产值 123.87 亿元，占全区工业总产值的 77.1%。　　（岳　进）

【工业经济效益】　2017 年，花溪区完成工业总产值 160.67 亿元，实现工业增加值 36.58 亿元，同比增长 13.6%。在大数据产业引领带动、直购电交易活动、“百千万”工程协调服务和民营经济大走访等活动的帮助下，花溪片区企业保持平稳发展，闵达钢铁等用电较大的企业得到直购电活动优惠。　　（岳　进）

【国有企业改革改制】　2016 年年底，一些重大项

奇瑞汽车制造公司（区工信局　供稿）

目的引进落地为企业职工整体分流安置带来机遇条件，“恒大童世界项目”进驻花溪给贵阳市麟山水泥厂职工分流安置提供条件，“万科花溪大都会”项目进驻花溪给贵阳市花溪酒厂“三厂”职工整体分流安置带来条件。2016年年底，启动贵阳市麟山水泥厂和花溪酒厂“三厂”职工安置，安置702名职工。职工安置的后续有关工作2017年逐步得到解决，近30名劳动关系存在争议的人员通过法律诉讼等途径妥善解决。企业厂区征收先后推进，贵阳市麟山水泥厂厂区于2017年6月征收拆除完毕，企业清产核资和“析产”等工作委托会计师事务所2017年年底完成。年底，贵阳市花溪酒厂厂区征收各项摸底工作完成。花溪水泥厂、龙泉砖厂和联办砖厂暂时没有项目托底，改革改制工作没有实质性进展。（岳　进）

【重大技术改造】 2017年，花溪片区企业重大技术改造项目7项：贵州新联爆破工程集团有限公司工业炸药助剂的质量研究项目：总投资1800万元，项目研发高稳定性乳胶基质，解决乳化炸药在生产、运输和储存过程中的瓶颈问题；贵州星天电线电缆有限公司新型铝合金节能导线生产线建设项目：总投资1730万元，该项目购置加工设备装置、配套公用设备，并购置检验设备等约150台套；贵州中意食品有限责任公司豆制品生产线技术改造升级项目：总投资2000万元，该项目新建4条豆制品生产线；贵州华云汽车饰件制造有限公司内饰生产线建设二期项目：总投资500万元，该项目新建两条汽车内饰生产线；贵阳闽达钢铁有限公司：总投资4500万元，该项目现有供电线路达35千伏容量2×20000千伏安变电站，升级改造为110千伏，容量1×80000千伏安变电站；贵阳久联化工有限责任公司年产15000吨膨化硝铵炸药生产线项目：总投资2000万元，该项目生产工艺技术拟采用南京理工大学和久联发展共同研发的“液混式”膨化硝铵炸药连续膨化生产工艺技术和成套制药设备，水、油原料准备全部采用集中供应液态原料、自动加料生产作业方式，木粉添加采用管道风送与定量螺旋相结合的自动添加装置，炸药半成品采用悬挂料斗和专用物料输送螺旋相结合的自动输送方式，产品全部采用大包（散装）方式，拟引进德国格莱夫—韦洛克斯包装机械公司全自动化粉状炸药装药机，成品通过皮带自动输送，同步应用国内先进的智能装车码垛系统，整个生产过程采用全线自控控制和联动控制，利用原有的工房和供水、供电、供汽、供暖等辅助设施及废水处理设施；贵州中意食品有限责任公司贵阳花溪区年产5000吨豆制品加工建设项目：总投资4000万元，该项目建设新厂房，增添新设备，技能改造升级以及冷链配送建设。（岳　进）

【企业资源节约与综合利用】 2017年，花溪区根据创建国家级文化旅游创新区的要求，强化节能技术改造，节约和综合资源利用。2016年10月至2017年6月，贵州久联对膨化车间进行技术改造，推广先进技术，改造落后的生产设备和工艺，将原来的固体硝铵和固体油相改成液态硝铵和液态油相，减少生产线操作人员及生活污染物排放。

（岳　进）

【节能减排】 2017年，花溪区对工业类新、改、扩建项目实施备案制管理，实行固定资产投资项目节能登记审查制度。强化产业结构调整，优化产业布局；控制新建造纸、印染、酿造、电力、钢铁、水泥、煤化工等项目。各企业节约用电，11月，贵州久联在主要用电点乳化总用电、木粉用电、锅炉房用电、工房用电增加安装6套电量计量装置，降低用电成本，减少电能浪费，规模以上工业企业停止使用达到淘汰年限的落后设备，污染物排放控制在污染许可证许可范围内。查封闽达钢铁生产“地条钢”技术落后设备，限期整改完成。（岳　进）

【民营经济扶持】 2017年，花溪区安排200万工业扶持发展资金，主要用于扶持民营经济发展，给予企业电费补助，组织企业申请直购电交易活动，补助奖励43家规模以上工业企业电费227.85万元。组织民营企业争取省、市资金和政策，全年争取省、市资金6868.155万元对民营经济企业进行扶持。开展民营经济“大走访”活动，解决民营企业生产经营发展中的融资难、融资贵和规划审批缓慢等困难和问题。

【产业结构调整】 2017年，花溪区推进传统产业改造升级，调整和优化产业结构，引导企业申报“千企改造”和“一企一策”项目，推进大数据与工业深度融合，进行产业结构调整，重点推进贵州泰邦生物制品有限公司、贵阳久联化工有限责任公司、贵州北极熊实业有限公司产业调整转型升级。贵州泰邦生物制品有限公司科技园一期项目，建设总面积3万平方米，新建年投浆1000吨血液制品车间、胎盘多肽注射液车间，形成年产人血白蛋白280万瓶、静注人免疫球蛋白250万瓶、人凝血酶原复合物42万瓶、人纤维蛋白原42万瓶、人凝血因子Ⅷ25万瓶以及胎盘多肽注射液5000万支的生产规模。贵阳久联化工有限责任公司通过调整产品结构、优化产能布局、推广生产线少（无）人化技术和提升技术装备水平等措施，筛选久联发展（上市公司）孟关生产点年产15000吨膨化硝铵炸药生产线和贵州盘江化工（集团）有限公司下属贵州盘江民爆有限公司异地搬迁技术改造项目（含2条年产2.5万吨乳化炸药生产线、1条年产1.2万吨膨化硝铵炸药生产线、2条地面混装炸药生产线、1条年产4000万发电（电子）雷管自动装填线、1条年产4000万发导爆管雷管自动装填装配生产线）为转型升级技术改造项目，进行转型升级改造，新建年产15000吨膨化硝铵炸药生产线。贵州北极熊实业有限公司实施特色饮料生产基地建设项目，项目总建筑面积61000平方米，其中新建主体厂房29400平方米，原料库房8000平方米，成品库房8000平方米，办公用房4200平方米，实验室3000平方米，研发中心2000平方米，配电房400平方米，空压机房400平方米，冷库1座及其他配套设施。2017年，公司被列为贵州省“千企改造”工程龙头企业。

（岳　进）

花溪区产业园

【概　况】 2017年，花溪产业园区管委会以园区建设为中心，推进燕楼产业园、溪云小镇、洛平新城旅游文化产业园及孟关电商服务外包产业园4个片区建设工作，围绕产业发展、园区建设、项目推进、环保督察、招商引资、开放发展等方面，完成规模以上工业总产值（2000万元口径）106.5亿元，占全年目标进度的106.5%；完成固定资产投资（500万口径）33.6亿元，占全年目标进度的112%。年内园区总体建成道路1.5千米，架设供电线5千米，建设供水管网3千米、排水管网3千米、供气管道1.5千米。（产业园区管委会）

【燕楼产业园】 2017年，花溪区建设完成青岩

燕马园区（杨小平　摄）

龙井至燕楼道路工程三标段，全长约2000米；谷槐路延伸段正进行平场，建成后全长约570米；花溪区燕楼谷蒙至槐舟道路工程完成路基建设，建成后全长约1500米；园区6、7号路延伸段、谷槐路延伸段、花燕路谷蒙段等3条园区道路前期手续办理，正进行路基铺设；花溪城市生活垃圾综合处理工程一期投运2条生产线并投入运营。燕楼产业园一期入驻企业14家，占地597亩。其中，建成投产2家，分别为贵州麟山水泥有限责任公司、贵阳三圣特种建材有限公司；试生产2家，分别为贵州科润华机电设备有限公司、贵州泰达隆新型环保建材有限公司。新开工建设企业4家，分别为贵州仁达装饰家具有限公司（完成土建工程95%）、贵阳市祥合海绵制造厂（完成土建工程）、贵州珂岭新技术发展有限公司（完成土建工程90%）、贵州恒成新材料科技有限公司（办公楼建设完成80%）。平场待建设企业6家，分别为贵阳影虹塑料彩印包装有限公司、贵阳琼宇装饰工程有限公司、贵阳燎原电器设备厂、贵州佰利厨房设备有限公司、贵阳福馨木业有限公司、贵州天雅机械设备有限公司。完成二期工业及物流仓储用地776.49亩挂牌出让（其中净用地618.2亩），二期场平工程完成70%。（产业园区管委会）

【园区招商】 2017年，谷槐路沿线两侧及龙燕路三标段北侧具备建设用地指标地块是园区招商工作的主要据点，花溪区产业园区管委会接待中建科技、菜鸟科技、苏宁云商、红星美凯龙、达利园、蒙牛、丰树、中民筑友等国内知名企业到园区选点。中建科技项目落地开工。

（产业园区管委会）

【溪云小镇大数据产业园】 2017年，溪云小镇利用原十和田汽车4S店现有建筑进行提升改造，可用功能包括综合展示厅、产品及企业展示厅、未来展示厅、路演厅、书吧、咖啡厅、艺术长廊、前广场及联合办公区等。完成B区红楼办公区外立面及内部装饰建设，通过溪云小镇打造花溪区“三中心一平台”。完成企业注册56家，正在注册26家，入驻企业27家。在重点项目上，引进全球三大知名社交平台之一的LinkedIn（领英），在小镇成立线下运营的大数据创新体验中心作为区域总部基地；作为招商平台引进中建科技集团有限公司，在花溪打造装配式建材产业基地。引进勤智数码科技股份有限公司，通过该公司联合区政府、国家工信部教育考试中心及科多大数据公司共同建设“贵州大数据人才培养基地”，配合产业发展实施“大数据人才培养计划”；引进西安斑点城市文化创意设计有限公司。溪云小镇自5月开园以来，开展活动15场，包括数博会花溪区招商项目签约仪式、LinkedIn（领英）大数据+旅游（贵阳）创新中心剪彩仪式、深贵两地企业家、投资机构就“共享溪云”资源对接会、王者荣耀城市赛贵阳站海选赛、贵州省中小企业星光培训工程等活动，覆盖人群15000多人，招商活动14场，其中政府组团45个348人次，商务组团36个182人次。（产业园区管委会）

花溪溪云小镇（杨小平　摄）

【电子商务及服务外包】 2017年，花溪区完善商贸物流产业园一期配套设施，协调指导产投公司对园区进行管理。园区入驻企业22家，比2016年增加40%；组织农村电商人才培训1次，培训人才100人次。与一米科技进行洽谈合作开发园区一期剩余空间，签订合作意向协议。园区二期项目重点推进电子商务及服务外包产业园二期（C、D区）基础配套设施建设。重点解决相关水、电保障问题，协调孟关指挥部、孟关乡、产投公司、汽车超市等单位，完成C、D区负一层二手车商户搬迁。大唐融合西南区大数据及服务外包示范基地一期项目于11月建成试运行，建设呼叫坐席2000席位。中国普天承建的花溪区大数据及服务外包示范基地一期项目前期准备工作基本完成，规划建设呼叫坐席5000席；对汽配城A2栋4~6楼空余房间进行装修完善，新建专用食堂，协助产投公司促成电商及服务外包产业园二期配套餐厅项目落地；推进汽车大数据商业综合体项目，项目前期市场调研积极业态设计基本完成。

（产业园区管委会）

【汽贸城产业集聚】 2017年，汽贸城产业集聚，配套基础设施建设进一步完善，新增并完善车管服务体系。孟溪路建成通车，汽车超市的配套写字楼和商务酒店项目开工建设，二手车交易市场一期项目完成固定市场19万平方米主体部分的建设，其中负一层至正三层完成内装修，临时市场建成钢结构大棚55000平方米，配套建筑面积3600平方米的车管所花溪办证大厅建成投入使用。汽车超市入驻商家200余户；4S店75家；汽配市场入驻企业及商户500余户；二手车交易市场入驻商户300户；工程机械市场新入驻商户10余户。汽车销售13.6万辆、销售额174亿元，较上年增加39亿元，增长24.2%。汽配市场交易额粗略估计约5亿元，工程机械市场交易额粗略估计约30亿元。全年汽贸城销售额合计200亿元以上。在市商务局、市交管局的指导协助下举办第五次小客车专段号牌摇号促销活动。举办第二届孟关汽车嘉年华，联合贵州电视台百姓关注栏目和网络媒体，通过电视和网络媒体同步直播嘉年华和摇号购车节的各项活动，总接待客户数17万人次。举办“贵阳国际汽贸城首届职工篮球/足球赛”。

【智慧旅游产业联盟】 2017年，洛平十栋智慧旅游产业园以贵州大数据旅游产业股份有限公司为主体，加快中国贵州智慧旅游产业联盟发展。贵州智慧旅游产业联盟会员67家，12家企业完成注册，贵州大数据旅游产业股份有限公司、贵州云途智旅科技有限公司、贵州亿米时代科技发展有限公司3家企业入驻联盟总部大楼9~11层。联盟与贵州省人民政府驻北京办事处携手北京建筑大学开展文化遗产保护利用“智力援黔”活动，与北京建筑大学合作，开展甲秀楼文化建设项目；与贵州大学旅游与文化产业学院、云途智旅合作，开展贵途花溪全域旅游人才、入境游国际营销人才的培育计划等。9月28日，贵途花溪DT云平台正式验收上线，全年入驻商家近百家，其中景区13家，酒店26家，餐饮22家，娱乐19家，特产10家，开通线上预订的商家有35家。6月10日，启动花溪故事主题艺术创作及衍生品设计大赛，分为实地采风写生、主题创作、衍生品大赛三个阶段，大赛围绕花溪历史文化、自然遗产、山水风光、民族风情等进行主题创作，打造花溪故事主题IP。完成实地采风写生、主题创作两个阶段，创作上百幅作品，并在人民日报、贵州省广播电视台、贵州日报等新闻媒体对活动进行宣传报道。开展花溪区文化旅游产业发展及文化旅游工业化调研，完成《花溪区文化旅游产业发展及文化旅游工业化调研报告》。

（产业园区管委会）

重点企业选介

【保利久联控股集团有限责任公司】 保利久联控股集团有限责任公司是2014年12月2日经国务院国资委批准，中国保利集团公司与贵州久联企业集团有限责任公司联合重组成立的大型民爆企业集团，中国最大的民爆一体化企业集团，是中国保利集团公司五大主业之一。主要从事民用爆破器材生产、经营，爆破工程施工、爆破技术服务，建筑施工、房地产开发，酒店、餐饮服务，包装材料生产、销售等业务。其中，民用爆破器材生产、销售、爆破工程施工和技术服务是久联集团的核心产业。2017 年，通过调整产品结构、优化产能布局、推广生产线少（无）人化技术和提升技术装备水平等措施，筛选久联发展（上市公司）孟关生产点年产 15000 吨膨化硝铵炸药生产线和贵州盘江化工（集团）有限公司下属贵州盘江民爆有限公司异地搬迁技术改造项目（含 2 条年产 2.5 万吨乳化炸药生产线、1 条年产 1.2 万吨膨化硝铵炸药生产线、2 条地面混装炸药生产线、1 条年产 4000 万发电（电子）雷管自动装填线、1 条年产 4000 万发导爆管雷管自动装填装配生产线）为转型升级技术改造项目，进行转型升级改造，新建年产 15000 吨膨化硝铵炸药生产线，全年完成工业产值 7.09 亿元。（岳　进）

【际华三五三七制鞋有限责任公司】 际华三五三七制鞋有限责任公司，始建于 1966 年。前身为中国人民解放军第三五三七工厂，系中国人民解放军总后勤部直属军工企业，2002 年 11 月，改制更名为贵州三五三七制鞋总厂。2007 年 1 月，成立际华三五三七制鞋有限责任公司，隶属于国资委所属中央大型企业——新兴际华集团直辖的大型橡胶鞋靴制造企业。公司在花溪附近及云南景洪等地建有众多外加工基地，其中西双版纳南博有限责任公司、宝莲华有限公司为本公司天然橡胶加工、供应和营销基地，年产天然橡胶 3 万吨。2017 年，企业拥有职工 1300 余人，外加工基地劳动生产人员 6500 余人，拥有行业先进的 28 条热硫化制鞋流水线，具有年产 7000 万双各类鞋靴的生产能力，资产 9.4 亿元，资产负债率 31%。企业开辟新路发展，转型升级，实施电商新产品研发及劳动系列产品升级改造产业化项目。全年完成工业产值 16.02 亿元。

【贵州泰邦生物制品有限公司】 贵州泰邦生物制品有限公司（原贵阳黔峰生物制品有限责任公司）始建于 1997 年，是贵州省唯一一家集血液制品研发、生产、销售为一体的现代生物技术企业，并于 1998 年在贵州省率先通过国家药品 GMP 认证。公司地处贵阳市花溪区竹林村，土地使用权面积 34556 平方米，厂房占地面积约 2600 平方米，建筑面积约 5200 平方米，建有符合 GMP 要求的生产车间，拥有血液制品生产及质量检测设备、仪器，包括压缩过滤系统、超滤系统、层析系统、自动化清洗及分装系统、工艺制水系统等。2017 年，公司实施“黔峰生物科技园建设项目”，总投资 10 亿元，建设地点在花溪区贵筑社区，建设内容包括：年处理血浆 1500 吨的血液制品生产线，8 条疫苗生产线，年产 5000 万支胎盘多肽生产线。全年完成工业产值 12.32 亿元。（岳　进）

【贵州北极熊实业有限公司花溪水厂】 贵州北极熊实业有限公司公司成立于 1997 年 1 月，是由股东杨雷等共同发起、投资组建的现代民营企业。注册资金 2006 万元。总部在贵阳市喷水池驰宇大厦 18 楼。花溪水厂位于贵筑社区尖山村。2017 年，有员工 580 人，其中中高级管理人员及技术人员 116 人。公司正在实施“特色饮料生产基地建设项目”，项目主要建设内容：拟建 2 条自动化生产线，其中年产 3.6 万吨果蔬饮料自动化生产线能胶条（2.4 万瓶/小时），采用现代化加工设备和灌装工艺生产高品质果蔬饮料系列产品，年处理果蔬 1.08 万吨；另建 2 条饮用水生产线，年产饮用水 7.2 万吨（3.6 万瓶/小时）。2017 年，公司被列为贵州省“千企改造”工程龙头企业，完成工业产值 3.36 亿元。（岳　进）

【贵阳闽达钢铁有限公司】 贵阳闽达钢铁有限公司成立于 1999 年 11 月，位于花溪区孟关苗族布依族乡改毛村。主要产品：钢筋混凝土用热轧钢筋；产品单元：普通热轧钢筋 HRB335、HRB400，规格型号：ф12 毫米～ф25 毫米；热轧光圆钢筋 HPB235，规格型号：ф6.5 毫米～ф20 毫米（盘卷、直条）。产品深受经销商和广大用户好评，是贵阳市名牌产品。公司被评为“贵州质量诚信 5A 级品牌企业”、是中国质量诚信企业协会副会长单位。公司建立完善的管理体系，通过 ISO 9001:2008 质量管理体系、ISO 14001:2004 环保管理体系和 GB/T28001－2001 职业健康安全管理体系认证。2008 年以来，连年受到贵阳市政府增效提速工作嘉奖，2011 年贵州省百强企业、贵州省优秀民营企业。是贵州省规模最大的民营钢铁企业，花溪区的龙头企业、纳税大户。按照国家质监总局 2015 年 9 月 21 日核发的生产许可证所核定的产品范围和工艺设备，拆除公司厂区内不符合节能减排、绿色环保的设备，在原地升级改造相关配套设备，达到节能减排、绿色环保的要求。2017 年，公司完成工业产值 12.32 亿元。（岳　进）

【贵州华云汽车饰件制造有限公司】 贵州华云汽车饰件制造有限公司（原为贵阳华云汽车饰件有限公司）是贵州省唯一一家专业从事汽车内饰、仪表板设计、开发、生产为一体的企业。2017 年，企业占地面积 30.5 亩，建筑面积 14704 平方米，注册资本 400 万元，固定资产 1200 万元，在职员工 90 余人。2017 年实施企业转型升级，计划两年内转型升级成功，促进产品多品种大批量生产，推进企业标准化、机械化生产，并积极探索工厂智能化生产。实施蜂窝夹芯复合材料在汽车内饰的应用项目、玻纤增强聚氨酯硬泡技术和装备应用项目、蜂窝夹芯复合材料在汽车内饰的应用、玻纤增强聚氨酯硬泡技术和装备应用。完成工业产值 7.46 亿元。（岳　进）

【贵州星天电线电缆有限公司】 贵州星天电线电缆有限公司创建于 1997 年，位于石板镇合朋村。2017 年，厂区占地面积 6 万多平方米（其中生产厂房 1.3 万多平方米，办公楼及其他设备设施 1 万多平方米），2017 年，有固定资产 3 亿，职工 300 余人，其中高级技术人员 21 人，高级工程师 5 人，研究设计人员 3 人，主要从事电线电缆的研发生产、制造、销售。拥有 8 条先进的电线电缆生产线及配套设备 350 余台，年生产产值超过 20 亿元。2001 年，通过 ISO 9001:2000 国际质量认证。2003 年，线缆产品通过国家强性 CCC 安全认证。2007 年，注册商标“昊龙”牌，被评为线缆行业著名商标。除生产昊龙牌电力线缆、交联线缆、布电缆、钢芯铝绞线、铝绞线、铜绞线、镀锌钢绞线外，还开发生产航空专用、石油专用电缆及其他特种电缆。2017 年，由于企业资金链断裂问题，生产经营受到极大影响，公司开始筹建搬迁建设项目，建设地点位于燕楼镇，占地 300 亩左右。全年完成工业产值 7.3 亿元。（岳　进）

【贵州华工工具注塑有限公司】 贵州华工工具注塑有限公司 1964 年由天津拖拉机厂工具分厂内迁贵阳，成立贵阳工具厂，经过多年发展成为中国机床工具行业的重点骨干企业。主要从事金属切削复杂刀具、专用量具制造，汽车零部件制造，汽车塑料零部件制造的国有企业，具有较高的行业知名度。公司位于贵阳市花溪区田园南路，厂区占地面积约 220 亩，厂房建筑面积 7 万多平方米，2017 年，拥有职工 1600 余人，工程技术人员 100 多人。公司下设华昌分公司、工具分公司、齿轮分公司、新发分公司和 5 家子公司。2017 年开始实施汽车轻量化项目。由贵州华工公司、辽阳一汽普雷特科技有限公司、德国 Weber 公司或德国 OGERL 公司（根据洽谈的情况确定）三方进行合作，在中国境内进行汽车轻量化技术的推广及产业化应用和相关领域的技术开发、产品生产、服务和综合解决方案等项目展开合作。2017 年，完成工业产值 2.5 亿元。（岳　进）

责任编辑　翟长保

旅游业

综　述

【旅游资源与产值】　花溪区自然条件得天独厚，生态良好，空气质量优良，常年平均气温16℃，是名副其实的“避暑之都”。全区地貌以山地和丘陵为主，山水秀丽，景色宜人，素有“高原明珠”的美誉，是贵州省十大影响力风景名胜区，区域内有国家级5A级旅游景区1个——青岩古镇，4A级旅游景区2个——花溪国家城市湿地公园（孔学堂）、天河潭，各类景观80余处，历史人文资源厚重，乡村旅游资源丰富。继2012年被评为“国家级生态示范区”、2015年被中国旅游风云榜评为“美丽中国”十佳旅游县（区）、2016年成为全国首批国家全域旅游示范区创建单位和贵州省首批省级旅游度假区后，2017年，获得人民日报社、百代旅行举办的“2017中国全域旅游魅力指数排行榜TOP20”区县级第一名以及区县级达人推荐奖。全年，花溪区完成旅游总收入268.1亿元，比上年增长35.55%；接待游客2928.63万人次，比上年增长34.21%。　（区旅游局）

花溪湿地公园（杨小平　摄）

【旅游业态体系打造】　2017年9月，花溪区出台《中共贵阳市花溪区委　贵阳市花溪区人民政府关于持续推动花溪区旅游业“井喷”增长的实施意见》，要求围绕旅游环线和核心景区，打造“一核五区”全域景观。“一核”：以青岩古镇、天河潭、湿地公园（孔学堂）、恒大花溪童世界、高坡等五大龙头景区为核心，打造全域旅游发展核。“五区”：在“五朵花环”旅游环线周边优化布局田园综合体、富美乡村、农旅产业带，逐步形成各具特色、优势互补的区域旅游产业发展新格局。推进农旅融合发展，实施“溪南十锦”项目。该项目位于花溪区东南部，项目沿线涉及青岩镇、黔陶乡、高坡乡24个行政村，重点打造16个村寨，项目规划面积148平方千米。利用青岩—黔陶—高坡沿线山水林田的自然风光、古韵乡愁的民俗优势，建立以全域旅游引领区域大扶贫与农村特色化可持续发展的新模式，依托沿线主导产业，推进农旅融合、文旅融合、体旅融合，构建景区景点景线体系，构建快进漫游体系，构建旅游、休闲、度假与康体运动体，打造以“溪南十锦”为主题的国家全域旅游先行示范区乡村旅游示范带。项目总体分为青岩镇歪脚村至高坡乡石门村道路提级改造、立面整治及庭院改造、农村基础设施建设三部分，257个项目，预计总投资7.5亿元。2017年，启动实施青黔高道路提等升级，沿线山王庙、马场、石门、扰绕村立面整治，石门和扰绕乡村旅游基础设施等47个建设项目，完成产值约1.8亿元。

（区旅游局）

【旅游重要活动】 2017年5月，墨西哥代表团赴花溪考察文化旅游，并就墨西哥生活馆合作事宜进行磋商。同月，区旅游局组织青岩镇、区旅文公司、青岩古镇景区、天河潭景区、板桥艺术村等单位在成都宽窄巷子参加“避暑之旅·爽游贵阳”2017爽爽贵阳夏季全域旅游产品发布会暨“贵阳玩不够”旅游推介活动。6月，由贵阳市旅游产业发展委员会、花溪区人民政府、贵阳市人民政府应急管理办公室、贵阳市旅游文化产业投资（集团）有限公司主办，花溪区应急办、花溪区旅游局、青岩镇政府、花溪消防大队、青岩古镇景区管理有限公司承办的2017年贵阳市旅游安全突发事件应急演练在青岩古镇景区举行。7月，在青岩古镇北门广场举办理查德·克莱德曼钢琴音乐会活动；在古镇开营“中国遗产保护志愿者工作营·青岩工作营”；参加南昌旅游推介会。9月，花溪区获人民日报社、百代旅行举办的2017中国全域旅游魅力指数排行榜区县级第一名及县区级达人推荐奖。花溪旅管委副书记李保军参加颁奖典礼并发表获奖感言。11月，青岩古镇景区获贵州省2017年第二批数字经济试点示范单位。12月，花溪区同中法建筑交流学会合作，在青岩古镇举办第五届中法城市与建筑可持续发展论坛。来自中法两国城市建设可持续发展领域的专家、学者，就城乡可持续发展、大力推动生态建设等热点话题进行研讨，促进中法特色小镇建设及发展经验互补，彰显花溪新形象。

（区旅游局）

【旅游资源大普查】 2017年，花溪区开展全区4镇5乡、18个社区服务中心、122个行政村、52个居委会的旅游资源普查工作。7月26日至9月26日，完成旅游资源大普查查缺补漏工作及对花溪河、老榜河、青岩河、赵司河、红岩峡谷、鬼架桥峡谷的穿线调查。全区调查旅游资源单体1002处，其中新发现旅游资源单体271处，占比27%。经各主类专家进行等级评价，优良级旅游资源195处，占比19.5%；未开发旅游资源787处，占78.5%。旅游资源按级别统计：零级资源164个（包括云顶制银洞、莲花寺旧址、煤冲暗河、新寨象山等），一级资源392个（包括骑龙将军石、黔陶百年枫树林、贵州紫袍玉带石雕、太平洞遗址等），二级资源251个（包括贵茶生产基地、五色花海、甲定石林、状元府街等），三级资源137个（包括甲定洞葬、贵州古生物化石博物馆、高坡红色遗迹、扰绕梯田等），四级资源53个（包括鬼架桥、黄帝坡、红岩峡谷、花溪夜郎谷等），五级资源5个（分别为天河潭景区、花溪公园、花溪湿地公园、青岩古镇、孔学堂）。

（区国土资源分局）

旅游建设

【概　况】　2017年，花溪区旅游业坚守发展和生态两条底线，紧扣“转型升级”主线，旅游产业体系不断完善，旅游基础设施配套不断改善，加快推进国家全域旅游示范区、国家级旅游度假区、国家生态旅游示范区建设，争当以生态为特色的世界旅游名城核心区，保持旅游“井喷”发展态势。

（区旅游局）

【旅游规划编制】　2017年，花溪区完成《贵阳市花溪区全域旅游发展规划》编制及评审工作，编制《贵阳市花溪区创建国家全域旅游示范区旅游厕所专项规划》，并着手编制《花溪区旅游环线周边旅游产业发展规划》。《花溪南部片区发展策划》《青岩古镇详细业态策划》完成初步方案。

（区旅游局）

【景区建设】　2017年，全区推动100个旅游景区、“八个一批”项目建设工作，挖掘花溪公园、青岩古镇、天河潭三大核心景区旅游资源。景区建设投资176075.76万元，完成全年计划309%。其中，青岩古镇44244.84万元，完成全年计划368%；湿地公园（孔学堂）74200万元，完成全年计划742%；天河潭休闲旅游综合体57630.92万元，完成全年计划165%。推动青岩古镇景区西片区综合整治、花溪公园提升改造、天河潭民族风情街、贵阳故事街二期、精品酒店等项目建设。

（区旅游局）

【国家5A级旅游景区创建】　2017年2月，青岩古镇景区成为贵阳市第一个国家5A级旅游景区。贵阳市政府成立青岩古镇创5A工作领导小组，市政府一把手亲自挂帅担任领导小组组长，市级领导任副组长，成员单位包括多个市级主管部门和花溪区，领导小组下设花溪区青岩古镇创建国家5A级旅游景区工作指挥部。市委市政府多次召开青岩古镇创建国家5A级旅游景区专题会议，花溪区高度重视，全民动员，实施责任分解制，形成区领导及各责任单位主动作为、联动发力的工作态势；辖区居民和从业人员积极响应、主动参与，服务意识和水平显著提升。争取省、市支持，制定相关配套政策，开辟青岩古镇创5A级旅游景区的手续办理、项目申报等“绿色通道”，市旅文投集团负责创建项目融资工作，市城发土地投资公司作为重点项目单位，合力推进创建工作。按照国家旅游局《旅游景区质量等级划分与评定》标准，精心梳理总投资为7.23亿元的65个项目，开展景区综合管网、综合环境整治、消防设施、停车场、旅游厕所、休憩设施、标识标牌和智慧旅游等旅游基础设施项目，茶马古道、慈云寺、定广门、万寿宫等文化提升项目，员工培训、居民知晓率入户宣传、导游队伍加强等软件服务工作以及持续在央视、中国旅游报、省市主流媒体的专项宣传活动。

（区旅游局）

3月3日，青岩5A景区揭牌仪式（青岩镇　供稿）

【旅游基础设施建设】 2017年，花溪区新建和改建旅游厕所25座。实施青岩古镇、湿地公园、花溪公园、天河潭、溪南十锦等景区景点标识标牌建设项目，新增景区景点标识3000余块。启动花溪区绿道慢行系统和贵州省（青岩）旅游集散中心建设。配合启动贵阳市旅游环线建设，梳理环线周边旅游资源。

【旅游信息化建设】 2017年，花溪区旅游运行监管及应急指挥平台建设完成，并接入青岩古镇、天河潭景区、湿地公园（孔学堂）智慧旅游监控视频、相关数据，实现“市—区—景区”三级联动。青岩古镇智慧旅游以景区门票为切入点，打造涵盖“云闸机”、免费WiFi系统与WLAN、停车场、虚拟地图引导、电子导游、旅客实时动态分析、旅游信息共享等七大系统的青岩古镇旅游云平台，发挥移动互联网的应用特点和移动终端技术，满足自助游客的个性需求。天河潭景区结合景区升级建设，打造“贵州第一、国内领先”的智慧旅游景区，通过建设数据中心及高速网络系统，打造贵阳市的“城市客厅”及贵州游客旅游集散地。天河潭景区是全省旅游景区中指挥中心功能最全、屏幕最大的，无线网络实现景区全覆盖，全省单一景区覆盖面积最大，能同时满足3万人的上网需求。（区旅游局）

【旅游法制建设】 2017年，花溪区改革创新全域旅游综合管理体制与机制取得突破。建立党政主要领导挂帅的花溪文化旅游创新区管理委员会，与花溪区旅游局深度融合，统筹调度旅游业发展工作、在全市率先成立旅游法庭、旅游警察、旅游市场监管及花溪全域旅游综合执法指挥调度中心，将城管、交管、交通、物价等部门纳入常设执法机构，构建“1+3+N”旅游管理体制和综合执法体系。按照“所有权、管理权、经营权”分离的原则，成立青岩古镇景区管理有限公司、天河潭景区管理公司，构建产权关系明确、责任主体到位、市场对接充分的旅游景区经营管理体制的加快。启动青岩古镇立法工作，初步起草《贵阳市青岩古镇保护条例（草案）》。（区旅游局）

【旅游文化产业发展】 2017年，花溪区在青岩古镇北门广场成功举办理查德·克莱德曼钢琴音乐会活动。同中法建筑交流学会合作，在青岩古镇举办第五届中法城市与建筑可持续发展论坛。协助做好中国汽车场地拉力锦标赛（CRCC）、中国房车锦标赛（CTCC）等重大体育赛事活动。做好花溪首届富美乡村旅游节。赴长沙考察“草莓音乐节”的举办情况；邀请“迷笛”CEO实地考察花溪区举办大型音乐节场地情况；邀请领英代表团考察花溪全域旅游；邀请沐阳可安贸易有限公司深入花溪高坡考察草雕场地。参加马铃西瓜节、布依族“六月六”等民间节庆节日活动。深挖花溪文化，开发花溪特色旅游商品和民族工艺品。打造花溪首家以“汇黔中物产　聚花溪灵秀”为品牌的文创旅游产品花溪风物文创体验馆，收集460多种贵州文化和花溪当地特色的文创产品和旅游产品蜡染、围巾、奇石及民间工艺品等，让更广大游客感受到花溪灵秀之气、风物之美。对照《旅游购物场所服务质量要求》（GB/T26356—2010）标准，青岩古镇花溪风物文创体验馆、湿地公园花溪风物文创体验馆、孟关碧桂园黔粹行被市旅委评定为“物爽贵阳”旅游商品购物商品店。同贵阳市烟草专卖局合作，以青岩古镇为基本元素和内容，推出“初见”“往事”两款旅游伴手礼产品，并举行伴手礼新闻发布会。同区旅文公司合作，资助80万元开发“下山狮”系列文创产品。（区旅游局）

【旅游文化宣传】 2017年，花溪区理清文化旅游创新策划思路，围绕全国旅游目的地、全省旅游集散地、“贵州会客厅”和国际化魅力城市目标定位，做好旅游文化宣传工作，营造花溪形象新风貌。制定《关于持续推动花溪区旅游业“井喷”

增长的整体宣传营销方案》。在《中国旅游报》推出《贵阳花溪，全域旅游放大美丽标签》《生态为魂的全域旅游发展之路——解读花溪为生态灵魂建设全域旅游先行示范区》两期专刊；中共十九大期间，在贵州日报专版刊登《花溪全力创建国家全域旅游先行示范区》文章，宣传花溪全域旅游。12月，在环球时报专版刊登《边城潮变：山青溪美贵阳爽》文章，对花溪文化旅游进行宣传报道。协助中央电视台纪录片频道（CCTV－9）做好《花影溪田贵山南》5集大型纪录片的拍摄工作；配合中央电视台中文国际频道（CCTV－4）频道做好花溪文化旅游拍摄选点工作。推进《山王庙村村落志》《花溪全域旅游地图》《全域旅游攻略》《全域旅游口袋书》等编撰工作。（区旅游局）

青岩古镇精品客栈·悦然梧侗客栈（青岩镇　供稿）

【客源市场开拓】　2017年，花溪区与世界级的社交平台LinkedIn（领英）开展深度合作，推介花溪全域旅游，提升花溪区在全球范围内的美誉度和影响力，同时向全球展示“一带一路”建设下花溪作为内陆开放城市的新形象、新活力。花溪5种语言页面形象开始凸显，形成区域和人群两个维度的热点。花溪全球热点关注地区为欧洲、拉丁美洲、北美洲、亚洲、非洲与中东地区；热点关注人群为级别较高的用户，其中旅游观光相关产业决策者占20.9%，资深级别以上的高端消费者占79.4%，企业主占9.9%。由区旅游局局长带队，区旅管委、区旅游局、青岩古镇景区管理公司赴北京参加2017年“爽游贵阳”避暑度假旅游产品暨旅游招商推介会，展示花溪区旅游文创产品，引起广泛关注。（区旅游局）

【乡村休闲游】　2017年，花溪区在高坡乡举办“花溪首届富美乡村旅游节——大美溪南”启动仪式，开展系列活动；在黔陶乡举行“花溪首届富美乡村旅游节——黔陶布依歌会”，吸引大量游客参与。为提升花溪乡村旅游发展档次，打造精品级乡村旅游客栈。经省旅委评定，花溪爱书山房文化客栈、随园客栈、寿福寺客栈、天河潭五彩黔艺酒店、青岩文凡状元别苑获贵州省精品级乡村旅游客栈。经贵阳市旅委评定，青岩镇龙井村为乙级乡村旅游村寨，古韵濛城酒店为优品级乡村旅游客栈。（区旅游局）

【“农家乐”建设】　2017年，经省旅委评定，花溪翰林苑酒楼获贵州省五星级乡村旅游经营户（农家乐）称号。经贵阳市旅委评定，九龙茶苑、云贵山庄、水云间、布衣人家、龙梦娜农家乐、城南旧事、龙潭陈记冷水鱼餐饮店、天星食府、马铃冷水鱼美食城、马铃盐井冷水鱼餐饮部评为四星级乡村旅游经营户（农家乐）称号。（区旅游局）

旅游行业管理

【旅行社、导游队伍管理】　2017年2月，花溪区对旅行社及旅行社门市部“零负团费”“不合理低价游”、强迫消费、违反旅游合同等违法违规行为进行查处；对导游人员擅自变更团队行程计划，未经旅行社委派私自承揽导游业务等行为进行依法打击。全年，检查旅行社及旅行社服务网点258家次，排查出问题45条，对1家旅行社门市部下达责令整改通知书。结合“3·15”“安全生产月”“质量强区”等工作，开展以旅游法律法规、旅游资源、文明旅游为重点宣传活动，发放《中华人民共和国旅游法》《贵州省旅游条例》《导游人员管理条例》等旅游法律法规，要求旅行社及旅行社门市认真学习，并警示如发现存在有违反法律法规行为的，将严肃查处，一抓到底，绝不姑息。（区旅游局）

【旅游饭店管理】 2017年，随着文凡状元别苑、万宜丽景酒店等一批旅游精品相继亮相，区旅游局加强执法检查力度，采取每月巡查、专项检查及联合执法检查的形式，对旅游企业消防设施和安全措施落实工作进行检查，要求各旅游企业要落实安全生产主体责任，每日开展企业内部安全生产、消防安全自行排查，发现问题立即整改。印发《贵阳市社会旅馆服务质量要求》《中国星级饭店评定报告书》《贵阳市避暑度假精品酒店划分与评定标准》，要求全区星级酒店、精品酒店客栈参照标准，挖掘酒店主体特色，完善基础设施，提升旅游服务质量，同时抓好员工安全知识及业务知识培训工作，使每个员工熟悉各项安全设施设备的操作规程，提高员工安全服务意识，提升工作服务能力，维护景区、星级饭店、精品酒店品牌。（区旅游局）

【旅游从业人员培训】 2017年，花溪区组织参加省、市举办的各类培训班、专题讲座，参加市旅委组织的《贵阳市旅游大数据应用推进》《贵阳市大数据旅游专题培训班》、乡村旅游扶贫重点村培训。采取多渠道、多形式开展乡村旅游人才技能、旅游景区管理服务、旅游商品制作、乡村旅游购物餐馆等从业人员的服务技能、乡村旅游村寨、客栈、经营户（农家乐）建设等培训500余人。组织青岩镇、黔陶乡、高坡乡、马铃乡等19名乡村旅游人才在贵州黔粹行民族文化发展有限公司民艺传习所开展旅游商品制作培训。通过专题培训，增强村民对传统刺绣工艺的信心，让他们从中看到致富的途径，促进旅游扶贫在创建全域文化旅游创新区中发挥更大作用。举办乡村旅游村寨、客栈、经营户（农家乐）培训，通过培训，促进花溪全域文化旅游创新区建设，推进乡村旅游标准化建设。

开展安全生产宣传教育培训。督促、指导各旅游企业进一步学习贯彻《中华人民共和国旅游法》《中华人民共和国安全生产法》《中华人民共和国消防法》《中华人民共和国旅游安全管理办法》等法律法规，要求各旅游企业对特殊岗位操作人员进行培训，如船员培训、特种行业要求持证上岗等，杜绝因非岗位人员擅自上岗所造成的责任事故，使全区旅游行业形成“人人讲安全，事事注意安全”的氛围。（区旅游局）

【规范旅游市场秩序】 2017年，花溪区旅游局制定《关于加强旅游市场和环境综合监管的工作意见》《花溪区旅游局关于做好2017年旅游行业专项综合整治工作的通知》《花溪区旅游局关于开展2017年旅游行业大排查大整治工作方案》及重大节庆活动检查方案，开展旅游市场整治工作。区旅游局联合区公安分局、区消防大队、区发改委（物价部门）、区市场监督管理局等相关单位对全区的旅行社、酒店、景区进行旅游市场整治行动，对存在问题的旅游企业下达责令整改通知书，并督促旅游企业落实整改要求。与省、市旅委联合在青岩古镇景区开展旅游法律法规和文明宣传活动，倡导文明旅游和依法维权，推进旅游企业诚信经营。结合安全生产宣传月活动，通过打招呼、发通知等方式，对辖区3家A级景区、1家星级酒店、9家精品酒店、2家旅行社及45家服务网点宣传有关法律法规和政策，严禁出现不明码标价、虚假宣传、强制消费、低价游等违法违规行为。

（区旅游局）

【节假日期间旅游投诉】 2017 年，区旅游局明确专人负责受理旅游投诉，投诉电话面向全市公布，及时有效处理旅游投诉，保护游客合法权益。全年，全区受理旅游投诉 27 起，投诉处理游客满意率 100%。（区旅游局）

【旅游安全管理】 2017 年，花溪区旅游局在“元旦”“两会”“春节”“清明”“五一”“端午”“国庆”“中秋”等节庆及重要活动会议期间，协同区旅管委、区消防大队、区公安分局、区发改局、区市场监管局等职能部门对全区景区（点）、宾馆饭店、旅行社及旅行社服务网点等旅游企业进行安全生产大检查、大排查，查找隐患制定整改措施，强化检查监管力度。区旅游局开展旅游综合执法检查、巡查 267 次，联合相关部门参与检查 25 次，会同省市级部门专项检查 9 次；检查企业数 1006 家；排查安全问题 137 处，服务质量、景区及景区周边等问题 220 处，均督促整改完毕。

根据花溪区气候特点和气象部门的预报，与各 A 级景区签订景区防汛安全目标责任书，并结合汛期强降水、地质灾害、雷电、凝冻等极端自然灾害对旅游安全工作造成严重威胁的实际，从强化责任和协同配合、强化隐患排查和整治、强化旅游交通安全监管、强化特殊天气条件下监测警示和防范、强化应急值守和险情处置等五方面做出安排。通过 QQ 群、微信、电话等方式及时发布气象预警信息，提示景区加强防洪涝灾害、泥石流、滑坡等工作，对存在安全隐患区域采取封闭、禁止游客进入等措施；同时，督促旅行社组团接团之前，根据天气预报制定行程安全方案。2017 年上半年，区旅游局修订《花溪区旅游突发事件应急预案》《贵阳市花溪区旅游局旅游安全生产事故应急救援预案》《花溪区旅游行业防汛抗旱应急预案》《2017 年花溪区旅游局安全应急预案》等，建立健全突发事件预警机制和处置细则，整合应急队伍人员配置，督促各旅游企业按照科学性、可操作性的原则，建立和完善各项安全应急预案和应急处理办法，并开展应急演练。7 ~10 月，区旅游局制定《花溪区旅游局第十届中国——东盟教育交流周期间消防安全检查工作方案》《花溪区旅游行业电气火灾综合治理工作方案》《花溪区旅游局关于开展旅游行业安全生产大排查大整治工作方案》《花溪区旅游局关于做好全省暑期旅游服务保障工作的通知》及《花溪区旅游行业迎接国务院安委会综合督查和考核工作方案》等文件，明确工作内容、领导小组、工作重点等内容，并按照方案实施，维护全区旅游市场安全。（区旅游局）

责任编辑 张乡里

游客在青岩古镇通过“智慧旅游”系统，用手机扫景区二维码便捷入园

（杨小平 摄）

财政·税务·商务

财　政

【年度预算执行情况】 2017 年，花溪区财政总收入完成 505395 万元（花溪区 335478 万元，贵安新区 169917 万元），增长 37.48%（花溪区增长 26.65%，贵安新区增长 65.44%）；公共财政预算收入完成 239583 万元（花溪区 145261 万元，贵安 94322 万元），增长 17.03%（花溪区增长 8.12%，贵安新区增长 34.04%），受营改增政策影响同口径增长 22.38%（花溪区增长 10.55%，贵安新区增长 46.53%）。全年，花溪区公共财政预算支出完成 565305 万元（花溪区 307455 万元，贵安新区 257850 万元），增长 28.74%（花溪区增长 14.22%，贵安新区增长 51.75%）。

全区全年政府性基金预算收入完成 465492 万元（花溪区 33955 万元，贵安新区 431537 万元），增长 61.62%（花溪区增长 20.41%，贵安新区增长 66.09%）。全区政府性基金预算支出完 592369 万元（花溪区 282126 万元，贵安新区 310243 万元），增长 25.85%（花溪区增长 28%，贵安新区增长 23.96%）。　　（区财政局）

【本级公共财政收支情况】 2017 年，花溪区本级公共财政预算收入完成 145261 万元（不含乡镇及贵安新区），增长 8.12%，受营改增政策影响同口径增长 10.55%，完成预算的 100.12%；区本级公共财政预算支出完成 289289 万元，增长 13.84%，完成调整预算的 88.2%。　　（区财政局）

【本级政府性基金收支情况】 2017 年，花溪区本级政府性基金预算收入完成 33955 万元（不含乡镇及贵安新区），增长 20.41%，完成调整预算的 99.28%；区本级政府性基金预算支出完成 282126 万元，增长 28%，完成调整预算 79.78%。

（区财政局）

【财源建设】 2017 年，花溪区加强财税征收管理，培植新兴财源，实现财政收入稳步增长。依法加强税收征收管理，发挥乡镇、社区和相关职能部门联动作用，加强综合治税力度，做到应收尽收。深化供给侧结构性改革，推进农业产业结构调整和精品旅游环线建设，抓住大数据、大旅游的机遇，发展绿色经济，利用旅游文化创新区优势，加大招商引资力度，培植稳定财源。加强非税收入征收管理，对国有资源有偿使用的清理、排查，增加政府资源性收入。全年全区（不含贵安新区党武、湖潮两乡镇）公共财政预算收入完成145260.48万元，较2016年增加10913.88万元，增幅8.12%。（区财政局）

【财政收入支出管理】 2017年，花溪区推行财政国库管理制度改革，加强财政收支管理，财政收入直接缴入国库，区本级财政支出通过国库单一账户体系直接划拨到收款人账户，并对区本级预算单位公务消费试行公务卡结算制度进行改革，完善国库集中收付制度，强化银行账户及财政资金管理，确保财政国库资金的安全高效运行。全年花溪区（不含划转贵安新区党武、湖潮两个乡）财政总收入完成335478万元，比上年增长26.65%；一般公共预算收入完成145260万元，比上年增长10.55%；基金预算收入完成33955万元，比上年增长20.42%。全区一般公共预算支出完成307455万元，比上年增长14.22%；基金预算支出完成282126万元，比上年增长28%，全部为区本级支出。（区财政局）

8月2日，花溪区召开2017年财务人员培训会（区财政局 供稿）

【财政监督】 2017年，花溪区财政局加强财政资金监管，确保财政资金使用安全。实行事前审核、事中监控、事后检查的全过程的动态监督机制。强化资金绩效管理，在保障资金安全的基础上，提高资金使用效益。完善内部监督和外部监督相结合的检查机制，发挥外部监督作用。在全区开展严肃财经纪律检查，分两个批次对全区16家单位的会计基础规范和“三公”经费的使用情况进行重点检查；组织年度会计监督检查，抽取高坡乡财政分局、区委群工委、区委宣传部3家单位，对其会计信息质量和内控制度等方面进行检查。（区财政局）

【会计事务管理】 2017年，区财政局按照区委、区政府下发《关于2017年花溪区财务人员培训的通知》要求，于8月2日至11日举办全区财务人员培训班五期。邀请区纪委人员讲解违规违纪事例，并观看反腐倡廉警示教育片。邀请专业讲师讲解财政违法行为处分条例及违规案例、内控制度的建设、《中华人民共和国预算法》《会计基础实施细则》《行政单位、事业单位国有资产管理暂行办法》等内容，参加培训人员470人。参加考试的财务人员381人，考试结果于9月13日分别报送区委、区政府及区纪委。（区财政局）

【社会保险基金财政专户管理】 2017年，花溪区财政局拟定社保基金管理办法。按规定纳入财政专户管理的社会保险基金有机关事业单位养老保险、失地农民保险金、城乡居民养老保险、新型农村合作医疗保险，实行收支两条线。贯彻落实国家对社保基金管理的政策规定，执行社保基金财务和会计制度，基金实行统一管理，按险种建账，分别核算，专款专用。完善账户设置，对个别专户作精简、归并。在社会保险基金的使用上严把审核关。每月初，花溪区财政部门根据社保经办机构报送的用款申请，对基金使用的合理性和手续的完备性进行审核，对用款申请审核无误后，在3个工作日内将基金划入支出专户，社保经办机构将基金支付给保障对象。花溪区财政局与社保经办机构配合，建立对账、信息交换等工作联系制度，分别与银行按月对账，保证各基金账户账账相符。在对基金收支进行清理核对的基础上，财政部门和人社部门都及时编制月报、季报和年报。在对社保基金实行动态管理的基础上，调整定期存款结构，将闲置基金及时按规定转存定期存款，促使社保基金保值增值最大化。花溪区财政、人社和审计部门与各乡镇（街道）及其他职能部门配合，工作中互通信息，反馈情况，解决管理工作流程中产生的问题，确保基金管理工作的顺利实施。

（区财政局）

【基层财政管理】 2017年，花溪区乡镇、社区完成财政总收入211290.46万元，比2016年增长52.56%；公共财政收入完成78050.65万元，比2016年增长49.02%；完成公共财政预算支出23241.65万元，比2016年增长13.73%。对乡镇财政体制进行基础数据收集分析，在总结上一轮乡镇财政体制改革经验的基础上，推进乡镇财政体制调整。继续实行乡镇财政国库集中支付，确保资金足额到位，规范乡镇、社区收支行为。持续开展“四在农家·美丽乡村”小康寨建设。全年建设投资6592.01万元，完成省市下达任务的186.05%，完成9个乡镇1个社区的垃圾收集处理项目建设，完成7个乡镇1个社区的集中式饮用水源地保护项目建设，完成22个行政村的便民设施建设、21个行政村文体活动设施建设，完成43个自然村寨的污水处理设施建设，安装776盏路灯。

（区财政局）

【政府采购概况】 2017年，花溪区政府采购预算资金39103.98万元，实际采购金额37091.13万元，节约资金2012.85万元，节约率5.15%。

（区财政局）

税　务

国家税务

【概　况】 2017年，区国税局内设机构有办公室、财务管理科、政策法规科、收入核算科、征收管理科、人事教育科、监察室、办税服务厅、税源管理一科、税源管理二科，派出机构有青岩税务分局、石板税务分局，事业单位有信息中心。在编职工78人，其中公务员75人，机关工人3人；研究生11人，大学本科48人，大学专科19人；平均年龄41岁。全年入库国税收入199145.16万元（含两费收入3623万元），比2016年增长56%，增收71668万元；入库区级地方财政收入53034万元，比2016年增长84%，增收24135万元，为地方财政发展提供有力保障。其中，增值税入库133585万元，比2016年增长68%，增收53972万元；企业所得税入库26496万元，比2016年增长72%，增收11083万元；入库车辆购置税34709万元，比2016年增长17.39%，增收5143万元；两费收入3623万元，比2016年增长34%，增收923万元。全年“营改增”4大行业入库65421万元，占税收总收入的32.85%。建筑服务业入库20190万元，占税收总收入的10.14%；金融服务业入库10082万元，占税收总收入的5.06%；生活服务业入库2999万元，占税收总收入的1.5%；房地产业入库32150万元，占税收总收入的16.14%。 （区国税局）

【优化税收环境】 2017年，区国税局落实税收优惠政策。全年减免增值税16539.06万元，即征即退税额360.75万元。减免企业所得税税额3318.09万元，其中符合条件享受小型微利企业优惠423户，减免税额372.54万元。全年国地税联合办税大厅受理登记41524户，其中办理开业登记2650户，变更登记36865户，注销登记2009户；联合采集财务报表63480份。（区国税局）

【征管体制改革】 2017年，区国税局、地税局联合成立深化征管体制改革方案督促落实领导小组，保证国税、地税征管体制改革在花溪区全面实施。区国税局、地税局联合开展信用等级评价工作，4月底，共同发布2016年度纳税信用A级纳税人名单，88户纳税人被评定为A级纳税人，其中有34户纳税人是首次获评；共同确定联合实施风险管理纳税人共20户。6月，区国税局与中国邮政集团花溪分公司正式签订委托代征协议书，花溪区10个邮政点代开发票，合作以来开具发票534份，开票金额980余万元（信息）。区国税局实施商事制度改革，推进企业“五证合一”及个体工商户“两证整合”、企业简易注销登记制度改革措施，简化税务信息确认手续，激发市场主体活力，使纳税人尽享商事制度改革带来的便利。（区国税局）

【税务检查】 2017年，区国税局评估企业涉及商品混凝土、房开、民用爆破、金融等行业，主要评估事由包括税负异常、申报数据异常等，评估企业30户，注销清算企业37户。10月底，对10户企业完成风险应对工作，其中有6户企业查补税费25万余元，剩余4户暂未发现风险问题。（区国税局）

【依法治税】 2017年，区国税局开展纳税人宣传辅导，通过集中培训、入户走访、座谈会及电话、微信、QQ等多途径、多方式向纳税人宣传辅导。全年培训5360余人次。处理税务行政许可审批事项471件，其中增值税防伪税控系统最高开票限额审批457件，占总数的97.03%；对纳税人延期缴纳税款的核准7件；对纳税人变更纳税定额的核准4件；对其他企业所得税预缴方式的核定3件。保证在主体资格、许可事项、适用法律和履行程序规则上符合法律规定，在案卷和文书的制作以及使用上能够符合规范要求。（区国税局）

【税收服务】 2017年，区国税局围绕“一窗通办”服务的要求，制定岗位技能学习培训计划，推行岗位互换互学活动，岗位工作人员共同学习国、地税业务，实现一专多能，优化岗位结构。以“互联网+政务服务”为助力，提升纳税人获得感、满意度、遵从度：通过宣传、培训、辅导，引导纳税人主动接受和应用网上办税的新模式，区国税局建账户达98%以上（除异常申报的纳税人外），缓解办税服务厅压力。推行试点，创新税务文书送达方式，推行“互联网+电子送达税务文书”，让税企双方享受“互联网+”的红利；推

9月7日，区国税局办税服务厅导税员引导纳税人使用智慧税务APP
（李娅莹 摄）

行增值税电子普通发票，全区有17户纳税人领用增值税电子普通发票。在办税服务厅张贴宣传海报，使用LED屏滚动宣传“智慧税务”移动办税软件，工作人员现场给纳税人详细介绍“智慧税务”移动办税软件的相关功能及具体操作步骤，为纳税人提供新办税体验。 （区国税局）

地方税务

【概　况】　区地税局组建于1994年9月，属贵阳市地税局直管。主要负责花溪行政区范围内的地方税及有关基金的征收和管理。2017年，设有办公室、政策法规股、纳税服务股、计划财务股等6个内设机构，1个稽查组，6个片区税务分局。有工作人员71人，其中公务员46人，事业专技1人，工勤人员8人，协税员16人；研究生学历2人，本科学历46人，大专学历15人；中共党员36人。

完成税收收入123090万元，比2016年增长20.98%，增收21344万元。市级收入完成8860万元，比2016年增长52.34%，增收3044万元（扣除营业税）。区级一般公共预算收入完成79813万元，比2016年增长1.1%，增收872万元（扣除营业税）。2012—2017年连续5年税收平均增幅25.45%（不含营业税）。其中，第二产业入库税收22931万元，占税收比重的18.63%，比2016年下降25.31%，减收7773万元。原因是以营业税为主的建筑行业受“营改增”政策影响导致税收大幅下滑，并拉低“二产”整体税收。由于泰邦生物税收大幅增长一定程度上减少“二产”税收的降幅。第三产业入库税收100062万元，占税收比重的81.29%，比2016年增长7.50%，上升6.14个百分点，增收6982万元。全年房地产业实现税收68286万元，比2016年增长105.3%，增收35025万元。 （胡青青）

【征管体制改革】　2017年，区地税局根据“营改增”后发生的变化，找准地税新形势下的工作重点，按照税收征管质量考核的要求，对税费种认定、到期定额调整等数据从源头上进行控制。针对房土两税、个人所得税等难征难管税种进行专项检查，规范征管秩序，堵塞征管漏洞，防止税款流失。与区国税局就国地税合作协作拟定包含第三方涉税信息采集、协同注销办理、协同定额评定、联合清理欠税管理、联合大厅建设等26个规章制度，定期与区国税局召开联席会议，交流总结征管经验，提出改进意见，提升征管水平。

（胡青青）

【执法督察】　2017年，区地税局成立税收执法督察工作领导小组，由局长王先贵任组长，副局长李恩东、赵莹任副组长，各科、室、分局及市局稽查一局驻花溪检查组、主要负责人任小组成员，领导小组下设办公室，统一组织安排全局大督察工作。

加强各综合科室与业务部门的协调配合。对抽查发现的重大税收执法问题必须查深查透，查

4月21日，区国地税局到碧桂园花溪1号开展“税法进企业”活动

（区地税局　供稿）

找问题根源，进行整改；对督察整改情况开展“回头看”检查，坚持查纠结合、纠建结合，纠正税收执法中存在的不当行为，完善相关税收管理制度和税收执法责任制度。

自觉接受内外监督。联合监察室、审计、上级、纳税人等多方面的监督，整合监督力量、形成监督合力，严格日常管理，督促各部门认认真真开展督察工作，及时发现问题、拿出整改措施，健全和完善相关管理制度，推进依法治税，优化税收环境，强化风险意识，切实减轻企业税收负担，充分发挥税收职能作用。（胡青青）

【国税地税合作】 2017年，区地税局加强与区国税部门按照“服务深度融合”的要求，加强与国税联合办理设立、变更、撤销登记，实现信息同等推送，减少相关资料人工流转环节；拓展国地双方联合网上办税服务，共建12366咨询热线和纳税服务平台。主动与国税联合实施企业税收风险管理和分析，对企业实行集中约谈，共同商讨制定风险应对措施；商讨确定稽查对象，同步检查、联合发出税收违法“黑名单”，共同协商制定惩戒措施。按照“信息高度聚合”的要求，继续保持国、地税基本信息共享第三方涉税信息采集共享、企业非正常户信息共享，将有关涉税信息应用到税收征管和风险评估分析中。（胡青青）

【税收服务】 2017年，区地税局围绕“深化税收改革、助力企业发展”这一主题开展第26个全国税收宣传月。加强国、地税合作，利用区国地税联合办税大厅、宣传栏、大厅LED显示屏、税企QQ群、发放宣传手册等方式做好各项税收优惠政策的宣传；在区国地税联合办税大厅专门设立政策咨询窗口，做到有问必答、有疑必解，确保纳税人充分掌握最新的税收优惠政策；通过举办税法知识有奖问答活动，提高纳税人的积极性。精简报送资料，简化办税人办理流程。采取集中培训和上门宣传辅导相结合的方式展开税法宣传，邀请贵州财经大学经济学副教授汤旖璆对税务工作人员和辖区内纳税人，具体讲解个所税、企所税等相关税收知识及申报操作流程；通过开展“千名地税干部服务实体经济”活动，深入到各个重点企业开展政策宣讲，和企业负责人面对面讲解，回应企业在税收优惠政策上的盲点，使企业能够及时便捷地享受各项税收优惠政策。落实12319、12366热线工单的登记、派单、反馈和回访等制度，强化人员分工与工作衔接，提升咨询回复质量，减少流转环节，缩短处理时限。

（胡青青）

商　务

粮油购销

【概　况】 2017年，花溪区国有粮食企业购进粮油1059吨，销售粮油1047吨。区商务局实行“双随机一公开”监管全覆盖，完善权责清单、执法人员名录库和市场主体名录库，建立企业信用监管平台。优化粮食库存检查方式，完善重点检查、专项检查和突击检查相结合的检查模式，实行常态化监管与重点随机抽查相结合。开展“粮食安全隐患大排查快整治严执法”集中行动，进行粮食质量、粮食安全、安全生产和粮食流通统计执行情况专项检查。全年未出现重特大食品安全和安全生产事故。（黄　飞）

【低保粮油供应】 2017年，根据《花溪区2017年城乡低保户粮油供应工作方案》，指定区商务局下属国企贵阳花溪宏腾粮油购销有限公司为供应主体，负责花溪区城乡低保户粮油供应工作。明确“花溪区放心粮油配送中心”、原小河区各社区服务中心为城区内低保户粮油供应点，各乡镇粮库为农村低保户粮油供应点，确保低保群众吃上特价粮油。截至9月底，供应大米361吨、菜籽油

29 吨，惠及全区低保对象5640 人。（黄　飞）

【军粮保障供应】　2017 年，花溪军粮供应站改进和完善军粮统筹采购办法，建立粮源保障、质量管理、价格稳定、资金安全等方面的有效机制，完成全年军粮供应任务。（黄　飞）

【救灾救济粮发放】　2017 年，贵阳花溪宏腾粮油购销有限公司落实粮源，完成全年救灾大米的发放任务，全年发放救灾救济粮 80 吨，发放人口 5300 余人次。（黄　飞）

【“放心粮油店”建设】　2017 年，对全区有诚信和保证质量的粮油经营户开展“放心粮油店”监督检查，建设放心粮油店 18 个。（黄　飞）

【粮食应急供应保障体系】　2017 年，新修订《花溪区粮食供应应急预案》，在全区确定 36 个粮食应急供应网点、1 个粮食应急配送中心、1 个粮食应急储运企业。（黄　飞）

【粮情监测预警】　2017 年，全区落实粮食统计专项资金 3 万元，开展粮食流通统计工作，上报有关统计报表和统计资料。重点对人口相对集中的区域设置监测点，采取固定时点调查采集粮油购销价格、销售数量、库存情况以及粮油质量信息。确定粮油价格和产品质量监测点 5 个，实行每月 1 次粮价监测、半年 1 次市场分析预测制度。开展社会粮食供需平衡调查和社会食用油供需平衡调查，全年走访农户 30 户，城镇居民 30 户，餐饮企业 9 家，各类院校 12 所，粮食加工和转换企业 3 家，填写各类调查表 100 余份。（黄　飞）

【粮食收购】　2017 年，花溪区指导粮食加工、收储企业执行国家粮食收购和质价政策，杜绝农民“卖粮难”。按照“双随机一公开”原则，加大对粮食收购企业的监督检查力度，严禁出现收“转圈粮”“人情粮”和违反质价政策等扰乱收购秩序的违规行为。全年未发现给售粮农民“打白条”问题，未出现售粮农民集体上访事件。（黄　飞）

供销合作商业

【概　况】　2017 年，区供销联社实现利润完成 153 万元，所有者权益完成 1236 万元，资产总额完成 4385 万元，销售总额完成 1 亿元，完成农资各类化肥销售 6000 吨，电商营业额完成 1000 万元。新建农村电子商务便民服务点 20 个；新增“三位一体”（基层供销合作社、社员股金服务社、农民专业合作社联成一个体系）新型合作社两个：贵阳花溪高坡翁西组种养农民专业合作社、贵阳市花溪区供销社社员股金专业合作社贵安服务社；新领办两个农民专业合作社：贵阳花溪高坡惠民种养专业合作社、贵阳花溪高坡辛酉种养专业合作社；新建庄稼医院两个：贵阳花溪青岩达夯庄家医院、贵阳花溪青岩思潜庄家医院。带动 50 户农户脱贫实现小康。（区供销联社）

【再生资源回收】　2017 年，区供销联社推动花溪区燕楼工业园区再生资源高端回收利用市场、区级回收分拣集散地和社区乡镇回收网点三级加工利用体系建设，对拟定地点进行现场勘测、评估和预测，与拟定地点所属社区、乡镇及村民小组进行洽谈和咨询。（区供销联社）

【农资日杂】　2017 年，区农资日杂公司在花溪区各乡镇范围内设立 38 家农家店，全年农资日杂销售 5366.05 万元，为各乡镇提供农业生产资料及日杂用品。（区供销联社）

【社员股金专业合作社】　2017 年 3 月 19 日，贵阳市花溪区供销社社员股金专业合作社贵安服务社挂牌成立。6 月 30 日，区供销社社员股金专业合作社召开全体社员代表大会，增补 8 名社员代表。区供销社社员股金专业合作社发展社员 1800 人入社入股。（区供销联社）

对外经济贸易

【概　况】 2017 年，花溪区省平台完成省外到位资金 168.13 亿元，完成全年目标的 122.28%，同比增长 51.71%；新签约项目 75 个，完成全年目标的 187.5%，其中实体企业占 100%；新签约项目投资总额 179.62 亿元，完成全年目标的 119.75%；新签约项目资金到位率 82.4%，项目开工率 100%，投产达产率 75%（56 个）。全年，实际利用外资 11628 万美元，完成目标任务数 12685 万美元的 91.67%，比上年增长 20.83%。招商引资综合指数在全市半年检查测评中排名第一。（区投资促进局）

招商引资

【概　况】 2017 年，花溪区开展外出招商引资推介活动 10 余次，分别是第十一届中国（河南）国际投资洽谈会、第十五届东盟华商会、贵州绿色农产品（重庆）推介展示会、贵州绿色产品风行天下广州推介展示会、2017 贵阳市（长三角）精准招商推介会、2017 贵阳市（京津冀）精准招商推介会、2017 贵阳市（珠三角）精准招商推介会、省委统战部组织的台湾文化旅游创意产业招商活动、重庆考察货车兄弟招商活动、花溪区组织小分队成都文旅产业招商活动、花溪区数博会小分队北京招商活动、花溪区小分队拜访知投网招商活动、川渝产业扶贫小分队招商活动、花溪区京津冀文旅产业小分队招商活动等。开展其他各类型招商引资活动 303 次，对接投资人 401 人，对接企业和个体 359 家，对接项目 138 个。花溪区利用“数博会”“民博会”“酒博会”“贵洽会”“诺贝尔奖医学峰会”等省内外合作平台开展专题招商、选商引资和承接产业转移。在全省“千企引进”工作专项检查中，花溪区综合排名第三位。

（区投资促进局）

【招商项目】 花溪区恒大童世界美食街项目：该项目由世界 500 强恒大集团投资建设，项目选址位于花溪区贵筑社区甲秀南路，占地约 400 亩，建筑面积 55 万平方米，总投资约 12 亿元，建设周期 3 年，主要建设川西风情美食街、徽州美食街等以美食文化为代表的旅游综合体。项目主体建完，正在进行外墙装修和内部装饰。

花溪区博源建材城建设项目：该项目由杨海洋（重庆客商）投资建设，项目选址位于花溪区孟关乡，项目占地面积 26937 平方米，建筑面积 43899.46 平方米，总投资 2.8 亿元，建设周期 1 年，主要建设仓储、办公楼及相关配套设施。项目建成投产，对外营业。

花溪区溪云小镇产业创新集聚平台项目：该项目由谢一锋（广东客商）投资整体打造，项目

花溪中铁城（杨小平　摄）

选址位于花溪区溪北社区董家堰村，项目占地约30亩，总投资1.2亿元，建设周期6个月，主要建设以大数据信息技术为基础，重点开展“大数据+相关产业”，运用金融手段，通过创业孵化器及创业基金投入帮扶，完善小镇产业生态链，形成以培训、展览、展示、创业基金、产业孵化等互动生态圈，打造数字经济特色产业小镇。项目建成，开始运营。

花溪区天河潭酒店商圈项目：该项目由伍小勇（湖南客商）投资建设，项目选址位于花溪区石板镇隆昌村，项目占地约40亩，总投资约7亿元，建设周期2年，主要建设集休闲、娱乐、购物、住宿为一体的综合体高端酒店商圈。项目建成投产。

花溪区亨特·公园里项目：该项目由杨小平（四川客商）投资建设，项目选址位于花溪区贵筑社区甲秀南路，项目占地47.06亩，总投资6亿元，建设周期为2年，主要建设集休闲、购物、娱乐、餐饮为一体的综合体高端商圈。项目主体建完，正在做周边绿化。

花溪区缤纷天下画板项目：该项目由北京缤纷天下文化有限公司投资建设，项目选址位于花溪区溪北社区花溪大道，项目占地约300平方米，总投资1亿元，建设周期6个月，主要利用大数据区块链技术开展艺术品复制销售及溯源等工作。项目建成，开始运营。

花溪区天河潭风景区滨水休闲项目：该项目由刘丽春（福建客商）投资建设，项目选址位于花溪区石板镇隆昌村，项目占地75余亩，总投资约5.2亿元，建设周期1年，主要建设由露天婚庆广场、休闲娱乐、餐饮商铺及其他附属设施等组成。项目建成投产。（区投资促进局）

责任编辑　姚　毅

金融

农业银行花溪支行

【概　况】　2017年，农行花溪支行依托全区7个物理网点和79个ATM自助终端体系，履行农行“面向‘三农’，服务城乡”使命。全年投放贷款87.74亿元。其中，与贵阳市城市发展投资集团股份有限公司签订75.5亿元固定资产贷款协定，并投放24.1亿元；对高校发放贷款数亿元，在花溪大学城主要高校设立自助银行；向贵州省贵民发展投资有限责任公司发放美丽乡村贷款6000余万元；为花溪美的·国宾府、花溪中铁城等房地产客户发放个人按揭贷款500余笔，金额超3亿元。代理预算收入、预算支出及预算收入退库业务，全年业务量17万余笔；代理花溪区总工会收纳入库工会经费1000余万元，比2016年增加37%。办理各级预算收入的收纳、划分、报解、入库，办理财政部门的拨款支出业务，按照规定要求及时审核、登记，确保资金准确、及时汇划，做好账务核对工作。（农行花溪支行）

【征信知识宣传】　2017年6月20日，花溪支行组织开展征信知识宣传普及活动。通过组织员工晨会学习征信知识宣传的宗旨和征信相关政策法规，讨论宣传方式和策略。以营业大厅为宣传阵地，利用海报等载体向过往市民及营业网点内的客户宣传金融常识，讲解征信之重要性及如何提升自身信用、保护自身征信安全；解答市民群众提出的问题，接受各类咨询。通过向客户发放宣传折页等形式，宣传普及征信知识，让公众了解征信相关政策法规，关心自己的信用记录，感受银行征信服务的作用和重要性。（农行花溪支行）

【双人上门服务获客户好评】　2017年1月22日，1名中年男子到农行花溪支行华丰分理处，向工作人员寻求帮助。该男子称，他的儿子在驾车出行途中发生严重车祸，车辆被烧毁，人被烧伤躺在医院。他急需从儿子的卡上取出16万元现金支付手术及医药费用，但因其儿子的银行卡及身份证均被烧毁，公安系统办理身份证也需要一段时间，他希望网点能够特事特办，帮助他及时取钱，让他儿子能尽早手术。银行员工纷纷为男子“出谋划策”，希望他们能通过网银先进行转账支取，但是男子反映网银设备遗失，无法办理网银转账。随后，网点主任根据男子事情紧急性，立即电话联系支行并获得支行及时帮助，同意由支行委派1名员工与网点大堂经理次日一同上门为客户提供服务，根据客户提供的授权委托书及户籍证明为客户办理取款业务，对客户进行慰问和安抚，用实际行动践行“客户至上”的服务理念。

（农行花溪支行）

【“金融知识万里行”宣传】 2017年，针对近年来校园金融风险事件频发、金融诈骗现象频出等问题，8月26—27日，花溪民大支行以贵州民族大学新生开学为契机，深入民大校园设立宣传点，现场开展面对面采访、面对面问答，向路过学生讲解校园金融风险的特点、危害和防范措施。在网点大厅内摆放“金融知识万里行”活动主题展架，向学生发放金融知识万里行、珍爱信用记录开启幸福人生等宣传折页，对网贷风险、银行卡用卡安全、校园电信诈骗等金融知识一一进行解答。

（农行花溪支行）

【普惠农行金融活动】 2017年6月7日，农行花溪支行客户经理与清溪路支行同到拆迁安置户小区开展“进村入户”普惠农行金融活动。工作人员为前来咨询业务的客户讲解银行理财、大额存单、稳健型理财产品等知识；在现场配发礼品、发放订制的宣传资料，对群众关心的金融产品、日常生活中遇见的电子银行风险防范问题进行现场答疑解惑。此次活动前，农行清溪路支行在营销工作中细化营销方案，紧抓花溪周边村子拆迁征地补偿款，营销土地拆迁款1000万元。 （农行花溪支行）

【优质服务国外友人】 2017年2月13日下午，农行花溪支行营业室迎来一批前来开户的外国留学生。由于留学生人数较多，大堂经理与营业室负责人商量，决定单独开立一个柜台为其办理开卡业务。经过网点员工的内外联动、团队协作，很快为十几名留学生办完开卡业务。

（农行花溪支行）

建行花溪支行

【概 况】 中国建设银行股份有限公司贵阳花溪支行作为建行贵州省分行六个直属支行之一。2017年有员工232人，辖区内营业网点16个，分布于小河、花溪、贵安。花溪支行本部位于花溪区花溪大道南段3086号。发展普惠金融；利用“云税贷”等产品，做好小微企业信贷业务；围绕住房租赁积极推进蓝海战略；宣传“金蜜蜂”品牌，开展大学生创新创业大赛；组织“提升服务质量、营造优美环境、寻找最美服务之星”等活动竞赛，提高客户满意度，其中花溪支行综合柜获总行五

12月26日，建行花溪支行举行“母亲健康快车”捐赠仪式

（建行花溪支行 供稿）

星级网点荣誉，中银协四星级网点荣誉；黄河路支行、黔江路支行获总行四星级网点荣誉，甘荫塘支行、贵安支行获总行三星级网点荣誉。在建设银行总行第五届“中国建设银行文明单位”评选中，获“文明单位”称号。取得KPI考核直属支行第一的成绩，其中一般性存款时点较年初新增17.28亿元，贷款新增20.96亿元。（李世琴）

【公积金归集委托收款业务办理】 2017年8月21日，建行花溪支行为贵安新区农林水务局办理全省第1笔贵安公积金归集委托收款业务。花溪支行以7月刚上线的“公积金异地转移接续平台数据交互项目”投入的财务资源为契机，抓住贵安新区公积金业务市场，不断扩大业务合作范围。与贵安新区9家企事业单位签订三方协议，办理公积金归集委托收款业务，巩固和扩大住房公积金业务市场优势，拓展住房公积金业务。（李世琴）

【政银企业金融服务产品推介】 2017年2月28日，建行花溪支行携手孟关乡政府与汽贸城内企业举办提供信用卡及分期为企业融资等金融产品推介会，助力政银企金融共同发展。本次推介会有30余名企业家参会，会上介绍建行花溪支行为购车客户及企业主分期融资、云平台收缴费等金融产品。（李世琴）

【金融消费者权益保护宣传】 2017年，建行花溪支行开展以“权利·责任·风险”为活动口号的金融消费者宣传活动。花溪支行辖内16个网点，通过电子海报机、公众教育区、宣传折页开展主题多样的“微沙龙”活动，向客户进行金融风险防范、账户安全、货币反假等知识的宣传。结合外出活动，走进居民社区、商圈，向广大客户宣传金融知识，普及金融产品和相关法律，通过讲解工作中的案例提高客户反电信诈骗的警惕性。

（李世琴）

【防范电信诈骗宣传活动】 2017年7月19日，建行花溪支行组织员工走进贵州大学，开展以“送金融知识进校园”为主题的宣传活动。活动主要内容有警惕洗钱陷阱、防范电信诈骗、手机银行及信用卡使用规范等。本次金融知识普及宣传活动，重点围绕非法集资知识、防范电信网络新型违法犯罪、虚假短信欺诈事件、信用卡安全等内容，通过PPT课件培训、现场知识解答、发放宣传折页等方式，结合校园金融业务办理实际，对师生讲解金融知识，告知相关权利义务，提示金融风险，让学校师生深入了解和认识到警惕洗钱陷阱、防范电信诈骗、提升金融风险防范意识的重要性。

（李世琴）

5月15日，副区长韩匡时（左二）考察花溪农商行防范处置非法集资宣传日活动（王江山　供稿）

贵阳银行花溪支行

【概　况】 贵阳银行股份有限公司花溪支行位于花溪区田园北路673号。2017年年末，有从业人员181人。支行下辖营业网点14个，农村金融服务站48个。贵阳银行花溪支行抢抓贵阳银行上市后实施综合化、多元化的发展机遇，完善支行客户营销体系和机制建设，增强服务大客户、集团客户的金融服务能力和市场竞争能力。推进普惠金融服务，下沉业务，探索对“三农”服务产品模式的创新，拓展服务的领域和深度。9月，公司推出“数谷E贷”贷款产品，花溪支行办理笔数与发放金额在公司支行中排名第一，“黔微贷”业务办理笔数及发放金额在各支行中排名第二。（贵阳银行花溪支行）

11月2日，花溪农商银行举行业务技能竞赛（苏杨眉 摄）

【拓展新兴业务】 2017年，贵阳银行花溪支行把握“稳中求进”工作总基调，维护存量客户，创新业务发展模式，培育新的增长点，保持重点业务、重要客户稳中有升。为支持花溪地区经济建设，支行以产品优势和服务效率抢抓市场，重视互联网金融业务、绿色产业等新兴业务的拓展。支行拓展中小贷款，围绕小微企业融资，增强“支小助微”服务理念，把“小客户”做成“大市场”，强化与“货车帮”、黔通智联、勤邦生物等互联网金融新客户合作，加快支行转型发展。为推动各项业务的快速发展，促进支行经营效益的稳步提高，把建立市场营销新体系、健全市场营销新机制作为重要工作来抓。截至12月31日，各项存款余额154.3亿元，各项贷款余额194.74亿元，全年中间业务收入2000余万元，营业收入8.56亿元，实现利润4.4亿元。

（贵阳银行花溪支行）

花溪农村商业银行股份有限公司

【概 况】 贵州花溪农村商业银行股份有限公司（简称花溪农商银行）前身为贵州花溪农村合作银行。2013年12月29日挂牌成立，注册资本5.885亿元。在2017年3月公布的“2016年度贵阳市履行社会责任优秀企业”名单中，贵州花溪农村商业银行榜上有名，成为榜单上24家获评企业中唯一一家金融机构。6月16日，贵州省总工会、贵州省生态文明办在多彩贵州城联合举办贵州省职工“践行新理念 建功十三五”绿色增效劳动竞赛誓师大会，引导广大职工争当绿色环保义务监督员，花溪农商银行代表队等2000余人参加。誓师大会上，省发改委党组成员徐望北宣读表彰决定，授予花溪农村商业银行等32家单位“贵州省职工绿色环保工作先进单位”称号；授予花溪农商银行董事长吴勇等33名职工“贵州省职工绿色环保工作先进个人”称号。7月28日，“贵州企业100强”“贵州民营企业100强”暨全省第十八届企业管理创新成果推广发布会在贵州省政协会议大厅举行，在此次出炉百强企业的榜单中，贵州花溪农村商业银行再次榜上有名，获贵州企业100强、贵州民营企业100强“双百强”企业称号。花溪农商银行副行长王刚上台领奖。

截至2017年年末，全行资产总额327.5亿元，较年初增加40.35亿元，增长14%；负债312.46亿元，较年初增加42.52亿元，增长15.75%；各项存款余额214.4亿元，较成立之初的4.4亿元增加310亿元，增长48倍；各项贷款余额125.15亿元，较成立之初的3.6亿元增加121.55亿元，增长34倍；实现各项收入22.38亿元，净利润2.23亿元。全行职工589人，平均年龄33岁。其中本科及以上学历523人，占在岗职工的88.8%；硕士研究生61人，占在岗职工的10.36%。全行有部室34个（其中二级部门12个），下辖分支机构50个，包括营业部1个、支行32个、便民服务支行14个、便民服务点3个。经营机构设置遍布花溪区内所有乡镇，同时在市内跨区设立高新支行、南明支行、云岩支行。全年上缴税收2.4亿元，14年间累计上缴国家税收近15亿元，是花溪区最大的纳税企业。（花溪农商行）

【新业务开办】 2017年4月11日，花溪农商银行票据中心成功办理首笔电子银行承兑汇票转贴现业务，票面金额286.8万元，成为贵州省农信系统第一家办理电子银行承兑汇票转贴现业务的金融机构。4月17日，票据中心成功办理电子银行承兑汇票业务，票面金额150万元。6月28日，花溪农商银行资金营运管理中心向中国人民银行贵阳中心支行申请办理首笔常备借贷便利业务成功，通过债券质押方式，获得借款1.84亿元，低成本解决季末资金流动性需求，花溪农商行成为贵州农信系统第一家成功办理常备借贷便利业务的金融机构。10月26日，由贵州省农村信用联社主办、贵阳审计中心承办、花溪农商银行协办的“黔农·金百合”理财产品首发仪式在花溪农商银行举行。人民银行贵阳中心支行、贵州省金融办、省联社各部门负责人、省内30余家行社领导出席。此次活动受到贵州日报、当代贵州、人民网、多彩贵州网、新华网、中新社等省内外多家媒体的关注和报道。（花溪农商行）

【12辆流动服务车投入使用】 2017年5月23日，花溪农商银行投入213.6万元购置12辆助农流动服务车投入使用，每车配备银行物理网点柜面现金存取款、非现金转账、开销卡、小额农户贷款等多种业务功能，是继“自行车服务队”“村村通”等便民金融服务活动之后推出的又一项支农惠农重大举措。

【新开业支行】 2017年7月15日上午，花溪农商银行云岩支行正式开业运营。当天上午，董事长吴勇及行党委领导班子，各部室、支行负责人30余人在云岩支行举行开业仪式。董事长吴勇、行长周乐佳、监事长杨照刚共同为云岩支行揭牌。（花溪农商行）

【新时代人才培养】 2017年10月31日，花溪农商银行新时代人才振兴工程开班仪式在总行608会议室举行，银行党委班子成员、贵州桓麓文化教育发展有限公司领导以及入围本次培训计划的参训人员一同出席开班仪式。（花溪农商行）

【在全国性电视电话会议发言】 2017年11月7日，全国小微企业金融服务电视电话会议在京召开，国务院副总理马凯等有关领导同志出席。花溪农商银行作为全国唯一中小金融机构和贵州省

6月27日，花溪农商行进村入户为乡村留守老年人办理养老金支取业务（花溪农商行 供稿）

唯一金融机构代表在会上作"'小'机构服务'大'市场"的经验交流发言，此次经验交流发言是继2014年在"全国农村金融服务经验交流电视电话会议"发言后的又一次亮相。（花溪农商行）

【"黔农信用卡"首发仪式】 2017年11月29日上午，贵州农信"黔农信用卡"首发仪式在花溪农商银行会场举行。省联社党委书记、理事长宋锐，省联社主任蔡湘，省联社副主任袁赞礼，省联社纪委书记郜国祥，中国人民银行贵阳中心支行支付结算处处长周俊、中国银行业监督管理委员会贵州监管局农非处副处长高臻荣、中国银联贵州分公司总经理马明、农信银资金清算中心副总裁刘永成，农信系统各审计中心、行社的领导及职工200余人出席首发仪式。（花溪农商行）

花溪邮政储蓄银行

【概　况】 2017年，中国邮政集团公司贵阳市花溪区分公司自办邮政储蓄服务网点7个，业务范围包括个人以及对公储蓄、代发工资、基金、理财、保险、便民代收费等业务。窗口从业人员49人，都是大专以上学历，在岗人员98%以上获专业职业资格认证。全年公司秉承服务地方、方便群众宗旨，为地区发展做出自己的贡献。清溪路支行行长、共产党员蒋秋妮被评为全省"道德标兵"，青岩支行连续3年被评为全国"农村百强支局"。2017年，储蓄存款余额规模78379.4万元，比2016年增加4056.2万元，增长144.58%；保险收入2631.3万元，比2016年增加1767.27万元，增长2倍。分公司所辖7个金融支局升级为全功能电子化营业厅，其中清溪路支行被评为全国标杆网点、"全国优秀营业支行"。（李艳明）

贵阳花溪建设村镇银行

【概　况】 2017年，贵阳花溪建设村镇银行围绕"夯实发展基础，提升服务品质，稳定资产质量，强化队伍建设"工作重心，努力为区域经济社会发展贡献力量。年末，资产总额16.33亿元，各项存款余额14.19亿元，储蓄存款首次突破10亿元，各项贷款余额8.28亿元，缴纳各项税金735.76万元。营业收入首次超过1亿元。5月26日，中国银行业监督管理委员会贵州监管局下发《2016年度监管评级结果通报》，花溪建设村镇银行由2012年的3C级晋升为3B级。

【完善服务设施】 2017年，花溪建设村镇银行设有营业网点7个，ATM自助服务终端6个，覆盖花溪主城区和青岩镇。手机银行正式上线，服务渠道涵盖物理网点、自助机具、电话银行、网上银行、手机银行等，服务设施进一步完善。花溪

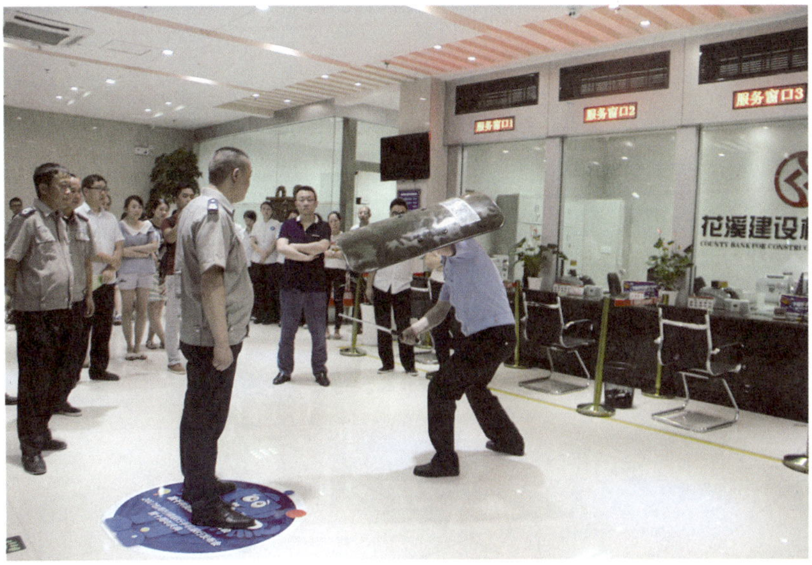

7月19日，花溪建设村镇银行反恐演习（花溪建设村镇银行　供稿）

建设村镇银行全年组织各类培训77次，参加培训人员1662人次；开展进社区、进学校、进农村等宣传活动301次，参加宣传活动员工576人。

（杨东升）

【推广普惠金融】 2017年，花溪建设村镇银行秉承企业价值和社会价值双重提升的原则，推广普惠金融，开展金融扶贫。持续减免服务费用：免借记卡全国跨行取现手续费，免网上银行和手机银行转账手续费，免贷款客户转账汇划费等。继续扩大“三农”信贷资金投入：全年涉农贷款占贷款总额51.18%，较2016年增长26.72%，支农支小贷款占贷款总额比例达到81.53%。（杨东升）

保　险

【中国人寿保险花溪支公司】 2017年，中国人寿保险股份有限公司花溪支公司有员工256人。全年公司保费收入6326.61万元，各类理赔支出417.39万元，各类生存给付2358.25万元。业务涵盖个人商业养老保险、个人商业医疗保险、子女婚嫁教育保险、学生平安保险、企业员工及个人意外伤害保险；城乡居民医疗保险二次报销；与政府合作，承办花溪计划生育户保险、花溪贫困人口意外伤害保险、花溪公安干警意外伤害等保险。各网点不定期在社区、村寨和繁华地带进行保险知识“走进千家万户”宣传。公司为返乡人员提供近百个创业就业岗位，依托中国人寿雄厚的实力为社会大众提供优质的保险服务。

（周　毅）

【中国太平洋人寿保险花溪支公司】 中国太平洋人寿保险股份有限公司花溪支公司是一家区县级支公司，原在花溪清华小区（新华书店二楼），2017年12月中旬，搬迁到花溪区小河平桥西南环路110号贵州盐业集团瑞源大厦11层。国家许可经营的范围主要有：承担人民币和外币的各种人身保险业务，包括人寿保险、健康保险、意外伤害保险等；办理各种法定人身保险业务，与国内外保险公司及有关机构建立代理关系和业务往来关系，代理外国保险机构办理对损失鉴定和理赔业务及其委托的有关事宜；与太平洋财产保险股份有限公司建立代理关系和业务往来关系，经批准参加国际保险活动。通过个人保险、团体保险、保单贷款、互动业务等多种营销渠道，向花溪区广大客户提供服务。遵循寿险规律，发展健康保障型和长期储蓄型产品，拓展个人传统型保险、分红型产品的期缴业务和短期意外险业务；由于小河市场独特的地理位置，横跨原贵阳经开区和花溪区，所以在巩固优势市场的同时，公司实施差异化的区域发展、城区突破战略，拓展快速增长的潜力市场，努力向贵阳市中心靠拢。2017年，公司强化销售渠道建设，加强基础管理和员工培训，推广以客户为中心的产品组合销售模式，营销队伍的持续扩大和产能提升。全年保费收入986万元，理赔207万元，寿险业务市场份额较大。公司在册员工106人，公司经理史玉。

（太平洋人寿花溪支公司）

责任编辑　姚　毅

经济管理

地方国有资产管理

【概　况】　2017 年，花溪区国有资产管理办理相关处置事项 39 项，上缴国资收益 4125.71 万元；行政事业单位资产变更 6 项，分别是花溪区残联、花溪区人民检察院、花溪区人民法院、花溪区审计局、花溪区就业局等单位申请划转固定资产的批复。（区财政局）

【国有资产处置】　2017 年，花溪区国有资产管理办处置行政事业单位国有资产 26 项，分别是区妇联、区民族事务局、花溪公安分局、区残联、区委组织部、花溪区人民法院、花溪区市场监督管理局、黔陶乡、区文体广电局、区农业局、区人民医院、区政协、区委宣传部、高坡乡、燕楼镇、区水务局 16 家单位申请报废车辆的批复；区安监局、区人民医院、清华中学、芦荻小学、青岩贵璜中学 5 家单位申请报废固定资产的批复；关于青岩卫生院申请减少固定资产的批复。（区财政局）

【国有资产购置】　2017 年，花溪区国有资产管理办进口产品批复 5 项（分别为区中医院购买原装进口彩色超声诊断仪，原装进口电子胃肠镜、耳声发射分析仪，原装进口眼科设备、新生儿高频呼吸机，原装进口血液透析机，原装进口纤维胆道镜、冰冻切片机、血气分析仪）等设备的批复。花溪国有资产管理有限公司受让贵阳农村商业银行股份有限公司法人股的批复。（区财政局）

国土资源管理

【地籍管理】　2017 年，花溪区开展地籍区（子区）的划定工作，全区（包含贵安新区、经开区）划定地籍区 21 个，地籍子区 276 个。查询档案 386 次，整理并移交经开区地籍档案资料 59 宗；收集整理地籍档案资料 98 宗并移交花溪不动产登记站。8 月，花溪区不动产登记系统接入国家信息平台，区不动产登记站均完成系统升级改造，实现系统自动上报，上报不动产登记数据 421881 条，完成原房屋登记档案整体移交。区不动产登记站与区房屋交易监理所签订房屋登记档案移交协议，12月31日，完成对2015年12月28日前的86744份房屋登记纸质档案进行整体移交。完成346宗，面积56.1公顷集体建设用地，使用权确权颁证和8456宗，面积219.24公顷宅基地使用权的登记，完成率均为100%。（区国土资源局）

【耕地保护与开发】 2017年，花溪区加强全区永久基本农田保护的宣传工作。把每一个基本农田地块的利用和保护落实到人，明确职责。设立基本农田保护标志，建立保护台账，基本农田数据上图入库。区、乡（镇、社区）两级政府和国土部门进行实时动态监测、严格管理，禁止任何单位和个人擅自改变和占用。在执法过程中，对于违法占用基本农田的行为，按照国家法律法规严厉查处。整合全区的基础地理信息数据，包括影像、图件、资料，建立花溪区的地理空间数据库。按照规范规程和上级部门的安排部署，开展“数字花溪”地理空间框架建设，为花溪区“大数据”应用做好服务。

2017年，花溪区13个项目征地1695.03亩，拨付征地补偿款12594.04万元。分别为高端装备制造产业园北部路网项目征地7.07亩，拨付征地补偿款41.2万元；市域快铁项目征地271.68亩，拨付征地补偿款1912.06万元；贵州省体育局清镇体育训练基地国有土地回收项目征地281.204亩，拨付补偿费1624.65万元；长昆铁路项目征地6.63亩，拨付征地补偿款37.14万元；华融补足地块征地1.41亩，拨付征地补偿款16.81万元；板桥项目征地327.05亩，拨付征地补偿款3877.37万元；合朋加油站项目征地8.97亩，拨付征地补偿款67.18万元；万科项目征地84.26亩，拨付征地补偿款948.47万元；杉木农民新村安置点项目征地29.50亩，拨付征地补偿款166.06万元；关口寨项目补报地块征地3.32亩，拨付征地补偿款39.92万元；燕楼工业园项目征地652.78亩，拨付征地补偿款3617.7万元；金竹板块项目征地13.15亩，拨付征地补偿款168.51万元；龙行神州项目征地7.98亩，拨付征地补偿款76.95万元。

区国土资源分局配合区社保局完成贵筑社区、清溪社区、溪北社区、青岩镇、麦坪镇、石板镇、孟关乡、阳光社区被征地农民社保办理工作。审核失地农户社保资料1596户2744人，其中贵筑社区327户423人，清溪社区50户75人，溪北社区188户575人，青岩镇25户101人，麦坪镇372户607人，石板镇4户7人，孟关乡175户343人，阳光社区455户613人。（区国土资源局）

【土地执法检查】 2017年，花溪国土资源分局针对全区违法建设、用地日趋严重事态，加大巡查力度，在全区范围内进行拉网式的巡排查，巡查次数1000余次，出动巡查人员1200多人次，下发涉及土地、矿产的责令停止违法行为通知书或责令改正违法行为通知书400余份，制止土地违法行为200余起，均按要求进行报告。

（区国土资源局）

【查处违法用地】 2017年，花溪区管辖范围监测图斑830个（不含贵安新区直管区域和经开区代管区域），监测面积8021.6亩，其中耕地面积5245.7亩。新增建设用地图斑524个，监测面积3056.6亩，耕地面积2020.9亩。新增违法用地图斑419个，监测面积1375.1亩，其中耕地面积958.9亩；经外业核查、内业判片后，最终认定花溪区违法图斑35个，监测面积253.16亩（其中耕地183.04亩），违法占耕比例为6.7%。涉及项目21个，立案查处28宗，收缴罚没款280.97万元。

【矿产资源管理】 2017年，花溪区合法有效矿山5个，其中正常生产矿山2个（1个水泥用灰岩，1个硅矿）。2016年年检改革后，花溪国土资源管理分局对各矿山开展矿业权人勘查开采信息公示系统的学习和使用，企业均通过全国矿业权人勘查开采信息公示系统进行上报并进行公示。完成

2016年矿山地质环境恢复治理保证金缴存765.16万元。做好压覆矿查询。按照市、区大气办的要求，对辖区内大气污染的相关企业进行多次整治行动，要求辖区内沙石土矿山进行路面硬化、安装洒水装置及配备洒水车，要求生产线进行全封闭生产。（区国土资源局）

【地质灾害防治】 2017年3月，花溪区开展地质灾害汛前排查，4月底开展汛中检查，通过巡排查发现29个地质灾害隐患点处于稳定状态。同时，根据《花溪区地质灾害防治工作部门责任制度》的要求，地灾防治成员单位对全区城镇、乡村、医院、学校、旅游景点等人口聚集区，公路、铁路等交通要道沿线，重大工程项目和产业园区施工区等重点区域开展拉网式排查，做到“全覆盖、零漏洞”，排查1118次。新发现隐患28处，安排专业技术人员到点核查，建立隐患登记台账，经技术人员鉴定，除石板镇云凹村新寨组贵安大道公路边坡滑坡外，其余27处均属于安全隐患，将隐患情况及处置意见告知隐患属地乡（镇、社区）及行业主管部门；针对新增的地质灾害隐患点，区国土资源分局设置一线监测人员并对地质灾害隐患点威胁对象发放“两卡”。

是年，花溪区建设地质灾害点远程数据监测平台。经与省第一测绘院合作，利用省第一测绘院建设的贵州省卫星导航定位基准站网系统（GZ-CORS），对花溪区滑坡地质灾害隐患点开展远程数据自动化监测。

花溪区地质灾害防治办公室下发《花溪区地质灾害防治相关知识宣传教育培训实施方案》，组织各乡（镇、社区）及部门开展辖区内、行业内地质灾害防治知识宣传培训，分别于6月16日、6月21日完成区级地质灾害应急演练及防治知识培训。（区国土资源局）

【地质灾害治理】 2017年，花溪区列入“贵州省地质灾害治理三年行动计划”项目开展情况：投入85万元完成青岩镇歪脚村高寨河滑坡治理；投入524万元对阳光社区大将路仙人洞崩塌（危岩带）应急治理通过初步验收；投入394.87万元对高坡乡石门三组滑坡地质灾害隐患点应急治理，完成工程进度68%。上述3个项目争取省、市地质灾害专项治理资金945万元匹配到位。争取市级资金71.36万元开展久安乡打通村对门寨崩塌隐患点应急治理。预计投入150万元开展青岩镇新哨村竹林湾组滑坡地质灾害隐患点治理，完成治理项目勘查及施工图设计，正按照招投标程序确定施工及监理单位。该隐患点争取市级资金94.05万元到位。（区国土资源局）

【地质灾害隐患点搬迁情况】 久安乡打通村堵鲁组地质灾害搬迁项目总预算1242.62万元，省、市匹配资金600万元于2014年7月到位，其余资金由区财政自筹解决。随着征地标准的调整（由56900元/亩增至57900元/亩）、受威胁人口的增加（由90户、257人增至100户、328人）以及搬迁方式的调整，该搬迁点的总投入增加至2100万元。2017年，完成安置点60.47亩土地的征收和33座坟墓的迁出及“三通一平”规划设计、搬迁安置实施方案的编制，使用资金400万元。

（区国土资源局）

统计管理

【概　况】 2017年，花溪区统计局在抓好常规统计调查工作的同时，推进大数据产业统计监测、“三新”统计监测、扶贫评价监测等工作，组织实施农产品抽样、人民群众美好生活等专项统计调查。

区统计局强化经济运行态势监测，抓好月度、季度、年度经济运行统计监测分析和专题调研，提高统计工作科学性、准确性。按照统计方法制度，强化地区生产总值、农业、工业、服务业、社会消费品零售额、固定资产投资等主要指标数据质量的控制和预警。配合市局抓好创新型中心城市、大数据及关联产业统计指标监测体系、新兴产业等统计的调查研究。加强对“四上”企业的业务指导。解决联网直报中出现的困难和问题，落实好“先进库、再有数，不在库、不出数”的统计原则，确保基础统计客观、真实。全年开展统计业务培训22次，对1200余人进行培训。做好区调查队交区统计局的各项工作，增调区统计局普查中心编制至7名。全年统计干部下基层指导250余人次，实施农产品“泉涌”工程、县域经济发展支撑性、社会消费品市场结构等方面开展调研分析，从统计视角为加快全区经济社会发展建言献策。（区统计局）

【完善统计服务职能】 2017年，区统计局完成农业、工业、建筑业、固定资产投资、商贸、服务业等专业统计报表。发布《主要指标统计快报》《花溪统计》《花溪经济要情》等统计资料，编辑印发《统计公报》《花溪统计年鉴》等，为区委、区政府科学决策和目标管理提供统计支撑。利用“中国·花溪”政府公众信息网平台，公布统计资料，扩大统计服务渠道，为社会各界提供统计信息。加强基层调研，围绕经济发展增比进位、全面建成小康社会“两把尺子”，加强对全区产业发展、结构调整等方面的调查研究，局领导班子主动领题调研，着力破解难题，撰写《花溪区县域经济发展支撑性研究报告》《花溪区固定资产投资与经济增长研究》《我区社会消费品市场结构分析》等调研分析报告。（区统计局）

【统计调查】 2017年，区统计局组织实施第三次全国农业普查工作。抓好普查区、普查小区划分、普查两员选配及培训、常上电脑（PDA）等物资准备工作，落实“三农普”分片包保责任制，组织抓好清查摸底、入户普查登记等，为正式入户普查做好筹备。1月1日，在青岩镇举办全省第三次农业普查正式入户启动仪式，花溪区完成入户仪式的筹备工作。两次组织召开全区“三农普”数据质量核查会议，做好迎接国家第三次全国农业普查事后质量抽查工作，对农普各阶段工作进行质量控制和检查，做好数据整理、保管、汇总、上报及分析研究，确保查清全区农业、农村和农民基本情况，反映全区农村发展新面貌和农民生活新变化。（区统计局）

【统计执法】 2017年，花溪区统计局加强《中华人民共和国统计法》宣传，突出领导干部学法，将统计法律法规纳入统计领导干部和业务人员学法内容，开展统计系统普法教育，印发《统计法实施条例》《贵州省统计管理条例》，抓好《统计违法违纪行为处分规定》《贵州统计“十不准”规定》《贵阳市统计监督管理规定》的宣传学习。7月17日上午，花溪区举办统计法律法规培训，邀请省局法规处领导进行统计法律法规及业务知识专题讲座。局党政班子加强学习研究，遏制统计数据造假、弄虚作假等不良现象的发生，确保统计资料真实、准确、完整、及时。加大统计执法检查工作力度，配合省、市部门抓好执法体系体制机制改革，执行和落实好统计执法检查“双随机”工作机制，实现统计执法检查向常态化方向发展。全年，区统计局统计执法中队开展专项统计执法检查1次，对6个统计专业7家企业2016年年报和2017年1月以来统计定期报表数据质量进行专项检查，提高花溪区统计数据质量，增强企业统计人员依法统计的法律意识，严防严惩统计造假、弄虚作假违法行为。（区统计局）

2017 年花溪区（含经开区）社会经济主要指标及占全省、市比例表

表 1

指标名称	单位	花溪区	贵阳市	占全市比例（%）	贵州省	占全省比例（%）
生产总值	亿元	602.28	3537.96	17.0	13540.83	4.4
第一产业增加值	亿元	20.10	137.14	14.7	2020.78	1.0
第二产业增加值	亿元	357.24	1218.79	29.3	5439.63	6.6
第三产业增加值	亿元	224.94	1801.77	12.5	6080.42	3.7
2000 万元以上工业增加值	亿元	260.39	817.80	31.8	4304.80	6.0
固定资产投资（500 万元及以上）	亿元	535.62	3850.60	13.9	15288.01	3.5
财政总收入	亿元	92.09	782.85	11.8	2650.02	3.5
公共财政预算收入	亿元	41.88	377.77	11.1	1613.64	2.6
公共财政预算支出	亿元	77.70	578.08	13.4	4604.57	1.7
引进省外到位资金	亿元	281.88	1638.50	17.2	8805.69	3.2
进出口总额	亿美元	0.66	29.92	2.2	549.03（亿元）	—
社会消费品零售总额	亿元	262.88	1335.28	19.7	4154.00	6.3
城镇居民人均可支配收入	元	31559	32186	98.1	29080	108.5
农民人均可支配收入	元	14782	14264	103.6	8869	166.7
旅游总收入	亿元	268.10	1871.95	14.3	7116.81	3.8

注：旅游总收入为省旅委初步数

（区统计局）

审计管理

【财政审计】　2017 年，区审计局对花溪区本级综合财政预算执行情况和其他财政收支情况进行审计，主要审计区财政局具体组织实施的 2016 年度本级预算执行情况，和地税分局 2016 年度税收征管情况。审计结果表明：2016 年，区财政局认贯彻落实区委、区政府决策，围绕“稳增长、促改革、调结构、惠民生”工作目标，落实积极的财政政策，发挥财政职能作用。从预算执行总体情况来看，区财政局提供的预算资料，反映当年的财政预算执行情况，总预算会计核算遵守《财政总预算会计制度》和有关财经法规的规定，存在往来款未及时清理的问题；预算编制、调整、执行程序合规，公布及时，抽查的城乡居民养老保险、新型农村合作医疗基金、普惠性民办幼儿园上级补助资金、学前教育幼儿资助上级补助资金等各项资金管理规范，国家政策得到有效实施，存在部分抽查单位预算支出未严格按预算执行，部分抽查资金预算执行缓慢，政府性基金预算结转资金等未按规定安排资金调入一般公共预算，国有资本经营预算收入的预算编制、上缴、支出分配等环节不符合相关规定等问题；从政府性债务情况来看，2016 年，在未新增政府性债务的同时，争取债券置换资金，缓解政府筹集资金偿还债务本金的困难；从盘活财政资金存量情况来看，区财政局建立财政存量资金清理机制，对结余资金和超期未用完的结转资金收回财政统筹使用，

执行财政部相关政策，存在盘活的存量资金分别在区财政、用款单位“二次沉淀”的情况。决算的编制情况反映花溪区各类资金的收、支、余情况，存在政府性基金的调整预算数与人大批复数据不一致的问题。（区审计局）

【领导干部经济责任审计】 2017年，区审计局开展乡镇、部门领导干部经济责任审计2项3人。其中，科局主要领导干部经济责任审计1项1人，乡政府、社区主要领导干部经济责任审计1项2人。通过审计，查处违规资金28.57万元，管理不规范资金2322.94万元。根据审计发现的问题和被审计单位的基本情况，对被审计单位提出审计建议12条，被审计单位全部采纳。（区审计局）

【固定资产投资审计】 2017年，区审计局完成政府投资审计项目11个，审计资金1814.28万元，经审计核减投资22.21万元。项目涉及农业产业发展、教育经费投入、美丽乡村建设等。开展重点项目跟踪审计，重点跟踪全域文化旅游创新区建设项目，发挥审计监督职能，为花溪区经济社会健康发展“保驾护航”。（区审计局）

【专项资金审计】 2017年，区审计局开展专项资金审计4个：抽调4人到南明区开展2016年保障房安居工程跟踪审计项目，审计查处违规资金3529.66万元，管理不规范资金3550.55万元，查处涉及资金管理使用、工程建设管理、保障性住房分配使用等方面问题8个；抽调6人分别到兴义市和长顺县配合省审计厅完成异地扶贫搬迁专项资金审计；抽调10人开展息烽县扶贫资金和异地扶贫搬迁资金审计（两个项目），通过审计查处违规资金1.44万元，管理不规范资金756.29万元，查处项目建设管理、资金安全使用等4个方面11个问题，提出审计建议4条。（区审计局）

【政策措施落实情况审计】 2017年，区审计局开展“稳增长促改革调结构惠民生”政策落实情况跟踪审计1个。为花溪区筑城温暖活动资金审计，通过审计查处管理不规范资金0.12万元，查处未严格执行实施方案、手续不完善等方面问题5个，提出审计建议4条。（区审计局）

【内部审计管理】 2017年，区审计局发挥桥梁纽带作用，履行管理、协调、服务、交流职责，带领全区内审单位全面完成年初制定的工作方针和计划。指导监督区属各单位完善内控制度，全区完成内部审计检查项目43个，其中花溪区财政局完成29个，区教育局完成4个，区水务局完成1个，区人力资源和社会保障局完成3个，花溪区人民医院完成3个，区旅文公司完成3个。内容包括财务收支审计、内控评审、专项资金审计、基本建设审计等多种类型。采取审计局与被审计内审相互联动的方式，协助区农业局、区水利局、区教育局、区财政局及区城管局等开展部分项目的检查工作。组织29人参加内审协会培训，其中行政单位19人、区属企业5人、局机关5人，内容涉及“现代内部审计”“现代企业大数据风控及审计”“内部审计管理创新”“经济责任审计”等。（区审计局）

市场监督管理

【概　况】 2017年，花溪区市场监督管理部门批准新办各类企业1411户，新办个体工商户3840户，新发展农村专业合作社16户。截至12月31日，全区市场主体总量达21719户，其中各类企业7307户（含微小企业1418户、农民专业合作社199户），个体工商户24768户。全区注册资本512438.4万元，其中企业注册资本471089.30万元，个体注册资本41349.10万元。全年扶持微型企业230户。从2016年10月1日起，全区实行五证合一，新办五证合一3635户。

（区市场监督管理局）

【市场专项治理】 2017年，花溪区市场监管局会同省质检院对花溪高校等9家加油站的19个成品油进行抽样检验，全部合格。对“三车”销售市场整治：全年开展集中行动5次，收集40户“三车”经营户信息，由辖区分局对“三车”销售进行日常监管。对辖区内9家药品生产企业使用药品类易制毒化学品购销存情况进行监管，对企业的检查每季度1次，监督检查覆盖率100%。开展红盾护农专项检查，对辖区125户农资经营户开展“两账两票一书一卡”的执行情况进行检查，索证索票良好，汇同省质检院对流通领域5个批次化肥进行抽检，经检验全部合格。开展网络监测监管，通过贵州网络商品交易平台和网络自查，建立“花溪区网络经营户台账”，收集130户网络经营者信息，根据网络经营户地址对台账内各网店进行划分，由各分局对划分的网店进行监测和监管。旅游市场专项整治：以花溪公园、湿地公园、青岩古镇等旅游景区为重点，检查经营者是否有强买强卖、欺行霸市、欺客宰客、短斤少两等行为，检查经营户1472户次，对27户无营业执照的经营户责令停业整改。开展“文明在行动，满意在贵州”“整脏治乱”专项行动23次；出动执法人员792人/次，出动车辆114台/次，组织市场服务中心及部分经营户召开整改工作会议。检查经营户42000余户（次），下达责令整改通知书45份。责令存在“两票一环”不规范的经营户立即整改，责令关停活禽交易及宰杀的经营户21户。

（区市场监督管理局）

2月15日，花溪区整治活禽市场（区市场监督管理局　供稿）

【质量监管】 2017年，贵阳市创建“全国质量强市”示范城市。11月，国家质检总局对贵阳市创建“全国质量强市”示范城市工作进行验收。花溪区青岩古镇作为服务示范点，完成服务示范点验收。实施名牌发展战略，质量管理工作稳步提升。花溪区将辖区内15家企业19个产品纳入名牌培育重点，全年有11家企业14个产品申报省、市名牌产品。3家旅游服务企业申报贵州省服务业名牌。工业产品质量提升。全年，对花溪区85家工业企业生产的192个批次的产品进行国家、省、市、区级监督抽样检验，检验结果合格185个，不合格7个，合格率提升至96.3%，较2016年同期提升1.6个百分点。（区市场监督管理局）

【标准化管理】 2017年，花溪区在饲料、保温砂浆、多功能电暖炉、轻工品等产品质量监管工作中引导企业公开声明相应的产品标准信息。全年，花溪区在“企业标准信息公共服务平台”上备案并发布38家企业159项标准。其中，企业标准129项，占比81.1%；国家标准14项，占比8.8%；行业标准9项，占比5.7%；地方标准7项，占比4.4%。（区市场监督管理局）

【计量监管】 2017年，花溪区开展加油机、衡器、血压计计量检定工作。全年检定衡器190台，加油机240枪，血压计15台。监督检查辖区内主要集贸市场、大中型超市公平秤配备情况，对花溪中心农贸市场、徐家冲农贸市场等4家集贸市场内电子秤等计量器具实施免费检定，检定弹簧度盘秤、电子计价秤等计量器具600余台，检定公平秤5台，并对检定合格的衡器加贴绿色合格标识。开展元旦、春节、中秋节定量包装商品计量监督抽检，抽检食品生产企业10家，抽检调味料、面条、糖果、茶叶等10余种定量包装商品。对中石化南大街加油站等辖区内18家加油站200多把加油枪进行监督检查。开展“5·20”世界计量日计量惠民活动，发放计量知识宣传资料150余份。（区市场监督管理局）

【特种设备安全监管】　截至2017年12月，花溪区特种设备总量4795台，在用特种设备2710台，特种设备使用单位608家。全区电梯总量2017台，在用电梯1368台；电梯进入应急救援平台1358台，进入率99.29%；发放电梯困人提示牌1265块，贴牌率92.47%；维保单位应用维保平台率为100%，电梯刷卡维保率达99.4%；救援人员到达现场平均时间在11分钟内，在全市电梯综合管理工作中排名第四。对青岩古镇、湿地公园、天河潭旅游景区、花溪公园、万宜广场等18家人流量大、人群密集的公共活动场所使用的180余台特种设备进行专项检查，消除安全隐患。开展特种设备法律法规和电梯安全知识宣传，制定完善的应急预案。利用“3·15”消费者权益保护日“国家安全日”和6月“安全生产月”等活动，发放相关宣传资料1000余份，现场解答群众疑问300余人次。全区特种设备隐患设备率为3.26%，无隐患特种设备率在全市排名第一，全年未发生特种设备事故。（区市场监督管理局）

【食品安全监管】　2017年，花溪区市场监督管理局加强食品生产监管，对辖区内获证的食品生产企业100%建档、100%建立公示牌，严格按照风险等级频次开展监督检查。对食品生产加工小作坊进行摸底排查建立台账，普查58家，登记8家。全区有73家食品生产企业，其中有41家企业使用食安监系统。开展流通环节专项整治14次，根据《食品生产经营风险分级管理办法（试行）》及等级划分结果，合理确定对监管对象的监督检查频次；督促集中交易市场开办者建立入场销售者档案，公示检测信息。完成监督抽检600个批次抽样工作；对食用农产品国抽、省抽、市抽和本级抽检不合格批次进行处理；完成840批次快速检测。落实量化分级管理，提升餐饮服务监管效能。全区学校食堂、旅游景区餐饮单位、中型以上餐馆量化分级管理达100%，餐饮单位量化分级率97.3%。加强农村集体聚餐指导管理，强化食品安全风险防控。全年申报群体性自办宴席1122户，农村集体聚餐申报备案指导率100%。加强食品安全应急管理，修订《花溪区食品安全事故应急预案》。12月20日，开展Ⅳ级食品安全突发事件应急演练桌面推演。全年无重大食品安全事故发生。（区市场监督管理局）

【医药市场监管】　2017年，花溪区市场监督管理局对辖区内药品、医疗器械、化妆品生产企业、经营企业、医疗机构监督检查覆盖率100%，对全区大中小学卫生机构的日常监督检查覆盖率100%，对特殊药品生产、使用企业及易制毒化学品使用企业、安全生产监督检查覆盖率100%。按时上报各类报表。加强药品、化妆品经营企业及药品经营质量管理规范（GSP）监督检查及新申办药品零售（单体）的行政许可。全年对新申办药品零售（单体）企业的行政许可13家、变更61家，做到一企一档，对辖区内药品零售企业、GSP跟踪检查覆盖率100%。完成GSP认证申报资料初审10家，在农村开办精准扶贫药店7家。加强对辖区内药品、医疗器械不良反应事件、药物滥用监测。全年组织基层单位开展药品、化妆品、医疗器械监测培训2次，督促辖区内医疗机构及药店开展药品不良反应监测报告上报工作。全年一般药品不良反应812例，严重不良反应44例，医疗器械不良事件152例、化妆品不良反应14例；督促区内美沙酮维持治疗中心和戒毒所完成药物滥用监测748例，并填报告表上报。制定《花溪区“四品一械”安全应急预案》，举行1次“药品安全突发事件”的应急演练活动。与9家药品生产企业签订责任书，加强对特殊药品生产企业和药品类易制毒化学品生产企业、医疗机构使用特殊药品和药品零售企业销售含特殊药品复方制剂的监管。创建霞辉路“两品一械”诚信示范街，诚信示范药店5家。全年无重大药品安全事故发生。

（区市场监督管理局）

【合同管理】 2017年，花溪区市场监督管理局办理动产抵押登记65件，主债权13.98亿元；办理合同备案10件；对守合同重信用企业申报工作进行指导。全年，区内有28家企业（个体）获得省、市级“守合同重信用”称号。

（区市场监督管理局）

【广告监管】 2017年，花溪区加强公益广告宣传，落实《公益广告促进和管理暂行办法》，在食品店、餐饮店、学校食堂等张贴“社会主义核心价值观”“文明餐桌”“禁止吸烟”等文明宣传标语及公益广告，发放张贴74000余份，同时宣传公益服务理念，引导经营主体文明、守法经营意识。开展虚假违法广告专项整治。对上级部门转办的案件及时处理，监测和检查利用互联网发布金融广告46条次，录入广告经营户16户。

（区市场监督管理局）

【商标监管】 2017年，花溪区市场监督管理局开展打击侵犯知识产权和制售假冒伪劣商品、反不正当竞争执法行动，查处侵犯商标专用权案8件，罚没款5.81万元；移交公安部门处理侵犯商标专用权案2件，案值约45万元；查处不正当竞争案1件，罚没款0.92万元；查处假冒伪劣商品案件14件，罚没款5.73万元。实施商标战略，推升知识产权。全年申请商标517件，取得注册商标236件；全区有商标3493件，推荐17个商标参评省“著名”和市“知名”商标。

（区市场监督管理局）

【市场信用体系建设】 2017年，花溪区市场监督管理局推进年报公示，落实信息公示制度。截至12月15日，全区有5465户企业、142户农专和8386户个体工商户在国家企业信用信息公示系统（贵州）申报2016年度年报，企业年报率94.4%，保持增长势头。全区新注册企业1384户，个体户3662户；开通国家企业信用信息公示系统（贵州）花溪区32个部门110个用户，上传市场主体行政许可信息15016条，行政处罚信息499条，动产抵押登记、经营异常信息、抽查信息等其他涉及企业信用信息11495条。推行“双随机一公开”监管。公开抽查清单，18项检查抽取检查对象498户，检查结果426户正常，72户列入经营异常名录，检查结果均录入国家企业信用信息公示系统（贵州）记于企业名下向社会公示，录入率和公示率100%。列入2016年度未年报、日常检查和“双随机一公开”抽查异常企业1316户、农专44户、个体户8752户。204户企业主动修复并申请移出经营异常名录，591户个体户主动修复并申请恢复正常经营状态。9家企业获2017年度贵阳市“诚信企业”先进典型称号。（区市场监督管理局）

【消费者权益保护】 2017年，区市场监督管理局查处上级交办的投诉、举报案件，做到按规定时限办结，及时反馈。全年办理处置各类投诉、申诉举报案件866件，办结率100%。其中，办结“12315”平台投诉举报392件，办结花溪区“12319”平台转办投诉339件，办结市质监局“12365”平台转办投诉57件，办结市药监局“12331”平台转办投诉、申诉举报43件，办结省、市消保处转来投诉11件，区信访局转办案4件，办结政府公众信息网转办案8件，办结来信申诉举报案件8件，自办3件，移交案1件。为消费者挽回经济损失115.92万元。

（区市场监督管理局）

物价管理

【概 况】 2017年，区发展改革局强化对元旦、春节、重大节假日和举办重大活动期间的市场价格监管工作，加大对市场价格的巡查和检查力度，重点对辖区内粮、油、肉、蛋、奶、禽、蔬菜等居民基本生活必须需品以及生产资料、交通运输服务、住宿、停车、购物、景点门票、农贸市场等价格的监控，规范市场价格行为，将价格总水平稳定在合理区间，为全区营造良好的价格秩序。

【收费管理】 2017年，全区有23家幼儿园收费价格申报备案。区发改局对全区所有中小学及幼儿园的春、秋两季收费开展检查，杜绝各种教育乱收费现象的发生，全年未发生学生家长举报投诉案件。对天河潭、花溪公园整体提升改造后景区门票价格开展调研，向区政府和市发改委上报有关情况，规范景区价格收费行为，保障消费者合法权益。建立和实施涉企收费目录清单，对涉企行政性收费、政府性基金和实施政府定价或指导价的经营服务性收费，实行目录清单管理，将涉企收费目录清单及其具体实施情况纳入各级各部门政务公开范畴。（马 磊）

【价格秩序整顿】 2017年，区发改局加强价格监督检查，规范旅游市场价格行为。开展文明餐桌专项检查，检查和规范辖区宾馆及餐厅行业247家，上门服务发送标价签29000张。为确保贵阳市文明城市复评工作顺利开展，成立专门领导小组对辖区内价格秩序进行整顿，出动人员84人次，服务上门发送标价签7600张，出动车辆28台次，规范商铺370余户、景区景点收费13个、停车场收费7个。整治和规范各旅游景区、景点各经营网点的价格公示和明码标价，查处串通涨价、虚构原价、先提价后打折、不履行价格承诺等价格违法行为。建立青岩、花溪公园、天河潭等景区明码标价工作长效机制。（马 磊）

【价格服务】 2017年，区发改局受理公安机关刑事案件价格认定322件，完成并出具价格认定结论书322份，涉案财物认定价格1601.8万元，办结率100%，办案机关满意率100%，价格认定结论发生复议率为0。开展国有资产处理和涉嫌违纪案件价格认定工作，到区国资公司的价格认定协助书2件、区人民检察院的价格认定协助书1件，按照规定的标准、程序和方法完成价格认定。

（马 磊）

【价格监测预警】 2017年，区发改局做好市场价格监测、价格预警预报和市场价格分析，全年上报居民生活必需品价格监测信息52期，价格检查统计报表12期，市场调查分析12期。（马 磊）

【价格投诉案例】 2017年，区发改局加强价格举报投诉案件调查处理，全年处理市、区12319公共平台交办件和12358全国价格举报业务处理平台投诉件220件，办结率100%，群众满意度100%，做到件件有落实、事事有反馈意见，没有一件因处理不及时或处理不当引发群体性上访事件。其中，投诉举报保利房开公司、中铁城房开公司、北大资源房开公司等收取“三通费”的举报案件，区发改局会同房开公司协调处理，为消费者挽回经济损失300余万元。（马 磊）

民间投资服务与管理

【概 况】 2017年，花溪区着力扩大开放，强化服务，优化环境，完善机制，鼓励、支持、引导和推动全区民间投资加快发展，按照“精简手续、引导方向、授信评级、守信履约”的政策导向，引导和鼓励民间社会资本在田园综合体、特色小镇、富美乡村等领域加强与政府合作。推广PPP模式，融入城乡“三变”改革的理念，吸引社会资本参与区域经济社会发展，激发民间投资活力。全年总体实现民间投资在拉动经济增长、促进发展方式转变、带动就业创业的发展目标，上半年民间固定资产投资完成33.73亿元，占全区固定资产投资的20%。（区投资促进局）

【政府支持鼓励政策】 2017年，花溪区放宽市场准入，在市场准入方面，按照“非禁即允”原则，放开竞争性经营行业和投资领域，支持民营资本参与城镇供水、供气、供热、公共交通、污水垃圾处理等市政公用事业和基础设施投资，鼓励民营资本投向教育、科技、卫生、文化、养老等社会事业，以及保障性住房建设领域。全面推进简政放权，6月，区编委办、区法制办联合印发《关于开展2017年权力清单和责任清单调整工作的通知》，对2017年度区政府部门及各乡镇政府权责清单清理调整工作进行部署，提高审批服务效率和质量。切实执行省、市相关优惠政策，根据市政府办公厅下发《关于印发〈贵阳市进一步鼓励民营经济发展措施〉的通知》，对首次上限的民营商贸流通企业，给予每户3万~5万元一次性奖励。贵州巨石财务咨询服务有限公司、贵州货车帮供应链管理有限公司作为花溪区新增上限入统服务业企业，分别获得5万元一次性奖励。其余14家新增上限入统服务业企业列入贵阳市2017年服务业发展引导资金支持项目计划。

（区投资促进局）

【在线审批监管平台建设】 2017年，花溪区完善投资项目在线审批监管平台建设。按照“全面覆盖、全程在线、全部共享”的原则，加快投资项目在线审批监管平台建设，推动部门横向协调联动和网上集中并联审批，落实主体责任，建成“纵向贯通、横向联通、覆盖全市、信息共享”在线审批新机制，用“制度+技术”实现审批提速、全程监管。（区投资促进局）

安全生产监管

【概　况】 2017年，花溪区纳入安全监管的企事业单位421家，其中待关闭煤矿1家、非煤矿山企业3家，危险化学品企业23家、烟花爆竹批发2家、零售经营点36家；规模以上冶金等工矿商贸企业18家；民爆生产企业3家，运输企业8家（危险化学品运输企业4家、客运企业3家、水运企业1家）；驾校培训机构8家；高速公路营运公司3家；在建工地12个；幼儿园和中小学校256家；5A级旅游景区1个、4A级旅游景区2个；星级酒店1家、避暑度假精品酒店9家；上规模木材加工企业6家；商贸流通企业（商场）11家；娱乐场所14家；电影院4家。全年，花溪区发生各类安全生产事故26起、死亡21人，与2016年同期相比事故起数下降16.1%，死亡人数下降4.54%。其中，道路运输事故23起，死亡18人；铁路事故3起，死亡3人；非煤矿山、危险化学品、烟花爆竹、旅游、冶金等工贸行业领域继续保持“零事故”“零死亡”。依法严惩违法违规行为44586起，取缔非法销售、储存烟花爆竹“黑窝点”8处，责令企业停业整顿7家，曝光违法违规典型案例3起，约谈企业2家，行政拘留10人，罚款182.77万元。全区未发生较大及以上事故。花溪区安监局被评为“贵州省安全生产监管监察系统先进集体”。（邱　荣）

【落实安全生产责任制】 2017年，花溪区拟定《花溪区贯彻落实安全生产领域改革发展的实施方案》《花溪区安委办关于印发落实安全生产“党政同责，一岗双责，失职追责”制度的实施方案》，明确各自职责，区安委办与各乡镇、社区、部门签订55份安全生产目标责任书，实现安全生产责任监管责任全覆盖。要求各乡镇、社区与村居签订安全生产目标责任书，形成整体安全责任体系；管行业必须管安全，管业务必须管安全，管生产经营必须管安全，督促负有安全生产监督管理职责的部门制定权力清单和责任清单，明确监管范围和对象向社会公布，实行分级分类监管。区安委办不定期对乡镇、社区、行业主管部门进行综合督查、交叉检查，对重点行业领域进行跟踪督查督办。召开安全生产工作例会，研究分析部署安全生产工作，转发上级文件123件，确保上级精神贯彻落实到基层；全年，区委常委会和区政府常务会19次专题听取和研究安全生产情况，38次专题会议部署和调度安全生产工作，调整花溪区安全生产委员会，明确区委、区政府主要领导对安全生产工作负总责，其他领导班子成员负责分管领域的安全生产工作，区政府明确1名副区长分管全区安全生产工作。

【安全生产宣传】　2017年，花溪区开展安全知识“五进五上”（进机关、进企业、进学校、进村居、进家庭，上电视、上媒体、上课堂、上宣传栏、上广告牌）活动。通过“安全生产月”“安全生产基层行”和“安康杯”活动，常规宣传与专项宣传相结合，投入安全生产月宣传活动经费30万元，组织开展道路运输安全专题行、危险化学品和烟花爆竹安全专题行、旅游安全专题行、防汛安全专题行、地质灾害安全专题行、非煤矿山安全专题行、建筑施工安全专题行等专题宣传活动和27次现场咨询活动，制作宣传标语、展板450块，发放宣传资料55000份，发放《中华人民共和国安全生产法》读本200册，宣传安全生产水杯400个，雨伞350把，纸巾5000盒，打火机1200个，悬挂标语横幅200条，受教育群众52000余人（次）。通过贵州省安全生产信息网、花溪电视台、花溪区党务公开网、高原明珠等媒体宣传安全知识，在各种媒体上发布安全知识49条。（邱　荣）

【安全生产专项检查】　2017年，花溪区安监局开展重点行业隐患排查治理，完善隐患排查治理台账，确保各类隐患及时整改到位，对重大隐患实行挂牌督办。对危险化学品、非煤矿山、烟花爆竹等重点行业开展打非治违专项行动，全区各乡（镇）社区、部门出动检查组9568个（次），出动检查人员23716人（次），检查企业10563家（次），查出隐患13782条（起），整改13657条（起），整改率99%。（邱　荣）

【应急救援建设】　2017年，花溪区修订完善《花溪区突发生产安全事故灾难应急预案》，健全应急救援机制，设立安全生产应急救援指挥机构，整合应急救援资源。重点部门、乡（镇）、社区服务中心、企业组织开展生产安全事故综合应急演练。强化应急演练，提高应急处置能力。6月20日，青岩古镇开展以应对火灾事故为主题的应急演练。6月23日，在建工地开展由区安监局、区住房建局主办，贵州建工第一建筑工程有限责任公司承办的建筑施工灾害应急演练。（邱　荣）

【矿山安全监管】　2017年，花溪区有非煤矿山3家，其中1家生产矿山，2家为停产停建矿山。以节假日和特殊时段为重要节点，对非煤矿山复工复产、打非治违、“一面墙”开采、隐患排查治理、汛期安全检查、地质灾害防治、防尘降尘综合治理等进行专项检查。重点检查企业贯彻落实《非煤矿山十条规定》《金属非金属矿山安全规程》《开采方案设计》和《安全设施设计》等规定情况及外包工程安全情况。督促非煤矿山企业加强安全型矿山建设，推进企业完善“智慧安监”，提高矿山企业安全生产管理水平。全年检查企业118家（次），出动检查人员286人（次），查出一般隐患136条，全部整改。（邱　荣）

【危险化学品监管】 2017年，花溪区对不具备危险化学品经营许可证延期条件或没有完成重大隐患整改的企业，一律不予办理换证手续。加强危险化学品重大危险源监管，对重大危险源重点监测监控、排查事故防范措施，确保各项安全设施齐全完好有效，建立重大危险源档案。对加油站进行专项排查。在高温、雷雨、凝冻、汛期、重大活动和节假日期间，按照危险化学品企业安全检查重点指导目录和企业安全生产特点，有针对性地开展专项安全检查。全年检查企业453家（次），查出一般隐患1354条，全部整改完毕；行政处罚4家，罚款5.3万元。全区危化和烟花爆竹行业未发生生产安全事故。（邱　荣）

【输油燃气管道监管】 2017年，花溪区境内有5条油气输送管道，总长223.1千米。花溪区组织开展石油燃气管道安全检查，落实安全责任，对输油气管道的腐蚀、破损、开裂、变形、老化和跑冒滴漏等隐患排查治理。突出对地质灾害点的油气管道开展专项整治。重点节假日和重要活动期间组织安全巡查。出动检查车辆80余台，检查人员280余人次。（邱　荣）

责任编辑　姚　毅

教 育

综 述

【概　况】 2017年，花溪区启动“义务教育优质均衡发展工作”。区级教育经费下达的预算指标为75813.22万元，新建幼儿园7所、改扩建幼儿园1所。建设山村幼儿园2所。实施全面改薄义务教育学校15所。新建学校1所（花三小），对14所学校进行维修改造。配置多媒体设备，更新学校功能教室设施设备及办公设备。通过公开招聘教师、定向招聘免费师范院校毕业生、引进高层次人才等形式补充210人。全区小学入学率为99.23%、辍学率为0.36%；全区初中入学率为98.62%、辍学率为0.84%。进城务工人员子女在公办学校就读比例为70.25%以上；残疾儿童入学率为87.89%；九年巩固率为93.27%。全区有各级各类学校265所，其中幼儿园133所（民办108所），义务教育阶段学校127所（含完全小学77所，初级中学17所，九年一贯制学校26所，十二年一贯制3所，完全中学4所），高级中学3所，特殊教育学校1所，工读学校1所（市属）中职学校2所（民办）全区义务教育阶段学生71009人，教职工4028人（含教育局机关11人，资助中心7人，专任教职工3982人，管理人员11人，工勤17人）。

（区教育局）

久安小学茶艺表演(区教育局　供稿)

【经费投入】 2017 年，花溪区人民政府教育督导室启动“义务教育优质均衡发展工作”。区级教育经费下达的预算指标为 75813.22 万元，其中投资 14768 万元，新建幼儿园 7 所、改扩建幼儿园 1 所。主体完工 7 所，正在主体施工 1 所。总建筑面积 34160 平方米，建设规模 81 个班，新增学位 2430 个。建设山村幼儿园 2 所，实施“全面改薄”义务教育学校 15 所。新建学校 1 所（花三小），对 14 所学校进行维修改造。配置多媒体设备，更新学校功能教室设施设备及办公设备。

（区教育局）

【教育经费管理】 2017 年，花溪区将 66 所学校纳入会计集中核算。其中经开片区学校 25 所，花溪片区 33 所，民办学校 8 所。同时，对花溪区第二幼儿园、第二十五中学进行财务收支审计。区级教育经费下达的预算指标为 75813.22 万元，其中人员经费及公用经费为 60711.96 万元、专项经费 15101.26 万元。（区教育局）

【校园安全投入】 2017 年，全区公办学校配足安保人员 356 人，每年支付人工工资 768.96 万元；投入 37 万元为全区学校配齐安保八小件，投入 12 万为全区中小学实验室配齐铁柜，实现重点要害部位“三铁”全覆盖。投入 2500 万元，对改毛小学、花溪五中、高坡甲定幼儿园等 10 所学校进行立面改造和电源电线改造。全区学校（幼儿园）中有 218 所学校安装视频监控，覆盖率 85.2%。全年，全区中小学安全法制宣传教育活动投入经费 82 万元；校方责任险保费 110 万元。校园安全投入经费 3400.96 万元。（区教育局）

【入学率与巩固率】 2017 年，全区小学入学率 99.23%、辍学率 0.36%；全区初中入学率 98.62%、辍学率 0.84%。进城务工人员子女在公办学校就读比例为 70.25% 以上；残疾儿童入学率 87.89%；九年巩固率 93.27%。（区教育局）

【教育扶贫】 2017 年，发放“两节”温暖资金、城乡义务教育阶段家庭经济困难学生生活补助、高中助学金、幼儿奖补资金、精准扶贫资助资金等 878.9925 万元，惠及师生 18575 人次。为民族乡、贫困乡学生减免学费和为建档立卡贫困学生减免学费 71.464 万元，惠及学生 669 人次。为 428 名贫困学生办理生源地助学贷款，放款金额 297.2628 万元。在全区 79 所学校实施营养改善计划，其中义教阶段学校 54 所，实际就餐人数 17170 人；幼儿园 24 所，实际就餐人数 3619 人。下拨资金 831.56 万元到学校、幼儿园。

（区教育局）

【留守儿童】 2017 年，花溪区有在校留守儿童 345 人，涉及 13 个乡镇、社区，其中中小学义务教育阶段 297 人，幼儿园 48 人。按《贵州省留守儿童之家建设标准》和相关工作要求，与民政部门相配合，建立贵阳市留守儿童、困境儿童精准化动态管理系统，根据一人一账，将全区适龄在校就读的留守儿童纳入系统并加强管理。

（区教育局）

【数据运用】 2017 年，“互联网 + 教育”工程启动实施，建设花溪区教育城域网，建设 115 所中小学、幼儿园“全光网校园”2016 个信息点。花溪区各中小学、幼儿园在贵阳市网络教研平台注册教师 3402 人，开通工作室 351 个。利用网络平台开展“区信息技术教学应用成果比赛”，中小学教师上传参赛作品 185 个，通过网络评选出 60 件作品参加市级评比。完成网络安全管理、中小学教师创客教育、信息技术应用能力等各级各类培训 1877 人次。组织 9 所中小学参加 2017 年中央电教馆课题申报。（区教育局）

【校园禁毒宣传】 2017 年，制定《花溪区中小学“2017 禁毒宣传年”工作实施方案》等文件。安排毒品预防教育专项经费 50 万元，投入经费

38170.12 元，补充发放禁毒教材 14628 册；投入经费 78515 元，发放《禁毒漫画读本》38300 本、《禁毒书签》18700 本。与花溪区阳光妈妈协会、花溪区各社区乡镇开展禁毒工作进校园活动，开展“小手牵大手”活动，向家长发放禁毒宣传册（单）8 万余份。（区教育局）

学校教育

【德育工作】 2017 年，花溪区建立学校德育安全网格化心理健康筛查网络平台。5 月 23 日，在溪南高中举行《2017 年花溪区德育安全网格化班主任培训》，开展“我的中国梦”“祖国好・家乡美”“童心向党”等系列主题教育实践活动。全面加强传统美德教育，组织开展“做文明有礼贵阳人”“公民道德月”“美德少年”等活动。（区教育局）

【幼儿教育】 2017 年，花溪区有幼儿园 139 所，其中公办幼儿园 21 所，其他部门办 5 所，加盟及连锁园 13 所，无并购园所，民办幼儿园 113 所。在园人数为 24712 人，附设学前班人数 1171 人。学前一年毛入园率 97.4%，学前三年毛入园率 91.86%。公办幼儿园及普惠性民办幼儿园给予运转经费补助，每班每学期补助 5000 元。全年新增公办、小区配建幼儿园 11 所，实现每个乡镇都有公办中心幼儿园的目标。新增省级示范幼儿园 1 所、县级示范园 4 所，认定普惠性民办幼儿园 60 所。（区教育局）

2017 年花溪区教育局新审批幼儿园表

表 2

幼儿园名称	地　点	法　人
爱尔外国语幼儿园	青浦社区大唐果小区	曾甦梅
明星博艺幼儿园	民主路迎春巷	杨敏清
锦绣幼儿园	金竹社区金勺路	陈宗静
龙井天使之星幼儿园	青岩镇龙井村	王芝香
中汇幼儿园	鑫中路 385 号	姜维娜
晶晶幼儿园	小河平桥大寨村 438 号	郭明辉
天鹅村朵朵幼儿园	贵筑社区天鹅村五组 85 号	杨德琴
高坡星航幼儿园	高坡乡大洪村	谌洪英
金竹启明星幼儿园	金竹社区金山村	杨　婷
小清华幼儿园	明珠大道两夹坡小区 6 栋	席　勤
源林艺术新关民族幼儿园	青岩镇新关村下关	王金花
高坡众星幼儿园	高坡乡场坝村大井组	赵明华
小红帽幼儿园	尖山村 118 号（中曹巷）	肖文湘
金宝贝幼儿园	三江社区腾龙湾小区	黎　诗

（区教育局）

【义务教育】 2017 年，花溪区人民政府教育督导室以“义务教育优质均衡发展工作”为工作重心，围绕“区人民政府教育督导室 2017 年教育督导工作要点”，制定《花溪区关于开展幼儿园规范办园行为专项督导检查的工作方案》，完成教育目标责任书的签订工作。11 月 15 日，通过《花溪区人民政府关于推进义务教育优质均衡发展工作实施方案》。（区教育局）

【特殊教育】 2017 年 4 月 2 日，花溪区开展自闭症日宣传活动。开展助残日宣传活动暨学生手工作品义卖活动。通过现场咨询、发放宣传册、宣传展板展示，对助残知识进行宣传。通过开展随班就读和送教上门方式，扩大残疾儿童就读，全区残疾儿童入学率 87.86%。（区教育局）

【学校体育教育】 2017 年，花溪区创建市级“体育、艺术示范校”3 所，创建“全国足球示范校”3 所（花溪四中、第一实验小学、花溪四小）。花溪二小获省级“艺术示范校”称号。与专业的体育文化公司联合，组织 2017 花溪少年足球夏令营。组织花溪小学生女子足球队代表贵州省参加在云南玉溪举行的全国青少年足球冠军杯南部赛区比赛，获得 U12 年龄组二等奖。举办花溪区中小学生田径运动会，有 24 人次打破赛会纪录。参加贵阳市 2017 年中小学生田径锦标赛获区县市团体总分第一名。组织 2017 年“花溪杯”中小学生校园足球联赛，参赛学校 22 所，各年龄段队伍 40 支。花溪中小学生体质健康测试达标，及格率 83.4%。（区教育局）

【开展假期研学旅行活动】 2017 年，区教育局成立研学旅行工作领导小组，筹建研学旅行基地。三十八中、花溪四小等学校利用暑假期间，组织千余名学生分别到北京、上海、南京等文化圣地研学旅行。花溪四小刘潇樱设计的研学旅行线路，获研学旅行课程线路奖。花溪一中组织 625 名学生以青岩古镇为中心，到黔陶、高坡等地开展研学旅行活动。7 月 25 日，久安中心完小在久安古茶基地举行亲子活动、茶艺表演活动。（区教育局）

【学校艺术教育】 2017 年，组织花溪二小管乐团到台湾参加国际青少年管弦乐大赛获少年组银奖，组织花溪小学、花溪二小、花溪第一实验小学、华阳小学参加 2017 年贵阳市中小学管弦乐比赛，花溪二小获一等奖，其他学校均获二等奖。（区教育局）

【招生考试】 2017 年，花溪区中考取得优异成绩，600 分以上人数 76 人，占贵阳市比例 10.1%。500 分以上 1766 人，占贵阳市比例的 13.6%。全区高中阶段毛入学率 91.39%。完成 2017 年高考任务，全区高考考生 4310 人。两次自考工作，考生 27000 人次。（区教育局）

师资队伍

【概　况】 2017 年，花溪区通过公开招聘教师，定向招聘免费师范院校毕业生，引进高层次人才及特岗教师计划等形式补充 210 人到区属各级各类

12 月 26 日，花溪文联在板桥艺术村举办首届贵州省“板桥杯”少儿书画大赛（文联　供稿）

学校（幼儿园）工作。（区教育局）

【教师培训】 2017年，全区培训教师3427人，其中自主办班2643人、上级调训784人。完成国培628人，贵阳教育大讲堂培训32人；组织15名中小学骨干班主任赴上海培训；组织10名教师参加贵阳市农村教师培养计划集中和跟岗培训。组织学科带头人和骨干教师到省外培训160人，新教师培训193人，农村学校教师培训1297人，校长培训147人，理化生实验员培训57人。

（区教育局）

【教育科研】 2017年，花溪区实施“西部教学改革支持活动”。参加全国西部教学改革支持活动贵州省荔波县、关岭县课题培育现场会，本着“直面本土教育，根植民族特点，落脚教学改革”的要求，确定“开发校本课程，创新育人方式”“农村中小学课堂教学策略实践与研究”等20个课题项目参加遴选，其中10个项目作为重点培育项目。

（区教育局）

学校选介

【概　况】 2017年，全区有各级各类学校265所，其中幼儿园139所（民办113所），义务教育阶段学校127所（含完全小学77所，初级中学17所，九年一贯制学校26所，十二年一贯制3所，完全中学4所），高级中学3所，特殊教育学校1所，工读学校1所（市属）中职学校2所（民办）。全区义务教育阶段学生71009人，教职工4028人（含教育局机关11人，资助中心7人，专任教职工3982人，管理人员11人，工勤17人）。

（区教育局）

【华烽幼儿园】 贵阳市花溪区华烽幼儿园创建于1991年9月，占地面积2850平方米，建园26年。

华烽幼儿园参加贵州广播电视台春晚海选

（区教育局　供稿）

2008年，经考核评定为贵州省省级一类幼儿园。2014年，更名为贵阳市市级示范幼儿园。2017年，总园有教职工45人，其中专业教师22人，大专以上学历的教职工占80%，本科学历的教职工占50%，1名在读研究生，具有幼儿教师资格证的教师100%。有11个班级，320余名幼儿（每个班级配有两教一保）。2017年11月，被贵州幼教年会评为“贵阳市先进幼儿园”。（区教育局）

【青岩幼儿园】 青岩幼儿园创建于1952年，有65年的办园历史。2012年重修。位于贵阳市花溪区青岩镇歪脚村，占地面积约6100平方米，建筑面积约3100平方米，户外活动场地约3000平方米，投入经费约1200万元。2017年，全园有教职工46人，其中在编人员28人，临聘人员18人。有幼儿290名，9个教学班，分别为小班3个、中班3个、大班3个。（区教育局）

【贵阳市花溪第三小学】 花溪第三小学创办于1946年，原名花溪洛平小学，位于花溪区田园北路，与花溪行政中心相邻。2017年，辖区内有公办小学6所（村小5所），教学班49个，在校学生1469人，专任教师101人。其中，本部学校校舍建筑面积4287平方米，教学班19个，在校生830人。教职员工53人，专任教师50人，专任教师中学历合格率100%，具有高一级以上学历人数46人，高一级学历合格率92.5%；具有一级以上职称的教师41人，占专任教师总数的82.5%。学校图书室内藏书共17005册，生均21.4册。

（区教育局）

【贵阳市花溪区第一实验学校】 贵阳市花溪区第一实验学校于2007年23日正式由原小河区第二小学、黔江子校、电机子校三校合并而成，校占地面积33492平方米，校舍建筑面积23916平方米。为花溪区规模最大的一所学校，有75个教学班（总校54个班、万科分校21个班），在校学生3881名。有157名教师，其中中级职称64人、初级职称65人、未评职称28人。管理岗位1人，工勤岗位1人。教师学历达标率100%。该校是贵阳市唯一一所承担全国非物质文化遗产子课题的研究学校，以“丁香花”侗族大歌合唱团和独具特色的民族布艺画、簸箕画等为活动载体。2008年，被原小河区民宗局授牌为民族文化进校园基地。

（区教育局）

【花溪区金竹民族学校】 花溪区金竹民族学校位于花溪区金竹社区，成立于1993年9月。2003年，以小河区第二中学为主体，合并小河区第八小学和小河区金竹二小，成立九年一贯制学校——贵阳市小河区民族学校。2013年1月，两区合并，更名为贵阳市花溪区金竹民族学校。2017年，学校有在校生1200余人，27个教学班。教职工78人，专任教师78人。占地面积14565平方米。有图书41143册。（区教育局）

责任编辑　马光珍

科技·社科

科　技

科技管理

【概　况】　2017年，花溪区推动政府职能从研发管理向创新服务转变，增加第三方机构参与管理科技项目机会。完成中药产业统计、科普统计和科技进步统计监测工作；参加省市组织的相关培训，做好科技进步统计监测各项指标的收集准备工作。2017年上半年，花溪区综合科技进步水平指数91.49%，全省排位第四。对2016年度全区规模以上企业研究与研发（R&D）经费投入，按照市区两级财政资助费用1∶1比例承担，资助企业6户，兑现区级资助资金115.65万元。会同省风险投资有限公司组建花溪区科技创业投资有限公司，从2011年创建至2017年年底，为32家中小企业提供融资服务。（曾　波　孔礼平）

【科技项目】　2017年，对全区实施的科技计划项目，选取支持金额较大的项目委托贵阳技术咨询评审论证中心进行项目评估、验收等工作，确保项目实施的安全性。截至12月，中心共评审论证花溪区科技项目2个。在区级科技研发经费的运用上，区科技局依照《花溪区应用技术研究与开发资金管理方法》执行，完成2017年度区级科技计划项目征集汇总工作，收集到涉及工业、旅游、农业、民生等领域的科技计划项目28个。全年安排应用技术研发资金4个批次7个项目，扶持资金2036余万元。全年组织企业申报省级科技计划项目20个，市级科技计划项目10个。

（曾　波　孔礼平）

【科技创新平台】　2017年，花溪区新增4家高新技术企业：贵州比特软件有限公司、贵州华立工程有限公司、贵州天威建材科技有限责任公司、贵州天地福肥业有限责任公司；通过复审高新技术企业5家：贵州星天电线电缆有限公司、际华三五三七制鞋有限责任公司、贵州久联民爆器材发展股份有限公司、贵州泰邦生物制品有限公司、贵州金农科技有限责任公司。有高新技术企业12

家，企业工程技术研究中心4个，其中省级1个、市级3个；省级企业技术中心5个。

（曾 波 孔礼平）

【“双创”示范基地建设】 2017年，贵州省农业科学院重要农作物育种（南繁）、贵州大学贵州省金属材料腐蚀与防护科技创新人才团队获省科技厅计划项目公示。贵阳花溪龙潭汇鑫贸易有限公司贵阳市花溪区黔陶乡新建年产5万吨山泉水建设技术咨询（花溪区残疾人创业项目）、贵州中寒科技有限公司“耕游网”自然教育在线综合服务平台建设项目获得贵州省科技厅2017年第1批科技创新券兑现。花溪区科技局推荐1家众创空间申报市级科技企业孵化器（众创空间）认定，促进花溪区六度创客工场与贵阳火炬科技成果评估交易服务有限公司合作，搭建服务平台，旨为贵大科技园入驻企业以及花溪区科技型中小微企业提供培训、科技成果转化、科技咨询、科技金融、知识产权服务和技术合同认定登记等多方面服务。贵阳众创数云科技服务有限公司在花溪注册，开始对园区内的企业开展相关业务咨询办理。迄今为止服务过33家企业，其中有22家是贵州大学科技园内企业，有4家企业成功申报项目5个。在花溪区科技局和区内科技型企业的共同努力下，全年花溪区新增科技型企业备案数22个。

（曾 波 孔礼平）

12月4日，宪法日宣传活动中，区防范办工作人员向市民们发放反邪教宣传品（区委政法委 供稿）

【科技成果应用推广】 2017年，贵州大学、贵阳险峰机床有限责任公司的“高速轧辊磨床液体动静压轴承及其液压润滑系统的研究”，贵州新联爆破工程集团有限公司、贵州省爆破工程技术研究中心的“复杂环境高层剪力墙结构群楼爆破拆除技术”研究，以及贵州大学独立完成的“茶树重要病虫害技术研究”“大型金属零部件激光合金化与熔覆修复专用材料的研发及应用”“瓜环超分子配位聚合物的构筑及性质研究”“基于GPV－P3基因的山羊痘黏膜免疫研究”等6项研究成果，获贵州省2017年度科技进步三等奖。

（曾 波 孔礼平）

【防震减灾】 2017年，花溪区人民政府办公室印发《花溪区2017年防震减灾宣传周活动方案的通知》。在2017年5月全省防震减灾宣传活动周期间，区科技局等在花溪湿地公园南广场等地举行户外集中宣传，其中贵筑社区防震减灾科普宣传覆盖辖区所有村居和居民小区，发放宣传资料6000余份。同月，花溪新闻信息中心在每天的黄金时段连续播放《防震减灾基础知识》宣教片1个月。7月，花溪区人民政府修订印发《花溪区地震应急预案》，下发《花溪区地震安全示范社区管理办法》，是贵州省首家出台地震安全示范社区管理规范性文件的区县。10月10日，花溪区代表贵州省参加全国防震减灾竞赛试题修订版适用性的全国首次测试工作，花溪一中作为市级以上科普示范学校类代表、花溪二中作为非科普示范学校类代表参加本次测试。先后邀请国家、省地震专家到校园开展防震减灾科普知识专题讲座。花溪小学按照省级防震减灾科普示范学校申报条件，组织开展省级防震减灾科普示范学校建设的各项工作。11月，花溪区参加全省市县防震减灾工作综合考核，以总分排名第二获“全省县级防震减灾工作先进奖”；参加全国市县防震减灾工作综合考核，获2017年全国县级防震减灾工作先进单位，这是花溪区第五次获全国防震减灾工作先进单位。区科技局党组成员、副局长王青被中国地震局授予2017年市县防震减灾工作先进个人。全年，花溪区防震减灾工作开展情况，被贵州省地震信息网报道4次，贵阳新闻联播报道1次，贵阳网报道1次，贵阳市科技局官网报道6次。

（曾　波　孙礼平）

科学普及

【概　况】　2017年，花溪区以围绕提高“五大人群”科学素质，普及科学知识开展工作。全年利用“三下乡”“四进社区”、地球一小时、科技周、科普日、青少年科技活动月、气象日等活动开展科普宣传23场，发放宣传资料2.8万余份（册），科技咨询1152人次，义诊898人次。举办各类专题科普讲座15场，参与5700人次。利用农村公益电影平台，联合文广局开展送科普电影下乡活动，影片有《健康养身》《科学种养殖植》《法律法规》等，全年放映科普电影1920场次，覆盖辖区所有村居，受益人数3.6万人次。1月17日，利用“三下乡”活动的开展，到金竹社区烂泥沟开展低碳节能科普知识宣传。4月，建立科技工作者状况调查站，完成1项“心理和职业调查”任务。5月6日，在花溪湿地公园南广场联合相关单位开展以“崇尚科学，远离邪教”为主题的“防范邪教宣传月”活动启动仪式，活动发放环保袋300余份、宣传手册800余份、餐巾纸200余盒、雨伞100余把、手电筒100余把。5月22日，开展以“精忠报国，敢为人先，拼搏奉献”为主题的全国科技工作者日座谈会，来自花溪区老科协的70余名老科技工作者参与。6月9日上午，花溪区第六届青少年科技创新大赛在花溪溪南高中开幕，来自全区各中小学及幼儿园49所学校4000余名学生以及辅导员、裁判员、部分家长5000余人参加。6月29日上午，在万宜E+广场联合相关单位开展以“尚德守法，共治共享食品安全”为主题的全国食品安全宣传周启动仪式，20余名志愿者参加，发放《如何识别野生菌》《食品安全小常识》《社区居民食品安全科普读物》《食品安全法》《饮食与健康》《食品安全基本常识》《安全购买食品的注意事项》等科普小册子600余份，展出《尚德守法，共治共享食品安全》宣传板7块。11月28日下午，花溪区科协到燕楼镇燕楼村开展党的十九大报告宣讲活动，村支两委、党员、返乡创业青年、科技致富带头人、贫困户代表30人参加。12月4日，组织科普志愿者参加花溪区2017年国家“12·4”宪法日宣传活动。6~11月，开展花溪区“百万公众网络学习工程”活动，全区参与网络答题人数3.5万人。推荐花溪区明珠社区申报贵州省科普示范社区，7月被贵州省科协授予“贵州省科普示范社区”称号。

（刘　敏）

【科普宣传】　2017年春节期间，花溪区开展贴近生活、贴近群众、贴近实际的群众文化“三下乡”“四进社区”科普宣传活动。活动以文艺演出、发

7月27日，省科协副主席钱斌到明珠社区调研社区科普工作

（区科协　供稿）

放科普宣传资料、科技咨询、现场有奖科普知识竞猜等形式，向广大群众推广法律知识、科技知识等，开展科普宣传7场，发放各类科普宣传资料1.5万余份（册）。利用科技活动周开展科普宣传活动，分别在乡镇、社区开展科技咨询宣传活动2次，发放各类科技宣传资料3500余份。联合相关单位开展科普文化进社区活动，活动现场发放《公民科学素质200问》《常见疾病预防》。5月6日，由区科协、花溪区防范和处理邪教问题领导小组办公室联合主办，以“崇尚科学，远离邪教”为主题的“防范邪教宣传月”活动启动仪式在花溪湿地公园南广场举行。（刘　敏）

【科普e站建设】 2017年，花溪区在高坡乡、马铃乡、明珠社区、瑞华社区等乡镇、社区、学校建设“科普e站”10个。“科普e站”采用互联网+科普惠农的思维，通过PC端、APP、微信、热线、微博、码上致富溯源系统、精准科普推送系统、中科云媒等，为农民搭建实用技术学习平台、远程互动培训平台、即时信息查询平台、农村电商创业平台、专家在线服务平台，打造线上线下相结合的农村科普综合服务体。（刘　敏）

【科普培训】 2017年5月10日，区科协、区老干局在高坡乡新安村联合举办种植养殖培训班，由科技老党员谢明芝等4位老师讲解，高坡乡新安村近30名贫困种养殖大户参加。5月11日，区教育局、区科技局举办花溪区第六届青少年科技创新大赛科技辅导员培训专题讲座，来自全区各中小学、幼儿园的130名科技辅导员教师参加培训。11月16日上午，花溪区科协联合区委组织部在花溪区政府二楼礼堂举办“心脑血管疾病预防保健与早期检测”专题讲座，邀请贵阳市第三人民医院教授刘康主讲，各乡镇、社区、机关干部职工400余人参加。11月21日，在花溪区黔陶乡举办精准扶贫技术培训班，邀请贵州医科大健康学院院长曹煜、贵阳市中医学院教授魏升华、贵阳中医学院教授张丽艳等老师授课，黔陶乡各村村支两委、科技示范户及部分村民90人参加培训。

（刘　敏）

6月9日，区第六届青少年科技创新大赛，参赛学生正在拼装四驱车（区科协　供稿）

【科技下乡活动】 2017年，区科技局整合各类科技资源和科普设施，开展科技宣传活动，发放科技宣传资料，现场接受群众咨询等。春节期间深入乡镇、社区开展送科技下乡活动，发放科技知识宣传资料3000份，接受咨询100余人。

（刘　敏）

社　科

知识产权管理

【专利申请】 2017年，花溪区专利申请4510件（发明专利1791件、实用新型专利2371件、外观设计专利348件），专利授权1592件（发明专利324件、实用新型专利1010件、外观设计专利258件）。有效发明专利1256件。花溪区开展专利资助奖励，奖励60项专利，兑现资金58200元，贵州大学和贵州泰邦生物制品有限公司获得中国专利优秀奖。区科技局每月组织开展“双随机”执法检查活动，查处涉嫌假冒案件12起，完成市级目标任务，保护辖区范围内专利市场秩序。

（梅　跃）

【知识产权项目】 2017年，花溪区引导企业将创造成果申报专利，促进辖区内拥有专利的企业不断增加，项目实施期间，专利申请和授权年增幅不低于25%；鼓励和扶持专利技术实施和转化，提升知识产权对县域经济发展的贡献度，把本地的知识产权资源优势转化为竞争优势和经济优势，新增两家花溪区知识产权试点企业贵州北极熊实业有限公司和际华三五三七制鞋有限责任公司，分别给予2.5万元工作经费。 （梅 跃）

【知识产权宣传】 2017年，区科技局在各乡镇（社区）、湿地公园南广场向社会公众宣传《中华人民共和国专利法》《贵州省专利条例》等相关知识产权法律法规，为群众和企业解决涉及知识产权方面的困难和问题，发放宣传材料6200多份，各类书籍220余本，接受群众咨询500多人次。

（梅 跃）

志鉴编纂

【概 况】 2017年，花溪区地方志办公室继续稳步推进志鉴编修工作。指导辖区各部门、乡镇（社区）修志编鉴工作。将地方志工作纳入年度考核目标，召开编辑工作会议，开展集中培训，加强业务指导力度。完成二轮修志《花溪区志》（2001－2015）的分纂工作。完成《花溪年鉴（2017）》和《花溪农商银行志》编纂、出版、发行工作。

（刘婷）

【志书编纂】 2017年，区地方志办编辑部根据各单位供稿情况，召开专题座谈会与供稿单位对篇目设置、资料长篇进行研究。编辑人员通过搜集2001－2015年的档案、文献、报刊等载体涉及花溪的史料，对志稿进行补充。在撰稿过程中，各单位撰稿人与区志编辑部责任编辑通过区方志QQ群、电话、邮箱、上门沟通等方式研究、讨论篇目和稿件问题，编辑通过分类、核实、编辑、整理，将300余万字资料长篇分纂，形成80万字初稿。 （刘婷）

【《花溪年鉴（2017）》出版发行】 2017年10月，《花溪年鉴（2017）》出版发行。全书80余万字，设34个栏目、948个条目，表格33个，图片135幅，《花溪年鉴（2017）》全面、系统、翔实反映2016年度花溪区经济社会各方面发展基本情况，是展示花溪区2016年成就、新经验、新发展的资料工具书。全鉴门类齐全，资料系统，数据准确，行文简明，图文并茂地突显花溪区域发展的时代特征、地方特色、年度特点。 （刘婷）

【《花溪农商银行志》出版发行】 2017年12月，《花溪农商银行志》公开出版发行。该志编纂工作历时1年，采用述、记、志、传、图、表、录记载方式，上限溯至民国时期，下限止于2016年12月，卷首设置概述、大事记、专记，卷中设置机构、员工、基础设施、业务、管理、党群组织、企业文化、人物，卷末设附录、编后记。计78万字。由国家方志出版社出版发行。 （刘婷）

气象工作

【概 况】 2017年，花溪区气象局设办公室（应急办）、法规科、气象台和区人工影响天气办公室。国家气象系统编制7人（参公4人，事业3人）。设局长1名，副局长2名。在气象局设立贵阳市花溪区突发事件预警信息发布中心，负责全区突发事件预警信息发布平台建设、规划、维护；负集、分析、研判突发事件预警信息，发布经审定的突发事件预警信息并反馈发布情况。下辖人工影响天气作业站4个，防雹季节民兵23人。承担气象观测、气象预警预报、气象服务、气象科研、人工影响天气、气象法律法规检查实施、探测环境保护、气象科研、农经信息采集等工作。

辖区内建有区域自动气象站28个，其中单要素自动站7个、两要素自动站13个、四要素自动站1个、多要素自动站7个；自动土壤水分观测站1个；农情实景观测站1个。 （吴 丹）

2月14日，花溪气象局燕楼大草坡自动气象站 （吴丹 供稿）

【气象防灾减灾】 2017年，花溪区发布暴雨、雷电、大雾、寒潮、冰雹、地质灾害等各类预警信息71次，通过电视、农村大喇叭、LED电子显示屏、手机短信、互联网等方式服务于全区人民群众。开展"3·23"世界气象日宣传活动，第57个世界气象日主题是"观云识天"。3月10日至7月14日，开展人工影响天气防灾减灾工作，组织麦坪、李村、青岩、党武等4炮站开展防雹增雨作业2次，使用人雨弹83发。7月14日撤炮，结束外场作业。全年无安全事故发生。 （吴 丹）

【主要气象事件】 2017年6月，降水量超历史极值，降水量465.1毫米，比历史同期最大降水量1996年6月的418.2毫米多46.9毫米，但未造成严重灾害。2月21日，花溪经开区19时57分至19时58分、花溪城区21时41分至42分降雹，最大冰雹直径7毫米。2月24日17时05分至17时06分、18时36分至18时38分、19时44分至19时46分花溪城区降雹，冰雹直径4毫米。4月5日花溪经开区21时22分至21时30分降雹，最大直径约为20毫米。久安乡部分地方夜间降雹。 （吴 丹）

责任编辑 张乡里

文化·新闻

文　化

文化建设与管理

【文化设施建设】　2017年，花溪区建有乡（镇）综合文化站9个，社区综合文化服务中心18个。各乡（镇）综合文化站、社区综合文化服务中心内均设有办公室、图书室、多功能活动厅、电子阅览室、文体活动室、棋牌室、培训室等文化活动室。建有综合文化站、文化服务中心工作人员行为规范、综合文化站、文化服务中心服务承诺制度、综合文化站、文化服务中心财产登记保管制度、文化信息资源共享服务工作制度、电子阅览室读者使用规章制度等，并全部上墙。免费开放项目一览表、工作人员职责表、社会主义核心价值观、讲文明树新风、道德模范宣传标语等宣传内容并全部上墙；每个乡（镇）综合文化站、社区综合文化服务中心配备工作人员专职负责综合文化站、综合文化服务中心事务，按照规定时限对公众开放，同时各文化站、文化服务中心设有学雷锋志愿服务站，安排专人值守。全年区文广局指导全区18个社区综合文化服务中心和9个乡（镇）综合文化站进行全面整改。　（区文化局）

【图书馆建设】　区图书馆全馆面积1000平方米，每周坚持开放在56小时以上，周末、节假日照常开馆。2017年，区图书馆接待读者82962人次，其中未成年人55216人次。新办借书证421个，图书借阅量达81542册，其中少儿借阅量达42058册。迎接文化部开展的第六次县级以上公共图书馆评估定级工作。年内区图书馆创建"春夏秋冬·四季寻芳"手工系列活动品牌，针对未成年读者开展特色主题服务活动；推动"书香·花溪"全民阅读活动，读者播放电影24次，开展视频讲座12次，开展阅读推广60次，有1万余人参加。　（区图书馆）

【花溪区文化馆建设】　2017年，花溪区文化馆设有4个部室，即行政办公室、文艺部、培训部、创研部。馆内核定编制13人，在编人员11人，其中硕士研究生学历3人，大学本科学历7人，大学专科学历1人；正高级职称1人，中级职称5人。设有宣传栏、全馆人员岗位公示栏和各项制度措施，并开设有多功能厅、排练厅、音乐教室等厅室，长期为群众提供免费服务和培训、辅导，免费开办各类文化艺术培训辅导，多支馆办团队（花溪合唱团、花溪区民族管弦乐团、群星舞蹈队、菊林书院）坚持送文艺下乡，参加市、区举办的公益性文化活动，多次获得国家以及省、市级奖项。花溪合唱团节目《向往西藏》《西部放歌》分别在"2017 多彩贵州文化艺术节——优秀合唱作品展演"活动和"2017 人文水溪　魅力花都·贵州（黔西）合唱节"活动中荣获"展演奖"和老年组"银奖"。（区文化馆）

【文化产业】　2017 年，花溪区完成 2016 年文化产业名录库数据的核实和更新工作，并指导乡镇、社区入户采集数据及填报文化产业联网直报系统。全年，花溪区文化产业单位名录 602 户，其中法人单位 298 家、个体户 304 户。区文广局统计上报名录 211 户，其中法人单位 180 家、个体 31 户。全年全区文化产业增加值 10.13 亿，占比 1.87%。

（区文化局）

【农家书屋建设】　2017 年，全区建有农家书屋点 138 个，区文广局每年对农家书屋图书进行更新和配送，并安排业务骨干指导各个农家书屋点开展图书上架、编号及管理工作。全区更新图书 61 种 8418 册（图书 60 种 8280 册，杂志 1 种 138 册），金额 200928 元。区文广局在全区各乡（镇）、社区，开展以"我的书屋·我的梦"为主题的农村少年儿童阅读实践活动。

（区文化局）

【书刊市场依法管理】　2017 年，区文广局完成印刷企业、新闻出版发行单位 2016 年度统计及年审工作。全区完成核验印刷企业 125 家，其中包装装潢印刷厂 6 家（报停 1 家，申请破产，待法院判决 1 家）；其他印刷厂 5 家（报停 3 家）；复印打字经营单位 114 家（82 家复印打字经营单位的年度核验工作，报停 24 家，注销 8 家）。全区有出版物发行单位 58 家；完成 40 家图书、报刊、音像制品发行单位的年度核验和统计年报工作；注销 6 家出版物发行单位；10 家出版物发行单位停业；1 家图书发行单位（贵州乐转文化股份有限公司）由零售改为批发由上级部门核验；全年新办图书发行单位 3 家。

（区文化局）

【网吧管理】　2017 年，全区有网吧 82 家，新审批设立网吧 8 家，完成全区网吧、游艺娱乐场所、歌舞娱乐场所 137 家，帮助网吧向网咖转型升级 47 家。加强市场监管，出动执法人员 1403 人（次），检查图书报刊亭 95 家（次）、网吧 1955 家（次）、娱乐场所 999 家（次）、印刷厂 27 家（次）、复打印店 11 家（次）、游戏机室 34 家（次），开展文化市场消防演练活动 2 次。处理违规网吧 2 家（次），给予停业 30 天和吊销行政许可的处罚。进一步实现"扫黄打非"进基层站点机构建立工作，将此项工作的触角延伸至乡镇（社区）、村居。将全区乡镇（社区）工作站、村居联络站的机构建立信息录入"全国扫黄打非信息管

12 月 6 日，区图书馆开展"春夏秋冬·四季寻芳"手工系列活动

（区图书馆　供稿）

理系统”，完成18个社区、9个乡镇信息录入工作，实现100%全覆盖、全落实。与市支队联合检查7次，联合区公安、城管、市场监督、乡镇（社区）等部门开展6次检查。取缔11家“黑网吧”、19家书报刊游商地摊，没收非法出版物44册，整治校园周边无证KTV（酒吧）24家（次）和中小学校校园周边检查。（区文化局）

文化活动

【文化下乡活动】 2017年，在全区开展文化、科技、卫生、法律“三下乡”“四进社区”集中示范活动暨“社会主义核心价值观”进万家活动。（区文化馆）

【民间文艺活动】 2017年2月9日，花溪区在花溪公园音乐广场举办我们的节日——花溪区2017年春节民族民间歌舞大联欢。来自花溪周边各乡（镇）、社区的24支民族民间歌舞表演参加。4月30日，花溪区高坡乡云顶草原举办“2017诚信农商·大美高坡苗族‘四月八’风情节”活动。7月28日，花溪区马铃乡举办中国·贵阳·马铃——我们的节日“六月六”布依民族风情节。（区文化馆）

【群众文艺组织】 2017年，花溪区文化馆有花溪合唱团、花溪区民族管弦乐团、菊林书院、群星舞蹈队4个馆办团队。2016年，在花溪区文化馆的指导下，各乡（镇）、社区组建240支业余文艺团队。

花溪合唱团：花溪区文化馆于2012年4月组建成立花溪区群众业余合唱团，特邀省合唱专家、国家一级合唱指挥教师石恩一担任该合唱团的特聘教师，对合唱团进行专业指导。2017年，合唱团有学员100余人。

花溪民族管弦乐团：花溪区文化馆于2012年7月组建成立花溪民族管弦乐团。2017年，花溪民族管弦乐团有团长、艺术顾问、客席指挥、指挥、外聘教师、乐团演奏员50多人，具备较高的演奏水准。

菊林书院：2003年4月19日挂牌，由一二十个热爱文化年近六七旬的老年人自愿组成，有200来人。年龄在20岁到80多岁。有青岩、花溪、贵阳等地的干部、教师、医生、工人、农民参加。以花溪区清溪路239号B栋附4号作活动场地。

花溪区文化馆群星舞蹈队：成立于2013年6月，是花溪区文化馆馆办团队，2017年，有12人，由花溪区文化馆聘请专业老师对其进行训练。

（区文化馆）

文物保护

【概　况】 第三次全国文物普查，花溪区登录文物点332处。2017年，全区有文物保护单位64处，其中“国保”1处、“省保”11处、“市保”24处、“区保”28处。全年区文广局继续开展第一次全国可移动文物普查工作资料整理，完善相关普查资料。

（区文广局）

【文物保护】 2017年，区文广局在乡镇、社区聘请

10月28日，高坡乡“九九重阳节”民俗活动在扰绕村举行（高坡乡　供稿）

文化遗产信息员，年初召开文物安全工作培训会，掌握辖区内文物安全动态。文广局与各个乡镇、社区签订文物安全管理责任书，与文化遗产信息员签订文化遗产信息员责任书，与各文物保护单位签订文物保护单位使用人责任书，健全文物安全问责制。完善文物保护相关制度，利用每周例会时间，学习和传达文物安全的规章制度及文博安全动态。区文广局每周定期或不定期对本辖区内重点文物保护单位进行巡查，对有安全隐患的下整改通知书，限期进行整改，确保文物保护单位的安全。在春节、“五一”“十一”等节假日前，联合消防、安监、旅游、民宗等部门开展联合消防安全检查，对不符合条件的下整改通知书，限期进行整改。完善和落实消防制度、措施、人员，规范消防器材，对文物保护单位的电源、电路进行清理，消除安全隐患。在日常文物巡查中，区文广局针对文物本体的残损状况均拍照留存并做详细记录，争取省、市、区资金进行维修维护及合理利用。区文广局依法依规开展文物修缮及陈列展示工作，对项目相关方案反复论证，严格管理，定期与随机相结合，坚持文物保护优先，把文物安全放在首位。（区文广局）

【文物保护宣传教育】 2017 年，区文广局利用“5·18”国际博物馆日、6 月“文化和自然遗产日”“法制宣传日”活动，在全区范围内开展文物科普知识、文物法规等宣传活动，通过悬挂标语，发放资料等方式开展宣传，提高全区人民文物保护知识、保护意识的自觉性和积极性。年初，召开全区的文化遗产培训班，提升各乡镇、社区文化遗产信息员的文化遗产保护意识。（区文广局）

【非物质文化遗产管理】 2017 年，区文广局加大对非物质文化遗产传承人的保护，通过“签订传承人责任书”、发放补助、组织活动、开展调研等形式，使非物质文化遗产传承形成比较有序的保护传承机制。加大非物质文化遗产代表性传承人逐级申报工作，在《文化部办公厅关于公示第五批国家级非物质文化遗产代表性项目代表性传承人推荐名单的公告》中，花溪区花溪苗绣项目代表性传承人王启萍榜上有名，王启萍所带徒弟百余人。开展非物质文化遗产项目基础资料收集及申报工作，完成高坡敲牛祭祖、榜郎长歌、百年糕粑制作工艺、青岩袁家米糕制作技艺等区级项目的资料收集及文本制作。

做好非物质文化遗产数据库建立工作。完成花溪苗绣、青岩玫瑰糖制作工艺，高坡苗族芦笙制作技艺、高坡射背牌、高坡银饰制作技艺等非物质文化遗产项目的数字化采集及数据库录入项目专家验收；配合市文广局做好花溪区花溪苗绣、高坡苗族服饰制作、高坡苗族芦笙制作等非遗项目数据采集工作。

探索非物质文化遗产保护管理模式。以花溪特色文化为核心，开展镇山布依族文化数字化建设工作，通过云上村落等平台宣传花溪非物质文化遗产。

推进花溪非物质文化遗产传习基地建设。在慈云寺非物质文化遗产馆开展以国家级非物质文化遗产花溪苗绣技艺活态表演为重点的现场技能演示及特色演出项目，开展非物质文化遗产传承、交流、培训、展演等活动，发挥花溪非物质文化遗产传习基地作用，使非物质文化遗产传习活动常态化；在高坡建立高坡苗族非遗传习基地，围绕高坡苗族射背牌和花溪高坡苗族芦笙制作工艺等非遗名录开展保护与传承工作。

加大文化遗产宣传及培训力度。组织非遗项目代表性企业参加传统刺绣创新培训，组织非遗项目代表性传承人参加省、市文化部门组织的培训；组织花溪苗绣传承人参加第六届中国成都国际非物质文化遗产节暨“文化和自然遗产日”活动；组织文化企业参加第十届海峡两岸（厦门）文化产业博览交易会，宣传花溪区文化遗产。

加强非物质文化遗产文创产品宣传力度。花溪布依族纸染绣制作技艺、竹编工艺、青岩纸扎等非遗项目参加以“青岩赶年”为主题的展示、交流、

宣传等活动，对花溪区非物质文化遗产手工技艺进行宣传。（区文广局）

文学艺术

【概　况】 2017年，区文联发挥"团结引导、联络协调、服务管理、自律维权"职能，引导全区广大文艺工作者和爱好者开展工作，为艺术家提供展示的平台，为文艺爱好者提供学习和参与活动的机会。全年开展艺术展览14次，文艺人才培训7次，组织采风创作13次，以"我们的节日"为主题的组织书画家及志愿者"送文化，迎新春"下乡为群众书写赠送春联活动，前往部分乡镇、社区、居民小区、少数民族村寨为群众书写赠送春联26场，赠送春联3万余副；组织书画家到高坡乡扰绕村游客中心开展"庆中秋·迎国庆"文化惠民活动，为游客、村民现场作书作画；联合花溪区书协、花溪区美协、花溪华文图书城在民办花溪品华学校开展"弘扬十九大精神，传播优秀传统文化"赠图书、送书画艺术进校园活动；到石板镇镇山村开展"弘扬十九大精神，传播传统文化"的活动，为群众书写以歌颂党恩、歌颂十九大为主要内容的对联120余幅、创作书法作品20余幅、赠送图书100余册。区文联开展走进高坡乡甲定小学赠送图书和义务支教、组织书法家到南溪学校为师生开展书法讲座等活动。

【区美术家协会活动】 1月25日，花溪美术馆"清风溪韵迎新春廉洁书法美术作品展"开展；1月，"乡梓情深"石文辉书法作品回乡展；5月19日，花溪区2017年"祖国好、家乡美"及久安乡第三届"茳父杯"书画比赛在久安乡举行；5月22日，文森师生作品展在花溪美术馆举行；9月22日，在花溪美术馆开展"喜迎十九大最美花溪书法美术作品展"；9月30日，在高坡乡扰绕村开展花溪区首届富美乡村旅游节美术书法作品展；10月16日，在花溪美术馆开展"喜迎十九大花溪、长顺、紫云美术书法作品联展"；10月26日，在花溪美术馆开展"深入贯彻十九大精神传承弘扬传统文化2017年花溪区我们的节日重阳节"书画名家作品展；11月2日，"弘扬十九大精神、传播优秀传统文化"送文化进校园活动在民办花溪品华学校；11月13日"弘扬十九大精神、传播传统文化"活动在石板镇镇山村开展；12月1日，在花溪美术馆开展"学习十九大，决战脱贫攻坚我们在行动"花溪区书画作品认购义捐活动；12月，程志德师生美术作品展在花溪美术馆举行。区美协开展多次沙龙活动，邀请王忠才、夏培民、石文辉等画家分别给会员讲课，点评作品。（区文联）

【区书法家协会活动】 2017年元旦，区书法家协会参与承办2017年"迎新年·庆元旦"暨首届"姚茫父"花溪书法临帖展；1月25日，参与承办花溪区2017年"清风溪韵·迎新春"廉洁书法美术作品展；2月14~17日，参与由花溪区文联在纽绅外国语学校主办为期三天半的教师硬笔书法培训；6月26日，参与承办"2017年遵义市播州区第二小学师生书法作品赴花溪交流展"；7月12日至16日，中国

6月10日，花溪故事主题艺术创作及衍生品设计大赛活动启动仪式
（杨小平　摄）

书法家协会书法培训中心在贵阳举办临摹与创作研修班，区书协姚志坚、姜华、王小云、田景荣、石汪俊彦等参加；8月13日，参与承办由北京尚艺书院、花溪区文联等单位主办的“尚艺书院2017全国十城书法公益巡讲”活动，除区书协大部分会员参加培训外，来自全省各地的书法家、书法爱好者近百人参加培训；9月29日，在区文联组织下，区书协部分会员到高坡乡扰绕村游客中心参与“庆中秋·迎国庆”文化惠民活动；11月2日，参与承办在花溪品华学校开展的“弘扬十九大精神，传播传统文化”送书画艺术进校园活动。2017年，区书协坚持开展每周至少1次的书法小沙龙、每月1次的大沙龙活动，吸纳新的书法爱好者，并为其提供交流学习机会。

（区文联）

【区音乐舞蹈家协会活动】 花溪区2017年文化、科技、卫生“三下乡”“四进社区”集中示范活动暨“社会主义核心价值观”进万家活动启动仪式，从1月11日至2月4日，先后在溪北社区、兴隆社区、石板镇、高坡乡等27个乡（镇）、社区、敬老院、军营、企业等开展2017文化、科技、卫生集中示范活动暨“社会主义核心价值观”进万家活动30场，吸引近10万人参与和观看；配合各社区元旦至春节期间举办文化活动42场；举办花溪区“文化惠民大舞台市民才艺展风采”舞蹈大赛、歌唱大赛、百姓健康舞大赛等赛事；配合贵阳市完成2017筑城广场市民才艺大赛系列活动等广场演出活动80场；围绕元旦、春节、苗族“四月八”、布依族“六月六”、重阳节等节日开展主题活动7场，完成第六届“我们的节日——花溪区2017年春节民族民间歌舞大联欢”活动；开展其他文化活动14场。其中，包括2016—2017年贵阳市群众文艺精品（剧）节目展演活动、2017年花溪区文化馆馆办团队迎新汇报演出、国家艺术基金小型剧目资助项目曲艺小品《走访路上》汇报演出、欢歌起舞颂党恩，喜迎党的十九大——石板镇举办村级文艺比赛活动、“花溪区社会组织文学艺术（国学、诗书画、歌舞）进乡镇社区青岩诗乡现场联谊会”活动、2017年“中华美德　贵阳榜样”道德模范先进事迹巡演等；完成国家艺术基金小型剧目资助项目曲艺小品《走访路上》结项资料，并公益巡演101场；11月，贵州省古琴名家洪波参加《五知斋琴谱》打谱会，并演出《狂酒》一曲。

（区文联）

【区作家协会活动】 2月6日，著名诗人、贵州省作协原副主席、贵州省诗人协会主席李发模率“舍不得乡愁离开胸膛”创作组到花溪区青岩古镇采风调研，并指导创作长诗美图《“活”出青岩》；3月23日，“舍不得乡愁离开胸膛”系列主题长诗青岩组深入花溪区青岩古镇采风，长诗《“活”出青岩》正式启动；4月23日是世界读书日，“书香花溪·黔民阅读”贵州省诗人协会第四届诵诗读典读书活动暨李发模《除不尽的余数》、小语《抒情诗“三部曲”》首发仪式在青岩古镇文昌阁道德讲堂举行，通过“2017青岩古镇全民读书日”活动，联合贵州诗人协会，组织省内一线诗人创作数十首赞美花溪的作品，编入《贵州诗人》专刊之《诗眼看花溪》；5月，“舍不得乡愁离开胸膛”系列主题长诗青岩组组长童绥福、创作员田花深入花溪区青岩古镇进行集中式采风创作3500行长诗《“活”出青岩》；《“活”出青岩》由贵州大学出版社出版发行，是贵州省2017年大型文化工程“舍不得乡愁离开胸膛”系列长诗（20部）之特色小镇篇中5个特色小镇中的1部，也是贵阳市唯一的1部以“乡愁”为主题的长诗。此乡愁系列长诗（20部）由中共贵州省委政研室牵头，省诗人协会组织，省住建厅、省文化厅、省旅发委、省新闻出版广电局、省文联、贵州日报报业集团、贵州电视台、省作协等共同参与完成，集中展示贵州4000万名儿女步入“小康”的精彩诗画故事。《“活”出青岩》挖掘出青岩文化在于一个“活”字，用五个“he”（何、合、河、荷、禾）为章节，描摹出青岩的历史、人文、风物、传承、美食。

（区文联）

【区诗词学会活动】 4月16日，区诗词学会组织会员在经开区老干局阶梯教室听取贵阳学院教授、诗人曾晓鹰关于《古风诗浅淡》讲座;4 月 26 日,学会组织会员参观花溪颐和花园;5 月 11 日,组织会员到黔南州福泉市采风,与福泉诗词楹联学会会员交流创作心得;6 月,组织会员到都匀市参加“都匀毛尖杯”全国诗词大赛;7 月 25 日,组织会员到黔南州龙里县双龙镇采风;8 月 20 日,举办诗词讲座;9 月,组织会员听取省诗词楹联学会编辑部副主任肖长林《关于贵州楹联的反思》为题的讲课、组织会员创作以“喜迎十九大”为主题的诗词楹联作品;9 月 16 日,组织会员到贵安新区云漫湖采风;10 月,组织协会擅长书法的会员自书、代书“喜迎十九大”诗词楹联作品,曾晓鹰创作以“喜迎十九大:看五年变化,经开区打造千亿量级园区”为主题赞美经开区七律一首,在《贵阳日报》刊登;11 月,组织会员点评经开区“喜迎十九大”佳作,组织会员参加花溪文联关于“弘扬社会主义核心价值观,家家户户挂春联”活动;12 月,组织诗稿,编辑《花溪诗词》第十五集,组织会员参加南明区文联、南明区诗词楹联学会举办的“喜迎十九大,讴歌南明新风貌”甲秀楼杯中华诗词大赛活动。 (区文联)

【区摄影家协会活动】 2 月 8 日,组织会员参加马铃乡布依族村寨水车坝举办布依风情节庆祝新春佳节采风活动;3 月 4 日,在省青少年活动中心举行 2017 年年会;3 月 12 日,区摄协利用久安乡苗族“二月场”活动,义务为村民拍摄“全家福”;3 月 14 日,区摄协组织部分会员深入险峰机床厂车间拍摄工业题材作品;4 月 30 日,区摄协组织 30 余名会员到云顶草场拍摄高坡“四月八”活动;5 月 12 日,区摄协在花溪美术馆承办由区文联、区生态文明建设局共同主办的 2017 年“生态花溪”摄影图片展;5 月 11 日,“法律服务进万家,家庭和谐全家福”公益摄影服务活动启动仪式在久安乡久安村举行;7 月 22 日,区摄协开展会员日活动;9 月 29 日花溪区首届富美乡村旅游节开幕,区摄影家协会选送 50 幅会员作品,在高坡乡扰绕村游客服务中心举办摄影展;10 月 13 日,与区直机关工委在花溪国家城市湿地公园联合举办“徒步寻找最美花溪”摄影活动;10 月 28 日,区摄协组织部分会员到高坡乡拍摄“九九重阳”系列民俗活动。由中国摄影家协会推荐,中国摄影出版社主编《最美拍摄地——中国摄影之乡、中国摄影创作基地指南》一书正式出版发行。花溪区作为全省 4 个中国摄影家协会摄影创作基地之一收录其中,区摄协选送的 30 余幅作品被采用。全年举办 4 期“机关党建杯”摄影季赛、与区直机关工委等单位联合举办 4 期“最美瞬间”摄影比赛及评选。

(区文联)

【区文玩收藏协会活动】 区文玩收藏协会开展文玩收藏“五进”“两送”活动,包括“进社区”“进军营”“进机关”“进学校”“进企业”和“送讲座”“送辅导”。在青岩古镇等地举办一系列文玩展览。

(区文联)

【《花溪艺苑》】 2017 年,《花溪艺苑》出版文艺综合季刊 4 期(43 ~46 期)。其中,本刊推荐、花溪走笔、发现栏目等刊登小说、散文、随笔。另外,设置《青岩圆梦·5A》专辑刊登青岩诗词、楹联等作品;设置《名家走笔》栏目,刊登名家作品;设置知识介绍栏目,介绍戏曲知识;刊登彩页作品,介绍花溪地方戏剧系列,介绍大寨地戏、孟关猴鼓舞、高坡芦笙舞;设置“书香花溪”征文获奖作品选、经开区诗词选等栏目大力推荐花溪本土文艺人才和作品,多角度展示花溪自然与人文风貌。 (曾川娱)

【《灵秀花溪》】 《灵秀花溪》是以宣传区文联活动和介绍书画家及会员书画作品为主要内容的文艺小报。2014 年,创办 2 期,2015 年,出版 6 期,2016 年,创办 6 期,2017 年,创办 4 期。至 2017 年共出版 18 期。 (区文联)

【作品获奖情况】 2017 年贵州省“祖国好,家乡美”优秀童谣创作征集活动中,由田花创作的《大发爷爷修水渠》、范培锦创作《党高铁》分别获全省一等奖;范培锦创作《新农村》获全省优秀奖、全市一等奖。

“会古通今”贵阳市首届书法篆刻临摹作品展中姚志坚、李劲松获三等奖。杨弼伦参加贵阳市首届社区书画摄影大赛获绘画类二等奖。

曹新获2017春城杯全国键盘邀请赛“全国优秀指导教师奖”;曾学文参加2017年多彩贵州文化艺术节——全省合唱优秀作品展演获展演奖、参加贵州省产投集团2017“庆七一,颂党恩”歌唱比赛一等奖;龙竹辅导花溪区文化馆馆办团队《山水贵客》《去看杜鹃花》在2017“第六届‘百姓健康舞’比赛”中获二等奖;雍朝玉在2017贵阳贵阳筑城广场市民才艺大赛中获一等奖,歌曲《为你喝彩》获“书香工会阅美人生”贵阳市职工网络读书分享会线下原创歌曲演唱大赛二等奖及原创歌词征集大赛优秀奖;2017年8月,王家伶代表贵阳市教师合唱团参赛获第五届中国内蒙古(锡林浩特)合唱艺术节成人组混声合唱金奖,11月获2017“人文水西·魅力花都·花海毕节”贵州(黔西)合唱节成人组银奖;谢雨涵获2017“同一个未来”第五届世界乐团大赛银奖、最佳组织奖、贵阳市社会主义核心价值观进校园暨第十七届“班班有歌声”合唱比赛一等奖、优秀指挥奖、贵阳市中小学乐团大赛二等奖、优秀指挥奖、优秀指导教师奖;梁兰芬获2017年贵阳南明“黔茶飘香·茗品健康”茶文化系列活动——“茶香风情”文艺展演歌唱类二等奖;汪航撰写《从流行音乐看中国京剧》教学设计获贵州省教育科学院、贵州省教育学会2017年教育教学科研论文及教学设计评选三等奖;吴元琴在2017全国中小学美育成果展演活动中,指导节目合唱《高坡古歌》获银奖;2017年5月,严华渠指导学校管乐团参加“上海之春国际管乐节”获银奖,10月,指导学校乐团参加贵阳市乐团大赛获得一等奖和优秀指挥奖;2017年11月,唐志英带领青浦社区舞蹈队参加2017贵阳市群众舞蹈新作品研讨展演中获“群众舞蹈贡献奖”,11月,唐志英带领花溪区老年大学选送的舞蹈《侗乡情韵》在2017贵阳市群众舞蹈新作品研讨展演中荣获“群众舞蹈贡献奖”及7月获贵州省首届“多彩风”舞蹈新作品大赛优秀表演奖。《向往西藏》《西部放歌》参加2017多彩贵州文化艺术节——优秀合唱作品展演活动,获“展演奖”,11月,参与辅导及演唱《向往西藏》《西部放歌》“人文水西·魅力花都·花海毕节”2017贵州(黔西)合唱节,获老年组比赛银奖;2017年4月,吕静华编创的《神奇的FAST》获第五届全国科技馆辅导员大赛西部赛区其他科学表演二等奖,7月编创《神奇的FAST》获第五届全国科学表演大赛科普剧三等奖,12月创作纪录片《永恒》获贵州省第五届大学生艺术展演一等奖;2017年8月,蒋明前舟获多彩贵州文化艺术节——贵州省优秀合唱作品展演活动贵阳地区选拔赛一等奖(伴奏),12月获第六届贵州省少数民族文艺会演最佳音乐奖。周红光作品《牢记使命》在“立森影像器材杯”全国摄影双月赛中获优秀奖;何霞参加贵州省广播电视厅等单位主办的“生态美、百姓富”摄影大赛中获三等奖。在“都匀毛尖杯”全国诗词大赛中,欧邦成获特等奖。(曾川娱)

责任编辑　张乡里

新　闻

新闻媒体

【区新闻信息中心】 根据区编委《关于将花溪报社更名为区新闻信息中心的批复》,由原花溪报社(含贵阳晚报花溪记者站)、花溪有线电视台新闻部、花溪区信息中心于2004年3月合并组成区新闻信息中心。区新闻信息中心是花溪区委宣传部管理的全额事业单位,核定事业编制50余名。主要工作职责是:负责花溪区新闻宣传工作,办好花溪远程教育频道《花溪新闻》《民生连线》等栏目,办好连续性内部出版资料《高原明珠》,负责向《贵阳日报》(花溪专版)供稿,负责花溪的对外宣传工作;负责全区信息化建设工作,管理维护花溪区人民政府公众信息网。其主要职能有:负责贵州广电花溪远程教育频道有线电视《花溪新闻》和贵州数字电视《贵阳新闻(荟萃花溪版)》采、编、播工作;负责内刊《高原明珠》编辑出版工作(2017 年 12 月底停刊);负责花溪区人民政府公众信息网管理、维护、行政大楼网络维护;负责网络舆情处置工作;负责花溪区对外宣传工作;负责《贵阳日报》的《灵秀花溪 · 活力经开》专版编辑工作;协助区委宣传部做好"灵秀花溪 · 微信公众号"编排、运营工作。 (徐小平)

【花溪远程教育频道】 花溪远程教育频道是 2004 年 3 月花溪报社(含贵阳晚报花溪记者站)、花溪有线电视台新闻部、花溪区信息中心合并组成花溪区新闻信息中心后,从原花溪有线电视台新闻部剥离出来新设立的频道。2017 年,《花溪远程教育频道》办新闻 247 期,视频新闻 1976 条。开设有宣传贯彻中共十九大精神、区委第十一次党代会精神、"人大、政协两会"、强力推进全域文化旅游创新区建设、"两学一做""多彩贵州文明行动""解读社会主义核心价值观"、扶贫攻坚在路上、迎接中央环保督察、迎接国家创文复检、"记者在现场""关爱未成年人""平安花溪""健康知识"、微电影《新香》《月光影院》拍摄追踪等栏目。至 2017 年年底,《花溪远程教育频道》办新闻 3142 期、23906 条。 (徐小平)

【花溪互联网信息工作】 2017 年,区网信办对全区政务类网站、重点单位的门户网站"防入侵、防攻击、防篡改"进行安全检查,对辖区内 2000 多家网站进行分类筛查,并在 8 月全部完成。5 月,完成对"花溪区人民政府公众信息网"的巡查工作。每月开展关键信息基础设施网络安全检查工作。拟定《花溪区服务保障党的十九大网络安全工作方案》《花溪区互联网舆论事件专项应急预案》《关于调整花溪区网络舆情领导小组的通知》等文件在全区下发。实施重要时间节点的 24 小时值班制度,做好舆情监测,发现和掌握舆情动态,对接相关部门做好舆情的疏导和管控,做到依法处理、舆论引导、社会面管控工作"三同步"。加强属地各新闻网站内容管理,加强相关舆情的监测、收集和上报工作。加快"花溪政府公众信息网""灵秀花溪"微信公众号、微博、今日头条号、手机客户端等新兴网络平台建成,打造全媒体时代网络信息发布宣传综合平台,扩展本区对外宣传渠道。区网信办与花溪区公安分局网安大队协作,对发现的有害信息采取措施进行封堵删除,做好同步落地查人,依法打击处理。全年区公安分局网安大队分别对 8 名网民进行告诫并责令删帖。在"省党代会"期间,处置"花溪某社区卫生院过期疫苗事件""5 · 9"扬言爆炸极端维权"拟参加抵制乐天游行示威活动""5 · 10"煽动业主到红星广场楼顶静坐维权等事件。 (徐小平)

【网络舆情】 2017 年,花溪区互联网信息办公室发现并处置 84 条舆情信息。其中,安全生产 6 条,拆违、征地拆迁、补偿 7 条,行政管理、执法 9 条,环境保护(污染)8 条,教育事业 5 条,旅游投诉 1 条,社会客运和公共交通 5 条,社会治安 8 条,食品安全类 6 条,市民基本生活 10 条,司法、维稳、上访问题 5 条,突发事件 4 条,医疗纠纷 1 条。 (徐小平)

【广播影视】 2017 年,花溪区文广局加强对新闻信息中心、广电网络公司花溪区分公司的播出及传输监督管理工作,确保全年中央、省、市重大会议、重要时段、国家法定日广播电视安全播出"零事故",特别是做好中共十九大期间的安全播出工作。全年花溪区(含经开区)实现有线电视用户标清转高清 3259 台,安装高清电视用户 5626 台。开展宾馆、酒店非法接收境外卫星电视整治工作,开展检查 14 次,出动人员 31 人次,检查宾馆、酒店 72 家次,完成辖区 4 家影城(中影、溪城、碧园、卢米埃)年检换证工作。 (徐小平 付文云)

【多彩贵州"广电云"户户用工程】 2017 年,省政府决定实施多彩贵州“广电云”户户用工程，并将该项工程列入“2017年度贵州省十件民生实事”。市政府下达花溪区新增用户9120户、新建乡镇广播影视综合服务站2个（青岩、金竹）的目标任务。完成多彩贵州“广电云”户户用工程新增农村户户用任务数9264户，完成率101.58%。新增乡（镇）广播影视综合服务站2个。区政府匹配资金投入118.56万元。（徐小平　付文云）

【农村电影公益放映】 2017年，花溪区农村电影公益放映场次任务为2052场。其中，农村放映任务为1836场，社区放映任务为216场。区文广局通过拟定《花溪区文体广电局2017度农村电影公益放映工程实施方案》，与兴农影农村放映队签订放映协议书，与乡镇社区签订放映目标责任书来抓好落实，全年完成电影公益放映2110场，完成率102.96%，观众10.77万人（次）。

（韦光祥　白丽萍）

【区人民政府公众信息网】 2017年，区人民政府公众信息网开设区长信箱、网上征集、网上调查、在线访谈、政务微博、微信和手机移动终端服务、“动态信息”“视频新闻”“通知公告”“领导信箱”“领导活动”“部门动态”“乡镇动态”“信息公开”“公共服务”“场景导航”“热点专题”“网上办事”“专题导航”“政府部门导航”“乡镇社区导航”“专栏”“热点专题”“网上申报”“审批事项查询”等栏目。其中，“动态信息”每周一至周五更新新闻，其余栏目根据要求增减。7月，区新闻信息中心将门户网站管理账号分发到全区各政府工作部门，同时引入第三方外包监管服务，每月度组织开展网站常态化监测工作，采用软件扫描+人工诊断的方式，对网站开展深度运营，确保问题监管到位，推动问题网站通报整改，确保网站各栏目信息保障常态更新。安排专人负责省、市门户网站信息报送工作，通过信息报送系统向省、市政府门户网站发布区内信息，确保信息的及时、有效。全年花溪区人民政府公众信息网发布各类信息6500余条次，其中动态信息2632条，政务公开2650条，公共服务486条，视频信息236期，通知公告82条，专题777条；收到258条；回复办理信息留言108件。（徐小平　付文云）

【《高原明珠》报】 创办于2008年1月，由区新闻信息中心主办，为全区工作交流用的连续性内部出版物，由区财政拨款，免费向全区部门、乡镇、社区赠阅。《高原明珠》为四开四版，一周一期，一版是要闻版，主要报道区委、区政府中心工作，展示花溪改革发展重大成就；二版是综合新闻版，主要报道花溪区、经开区社区、乡镇、部门、村（居）、单位经济建设的成绩、经验和典型；三版是民生新闻版，主要报道社会、教育方面的新闻、通讯、知识及理论文章等；四版是旅游文化版；每期约4万字，平均8幅图片，充分展示花溪生态、文化、旅游建设成果。在正常情况下，每年出刊50 ~52期，遇重要事件，根据区和相关部门要求出专刊。2017年，《高原明珠》出刊报纸40余期，特刊3期。刊载“打造廉洁文化花溪品牌　营造风清气正发展环境”花溪12条河流有了“双河长”“打一场禁毒工作漂亮翻身仗”“经开区多管齐下扎实推进大扶贫战略行动”“青岩古镇进入国家5A级景区公示名单”“花溪区社会治理和群众工作综述”“花溪区‘七大攻势’，展开高一格脱贫”“做好党建大文章：建文化旅游创新区”“花溪三大计划保护生态环境推进全域文化旅游创新区建设”“花溪：智慧之城正脱颖而出”“我区禁毒工作综述”“让十九大精神在花溪落地生根”“法治花溪建设综述”“花溪区十二五文化发展巡礼”等稿件。至2017年12月底停刊时止，《高原明珠》出刊505期，计2020万字、5000幅照片。（徐小平）

媒体报道花溪

【《灵秀花溪、活力经开》专版】 2017年，花溪区与经开区合作，在《贵阳日报》上每周合办《灵秀花溪、活力经开》专版,及时将花溪区、经开区的重要工作事项、重要活动、经济社会发展的重大成果在贵阳日报上报道。全年刊发专版46个。 (徐小平)

【贵州日报对花溪区报道】 2017年,花溪区继续与贵州日报报业集团合作,在《贵州日报》《贵阳日报》上刊发专版15个,做好花溪区、经开区深度融合,文化旅游创新区建设、大数据、大扶贫等报道。

(徐小平)

【新华社对花溪区报道】 2017年,花溪区与新华社贵州分社进一步合作,为新华社APP花溪频道、《灵秀花溪》APP的新闻动态栏目供稿。全年被新华社贵州分社等采用稿件1000余条,图片200余幅。

(徐小平)

【中央电视台对花溪区报道】 2017年,花溪区首届乡村旅游节等重大活动新闻在中央电视台新闻频道(CCTV-13)新闻栏目播出。《青岩镇:知难不畏,砥砺奋进》专题在中央电视台中文国际频道(CCTV-4)大型季播节目《记住乡愁》播出。

(徐小平)

【网络媒体对花溪区报道】 2017年,光明网、雅昌网、搜狐网、百度等国内两百多家媒体报道"花溪·画兮"——中国画名家暨中国人民大学继续教育学院李晓松艺术工作室赴花溪写生采风宣传活动。

(徐小平)

责任编辑 张乡里

卫生·体育

卫　生

综　述

【卫计改革】　2017年，花溪区取消公立医院药品加成，破除以药补医机制。9月25日，区属城市公立医院全面实行零差率销售，医疗费用控制在13%以下，药占比控制在30%以下，医务性收入达到35%以上，百元医疗收入消耗卫生材料费控制在20元以下，全区公立医院门急诊人次占比较上年增长。巩固完善基层医疗机构实施国家基本药物制度。政府办10家基层医疗卫生机构、8家非政府办基层医疗卫生机构和辖区内133个村卫生室基本药物使用率100%，2家县级公立医院实施基药制度，基药配备和基药销售达30%以上，增补35种药品目录。制定出台《花溪区关于实施全面两孩政策改革完善计划生育服务管理的实施办法》《花溪区实施全面两孩坚持和完善计划生育目标管理责任制实施办法》，将计划生育纳入目标管理，不断完善计划生育服务管理政策。改革完善生育登记制度，开展委托代办、网上办理及一站式服务，实行承诺制度。注重妇幼健康，保障优生优育全程服务，在9个乡镇卫生院、1个社区卫生服务中心启动"花溪区基层妇幼健康服务综合改革试点工作"，建立基层妇幼健康服务的管理模式，强化孕前、孕中、生育、育后的妇幼健康优生优育全程服务。鼓励社会办医提供多元化健康服务，研究出台《社区卫生服务机构公建民营实施方案》，鼓励社会资本办医，与公立医院审批程序和审批条件一致，审批时限为20个工作日，取消对社会办医疗机构数量和地点的限制。全年，新批准办理的医疗机构9家。（区卫计局）

【医疗健康扶贫】　2017年，推进医疗健康扶贫，制定出台《区人民政府办公室关于印发花溪区脱贫攻坚医疗扶助工作实施方案》，构筑基本医疗保险、大病保险、医疗救助、医疗扶助制度"四重医疗保障网"，完善医疗健康扶贫政策，扩大城乡居民基本医疗保险二档（新农合）重大疾病免费救治病种，建立医疗扶助制度，实现对贫困群众的医保兜底。巩固新农合制度，全年参合率99%，通过新农合信息平台对健康扶贫即农村低收入困难群体(包含农村建档立卡贫困人口)识别6699人,落实5个100%全覆盖(参合率、健康档案建档率、家庭医生服务签约率、体检率、慢性病管理率)。健康扶贫对象732人次享受医疗扶助,补偿金额108.61万元。

(区卫计局)

【医卫项目】 2017年,出台《花溪区医疗卫生服务体系规划(2016—2020)》,选址新建区中医院、区妇幼保健院纳入区"十三五"规划项目库,协调前期项目筹备相关工作。实施中央预算建设项目花溪区疾病预防控制中心提升改造,总投资816万(中央资金600万元,区级资金216万元),在田园南路北段东侧关口寨农民新村项目落实2100平方米疾控中心用房,正在进行设计装修改造。完成清溪、金竹社区卫生服务中心标准化建设、3个乡镇卫生院、2个社区卫生服务中心中医馆建设。新建贵筑社区卫生服务中心。

启动健康花溪建设。成立区党政主要领导任双组长的建设健康城市工作领导小组,负责统一领导、统筹管理、指挥协调健康城市建设工作,制定健康城市建设行动计划、养老服务业综合改革试点城市建设行动计划、医养结合试点单位建设行动计划、食品安全示范城市行动计划、农产品质量安全县行动计划、全面健身实施计划。搭建组织机构,制定具体实施方案,明确各部门职责和时间表。

(区卫计局)

【分级诊疗制度】 2017年,以医联体和家庭医生签约服务为抓手,推进分级诊疗制度建设。贵州省中西医结合医院在区中医院挂牌成立"贵州省中西医结合医疗服务联合体重点医院",贵州医科大学、贵阳市第一人民医院与花溪区人民医院打造医院联合体,签订框架合作协议,建立资源共享机制、双向转诊绿色通道。贵航三〇〇医院、区人民医院、区中医院分片签约对口帮扶各社区卫生服务中心、乡镇卫生院,打造医共体建设,建立实质性的社区卫生服务中心与区属范围内二级以上综合医疗机构的基层首诊、双向转诊制度。全年完成30%常住人口、60%重点人群、100%贫困人口的签约服务工作任务。

(区卫计局)

【实施基层医卫能力三年提升计划】 2017年,花溪区实施基层医卫能力三年提升计划。加强服务体系建设:花溪区人民医院通过二级甲等综合医院复评,为创建三级综合医院做好前期准备;区妇幼保健院已选址,并匹配资金80万元用于前期工作。完成石板、高坡2家中心乡镇卫生院进行甲等卫生院的评审工作,青岩、孟关2家中心乡镇卫生院创建群众满意乡镇卫生院评审工作。加强人才队伍建设:组织开展基层卫生岗位练兵,开展中医医联体培训班对14名医师进行中医药适宜技术培训。组织21名乡村医生开展中专学历提升,安排8人参加为期20天的医联体专科业务培训。对全区90余名中医从业人员开展《中医药法释义》培训。选派2名医师前往江苏省南通市中医院进修,安排15人次参加各类短期培训班7次。基层医疗机构(含县级)新聘正高级职称1人,副高职称17人,中级职称11人,初级职称20人,完成2017年基层医疗机构(含县级)人员招考22人。落实基层医疗卫生人员补助政策:对2016年1月起到区级医院、乡镇卫生院、村卫生室工作的高级专业技术职务人员、医学类专业博士研究生、全日制硕士研究生、全日制本科毕业生、执业医师或执业助理医师分别给予200 ~1500元/月的生活补贴;对基层医疗机构考取卫生初级、中级、高级职称的给予500 ~1500元的一次性补助。

(区卫计局)

【卫生监督执法】 2017年,加强公共场所卫生监督管理,深入开展公共场所卫生监督量化分级管理,创建"花溪学士路"公共场所卫生监督量化分级管理示范街。创建市级"农家小旅店卫生示范户"6户。开展青岩古镇创建国家5A级景区和高校周边专项整治。重点开展查处医疗机构、医疗废物、传染病防治、放射卫生、消毒产品、公共场所、生活饮用水、涉水产品八大领域中的卫生违法行为的专项行动。受理卫生许可392件，监督检查经营户9542户次，立案1166件，结案1166件，结案率100%，罚款金额83.95万元。责令整改575户，取缔无证行医32户次。卫监局出动车辆167车次、卫生监督员3670人次，没收药品器械35件（折合人民币约1.8万元）。（区卫计局）

【卫生乡镇创建】 2017年，区爱卫办推进久安乡国家卫生乡镇创建，通过印发《花溪区久安乡创建国家卫生乡镇工作方案》，从市容环境卫生秩序、食品安全、健康教育、环境保护、传染病防治、乡村卫生等方面抓好落实，完成省、市爱卫办对久安乡国家卫生乡镇创建考核验收工作；在石板镇镇山村等9个村寨创建省级卫生村寨，在燕楼镇坝楼村等3个村寨创建市级卫生村寨。（区爱卫办）

【爱国卫生运动】 区爱卫办印发《花溪区2017年爱国卫生大扫除活动方案》，规定每月第一周周五为花溪区爱国卫生大扫除活动日，组织全区9个乡镇、18个社区、区直属部门、驻区单位等开展环境卫生大扫除，对区内背街小巷和卫生死角脏、乱、差等区域进行清理。全区各单位、乡镇、社区、村（居）在爱国卫生大扫除活动中，共清理垃圾721吨，清理野广告3245处，清除卫生死角402处。7月，组织全区500名群众开展纪念爱国卫生运动65周年暨第29个爱国卫生月“健康花溪”湿地公园全民健身运动健步走活动。（区爱卫办）

【控烟工作】 2017年，区爱卫办印发《迎接国家慢性病综合防控示范区复评审控烟工作方案》，通过一系列全区控烟督导，实现区领导带头自觉不在公共场所吸烟，单位模范遵守控烟相关要求，全区党政机关、医疗机构、学校100%无烟。（区爱卫办）

【健康城市试点建设】 2017年，区爱卫办推进健康“细胞”工程和青岩镇健康城镇建设试点工作，印发《花溪区创建省级健康城镇工作方案》《花溪区全国健康城市建设行动计划》《花溪区健康“细胞”工程建设推进办法（试行）》，明确责任单位职责；创建市级健康细胞6个，其中健康单位、健康学校、健康宾馆各2个；区级健康细胞单位57个。组织对健康细胞建设试点工作及青岩镇“健康城镇”建设试点开展多轮督导，及时发现问题，指导解决存在问题。（区爱卫办）

【人口健康促进示范区建设】 2017年7月，通过国家级慢性病综合防控示范区复评审，被列入贵州省深改优秀案例评选。在明珠社区朝阳居委会组织实施“销账式管理——点滴服务润百姓”项目，推动流动人口社会融合，2017年11月，明珠社区获评国家卫计委“全国第一批流动人口社会融合示范社区”称号。组织在花溪区溪北小学开展流动人口健康促进创建工作，开展针对性健康教育、建设和改善健康支持性环境，推动健康促进工作，2017年9月，获得国家卫计委授牌，获得全国第一批流动人

2017年7月10日金竹社区志愿服务队参加花溪区健步走活动

口健康促进示范学校称号。（区爱卫办）

【红十字会工作】 2017 年，花溪区红十字会开展春节期间“博爱送万家”活动，走访慰问困难群众，发放 200 袋大米、200 桶食用油，折合金额 2.48 万元；开展助学、助困、助医工作，帮助 11 户困难群众申请市红十字会精准救助资金，区红十字会自筹资金帮扶清华中学 10 名贫困学生。发放市级和区级救助资金 3.5 万元。弘扬博爱精神、推动无偿捐款工作：开展无偿献血 2 次，3000 余名群众参与无偿献血体检，有 1533 人实现无偿献血，献血量 38 万毫升。全年有 9 名群众登记办理遗体（角膜）、器官捐献，其中 3 名器官捐献成功。在全区范围内设立 11 个多媒体募捐箱，全年募集社会各界爱心人士善款 3450 元；参与开展“博爱一日捐”工作项目，筹集善款 28968 元。（区红十字会）

疾病预防控制

【概　况】 2017 年，花溪区以“一控三消”为目标，以重大疾病监测、急性传染病防控、规范慢性病管理为重点，全面落实各项防控措施。在巩固“省级慢性非传染性疾病综合防控示范区”的基础上，围绕政策完善、环境支持、体系整合、健康教育和健康促进、慢性病的全程管理、监测评估、创新引领 7 个方面 22 项开展创建，7 月 27 ~28 日，通过国家卫计委复评审。全年全区无特别重大、重大、较大、一般突发公共卫生事件发生。全区儿童健康管理率 92.88%，孕产妇健康管理率 96.89%；第一类疫苗接种 256336 剂次，第二类疫苗接种 91781 剂次。全区医疗机构 HIV 检测 71123 人，自愿咨询检测人数 998 人；全区青年学生哨点监测 800 人。全区新发麻风病病人 1 人，判愈病人 1 人，管理现症病人 4 人，发现率 0.15/10 万，患病率 0.625/10 万。全区诊断报告结核病病人 303 例，发病率 58/10 万，其中初治涂阳 110 人，同期治愈率 96.85%；活动性肺结核病人系统管理率 100%；结核病人追踪总体到位率 90%。（区疾控中心）

【慢性病规范管理】 2017 年，全区管理高血压患者 37702 人，管理率 30.33%，规范管理 19720 人，规范管理率 63.37%，血压控制率 71.42%；管理糖尿病患者 9081 人，管理率 24.19%，规范管理 5822 人，规范管理率 62.43%，血糖控制率 67.53%；“重精”发现 1707 人，发现率 2.85‰。做好慢性病和结核病健康管理工作。在管高血压患者家庭医生签约率 39.48%；2 型糖尿病患者规范管理率 64.11%，管理人群血糖控制率 71.26%；肺结核患者管理率 90.84%，肺结核患者规则服药率 91.97%。

（区疾控中心）

【饮用水及食品安全风险监测】 2017 年，全区完成市政管网水监测 180 份，饮用水卫生监测 150 份；完成食品安全风险监测：微生物采样 15 次 24 份样品；完成化学污染物及有害因素常规监测 2 次 10 份样品；完成化学污染物及有害因素专项监测 2 次 11 份样品。（区疾控中心）

【健康教育宣传】 2017 年，全区组织开展 397 次卫生主题宣传活动，咨询人数 53061 人次。举办健康知识讲座 1040 次，参与人数 22413 人次。制作并发放各类宣传资料 80 种 30 万份，开展个体化健康教育服务。播放音像材料 61 种，播放时间 44836 小时。全区设置有健康教育宣传栏 209 个，全年更新 1260 次。中心对医疗卫生机构开展相关业务培训 10 次。全年每家医疗机构进行 4 次以上技术督导，督导单位覆盖率 100%。（区疾控中心）

【公共卫生服务】 2017 年，花溪区实基层公共卫生医务人员队伍，每千人拥有公共卫生服务人员 0.91 人，超过市级 0.83 的目标。开展全区基本公共卫生服务项目培训、绩效考核和宣传动员，按照各辖区人口数对各单位重点人群管理数按月下达任务并督查调度、定期通报。开展全区基本公共卫生服务项目培训、绩效考核和健康教育工作。对基本公共卫生服务项目中高血压、糖尿病、严重精神障碍、老年人健康管理等重点工作按月调度，重点人群健康管理率稳步上升。规范居民健康档案建档工作，建立健康档案511574份，建档率85.53%，电子健康档案建档率80.22%，使用率67.25%。传染病防治、突发公共卫生事件报告和处置工作收到新成效。传染病疫情报告率100%，报告及时率99.25%；报告突发公共卫生事件相关信息数5个，突发公共卫生事件相关信息报告率100.00%。全年无甲类传染病、SARS、人禽流感病例发生。开展老年人健康管理及中医药保健指导服务，老年人健康管理率41.94%；老年人中医保健指导服务率40.20%，儿童中医调养服务率74.17%。推进家庭医生签约服务工作。以社区全科医生和乡村医生签约服务为支撑，落实辖区常住人口公共卫生和医疗卫生签约服务。签约服务常住人口183975人，人群签约率30.76%；其中重点人群签约服务67860人，重点人群签约率66.58%。（区疾控中心）

【国家级慢性病综合防控示范区创建】 花溪区自开始创建国家慢性病综合防控示范区建设以来，每年都将慢性病防控工作写入政府工作报告。同时，连续纳入“十二五”“十三五”全区国民经济和社会发展规划中。花溪区人民政府将其按年度常规工作进行安排部署与考核。每年召开1次领导小组会议，召开4次联络员会议，制定多部门联合督导方案，开展两次多部门的联合督导。各成员单位分别按照“健康融万策”的要求，结合本单位职责，制定相关的健康政策和制度，并进行落实。花溪区每年预算慢性病防控专项经费15万元，旨在用“公共财政”打造“公共卫生”；开展全民健康生活方式行动构建全方位健康支持性环境。2017年，完成“健康社区、健康单位、健康学校、健康食堂/酒店/餐厅、健康主题公园、健康步道、健康一条街、健康小屋”等8类共57家示范创建。在社区、单位、药店、社区卫生服务中心和乡镇卫生院建立161个健康自助检测点，建设社区15分钟健身圈覆盖率100%，经常参加体育锻炼人口比例64.50%。开展高危人群筛查干预，开展高血压，糖尿病等重点慢性病规范化管理，其血压、血糖控制率分别为81.5%、80.1%。

（区疾控中心）

基层卫生工作

【概　况】 2017年，花溪区卫计局完善医疗卫生基层基础，筑牢卫生网底，建成全区乡镇卫生院远程医疗网络体系、9个乡镇卫生院、6个社区卫生服务中心规范化数字预防接种门诊、县级以上公立医院统一预约挂号平台，配合完成全省医药监管平台和省、市、县人口健康信息基础平台。截至2017年年底，全区五乡四镇、18个社区服务中心、176个村居，设有乡镇卫生院9个、社区卫生服务中心15个、站12个、村卫生室147个。9家乡镇卫生院编制数156人，实有人员129人，临聘人员154人，乡村医生154人。（区卫计局）

【三级诊疗体系建设】 2017年，培训区、乡、村镇三级卫生技术人员869人次（不包括省级培训）；区人民医院、区中医院开展重点学科建设；9个乡镇卫生院和1个政府办社区卫生服务中心实现远程医疗全覆盖。3个中心建设基本完成，通过云平台实现乡镇卫生院（政府办社区卫生服务中心）远程影像及远程心电的互通。完成省级2个中医馆建设任务（青岩卫生院、石板卫生院）。9家乡镇卫生院和15个社区卫生服务中心完成规范化数字预防接种门诊建设。4家甲级中心乡镇卫生院建设及2家群众满意度乡镇卫生院建设完成自评。清浦社区卫生服务中心作为试点单位建立“双全”工作站，完成签约1042人（目标任务1000人）。对乡村卫生服务管理一体化继续实行“12346”紧密型管理，进一步细化运行模式，开展一年一考一评工作，建立乡村

医生退养生活补助制度。（区卫计局）

【医改工作】 2017年，完成年度医改目标任务。全区6家公立医院全部取消药品加成，全面破除以药补医；财政补偿机制进一步完善，公立医院政策性亏损得以科学补偿。社会办医环境进一步优化，医疗卫生和养老服务初步融合，中医药健康服务得以发展；分工协作机制得以强化，现有医疗资源实现整合，大型医用设备共享使用。符合医疗行业特点的人事薪酬制度初步建立。同岗同酬、优绩优酬得以体现，医务人员考核更加科学。签约服务进一步完善，签约工作稳步实施；医联体初见成效，以远程医疗和基层医疗卫生服务能力3年提升计划为支撑的分级诊疗制度加快构建，分级诊疗模式初步成型。全民的医保质量持续提升，基本医保的覆盖率稳定在95%以上，城乡居民基本医保财政补助标准高到450元；农村建档立卡贫困人口、农村低收入困难群体实现100%参保。居民基本健康信息和公共卫生、医疗服务、医疗保障、药品管理、综合管理实现信息共享；远程医疗网络、规范化数字预防接种门诊建设惠及群众。国家基本药物制度得以巩固，规范开展药品集中采购，"两票制"稳步推行；区、乡两级用药进一步衔接，群众对基药制度实施满意度进一步提升。（区卫计局）

【农村合作医疗制度】 2017年，全区参合村民21.46万人，筹集资金12230.95万元，参合率99%。全区有31.52万人次获得补偿，补偿金额10111.62万元。以户为单位受益面68.16%左右，基金使用率占全年可使用基金96.98%。按人均筹资总额的5%为全区参合村民购买大病商业保险。全年兑现补偿金382.38万元，兑现人数701人。2017年度，以常规督导、专家组专项检查等形式对全区区、乡镇、村各级定点医疗机构进行检查、督导，对存在问题的医疗机构进行处罚，并全区通报批评。要求各乡镇、社区服务中心合管站加强对辖区内的定点医疗机构的监管，执行新型农村合作医疗的各项规章制度，严把审核关，确保基金使用的安全性。

（区卫计局）

【医疗专科建设】 2017年，花溪区人民医院将心内科、神经内科、泌尿外科、神经外科、产科5个重点学科和重症医学科、急诊急救2个急救体系作为"5+2重点学科"建设项目。花溪区中医院将妇科、针灸科、骨伤科3个院内重点发展专科和康复科、治未病科、急诊科、重症医学科作为"3+2+2重点学科"建设项目。江苏省南通市中医院为花溪区中医院对口帮扶支援医院，将骨伤科作为重点帮扶科室。

（区卫计局）

【医疗健康扶贫】 2017年，花溪区健康扶贫对象100%参保，100%提供健康体检，100%开展家庭医生签约，100%建立电子健康档案，100%慢病管理服务；选择疾病负担较重、社会影响较大、疗效确切的儿童先天性心脏病等7类13种大病进行集中救治，并结合实际扩大病种范围；对农村低收入困难群体通过城乡居民基本医疗保险二档（新农合）、大病保险、医疗救助"三重医疗保障政策"补偿后，自费医疗费用仍然过高影响其家庭基本生活的，由区级人民政府按照脱贫攻坚规划，整合相关资金，建立医疗扶助制度，对其进行专项扶助，全年度健康扶贫对象732人次享受医疗扶助，补偿金额108.61万元，实际补偿比90%；实行县域内农村低收入困难群体住院先诊疗后付费，贫困患者只需在出院时支付自负医疗费用。（区卫计局）

【完善国家卫生城市长效管理考核制度】 2017年，区爱卫办完善国家卫生城市长效管理考核制度，每双月牵头对18个社区、9个乡镇进行一次督查考核，对考核结果量化评分，按优秀、合格、不合格3个档次分别挂红旗、黄旗、黑旗，考核结果在全区通报，在花溪区行政中心、经开区管委会进行公示，报四大班子主要领导及重要部门，并督促相关部门整改存在问题。（区卫计局）

【卫生专项督查制度】 2017年,区爱卫办开展病媒生物防制、农贸市场、卫生创建、公共场所、食品安全等专项督导行动,推进全区国家卫生城市长效管理工作。围绕全区重大节庆、重要会议、重要活动以及重点工作,开展重点时段、重要节点的专项督导。在全区迎接国务院环保大督查、国家级慢性病综合防控示范区复评审、全国文明城市复评审期间开展重点专项环境督导139次。 (区卫计局)

医院选介

【花溪区人民医院】 2017年11月,花溪区人民医院成立胸痛中心和卒中中心,完善院前—院内衔接的详细流程及时间表,保证患者在院前—院内急诊—病房—重症监护室(ICU)—手术室得到连贯、有效地救治,落实"先及时救治,后补交费用"的绿色通道制度,提高医院急诊科应对突发事件的处置能力。在2017年上半年,区人民医院帮扶黔南州长顺县广顺镇中心卫生院和长顺县新寨乡卫生院,通过调研和会商,先后为两院进行专业授课2次和开展大型义诊1次。落实花溪区医联体及千人支医帮扶,区人民医院分别与区域内9家卫生院和5家社区卫生服务中心签订医联体及对口支援协议,安排47名医护人员不定期到各乡镇卫生院进行医疗帮扶。

区人民医院将心内科、神经内科、泌尿外科、神经外科、产科5个重点学科和重症医学科、急诊急救科作为"5+2"重点科室建设。重点学科的建设现有序开展,其中2017年年底完成的新生儿科建设,为2018年的开科做好准备。根据"五个全面建成"的工作要求,2017年11月,完成花溪区区域影像中心、心电中心的建设。实现省电子病历共享平台接口、全省统一预约挂号平台(二期)、省统一支付平台的接入以及数据交换功能。为达到医院创建三级综合医院的要求,区人民医院对28个功能模块进行系统升级,另新增8个功能模块,现医院电子病历应用水平达到三级。全年开展优质护理病房覆盖率73.7%,所有病区均对出院患者进行电话回访服务,其中妇科、产科、骨科开展出院病人家庭访视工作,针对专科疾病为患者提供个性化服务,确保患者在恢复期得到持续健康指导,以促进患者康复。医院内分泌科和血液透析中心分别成立"糖友会"和"肾友会",树立患者与疾病抗战到底的信心,提高患者对医院服务工作满意度。 (花溪医院)

【花溪区中医院】 2017年3月,花溪区中医院新成立中医骨伤科,开设病床25张,引进具有多年正骨经验的中医骨科副主任医师,开展中药内服外敷、中医手法正骨、手术复位固定等特色疗法。5月,花溪区中医院与江苏省南通市中医院签订对口帮扶协议;9月,南通市中医院第一批由中医内科、外科、心内科、骨伤科、针灸科等学科专家、教授组成的专家组进驻花溪区中医院,举行专家见面会和授牌仪式,随后专家组开展为期一周的帮扶工作,通过专题讲座、教学查房、手术指导、专家义诊等帮扶措施,提升花溪区中医院的管理和业务水平。8月31日,区政协教文卫体委员会组织专委会成员,邀请区发改局、区规划局、区国土分局、区财政局、中国移动花溪分公司等相关单位,对花溪中医药医疗机构开展调研,委员们实地查看了解中医院情况,并召开座谈会,听取区卫计局负责人《关于花溪区中医药行业发展情况汇报》以及花溪区中医院负责人《关于花溪区中医院发展情况汇报》。考察组对近年来花溪区中医药医疗机构工作取得的成绩给予肯定,并针对存在的困难和问题提出具体意见建议。 (花溪中医院)

体　育

【概　况】 2017年,花溪区老年人体育协会设主席1人、副主席5人、理事7人、秘书长1人,全区建老年人体育组织分协会17个,各分协会会员1900余人。有活动场地门球场900余平方米,市民健身中心860平方米。区文广局向省、市体育局申请"农民体育健身工程”建设项目，通过上级体育部门拨款补助、自建、招商引资等方式，进行体育场地建设。辖区内有条件的行政村体育健身场地实现全覆盖。（罗锦强　罗　克）

【新增体育场地】　2017 年，花溪区完成贵筑社区洛平新城（大寨安置点）、黔陶乡关口村、半坡村 3 个“农民体育健身工程（健身路径）”建设，完成花孟社区把伙村、金竹社区烂泥村、贵筑社区洛平新城（洛平安置点）、燕楼镇燕楼村 4 个“村级农体工程（篮球场）”建设，完成“花溪区市民健身中心”的建设。（罗锦强　罗　克）

【全民健身活动】　2017 年，花溪区开展各类体育活动，完成贵阳市第 33 届暨花溪区第 26 届“冬泳表演”活动、贵阳市第 11 届“百村农民”暨花溪区第 34 届“小康杯”篮球赛、庆“三八节”女职工趣味运动会、“东盟—中国十周年”健步走活动、区职工足球赛、区职工篮球赛、“喜迎十九大”花溪区自行车挑战赛。区文广局协助贵州顺和骏驰汽车运动有限公司（青岩）、上海力盛体育文化传播有限公司承办“2017CTCC 中国房车锦标赛第七站”比赛等。（罗锦强　罗　克）

【区老年体协活动】　2017 年，区老体协落实有关加强老年体育工作的文件精神，结合实际，组织会员开展丰富多彩的文体活动，为老年人创造一个“老有所为、老有所乐”“和谐、安康”的环境。推动门球、羽毛球、武术太极拳（剑、扇）、手杖操、健身秧歌、健身球操、百姓健康舞等健身项目开展。组织开展 2017 年全区老年人“三八节”系列文体活动，组织开展以“关爱老年人，欢庆十九大”为主题的“敬老月”活动。指导老体协各分会开展“五一”“七一”节日活动。组队参加贵州省老体协在毕节市举办的“健康中国行·走进百里杜鹃暨贵州省持杖健走比赛”活动，参加贵州省老体协在遵义市道真县举办的“2017 年德丰利达杯中国门球冠军赛”，参加黔、桂两省区“长寿杯”老年人门球比赛，参加在遵义市余庆县举办“2017 年贵州省乡镇、社区门球赛”，参加贵阳市老体协举办的“2017 年贵阳市老年人柔力球交流活动”，参加 2017 年贵阳市老体协举办的“我们的节日·重阳”老年人气排球交流活动，参加 2017 年贵阳市老体协举办的“我们的节日·重阳”第 31 届寿星杯老年人门球交流活动，参加贵阳市老体协在乌当开展的门球等级赛，参加贵阳市老体协举办的“8 月 8 日全民健身日”系列活动。组织健身“手杖操”骨干培训。培训 18 个社区骨干，每个社区 2 名骨干，培训 36 名。为加强健身球操教练员、裁判员队伍建设，推动健身球操运动不断发展，区老体协选派骨干参加“2017 全国健身球操教练员、裁判员培训”；组织选派骨干参加省、市老体协开展的气排球、柔力球、乒乓球、羽毛球等项目的培训。（罗锦强　罗　克）

责任编辑　张乡里

12 月 15 日，花溪区职工篮球赛开赛（罗克　供稿）

劳动与社会保障

就业创业

【概　况】　2017年，花溪区完成城镇新增就业20839人，其中失业人员5018人，就业困难人员1093人，城镇登记失业率3.11%。完成职业技能培训2911人，其中创业培训930人。申报稳岗补贴单位97家。创业担保贷款新增贷款1462.05万元，新增扶持133人。农业劳动力转移就业3458人。城镇“零就业家庭”和农村“零转移就业家庭”保持动态为零。全区完成贫困劳动力培训364人次。完成创建充分就业城市阶段性目标，充分就业社区新创建3个，累计创建37个，创建率86%；充分就业村新创建94个，创建率77.05%。3月，区、乡、村三级“阳光助业驿站”服务平台实现全覆盖。2017年，明珠社区溪北居委会通过人力资源和社会保障部审核认定，获第四批国家级充分就业社区称号。（区人社局）

【促进创业带动就业】　2017年，上报创业项目10个，打造创业典型8个，组织创业宣传及专家帮扶活动17场，申报并获批农民返乡创业一次性补助项目111个，审核发放自主创业补贴3户1.2万元、创业场所租赁补贴490户次88.02万元。举办第三届“创引花溪”创新创业大赛，10支参赛团队经过现场表演及评审问答等环节比拼，最终闪电树懒定制巴士获得一等奖。燕楼乖乖乐幼儿园创办者魏英获贵州省第三届返乡农民工创业之星称号。（区人社局）

【公共就业服务活动】　2017年，区人社局开展“就业援助月”“春风行动”“民营企业招聘周”“高校毕业生就业服务月”“就业创业政策主题宣传年”等系列公共就业服务专项活动，开展招聘服务活动24场，提供就业岗位21847个，达成就业意向2356人。（区人社局）

【戒毒康复人员就业服务】　2017年，区人社局重新规范戒毒康复人员就业服务工作。花溪区有戒毒康复人员888人，其中有就业意愿595人，成功就业481人，创业42人，就业创业率87.90%。开

办7期创业培训班，113人参加；举行一次讲座培训班。（区人社局）

【职业介绍服务】 2017年，区人社局通过建立劳动者求职QQ群、设立招聘信息墙、实施“互联网+人力资源服务”行动、建设劳动力资源数据库等方式，提升花溪区职业介绍服务工作。开展在线招聘活动，达成就业意向237人。

（区人社局）

劳动保障监察

【概　况】 2017年，区人社局开展劳动保障监察年审工作，年审各类用人单位5780户，完成目标任务1500户的385.33%。其中，定期书面审查各类用人单位5700户，网上审查用人单位80户。涉及劳动者17573人，应签订劳动合同17275人，实际签订劳动合同17275人，签订率100%；应参加社会保险16782人，实际参加社会保险15946人，参保率95.02%。（区人社局）

4月27日，区人社局在贵州民族大学十里河滩校区孔圣广场举办民大校园招聘会（区人社局　供稿）

【劳动保障监察执法检查】 2017年，区劳动保障监察大队采取专项检查与劳动保障监察年审、劳动用工备案、用人单位信息采集等工作相结合的措施，有序推进劳动保障监察专项检查工作。开展春节前保障农民工工资支付工作，清理整顿人力资源市场专项检查，遵守社会保险法律法规专项检查，结合年审工作及日常巡查工作对用人单位进行劳动用工专项检查815户。（区人社局）

【保证金收缴管理】 2017年，花溪区完成务工人员工资支付保证金收缴25个项目2623.41万元，退还19个项目1839.04万元，尚未启用保证金支付民工工资，保证金余额5343.81万元。

（区人社局）

【劳动案件处理】 2017年，花溪区受理举报投诉案件70件，结案62件，时限内处理中8件，时限内结案率100%。移交公安机关涉嫌拒不支付劳动报酬案件9起。（区人社局）

【农民工工资清欠】 2017年，通过日常案件查处、突发事件调处、专项检查等方式，追付农民工工资6700余万元，涉及人数2900余人（次）。其中，接受日常举报投诉案件70起，涉及农民工869人，涉及金额1281.15万元；开展专项检查清欠农民工工资4172.44万元，涉及人数1838人；调处突发事件清欠1300万元，涉及人数259人。与2016年同期相比，案件总量下降46件，涉及人数下降467人，涉及金额下降2320余万元。（区人社局）

【“两网化”建设】 2017年，区人社局结合年审、日常执法巡查，采集并完善辖区内用人单位数据，做好电子地图的信息采集工作，提高网格数据精确度，完善系统案件受理、立案、结案、整改、处理处罚等操作流程，使用劳动监察系统统计并上报年审的企业信息、农民工工资保证金收缴信息，实现网络化管理。录入案件70件，录入书面审查用人单位5700户，录入工资保证金收缴数据25条，均做到同步录入。（区人社局）

社会保险

【概　况】 2017年，花溪区参加社会保险的企业、机关事业单位、社会团体等有4858户，各险种参保人数61.72万人次。其中，城镇职工基本医疗保险参保76555人，收缴城镇职工基本医疗保险费27436.96元；城镇居民基本医疗保险参保132695人，收缴城镇居民基本医疗保险费674.32万元；失业保险参保51680人，收缴失业保险费1595.93万元；工伤保险参保71681人，收缴工伤保险费1720.74万元。受理工伤案件246起，参与调处重大伤亡案件11起；生育保险参保75786人，收缴生育保险费1186.35万元。（区人社局）

【城镇职工基本养老保险】 2017年，花溪区城镇职工基本养老保险参保128801人，收缴城镇职工基本养老保险费53626万元。新增办理城镇职工养老保险领待人员2200人，为12970名退休人员发放城镇职工养老保险待遇24215万元。

（区人社局）

【城乡居民基本养老保险】 2017年，花溪区城乡居民基本养老保险参保79998人，收缴城乡居民社会养老保险费1202.3元。新增办理城乡居民基本养老保险领待人员1539人，为25061名领待人员发放城乡居民基本养老保险待遇5127万元。

（区人社局）

【被征地农民养老保险】 2017年，花溪区办理被征地农民参加社会养老保险21488人。其中，参加城镇职工养老保险15070人，办理退休6738人；参加城乡居民基本养老保险6418人，办理退休3322人。核发被征地农民财政缴费补助2059万元；发放被征地农民参加城乡居民基本养老保险增发基础性养老金331万元。（区人社局）

【机关事业单位养老保险制度改革】 2017年，花溪区启动机关事业单位养老保险社会化发放及征缴相关工作。全区机关事业单位参保252户，参保12663人，机关事业单位工作人员养老保险征缴收入13610万元；职业年金征缴收入2382万元；发放退休人员基本养老金19021万元。（区人社局）

【建筑业参加工伤保险】 2017年，花溪区在建项目132个，参保132个，参保率100%；新开工项目18个，参保18个，参保率100%。全年，全区收缴工伤保险费718万元。（区人社局）

【“全民参保计划”工作】 2017年5月，按照《市人民政府办公厅关于印发贵阳市全面实施“全民参保计划”工作方案》要求，区人民政府办公室下发《花溪区全面实施“全民参保计划”工作方案》，启动全民参保调查登记工作。全年完成入户调查登记31305人，完成率100%。（区人社局）

社会福利

【概　况】 2017年，区民政局推进社会福利机构建设，全区有公办敬老院1所，公建民营敬老院1所，民办老年公寓等20所（花溪片区11所，经开片区9所）老年公寓建设完成，有床位1659张，入住864人次。发放养老机构运营补助57.6万元。推进孤残儿童保障，发放孤儿生活保障费22人26.32万元。

【养老服务】 2017年，全区发放高龄长寿补贴

8277人次591.764万元。发放生活不能自理老人护理补贴104人25万元，发放困难老人慰问费300人9万元。6月，开展关爱农村困难留守老人专项走访慰问活动，慰问20名老人，每人发放200元慰问金及慰问物资。（周用红）

社会救助

【概 况】 2017年，花溪区落实城乡居民最低生活保障、农村五保（特困）供养、低收入家庭学生助学、自然灾害救助、城乡医疗救助、流浪乞讨救助等社会救助工作。投入资金65.1万元，其中省级（含中央）补助23万元、市级财政补助20.35万元、区级财政投入21.75万元。救助1375户3848人（现金救助2055人、粮食救助1408人、衣被救助354人，其他生活救助31人）。向703户次困难群众发放临时或急难救助资金312.52万元。全区长期需救济344户619人，每月需救济粮食9270千克。（周用红）

【城乡居民最低生活保障】 2017年1月，花溪区按不低于10%的比例继续提高城乡低保标准，城市低保从583元/月·人提高641元/月·人，农村低保从3336元/年·人提高到3840元/年·人。按本级200元的标准，将农村五保供养资金作为民生必保项目足额纳入地方财政预算，将所有农村五保对象纳入农村低保保障范围，并按低保标准的30%增发特殊困难补助金。发放城乡低保对象41942户次72876人次资金3004.81万元，其中城低保对象19606户次31852人次资金1568.72万元，农低保对象22336户次41024人次资金1432.55万元。（周用红）

【农村五保（特困）供养】 2017年，花溪区分散供养五保老人由原3360元/年提标到3960元/年；集中供养五保老人由3840元/年提标到4440元/年，人均增幅600元/年。区级财政按照300元（超过省要求200元的标准）增加农村五保供养资金投入，确保农村五保对象生活水平不低于当地农村居民的平均生活水平，并于2017年7月起将农村五保对象、城市“三无”人员统一纳入特困人员救助供养制度适用范围，按照1026元/月发放供养金。全区有特困救助对象127户129人（分散供养112户114人，集中供养15户15人）1—12月，发放供养资金及春节慰问等资金120.963万元。其中，发放供养资金112.723万元；五保春节慰问及“两节物价补助”资金8.24万元。2所公办敬老院有床位150张，集中供养58人。其中，青岩镇敬老院有100张床位，集中供养8人；麦坪乡敬老院有50张床位，集中供养49人（含公建民营自费43人）。委托民办养老院供养1人，床位利用率38.6%。（周用红）

5月26日，金竹社区服务中心看望辖区五保老人（金竹社区 供稿）

【城乡医疗救助】 2017年，花溪区对全区符合条件的医疗救助对象实施救助，做到救助对象、救助范围、救助程序、救助金额明确规范。全年发放744人次医疗救助资金385万元，代缴5710人城乡低保、五保、孤儿参保参合费39.48万元。

（周用红）

【低收入家庭学生助学】 2017年，花溪区对城乡低保家庭子女就读本科、大专院校给予适当救助，确保贫困家庭子女不因交不起学费用而辍学，春季救助48户城乡低保家庭子女就读本科、大专院校，发放教育救助金13.55万元。 （周用红）

【自然灾害救助】 2017年，因延续降雨灾害，造成花溪区受灾人口4237人，农作物受灾面积3064亩，其中成灾面积2535亩、绝收面积529亩。156间房屋受损，农房5户严重受损房屋10间。测算经济损失达84.87万余元。发放各乡（镇、社区）及受灾困难群众救灾款11.2万元，发放救济粮74吨。 （周用红）

【流浪乞讨救助】 2017年，对辖区内流浪乞讨和需救助人员进行巡查，确保流浪乞讨和需救助人员的生活及无安全事故发生，出车224车次，协助公安110送贵阳市救助站29人次、思想动员劝返69人次，送贵阳市精神病院1人（次）。救助自行返乡150人次，发放救助金10333元。 （周用红）

【农房保险】 2017年，与中国人民保险公司贵阳市花溪支公司签订2017年度花溪区政策性农房灾害保险协议。完成全区统保农户41085户，落实保险费34.51万元，确保因灾困难群众农房受损及时赔付。全年有45户因灾困难群众农房受损报案，理赔18.26万元。 （周用红）

社会优抚

【军人抚恤优待】 2017年，花溪区调查登记军队退役人员9789人，其中享受国家定期抚恤补助1932人（残疾军人190人、“三属”17人、在乡老复员军人87人、“两参”人员887人、带病回乡退伍军人3人、60周岁以上农村籍退役士兵748人）。全年发放各类抚恤补助资金1149.30万元。医疗机构落实现役军人优先、复员退伍军人优先、优抚对象优先服务政策，为他们提供优先挂号、优先就诊、优先化验、优先检查、优先住院、优先取药服务。发放困难复员退伍军人临时医疗救助金4.3万元（12人）；为重点优抚对象减免优抚医疗33.24万元（354人）；接诊复员退伍军人85人次，按照相关政策减免各项费用4.67万元，其中门诊减免费用1.47万元（37人次），收治住院减免费用3.2万元（48人次）；发放城乡义务兵家属优待金共425.69万元（272人）。困难复员退伍军人纳入城乡低保91户（其中农低保45户92人、城低保46户68人），涉及家庭人员160人，发放低保资金40.6035万元；为困难复员退伍军人解决临时医疗救助9168.64元（4人）；解决复退军人因病生活困难临时救助资金14.655万元（27人）；为返乡创业的复退军人解决创业帮扶资金6000元（2人）。解决复退军人生活困难77人，发放救济粮1675千克；解决复退军人因病生活困难临时救助资金14.66万元（27人）；解决复退军人子女就学困难16人，解决复退军人房屋因灾受损维修改造1户，投入维修资金5000元；解决公租房5户，为13人办理廉租房，10人成功办理。 （周用红）

【复员退伍军人交通保障】 2017年，花溪客运站长期设置复员退伍军人优先优惠服务标志，并做好引导服务工作。为复员退伍军人办理市级免费乘车IC卡6138张（其中A类1468张、B类4670张），复员退伍军人IC卡可免费乘坐市内安装有设备的公交车；对区内未设置IC卡读取器的公交车，直接凭退伍证、优抚对象抚恤补助金领取证免费乘坐。

（周用红）

【退役士兵安置】 2016年9月至2017年12月，全区接收秋冬季退役士兵报到登记176人，组织2016—2017年9月退役士兵147人参加创业就业培训；组织退役士兵26人参加汽车驾驶和挖掘机技能就业培训；组织16人参加省、市级高等职业教育培训。（周用红）

【复员退伍军人社会保障】 2017年，花溪区办理退役士兵养老保险关系转入71人，转移养老保险基金278.86万元；参保33人，补缴金额180.55万元；办理军龄加发基础养老金待遇824人，发放军龄加发基础养老金34.31万元；劳动年龄范围内复原退伍军人就业3892人，创业383人。全年公益性岗位安置42人，发放社保补贴35.06万元，岗位补贴48.38万元。（周用红）

【落实军队离退休干部"两个待遇"】 2017年，花溪区发放军休干部工资512.49万元（40人），发放军休遗属工资5人12.74万元，发放无军籍职工（50人）工资291.74万元，发放病故军人死亡一次性抚恤金70.42万元（4人）。（周用红）

责任编辑　翟长保

社会生活

人口与计划生育

【人口状况】 2017年年末，花溪区实有人口364237人，其中户籍人口275549人，流动人口88688人。全区有汉族、苗族、布依族等40个民族，少数民族39个。少数民族人口为151444人，占全区总人口的31%。人口出生率12.51‰，控制在目标值14.5‰之内；符合政策生育率96.31%，控制在目标值94%以上；人口自然增长率7.92‰，控制在目标值8%之内；政策外多孩率1.02%，控制在目标值3%以内；出生人口性别比104.76，控制在政策值域。（区卫计局）

【计生工作改革】 2017年，制定出台《花溪区关于实施全面两孩政策改革完善计划生育服务管理的实施办法》《花溪区实施全面两孩坚持和完善计划生育目标管理责任制实施办法》，将计划生育纳入目标管理，不断完善计划生育服务管理政策。整合基层卫生计生资源，原花溪区计划生育妇幼保健服务中心更名为“花溪区妇幼保健院”；乡（镇）级计划生育技术服务机构与乡（镇）卫生院全面整合，原乡（镇）政府计生办更名为卫生计生办，实现资源共享、优势互补。改革完善生育登记制度，开展委托代办、网上办理及一站式服务，实行承诺制度。遵循“一个为主、两个原则、三个结合”模式（以群众为主体；以依法治村（居）、以德治人为原则；与村（居）民自治、群众自愿、社会事务相结合），推行率100%。创建新一轮全国计划生育优质服务先进单位。

（区卫计局）

【计生利益导向】 截至2017年10月30日，花溪区完成奖励扶助资格确认31652人（户），资金1141.8161万元。其中，农村奖励扶助571人，测算资金68.52万元；特别扶助364人，测算资金218.838万元；特殊家庭关爱19人，测算资金2.28万元；独生子女伤残、死亡家庭一次性抚慰金49户，测算资金66.5万元；城镇低保户独生子女奖励扶助17人，资金2.04万元；特别扶助一次性奖励15人，测算资金3万元；关爱女孩奖3633

人，测算资金108.99万元；提前兑现独子奖3044人，测算资金91.32万元；农村节育奖7161人，测算资金214.83万元；独生子女保健费1683户，测算资金56.7475万元；独生子女一次性奖励费1户，测算资金50元；新农保贷款贴息3人，测算资金306元；新型农村合作医疗10007人，测算资金120.084万元；新型农村养老保险缴费补助4356人，测算资金17.424万元；新型农村养老保险增发养老金409人，测算资金93.58万元；节育并发症（含圆梦小康增发部分）4人，测算资金2.6万元；圆梦小康失独家庭增发19户，测算资金37万元；农村独女双女考生高考一次性奖励45人，测算资金4.5万元；经开区农村奖励扶助增发129人，测算资金8.088万元；特殊家庭成员城镇居民养老保险参保补助3人，测算资金300元；特殊家庭成员城镇居民医疗保险参保补助18人，测算资金1090元；圆梦小康父母伤残子女就学补助102人，测算资金25.3万元。（区卫计局）

【流动人口计生服务管理】 2017年，区卫计局为流动人口免费提供孕前优生检查、宫颈癌筛查、预防接种、传染病筛查、计生手术、避孕药具上门服务、送证上门服务、产后访视服务、建立各类居民健康档案等，做到在工作中实行“同宣传、同管理、同服务”，促进流动人口“市民化”转变，保障流动人口基本公共服务工作质量。卫计局以明珠社区为社会融合示范试点重点打造，以“记账式登记，销账式服务”的工作模式为辖区流动人口提供就业、就学、就住等各个方面的便利服务。活动开展以来，为流动人口提供服务咨询1427人次。梳理出各类正常需求问题962个，帮助解决就业356人，化解邻里矛盾12人，公立学校子女就学6人，215名流动儿童参加贵州大学志愿者提供的书法、绘画、篮球、足球、二胡等课程培训。在“相识在花溪”活动中，有8名大龄男女青年脱单。11月，明珠社区被国家卫计委评选为第一批流动人口社会融合示范社区。确定花溪区民族小学和溪北小学成为流动人口健康教育进学校示范点，航天社区辖区航天物业管理公司成为流动人口健康促进示范企业，航天社区杜金宝、朱成毅等5户成为流动人口健康教育促进示范家庭，将健康促进工作落到实处。溪北小学被国家卫计委流管司评选为第一批流动人口健康教育促进示范学校。（区卫计局）

【计生协会工作】 2017年，花溪区计划生育协会共争取市、区资金和生育关怀基金26.23万元慰问帮扶全区贫困计生家庭、特困流动人口140户；投入资金102万元抓好花孟社区扬中村产业合作社和家庭服务中心的服务的创建，帮扶5户计生家庭发展布依族农家乐；新建18支文艺宣传队，并利用“5·29”计生协会纪念日、“7·11”世界人口日、“12·1”艾滋病宣传日、中秋节、元旦节等契机在各示范点组织宣传队开展27场宣传服务活动，发放宣传资料15000余份；在高坡乡、麦坪镇、燕楼镇等地帮扶创建种植（养殖）项目5个，投入100万元；全区有计生协会员46725人，会员小组2020个，会员之家184个。（区计生协会）

10月28日，计生协会举办“九九重阳享健康”免费义诊活动（区计生协会 供稿）

民族事务

【概　况】 花溪区是一个多民族聚居的区域，全区辖5个乡、4个镇、18个社区服务中心，有4个民族乡（高坡苗族乡、孟关苗族布依族乡、黔陶布依族苗族乡、马铃布依族苗族乡）、62个民族聚居村。其中，62个民族聚居村主要分布在4个民族乡30个民族村。根据第六次全国人口普查数据资料统计，全区有汉族、苗族、布依族等40个民族，少数民族39个。少数民族人口为151444人（原花溪区少数民族107836人，原小河区少数民族43608人），占全区总人口的31%。世居少数民族主要是苗族、布依族。其中，苗族人口5.88万人，占少数民族人口总数的39%；布依族人口5.76万人，占少数民族人口总数的38%。

（区民宗局）

【帮扶民族乡村经济发展】 2017年，区民宗局争取中央和省、市民族资金469.4万元，安排本级民族资金60万元，用于帮助民族乡村解决改善基础设施、完善民族文化设施、发展特色产业等，助推民族乡村加快发展。按照特色民族村寨推进计划，抓好马铃乡谷中村，高坡乡五寨村、云顶村等特色民族村寨建设，石板镇镇山村、溪北社区董家堰村麦翁寨成为2017年国家民委命名挂牌的第二批“中国少数民族特色村寨”。围绕美丽乡村“溪南十锦”行动计划，重点建设旅游民族特色村寨。实施项目13个，资金469.4万元，涉及高坡乡大洪村、高坡村，黔陶乡马场村，马铃乡马铃村和谷中村，孟关乡孟关村、石龙村。全年争取少数民族发展资金项目4个，涉及资金140万元，落实谷中村民族团结进步创建工作经费1万元，少数民族计生“三结合”帮扶补助资金2.2万元。投入5000元资金慰问低收入户，实施精准脱贫。 （区民宗局）

【民族文化工作】 2017年，区民宗局申请上级民族文化进校园经费，对花溪小学基础设施建设补助3万元、贵阳市第三十八中基础设施建设补助3万元、贵阳市第二十五中学民族文化进校园补助4万元、花溪第四中学民族文化进校园补助5万元、清华中学宏志班补助30万元，给5名2017年新考入大学的少数民族贫困学生每人补助3000元。对2016年拨付补助资金项目进行验收，实地查看每所学校的项目。兴隆社区作为受表彰的民族团结进步示范单位出席全省民族团结进步表彰大会，溪北社区被评为2017年度省级民族团结进步创建示范单位，金欣社区、高坡云顶小学、高坡乡五寨村被评为市级民族团结进步创建示范单位。全区创建区级命名示范单位59个，创建市级命名示范单位36个，创建省级命名示范单位12个。全年没有出现因民族问题引发的纠纷和上访事件。区民宗局会同区公安、统计等部门进行民族团结和睦指数的统计监测工作。 （区民宗局）

4月30日，高坡苗族“四月八”节庆活动（高坡乡　供稿）

【民族文化活动】 2017年，花溪区民族文化活动丰富多彩：正月初九桐木岭苗族跳花场，正月初九燕楼旧盘苗族跳花场，正月初九青岩龙井村布依联欢会，正月十二马铃水车坝布依族歌会，正月十五花溪大寨布依地戏，正月初四高坡乡杉坪村苗族跳洞（悼洞），正月初六甲定苗族跳场（芦笙舞），以及斗鸟、斗牛等活动。区民宗局支持高坡乡举办苗族“四月八”传统节庆活动，支持青岩镇龙井村、马铃乡水车坝、溪北社区麦翁寨等布依族村寨开展“六月六”布依风情节等传统节庆活动。协助市民宗委、市文广局完成以高坡苗族“射背牌”为背景的大型民族风情歌舞剧参加全省民族文艺汇演，打造贵阳市精品民族文艺作品。开发利用区内民族文化资源，加强民族文化的传承和保护，通过项目实施，引进民族手工艺企业，支持民族传统手工艺——挑花刺绣创新发展；配合教育、文广部门把孟关苗族猴鼓舞、苗族挑花、布依古歌、苗族芦笙舞等传统文化通过民族文化进校园方式引进学校、引进课堂，并聘请传承人进行传授。依托区布依学会、区苗学会等优势，加强对民族古籍的普查工作，收集、整理、编撰、出版具有地域特色的民族古籍文化。

（区民宗局）

宗教事务

【概　况】 2017年，花溪区有佛教、道教、伊斯兰教、天主教、基督教5种宗教信徒。约3万人，登记在册、允许开放的四类宗教活动场所9个（佛教3个，道教1个，天主教2个，基督教3个）；有教职人员13人；有爱国宗教团体1个（花溪区天主教爱国会）。其中，佛教信徒约2万余人，活动场所有3个（青岩迎祥寺、高坡灵应寺、三江社区龙泉寺），教职人员9人；在建佛教寺庙3个（青岩镇大兴国寺、观音祈福寺、清溪社区桐宝寺）。道教信教人数约3000人，活动场所1个（青岩万寿宫），教职人员2人。伊斯兰教信徒较少，花溪区无活动场所，主要在贵阳市清真寺进行宗教活动。天主教信教人数约2000人，教堂2个（青岩天主教堂、高坡天主教堂）。基督教信教人数约1000人，教堂1个（青岩基督教堂），活动场所2个（花孟社区麦乃聚会点、三江社区大寨村聚会点），教职人员2人。（区民宗局）

【宗教重点项目建设】 2017年，区民宗局申报省、市民宗委批准同意，补助高坡天主教堂13万元维修经费，其中省级资金10万元，区级资金3万元，对其进行改造。截至年底，改造工作基本完工。

（区民宗局）

【宗教关系和谐示范区创建】 2017年，花溪区将10家单位纳入宗教关系和谐示范区创建范围。其中，宗教场所有花溪天主教爱委会、观音祈福寺、高坡天主教堂、小河基督教聚会点、桐宝寺5家，乡镇有青岩镇、高坡乡2家，社区有清浦社区、平桥社区、清溪社区3家。下拨创建经费4万元。

（区民宗局）

社区建设

【概　况】 2017年，花溪区有18个社区，其中城镇社区12个，农村社区6个。城镇常住居民人均可支配收入31559元，占贵阳市比例为98.1%，占贵州省比例为108.5%；农村常住居民人均可支配收入14782元，占贵阳市比例为103.6%，占贵州省比例为166.7%。

（周用红）

【农村基层组织建设】 2017年，依托美丽乡村示范点创建，花溪区在石板镇镇山村、隆昌村、芦荻村、花街村、马场村等村组进行以村民小组或自然村为基本单位的村民自治试点。

（周用红）

【城乡社区建设】 2017年，以辖区单位共驻共建，以居民议事会为突破口，以明珠社区溪北居委会、青岩镇龙井村为试点，促进城乡社区自治开展。以农村社区建设为依托，以村务监督委员会建设为重点，逐步提升村级治理水平。以明珠社区溪北居委会、朝阳居委会、贵州大学、贵州民族大学、花溪区医院等单位为共驻共建模板，推进驻地单位共建共治工作。 （周用红）

【城镇居委会建设】 2017年，以明珠社区溪北居委会、朝阳居委会、兴隆社区锦江居委会3个市级“星级居委会”为示范，以抓好居委会办公服务用房为载体，在全区56个居委会中推进居委会自治建设，形成辖区居民自我管理、自我教育、自我服务的自治局面。 （周用红）

【社会化戒毒康复站建设】 2017年6月，花溪区登记在册吸毒人员50人以上的社区（乡镇）实现社会化戒毒康复站100%全覆盖，规范设立的社会化戒毒康复站示范站点数量达到站点总数的40%以上。建成20个社会化戒毒康复站（其中示范站点9个，分别为青岩镇、明珠社区、阳光社区、石板镇、麦坪镇、久安乡、黔江社区、平桥社区、清浦社区；普通站点11个，分别为孟关乡、贵筑社区、清溪社区、溪北社区、金竹社区、三江社区、瑞华社区、黄河社区、航天社区、小孟社区、兴隆社区）。全部投入使用。 （周用红）

【戒毒康复救助】 2017年，花溪区登记在册社区戒毒社区康复人员896人，其中社区戒毒417人、社区康复479人，对社区戒毒社区康复人员服务覆盖率100%。将333名社区戒毒康复人员纳入社会救助范畴，发放社会救助金182.34万元，其中城乡低保153.45万元、医疗救助40777元、临时救助22.47万元、春节慰问1.26万元、“两节”慰问8400元、入户走访慰问物资折算2507元。

（周用红）

民政事务管理

【民间组织登记管理】 2017年，花溪区有社会组织175家。3月，开展年度社会组织年检工作，应检单位163家，已检125家，合格125家，未参检38家，年检合格率100%。结合全域旅游城市建设，打造民办老年公寓示范点。将松溪老年公寓搬迁至花溪机械厂新址，总床位数从123张增加至300张规模；云上老年公寓搬迁后，总床位从原来70张增加至120张；全年总床位增加227张。推进社会组织“协会+培训机构+其他社会组织”互帮互助资源整合模式建设和启动“三证合一、一照一码”的社会组织新旧代码换证工作。开展养老机构“四个能力”建设工作，对所有养老机构安全及消防设施进行检查建档，为下一步养老机构消防设施改造做好准备。 （周用红）

花溪区民政局民间社会组织登记名册表（2017）

表4

序号	单位名称	地　　址
1	贵阳市花溪永成学校	溪北社区养牛村
2	贵阳市花溪海洋文化艺术学校	明珠社区省军区花溪区干休所内
3	贵阳市花溪清溪学校	贵筑社区云上村

续表4

序号	单位名称	地　　址
4	贵阳市花溪区振华学校	阳光社区教育培训研究中心
5	贵阳市花溪外国语学校	阳光社区清溪路华宇花园
6	贵阳市花溪品华学校	孟关乡连江学校内
7	贵阳市花溪祥盛学校	阳光社区松涛路27号
8	贵阳市花溪华溪学校	贵筑社区贵筑路石头村
9	贵阳市花溪纽绅外国语学校	阳光社区松涛路（农院子校）
10	贵阳市花溪北苑中英文幼儿园	明珠社区学子路（贵大北区）
11	贵阳市花溪南苑中英文幼儿园	阳光社区松涛路（贵大南区内）
12	贵阳市花溪区三五三七厂幼儿园	阳光社区清溪路1号（3537厂生活区）
13	贵阳市花溪云上幼儿园	贵筑社区云上村
14	贵阳市花溪大风车祥盛幼儿园	阳光社区松涛路27号
15	贵阳市花溪阳光中英文幼儿园	孟关乡政府旁
16	贵阳市花溪云上之星幼儿园	贵筑社区云上村（原村委会）
17	贵阳市花溪区吉林幼儿园	溪北社区吉麟村220号
18	贵阳市花溪童欣幼儿园	青岩镇高寨河
19	贵阳市花溪区碧园花城幼儿园	兴隆社区盘江路1号碧园花城小区8－2－5
20	贵阳市花溪育才学校	溪北社区吉麟村
21	贵阳市花溪英豪学校	溪北社区吉麟村
22	贵阳市花溪区金太阳幼儿园	石板镇盖冗村
23	贵阳市花溪思达英语培训学校	阳光社区霞晖路10号四楼
24	贵阳市花溪区长坝小学	三江社区场坝村130号
25	贵阳市花溪旺明学校	溪北社区上水村四组
26	贵阳市花溪童欣小学	青岩镇高寨河
27	贵阳市花溪青岩镇达谷新幼儿园	青岩镇谷通村大寨29号
28	贵阳市花溪区兴黔小学	三江社区尖山村腾龙巷（中曹司大桥下）
29	贵阳市花溪区燕楼乖乖乐幼儿园	燕楼乡燕楼村14组6号
30	贵阳市花溪区育蕾小学	平桥社区尖山村63号腾龙巷（中曹司大桥下）
31	贵阳市花溪区东方艺术幼儿园	黔江社区珠江路小城故事177号
32	贵阳市花溪区诚兴学校	久安乡吴山村一组
33	贵阳市花溪区欣乐幼儿园	经开区黔江社区乐街小区茶花园A栋
34	贵阳市花溪区永红艺术幼儿园	清浦社区清水江路44号
35	贵阳市花溪童艺苑中英文幼儿园	溪北社区大职路622号
36	贵阳市花溪区三合学校	金竹社区烂泥村
37	贵阳市花溪区小太阳幼儿园	阳光社区徐家冲杨柳巷6号
38	贵阳市花溪区筑盛学校	石板镇花鱼井村

续表4

序号	单位名称	地　址
39	贵阳市花溪区碧桂园国际学校幼儿园	孟关乡碧桂园内
40	贵阳市花溪区贵柴幼儿园	黔江社区长江路2号淡水巷51号
41	贵阳市花溪区新星小学	黄河社区洛解村1组94号
42	贵阳市花溪区全盛智多星幼儿园	小孟社区西江路中断
43	贵阳市花溪区欣盛楠苑幼儿园	阳光社区清溪路欣盛楠苑小区内
44	贵阳市花溪区亚华外国语中学	三江社区大寨村明河西巷22号
45	贵阳市花溪区金鑫幼儿园	贵筑社区甲秀南路羊昌坝安置小区内
46	贵阳市花溪区杰汇华府幼儿园	瑞华社区万科金域华府小区
47	贵阳市花溪区亲亲宝贝幼儿园	三江社区中曹司腾龙巷229号
48	贵阳市花溪区焜瀚国学文武学校	溪北社区大水沟大职路
49	贵阳市花溪区澳宝芭学园	贵筑社区明珠大道保利溪湖6号楼1层
50	贵阳市花溪碧桂园国际学校	孟关乡碧桂园小区内
51	贵阳市花溪区CEA双语幼儿园	瑞华社区恒森自在城小区
52	贵阳市花溪区菊林书院	花溪区青岩镇东街137号，花溪区兰馨桂馥小区
53	贵阳市花溪区清溪社区卫生服务中心	阳光社区清溪路6号
54	贵阳市花溪区明珠社区卫生服务中心	明珠社区花石路18号（花溪御园）
55	贵阳市花溪区花孟社区卫生服务中心	花孟社区电杆厂内（棉花关）
56	贵阳市花溪区小孟社区卫生服务站	小孟社区（经开区开发大道红艳新村）
57	贵阳市花溪区金欣社区卫生服务站	金欣社区金溪路
58	贵阳市花溪区黄河社区卫生服务中心	黄河社区珠江路商贸广场
59	贵阳市花溪区瑞华社区万科卫生服务站	瑞华社区长江路商业街S4号
60	贵阳市花溪区老年康复公寓	贵筑社区马路关
61	贵阳市花溪区镇山老年公寓	石板镇镇山村
62	贵阳市花溪区亲情老年公寓	清溪社区桐木岭村四组
63	贵阳市花溪区松溪老年公寓	清溪社区花溪机械厂内
64	贵阳市花溪区鸿福老年公寓	溪北社区上水村街上
65	贵阳市花溪区鑫竹老年公寓	金竹社区烂泥村七组
66	贵阳市花溪区七彩阳光社会工作服务社	阳光社区大将路6号
67	贵阳市花溪区云上爱心老年公寓	清溪社区花溪机械厂内
68	贵阳市花溪区长坡老年公寓	贵筑社区大寨村三组
69	贵阳市花溪区青年林老年康复公寓	溪北社区花溪大道南段8号
70	贵阳市花溪区金色年华老年公寓	金竹社区金勺路
71	贵阳市花溪区钰溪老年公寓	燕楼乡谷蒙村4组
72	贵阳市花溪区怡心苑老年公寓	清溪社区桐木岭村四组
73	贵阳市花溪区如家养老院	溪北社区上水村四组80号

续表4

序号	单位名称	地　址
74	贵阳市花溪区璀璨明珠社会工作服务社	明珠社区吉林路126号
75	贵阳市花溪区麦坪镇敬老院	麦坪镇场坝村
76	贵阳市花溪区金竹托养院	金竹社区金竹派出所对面
77	贵阳市花溪区老来福老年公寓	三江社区服务中心内
78	贵阳市花溪区福寿园老年公寓	平桥社区中曹司菜场
79	贵阳市花溪区爱晚亭老年公寓	金竹社区竹林村鸭河寨
80	贵阳市花溪区尽心托老院	三江社区周家村刘家寨82号（海信集团旁）
81	贵阳市花溪区温馨园老年公寓	三江社区大寨村明河西巷154号
82	贵阳市花溪区南欣学校	清浦社区清水江路48号
83	贵阳市花溪区红星小学	三江社区尖山村175号
84	贵阳市花溪区馨苑幼儿园	平桥社区小屯路54号6栋
85	贵阳市花溪区三元学校	三江社区大寨村三江巷59号
86	贵阳市花溪区童欣艺术幼儿园	兴隆社区锦江路榕筑花园一区（C－3幢1－2层）
87	贵阳市花溪区华阳幼儿园	瑞华社区盘江南路39号
88	贵阳市花溪区小白兔中英文幼儿园	清浦社区清水江路香港城7栋
89	贵阳市花溪区樱花培训学校	黔江社区长江路1号榕筑大夏
90	贵阳市花溪区顺兴小学	三江社区大寨村明河西巷22号
91	贵阳市花溪区蓝贝儿艺术学校	兴隆社区淮河路1号龙湾国际一期一单元3楼
92	贵阳市花溪区阳光文化培训学校	黔江社区长江路202号
93	贵阳市花溪区兴隆中英文幼儿园	兴隆社区漓江路57号
94	贵阳市花溪区兴隆文化艺术学校	兴隆社区漓江路57号
95	贵阳市花溪区金竹童心幼儿园	金欣社区金欣路1号
96	贵阳市花溪区华烽幼儿园	黔江社区长江路233号
97	贵阳市花溪区奥运幼儿园	清浦社区浦江路231号
98	贵阳市花溪区为民学校	三江社区毛寨村9组
99	贵阳市花溪区音乐之声艺术素质培训学校	三江社区毛寨村9组
100	贵阳市花溪区溪源学校	黄河社区海河路香河园新村
101	贵阳市花溪区香江艺术幼儿园	兴隆社区香江路8号
102	贵阳市花溪区田田培训学校	清浦社区黄河路418号大兴商厦1号第3层
103	贵阳市花溪区盘江小学	黄河社区盘江路盘江巷298号
104	贵阳市花溪区飞扬文化培训学校	兴隆社区香江路8号
105	贵阳市花溪区西工幼儿园	清浦社区清水江路70号
106	贵阳市花溪区成长基础补习学校	黄河社区淮河路星河巷3号
107	贵阳市花溪区牧歌培训学校	第四小学内
108	贵阳市花溪区黔汇幼儿园	黔江社区黔江路10号

续表4

序号	单位名称	地　址
109	贵阳市花溪区兴隆珠江湾畔幼儿园	兴隆社区珠江路208号
110	贵阳市花溪区金苹果多元智能培训学校	三江社区毛寨村271号
111	贵阳市花溪区CC英语学校	黄河社区黄河路587号翡翠大夏4楼
112	贵阳市花溪区中兴世家幼儿园	瑞华社区浦江路190号
113	贵阳市花溪区大兴星城幼儿园	瑞华社区清水江路211号（大兴星城小区内）
114	贵阳市花溪区聪贝贝幼儿园	三江社区中曹司小屯路16号
115	贵阳市花溪区金博士幼教园	兴隆社区榕筑鲜花广场7栋1号
116	贵阳市花溪区飞舞艺术培训学校	黔江社区长江路淡水巷11号E栋2号
117	贵阳市花溪区e百分文化培训学校	兴隆社区淮河路2号卓越时代大厦附3－1写字楼
118	贵阳市花溪区精英第九幼儿园	黔江社区黔江路8号“十里江南”小区内
119	贵阳市花溪区朗文少儿英语培训学校	三江社区王武村2组78号
120	贵阳市花溪区步步高（SBS）英语学校	清浦社区黄河路246号榕贵大厦2楼
121	贵阳市花溪区杜荣和文化艺术培训学校	兴隆社区淮河路7号银桥房开综合商场3－4
122	贵阳市花溪区哈哈陶社艺术培训学校	黔江社区长江路淡水巷9号
123	贵阳市花溪区米欧科语言培训学校	黔江社区漓江路53号
124	贵阳市花溪区英语实验学校	兴隆社区漓江路57号
125	贵阳市花溪区平桥社区第一卫生服务站	平桥社区小屯路43号
126	贵阳市花溪区航天社区第二卫生服务站	航天社区楠竹花园保税路
127	贵阳市小河区亲情树托老院	贵阳市南明区总后8院3535厂旁
128	贵阳市花溪区自然之声聋儿听力语言康复中心	小孟社区红艳村4栋1单元
129	贵阳市小河区花积木幼儿园	花溪区小屯路59号腾龙路七小旁
130	贵阳市花溪区艾乐国际幼儿园	兴隆社区龙湾国际小区香江路1号
131	贵阳市花溪区阳光智慧服务中心	阳光社区社会组织孵化基地
132	贵阳市花溪区小天使幼儿园	贵阳市花溪区瑞华社区盘江路112号
133	贵阳市花溪区博睿思幼儿园	贵阳市花溪区阳光社区徐家冲九龙花园杨柳巷66号
134	贵阳市花溪区金宸第三幼儿园	航天社区漓江路漓江花园小区
135	贵阳市花溪区爱立方社会工作服务社	兴隆社区黄河路66号
136	贵阳市花溪区苗学会	清溪社区新牛马市场
137	贵阳市花溪区个体劳动者协会	阳光社区中心农贸市场5楼
138	贵阳市花溪区旅游行业协会	明珠社区大吉路1号
139	贵阳市花溪区私营企业协会	阳光社区中心农贸市场5楼
140	贵阳市花溪区兰花协会	阳光社区旺向龙小区
141	贵阳市花溪区布依学会	阳光社区残联内
142	贵阳市花溪区总商会	阳光社区行政大楼B区528室
143	贵阳市花溪区农村沼气协会	阳光社区霞辉路210号

续表4

序号	单位名称	地　址
144	贵阳市花溪区天主教爱国会	青岩镇青岩天主教堂
145	贵阳市花溪区农机协会	阳光社区霞晖路 148 号
146	和谐花溪促进会	阳光社区行政大楼 B 区 528 室
147	贵阳市花溪区残疾人帮扶协会	阳光社区仙人洞居委会
148	贵阳市花溪区劳动模范爱心协会	阳光社区清溪路 355 号花溪农商行 3 楼
149	贵阳市花溪区汽配用品行业协会	孟关乡汽配城
150	贵阳市花溪区宝庆商业协会	阳光社区建国巷农贸商住楼 A 幢 1 单元 3 层 5 号
151	贵阳市花溪农村商业银行爱心协会	阳光社区清溪路 209 号
152	贵阳市花溪区客运行业协会	溪北社区吉麟村农房点
153	贵阳市花溪区阳光妈妈志愿者协会	燕楼镇马安山
154	贵阳市花溪区见义勇为工作协会	阳光社区行政中心政法大楼 5 楼
155	贵阳市花溪区税务学会	行政中心国税局内
156	贵阳市花溪区再生资源行业协会	阳光社区陇头仓库
157	贵阳市花溪区圆梦爱心社	清浦社区轴承厂职教处 4 楼
158	贵阳市花溪区青年志愿者服务协会	政府行政中心 6 楼 A622
159	贵阳市花溪区小微企业联合商会	清浦社区珠显村 124 号
160	贵阳市花溪区石材行业协会	石板镇花鱼井村野毛井组 72 号
161	贵阳市花溪区明珠社区朝阳向日葵联合会	明珠社区朝阳居委会
162	贵阳市花溪区明珠社区溪北蒲公英联合会	明珠社区溪北居委会
163	贵阳市花溪区大学生创业协会	阳光社区溪城华府 1 栋 1 单元 1 楼
164	贵阳市花溪区阳光社区众益联合会	阳光社区大将路 6 号
165	贵阳市花溪区兴隆社区左邻右里联合会	兴隆社区服务中心漓江路 85 号
166	贵阳市花溪区志愿服务联合会	阳光社区行政中心五楼 A504
167	贵阳市花溪区信鸽协会	盘江路动力机械厂招待所
168	贵阳市花溪区国际标准舞学会	黔江社区长江路淡水巷 11 号家和花园 F 栋 1 层 11 号
169	贵阳市花溪区棋牌协会	香江路 8 号
170	贵阳市花溪区网吧行业协会	兴隆社区淮河路 2 号时代大厦 3 楼
171	贵阳市花溪区残疾人创业就业服务协会	黄河社区珠清路（残疾人创业基地）
172	贵阳市花溪区石板合朋商会	石板镇三农街 1 号
173	贵阳市花溪区新楼村蔬菜种植协会	青岩镇新楼村
174	贵阳市花溪区养殖专业协会	小孟社区红艳村 3 组
175	贵阳市小河区养兔行业协会	烂泥村石头坡养兔示范基地（菜市场后面）

【民间组织社会活动】 2017年，花溪区圆梦爱心社携手其他社会组织“互帮互助”，开展“助老爱老，共享阳光”“禁毒宣传进校园、厂矿、乡镇社区”“庆祝七一”“庆祝国庆”“重走长征路，共圆中国梦”“弘扬志愿精神，建设温暖花溪”等10多场大型公益活动，参与团队发展到数十家。

（周用红）

【双拥工作】 2017年元旦春节及“八一”期间，花溪区（经开区）四大班子组成5个慰问团，带队走访慰问驻区部队31家，发放慰问金18.4万元。（周用红）

【祭扫活动】 2017年，区民政局与区文明办牵头组织学校、机关、部队、群众及企业代表500余人到戴安澜将军墓前开展清明祭扫活动，投入资金6000余元。

9月30日，区组织部队官兵、复员退伍军人、花溪区社会各界代表600余人在花溪公园戴安澜将军墓前开展公祭活动。（周用红）

【殡葬服务和管理】 2017年，花溪区有经营性公墓1座，农村公益性墓地91座。全区死亡人口2306人，死亡人口火化率100%。通过实施惠民殡葬工作，全区拨付免除城乡亡故居民基本殡葬费96.7万元。（周用红）

婚姻管理

【概　况】 2017年，花溪区婚姻登记处有花溪区政务服务中心和经开区政务服务中心2个办证处，有5人分别进行结婚和离婚登记工作。登记处分设等候区、结婚登记区、离婚登记区、档案室等功能区域，各区域相对分开，充分尊重婚姻登记当事人的个人隐私。（周用红）

【婚姻登记】 2017年，全区办理婚姻登记8284对，其中结婚登记4843对、离婚登记2502对、补发结婚证743对、补发离婚证196对，登记合格率100%，无违规办理现象。（周用红）

老龄工作

【概　况】 2017年，全区60岁以上老年人77120人，占总人口的15.9%。80岁以上高龄老人8954人，占老年人总数的11.6%；90周岁以上老人636人，100周岁以上老人有13人。全区用于老龄工作的经费366.524万元。（周用红）

【关爱老年人】 2017年，在“送文化下乡”活动中，花溪区发放《中华人民共和国老年人权益保障法》及《贵州老年报》等宣传资料2000余份。全年发放高龄长寿补贴17632人次644.428万元，发放生活不能自理老人护理补贴124人29.76万元，发放困难老人慰问费300人9万元。10月，

9月29日，花溪区社会组织关爱老年人活动（区民政局　供稿）

开展关爱空巢困难留守老人专项走访慰问活动，慰问185名老人每人发放300元慰问金及慰问物资。 （周用红）

【养老机构建设】 2017年，花溪区有公办敬老院1所，公建民营1所，有床位200张；民办老年公寓和托老所20所，有床位1659张。完成孟关乡谷立村农村互助幸福院建设。 （周用红）

【百岁老人】 花溪素有“云贵高原明珠”的美誉，常年气候温暖，年降雨量充沛，空气湿度较高，日照充足，这些因素构成气候宜人、空气清新的人居环境条件。加上植被茂密，空气负氧离子含量高，是一个有益于健康和长寿的好地方。2017年，花溪区有13名百岁老人。其中，年龄最大的刘传绍、王国香均生于1908年。 （周用红）

花溪区2017年百岁老人表

表5

序号	姓名	性别	民族	出生年月
1	谢家兰	女	汉	1913. 6. 20
2	郭　华	男	汉	1915. 5. 16
3	王国香	男	苗	1908. 9
4	许德胜	男	汉	1912. 11. 5
5	刘传绍	男	汉	1908. 3. 5
6	李茂昭	女	汉	1912. 1
7	徐泉水	男	汉	1915. 8. 4
8	王淑群	女	汉	1915. 11. 6
9	熊玉珍	女	汉	1916. 2. 20
10	李槐青	男	汉	1917. 11. 28
11	林永泉	男	汉	1917. 2. 5
12	赵　忠	男	汉	1917. 10. 17
13	唐玉凤	女	汉	1917. 7. 20

（周用红）

责任编辑　翟长保

乡　镇

青岩镇

【概　况】　2017年，青岩镇辖17个行政村、2个居民委员会，106个自然村寨，131个村民小组；全镇人口3万余人，有汉、苗、布依、侗、壮等11个民族。主要公路有青高、青燕、青马线与主干道横跨东西，公路等级为2 ~3级，17个行政村，村村通公路，106个自然寨基本通公路。全年降水量977.36毫米，年平均气温16.7℃，最高气温35℃，最低气温-2.1℃。2017年3月3日，青岩镇获国家5A级旅游景区揭牌，成为贵州省第五家国家5A级旅游景区，是贵阳市首个5A级旅游景区。（青岩镇）

10月1日，国庆时节青岩北街游客(青岩镇　供稿)

【经济发展状况】　2017年，青岩镇财政总收入9371.67万元，地方财政收入5738.63万元（按新体制计算），占新体制任务的414.73%，超收4354.93万元，超额完成全年税收任务。固定资产投资21.5亿元，规模以上工业增加值完成2亿元，招商引资20亿元，农民人均纯收入15000元。

【扶贫开发工作】 2017年，青岩镇排查低收入困难291户611人，对300户634人低收入困难户遍访并通过手机APP录入问卷及帮扶计划，其中年收入4800元以下291户611人，4800~6500元之间9户23人，户户有帮扶措施，户户有结对帮扶；每户资助2000元，帮助农户按项目内容购买相关物资，发展脱贫项目实施完毕，完成乡级验收；年末完成人均可支配收入增幅高于全市平均水平3个百分点，整体越过4800元。（青岩镇）

【“一事一议”示范村建设】 2017年，青岩镇完成2016年“一事一议”示范村项目和普惠制项目结算审核；对2016年项目资料进行装订和归档；完成2017年重点示范县“一事一议”项目申报49个，兑现尾款333302.5元；涉及摆托、山王庙、大坝等9个村。总投资约850.27万元。（青岩镇）

【卫计事业】 2017年，青岩镇总人口36011人。当年出生601人，流入人口2954人，流出人口1997人。全镇持有生育证夫妇285对，孕产妇611人，健卡率100%，住院分娩率100%，无产妇及婴儿死亡，人口增长率控制在7‰以下；开展计生手术250例，随访率100%；完成宫颈筛查920例；确认计生奖励3402人，其中省扶奖55人、少生快富奖13人、一次性抚慰奖3人、特别扶助奖4人、关爱女孩奖374人、独子奖297人、节育奖79人、绝育奖34人、独生子女保健户178户、农村合作医疗补助1541人、新型农村养老保险缴费补助757人、新型农村养老保险增发养老金47人。青岩卫生院有床位40张，医务人员41人，其中执业医生6人、注册护士16人、药剂师6人、其他卫生人员10人，管理人员2人，工勤人员1人；村医生20人。全年诊疗39282人次，其中门诊38644人次，住院638人次。（青岩镇）

【城乡建设】 2017年，青岩镇交通路、西下院街进行环境综合整治，将环境卫生服务外包给京溪公司，开展交通管制、对野广告、乱停乱放进行治理、“门前三包”责任落实，加强绿化美化治理，景观提升改造；向上级部门争取到2016年下半年农村环境综合整治补助资金18.43万元、2017年一至三季度农村环境综合整治区级补助资金22.28万元；完成上级业务部门对上半年资金使用的检查与农村“七乱”治理的考核目标，全镇17个村商户“门前三包”签订合同。17个村制作农村环境综合整治制度牌；完成年度全镇农村环境综合整治项目验收。全年依法拆除违法建筑202户，拆除违法建筑总面积50780平方米，没有新增违法建筑。完成天然气维抢中心征地50亩；完成红岩水库项目征地100亩；完成西街、南街水景观改造提升土地征收；完成建筑遗产保护营土地及房屋征收；完成花安高速公路二关段土地、房屋征收，4月30日按时通车，初步建成安置点“三通一平”；完成贵惠大道青岩段40亩土地、房屋征收，11月1日正式通车。完成摆早村、思潜村安置点建设“三通一平”初步设计预算及开工建设；完成“旅发”大会期间部分项目的回迁安置；完成古镇电力迁改、“飞线”整改以及变电箱美化施工；完成西街、东街—商业街的给排水、强弱电管网下埋、沿街路面铺设、景观绿化、房屋立面改造等工作；完成西门停车场、游客接待中心土地、房屋征收；完成省100个示范小城镇的绩效考核工作。（青岩镇）

【三农工作】 2017年，青岩镇开展全年动物防疫工作，完成猪口蹄疫注射8672头，猪兰耳注射8562头，猪瘟注射8623头，牛口蹄疫注射6441头，禽流感注射148410羽，鸡新城疫注射146271羽。申报冬修水利思潜罗屯拦河坝项目、新关新寨人畜饮水项目、达夯野鹿井人畜饮水项目、新楼一组排水沟项目，申报资金200万元。全年营造林2500亩，加强补植补种，成活率90%以上；投资7万余元，抚育3010亩石漠化治理人工造林。完成森林有害生物春季普查，成灾率为0；造林保有量3907.08公顷以上，年底森林覆盖率达45.23%。兑现2016年公益林补助款36.63万元，退耕还林补助款22.12万元；组织森防应急演练1次，森防培训4次，检修林防器材4次，扑灭森林火情6起，森林火灾受灾率低于目标值。全年开展控烟巡查处理秸秆焚烧50余起，制止滥砍林木2起。（青岩镇）

【青岩平安建设】 2017年，青岩镇开展信访“千名干部大下访”活动。活动交办信访案件8件，其中市交办1件、区交办7件；办结（销案）8件。上级部门转办信访件11件，办结9件。全镇发生各类民事纠纷130起，调解130起。调解成功130起，成功率100%。全镇有登记在册吸毒人员297人。现有吸毒人员205人，在场在所78人（强制隔离戒毒51人，服刑12人，看守所羁押10人，行政拘留5人），其中死亡14人，社戒社康人员77人，其中社区戒毒33人、社区康复44人，完成社戒社康人员档案77人，正在完善13人。打击毒品犯罪活动8起，查获吸毒人员47人，行政处罚9人，强戒38人，与派出所无缝对接出所人员22人，戒断3年解除社戒社康人员51人；开展吸毒人员低保救助2人，临时救助2人，发放救助金8170元；结合开展“大收戒大管控”“清零”行动，查处脱失人员4人，核查纠正被冒名吸毒人员2人。未发现易制流入非法渠道，未发现种毒、制毒情况。（青岩镇）

【社会保障事业】 2017年，青岩镇申报返乡农民工创业18人，每人帮扶资金3000元，补贴5.4万元。城镇新增就业706人，完成任务100.86%。被征地农民养老保险认证11户，16人；失地农民养老保险领取待遇增发97元62人；失地农民参加城镇职工养老保险197人。城乡居民养老保险参保7582人，征缴金额188.85万元，参保人数完成75%，金额完成112.6%。待遇申领229人，死亡退费420人。完成劳动监察年审320家，其中企业年审60家，个体工商户260家。合作医疗保险完成筹资28369人（包含五类人员500人），完成任务99%。就医9301人次，拨付合医款32.52万元，其中门诊9248人次，发生费用26.47万元，报销13.69万元；住院35人，发生费用16.74万元，报销6.97万元；大病18人，发生费用36.37万元，报销11.86万元。春节期间对65户城低保户进行慰问，发放慰问金额5.22万元；有农低保255户、481人；全年发放低保金190.76万元。救灾救济灾民33户112人，发放救灾款2.46万元，救济灾民22户90人，救济粮食1.31吨。城乡医疗救助39人，发放救助款21.83万元；临时救助8人，发放救助款3.4万元。优抚医疗救助18人，发放救助款2.84万元；安装“贵阳优抚”手机APP135人，超过区目标任务60%，对青岩镇197名优抚对象“八一”慰问，每人500元标准，发放慰问金9.85万元。全镇原有未登记录入参保信息2643人，全部完成调查录入，完成率100%。发放高龄补贴1012人，发放金额34.44万元。全镇有残疾人1965人，持有二代残疾证388人，持证死亡人数7人，新办证33人。多重残疾14人，精神残疾36人，视力残疾33人，听力残疾11人，言语残疾11人，肢体残疾219人，智力残疾64人。（青岩镇）

【重点项目建设】 2017年，兑现山王庙村、摆托村田园租用农户土地资金26.66万元，其中山王庙村23.9万元、摆托村2.62万元。投资144万元完成山王庙等12个森林公园建设。5个公园验收。

青岩镇全面推进青黔农业园区建设。投资8187万元，培育果舍天香等4家农业公司，实现产值1.76亿元；投资1.59亿元，培育花溪狮子山蔬菜加工专业合作社等6家合作社，实现产值1.56亿元。招商引资到位资金占投资总额19.3%，装备设施建设水平100%，优良主导品种覆盖率92%，先进实用技术推广覆盖率91，园区内农产品质量达到目标要求。

青岩康养温泉旅游小镇项目。与重庆融汇、西安昭泰等规划及策划公司对接，制定策划方案；温泉勘探深度2300余米，出水温度达36℃；正在向市级争取协议出让土地，准备一期项目建设。

青岩创5A安置房手续办理。完成实测图、地籍地形图，重新出具道路红线图，修改总图，正在申请重新办理建设用地规划许可证，筹备办理用地批准书相关资料。 （青岩镇）

青岩镇2017年村（居）基本情况一览表

表6 单位：户、人、元、公顷、平方公里

村名	户数	户籍人口	常住人口	组数	人均收入	常年耕地面积		劳动力	自然村寨	行政区域面积
						总面积	其中：田			
歪脚	465	2640	2795	8	16508	92	59	1677	6	3.5
山王庙	185	832	836	5	16585	45	35	502	4	2.6
摆托	305	1220	1206	9	16155	53	37	724	8	3.6
扬眉	625	2832	2659	7	16443	71.5	63.5	1595	7	9.2
摆早	383	2051	1855	8	16104	76	60	1112	8	6.7
新哨	539	2489	2468	8	16294	112.37	74.8	881	6	7.3
思潜	663	3347	2940	12	16391	136	98	1764	12	10.1
达夯	556	2754	2501	13	16271	182.6	82	1501	13	9.5
谷通	423	2159	1924	5	15784	110	59	1154	6	8.6
新楼	304	1383	1221	7	15517	69	40	733	5	5.7
二关	175	819	828	4	16329	41	23	497	6	3.9
大坝	182	934	970	7	16810	56	38	582	2	2.4
龙井	328	1302	1415	7	16816	52	35	849	1	5
新关	295	1081	1246	5	16182	38	23	748	2	6.2
南街	495	1780	1948	7	16647	58.97	7	1169	3	2
西街	276	1260	1305	7	16523	54	34	783	4	1.1
北街	568	2744	3050	12	16650	66.22	45	1830	8	4.1
东街	516	2131	2852	12				1711		0.5
明清	475	1577	2225	10				1335		0.3
合计	7758	35335	36244	153	16353	1313.66	813.3	21147	101	92.3

（青岩镇）

石板镇

【经济发展状况】 2017年，全镇国民生产总值（GDP）23.91亿元，比2016年增长12%；完成规模以上（2千万）工业总产值19亿元，比2016年增长15.8%；完成固定资产投资42亿元，比2016年增长20%；完成公共财政预算收入5033.11万元，比2016年增长8%；财政总收入完成1.2亿元，比2016年增长7%；完成招商引资30亿元，比2016年增长38.9%。农村常住居民人均可支配收入17735元。依托日趋完善的交通路网，园区7大专业市场功能结构相互补充，对外知名度逐渐提升，商户入住率持续增长，其中地利农产品物流园总交易额86亿元，二手车市场总交易额79亿元，西部建材城总交易额46亿元。辖区6大规模以上（2000万元口径）企业平稳发展，其中星天电缆有限公司全年总产值64亿元，贵阳雨娇纸品厂、贵州华仁万盛钢结构有限公司、贵州蓝天钢结构工程有限公司等均2亿元以上。（石板镇）

【社会民生保障】 2017年，石板镇农村新农保参保3000人，续保缴费108万元，领取待遇174人，发放金额97950元；参加新型农村合作医疗19417人，筹集合医资金233万元，参合率99.83%，住院就诊2512人次，减免费用687万余元；门诊就诊27452人次，减免费用189万余元；农村合作医疗"一站式"结算全面实行，报销1065万余元，合医基金使用率112.93%。全年，为70人重症患者申请医疗救助金33万元；为58户困难群众申请临时救助金24万元。低保户实行进入、退出动态管理，对城市低保户215户418人，农村低保户127户226人按时足额发放低保金，发放低保金320万元。

（石板镇）

【"三变"工作】 2017年，石板镇针对合朋园区、农产品物流园和天河潭景区等人流量大带来的环境脏乱差等问题，启动实施城乡"三变"改革项目6个，整合闲置废弃地1万余平方米，整治乱搭乱建2000平方米，合朋村、云凹村、石板二村村集体经济收益新增百万元。（石板镇）

【生态环境建设】 2017年，石板镇推进花溪水库石板区域生态保护与建设，实施公益林、经济林造林1500亩。落实河长制，拟定石板镇责任河长名录，构建镇、村两级河长责任体系，镇级河长2名，村级河长8名，分别是芦荻村、茨凹村、花街村、隆昌村，实施"责任河长"工作，实现全镇1湖（阿哈湖）1库（花溪水库）1河（车田河）管护责任全覆盖。落实环境保护党政同责、一岗双责的责任制度，构建政府、主管部门、责任企业"三位一体"的工作制度，强制关停环保手续不达标企业34家，合朋污水处理厂污水日处理量5000吨，启动隆昌片区污水处理厂项目建设，预计建成后污水日处理量将达到2万吨。（石板镇）

【村镇建设】 2017年，石板镇按照《花溪乡镇发展总体规划》要求，合理调整石板镇《城规》《土规》《林规》，实行"三规"合一，实现石板镇产业空间、生活空间、生态空间合理布局。花石路

天河谭风景区（区新闻中心 供稿）

建成通车，交通路网再添新大道，横向连接贵安大道、老中广线、天河潭大道，为石板区域融入花溪主城区一体化发展奠定良好基础。争取“一事一议”项目，建成石板一村大高寨道路堡坎，完成镇山村传统村落消防设施提升改造和环境整治。建成天河潭公园（太阳广场）、石板天河山体公园、合朋城市广场公园、摆陇苗族生态园、羊龙森林公园。（石板镇）

【扶贫工作】 2017年，石板镇精准识别建档立卡贫困户144户230人，其中国办系统37户73人，省办系统127户225人。通过扎实开展脱贫攻坚“春季攻势”、大比武及“秋季攻势”，实行党政班子成员、党员干部与低收入困难户结对帮扶，因村因户制定帮扶措施。对盖冗、芦荻、石板一村、花街、茨凹等5个村的300余户困难群众采取“帮穷户、结穷亲、拔穷根”的结对帮扶，赠送半成品鸡6000余只。联合辖区企业党组织，组建“爱心之家”，每周二、周五为127户困难群众发放“生活礼包”，适度解决困难群众“两不愁”的生活保障。年末，国办系统中一般低收入困难户21户51人年人均可支配收入整体越过4800元。

（石板镇）

11月10日，石板镇花鱼井村驻村干部给村民宣讲党的十九大精神

（区委组织部 供稿）

【基层党建】 2017年，石板镇党委培育一批党建创新示范点，把企业党建工作融入到商会理想信念教育实践活动中，商会文化与党建文化、党组织与商会组织、会员与党员进行有机融合，对党建工作开展好的企业，在政策扶持、资金信贷等方面给予倾斜，形成“党建优化发展环境”的政策导向，打造汽车汽配协会“汽车云上党建”非公党建示范点。对致富带头人、优秀村干部、热心公益事业的年轻同志和入党积极分子，建立后备干部人才库，纳入培养计划，为项目建设、基层组织建设储备后备干部。倡导各村开展“讲文明、树新风”活动，通过推选评比道德模范、文明家庭、卫生标兵、敬老爱幼的模范家庭，广泛宣传、传递正能量，以典型标杆带动整个社会风气的全面好转。定期组织驻村工作组召开联席会议，协调资金227万余元，帮扶项目43个。发挥党代表的履职尽责作用，邀请各级党代表参与镇党委、政府重大事项决策会议7次，收集党代表意见建议60余条，办理党建实事10件，完成第二居委会、第三居委会基层阵地建设。镇党委“敢碰硬、善啃难”，推进花石路、集镇污水处理系统、市运快铁和6宗地块征收收储以及阿哈水库饮用水源二级保护区的优化调整工作。党委多次召开专题会议研究历史遗留问题，摸清底数、梳理情况，圆满完成贵安大道、地利农产品物流园等多个项目600余户的异地回迁安置工作，解决财政每年筹集超期过渡费4000余万的难题，消除超期过渡费发放不及时引发的群体性矛盾隐患，营造辖区的社会稳定。

（石板镇）

【民生监督工作】 2017年，石板镇落实“四要五严禁”，推动党和国家各项惠民政策和非普惠制政策在石板落到实处。执行民生项目备案、民生资金备案制度，加大对扶贫领域资金使用监管督查。全年，有5名党员干部申报备案近亲属享受非普惠政策情况，涉及村（居）干部近亲属9人，民生资金备案30个、项目备案9个。开展对社会救助、社会福利、优抚安置、慈善救济等民生专项资金使用情况专项检查，督促整改存在问题，及时提醒谈话，问责倒逼职能部门认真履职。将“城乡低保”“一事一议”“扶贫款”“危房改造”等补偿款兑付情况列为专项督查重点，确保建设项目资金和扶贫政策真正落到实处。

【人口管理】 2017年，全镇常住人口30980人，与2016年同期比增加1233人；出生人口498人，出生率16.4‰，与2016年同期相比出生增加178人，出生率上升0.9个千分点。其中，出生一孩180人，二孩294人，多孩24人；出生男孩260人，女孩238人，性别比为113.45。全镇死亡人口278人，人口自然增长率7.25‰，比2016年上升1.12个千分点。全镇育龄妇女数8170人，比2016年增加246人，其中已婚育龄妇女为5819人，比2016年增加206人。全镇有流入人口8325人，其中已婚育龄妇女为2318人；有流出人口1594人，其中已婚育龄妇女591人。流动人口总数比2016年有所增加。（石板镇）

【社会治安综合治理】 2017年，石板镇“两严一降”案件。立案112起，破案38起，加强对流动人口的管理与服务，坚决打击“两抢一盗”“黄赌毒”等行为，加大邪教组织排查，净化社会风气，全镇未发生影响恶劣的重大刑事案件和治安案件，群众安全感上升到98.75%。在党的十九大召开期间，对排查出的34件信访案件进行责任落实，“一案一策”化解到位，组织精干力量以高压态势抓好治安防范。镇、村两级干部争取优惠政策，深入实际做群众工作，获得拆迁群众的支持和信任，完成贵安大道、地利农产品物流园等多个项目600余户回迁安置工作。（石板镇）

【教育事业】 2017年，石板镇辖区内有幼儿园2所，在园幼儿205人，教职工13人；小学6所，在校学生1712人，教师105人；中学1所，学生537人，教师46人。（石板镇）

【医疗卫生事业】 2017年，石板镇有镇卫生医院1所、金石合朋医院1所、村级卫生室12个。镇卫生院有床位20张，卫生人员38人，其中执业医生7人、执业助理医生2人、注册护士10人、药剂师1人、其他18人。全年就诊7822人次，其中门诊7554人次，住院268人次；出院268人次。金石合朋医院有床位50张，卫生人员51人，其中执业医生14人、执业助理医生1人、注册护士16人、药剂士1人，检验2人、放射2人、超声2人，其他13人。全年就诊8322人次，其中门诊7201人次，住院1121人次；出院1121人次。

（石板镇）

石板镇2017年村（居）基本情况统计表

表7

村（居）名	户数（户）	户籍人口（人）	常住人口（人）	村民组数（组）	人均收入（元）	总面积（亩）	田（亩）
摆勺村	618	2083	2176	4	18040	1200	680
羊龙村	323	1787	2020	4	16495	883	527
合朋村	733	3690	6282	7	30311	1545	660

续表7

村（居）名	户数（户）	户籍人口（人）	常住人口（人）	村民组数（组）	人均收入（元）	总面积（亩）	田（亩）
花渔井村	352	1117	1400	3	26235	615	290
云凹村	318	1249	1557	8	20177	1337	420
石板二村	263	1442	2906	4	17964	668	60
石板一村	590	2682	3749	6	16522	1323	375
镇山村	565	718	691	5	21896	707	303
隆昌村	340	1631	1593	5	18270	1205	610
茨凹村	402	1393	1496	3	13398	990	500
芦荻村	258	1449	1446	5	19432	980	430
花街村	309	1524	897	7	12666	746	300
盖冗村	160	1077	1552	11	17495	1015	500
第一居委会	38	431	903				
第二居委会	186	451	491				
第三居委会	108	2272	2229				

（石板镇）

燕楼镇

【中共燕楼镇委员会】 2017年，中共燕楼镇委员会下设13个党支部，其中机关党支部1个、公有企业单位党支部1个、非公有制企业单位党支部2个、社会组织党支部1个、行政村党支部8个。全镇有党员404名，其中女党员80名，占党员总数的20%；少数民族94人，占党员总数的23%；大专及以上学历党员89名，占党员总数的23%。35岁及以下的党员85名，占党员总数的22%；36岁至45岁的党员88名，占党员总数的22%；46岁至60岁的党员109名，占党员总数的28%；61岁及以上的党员111名，占党员总数的28%。

（燕楼镇）

【经济发展状况】 2017年，燕楼镇生产总值6.89亿元，比2016年增长11.5%；固定资产投资10亿元；经与区工信局对接，新增规模以上工业企业（2000万元口径，祥和海绵厂）1家。招商引资5亿元。全年财政总收入5354.5万元，比上年增长55.8%，公共财政预算收入2006.8万元，全年财政支出1623.7万元（含追加数）。城镇居民人均可支配收入增长9%；农民人均纯收入14679元，比2016年增长10%。配合区商务局建立辖区内商贸流通企业管理信息数据库，培育线上企业。

（燕楼镇）

【燕楼工业园区建设】 2017年，燕楼镇做好工业园区企业的协调服务工作，为投产的4家企业招工。对尚未建成的10家企业，协调服务与区园区办作好各项工作对接，确保企业能尽快开工建设；完成园区二期1300亩土地收储工作，为污水处理厂、宇培、标房、菜鸟等重大项目完成前期工作。标房项目地块于6月招牌挂成功摘牌，宇培等2个项目地块于11月招商牌挂，成功摘牌；与贵阳市国土资源局签订土地权属转让合同，完善相关手续。引进以中国科技集团世界500强企业；加速推进城镇生活垃圾无害化处理建设，贵阳中电环保发电有限公司项目于12月30日实现点火试运行。启动实施燕楼产业园区污水处理工程，完成土建工程的90%。（燕楼镇）

【社会保障事业】 2017年，燕楼镇举办农民技术培训5期，培训300余人次；组织到区级技能培训120人次，开展"春风行动"招聘会，提供就业岗位500余个，推荐劳动力在燕楼镇园区企业就业300人，城镇新增就业300人，失业人员再就业20人。城乡居民基本养老保险参保缴费66.02万元，参保人数6199人，1820人领取养老保险金，正常续保4096人；合医筹资152.5万元，参合率98.93%，新农合在本镇报账10.96万元。发放城低保保障金4.62万元、农低保保障金114.69万元、残疾20人补助金1.43万元、救济救灾188户659人，发放救济粮15.7吨，救济27户84人，发放救济款1.59万元。危房改造1户，为5户困难户修缮住房，帮助12人解决户口问题，帮助3户边缘户解决低保问题。整合区民宗局少数民族发展资金和旧盘村集体资金，投入近120万元建成燕楼镇旧盘村苗族文化传习及展示馆。完成8个村多彩贵州"广电云"户户用工程的光缆建设并开通信号，完成坝楼、同心、槐舟、思惹、旧盘、摆古6个村的光缆入户，为建档立卡户安装电视20户。（燕楼镇）

【计生事业】 2017年，燕楼镇为确保实现"双降"目标，突出孕前跟踪和流动人口管理，突破计生难点，加大政策外生育监控管理，积极兑现计生奖惩，加强计生队伍建设，确保计生工作各项目标落实。签订诚信计生双向承诺书4350份，全年政策内出生238，政策外出生16人，符合政策生育率93.7%，人口出生率18.99‰，人口自然增长率7.33‰。完成计生"三结合"帮扶任务166户，合计帮扶资金15.5万元。各帮扶单位发放计生帮扶资金1万元。兑现符合诚信计生双向承诺书，奖励村民1.69万元。（燕楼镇）

【卫生事业】 2017年，燕楼镇有卫生院1个，床位10张，卫生技术人员26人，其中执业医生1人、执业助理医师3人、注册护士3人、药剂师1人；全年诊疗29974人次，全部是门诊；全镇有村卫生室8个，村医生9人。完成燕楼卫生院数字化预防接种门诊改造，建成燕楼镇残疾人康复站及村级卫生室。设备正在采购中，远程医疗工作相关设备配齐，待投入使用。（燕楼镇）

【社会治安管理】 2017年，燕楼镇社会治安管理工作：强化三级巡逻，发挥村级警务助理作用。派出所负责做好重点区域的每日不定时段巡逻，每周五赶场天安排2辆以上警用摩托车在集镇街面巡逻。园区保畅组在园区路口建卡设点，检查过往可疑车辆和人员，维护园区的治安秩序。各村两委、村警、村巡防队员主要负责本村辖区内的巡逻防范。组织巡防队和村两委成员、治安志愿者等每周开展1次以上夜间巡逻，巡逻时穿治安服装、带"红袖标"、配备警用手电、警棍等设备，发现群众院门、圈门不关或摩托车停放户外、不上锁等情况时及时提醒。开展"两严一降"。保持对犯罪分子高压态势，威慑犯罪分子，降低刑事发案。截至12月31日，全镇刑事案件发案22起。上半年在群众安全感测评中，群众安全感100%。以不同形式开展平安建设"两严一降"大型宣传活动10余次，发放"两严一降"宣传雨伞400把、宣传挂历500份、宣传纸巾盒500余个、记事本300余本、宣传资料5000余份，发放安全知识宣传手册1000余册，喷制大型墙体标语8幅、小型墙体标语50余条，在路边悬挂宣传标语30余幅，向干部职工和村民发送"两严一降"手机短信3000余条。（燕楼镇）

【创文工作】 2017年，燕楼镇开展环保和生态保护政策、法规的宣传教育活动，采取各包村部门入户宣传和在政府宣传栏、镇主要道路设置宣传标语的方式，增进群众环保意识。悬挂横幅20余条，张贴宣传画40余张、制作宣传公示栏8个。全镇干部职工，其中党员、团员、志愿者80余人及各村支两委干部集中开展为期半天的卫生大扫除活动，对全镇的环境卫生进行一次集中整治。燕楼镇大气污染防治工作巡查小组每日进行例行巡查，加强秸秆焚烧管理，发现焚烧秸秆现象10余起，经过劝解得到控制。全年开展爱国卫生运动宣传活动20余次。对各村开展健康教育知识宣传，每月一次，全年开展12次。在各村张贴健康教育宣传画20余张。开展“讲文明、树新风”“邻里守望、亲情关爱”“关爱他人、关爱社会、关爱自然”志愿服务等活动40余次。在全国创文复检期间，志愿者服务1500余人，开展环境卫生整治和交通文明引导活动，倡导文明新风，规范集镇的交通秩序和环境卫生，倡导群众爱护环境、交通有序、文明礼让。（燕楼镇）

【扶贫工作】 2017年，燕楼镇扩宽渠道帮助困难群众脱贫，镇党委政府全年召开会议听取扶贫工作开展情况安排部署14次，召开扶贫工作专题会议5次，每周一集中会上安排扶贫工作20余次，集思广益，研究部署，解决低收入群众的困难问题。下派第一书记、配齐配强驻村工作组成员，一对一或一对多帮扶干部，建立起“大帮扶”工作格局。全镇低收入困难户均得到市、区、镇干部的结对帮扶，帮扶人员走访2000余次，投入结对帮扶物资、资金50余万元。编制帮扶措施388个，实施200亩30万元架材类蔬菜种植项目，发放肉鸡1400羽、商品猪139头、配套饲料370包，扶贫资金180余万元。投入40万元扶贫资金到孔雀养殖提升项目，争取80万元财政扶贫资金入股孔雀养殖场项目，作为低收入困难户的股金，增加坝楼村低收入困难户的增收渠道。完成25万元基础设施建设。完成14户45人易地搬迁的前期工作。实施坝楼10组农村供电基础设施改造7.4千米，完成坝楼村机耕道建设3070米；协调解决槐舟、坝楼、摆古3个村2300余人的饮水安全问题，新建和修复灌溉面积1018亩。探索实施扶贫与产业发展相链接的模式，引进贵州天意燕楼古茶公司为龙头企业，打造育苗、生产、加工为一体的1000亩茶叶基地，并实地进行茶苗培育，完成办公用房及厂房主体建设。启动槐舟村和思惹村中药材园项目、恒大占补平衡项目，拉开燕楼镇农村“三变”帷幕。通过逐户入户调查核实，对照“八个不能退”及“一达标两不愁三保障”标准，全镇2016年有国标系统贫困户139户351人，2017年年末，人均年纯收入超过4800元脱贫基准线，达到人均年纯收入6024.4元，增长25.5%。

（燕楼镇）

【教育事业】 2017年，燕楼镇配合教育局做好中小学基本情况统计并录入上报。防汛安全隐患排查4次，排查学校周边的食品安全4次。完成燕楼镇第一幼儿园建设和燕楼嘎多幼儿园改建，下半年实现招生。在中小学开展禁毒知识教育，组织中、小学师生到阳光就业家园燕楼基地参观学习2次，燕楼镇乖乖乐幼儿园开展大型志愿者宣传禁毒活动1次，各学校开展“我们的节日”六一儿童节文艺表演。完成新两基迎检资料，开展新两基宣传4次，宣传5000人次。发放贵州麟山水泥有限责任公司捐赠燕楼镇29名考取大学本科、大专学生教育扶贫资金10.2万元。全镇幼儿园3所，入园幼儿315人，其中少数民族180人，入园率97%，幼儿园教职工35人。小学5所，在校学生762人，其中少数民族262人，适龄儿童入学率100%，小学教职工76人，其中专任教师75人。中学1所，在校初中生313人，其中少数民族124人；初中毕业生129人；中学教职工27人，其中专任初中教师27人。开展控辍保学和金秋助学工作，全年奖励优秀学生，发放教育基金和金秋助

学帮扶金 22.5 万元。全年开展老年教育培训 4 次，培训 200 人次。（陈 群）

燕楼镇 2017 年村（居）基本情况表

表 8

村(居)民	户数（户）	户籍人口（人）	常住人口（人）	村民组数（个）	长耕面积（公顷）		劳动力（人）	自然村寨（个）	区域面积（公顷）
					总面积	其中：田			
燕楼村	790	3153	2103	21	445.05	143.95	2049	5	705.87
谷蒙村	446	1845	1150	9	355.53	98.17	1257	7	739.81
槐舟村	425	1765	1184	9	304.21	81.94	1235	7	575.7
思惹村	313	1004	687	9	273.48	44.1	677	4	685.34
坝楼村	382	1581	1115	11	528.85	76.99	1020	11	1457.63
旧盘村	306	1286	896	7	230.35	46	831	7	589.7
同心村	476	1932	1317	11	341.26	84.63	1344	6	818.66
摆古村	509	2196	1492	11	371.78	84.4	1494	8	905.65
合 计	3647	14762	9944	88	2850.51	660.18	9907	55	6478.36

（陈 群）

麦坪镇

【概 况】 2017 年，全镇有 13 个行政村，69 个村民组。境内居民以汉族、布依族、苗族为主。居民 4940 户，户籍人口 21750 人，全年出生 355 人，死亡 142 人。（安 艳）

【经济发展状况】 2017 年，麦坪镇生产总值 34196 万元，比 2016 年增长 11.86%。其中第一产业 6957 万元，第二产业第 17135 万元，第三产业第 10104 万元；完成工业增加值 2000 万元，固定资产投资 9200 万元；省外招商引资到位资金 1.2 亿元，财政总收入 3473.03 万元，公共财政预算收入 1741.03 万元；农民人均收入 14173.57 元，比 2016 年增长 9.7%。（安 艳）

【农村建设】 2017 年，麦坪镇投资 317.79 万元完成戈寨村三岔路至经果林通组路 3.5 千米、康寨村六组至水库通组路 1.5 千米、刘庄村一组至双井水库通组路 2000 米、场坝村街上至天河潭通组路 1.5 千米、康寨村委会至 4 组通组路 1.8 千米、兴诚村红岩至人人山通组路 2000 米、施庄村黑洞至母猪龙潭等道路建设。投资 188.37 万元，实施刘庄村、杉二村、杉一村、康寨村、彭官村、麦坪村、场坝村一组、场坝村、新寨村等 9 个文化广场建设。投资 108.41 万元，建设刘庄村、康寨村、杉一村、彭官村、杉二村 5 个村各 1 个公共厕所。投资 158.93 万元完成场坝村、杉一村、麦坪村、麦坪集镇等 4.1 千米排污沟渠建设。投资 100.4 万元完成彭官村、刘庄村、杉一村、麦坪村、杉二村、场坝村太阳能路灯安装 251 盏。投资 31.65 万元完成兴诚村、彭官村、杉一村、杉二村、麦坪村等 5 个村休闲亭子建设。投资 179.98 万元完成彭官村、刘庄村、杉二村、兴诚村、杉一村、新寨村、康寨村等 7 个村文化长廊建设。投资 36.7 万元完成场坝村桃子凹 120 米护栏、麦坪村剪刀塘

850米安全护栏安装。投资1000万元，提升改造全长10千米麦清线和总投资700万元、提升改造全长7千米的麦戈公路。（安　艳）

【民生事业】　2017年，麦坪镇识别低收入困难户193户329人，其中一般低收入户10户38人、一般保障户26户56人、重点保障户142户220人、长期保障户16户16人，全镇193户低收入家庭实现“六个确保”；对人均纯收入低于4300元以下的低收入群体实现帮扶责任全覆盖，落实帮扶资金40余万元，低保金122万元，五保金17万元；城乡居民养老保险续保5380人，新参保172人；失地农民养老保险资格认证410户652人，城乡居民社会养老保险参保率96%；全镇发放养老保险2288人，全年发放养老金额436.63万元。新农合参合人数18583人，总就诊6463人次，总报销金额23.04万元，其中门诊6391人次，报销12.24万元，住院72人，报销10.8万元；全年临时困难救助23人19.46万元，冬春救助70户3万余元，医疗救助26人24.93万余元，全年发放各类慰问金12万余元；完成全镇1262名残疾人数据调查及录入工作。帮扶贫困残疾人家庭子女就学6户、重度残疾人申请补助100人、发放残疾人各类补贴6500元，办理残疾人免费公交IC卡53张；为103名重度和贫困残疾人申请两项补助，为6名贫困残疾人子女提供助学补助4600元；开展创业培训50人，一次性奖补返乡创业农民工9人，每人3000元，引导37户留守儿童家庭劳动力回乡创业就业，城镇新增就业270人。完成广电云户户通工程2650户，实现低收入困难户全覆盖。（安　艳）

【生活环境整治】　2017年，麦坪镇迎接中央环保督察，主动与区对接，掌握最新动态和工作要求。镇、村两级联动，开展自查自纠，查找工作差距和薄弱环节。不间断进行巡查和整改，做到“问题不查清不放过、整改不到位不放过、责任不落实不放过、群众不满意不放过”。出动人员156人次，出动巡查车辆100余次，出动洒水车40车次，清理野广告450余处，环境卫生整治130多处，取缔占道摊点2处，覆盖防尘网300余平方米，垃圾清运180余吨。投入80余万元，对集镇主干道进行硬化，用沥青进行铺垫，解决群众反映强烈的路面损坏严重问题。投入8万余元，为集镇道路两旁安装护栏，解决道路两旁的安全隐患。增设展板8块，安装大型喷绘30余处，安装道旗50面，张贴宣传海报600余张，发放宣传资料500余张。调整充实镇农村卫生环境整治工作领导小组成员，明确科级领导干部负责制；将各村卫生环境整治工作与美丽乡村建设结合起来，全面纳入村两委工作目标考核，纳入村干部工作履职内容。（安　艳）

【重点项目建设】　2017年，麦坪镇土地征收2758.23亩，房屋征收130余户，坟墓清点634座，其中中八戒毒单位项目征地拆迁完成1800亩，房屋征收130余户，坟墓迁移400余座；省体育训

11月7日，麦坪镇举办党的十九大知识问答活动（麦坪镇　供稿）

练基地国有土地回收项目征地完成890亩及房屋征收、坟墓迁移工作；彭官小学还建项目征地（簸箕田）迁移坟墓13座；市域快铁项目涉及土地68.24亩，坟墓清点221座。地质灾害搬迁完成34户，其中大坡村三组洞边5户，大坡村三组虾井8户，施庄村二组、三组王家对门地灾点21户。

（安　艳）

【党政换届选举】 2017年，举行中国共产党麦坪镇第一届党委选举。15个支部，选举代表57名。其中，乡、村领导干部代表30名，占52.63%；妇女代表17名，占30%；少数民族代表17名，占30%；45岁以下的代表35名，占61.5%。代表中研究生1人，大学本科13人，大专学历的4人、初中以上学历39人。3月31日，召开中国共产党麦坪镇第一次代表大会，选举中国共产党麦坪镇第一届委员会。完成麦坪镇第一届人大代表选举工作，选举镇人民代表78人，选举第一届麦坪镇人民政府组成人员。

（安　艳）

【"平安麦坪"建设】 2017年，麦坪镇围绕校园、企业、危险化学品、烟花爆竹等方面开展安全生产大检查、"安全生产月"、打击私挖盗采行活动。全年开展各项安全检查80余次，出动检查人员250余人次，整改安全隐患150余条。截至上半年，群众安全感测评98.33%。开展吸毒人员大排查、大收戒行动，全年查获吸毒人员47人。调解矛盾纠纷71件，矛盾纠纷调解成功率100%，化解上访案件9件。专人负责处理"12345"贵阳市公共服务热线平台系统案件，全年处理办结案件103件。

（安　艳）

【乡村教育事业】 2017年，麦坪镇"控辍保学"，推进教育"9+3"计划，全镇幼儿园学生有410人；小学生1060人，小学教师80人；中学生有260人，中学教师40人；全镇小学阶段入学率100%，初中阶段入学率100%，小学校舍建筑面积1813平方米，有图书5610册，现有教学仪器设备值4.61万元；中学教室建筑面积7138平方米，体育活动场地13568平方米，宿舍面积1751平方米，有图书14374册；实施营养午餐工程，保障全镇近1400名中小学生吃上安全、卫生、营养的午餐；实施"雨露计划"教育帮扶，为2名考取大学的贫困学生申请助学补助金8000元；列出专项资金对2016年全镇教学战线上涌现出的10名优秀教师及16名被省内外高校录取的优秀学生进行表彰奖励。

（安　艳）

麦坪镇2017年村（居）基本情况表

表9

村(居)名	户数（户）	户籍人口（人）	常住人口（人）	村民组数（个）	人均纯收入（元）	常年耕地面积(公顷)		劳动力（人）	自然村寨（个）	区域面积（公顷）
						总面积	其中：田			
大坡村	635	2655	2743	8	12991	73	52	1676	8	750
康寨村	436	1959	1966	8	13820	111	73	1378	8	680
兴城村	451	2124	2270	7	12481	80	32	1334	10	450
施庄村	205	850	781	4	12835	20	14	515	2	190
刘庄村	375	1411	1360	7	13695	59	32	876	8	538
彭官村	620	2490	2510	7	13558	40	50	1633	7	270
麦坪村	465	2068	2085	10	13957	68	36	1276	5	300

续表9

村(居)名	户数(户)	户籍人口(人)	常住人口(人)	村民组数(个)	人均纯收入(元)	常年耕地面积(公顷)		劳动力(人)	自然村寨(个)	区域面积(公顷)
						总面积	其中：田			
新寨村	287	1257	1247	6	14062	42	23	766	5	250
杉一村	198	772	966	4	18095	40	27	411	1	400
汪庄村	230	1032	966	5	14320	34	13	631	3	350
杉二村	253	1117	1158	6	13752	54	24	646	3	410
场坝村	321	1513	1658	4	14685	62	30	933	4	220
戈寨村	463	2030	2040	8	15779	59	51	1339	5	503

（安　梅）

孟关乡

【概　况】　2017年，孟关乡党政机关内设机构14个，其中行政机构6个，编制29人（干部26名，工勤3名），年末在编在职行政干部25人，工勤人员1人；事业机构8个，编制61人，在职在岗事业编制干部59人。（朱雨珊）

【国民经济主要指标】　2017年，截至10月31日工业增加值完成2.88亿元，招商引资到位省外资金20.29亿元，新签约项目3个，新签约项目投资总额5.48亿元，新投产项目2个；截至9月份固定资产投资完成29.39亿元；汽贸城销售车辆135689台，比2016年增长5%，销售金额174亿元，比2016年增长8%；地方财政收入16.48亿元，比2016年增长15.2倍；农民人均纯收入为13670元，比2016年增长9%。（朱雨珊）

【示范小城镇建设】　2017年，孟关乡被列为贵阳市23个示范小城镇之一。完成示范小城镇专项规划，推进孟关乡"产城互动"生态示范小城镇建设；完成孟关集镇主入口景观改造、集镇南北水塘景观改造、汽车超市C、D栋大数据示范基地、孟溪路孟关段建设项目；孟关污水处理厂配套管网建设、孟关汽贸城排洪大沟建设、孟关富源二路建设等项目均在正常施工中。孟关污水处理厂污水再利用率25%，污水处理达标排放率100%；集镇及各村均安装垃圾收集系统，并配备专门的环卫人员，确保生活垃圾收集率95%以上；主要街道道路路牙、人行道铺装率100%，车辆停靠线合理、清晰；亮化率98%以上，碧桂园、传化智能公路港等项目投入使用，辖区多个山体公园建成使用，加强基础设施和公共服务设施建设，在集镇文化服务中心和各村设置图书室；发展46户小微企业，多数获得"3个15万元"的政策支持。成立森防队环境保护队伍，近三年辖区内无乱垦、滥伐、滥采、滥挖现象，无重大环境污染或生态破坏事故发生。20%以上居民自行安装太阳能，利用天然资源，为创建绿色环保小镇创造条件。全乡48户获得住房或者住房补助。完成石龙、改毛、五星、上板4个村综合楼改造和孟关、沙坡2个村综合楼建设设计。完善项目资料，确保各项目资料齐备、有据可查。（朱雨珊）

【社会保障事业】　2017年，孟关乡落实农村低保69户、117人，发放低保金68.68万元；城市低保8户、11人，发放低保金7.25万元；城乡居民养老保险参保1901人，缴费金额44.65万元，全乡正常领取养老金人数1379人，领取金额294.67万元；全乡新型农村合作医疗参保人数15880人，筹资金额190.56万元，全年门诊15442人次，报销金额106.35万元，大病住院1611人次，报销金额623.14万元；城镇居民医疗保险新增60人；完成城镇新增就业1053人；办理失业登记37人，完成农村劳动力转移300人，失业再就业150人，就业困难人员就业35人，园区就业525人，旅游就业210人；完成技能创业培训99人；帮助返乡创业6人，补贴资金14400元，小额担保贷款政策入户宣传53户，申请办理审核通过1人；享受特困供养待遇4户4人；临时救助困难农民18户47人，救助金额8.45万元。优抚对象137人，发放慰问金10.96万元，申报优抚医疗救助8人次，发放优抚医疗救助金9139元。为两参人员、老复员军人、伤残军人、烈属、带病回乡人员办理农村合作医疗16440元；8户现役军人家属发放优待金9.28万元；慰问现役军人家属4人1200元；为273名老年人发放老年补贴15.56万元；老年节对百岁老人及留守老人、困难老人37位进行慰问，发给慰问金1290元；医疗救助8人，发放救助金8.07万元。全乡持证残疾人311人，其中精神病患者26人，协助孟关乡卫生院坚持对精神病人的免费药物救助，第四届孟关乡残疾人联合会成功换届；申报“阳光家园计划”居家托养补2人，发放重度残疾人补贴64人，在助残日对8名贫困残疾人进行慰问，发放慰问金2400元，补助30名残疾人2018年合医自筹费3600元，对311户持证残疾人进行建档，办理残疾人免费乘车卡65张。对66户117人已保户进行规范化档案管理；解决困难户20户46人，发放救济款6300元，发放救灾大米380千克；全年实行殡改125人，全乡无一例违法土葬；办理重点项目迁坟手续150余座；在区民政局的指导帮助下，新增建谷立村农村幸福院，11月底，完成物资配送并正常使用；办理婚姻登记136对；动员全乡100余名人员参加区红十字会无偿献血活动，其中62名体检合格并成功献血。

（朱雨珊）

【生态环境保护】 2017年，孟关乡完善退耕还林工作，完成2000亩造林任务；造林成林率高于80%，成活率高于85%；林地保有量2852.43公顷。乡成立森林防火领导小组，建立森林防火应急机制，各村落实专职护林员，制作森林防火标语20幅，张贴禁止林区野外用火通告50张，发放森林防火宣传画册500张，充分发挥专业灭火队员作用，以防为主，打防结合，科学扑救，完全实现打早、打小、打了的目的，全年森林火警损失仅1.14亩。

（朱雨珊）

【三农工作】 2017年，孟关乡春、夏、秋三季开展除“四害”工作，发放8个行政村灭蚊灭鼠药物50千克。将孟关村一组作为健康细胞“健康村寨”试点申报。全年完成猪、牛疫苗防疫注射、打耳标、发放免疫登记证。注射牛39头、注射密度97.3%；注射猪1244头，注射密度98.6%。完成石龙村茶山85户215人饮管网改造工程；完成石龙村长田组（113户417人）、张家凹组（107户385人）人饮工程；石龙村长冲人饮工作完成90%；完成红星村沙冲片区农灌打井工程；完成改毛村九铺子、大湾片区人饮管网改造工程项目申报工作。完成土地确权纠错及资料整理归档工作。全乡6个村，38个村民组，整理档案2272件。其中，一户一档2269件，村级综合档案32件（包含签字鱼鳞图），乡级综合档案3件，鱼鳞图6卷。配合区科技局完成防震减灾宣传；完成百万公众答题指标工作；组织参加“花溪区干部职工心脑血管疾病的预防保健知识专题讲座”，完成农业普查3655户，其中规模户13户，农业经营单位7家。全乡4300~4800元低收入农民106户214人，其中低保户88户175人，其余18户39人；国标（3146~3335元）贫困户52户142人，其中低保户34户82人，脱贫18户60人。 （朱雨珊）

【重点建设项目】 2017年，孟关乡的重点建设项目有：环城快铁。环城快铁项目于2016年启动，2017年主要房屋拆迁，红星村签约房屋14个编号36户，谷立村进场开展房屋拆迁工作，协调处理因项目施工造成的农村设施毁坏及临时用地等问题影响进展。

“两港一中心”项目。该项目主要是贵州国际“无水港”“西南商谷”和贵州国际“物流交易中心”三个板块。规划占地面积2600余亩，建设规模概算总投资120亿元。2016年，完成一期项目315亩征地拆迁。2017年，完成“两港一中心”回迁安置，大坡山A地块农户土地款兑付，项目于2017年11月16日正式启动施工。

“汽车超市二期”项目。完成在孟关村、五星村、红星村征收土地319.797亩，兑付316.81亩，兑付资金3699.3万元；2017年进场施工。

孟关中心完小。完成征收土地74.951亩，资金兑付910.13万元。

富源二路。完成项目在红星村征收土地65.986亩，资金兑付770.74万元。

中民燃气项目。完成征收土地68.643亩；完成14个编号19户房屋签约工作。

改毛一号加油站。完成征收土地14.217亩，资金兑付167.48万元，完成该项目三个编号房屋拆迁工作。

贵州石龙山地农业生态观光园建设项目。项目在孟关乡石龙村长坡组、长田组、张家凹组，规划用地面积3000亩，投资概算4.5亿元人民币，项目发展惠及石龙村420余农户、1200余人。完成土地丈量1732亩和农户土地入股协议签订，前期基础工作正在进行中。

孟溪路项目（孟关段）。该项目2016年完成征收土地丈量总任务71%，完成计划征收房屋签约总任务96%。2017年，全部完成土地和房屋征收，68个编号，进行房屋拆除，项目（孟关段）竣工正式通车。

闽达钢铁有限公司技改项目。征收土地7.604亩，资金兑付91.27万元。 （朱雨珊）

【党建工作】 2017年，孟关乡有19个党支部、498名党员、预备党员17人、53名乡党代表、50名乡人大代表。以“四定五亮”模式，开展“两学一做”学习教育。机关支部党员、各支委委员、同步小康驻村工作组成员利用“两学一做”APP平台学习达100%；党委抓实“三会一课”，严格落实每月第一个工作日为“主题党日”；创新组织建设，建立“园区红色驿站网格管理模式”，园区企业党组织实行包片制，为企业党员争取社会保障、子女教育等方面提供服务。在农村支部中，上板村拟通过“支部+公司+产业”方式，以支部为龙头，公司模式开拓业务，深入挖掘民族文化，依托布依文化，实现集体经济大发展。

（朱雨珊）

【社会治安管理】 2017年，孟关乡继续加大治安巡防员队伍建设，加大人力投入，全乡有治安巡防队员54人，各村建立一支不少于3人的治安巡防员队伍，同时强化巡防队员队伍建设和建立有效的监管机制。为治安状况较差区域、重点人员家庭等免费安装“C级”锁芯。新安装视频监控摄像头72个，覆盖全乡交通要道及重要、重点路段。全年处理回复各类信访案件21件，做到“件件有着落、事事有结果”。全年排查出矛盾纠纷82起，调解成功82起。明确划分乡党政主要领导和分管领导及乡属各部门在维护社会稳定中的工作职责。结合“百名干部大下访，进村入户办实事”工作要求，建立领导干部大下访工作台账，进村为老百姓解决信访问题3件。全年采集流入人口8208人信息，出租房屋信息2534条，用工单位信息3287条，流出人口784人，比对排查流动人口重点人员15人，均在列管掌控中。与每一出租户签订治安责任书，每两个月对一般出租房屋进行全部巡查1次以上，重点户1月巡查3次，流动人口登记率100%。全乡有在册吸毒人员90人，其中社会面吸毒人员26人（社区戒毒11人，社区康复15人），在场在所24人，3年未复吸21人，死亡3人。联合乡社事办、社保所开展吸毒人员走访入户和就业帮扶工作。联合阳光妈妈志愿者协会每周三定期到吸毒人员家中上门家访，了解生活状况，为吸毒人员联系工作，提供就业帮扶。举办禁毒预防教育“八进”活动28次，其中进校园10次、进企业7次、进家庭11次。悬挂禁毒横幅6幅，墙体标语15幅，发放禁毒宣传材料6500多份，提高辖区内居民禁毒意识。全乡参与“家庭拒绝邪教”活动的家庭4800户，“家庭拒绝邪教承诺卡”签订率达到95%。乡政府建立反邪教警示教育宣传中心，9个村（居）均建立不小于2个平方米警示教育墙；全年在铁路沿线村寨开展铁路安全知识宣传活动3次，发放铁路安全宣传手册、宣传画500余份，督促村与组、组与村民签订铁路护路责任书。全年辖区铁路无安全事故发生。全年进校园法制宣传教育5次。全年中小学校园周边未发生恶性事件。“两严一降”宣传活动8次，发放宣传海报、资料10000余份，增强群众防范意识。上板村创建为孟关乡“五型”村寨。联合城管、工商对各种占道经营摊点依法取缔；发放禁止违规占道经营宣传单3000余份，签订集镇门前三包500余份，拆除野广告3500起；联合交警中队对乱停乱放的各类车辆集中整治，清退违停车辆600台，安装人行护栏500米，实行人车分离，保证交通规范有序。（朱雨珊）

【安全生产】 2017年，孟关乡安全生产检查下达执法文书156份，查封3处私存私售成品油点。联合公安、市场监管、商务部门开展执法，以打击非法小作坊、非法储存成品油及非法停放油罐车场地为打击重点，处罚非法储油点1个，查封非法停放油罐车场地2个，清理12家非法生产小作坊。（朱雨珊）

【文化教育事业】 2017年，孟关乡配合区文广局开展全乡多彩贵州“广电云”户户用干线光缆建设工程项目，安装机顶盒1339户，其中红星村274户，五星村442户，石龙村623户；安装户线2369户，其中上板村171户，沙坡村295户，红星村280户，五星村495户，改毛村188户，谷立村300户，石龙村640户。完成文化产业统计上报32家，审核达标通过20家。全乡范围开展“扫黄打非”进基层专项行动，在各村（居）成立“扫黄打非”联络站9个。拥有7所幼儿园、7所小学、3所中学。花溪区第五中学占地面积10230平方米，在校生810人，教职工74人，教师宿舍20套。孟关小学占地面积3990平方米，在校生1007人，教职工56人。品华学校设有小学、初中、高中部，在校生1230人，教职工105人，教师宿舍2460平方米。碧桂园学校设有幼儿园、中、小学，在校生582人，教职工140人，教师宿舍176间。（朱雨珊）

【卫生计生事业】 2017年，孟关乡出生388人，符合政策生育率96.13%。其中一孩符合政策生育率92.09%，二孩符合99.15%，流动人口符合97.17%；人口出生率14.33‰，人口死亡率7.6‰，自然人口生长率6.45‰；落实综合长效避孕措施节（绝）育率90.67%。享受奖励扶助对象595人，其中省奖励扶助对象74人，奖励金额88800元，市奖励扶助对象521人（享受关爱男孩奖家庭241人），奖励金额72300元，女孩奖258人，金额7.74万元。新增办理独子户1人，独女户1人；落实三结合帮扶74户；开展计生手术112例，其中女扎8例，上取环94例。全年印发计生宣传资料10000份，各村宣传标语40条，宣传教育信息25篇。乡卫生院占地面积2517.4平方米，建筑面积2200平方米，有房屋4栋，分别为1985年建住院部、1994年建综合楼、2004年建妇幼保健楼、2009年建门诊部，主要为业务用房。医疗设备有彩色B超、12导心电图机、全自动生化仪、血球分析仪、尿液分析仪、电解质分析仪、

DR 机、中医煎药机、中医适宜治疗仪、病床数 20 张及办公电脑设备；有职工 37 人（在编在岗 13 人，聘用人员 24 人），其中副高 3 人、中级 2 人、执业医师 7 人、执业助理医师 2 人、检验专业 3 人、护理专业 11 人、其他 13 人；辖区内有 7 个村卫生室，村医 11 人。2 个卫生室由国家出资建设，5 个卫生室由私房改建，2 个村从事公共卫生服务。（朱雨珊）

孟关乡 2017 年村(居)基本情况表

表 10

村(居)名	户数（户）	户籍人口（人）	常住人口（人）	组数（组）	常耕面积(公顷)		劳动力（人）	自然村寨（个）	区域面积（公顷）
					总面积	其中：田			
孟关村	898	1855	2930	4	40	33.3	1203	4	200
上板村	418	886	1536	6	17.3	11.3	665	6	700
沙坡村	623	1992	2109	8	129	103	1232	8	640
红星村	420	1346	1583	3	98	71	800	3	300
五星村	545	2122	2420	7	64	17	1400	4	800
改毛村	1485	2817	4601	10	133.3	53.3	3073	13	450
谷立村	733	2413	2440	5	340	224.4	1452	5	1100
石龙村	901	3436	2692	13	153	102	1800	13	2980
孟关居委会	854	1424	1962	1	0	0	698	0	88.7

（朱雨珊）

马铃乡

【概　况】 2017 年，马铃布依族苗族乡辖 3 个村，77 个村民组，77 个自然村寨，户籍人口 9785 人，常住人口 7983，其中少数民族 6462 人，占全乡总人口 66.04%。全乡森林覆盖率 64.88%。辖区内有青岩—马铃公路、马铃—林卡公路，可达黔南州长顺县白云山镇和安顺市平坝县马场镇。公路沿线形成“青—马通道经济带”。（马豫筑）

【经济发展状况】 2017 年，马铃乡生产总值 29570 万元，比 2016 年增长 11.5%；完成固定资产投资 23499 万元，完成全年目标任务数 130.55%；公共财政收入 646 万元，完成全年目标责任 162.18%；城镇居民人均可支配收入增长 9%，农民人均纯收入 12087 元，增长 10%；配合区商务局建立健全辖区内商贸流通企业管理信息数据库，加大限上企业培育力度，培育 1 家批零餐企业上限入统。引进省外到位资金 2.02 亿元，新签约项目 2 个，签约项目投资总额 3 亿多元，新签约项目资金到位 60%，投产项目 2 个。（马豫筑）

【乡村基础设施建设】 2017 年，马铃乡完成 2016 年市级重点示范乡项目续建，实施美丽乡村“一事一议”项目 19 个，其中一般普惠制项目 7 个，省级重点示范县项目 11 个，投入财政奖补资金 356.95 万元。完成通组路硬化 3100 米，整合部门资金 381.38 万元，完成泡合冲、大泡木组 2 千米进组路硬化建设；整治人畜饮水取水点 3 处，安装人饮管网 900 余米；建成谷中村新寨组污水处理池及垃圾收集房2座，安装车载移动式垃圾斗13个，完善垃圾收集处理系统；安装太阳能路灯139盏，完善凯坝村摆茶、大小泡木和马铃村红岩组、高塘组等边缘村寨的照明设施；建成凯坝村凯坝和谷中村下云村民活动广场2910平方米，丰富群众的文化生活；启动“组组通”建设8条道路16.2千米，年末完成土地丈量，开工5条，完成总建设任务30%。 （马豫筑）

【重点项目建设】 2017年，马铃乡推进省“5个100工程”项目燕马都市蔬菜保供基地高效农业示范园区建设，通过招商引资发展特色农业，“珏玲蔬菜种植园”“鑫果精品水果采摘园”“云中百花园”“鑫源标准蛋鸡养殖园”等产生经济效益。红岩水库项目建设完成投资1.02亿元，基本完成水库枢纽区、管线区、水淹区及移民安置点约2500亩土地征收补偿8894.03万元，所征土地按时移交以保障水库各项工程建设需要。179户移民搬迁安置点启动建设。花安高速如期建成通车。

（马豫筑）

【社会保障事业】 2017年，马铃乡对全乡农低保109户201人发放低保金85万元，各类社会救助27户116人，发放金额22.86万元，救灾救济109户213人，优抚对象生活补助及慰问633人次，发放优抚金41.29万元，义务兵优待14户，发放优待金14.82万元，残疾人补助补贴2万元，高龄补助174人次，发放补助金12.31万元。新增就业100人，职业技能培训111人。养老保险缴费2326人，金额70.17万元，领取养老保险1219人，其中年内新增90人，发放养老金277.22万元，完成全年任务的100.34%。新农合缴费8311人，金额99.73万元，合医报销29人（返回合医办报销），报销金额58790.89元。 （马豫筑）

【教育卫生事业】 2017年，马铃乡有中小学4所，其中马铃中心完小1所，村小3所。在校学生440名，留守儿童5名，小学教师50名。有幼儿园3所，其中，中心幼儿园1所，入园儿童76名，幼儿教师4名，聘用教师3名，临聘工勤人员2名；私立幼儿园2所，入园儿童139名。全乡小学阶段入学率99.9%（有一名小学生辍学）。幼儿入园率85%。乡卫生院位于马铃村，占地面积1000平方米，建筑面积1350平方米，绿化面积50平方米，业务用房600平方米。设门诊部、住院部、公共卫生科。医疗设备有全自动生化分析仪、三导心电图机、X光机、制氧机、洗胃机、吸痰器等。开展的业务有公共卫生管理、卫生监督、疾病预防控制、医疗业务（内科、普外科、儿科、妇产科、中医科）。卫生院设立正副院长各1名，核定编制8人，实有在职在编专业技术人员7人，外单位借用人员3人。其中，医师4人，护师2人，护士1人，检验士1人，药剂士1人，无职称1人，行政管理人员1人，初级职称7人。截至2017年11月26日，诊治病人7948人次。门诊总收入20.5万元，其中药品15万元，治疗收入4万元、诊查收入8000元，防保收入：7000元。全年通过贵州省药品集中采购平台上采购药品269种，100%为基药。规划建设村卫生室8个，建成7个，有村医生8人，均有医生资格。 （马豫筑）

【卫生计生工作】 2017年，马铃乡人口出生率13.87%，符合政策出生率97.76%，人口自然增长率控制在4.66‰；政策外多孩率2.23%，出生人口性别比为104，实现人口和谐增长。完成基层医疗卫生服务能力3年提升2017年的工作任务；完成乡镇卫生院远程医疗全覆盖、医药监管平台、数字化计划免疫门诊、预约挂号和区域人口健康信息云平台、“数据铁笼”建设应用任务。

（马豫筑）

【信访维稳工作】 2017年，马铃乡开展反邪教警示及形势教育，全年无涉邪案件；全乡排查矛盾纠纷47起，调解47起，调解成功47起，成功率

100%，有1起到省信访事件，是因王宇向贵州省交通建设集团有限公司（花溪）至安顺高速公路总承包TJ-2合同段项目代运砂石，在马铃乡谷中村采石场生产期间产生的炮损、环境污染等问题的调解，正在处理中。全乡有18名吸毒人员，其中有1人在场在所，3人在社区戒毒，2人在社区康复；15人属于社会面吸毒人员，其中4人为戒断3年未复吸。出所3年管控率100%；就业安置率100%。全乡流入人口100人，登记100%；办理贵州省居信证45人；出租房屋11间，房屋出租登记率100%；用工单位主动申报100%；无流动人口重点对象，未发生流动人员违反治安案件及刑事犯罪案件。（马豫筑）

【纪检工作】 2017年，马铃乡领导干部、乡属站所负责人、村支两委负责人签订“廉洁承诺书”33人，承诺带头遵守廉洁自律各项规定。乡纪委开展“层层约谈”62人次，乡党委开展“层层约谈”142人次。按季度梳理乡内重点工作，建立台账，并进行追踪督促，对防汛救灾物资、资金管理使用情况监督检查，对违规使用公务加油卡、公款购买高档酒等进行专项整治。对辖区内3个行政村走访120户，其中危改113户、贫困21户、其他6户，发现3个民生问题，涉及金额6000元。按照“四要五严禁”要求开展核查申报，涉及5名公职人员的9名近亲属享受非普惠制政策，无违反“四要五严禁”的情况；严查干部“庸懒散”，向区纪委上报2名“五类干部”。全年违纪立案7件，结案7件，对涉案的7名党员干部给予相应的党纪处分。推进权力运行全流程、政务服务全过程公开，全乡党政干部每天按时登录电子政务网，进行收发文和快传文件。（马豫筑）

【生态环境建设】 2017年，马铃乡抚育2014年区农业局牵头实施的石漠化综合治理人工造林1290亩、补植补造482.5亩。造林成林率不低于80%，造林成活率不低于85%，林地保有量5018.61公顷，森林覆盖率64.88%；全年没有发生森林火灾及林业有害生物成灾情况。人均综合能耗比2016年下降3%、人均水耗比2016年下降2.5%，单位建筑面积能耗比2016年下降4%；完成贵阳市水污染防治目标责任书下达的目标任务，集中式饮用水源地水质达标率实现100%；全乡环境空气质量达标100%，环境空气污染物基本项目达到市政府要求。配合区完成贵阳市“创文”巩固提升复检，马铃乡获国家卫生乡镇称号、谷中村获国家文明村寨称号。（马豫筑）

【农业工作】 2017年，马铃乡蔬菜种植面积2.5万亩次，全乡豇豆、棒豆等特色蔬菜种植达1.2万余亩次，其他叶类蔬菜达1.3万余亩次。推广种植优质“双杂”粮种6700亩，辣椒种植2800余亩，西瓜种植2000余亩，农民人均经营性收入达3500元。全乡生猪存栏2311头，牛存栏1418头，家禽存栏19.17万羽（其中养殖场18.5万羽）。通过招商引资发展特色高效农业，“珏玲蔬菜种植园”“鑫果精品水果采摘园”“云中百花园”“鑫源标准蛋鸡养殖园”等产生经济效益。全乡产业结构逐步由“一产”向“一产+三产”转变，为打造乡村休闲和特色农业、观光农业为主题的农旅融合发展奠定基础。开展土地确权信息核对纠错工作，全乡1564户，地块总数17758宗，确权总面积21171.63亩。（马豫筑）

【扶贫工作】 2017年，马铃乡完成大数据精准扶贫平台相关工作，对家庭人均可支配收入4800元以下低收入困难户进行精准识别，全乡有136户318人。全年整合各类资金150万元开展产业扶贫，年末国办标准低收入困难户退出21户44人。谷中村作为低收入困难村，年人均可支配收入增幅高于全市平均水平3个百分点，整体越过4800元。（马豫筑）

马铃乡 2017 年村（居）基本情况表

表 11

村(居)名	户数（户）	户籍人口（人）	常住人口（人）	组数（组）	人均纯收入（元）	常年耕地面积(公顷)		自然村寨（个）	劳动力（人）	区域面积（公顷）
						总面积	其中：田			
马铃	1351	4520	3795	37	12000	4292. 97	1419. 74	37	1854	39. 9
谷中	734	2530	2015	21	11000	2585. 2	881. 63	21	1061	20. 1
凯坝	774	2735	2173	19	13000	2551. 79	852. 59	19	1136	21. 08
合计	2859	9785	7983	77	12087	9430. 97	3153. 96	77	4051	81. 08

（马豫筑）

黔陶乡

【概　况】　黔陶乡辖 7 个村、1 个居委会，总人口 10902 人。居住有汉、布依、苗、仡佬等 10 多个民族，少数民族人口 5200 人，占总人口的 47%，是一个以布依族、苗族为主体的少数民族乡。全乡生态环境良好，气候温和，冬暖夏凉，森林面积 4700 公顷，森林覆盖率 62. 18%，负氧离子含量每平方厘米 5800 个以上，素有“天然氧吧”之称。自然风光秀美奇特，山、水、林、田园、溶洞等自然资源丰富。河流众多，老榜河、赵司河流经区域民宿山庄，青山环抱，风光如画，是发展都市农业的绝佳场所。鬼架桥山势险峻，山峰奇特，草木葱郁，飞流瀑布直入水潭。初步形成休闲度假旅游带。

黔陶乡的陶瓷文化发端于明代，鼎盛于清末民初，当时黔陶“窑货”运送到全省各地，陶瓷贸易繁华。黔陶即指贵州陶。黔陶乡骑龙村的历史文化名人周渔璜和周钟瑄两叔侄历史影响广泛。周渔璜是清代进士、翰林，贵州著名诗人，参与编撰《康熙字典》《贵州通志》等。周钟瑄是清康熙五十三年（1714）赴台湾任诸罗（今台湾嘉义市）县令，政绩非凡，遗惠至今。2006 年，台湾嘉义市政府专门设立“周钟瑄纪念日”，每年举办各种纪念活动。黔陶乡骑龙村保存有周渔璜故居、周氏宗祠、周渔璜墓、周钟瑄墓等历史名人古迹。有周渔璜进献而得名的赵司贡茶。少数民族文化古朴丰厚。布依族和苗族是聚居黔陶乡最多的两个少数民族，各自保留着独特而古朴的饮食、衣着、语言、艺术、节日等民俗文化。广袤的森林与独特的气候，孕育了特色食料——野生菌。形成以集镇主干道沿线野生菌特色餐饮一条街。还有古朴的土司文化、红色文化、屯堡文化等。（黔陶乡）

【经济发展状况】　2017 年，黔陶乡国民生产总值

农历 6 月 6 日，黔陶乡布依歌会茶艺表演（黔陶乡　供稿）

完成4.12亿元，比2016年增长11.5%，其中第一产业增加值完成1.6亿元，比2016年增长11.5%；第二产业增加值完成1.2亿元，比2016年增长11.5%；第三产业增加值完成1.4亿元，比2016年增长11.5%。公共财政预算收入完成753万元，比2016年增长16%。全年工业增加值完成1.278亿元，完成目标任务的106.5%；全年固定资产投资完成2.6593亿元，完成目标任务的106.37%。全年招商引资省外到位资金3.343亿元，完成目标任务的167.15%。农民人均收入15225元，比2016年增长10%。（黔陶乡）

【乡村建设】 2017年，黔陶乡围绕全域旅游工作目标，以青黔高沿线为依托，加快基础设施建设，牵头实施总投资1300万元的青黔高沿线环境整治项目，包括黔陶村综合环境整治、黔陶集镇街道、广场、景观改造、集镇特色餐饮一条街、马场村综合环境整治、“游客服务中心”及停车场项目、赵司村茶山基础设施建设、马场村立体农业等。配合区住建局完成青黔高道路、集镇至马场村公路沿线356户农民住房的立面整治。（黔陶乡）

【“三农”工作】 2017年，黔陶乡园区建设大棚2000平方米，硬化道路500米，配合区园区办按照考核指标，完成省级考核。投入资金1000万元，打造大马场美丽乡村提高型示范点，通过市级考核。投资200万元，建设谷洒村机井配套工程和半坡村一、二组人畜饮水工程及修建黔陶乡政府门口拦河坝等7个饮水、防洪、农田灌溉工程，解决半坡、谷洒村人畜饮水难问题，改善关口、黔陶村的农田灌溉。（黔陶乡）

【精准扶贫工作】 2017年，黔陶乡有国家标准的贫困农民56户144人，有市级标准的贫困农民195户361人，区人大、区政协、区委组织部、区纪委等部门帮助对195户低收入困难户给予资金及物资折价33万元帮扶。按照市、区要求，对全乡2016年人均可支配收入低于8000元的农户进行再摸底，摸底排查低收入人口为256户532人。按照贵阳市扶贫、民政两线合一的工作要求，提高低保标准。针对低保户的收入低于4800元进行补差，保障每个低保人口2017年收入达标。对五保户人群，将其转为特困人员进行供养，提高供养标准，并安排专门护理人员进行看护，保障其生活。同时，通过培训、帮助就业、发展项目等各类帮扶，年末全乡贫困人口整体越过人均收入4800元。（黔陶乡）

【生态环境保护】 2017年，黔陶乡健全巡山制度，划分管护区域，落实全乡69634亩公益林管护任务；开展森林病虫害普防普治，使用药品30余瓶；修订森林防火预案，实行24小时森防值班制度，组建森防队伍，本年度发生的林火警均因处置及时，未造成重大损失；根据青黔高道路项目的建设需求，征收林木1502棵；在谷洒、半坡村完成人工造林2500亩，待验收；开展环保督查，禁止焚烧秸秆、焚烧垃圾等行动，保障环境空气质量达标率不低于94%，环境空气污染物没有超过规定指标。（黔陶乡）

【社会保障情况】 2017年，黔陶乡城镇新增就业120人；城镇登记失业率控制在4%以内；农村富余劳动力转移225人；城乡统筹培训135人。完成黔陶乡阳光助业驿站创建，在8个村（居）成立阳光助业站。助业驿站建立后，对全乡辖区内戒毒康复人员进行管理，对有就业意愿人员推荐5人就业，1人创业。

全年城乡居民养老保险参保3332人，完成任务102.05%；应缴费2021人，实际缴费1834人，续保率90.75%；缴费金额52.15万元，完成任务115.39%。全名参保调查完成978人，完成率100%。

完成14375人次合医就诊审核，报销25.58万元，其中门诊报销21.43万元，特殊门诊报销4732.15元，住院报销3.68万元。完成2018年新型农村合作医疗筹资 107.16 万元。全乡参保 8865 人，其中民政补助 256 人，补助 3.07 万元。

（黔陶乡）

【民生保障事业】 2017 年，黔陶乡政府为全乡城镇低保 63 户 95 人发放救助金和慰问金 41.34 万元，为农村低保 202 户 363 人发放救助金 142.99 万元和春节慰问金 92.24 万元；为 10 人特困人员发放救助金 48222 元，发放护理费 14112 元；为散养“五保户”8 人发放五保供养金 15840 元；为 4 名孤儿发放孤儿生活补助 48000 元；为 31 户发放救灾粮 2.195 吨；为 5 户发放救灾款 9750 元；为临时生活困难家庭 10 户申请临时救助 4.2 万元；发放冬春救助 68 户 3.33 万元；为 13 人次发放医疗救助金 75313 元。全年全乡死亡 72 人，均全部进行火化，死亡火化率继续保持 100%。春节走访慰问空巢老人和特困老人 20 人发放慰问金 6000 元；“敬老月”走访慰问空巢老人、困难老人 20 人发放慰问金 6000 元；高龄补贴 173 人发放 11.84 万元。投入 5 万元建立骑龙村农村幸福院。全年为残疾人办理免费乘车卡 33 人，为 83 个残疾人 2018 年合医筹资费补助 9960 元，阳光家园补助 4 人发放 6000 元。（黔陶乡）

【计划生育】 2017 年，黔陶乡人口出生率 13.3‰，比 2016 年上升 2.31 个千分点（2016 年同期为 10.99‰），比目标值低 1.2 个千分点（目标值为 14.5‰）；人口自然增长率 0.55‰，比 2016 年下降 1.17 个千分点（2016 年同期为 1.72‰），比目标值低 7.45 个千分点（目标值为 8‰）。全年 35 ~64 岁妇女宫颈癌筛查 346 人，完成任务 86.5%；孕前优生应筛查 51 对，完成 51 对，完成率 100%。孕产妇建卡率 100%，住院分娩率 100%，系统管理率 96.87%。7 岁以下儿童保健率 96.8%，年度内出生婴儿死亡 1 人。全乡使用药具 229 人，使用率 100%，随访率 100%。（黔陶乡）

【社会治安管理】 2017 年，黔陶乡开展矛盾纠纷排查化解工作，组织调处土地流转、邻里地界等各类矛盾纠纷 12 件，调处成功 12 件，调处率 100%。完成“数据信访”平台融合化建设。对辖区内重点人员和重要群体在各主要节点和敏感期落实“一对一”的稳控措施，全年乡内重点人员和重要群体未发生越级上访行为。全年召开禁毒专题会议 19 次，部门禁毒会议 38 次，对禁毒工作进行认真梳理和研究，落实任务和措施。截至 12 月底，全乡禁毒数据平台“四定一动”数据录入准确率和完成率均达 100%，出所未满 3 年管控率达 100%，社戒社康执行率 100%，强制隔离戒毒执行率 100%，就业安置率 100%，社戒社康 15 名人员人均在管控范围内；全年开展禁毒宣传 32 次，发放禁毒宣传资料 10000 余份，张贴标语 300 余张。有流动人口 406 人，就业流动人口 365 人，经信息比对无重点流动人口。房屋出租 8 户，登记备案率 100%；辖区内无流动人口刑事犯罪案件发生。（黔陶乡）

【驻村工作】 2017 年，黔陶乡进驻同步小康工作组 3 个，成员 15 人。驻村工作组帮助协调资金

2017 年 11 月 28 日，区委群工委到黔陶乡赵司村检查群众工作

12.2 万元。其中，5 万元用于骑龙村洗葱池修建；5 万元用于维修改造马场村人畜饮水主管网；2 万元购买物资慰问低收入户；2000 元发给低收入户。给黔陶乡中心完小及 4 个办学点捐赠图书 3000 余册和 1500 余元体育器材。（黔陶乡）

【教育事业】 2017 年，黔陶乡有中心完小 1 所，4 个教学点。其中，赵司村教学点有学生 54 人，半坡村教学点有学生 30 人，马场村教学点有学生 88 人，骑龙村教学点有学生 82 人，中心完小教学点有学生 416 人。中心完小占地面积 8277 平方米，生均占地面积约 22 平方米；校舍建筑面积 2498 平方米，生均约 6.6 平方米；体育活动场地面积 4491 平方米，生均 11.9 平方米（标准 4.5 平方米）；图书 9347 册，生均 24.9 册；宿舍面积 462 平方米，有寄宿生 93 人，人均 4.96 平方米；教师 26 人，合格学历 100%，高一级学历 88%；每百名学生拥有计算机 9 台。（黔陶乡）

【卫生事业】 2017 年，黔陶卫生院就诊 5811 人次，住院 3 人，业务收入 30.12 万元。对全乡常住人口（包含户籍人口和居住半年以上的流动人口）建立健康档案，尤其是老年人、孕产妇、0 ~6 岁儿童及高血压、糖尿病、重性精神患者等为重点建档人群，纸质档案建档率 80%，规范化电子健康档案建档率 70%，健康档案率动态使用率 90%。对全乡 65 岁及以上的老年人进行建档管理，实行动态服务 100%，对管理的老年人每年开展一次免费体检，体检率 100%。对老年人开展健康教育宣传和日常保健、健康生活方式、常见病防治等指导。因无专业 B 超和心电图技术人员、设备等原因，不能开展体检项目中血常规、尿常规、肝功能、肾功能、血糖、血脂、心电图、B 超检查，经区卫计局协调，由孟关卫生院为黔陶乡 227 名 65 岁以上老年人进行免费体检。

全乡卫生保洁人员 20 人，其中重点区域卫生人员 12 人。全年投入经费 5.9 万余元，按程序采购垃圾桶、环卫推车、洋铲、环卫服装、环卫雨衣、竹扫把等用具一批；投入经费 5.5 万元，对黔陶乡垃圾填埋场进行大规模整治 2 次；利用中央环保督察，拨付 3.6 万元对各村（居）环境卫生集中治理；集中规范整治农贸市场，全乡环境卫生及社会秩序整治取得明显成效。（黔陶乡）

黔陶乡 2017 年村（居）基本情况表

表 12

村(居)名	户数（户）	户籍人口（人）	常年耕地面积(公顷)		劳动力（人）	村民组数（个）	自然村寨（个）	区域面积（公顷）
			总面积	其中：田				
马场村	394	1718	92.2	64.4	1118	3	3	430
骑龙村	483	2218	123	86	1438	6	5	290
赵司村	274	1115	62	36.2	751	3	1	416
谷洒村	211	1026	44.6	31	649	5	7	400
半坡村	169	851	46	31	517	4	3	320
关口村	342	1423	109.7	68.43	922	7	7	300
黔陶村	289	1171	80	58	670	8	6	300
居委会	458	1032	787	4	4	50		
合计	2620	10554	557.5	375.03	6852	40	32	2456

（黔陶乡）

高坡乡

【概　况】　高坡乡平均海拔1500米，年平均气温12.5℃ ~14℃，属典型的高寒山区。总面积120平方千米，辖19个行政村，121个村民组，87个自然寨。居住有户籍村民5205户。2017年，高坡乡紧紧围绕建设“山地户外运动旅游休闲度假区”的目标，发展特色农业、强化基础设施、生态环境建设；加强旅游景区改造、民族文化挖掘、规划实施5个山体公园建设，其中云顶观光园、扰绕公园、摆弓岩瀑布公园、田园观光摄影基地4个山体公园一期工程建设竣工并投入使用。推动“农旅、文旅、体旅”深度融合发展，推进精准扶贫，社会经济发展与社会事业同步推进，力争早日将高坡打造成贵州山地户外运动旅游休闲度假区。

【经济发展状况】　2017年，高坡乡国内生产总值（GDP）41369万元，比2016年增长12%。其中，第一产业完成12948万元，比2016年增长7%；第二产业完成完成13177万元，比2016年增长10%；第三产业完成15244万元，比2016年增长6%；2000万元以上工业企业增加值完成4156万元，完成全年目标任务103.9%；500万以上的固定资产投资27636万元，完成全年目标任务138.2%；招商引资省外到位资金2亿元，完成全年目标任务100%；财政预算收入413.78万元，超额完成目标任务2.9%；农民人均纯收入11949.3元，比2016年增长10%。　（钟光泉）

【村镇建设】　2017年，高坡乡规划申报“组组通”公路建设10条9.7千米。进行贵阳市旅游环线高坡段前期规划；审核批准公共租赁保障户11户。摸底—审核—申报2018年危房改造户10户；审批解危解困农户建房116户；采集登记2568户5732栋房屋基本信息。　（钟光泉）

【重大工程项目建设】　2017年，高坡乡重大工程项目有：“溪南十锦”项目工程建设。按照区级安排，石门村、扰绕村美丽乡村纳入项目建设。完成石门村、扰绕村立面改造、庭院整治、旅游线设计、旅游步道、停车场、广场、游客接待中心、村综合楼、露营基地、水景观、观景平台、标牌设置、石门观景台挂壁栈道、过街天桥、扰绕乡村儿童乐园、露营基地配套设施等主体工程和绿化、亮化项目的建设。

“一事一议”项目建设。投资1400万元，实施摆龙、水塘等16个行政村进组道路、人行步道、广场、太阳能路灯等基础设施建设；申报2017年“一事一议”项目长廊、亭子、厕所、广场建设等10个项目300万元。　（钟光泉）

【林　业】　2017年，高坡乡在批林村造林1500亩、五寨村造林800亩、克里村种植200亩经果林；种植的果树有梨（若光）、板栗桃（红仙桃）、李（青脆李、脆红李）、五星枇杷等。发放生态公益林10.88万亩补偿金114.63万元，其中重点公益林40944.5亩，地方公益林67816.4亩。

（钟光泉）

【农　业】　2017年，高坡乡五寨村在2016年种植辣椒1000亩的基础上，扩大规模为2000亩；建成基地农资仓库、员工宿舍、育苗大棚、蓄水池，加工厂、冷库、采收分拣大棚正在建设中。在石门村种植优质白米200亩、扰绕村种植优质红米300亩。在批林、五寨村养殖250头黑毛猪，高坡自然之园公司负责对养殖户进行技术培训和跟踪管理服务，并保底包收。在杉坪、批林、硐口三个村种植生姜90亩。硐口村种植冷凉蔬菜250亩。

（钟光泉）

【农业基础设施建设】　2017年，高坡乡投资320万元，完成石门村基本农田高标准整治；投资380万元，完成五寨村基本农田高标准整治；完成机耕道建设4.4千米，生产便道1.7千米。苦蒿冲提水工程建设历经3年全线实现通水，解决北片9个村上万群众吃水难问题；投资67.14万元实施平寨、高坡、街上、掌己、杉坪等村山塘维修、人饮改造新修排洪沟2433米、高位水池100立方米。（钟光泉）

【精准扶贫】 2017年，高坡乡有低收入贫困村4个，识别认定4800元以下低收入农民489户1253人，6500元以下786户2946人，8000元以下1210户5069人，10000元以下1546户7018人；有国标系统的贫困人口292户1104人。按照贫困农户“户户有增收项目、人人有脱贫门路”基本要求，实施高坡村人参果种植、摆龙村蓝莓种植，建设五寨村冷凉蔬菜基地。同时，按照农旅融合发展定位，打造乡村休闲度假旅游示范带，建设以乡村休闲旅游、养老为主题的休闲养生度假区。吸纳当地低收入困难户在园内务工800余人。年底，脱贫64户164人。（钟光泉）

【社会民生保障】 2017年，高坡乡农村低保户3914户，保障人口8116人，发放低保金285.62万元，城镇低保户127户206人，发放低保金94305元；农村特困人员供养277户298人，发放保障金18.37万元；救灾救济困难群众164户651人，发放救济粮15192千克，发放7户23人救济款4.85万元；为73户生活困难群众实施临时救助，发放救助金66.15万元；为318位高龄长寿老人发放营养补贴22.13万元；补助重点优抚对象56人医保参合金6700元，补助低保户591人医保参合金7.09万元，补助孤儿参合金1人，补助特困供养人员观团9人参合金3500元，补助残疾人员50人参合金6000元，保证全乡重点人群医疗得到保障。

全乡新型农村合作医疗参保16317人，筹集资金195.8万元。村民全年门诊27270人次，发生医疗费用161万元，报销金额90.89万元；住院就诊1142人次，医疗费用724.57万元，报销416.52万元，其中计生医疗扶助报销2626.26元，民政救助2734.9元，大病保险报销21.03万元，民政重大疾病报销1.56万元；领取农村养老保险金2683人（12月），全年发放养老金496.98万元。城镇新增就业151人，农村富余劳动力转移320人，返乡创业补贴12人，培训农民工职业技能203人。（钟光泉）

【优抚工作】 2017年，高坡乡重点优抚对象682人次，为其发放生活补贴47.06万元；60岁以上农村籍退伍老兵112人，为其发放补助金7.8万元；春节慰问重点优抚对象112人，发放慰问金3.36万元，“八一”建军节重点优抚对象慰问及困难军人慰问114人，发放慰问金5.7万元；为3户困难户办理医疗补助资金5.44万元，帮助5名复退军人因病因学因意外导致家庭生活困难申请临时救助金6.9万元。办理退伍军人免费乘车卡77张（A类29张，B类48张）；协助复退军人108人安装贵阳市复退军人手机APP。（钟光泉）

【残疾人帮扶】 2017年，通过普查符合上报阳光家园的残疾人4人，发放阳光家园帮扶资金6000元；助残日慰问困难残疾人8人，发放慰问金2400元；帮助2户残疾人困难家庭申请生活救助资金1万元；组织24名残疾人参加区中华蜂饲养技术培训；协助村支两委干部及相关部门押送肇事精神病人2人入院治疗；上门为重残人员办理残疾证3个；接待残疾人信访案件5人次，协调处理办结案5人次；对全乡17名残疾适龄儿童未入学原因进行摸底排查，建立档案。（钟光泉）

【教育事业】 2017年，高坡乡有初级中学1所，即高坡民族中学。学校有教师43人，其中少数民族教师20人；本科学历33人，专科学历10人。教学班13个，在校生494人，其中女生404人，少数民族学生212人，住校生233人，毕业生194

人。学校占地面积26200平方米，校舍建筑面积10236平方米，学生公寓建筑面积6192平方米，体育用地面积14320平方米。

高坡乡有中心完小1所、村小5所（大洪、云顶、杉坪、五寨、甲定）。全乡小学教师130人，其中少数民族教师63人；本科学历78人，专科（含中师）学历52人；高级教师42人，其他88人。全乡有68个教学班，在校学生2778人，其中少数民族学生2333人。

高坡乡中心幼儿园位于高坡乡街上村，创建于1986年。2017年3月，将甲定小学老校改造为甲定幼儿园，由高坡中心幼儿园领导，高坡乡中心幼儿园开设小、中、大共6个班，甲定幼儿园共开设中大班。两院有幼儿265人。中心幼儿园有教职工42人，其中在编在岗教师13人、1人借调、临聘教师9人、保育员7人、保安2人、厨房5人；正式教师二级职称3人，三级教师10人；本科学历7人、大专学历3人、中专学历2人、初中学历1人。全年园内监控覆盖100%，新增绿化面积400平方米，新增户外玩具柜6个、新建教师宿舍140平方米。（钟光泉）

【卫生事业】 2017年，高坡乡卫生院全院职工人数30人，在编15人。卫生院科室设置有综合门诊、预防接种门诊、妇幼保健门诊，设有计划生育手术室、DR室、心电B超室、检验室、慢病管理室，设计划生育监督协管站。能为辖区村民开展常见病、多发病的诊断治疗，提供DR摄像、常规心电图检查、腹部常规B超检查，计划生育手术室能开展取、上环节育术，妇幼保健门诊开展孕前优生、0~6岁儿童系统管理。全乡19个村都建有村卫生室，其中取得乡村医生资格证的有16人，3个村开展基本公共卫生服务。（钟光泉）

【人口与计划生育】 截至2017年9月底，高坡乡常住人口16207人，出生211人，其中一孩52人、二孩153人、多孩6人，出生率13.15‰，符合政策生育占94.78%。政策外生育5.22%，人口自然增长率6.55‰，性别比值104。全乡（常住）育龄妇女3236人，已婚育龄妇女2263人，无孩76人，一孩688人，二孩1141人，多孩725人，落实避孕节（绝）育措施2207人，综合避孕节育率91.78%。共有流入人口230人，其中育龄妇女为68人，持有效婚育证明68人，验证率100%，有流出人口7603人，其中育龄妇女2470人，持有效婚育证明2470人，办证率100%。流动人口符合政策生育率100%。全乡实施计划生育手术48例，其中结扎1例，上环31例，补救手术2例，其他14例。全乡确认奖励扶助资格116人，其中奖励扶助（省标准）15人，特别扶助3人，特殊家庭关爱1人，关爱女孩奖24人，提前兑现独子奖32人，农村节育奖21人，独生子女保健费奖励19人。新农保贷款贴息13人，新型农村合作医疗补贴152人，新型农村养老保险增发养老金15人，资金9.88万元。（钟光泉）

高坡乡露营基地　杨小平摄

【旅游文化】 2017年，高坡乡启动红岩峡谷前期开发，投资138万元修建扰绕上山步道，建设扰绕游客接待中心、露营基地和电动自行车充电桩；解除云顶草场与大中华集团2000亩土地流转合同，收回草场，由乡村联合成立高坡云顶草场管理办公室对草场进行经营管理；举办高坡苗族春节文化活动、“云顶风电杯”迎新越野赛跑、苗族“四月八”民族风情节、首届花溪区“富美乡村”旅游节和“九九重阳”民俗活动，加大对外宣传；首次引进飞行、瀑降、热气球等山地户外运动表演项目，举行徒步穿越红岩峡谷、云顶草原之夜民谣音乐会、露营、风情节民族文化展示等活动；组织节目《苗乡飞歌》参加花溪区民族大联欢活动，获得一等奖。4月30日，“诚信农商·大美高坡”苗族四月八风情节在高坡云顶草原举行。

（钟光泉）

【后进党支部整顿转化】 2017年，高坡乡党委按照贵州省农村基层党组织分类定级参考标准，对全乡19个基层党支部进行逐一摸底排查，综合分析，确定龙云村党支部为软弱涣散基层党组织。明确由乡党委书记为第一责任人，乡分管领导和联系村领导为直接责任人。结合实际，制订方案。选好书，配齐班子。加强对村干部和党员的培训，以建设班子为重点，把学习培训贯穿于党支部整顿工作的始终。完善各项工作制度，促进工作规范化。帮助龙云村“两委”班子理清村级发展思路，制定发展规划，扩大村集体经济收入，带动农户增收。

（钟光泉）

【19个村禁止滥办酒席】 2017年年底，高坡乡19个村村民代表共同商议约定：从2018年1月1日起，除结婚、丧事和苗族同胞杀牛祭祖办酒席外，其他酒席一律禁止操办。各村分别建立红白喜事理事会，制止农村“巧立名目乱办滥办酒席”的不正之风，营造“文明新风尚”。

（钟光泉）

高坡乡各村2017年基本情况统计表

表13

村(居)名	户数(户)	户籍人口(人)	常住人口(人)	组数(组)	人均纯收入(元)	常年耕地面积(公顷)		劳动力(人)	自然村寨(个)	区域面积(公顷)
						总面积	其中：田			
石门村	177	977	565	4	11138	39	32.3	537	3	261
扰绕村	96	413	300	4	12075	28.7	24.1	226	2	234
大洪村	361	2063	1247	9	10210	62	49.7	1107	6	952
新安村	215	982	643	4	12170	34.4	28	561	3	330
高坡村	493	2444	1508	10	12310	63	48.7	1181	6	407
街上村	355	1844	1226	11	12266	74.3	58.7	1007	4	1264
摆龙村	259	1609	1035	4	9778	40.8	35.6	791	3	480
平寨村	349	2156	1404	7	9643	70.1	67.1	1118	4	941
云顶村	264	1415	949	5	10675	64.2	60	799	5	818
水塘村	136	629	269	3	12326	22.3	20.5	350	3	339
杉坪村	310	1820	940	5	10180	48.5	38	956	3	610
批林村	266	1406	653	6	9977	48.3	17.5	753	6	527
五寨村	577	3150	1656	13	10003	139	105.2	1719	8	1329

续表13

村(居)名	户数(户)	户籍人口(人)	常住人口(人)	组数(组)	人均纯收入(元)	常年耕地面积(公顷)		劳动力(人)	自然村寨(个)	区域面积(公顷)
						总面积	其中：田			
掌己村	136	685	432	3	12131	22.5	16.6	357	3	411
高寨村	133	759	530	4	12120	33.9	22.6	436	2	271
甲定村	317	1830	1135	7	10216	67	41.3	1033	3	679
克里村	168	986	497	6	9625	34	24.8	550	9	546
硐口村	320	1580	707	10	10040	55.3	27.8	897	8	843
龙云村	273	1518	693	6	9623	88.2	16.5	866	6	621
合计	5205	28266	16389	121		1035.5	735	15244	87	11863

（钟光泉）

久安乡

【概　况】 久安乡辖7个村，60个村民组，55个自然村寨，居住5497户，户籍人口15636人。有党支部11个，党员382人。乡党委政府干部职工51人，行政编制21人、事业单位编制29人。其中，人力资源和社会保障服务中心5人。宣教文化信息服务中心10人，村镇建设服务中心3人，生态保护站3人，农业服务中心6人，安全生产监督管理站2人。（敖　灵）

【经济发展状况】 2017年，久安乡国内生产总值完成34506万元，比2016年同期增长11.7%；固定资产投资21178万元，完成目标任务105.89%；招商引资到位资金20000万元，完成任务100%。新签约项目2个，新签约项目开工率投产2个。全年乡财政收入414万元，农民人均收入13590元。（敖　灵）

【乡村建设】 2017年，久安乡申请“一事一议”财政资金148.49万元，完成普惠制项目5个，其中硬化通寨道路5700米、修建人行步道1100米、安装太阳能路灯60盏，改善群众生产生活条件。完成重大交通工程项目5个：改造新雪公路3.712千米；对巩固村板岩桥危桥改造；改造金石线5千米；申报2018年脱贫攻坚“组组通”项目5个、8.539千米；完成旅游环线相关工作。实施29961株古茶树除草；修建观景亭、观景长廊等；实施久安茶园核心区、九龙亭及周边配套景观亮化建设。帮助低保户、精准扶贫户改善住房环境9户。完成辖区内农房普查4351户，农

久安九龙山茶园（久安乡　供稿）

房总面积123.86万平方米；初审、申报新增公租房5户16人。 （蔡德炜）

【高效茶叶示范园区建设】 2017年，久安乡茶园面积2.6万亩、投产茶园面积2万亩，有合作社12个、市级以上茶叶龙头企业1个，茶叶年产量2750吨、年产值2.25亿元，知名茶叶品牌有绿宝石、红宝石。省现代高效农业示范园区年终考核排名从2016年的第66名提升到第52名。

（蔡德炜）

【产业结构调整】 2017年，引导各村发展食用菌、蔬菜等产业，进行产业结构调整。截至年底，打通村新增蔬菜大棚15亩、草莓大棚9.5亩；拐耳村新增蔬菜大棚10亩；小山村新增草莓大棚10亩、食用菌大棚2亩；久安村新增食用菌大棚5亩；雪厂村新增食用菌大棚6亩；巩固村建成食用菌大棚512平方米，全乡食用菌产业面积50余亩，经过引导，全乡在打通村田坝、小山村林家山、吴山村田坝、拐耳村田坝连片蔬菜1000亩余亩，零星种植2250亩，蔬菜产量1万吨以上。

（蔡德炜）

【社会保障状况】 2017年，久安乡城镇新增就业250人，城镇登记失业率控制在2.79%以内；农村富余劳动力转移就业300人，职业技能培训90人，援助城镇零就业家庭1户；全乡城乡居民养老保险参保人数达5721人，参保基金61.6万元，完成目标任务119%，续保率75.1%，参保建档立卡85%。城镇居民医疗保险新增10人，全年发放城市低保金8.22万元；发放农村低保金90.48万元；发放特困人员供养金10.93万元；发放城乡居民医疗救助金10.29万元。对29户因病、因学、因意外事故等造成困难家庭实施临时救助，发放救助金20.6万元。对1名新考入大学的低保人员发放教育救助金3000元。对6名严重精神病患者监护人发放护理补贴1.44万元。全年救灾8户24人，发放救济金5450元；生活救济482户1078人，发放救济粮16.3吨。为3名贫困大学生申请贵阳市慈善总会慈善助学，每人4000元。对全乡79名优抚对象发放慰问金2.37万元；年末，全乡有重点优抚对象44名，全年发放生活补助资金36.06万元，为2名重点优抚对象申请优抚医疗救助金6399元；15户义务兵家属发放优待金17.86万元。

（蔡德炜）

【计划生育事业】 2017年，久安乡出生275人，其中政策内出生260人、政策外出生15人，符合政策生育率94.55%。一孩95人，政策内一孩88人、政策外一孩7人，一孩符合政策生育率92.63%；二孩162人，政策内二孩161人、政策外二孩1人，二孩符合政策生育率99.38%；多孩18人，政策外7人，政策外多孩率3.167%。无流出半年以上出生人口，流入不满半年出生12人，政策外1人，政策内11人，符合政策生育率91.66%。全乡享受奖励扶助对象324人，其中省级奖励扶助条件对象28人、享受关爱男孩奖128人、女孩奖131人、节育奖34人、特扶家庭1人、“圆梦小康”家庭2人；落实“三结合”帮扶户74户；全年发放各种奖补资金34.17万元。

（敖　灵）

【教育事业】 2017年，久安乡公立学校有久安中学、久安中心完小（吴山小学及打通、巩固、久安教学点）、久安中心幼儿园。私立学校有吴山诚兴学校、巩固凯迪幼儿园。全乡小学在校生934人，29个教学班。其中，久安中心完小有在校学生537人，14个教学班，在岗教师34人；中心幼儿园在园幼儿254人，7个教学班。久安中心完小占地面积10679.58平方米，校舍建筑面积5323.8平方米，学校配备有实验室、图书室、书画室、多功能室、茶艺室、舞蹈室、留守儿童之家、乡村少年宫，开设科学探究、手工制作、书画、合唱、舞蹈、茶艺等活动。久安中学占地面积5022平方米，建筑面积3022平方米，建有理化生实验室各1个，音体美功能室各1个，有5个教学班，专任教师28人，在学生103人。8月，对久安乡中学、久安中心完小建筑进行立面改造，颜色统一改为橘红色，同时久安中学改建塑料悬浮拼装材料篮球场一个。（敖 灵）

【医疗卫生事业】 2017年，久安乡卫生院职工总数20人，其中在编在岗13人，临聘人员7名；副高职称1人，中级职称2人。配备有心电图机1台、电解质分析仪1台、医疗救护车1台等医疗设备。全年门诊4450人次。卫生院下设7个村卫生室，有9名村医生，平均年龄43岁；大专学历2名，中专7名；获得资格证1名，为执业助理医师。女医生5名，男医生4名。7个村卫生室全年门诊合计8986人次。（敖 灵）

【社会治安与禁毒】 2017年，久安乡派出所围绕花溪分局“牢固理念、提升队伍、紧盯目标、坚定抓手、创新落实、精准推进”的思路，强化管理，严肃纪律，精心组织各项专项斗争。刑事案件立案18起，其中主动管理类案件7起。破案7起，抓获犯罪嫌疑人11人。查处赌博行政案件4起，卖淫嫖娼行政案件5起，非法储存危险物品案3起；查处非法携带管制器具3起3人。查获违法犯罪嫌疑人23人。全年开展禁毒宣传活动60余次，发放宣传资料8000余份，签订承诺书800余份，发放致全乡干部群众一封信2000份，粘贴禁毒宣传海报200余份，悬挂禁毒宣传标语20余条，制作久安乡本土的禁毒宣传用品3000余份。开展禁毒专项行动6次。破获毒品案件3起，抓获犯罪嫌疑人3人。查处吸毒案件26起，查获吸毒人员31人，其中：强戒21人，行政处罚10人，行政拘留2人，吸食新型毒品7人。查处吸毒人员与2016年相比上升19%。（邓烨旻）

【文化宣传】 2017年1月19日，久安乡在小山村举办“茫父公益活动·迎新春联欢会”文艺演出；2月3—4日，举办久安乡第7届“古茶迎春杯”篮球赛；3月8日，开展三八“我运动·我健康·我快乐”趣味活动；3月13日，久安村举办二月苗族“跳花场”；3月18日，巩固村金银山举办苗族跳场；5月19日，久安乡在花溪区板桥艺术村打造“茫父艺术中心”开馆，在久安乡中心完小举办首届“祖国好·家乡美”“茫父杯”乡土教材知识竞赛和“茫父杯”书画比赛，纪念姚茫父诞辰141周年。7—8月，久安乡组织群众进行为期一个月舞蹈集中培训，经过初赛、半决赛、决赛，久安乡灯芯舞蹈队获贵阳市第六届百姓健康舞大赛三等奖。配合策划并拍摄讲述久安乡产业转型的微电影《新香》，获贵阳市第四届微电影大赛一等奖。配合中央电视台财经频道专题、记录频道等多个电视频道拍摄和宣传报道久安。

（敖 灵）

【广电云户户通工程】 2017年，久安乡7个村实施广电云“户户用”工程，全乡完成2196户光纤入户线路安装工作，入户率超过目标任务244%，其中久安村、小山村、雪厂村900户广电云“户户用”工程盒子全部安装完毕，村民能正常使用。

（邓烨旻）

【率先开展各村妇代会改建】 2017年，久安乡改建村妇代会。6月23日，贵阳市妇联在久安乡召开全市乡（镇、社区）妇联组织区域化建设工作推进会，全市10个区（市、县）妇联主席、副主席，花溪区各乡（镇、社区）妇联主席参加会议。7月20日，久安乡7个行政村完成村妇代会改建。全乡有343名妇女代表参与各村选举，选出15名乡妇联执委和166名村妇联组织成员，64个自然村寨每个村寨都至少有1名妇女为村妇联成员，以便发挥群众性、广泛性作用。年末，久安乡妇联、吴山村妇联分别被省妇联命名为贵州省五星级示范妇女之家、市妇联命名为贵阳市五星级示范妇女之家。久安村被省妇联命名为贵州省文明家庭创评活动示范社区（村）。（邓烨旻）

久安乡2017年村（居）基本情况表

表14

村(居)名	户数(户)	户籍人口(人)	常住人口(人)	组数(组)	人均纯收入(元)	常年耕地面积(公顷)		劳动力(人)	自然村寨(个)	区域面积(公顷)
						总面积	其中：田			
小山村	502	1277	1087	5	13480	52.29	35.3	797	5	3.31
雪厂村	784	2516	1822	6	13556	94.41	45.89	1592	7	7.24
打通村	809	2279	2026	11	12281	92.46	52.95	1490	11	7.53
拐耳村	515	1527	1157	8	13278	69.6	38.83	939	5	5.47
巩固村	665	2083	1799	8	14275	98.75	49.42	1298	7	6.13
久安村	762	2340	1745	10	13778	118.96	60.01	1683	10	8.38
吴山村	1181	3626	3492	11	14125	149.6	70.6	2206	9	10.6

（蔡德炜　敖　灵　邓烨旻）

责任编辑　姚　毅

社　区

明珠社区

【概　况】　明珠社区毗邻花溪国家级城市湿地公园、花溪公园，面积 5.1 平方千米；总人口 10.44 万人，流动人口 8243（含高校）人；辖溪北、朝阳两个居委会，内有 10 个成型小区、16 个散居院落，辖区楼栋 247 栋，其中散居楼栋 152 栋；辖区内有贵州大学、贵州民族大学、花溪区职工疗养院等 14 家高校及企事业单位，有地下商业广场、小吃城等中小微型企业。社区核定事业编制 26 名，在编在岗 18 名，其中班子成员 7 名。2017 年，社区完成区人大交办的相关工作，开展 3 次小组活动，人大建议 100% 回复。完成 2017 年共青团花溪区委目标工作任务。加强防震减灾宣传教育及防范工作。推进省级科普示范社区、“六好院落”、流动人口融合、创新型党组织试点任务。落实《中共花溪区委全面深化改革领导小组、花溪区依法治区工作领导小组 2017 年工作要点》，按照《花溪区参加 2017 年度“贵州法治建设先进县”评选工作方案》明确的指标任务，配合做好“两基”教育工作，开展适龄

11 月 28 日，区委群工委党支部到明珠社区溪北居委会开展先进党组织示范点活动

（区委群工委　供稿）

人员就学登记摸底，挂牌成立明珠社区老年大学、明珠社区溪北居委会老年学校。社区党委落实主体责任、监督责任。全年上党课10次，以“微型党课”形式学习教育20余次。强化责任意识，约谈73人次。签订主体责任书6份，承诺书21份。召开从严治党专题会10余次，例会30余次，群众上访为零。（明珠社区）

【社会事业】 2017年，明珠社区固定资产投资总额完成1亿元。省外到位资金3.13亿元，新签约项目3个，新签约项目投资总额2.4亿元，新投产项目数3个。加强土地供应工作，配合提供供地所需土地征收资料。对新增的违章建筑做到拆控并举、以控为主、以拆促控，拆除违章建筑13处，拆除面积2173平方米（任务2000平方米）。完成税收662.3万元。

完成“六好院落”小区创建6个，是目标任务数的300%。社区分溪北、朝阳两个网格片区共37个网格，配备2名片区网格长、37名网格员、网格员配置100%，确保网格工作无盲点。引导公众参与社会治理，实施“六小联通”创建工作，建立社会组织孵化基地，培育社会组织，完成社会组织培育扶持项目工作，参加“筑城公益汇”活动，推进企业履行社会责任。2017年，社区出生人口310人（其中符合政策生育308人，早育1人，政策外1人），常住人口符合政策生育率99.3%，人口出生性别比103.9，人口自增率7.06‰，出生率9.31‰。新增城镇居民养老保险164人、新增城镇居民医疗保险300人，超额完成社会保险参保指标；完成新增就业830人，完成目标任务数102%，登记失业率3.98%，在4%以内；职业技能培训完成61人。社区2017年获批“新型社区·温馨家园”（“三年千院”行动计划）社区公益事业项目1项，即溪北小区二期改造工程，完工验收。溪北小区获批“千园之城·百园之区”建设非市级示范性公园项目二期社区公园、硕园社区公园、颐和社区公园3个公园全部验收完工。与辖区内两居委会、娱乐场所、地下商场、酒店宾馆、超市及网吧等32家单位签订2017年消防安全目标责任书80份，开展消防安全知识培训及灭火逃生演练活动1次，完成二类微型消防站的建设。以“记账式服务、销账式管理”流动人口管理工作，登记流动人口8243人，建立流动人口信息登记台账，办理居住证1020个，对重点流动人口6人，进行一人一档列管，做到重点人员情况清楚，流动人口统计“同一率”工作达到95%以上。

配合做好辖区人武学院森林资源的保护和发展。倡导干部职工步行上下班，推进节能减排工作。收到环境卫生投诉40余起，办结率100%，回复率100%，满意率99%。新签订门前三包责任书30余份，到期续签300余份。组织动员社区干部职工、辖区志愿者、学生志愿者开展卫生大扫除活动15次，清理卫生死角20余处，野广告2000余处。

在社区、居委会开展各类培训活动13次。免费为辖区36对夫妇进行孕前优生健康检查，免费进行宫颈癌筛查51人、为辖区428名妇女进行生殖健康检查。孕产妇住院分娩率100%。开展流动人口调查摸底4次。流动人口3755人，其中流入3604人，流出151人；已婚578人。社区工作人员在平时入户采集信息工作的同时，了解流动人口困难，“记账式登记”将其需求收集整理编制成台账，“销账式管理”逐一帮助解决流动人口生产生活中的困难。建立全程代办网上服务系统。严格管理审批、许可、办事过程，建立受理、审批和监督三权分离的高效、透明、廉洁的运行服务机制。（明珠社区）

【精神文明建设活动】 2017年，社区组织开展“除陋习、树新风”“图说我们的价值观”公益广告宣传活动20余次，居委会10余次。开展“弘扬我们的价值观、家家户户贴春联”活动5次，参与人数600余人。开展身边好人道德模范宣讲活动，利用社区宣传栏、积德榜、各类宣传活动进行宣传。完成各项志愿服务活动30次。建立“学雷锋志愿服务站”，做好台账登记。开展文明交通引导、关爱社会、关爱他人志愿服务活动20余次。利用社区“月月有主题、周周有活动”开展群众性舞蹈、健身、文化活动40余次，组织辖区社会团体参加省、市、区组织的文化活动。按照“道德讲堂”要求，开展33次宣讲活动。开展身边好人道德模范评选活动，通过群众推荐、居委会初审、社区党委决定评选出25位身边好人道德模范。社区以收入核查为核心，加强与住建、人社、公安、交管等部门做好核查比对工作。做到能保尽保，全年享受城市最低生活保障的138人，平均每月发放低保救济金79661元。做好优抚工作，社区有驻区部队1支（省军区干休所），复退军人223人，社区为多名人员办理城镇低保、公租房、灵活就业社保补贴、医疗救助，办理公交免费乘车卡等300余人次。开展“八一”、春节、元宵等军民一家亲文艺演出活动。开展爱老敬老活动，社区利用端午节、重阳节组织辖区老年人开展包粽子包饺子比赛、长桌宴、文艺会演等孝亲敬老活动；全年为427名高龄老人发放补贴315980元，对辖区空巢老人、失能老人、特困老人进行走访慰问，并发放慰问品。帮助残疾人临时救济1人，1500元；给残疾人赠送轮椅7张，申请燃油补贴2人，为29名残疾人发放价值2000元各类物资。

（明珠社区）

【社会治理】 2017年，对辖区内重点人员按照调处化解信访积案要求，落实领导干部“一岗双责”包保责任，确保“小事不出居委会、难事不出社区、大事不出区、矛盾不上交”。在重大事件期间，制定《“2·17”对越参战老兵维稳工作方案》《“全国两会”维稳工作方案》《“市两会”维稳工作方案》《党的十九大期间维稳工作方案》等，层层落实维稳工作职责。做好“抗美援朝人员”“两参人员”“涉法涉诉信访积案人员”的稳控和化解工作，配合公安、国安部门开展涉外人员管理工作，整治“非法集资”工作，加大“投资受损群众”的法律法规宣传和稳控工作力度，辖区人员未出现“上访、围堵”等情况。加大对“两抢一盗”的打击力度。重点加强背街小巷、楼群院落的值班守护，采取“四定”（定点、定人、定时、定线）措施，加大巡逻的力度和密度，辖区治安形势好转。重视闲散青少年的管理教育，预防青少年违法犯罪，实行居委会、小组、家庭“三帮一”责任制，与家长或监护人签订包保责任书，全年辖区登记帮扶的闲散青少年3人，未违法犯罪。强化刑释解教人员的安置帮教工作，对辖区内刑释解教人员进行登记、建档、立卡、帮教，每月回访谈心1次以上，辖区有刑释解教人员11人，全部落实帮教，建档率100%。加强“扫黄打非”工作。实行社区工作员、网格工作人员、责任区民警、巡防队员联动工作制，加大排查力度等综合整治行动，提升公众安全感。开展校园及周边整治排查治安隐患110户次、出租屋1136间，盘查可疑人员40余人次，网上比对22人次，取缔路边乱摆摊设点4户，规范延伸占道经营20家，拆除乱搭乱建户11家，拆除面积300余平方米。群众安全感从78.33%上升到99.23%，满意度从74%上升到96.9%，群众参与度从500人次上升到10000余人次，社区获得全省文明单位，刑事案件发案率逐年下降20%以上，群众投诉率逐年下降25%以上。社区服务中心及2个居委会先后获市精神文明委员会“文明单位”“最美志愿服务社区”、省科协“科普示范社区”，司法部“全国模范人民调解委员会”“国家级充分就业社区”“全国反邪教先进集体”、第六批“社区学习雷锋志愿者服务联络工作示范站”、全国流动人口大融合示范社区等国家、省、市、区表彰。 （明珠社区）

阳光社区

【概　况】　2017年，阳光社区居民人口有98309人，其中贵州大学南区在校学生4725人，流动人口19031人。阳光社区围绕“八大体系”的构建，厚植创新发展的城市基因，以抓核心统筹、推进创新型党组织创建，创新探索社会治理、优化社区服务职能，推进社区中心工作，使党委领导、政府负责、社会协同、公众参与、法制保障的基层社会治理新格局迈向新时期。（阳光社区）

【社会事业】　2017年，阳光社区完成招商引资5亿元，固定资产投资任务1亿元。完成2个“六好院落”创建工作；开展“城市夜话”102场、“七彩阳光”系列主题活动12次、“幸福阳光”大型公益活动2次、走家串户万余次。阳光社区“社会和云”平台受理12319（12345）案件6827件，结案6798件，结案率99.6%。人口出生率8.327‰，比2016年同期多0.267‰，人口自然增长率6.163‰，比2016年同期多0.641‰，符合政策生育率98.79%，政策外8人，控制在正常值；出生人口性别比为107.8，手术75例，比2016年多35例。完成计生三结合帮扶及双承诺工作，完善诚信协议内容，签订诚信协议3630份，签约率95.9%，签订承诺、主动上环292例，主动结扎51例，发展计生协会会员2145人，收取会员会费7480元。为计划生育家庭申报利益导向资金47.983万元，惠及人数391人。其中，独生子女保健费惠及人数76人，申报资金3.26万元；新增城低保独生子女奖扶人数7人，申报资金8400元；圆梦小康（特别扶助）增发4户，申报资金7万元；农村计划生育家庭奖励惠及人数48人，申报资金15.213万元；特殊关爱扶助金惠及人数5人，申报资金6000元；计划生育家庭一次性抚慰金惠及人数8人，申报资金11.5万元；提前兑现独子奖惠及人数96人，申报资金2.88万元；关爱女孩奖惠及人数110人，申报资金3.3万元；农村节育奖惠及人数17人，申报资金5100元；农村奖励扶助惠及人数19人，申报资金2.28万元；圆梦小康节育并发症1人，申报资金6000万元。配合完成健康信息云平台建设任务。城镇新增就业1450人；城镇登记失业率控制在4.2%以内；完成职业技能培训60人。（阳光社区）

【为民所办实事】　2017年，社区完成3个“三年千院”实事项目建设，批复资金262.82万元和4个“百园之区”公园建设任务；完成背街小巷综合治理工作任务。做好扶贫工作和更高水平小康建设，通过走访评议精确认定23户37人，并录入精准扶贫系统，按时按要求完成平台相关工作；开展结对帮扶，社区干部分别与23户对象进行结队帮扶，定期走访帮扶；对农村低收入一户一策进行帮扶，确保年人均可支配收入高于全市平均水平3个百分点，整体越过4800元的水平。完成“三创”巩固提升工作，清除辖区野广告（含电杆广告）3万余条，疏通下水道23处，长度约150米，清掏化粪池31个。创建省级“文明单位”，注册志愿者6972人，完成辖区总人口的10%。利用春节、端午、中秋等节日开展慰问活动，帮扶慰问特殊困难家庭48户。（阳光社区）

【精神文明创建】　2017年，社区走进小区、走进院落、走进居民家中开展各类宣传活动40余次，在各居委会更新宣传栏，张贴宣传海报，印制宣传资料5万份、宣传册5000份。在中国传统节日期间开展以“图说我们的价值观”“中国梦”为主要内容的“讲文明树新风”公益广告宣传活动，开展未成年人主题系列活动20余次。创建省级“文明单位”，注册志愿者6972人，完成辖区总人口的10%。加强道德讲堂建设，全年组织开展宣讲活动36次。每个月组织各类诚信创建活动。在生态文明建设中，围绕全域旅游大家怎么做，我们要做什么，以每月2次“城市夜话”活动开展为切入点，让社区党员干部走进群众，开展政策宣传、了民情办实事解民忧。全年各党支部开展“城市夜话”活动百余次，为群众解决实际问题160个。社区服务大厅实行一岗AB角延时服务，将工作日的上岗时间调整为上午8:30至下午18:00，周六正常上班，力求全天候、全方位的优质服务。在9个居委会分别设立全程代理服务站、律师会客室等将服务功能延伸到各个居委会，为居民群众提供“15分钟服务圈”的便民服务。社区干部在日常工作走访中收集居民的“微心愿”，携手贵州二频道，开展“平安社区行，心愿漂流瓶，大家帮大家”活动，为辖区学校安装多媒体设备、为棉花关居民平整路面、带农民工子弟看电影、为酷爱书画的老人举办画展等。社区党委深化“两学一做”活动。加强对非公企业党建指导，采取社区班子成员“包建”、党建指导员“帮建”、群团组织“助建”办法，组建6个非公党支部，并将贵州英迪商业管理有限公司党支部（非公企业）打造为非公党建示范点。每月1次的支部书记例会，听取各党支部书记党建责任落实情况汇报，对查找出来的问题，在研究整改措施并明确责任人、目标、时限、执行要求的基础上，形成层层抓落实的长效机制。 （阳光社区）

贵筑社区

【概　况】 2017年，贵筑社区常住人口30526人，流动人口7393人。做好农田水利基础设施建设，向区水务局协调农灌、饮水工程，对天鹅村、马洞村饮水设施及农灌进行维护改造，保障饮用水和春耕生产正常进行；完成山洪灾害预案的编制工作，并定期对洛平水库进行安全检查。完成天鹅、马洞、大寨3个村16处农村小型水利摸底调查相关工作；协助区水务局完成天鹅村铁厂组饮水设施及农灌进行维护改造，投资27万余元。依法做好信访工作，接访群众40多人次。接办信访案件41件，其中大下访34件、区政府公众信息网留言2件、联席办交办2件、落实2016年进京访督查3件，以上信访案件全部按时化解或办结及答复。按照“四治工作方案”化解办结一号工程督办案件5件；化解死亡矛盾纠纷4件次。落实维稳工作“四查四报”制度（即一查一报、随查随报、即查即报、专查专报），对排查出来的不稳定因素，严格落实领导包案责任制，每月召开信访维稳例会，通报不稳定因素化解进度，研究解决办法，对暂时不能解决的，群工部对群众做好耐心细致的解释工作，力求得到群众的理解和配合，维护社会稳定。 （贵筑社区）

【社会事务】 2017年，贵筑社区做好以下社会事务工作：惠农扶贫工作。林业生态建设：森林火灾过火面积控制在11.8亩以下；“春防”期间控制在7.8亩以下，森林火灾毁林面积控制在6.4亩以下，“春防”期间控制在4.5亩以下。组织实施春冬两季林业有害生物调查工作；配合生态局完成本辖区内的野生鸟类监测工作；协助区生态局完成本辖区内违规用地调查核实工作；完成辖区内义务植树9500株的工作任务；完成惠农政策森林保险工作。完成496户801.32亩种植业保险（水稻）统计上报（水稻）和801.32亩496户政策性水稻保险，提高种植农户防御自然灾害的能力。完成天鹅村、马洞村、尖山村清产核资。通过培训、掌握政策、农户申请、村民代表大会民主评议、村委会和驻村干部核实、社区服务中心审核等环节，拟定黎永珍、许重贵等44户（104人）为低收入困难户。其中，天鹅村有31户（64人）、马洞村有9户（29人）、云上村有4户（11人）、完成6个村（居）村表、1个乡表、44户104人户表的录入；完成44户一户一档收集工作。

卫生与计划生育工作。人口统计工作，2017年社区人口32662人；出生355人，一孩137人，二孩出生201人，死亡110人。符合政策生育率

95.3%；出生率9.32‰，自然增长率4.5‰。落实2017年独生子女保健费及奖励费申报102人，金额27750元；落实关女申报265人，金额15.9万元；关女新农保参保补贴265人，金额1.06万元；合医补贴439人，金额5.268万元。关男申报人数183人，金额10.98万元，关男参保183人，金额7320元；关男合医人数237人，金额2.844万元。节育奖（40岁以下独子户）申报24人，金额7200元，节育奖合医申报29人，金额3480元，节育奖参保补贴24人，金额960元。2017年新增独生子女死亡一次性抚慰金2户，金额10万。圆梦小康子女就学父母伤残补助6户，金额2.5万元。2017年，三结合帮扶马洞村特困户22户，发放资金2.2万元。农村独女双女户高考一次性奖励5户，金额5000元。重阳节慰问特扶家庭及省标对象，慰问28户46人，每户慰问500元，总计慰问金1.4万元。对社区35周岁以上60周岁以下的已婚农村妇女进行免费的宫颈癌筛查服务700余例。免费为辖区符合政策且有生育意愿的120对夫妇进行孕前优生健康检查；为辖区4125名“三查”对象进行一年2次的B超随访服务。多种渠道进行避孕药具的免费发放。

民政工作。城乡居民社会养老保险参保缴费人数4573人，缴费金额998461元，完成征缴金额目标任务105%。为辖区内城镇居民办理基本医疗保险、社会保障IC卡申领。办理居民基本医疗保险594人，对辖区17名托管人员进行走访问候并组织座谈茶话会。到辖区内企业入户进行社会保险政策宣传，宣传率100%；办理被征地农民社会养老保险210人；全民参保登记调查1155人，调查任务数1155人，完成率100%；城镇新增就业完成数803人，目标数800人，完成率100.38%；失业人员就业完成数100人，目标数100人，完成率100%；农村富余劳动力转移就业完成数180人，目标数150人，完成率120%；职业技能培训56人，目标数60人。完成率93%；零就业家庭动态为零，援助户数1户，援助人次1人；辖区5户农村“零转移就业家庭”18位成员有5人就业，完成100%的农村“零转移就业家庭”实现每户至少有1人转移就业；期末从业人员总数11026人，城镇登记失业率2.5%，贵州省就业失业登记证发放14本；对辖区个体经营户进行“小额担保贷款”政策宣传，并对20户个体经营户进行业务咨询登记。办理小额担保贷款1人，贷款金额8万元；采集创业项目1户，创业典型2户，开展一次促进创业带动就业专题座谈会；完成辖区内30名戒毒康复人员的摸底及就业援助工作，并建立台账及就业援助记录、入户记录等；完成辖区内58名复员退伍军人的摸底及就业援助工作，并建立台账及就业援助记录、入户记录等；完成“以业管人”相关工作，建立1094家用工单位台账，收集流动人口就业人数780人。就业年龄段39人，建立台账及就业援助记录、入户记录等；旅游业城镇新增就业完成数170人，目标数160人，完成率106%；园区新增就业完成数400人，目标数400人，完成率100%。社区完成“三年千院”三五三七厂生活区二期综合改造提升项目的申报、工程编制预算。及时组织施工，9月，社区组织相关部门对该项目进行验收。完成省市造林整改任务。通过农户申请、村民代表大会民主评议、村委会和驻村干部核实、社区服务中心审核等环节，拟定黎永珍、许重贵等47户（117人）为低收入困难户。其中，天鹅村有31户（68人）、马洞村有12户（38人）、云上村有4户（11人）、洛平1户（2人）；完成精准扶贫一户一档收集整理工作。完成2016年农村人均可支配收入8000元以下和1万元以下家庭人口的调查。（贵筑社区）

【精神文明建设工作】 2017年，利用社区及各村（居）精神文明宣传专栏、电子显示屏、横幅等多种形式做好“社会主义核心价值观”“讲文明树新风”“图说我们的价值观”等公益广告宣传；利用辖区道德讲堂，学习宣传道德模范和身边好人先进事迹30期。在迎接贵阳市全国文明城市复评工作中，制作宣传海报3000张、制度牌20个、文明提示牌20个，发放“同创文明城市　共建美丽贵筑”倡议书4万份，发放“贵阳市2017年全国文明城市测评调查问卷”1500余份。组织志愿者进行“绿丝带”志愿服务300余人次，提供志愿服务活动60余次。投入4.5万元制作环保袋、纸杯、抽纸、宣传展板等7种宣传品，用通俗易懂的话将中共十九大报告精神和习近平在贵州省代表团重要讲话精神印在上面，将党的声音传递到群众的身边。（贵筑社区）

【重点项目建设】 2017年，社区重点项目有：恒大项目。贵筑社区牵头组织各相关职能部门对恒大项目进行房屋摸底征收工作，完成675个房屋的编号，坟墓迁移2009座，预拨付资金1975万元。

花溪湖项目。花溪湖项目丈量404.43亩，项目征收红线范围内共涉及被征收户259个编号，总面积121803.35平方米，现签约169个编号，87132.8平方米。

花三小项目。丈量土地107.627亩，支付1508.17万元。

创业大道项目。涉及尖山村，丈量土地面积15.97亩，兑付1个批次，兑付土地面积13.184亩

松柏路项目。丈量土地面积180.467亩。拆除房屋编号41个；丈量土地面积201.511亩。确权房屋编号62个，涉及面积47116.77平方米。拆除房屋编号38个。

贵阳市市域快铁西南环形项目。完成关口寨25户村民线内8.374亩土地补偿款的拨付工作，金额99.82万元；完成市域快铁项目的农房确权，有88个编号，确权54个编号，完成率为61%。

孟溪路项目。完成孟溪路25座坟迁移款16.58万元；完成孟溪路占用贵大实验田土地置换项目征地，土地面积为32.867亩。

奶牛场项目。完成尖山土地补差稻田40.7586亩，旱地79.611亩，71户。

洛平北街安置点项目。贵筑社区完成第一批土地面积测量41.274亩，果树清点41080株，林木3010株。

花燕路安置点项目。完成迁坟420座。土地征收补偿费1853.54万元拨付到农户账户上。

清溪路改扩建设项目。清溪路项目线内土地2.343亩，拨付合计27.97万元。（贵筑社区）

清溪社区

【概　况】 清溪社区服务中心于2012年4月28日正式挂牌成立。2017年，有常住人口13937人，其中流动人口4189人、4158户；农村人口3990人、815户。社区服务中心在编在岗人员22人，退休人员13人，机关支部有党员29名。社区对65岁以上老人建档立卡，进行关怀帮助。对吸毒人员，建立以党员为主的阳光妈妈志愿者分会，开展帮扶、劝诫和心理疏导；建立一支文化服务宣传队，活跃社区文化宣传活动；社区建立村（居）安全生产防范领导小组，明确3人抓安全防范工作。（陈维海）

【社会事业】 2017年，清溪社区城乡居民养老保险参保2040人，完成率98.55%；征缴社保资金33.6万元，完成率105.89%；缴费1580人，完成率99.82%。城乡居民医疗保险扩面46人，完成率153%。办理老年证107人，发放183人高龄补贴资金6.74万元，办理退伍军人免费乘车IC卡224张，发放67人水库移民补贴2.01万元。新增创业实体31户，城镇新增就业人员300人，完成率100%。完成合医筹资3157人，37.88万元，完成率100%；新农合基金安全有效运行，个人报销2人1800元；村卫生室报账102人1600元；办理殡葬业务25人。推进花溪区多彩贵州“广电云”户户用工程建设，新增农村广电云户户用80户。2017年出生人口170人，出生率12.3‰，自增率

8‰。出生人口信息登记准确率100%，全员人口信息准确率100%。促进流动人口公共服务均等化服务，流动人口登记率、办证率、验证率、妇检率100%；流出人口落实长效避孕措施率100%；房屋出租户、用工单位登记报告率98%以上。信息平台协查率、反馈率通报率100%。率先在全区完成桐木岭村土地确权颁证及档案整理归档工作：640户，确权颁证面积4731.965亩。开展“讲文明树新风”公益广告宣传活动29次，制作张贴宣传公益喷绘279张。开展“让座日”“排队日”“步行日”等宣传活动。加强网格管理，网格员以“网格易APP”签到，每天签到率100%。网格员入户巡查、上门服务、畅通民意、捕捉信息，及时上报占道经营、（非）机动车乱停乱放、违章建筑、乱张贴野广告以及社会治安、城市设施、社情民意等信息或案件，完成103家非公有制企业信息采集、录入上报。加强案件处置，市社会治理大数据云平台网格化管理系统案件的处置率100%。（陈维海）

【经济服务】 2017年，清溪社区完成公共财政预算收入4000万元，完成工业增加值6.5亿元，完成固定资产投资10亿元，完成招商引资省外到位资金10亿元，完成新签约项目数4个，新签约项目投资总额6.76亿元，新投产项目3个。（陈维海）

【发展农村产业】 2017年，清溪社区采取村集体经济入股、村民持股的方式壮大村集体经济。围绕全域文化旅游创新区建设，推动贵州福缘文化传播有限公司与村集体合作打造“傩文化”主题公园，开展旅游服务。其中，村集体占土地和固定资产20%的股份，另外企业每年再按照经营情况给予村集体一定股份。村集体将所得的股份分享给老百姓，特别是低收入群体，让低收入群体感受温暖，让老百姓享受改革红利。该项目主体部分建成，并开始接待游客。（陈维海）

溪北社区

【概　况】 2017年，溪北社区有6.85万人，其中常住人口4.52万人，流动人口2.33万社区党委以实施“三强三促”为目标（强支部引领，促跨越发展；强党员先锋，促科技创新；强基层基础，促社会担当），以四个领军计划为路径（队伍领军计划、科技领军计划、服务领军计划、经营领军计划），为企业发展注入动力。辖区企业自主研发8个品种，16个规格产品处于全国领先水平，年生产总值10亿元，年均增幅20%，贵州泰邦生物制品有限公司获中国优秀创新企业、贵州百强企业、贵阳民营经济十强纳税大户等荣誉和创新成果。春节期间走访慰问困难党员9人，“七一”建党节走访慰问8名困难党员、2名困难群众，给每名慰问对象送去500元慰问金。表彰社区优秀党员10余名，社区优秀党务工作者7名。开展主题党日、重走长征路、演讲比赛、

溪北社区组织党员到苟坝会议陈列馆开展主题党日活动（溪北社区　供稿）

重温入党誓词、参观警示教育基地等活动。

（张建国）

【社会事业】 2017年，社区社会救助36人次，208058元（其中医疗救助9人，110358元；临时救助27人，97700元）。对辖区农村22户、城镇66户低保户进行核查，将符合低保条件的农低保17户30人、城镇低保22户27人纳入低保。完成低收入困难人群退出系统17户28人、转走4人，退出率46.4%，扶贫APP录入率100%。对困难低收入群体，通过“领导挂帮、民政兜底、企业捐助、智力支持、就业推荐和培训”等多项措施结对帮扶、精准帮扶。办理残疾人乘车卡78人，残疾人就业和职业培训的采集和录入完成率100%。慰问重点优抚对象71人次，慰问金额6.39万元；发放农村籍老兵生活补助金40人次6.54万元；办理退伍军人乘车卡204人。完成城乡居民养老保险缴纳1814人次，38.12万元；完成城乡居民医疗保险缴纳168人次；完成城镇新增就业目标数859人次；完成创业小额贷款2人次16万元；完成离退休人员身份认证491人次；建立特殊人群档案退伍军人340人、社戒社康人员36人以及困难户22户；完成创业培训60人次；完成创业项目征集1例、创业项目典型2例。完成石板井、养牛两个居委会的小水利产权确权工作和荷塘月色的节水型居民小区创建。全年，社区出生人口337人，其中一孩142人，二孩187人，符合政策生育率95.8%。开展2次妇幼健康检查2823人次，奖励扶助对象健康检查率100%，知晓率提高到95%。（张建国）

【文明创建活动】 2017年，张贴各类海报5000余张，制作标牌200余块，开展文明规劝5000余人次，滚动播放文明知识500余小时，发放文明小手册2万余份，发放《给市民的一封信》5000余封，开展调查问卷3000余份。培育和践行社会主义核心价值观，制作宣传栏50余个，开展道德讲堂36场，集中开展志愿服务40余次。开展环境卫生整治，清理辖区纸质野广告1.5万余处，整治长聚乐、吉麟、穆家坝、上水老街等夜市摊点及占道经营近3000户，督促经营户落实“门前三包”责任制。组织环卫工人500余人次对辖区背街小巷进行卫生大扫除，清运生活垃圾及建筑垃圾300余车，清理卫生死角200余处，清理暴露垃圾200余处，制止焚烧垃圾、焚烧秸秆60余起。配合区直部门开展“三下乡”“民族大联欢”“周末大舞台”“布依六月六”活动，电影公益放映12场次。

（张建国）

【城市管理】 2017年，组织机械行动5次，拆除违章建筑268户约100498.56平方米，完成任务数143.5%，其中重点区域222户，拆除面积89628.56平方米。7月14日，在石板井村开展全区大拆违行动，拆除48户，拆除面积59063.56平方米。落实辖区路段和河流包保责任制，对区域和路段进行定人、定岗、定责，在6个村（居）、25个重点路段设立路段长，在辖区河段设立乡级河长（1人），村级河长（12人）。加大环保督查和案件处理，分别对花溪大道、花二道、碧云窝、螃蟹井重点路段进行每日巡查，处理冒烟冒火100余起。完成环保督察期间资料收集整理，牵头处理中央环保督察转办投诉案件18件，主办案件5件，配合区相关单位13件；处理花溪环保专班下达督办通报6份；按区环保专班要求完成社区2013—2017年环保专项治理收集整理上报；张贴环保宣传资料200余处，拆除螃蟹井400多块广告牌、乱搭摊棚10处约300平方米，制止花溪水库、花溪河周边占道经营50余起。推进“千园之城，百园之区”建设。完成荷塘月色社区公园、锦溪城市公园、学府城市公园、碧桂园贵阳一号城市公园、平桥广场城市公园等处的公园建设及相关资料收集上报工作，并通过验收。（张建国）

【社会综合治理】 2017年，社区采用网格、流管相结合的工作模式，将6个村（居）和中央省市单位划分为94个网格，并延伸到每个单位、每户商家、每个家庭，利用数据平台进行精细化管理。统计流动人口数为25179人，其中重点人口120人。社区辖区6个村（居）、中央省市单位房屋楼栋数4985栋，房间数为59934间，辖区范围内法人单位897家。采集房屋租赁治安管理卷签订17424户，受理实有“社会和云”平台案件2021条。社区各村（居）和十余个中央省市单位流动人口自主申报数为11735人、房东自主人申报为825人。投入200余万元，在养牛居委会建设安装智慧安防系统，建设“星级”警务工作站，通过“鹰眼”对辖区治安巡逻防控和对辖区及周边部分地区的违法建筑、森林防火、重点人员进行严密监控。对流动人口进行登记录入、管理服务，对进入监控器的重点人员将进行人脸识别，通过人防加技防，养牛居委会实现零发案的目标。

加强治安巡逻防范，巩固“平安社区”创建成果。配备5台警务巡逻车和相关装备，6个村（居）联合组建30余人的治安巡逻队，实施夜间分班巡逻，提高见警率。全年辖区发刑事案件381件，回访率98%；安全感96.99%；满意度90.4%。

落实信访维稳，促进矛盾化解。健全完善矛盾纠纷的排查、化解、稳控、处置“四位一体”长效工作机制。组织开展重大矛盾纠纷和信访问题排查化解“一号工程”“百日攻坚战”，化解率达95%以上，进京和到省上访情况与2016年同期相比大幅下降。针对“千名干部大下访、进家入户办实事”活动交办的10起案件，实现提前化解销案9起案件、程序性办结1起案件的目标。“中共十九大”期间召开19次专题会议，针对性开展重点人员梳理排查工作，及时处置老万达厂小区以及中铁城·锦溪项目小区供水问题，确保“十九大”期间社区和谐稳定，营造良好的社会稳定环境。

禁毒工作。促进社戒社康。社区设立案件打击组、动态管控组、宣传教育组、精准戒管组、康复站运行组、社会管控组、社戒社康组、信息资料组、考核督查组，分别开展禁毒宣传发动、毒品预防教育、查处打击毒品违法犯罪活动、吸毒人员管控、社会化戒毒康复措施、禁毒工作群众满意度测评等工作。社区协调经费100万元，用于康复站、助业分站建设及办公设施设备采购，支付购买服务资金及派出所工作经费、宣传资料印制及采购等。村（居）投入资金近30万元，用于禁毒宣传车及宣传标语的设置，各居委会购置5台巡逻车，制定永久性禁毒标语60余条，完成社区禁毒宣传园地建设。派出所与娱乐场所及酒店签订禁毒承诺书，网格人员入户宣传2000余户次，组织社区干部职工、辖区闲散青少年到贵阳市禁毒教育基地参观学习300人次。社区直接从事禁毒工作的人员达25人，通过购买服务、自愿者参与禁毒工作达200余人。通过“贵阳市数据禁毒应用平台”手机APP相关功能的应用，执行社戒社康人员“四定一动”见面率达90%以上，安装、注册、使用“筑城阳光服务”手机APP人数不断提高。2017年，社区禁毒工作1—2月得71.275分，全区排第7名；3—4月得68.215分，全区排第4名；5—6月得71.08分，全区排第9名；7—8月得71.263分，全区排第11名；9—10月份得74.78分，全区排第2名；禁毒工作的双月考核保持在中上排名。

（张建国）

【重点项目建设】 2017年，社区重点建设项目有：花石路项目。该项目涉及溪北社区石板井和吉麟2个居委会，征拆房屋2万平方米，建成通车。

花溪互通项目。完成竹林居委会、养牛居委会个人和部分集体土地225.621亩（其中竹林居委会80.954亩，养牛居委会144.677亩）的测量兑现，完成4万平方米的房屋征收，按时交付施工单位。

大职路项目。涉及竹林居委会和上水居委会，完成所有土地征收，大职路建成通车。

金竹板块项目（两区深度融合项目）二期（其中包括岷江路、大屯坡）涉及的土地及房屋征收完毕，其中土地征收500余亩，已兑现，房屋征收20万平方米，坟墓287座（其中金竹片区249座，大屯坡38座），大屯坡迁20余座，大屯山山体公园建设项目实施。

贵州省工伤职业康复医院建设项目。涉及吉麟村（居）19户11.141亩，全部测量、款拨付到村（居），兑现17户，还剩2户；村集体苗圃树木清点，待评估结果然后兑现。

贵安尾水排放工程项目，是2017年环保督查的重点工作。该工程涉及溪北辖区三个村（居），其中石板井居委会的15.372亩完成土地征收并交地；养牛居委会的13块8.5亩兑现完毕；竹林居委会的95块22.4亩丈量完毕并公示兑现。

花溪碧云窝自来水厂扩容项目。该项目属区2017年度十件实事之一，涉及吉麟居委会17户12.753亩土地，土地补偿款1968439.5元，全部测量并兑现到居委会。于2017年9月，完成所有土地、房屋征拆和91座坟墓的迁移。 （张建国）

黔江社区

【概 况】 黔江社区服务中心成立于2010年3月16日。2017年，辖云凯、黄河、长江、珠江4个居民委员会，90个居民小组，约5.1万人，其中常住人口约4.2万人，流动人口约9000人。辖区内有中海城市花园、云凯熙园、十里江南、江南苑、家和花园、乐街小区、榕筑大厦、小城故事、兴隆珠江湾畔、元琦林居等大型居民商住楼盘。社区服务中心设有党建工作部、综合办公室、社会事务部、城市管理部、群众工作部和网格管理办公室、经济服务部7部室和1个便民服务大厅。便民服务大厅设有就业创业服务、民政服务、社会保障服务、残疾服务、房屋租赁登记、流动人口均等化服务6个服务窗口。中心有工作人员200人，其中编制人员19人（含领导班子5人），区直属部门下派社区工作人员181人。社区党委下辖5个党支部，有党员362名。2017年，培养入党积极分子3人，吸收预备党员3人，收党费3639元。 （王清清）

【党建工作】 2017年，根据辖区居民党员、青年党员和流动党员各自特点，社区在“学党章党规、做合格党员”活动中，采用“引领式”“送学式”“智能式”学习形式，通过“支部主题党日”、组织生活会、专题学习研讨会等开展理论学习。采用微信群、QQ群等现代化信息手段，采取入户宣讲、编制应知应会材料等方式进行“送学式”教育，发放学习资料20余次、1000余份，社区各级基层党组织共开展4次专题学习研讨，开展集中学习18次，领导干部到包居基层党支部讲党课6次。把学习宣传贯彻落实中共十九大精神融入主题党日活动内容，举办“十九大精神”知识竞赛和党内法规、党务知识考试等活动。利用春节、中秋、“七·一”“八·一”等重要节点，慰问辖区困难党员、老党员、辖区困难人员等群体12名，发放各类慰问品和慰问金4500余元。解决辖区“用水

1月20日，黔江社区开展廉洁文化进小区活动（黔江社区 供稿）

难”“行路难”等民生问题5件。争取上级资金10万余元，自筹资金5万元，配置办公设备，打造功能室，改善基层党组织工作条件。班子成员、各业务科室、各居委会党支部分别签订党风廉政建设目标管理责任书，全体党员干部签订党风廉政承诺书。组织干部职工观看《将改革进行到底》等警示教育片，在各大节日前夕，组织社区党员干部对《条例》《准则》、中央“八项规定”的再学习再认识。开展整治“慵懒散”作风建设活动，全体党员干部对照“慵懒散”方面存在的问题，查找自纠自身问题10余条，建立台账，限时整改。把握“明责、定责、履责”三个关键，建立全面从严治党责任清单8条、问题清单和责任清单16条，推进“三个清单”落地生根。2017年，对2名工作责任心不强人员进行通报批评问责，开展集体约谈11次，约谈干部职工60人次。

（王清清）

【社会事业】 2017年，社区主要社会事业工作有：劳动保障工作。城镇新增就业人数1564人，全年目标任务1550人，完成全年目标任务的100.9%；失业人员再就业552人，全年目标任务550人，完成全年目标任务的100.04%；失业率3.93%，控制在全年目标任务4.2%以下；无零就业家庭，充分就业社区创建3个，创建率100%，云凯、珠江、黄河居委会2017年持续达标；新认定就业困难人员25人；场租补贴办理37人；新增创业实体153户，新增创业人数153人，其中带动就业人数238人，新增创业资金2330.5万元；就失业证办理207人；灵活就业养老参保31人；灵活就业医疗参保53人；指纹认证2909人。城居医疗保险完成890人；城居养老保险完成180人。低保户94户、143人，救助金额996936元；临时救助办理19户、35人，救助金额141219元；医疗救护办理33户、55人，救助金额85241元。

残疾人工作。贫困残疾人家庭子女就读资助21人，6~14岁残疾儿童核查就读情况13人；8名残疾人申请并发放康复辅助器具，申请办理阳光家园补贴6000元；117人困难重度残疾人生活护理补贴，办理292名残疾人乘车卡；残疾人基础入户调查并录入系统1738条，资助残疾人家庭子女就读20人；完成5名6~11岁残疾儿童核查就读情况。

其他社会事务工作。政务服务完成代理事项居委会共计1251项、社区共计1927项。辖区复员退伍军人720名，其中享受优抚政策补贴“两参”人员16名；发放生活补贴9.6万元，4月份办理复员退伍军人乘车卡520人。高龄补助办理731人，发放531240元；办理老年优待证280个；离退休托管人数970人，其中贵柴794人，实现100%服务管理。 （王清清）

10月12日，黔江社区组织党员参加义务劳动（黔江社区 供稿）

【社会治理】 2017年，黔江社区健全和完善“三调联动”工作机制，调解民间纠纷228起，成功率100%。辖区受理来信来访7起，办理答复7起，化解处理各类矛盾纠纷10件，无一起群体事件发生，无到省进京上访发生。矛盾纠纷排查发现率100%。开展反邪教宣传教育活动4次，制作宣传横幅22条，发放各种宣传资料1000余份，制作宣传栏4期16块。对青少年进行反邪教育1次。辖区有在册“法轮功”重点人员13人，辖区未发生“法轮功”人员滋事等情况。社区戒毒康复61人，建立档案61本、档案录入基本完善，禁毒宣传覆盖率100%，无新增青少年吸毒人员，社区戒毒康复人员每月定时尿检，管控率100%，就业安置率80%。辖区有登记在册吸毒人员215名，其中上网179人，社区戒毒、社区康复61人（执行率100%），强制隔离戒毒35人（强制隔离戒毒执行率100%），建立一人一档61人（建档率100%），死亡13人。全年查获吸毒人员13人。社区包居领导及网格包片干部主动上门对吸毒人员进行帮教、慰问；全年慰问社区康复人员13人。社区投入经费5万余元，制作《2017年黔江社区禁毒、安全防范知识彩页》20000份，《禁毒宣传小手册》1万份，《家庭拒绝毒品明白卡》2万份。组织开展禁毒宣传活动20次，在辖区主要通道悬挂横幅52条，出宣传栏4期（16块），制作永久性禁毒宣传标语15块，发放禁毒宣传资料3万余份、禁毒宣传小礼品1.5万余份，发放家庭拒绝毒品明白卡1.8万余份。社区为老旧居民区安装监控探头103个，太阳能路灯2盏，超C级锁芯完成安装105户。打造西秀小区为五星级平安示范小区。

（王清清）

【环境整治】 2017年，社区在环境卫生上从“保障人员、保障经费”上着手，开展整治，组织各居委会，发动居民群众、志愿者等，对各背街小巷、楼群院落每周开展卫生大扫除活动，对居民小区房前屋后卫生死角、楼道乱堆乱放、绿化带枯枝杂草、白色垃圾和野广告等进行清理，清理野广告2.9万余处，清除绿地杂草2000余平方米，疏通老旧居民区排污沟、清掏化粪池等。修理移除贵柴五栋小区、花溪区第一实验学校周围枯树、危树30余棵，修复黔江厂504栋及华烽二区围墙，修复破损井盖、雨篦子20余处。升级改造黔江厂307栋旁小广场。购买60个可移动垃圾桶放置到各居民小区；整治清理清运垃圾300余车，出资清运费用25万余元；开展辖区环境卫生整治修缮，支出13.24万元整治费用。配合经开区城市综合执法分局拆除辖区内18户违法建筑3000余平方米；对各背街小巷、农贸市场实时管理，取缔违章占道经营摊点800余起（处），清退门面延伸占道600余起（处），与经营户签订“门前三包”责任书1000余份。组织各居委会通过设立宣传点、上门入户等方式向居民发放“人人动手、灭除四害”“居民健康教育读本”“人人参与、共创美好家园”等宣传单、宣传册500余份。（王清清）

【网格化服务管理】 2017年，黔江社区网格管理在原有72个网格的基础上，配备72名网格员，每个网格内居民户数平均约为400户、1100人左右。社区党委副书记、服务中心主任任总网格长，四个居委会主任为片区网格长，对片区工作负总责，管理片区的网格员。

社区网格化管理按照“一岗多责、一专多能”的运行模式，以实现“信息全收集、事态全掌控、监管全到位、服务全覆盖”为目标，配合贵阳市“社会和云”上线基础工作，实现“和贵阳”“领导易”“网格易”APP安装注册率100%，完成上报事件4507件、野广告数1882条，并保证案件事件办结率100%。（王清清）

清浦社区

【概　况】 清浦社区成立之初，是以永红厂、电杆厂、西工厂、柴油机厂和轴承厂等企业职工家属聚居区为主体的“单位型社区”。随着小河片区城市化进程的加快，基本情况发生很大的变化，逐渐发展成为服务区域广、社区人口多、服务业态复杂的“单元型+商圈型”的混合型社区。

2017 年，辖区内有清水江、浦江、盘江、国际新城 4 个居委会，服务面积约 1.28 平方千米，人口 4.2 万人。区域内有城管局经开区执法分局、经开区公安分局等机关单位；有三甲贵航三〇〇医院和清水江、盘江社区卫生服务站等医疗机构；有贵阳市三十四中、浦江小学、花溪区四小、南欣中学、田田英语培训学校等教学机构；有中行、建行、交行、信用社等金融机构。社区内设“两办五部”，核定事业编制数 19 名，在编人员 19 名，其中班子成员 4 名、中层干部 7 名、一般工作人员 8 名。社区党委有 5 个基层党组织，其中中心党支部 1 个、居委会党支部 3 个、社会组织党支部 1 个，党员 277 名。12 月 18 日，社区党委组织浦江、盘江、清水江三家居委会党支部开展“创新型党组织建设”观摩会，通过现场观摩、交流发言、互动互晒等形式达到“以观摩促进提升、以示范带动全盘”的目的。（清浦社区党建部）

【社会事业】 2017 年，社区通过多次入户核实情况，取消低保户 8 户 12 人，新增 5 户 9 人。社区有 65 户 106 人享受低保，涉及低保金 496912 元；为 47 人次申请临时救助款 8 万元；为 6 人申请医疗救助款 79086 元；完成城镇居民基本医疗保险扩增 300 人，完成城乡居民社会养老保险参保 107 人，征缴养老保险金额 526375.06 元。为辖区 36 位困难残疾人家庭子女申请就读补助，为 25 名残疾人申请燃油补贴 6500 元，为 101 人申请重度残疾人补贴。为育龄妇女送药送具 500 余人次，组织生殖健康检查 2 次，送证上门 35 人次。辖区共出生 376 人（一孩 184 人、二孩 183 人、多孩 9 人），办理一孩服务证 150 个、二孩服务证 152 个、多孩生育证 6 个，全年落实避孕节育手术 21 例，生殖健康检查平均参检率 70%。全年社区实现城镇新增就业 1143 人，推荐 14 名有创业愿望和培训需求的各类劳动者参加就业技能培训和 SYB 创业等培训，为 52 名就业困难人员申请就业困难认定，部分人员进入社区公益性岗位工作；巩固 1 个并成功新创 2 个充分就业社区。（清浦社区党建部）

【社区团委活动】 社区团委学习“习近平总书记系列讲话”，践行“一学一做”活动邀请辖区内志愿者通过书法展示，在社区开展“除陋习、树新风”活动。参与志愿服务，辖区内南欣中学的学生在社区团委的号召下，组织 20 余名青年学生对校园周边绿化带内的垃圾杂物等进行清理，营造校园周边文明卫生的环境氛围。开展科学家教讲座，关注青少年成长。社区团委联合社区妇联、关工委以及辖区内贵阳市三十四中、花溪区四小等单位组织学生家长、学生等近两百人开展“传家训、立家规、扬家风”科学家教宣讲活动，宣讲过程中还利用现场问答、小游戏等方式调动家长及学生的积极性，家长还就平日在跟孩子相处时遇到的困惑与老师进行现场交流，听取老师介绍经验，共同关注青少年健康成长。

（清浦社区党建部）

【夯实共驻共建基础】 清浦社区盘江居委会奥运花园建于 2000 年，居住有 368 户人家，1000 余人，小区内设有幼儿园、健身馆等营业机构。2017 年，小区部分楼栋出现屋顶漏水、公共通道墙面剥落、野广告滋生、杂物堆放、小区大门破损、外墙的铁栅栏经过日晒雨淋，锈腐不堪，对来往群众造成极大的安全隐患。社区党委及服务中心经征求居民、居委会意见后，将奥运花园提升整治作为社区 2017 年“三年千院”项目。针对外墙铁栅栏破损、楼栋漏雨、通道卫生脏乱差等情况，最终确定“新建砖混结构围墙”“屋顶防水处理”“大门翻新”“通道清理”等两类九个具体改造项目。在项目实施过程中，社区及居委会通过招募党员志愿者，开展两次专项过道野广告及杂物清理活动，清理 9 个楼栋过道及 420 户业主门前的野广告、清运杂物 3 车；老年朋友多次对小区绿化带、花园等枯枝败叶及垃圾进行清理；社区纪委和居民自管小组，定期对施工现场、进度进行查

看和监督，经过各方大半年的努力，项目最终竣工。（清浦社区党建部）

【“整脏治乱”专项行动】 2017年，按照省市区“文明在行动·满意在贵州”活动暨“整脏治乱”专项行动工作的部署和要求，社区党委、服务中心提出“以环境整治为突破口，助推社区文明程度提升”的工作思路。搭建以“社区—居委会—网格”为组织构架的环境卫生巡查处置网络，建立“日常巡查”工作机制，打好环境卫生攻坚战。社区以西工生活区环境卫生整治为突破口，以点带面，清理野广告2万余条，整治绿化带4000余平方米，清掏排污沟、化粪池63处，清运杂物100余车。“三年千院”项目竣工，小区环境大改善。整合城管、工商、商务、公安、交管、京河公司等单位力量，以西工马路占道经营为整治重点，对西工片区脏乱差现象进行综合治理，依法取缔西工马路违法占道经营行为。在社区城管中队实行划路段、划片区责任落实制，补充完善“门前三包责任制”300余份。整合资金对西工农贸市场进行“改超”或整体搬迁，对盘江农贸市场进行提升改造。与交管部门加强对辖区内车辆乱停乱放现象进行依法查处，对西工片区“僵尸车”进行依法清理，规范辖区交通秩序。同时，加强斑马线文明值守，引导行人文明行路，打好文明交通攻坚战。在12319、12369、12345等信访投诉平台之外，开辟一个以网格为单位，以楼栋长为单元，搜集辖区社情民意的新渠道，打好信访投诉攻坚战。社区通过及时反馈和汇总，社区、部门、居委会及时采取处置措施。通过在辖区各小区院落、西工生活区等醒目位置张贴“讲文明·树新风”、八除八树宣传海报、文明温馨提示、遵德守礼提示牌等，社区张贴和发放各类宣传海报6000余份，设置遵德守礼提示牌200余处，张贴宣传标语100余条。通过发放志愿者招募倡议书招募辖区志愿者，壮大社区志愿者队伍，发挥文明宣传、文明引导、收集民情、建言献策作用。（清浦社区党建部）

【“开放式”党建工作】 2017年，清浦社区党委结合区域党员结构与活动方式的变化，在区域化党建、服务型党组织、学习型党组织等方面进行探索。社区党委打破基层党组织建制设置，变封闭式组织为开放式运作，以“跨行业、跨组织、跨单位”的形式，实现党的工作与社会同频共振。以居委会党支部为活动主体，同时吸纳“片区”社会建设关联党支部参与，通过基层党组织生活会的载体凝聚社区各方力量推动。通过开门纳谏搭建社区党支部与驻区单位关联党支部的党建工作平台，在互动中共鸣共进，集思广益挖掘推进工作的“金点子”，增进党务工作透明度和公众参与度。作为“开放式”基层党组织生活会的试点支部，浦江居委会邀请经开公安分局黄河派出所、经开区房屋征收管理局2个党支部以及辖区“两代表一委员”3人、入党积极分子3人参加会议。

（清浦社区党建部）

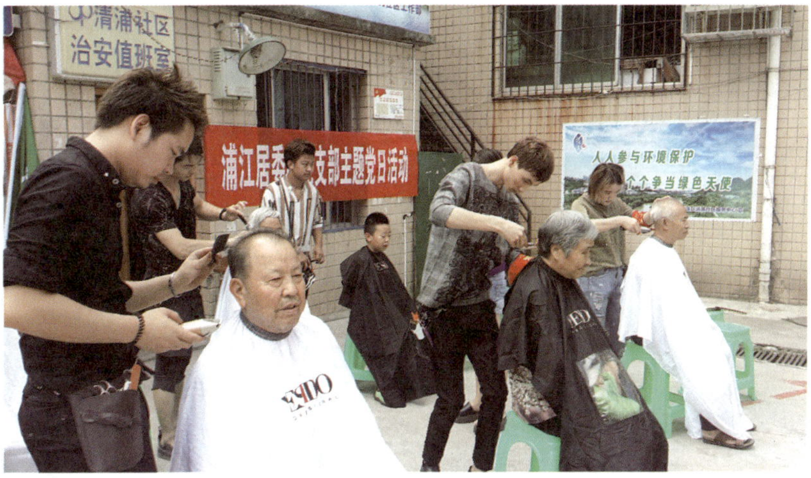

11月1日，清浦社区党组织的“开放式”组织生活，与驻区理发店开展义务理发进小区活动（清浦社区 供稿）

瑞华社区

【概　况】　瑞华社区地处花溪区长江路及其延伸路段以南，珠江路以东，毗邻黔江社区和清浦社区，属于城市中心区。2017年，瑞华社区有大兴星城、中兴世家、瑞和家园、动力厂家属区、螺栓厂家属区、华阳厂家属区、华阳花园、万科大都会、万科金域华府、万科亲爱的、万科花城、恒大翡翠华庭和恒森自在城13个住宅小区，辖区面积4.12平方千米，有7.78万人（其中流动人口23000人，户籍人口44597人，18岁以下人口10300人）。区域内原为工矿区，主要有航空央属三线搬迁企业、市属工业企业和与之配套的医院、学校和商业机构等单位，是集商务、文化和居住等功能于一体的“综合型社区”。辖瑞和、华阳、大兴3个居委会。社区完成人大代表建议答复3件、政协提案答复4件，办复率100%。做好征兵宣传工作，申报“新型社区、温馨家园”社区公益事业项目（“三年千院”行动计划）。

（王　佳）

【综治工作】　2017年，社区做好中心区域内群防群治和法制宣传以及治安防范工作，召开治安形势分析会，安排部署综治相关工作。发动各居委会开展法制宣传活动，制作宣传板报8期、宣传横幅10条、固定墙体宣传10条，通过活动现场和入户等方式发放宣传资料2000份、宣传用品1500份，使宣传工作深入小区，进入家庭，提高法制宣传工作知晓率及群众安全感和满意度。社区以全贵阳市开展的“两严一降”活动为契机，组建小区夜间义务巡逻队3支，组织巡防队员和治保小组成员按时巡逻，安装26个“小喇叭”，早上8点和中午12点准时播放两遍。通过开展“红袖标”“小喇叭”等活动，加强小区居民的自防意识，降低发案率，使“两严一降”工作顺利推进。社区组建依法治区工作领导小组，制定依法治区工作制度，做好社区来访群众的接待、信访案件的化解及矛盾纠纷排查调处工作，确保“件件有回音、事事有结果”。社区未发生一起到省、进京非访、群访等各类群体性事件和其他极端事件。在社区LED屏滚动播放宣传防邪反邪标语，各居委会设立永久性反邪教常识的宣传栏，组织开展居民家庭拒绝邪教承诺卡签订，提高群众对“邪教”危害性的认识。为确保社会稳定，加强对社区有关人员的监控，开展帮教及教育转化工作。配合公安机关对“法轮功”重点人员进行入户走访。社区和居委会、企业结合自身实际采取出板报、张贴标语、发放宣传资料，营造声势浩大的反邪教宣传氛围。

（王　佳）

【禁毒工作】　2017年10月，瑞华社区“瑞露心苑”戒毒（康复）站正式投入使用。社区群众工作部按照区禁毒办要求完成建立辖区内吸毒人员“一人一策”帮扶档案、就业档案、健康档案、心理档案、个人基本档案等7份档案，以及阳光妈妈帮扶档案、志愿者协会帮扶档案100%建档。对吸毒人员采取一对一的帮教，并建立“一人一档”，定期做好回访、记录，及时掌握思想状况和实际困难，帮助他们找工作、鼓励自谋职业。1月，瑞华社区联合区文联在万科购物广场开展“三下乡”“四进社区”活动。发放禁毒宣传册200余册、禁毒宣传购物袋200余个，制作宣传横幅6条、展板8块。在“六月全民禁毒月”、“6·26”国际禁毒日期间，悬挂禁毒宣传标语8条，张贴海报10份，摆放禁毒展板10块，发放禁毒环保袋1000个、禁毒围裙1000条、禁毒宣传资料1000份。10月，在“2017年贵州首届社区服务节”中，瑞华社区工作人员通过咨询点向居民宣传禁毒的重大意义和吸毒、贩毒的危害性，发放禁毒宣传资料100余份。11月，由禁毒工作人员、禁毒志愿者及网格员深入各居委会辖区的酒店、歌厅、酒吧、门面等娱乐场所和公共场所开展“禁毒宣传进场所”

的宣传活动，在场所内张贴固定禁毒宣传标语50多张，发放禁毒宣传资料100余份，并检查各场所禁毒宣传工作开展情况。阳光助业分站成立后，对有就业意愿（6人）的社戒社康人员推荐岗位8次，走访20余次，各类就业政策宣传20余次。禁毒志愿者服务288人次，家委会服务45人次，救助吸毒康复人员1人，发放救助金1500元。开展心理咨询46人次，确保对吸毒人员帮扶率100%；滥用阿片类物质成瘾人员转介到药物维持治疗转介率100%。（王　佳）

【流动人口服务和管理】　2017年，社区社会事务部、综治维稳部、城市管理部各部门密切配合，明确职责，以各居为单位，由各居网格员、流动人口协管员将已有数据及动态入户数据结合，完善各居流管综合平台信息，加强出租屋信息管理，开展社区流动人口管理工作。每周上报社区一周工作动态；每周与长江派出所、大兴派出所比对“同一率”；每月上报花溪区流动人口服务管理工作目标执行情况统计表、简报、会议纪要等；落实贵阳市数据流管平台的信息维护更新工作，辖区采集录入数据流管平台信息6661条，流动人口“同一率”96.36%；针对“贵阳市数据流管综合平台”中的数据质量，做好每日流管数据质量分析，进行核对、修改，加快补充和完善信息数据力度，注意各项数据指标质量，提高数据质量率，数据质量完好率100%；开展流动人口“自主申报”工作，通过自主申报途径进入“贵阳市数据流管综合平台”的有2427条，处理2427条，完善自主申报工作中的个人申报1135条、房屋中介申报104条、物业企业申报76条、用工单位42条、党政事业机关申报6条。（王　佳）

【环境整治】　2017年，社区组织完成中央环保督察迎检、巩固“国家卫生城市”复查和全省“整脏治乱”“满意在贵州”及市区爱卫工作检查等专项工作的迎检工作。清理野广告700余处，清理积存垃圾27车，拖运大件物品90车，拖运建筑垃圾24车，约110余吨；清理整治费用108867.32元。巡查发现并扑灭焚烧枯枝叶5起，劝导广场噪音问题30余人次，劝退露天烧烤游商小贩20户，整治油烟污染1户。通过12319平台、投诉电话、巡查等多渠道方式，每日开展巡查，建立日常巡查台账，收集群众对小区环境卫生、违章建筑等多种投诉，集中治理，杜绝乱堆、乱放、暴露垃圾等现象。社区城管部制定《瑞华社区拆违、控违巡查工作方案》，每天巡查3次，组织居委会、社区巡查队对发现的违建户进行入户调查，登记相关信息，对违法建筑进行照相留底，遏制新违章建筑的滋生。全年查处违章建筑130户，其中自行拆除1户，完善卷宗上报市局审批91户，走程序的有21户（瑞和家园1户、中兴世家4户、万科亲爱的5户、金域华府3户、花城1户、大兴星城3户、动力厂2户、恒森自在城2户）；下达限期整改通知书4户（万科大都会1户、金域华府1户、恒森自在城1户、大兴星城1户）；下达行政处罚通知书6户（螺栓厂1户、万科大都会1户、珠江公寓门面4户）。全年巡查2416次，其中大兴片区2人，2次/日，巡查路段为大兴星城1号门、2号门、3号门，巡查604次；万科片区3人，2次/日，巡查路段为大都会步行街、金域华府、恒森自在城，巡查604次；瑞和片区3人，2次/日，巡查路段为瑞和家园、螺栓厂、动力厂，巡查604次；华阳片区1人，2次/日，巡查604次。大队支援清理西江巷占道经营、门面延伸、珠清路等占道经营4次。（王　佳）

【消防与安全工作】　2017年，社区配合消防、安监等职能部门、行业管理部门开展安全生产大检查工作和百日攻坚专项整治工作；邀请贵州省政安消防知识工作人员对辖区居民开展防火知识宣传讲座2次。在汛期加强隐患排查，配合经开区国土、建设局对辖区老旧危房进行勘查。在盘江路上的原农业银行门口消除存在安全隐患的废弃电线杆2根；消除万科亲爱的入口处安全隐患3处；消除华阳家属区井盖安全隐患3处。配合经开区消防大队开展“2017年迎国检工作”，制定《瑞华社区居委会微型消防站建设工作实施方案》、《瑞华社区深刻吸取浙江天台“2·5”事故教训迅速开展安全生产大检查工作方案》《瑞华社区与清浦社区开展微型消防站联勤联动》等工作。各居委会按照上级文件要求开展日常巡查排查工作，并建立工作台账，发现异常，立即上报。完成《2017年区政府消防工作目标责任分工》明确的工作任务。全年，受理12319案件1610条，处理1525条，案件处置率94.7%。百姓书记交流台案件8起，市长信箱案件3件；案件处置率100%。

（王 佳）

【社会事业】 2017年，区就业局下达瑞华社区城乡统筹就业目标任务数是1550人，完成1554人；华阳和大兴星城充分就业社区持续达标；社区城镇登记失业率控制在4%以下；办理就失业登记证137本；办理城镇居民医疗保险800人，医保卡办理785人；退休职工养老资格认证完成1376人；保持社区“零就业家庭”动态为零。社区帮助47名就业困难人员实现就业，完成公益性岗位人员安置47人。为帮助社区失业人员实现就业和再就业，为70人做求职登记，并对他们进行政策宣传、职业指导。全年新增实体入户199户，其中企业74户、个体125户。自主创业奖励资金申领办理1人，发放金额4000元。社区托管在册人数1206人，其中有8名重点稳控对象，慰问112名生病离退休人员，死亡悼念12人，为离退休人员指纹认证560人，对维稳对象开展工作84次，对特殊人员聊天服务916次，特殊人员上门慰问56次，上门交流32次，转出托管人员2人。社区享受最低生活保障26户40人。发放低保金216511元；发放城镇低保两节期间一次性生活补贴及各类补贴资金（物价、燃煤以及各地自行发放的补贴等）19908.9元。为21户住房困难居民做低收入认定。全年发放城市医疗救助167325元、临时救助15846元。全年在册死亡人数47人，殡葬火化率100%。加强外出老人的管理，建立联系与走访制度。确保外出外来人员死亡火化率100%。社区发放现役军属慰问金1.12万元，“两参”慰问金1.12万元，“两参”生活补贴11.45万元，办理复原退伍军人乘车卡322张。创建退伍军人活动室，每季度开展一次退伍军人活动。组织退伍军人参加清明、烈士纪念日公祭活动，以缅怀烈士功绩，继承烈士遗志，弘扬烈士精神。社区退伍军人使用退伍军人APP达到80%以上。为社区22名2012—2014年退役的退伍军人发放退役军人养老保险关系转移接续一次性告知书。通过摸底调查，对社区60周岁老人登记造册，办理老年证210本；为326名80岁以上老人办理高龄补贴，发

12月3日，瑞华社区党组织在花溪孔学堂文化传播中心，进行重温入党宣誓活动和廉政教育（瑞华社区 供稿）

放高龄补贴 11.8 万元。（王 佳）

【文化教育活动】 2017 年元旦、春节，社区合唱队、舞蹈队、书画棋牌联谊会等队伍，以社区广场文艺演出为平台，开展文艺活动。1 月，区委、区人民政府主办的“三下乡”“四进社区”活动在万科购物广场举行。全年利用道德讲堂讲座、会议座谈会宣传社会公德、职业道德、家庭美德、个人品德主题实践活动 6 次。按照要求设置道德讲堂，每月开展道德讲堂讲座。利用社区宣传栏、LED 广告牌开展多次“除陋习 · 树新风”公益广告宣传活动。在社区开展爱国主义、集体主义、社会主义、理想信念等为主要内容的宣传教育活动 6 次。做好身边好人推荐宣传活动。

【网格服务管理】 2017 年，社区划为 4 个网格片区，63 个网格，其中瑞和片区（瑞和居委会）8 个网格，大兴片区（大兴居委会）13 个网格，华阳片区（华阳居委会）4 个网格，万科片区（万科居委会）38 个网格。社区新增加万科片区后，辖区总人口规模达到 3 万余户、10 万余人。社区创新“网格化”社会管理模式，升级“网格化社区综合管理服务信息平台”，实现服务信息化。社区完成网格化系统新增的 25 项流程、网格办装修及多媒体显示拼接屏安装；完善网格化管理保密制度、定责、定岗及考核管理办法；每周对网格管理员进行一次检查督办。以网格为载体，信息平台为支撑，落实社区职责为核心，建立信息化服务体系，发挥“12345”（12319）公共服务平台作用，完善“12345”市长（政府）热线、“百姓一书记市长交流台”“筑城微治”等平台运行机制。2017 年，居民反映到贵阳市社会治理数据云平台（12319）的案件 1610 条案件，处置并回复 1607 条案件，处置率 99.81%。百姓书记、市长交流台案件 8 件，市长信箱案件 3 件，案件处置率 100%。（王 佳）

兴隆社区

【概 况】 兴隆社区服务中心辖黄河北路以南、至黄河路以西、香江路以东地域内的行政企事业单位、社会团体等，是“单元型社区”。社区服务中心驻小河区漓江路 85 号。2017 年，总人口 41319 户、37768 人。社区服务中心设有党政工作部、社会事务服务部、城市管理部、群众工作部、计划生育部、综合协调部 6 个服务部门，1 个便民服务大厅。有工作人员 78 人，其中正式在编在岗人员 19 名（行政编制 2 人，全额拨款事业编制 17 人），城管下派人员 2 人，劳动协管员 11 人，计生专干 27 人，低保工作人员 2 人，公益性岗位 18 人；网格员 52 人。辖内有大型商住楼盘 15 个，即兴隆城市花园、香江花园、永诚明彩居、碧园花城、榕筑花园、三江小区、榕筑鲜花广场、香港城、卓越小区、华田亲水湾、龙湾国际、翡翠大厦、卓越时代大厦、长城嘉苑、北大资源缤纷广场；有沃尔玛、海纳广场、菲翔购物、富华超市 4 家大中型购物超市，有方源酒店、印象酒店、纵横天骅酒店、西苑锦润酒店 4 家星级酒店，有全家福酒楼、喜之府酒楼等小型餐饮服务业，沿街有服装店、副食品店、小食品店、小百货店、小美发店、小酒吧、小餐馆等 1000 余家；有部队医院 1 个（中国人民解放军第四十四医院），社区卫生服务站 4 个，小诊所 10 余个，医药销售连锁服务店 10 余个。（兴隆社区）

【社会事业】 2017 年，社区完成新增就业岗位任务 1223 人，占全年目标任务 1100 人的 106%。其中，完成下岗失业人员就业 645 人；完成下岗失业人员培训 2 人；社区城镇失业率控制在 4.2% 以下，三个充分就业社区达标巩固率 100%，就业转失业人员同比增幅控制在 15% 以下。辖区出生人口 500 人，其中一孩 226 人、二孩 256 人、多孩 18

人，男孩236人、女孩264人，政策外出生14人、政策外多孩5人；人口出生率13.38‰，同比上升1.4‰；人口自然增长率7.92‰，同比上升2.53‰；流动人口符合政策生育率96%，同比上升1.41%；常住人口符合政策生育率97.2%，同比上升0.19%；出生性别比为89.39%，同比下降23.11%。新增城镇居民医疗保险参保486人，为辖区114名60周岁以上城镇居民申报城镇居民社会养老保险。发放公益性岗位人员岗位补贴34176036.53元，缴纳公益性岗位人员社会保险补贴179488.11元，发放劳动协管员劳动报酬199068元，缴纳劳动协管人员社会保险补贴79186.29元。社区原有公益性岗位人员22人，退休3人，清退3人，新增2人，现公益性岗位人员18人。对38户公租申请家庭进行收入调查核实；办理老年证162本。低保对象23户42人，新增2户2人、取消4户7人，发放低保金258007元，低保户春节、元旦慰问金2.22万元；临时救助帮扶19人，发放临时救助帮扶金额64946元。医疗救助帮扶5人，发放医疗救助帮扶金额35893元；教育救助1户2人，金额5500元，由区民政局按社会化方式发放。办理高龄营养补贴319人，发放235460元；百岁老人敬老月慰问800元，春节慰问800元。社区托管经费，用于购买办公用品使用2410元，开展文体活动等经费使用3620元。春节上门慰问瘫痪病人及托管老人6人，慰问金每人300元（1800元整）。慰问生病住院托管老人2人，上门进行探望问候384人次，电话慰问426人次。帮助办理老年优待证18人，辖区有托管老人173人，社区全年探望生病住院人员2人。上门探望453人次、电话慰问526人次。托管联系卡发放率100%。（兴隆社区）

【为民办实事】 2017年，元旦春节期间，对辖区内重点优抚对象进行走访慰问并发放慰问金3300元，涉及11人（每人300元），军属114人，合计2.28万元（每人200元）。重点优抚对象生活定补金6.75元，涉及12人，1—6月农村籍60周岁退伍老兵生活定补金1050元，涉及1人。社区有“两参”人员11人、60周岁以上农村籍退役士兵1人。发放慰问金6000元；补发2017年重点优抚对象春节省级慰问金1100元涉及11人（每人100元）。为5名重点优抚人员（1名伤残军人、1名农村籍60周岁退伍老兵、3名两参人员）办理医疗补助32353元。两节期间，走访、慰问优抚对象11户，发放慰问金3300元；慰问烈军属114人，发放慰问金2.28万元；发放民政救灾雨衣8套、雨鞋8双、充电手电筒8支（四居委会各2套）。为105名残疾人办理免费乘车卡；建立残疾人康复服务档案154份；上报“阳光家园计划”残疾人托养服务（家庭）资助申请表2份及2名精防医生个人资料。社区开展创建入户及电话宣传632户，发宣传资料900余份，在片区开展劳动保障法律法规宣传活动，发放劳动保障政策资料1000余份；收集审核辖区申报租金补贴9人资料，走访调查9人次，创业典型2户，创业项目征集1户，宣传工伤保险政策，发放资料100余份，悬挂横幅、张贴海报。元旦、春节前夕为15户贫困残疾人发放春节慰问金，每人300元，共4500元。年内，组织残疾人参加区残联举行“助残日”文艺活动演出，制作“助残日”活动横标，发放慰问金1500元。残疾人“爱耳日”，社区发放200份宣传资料；“世界自闭症日”发放125份宣传资料；“助残日”发放260份宣传资料，“爱眼日”发放315份宣传资料，“12385”热线和防诈骗发放4张大海报以及宣传资料141份。到花溪区湿地公园开展区残联“助残日”活动，申报兴隆社区“助残日”贫困残疾人8人，慰问金2400元。2500余人次参与社区志愿活动，近400名中小学生参加“小小志愿者”活动。社区在志愿贵阳平台注册1743名志愿者。在春节、清明节、端午节、中秋节、重阳节、国庆节期间，社区组织开展“四进社区”活动，引导人们认知传统、尊重传统、弘扬传统，组织开展以爱国主义、集体主义、社会

主义、理想信念、廉政文化、民族团结进步等为主要内容的宣传教育活动。（兴隆社区）

平桥社区

【概　况】 2017 年，平桥社区服务中心在编干部职工 17 人（含副科级领导干部 6 人）。社区投入 100 余万元安装路灯 180 盏，改变许多路段和院落二十几年没有路灯的状况；投入 60 万元免费安装单元防盗门 400 余扇；投入 6 万元安装超 B 级防盗锁芯 508 个，修建围墙 800 米，治安岗亭 6 个，监控探头 300 余个，单元门禁 200 个，小区出入主门禁系统 2 套；社区投入 40 万元用于辖区新装监控等设备。细化网格至 33 个，并匹配相应网格员；每年投入 20 万元组建一支 15 人的综治志愿巡逻队；每月投入 8500 元为 3 个居委会聘请 17 名楼栋守护员，在重要时段对较为分散的院落楼栋进行守护。社区的凯宏、东方小区 C 区、五山小区 3 个小区成功被市评为四星级小区。将中曹居委会施工公司大院改造纳入 2017 年度第一批“新型社区·温馨家园三年千院”行动计划，项目涉及路灯安装、清掏排污沟、路面硬化、停车位规范等方面，涉及项目资金 67.7 万元。（平桥社区）

【社会事业】 2017 年，平桥社区全年制作各类计生宣传横幅标语 30 条、卫计宣传栏 10 期、墙体喷绘 9 条；开展人口计生宣传活动 9 次，发放宣传资料 3000 份、计生宣传品 1000 份。完成辖区 22 对夫妇孕前优生健康检查工作，按半年组织流动人口参加孕情环情监测服务，参检率 100%。开展“双诚信双承诺”工作，与辖区 1482 户诚信计生家庭签订承诺协议，常住人口签约率超过 96%，全年登记办理生育服务证 106 份。社区定期组织计生专干开展学习培训，按照《平桥社区人口计生“三按月”绩效管理工作方案》，指导居委会计生协会开展“五大幸福计生行动”“幸福工程”“送政策、送温暖”活动，为计生困难家庭送去慰问金 800 元。全年新增就业目标 1500 人，完成 1371 人，完成率 91.4%。其中，失业人员再就业 368 人，目标任务数 400 人，完成率 92%，城镇登记失业率控制在 2.1%，充分就业社区持续巩固率 100%；新增实体入户 121 户；办理就业失业登记证 32 本。社区通过开展“一对一”结对关护活动为辖区 4 名留守儿童提供帮助，为辖区居民办理老年证 48 本，办理高龄补贴 544 人 20.13 万元，走访服务辖区残疾人 13 人，电话访问 11 人，为辖区残疾人申请补助。为复员退伍困难军人申请民政救助，宣传相关政策手册发放 350 余本。贵州省系统生存认证 305 人；领取抚恤金协助认证 190 人；异地退休居住人员生存认证 55 人。贵阳市退休人员指纹认证 3005 人，其中 50 人为特殊认证，由劳动协理员入户提供认证服务，完成入户认证率 100%。为 172 人参加居民养老保险且领取待遇的做认证，因特殊原因不能到现场做认证的，由协理员入户开展特殊认证，入户率 100%。办理复员退伍军人免费乘车 IC 卡 364 个，其中 A 类 47 个，B 类 317 个。发放 5 名优抚对象抚恤、优待补助金 2.59 万元。（平桥社区）

【安全生产与消防工作】 2017 年，社区开展安全生产月活动、安全生产月咨询日活动，制作宣传展板 12 块，通过短信平台推送安全应知应会信息 1200 余条，发放宣传手册 1000 余册。开展 329 人次隐患排查，排查出安全隐患 18 处，督促整改 16 处，投入 10 万余元经费用于安全隐患排查整改，清理辖区危树 62 棵，及时上报安全生产周报表、隐患排查治理登记表及其他相关报表数据至区安委办。全年无任何安全事故发生，无安全生产事故死亡的人。社区与各居及企事业单位一一签订目标责任书，建立一把手亲自抓、分管领导具体抓的工作模式。每季度召开消防安全工作专题会，全年开展消防安全知识培训 4 次，组织消防演练 4 次，开展消防安全大检查 128 人次，排查隐患 12

处整改完毕。为辖区老旧居民院落配备消防灭火器200余套。在3个居委会成立微型消防站并配备相应的装备，开展消防网格化工作，全年无消防安全事故发生，无火灾死亡的人数。（平桥社区）

【网格化服务】 2017年，社区按照200~400户划分为一个网格的要求，将辖区划分为33个网格，明确32名网格管理员，基本满足“一格一员”的配备标准。完善网格化社会治理云平台信息，全年新增录入人口信息3445条、修改1753条、注销5554条。社区“社会和云”平台受理处置案件489条、处置485条、结案476条、正在处理4条，其中网格员通过“和贵阳APP”上报立案266条，全部处置并结案。（平桥社区）

【社区文化活动】 2017年，社区党委结合中华民族传统节日，开展“我们的节日”元宵灯谜会“鲜花祭祀，文明祭扫”“粽叶飘香度端午，左邻右里一家亲”迎端午活动、“我们的节日・七夕”故事会、“左邻右里齐参与，金秋之夜话文明”以及“浓情九九，感恩孝老”等系列主题活动6次。组建社区文艺队伍10余支，参加省、市、区组织的各项文艺表演活动。全年花费万余元用于公益事业。（平桥社区）

【社会治安综合治理】 2017年，每个季度召开警务联席会议，居委会每月召开警民议事会，与派出所、居委会针对辖区内案件高发地区的情况和发案规律，建立信息搜集，对每月的发案情况进行研判，提高防范意识，通过多种方式降低发案率，改善社区治安情况；开展平安小区、平安院落、平安家庭、平安单位建设工作。投入5万元宣传经费用于制作宣传品、宣传展板、资料以及开展宣传活动。社区出台《进一步提升综治工作站工作的实施方案》，对各部门、各居委会、网格员、流管员、禁毒专干、片区民警的职责进一步细化，加强各部门的联动，社区匹配每月4300元综治工作站经费。通过多种方式降低发案率，改善社区治安情况。在单元楼栋院落实行由低保户及志愿者组成的“红袖标”守护队伍对楼栋进行守护，对陌生人员进行盘查讯问，案件高发季，投入约5万元，设立17名楼栋守护员进行集中值守；投入20万元组建15人的巡逻队，在重点时段、重点路段负责安全巡逻；加强网底建设，在原来的基础上细化网格，并配备相应的网格员，为居民实现“居有所安”保驾护航。做好反邪宣传教育，制作展板38块、横幅47条，开展反邪教宣传活动16场。全年未发生涉邪重大案（事）件。（平桥社区）

【禁毒工作】 2017年，平桥社区利用社会戒毒康复站平台，统筹组织各类人员开展宣传活动。结合中国传统节日，开展文艺演出、慰问宣传活动。开展禁毒进学校、进社区、进家庭宣传活动及“禁毒教育课堂进企业”系列活动，组织学生、家长、单位职工、学校老师、闲散青少年等到禁毒教育基地参观，开展“6・26”禁毒文艺汇演等，累计开展各种活动40余次。结合6月禁毒宣传月在第三实验学校、三十六中、馨苑幼儿园等开展“小手拉大手禁毒教育课堂”4场，发放禁毒宣传资料3000份、综合宣传册1000本、禁毒宣传纪念品玻璃杯400个，扇子1000把。利用社区宣传窗、板报、横幅标语、宣传单等在街道、住宅小区宣传。投入1.7万元新增禁毒展板72块，宣传横幅120条。5—6月，社区制作5000份禁毒公开信和承诺书，制作3000份禁毒宣传三折页，投入1.88万元制作1000个体重秤入户禁毒宣传。（平桥社区）

【卫生整治】 2017年，平桥社区开展“多彩贵州文明行动”主题活动。组建由10名环卫工人加强对五山中曹巷、北门青龙路、中曹小屯路清扫保洁力度，出动手推车90余台次，清运建筑垃圾及大件杂物164车次，清理卫生死角240余处，清理居民小区野广告1.5万余幅，拆除乱搭乱建篷布12个，疏通青龙路沿线、中曹巷、经济技术中专等处排污沟400余米，清掏鑫聚小区、施工站家属区化粪池8个，修复青龙路沿线破损沟盖板20余块。粉刷脏污墙体1000余平方米，清洗路面800平方米。社区除组织辖区日常保洁之外，每月组织2次集中清运小区建筑垃圾及大件破旧沙发桌椅，社区清理脏乱差小区30个（次），清理辖区各类野广告1.2万余幅。（平桥社区）

航天社区

【概　况】　航天社区服务中心成立于2011年4月29日，航天社区是以自然道路、河流、街道、巷道形成的地块划分的城市社区，面积约1．8平方公里，驻贵阳市花溪区漓江路141号，辖滨河、漓江、航天园3个居委会，有蒙古族、苗族、回族、朝鲜、布依族、水族、白族、壮族等31个少数民族。

社区党委有3个党支部、直管党员157名。辖区人口有约7900户、2．3万人。辖区内有中国航天科工集团061基地等大型国企和数十家民营企业，有漓江小学、航天园幼儿园、贝蕾中英文幼儿园、金博士幼儿园等教育机构，有贵阳银行、农村商业银行等金融机构，有经开区建设管理局、国税分局、小河供电局、漓江卫生服务站、航天园职工医务室等行政事业单位，有小型酒店、超市及零商铺面数百家。（航天社区）

【社会事业发展状况】　1. 严格落实惠民救助政策，保证特殊群体真正得实惠。航天社区开展低保减量提标和分类施保取消工作，对情况不属实的进行清查，对收入有变动的及时变动，对需取消分类施保的对象及时上报，调整率达100%。辖区共有低保户数36户77人，共取消低保户数3户6人，共计发放低保金33．3572万元；在元旦、春节期间，发放一次性补贴及各类补贴资金共计3．3万元；为13户居民办理临时救助，发放救助金25000元；申报医疗救助5户8人，发放救助金7500元。辖区为22名辖区留守儿童建立基础档案，结合志愿、慰问等活动开展关爱帮扶；发放高龄长寿补贴共44080元；办理老年证共30本。办理退伍军人免费乘车IC卡402人，发放退伍军人光荣牌441块、发放复退军人宣传手册327本，元旦、春节期间发放“两参人员”补贴1500元，保险补助金710元，上半年发放两参人员生活补助费共计10800元、发放60周岁以上农村籍退役老兵生活补贴费990元；发放“两节”烈军属慰问金12200元。

2. 接待受理保障房咨询及申请5人次，审核并通过5份公租房申请、3份经适房申请，并通过市统一摇号，对辖区48户公租房保障户进行实物配租。

3. 航天社区申报“新型社区 温馨家园”社区公益事业项目（“三年千院”行动计划）3个，批复实施2个，投入资金总额187．5万元，内容涉及绿化工程、环境整治、安保工程、环境整治、健身器材安装及附属设施建设。根据市、区相关文件精神，航天社区申报辖区滨河居委会2个老旧居民小区，以公益事业项目为契机，完善小区基础设施建设，改善居民生活环境，提高小区建设管理水平，得到群众的认可。

4. 2017年年底，辖区总人口22947人，总户数7956户，完成手术数298例，符合政策生育率达98．84%，和去年同期相比，符合政策生育率持平；计划生育居民自治率达100%；出生率为7．30‰，人口自然增长率为1．98‰，流动人口符合政策生育率94．44%；流动人口登记准确及时率100%；无“两非”案件发生。（航天社区）

【精神文明活动】　2017年，社区开展环境卫生集中整治活动13次，出动工作人员700余人次，取缔违章占道经营1380余起，清理野广告2000多处，清理流动摊贩1500余起。

航天社区领导带头，组织社区各居干部职工学习《中国共产党纪律处分条例》《中国共产党廉洁自律准则》，认真抓好作风建设，筑牢反腐倡廉思想防线。共组织40次政治理论学习。

社区依托学雷锋群众工作志愿者服务站平台，新招募180名志愿者。推行社区主导、居委会主导、居民主导志愿服务活动三种模式，共组织志愿活动40余次，共计1500余人次参与志愿活动，服务内容涉及精神文明、文化、环境卫生、计生、医疗、法律、禁毒等方面。定期和不定期由专项志愿者服务队为主开展关爱他人、关爱社会、关爱自然“三关爱”活动，科教、法律、文体、卫生“四进社区”活动，排队日、步行日、无车日、让座日等交通引导志愿活动；为丰富社区居民精神文化生活，社区组织志愿者开展以“我们的节日”系列传统节日活动和邻里守望志愿服务活动；为有效提高居民的环保意识，创造一个干净舒适的居住环境，组织居民和志愿者深入居民小区开展清洁环境卫生，植树植绿志愿活动。

（航天社区）

责任编辑　周年辉

航空社区

【概　况】　2017年，航空社区辖区总人口22947人，总户数7956户。社区党委下辖社区服务中心党支部党员17名、松花江居委会党支部党员20名、枫阳居委会党支部党员46名，有党员共83名。在纪念党成立96周年之际，枫阳居委会组织开展“社区小舞台·百姓大圆梦”活动暨庆祝党成立九十六周年文艺汇演；为增加社区老人晚年幸福感，红林居委会开展“五十年风雨同载金婚”纪念活动；社区派出的红林舞蹈队参加“我们的节日——花溪区2017年春节民族民间歌舞大联欢活动”，获得优秀奖；每月举办一次“宣传部长上讲堂”或道德讲堂活动；开展“我推荐、我评议身边好人”人物评选活动。（罗梨方）

【社会事业发展】　2017年，城镇新增就业目标任务数1000人，完成城镇新增就业总人数946人；就业困难对象就业11人；充分就业社区3个，持续达标率100%；城镇失业人员20人，城镇登记失业率控制在0.37%。城乡居民社会养老保险应参保目标人数97人，实际参保目标人数89人，完成率91.75%；应征缴目标金额4.68万元，实际征缴金额2.21万元，完成率47.22%；应参保缴费人数13人，实际参保缴费人数9人，续保率69.23%。续保目标任务需达到75%。以业管人，登记流动人口数359人，流动人口用工单位173个，未经营单位143个。建立戒毒康复人员台账11个，每月上报戒毒康复人员相关报表。加强政策扶持。新增创业实体入户39家，调查入户数24户，新增创业实体带动就业人数18人；自主创业场租补贴申请3人；帮助居民查询社保43人，累计指纹认证237人，特殊认证4人，异地居住退休人员养老金资格认证5人。办理IC卡159，续保人数37，停保13。接待受理保障房咨询及申请5人次，审核并通过5份公租房申请、3份经适房申请，并通过市统一摇号，对辖区48户公租房保障户进行实物配租。申报“新型社区·温馨家园”社区公益事业项目（“三年千院”行动计划）3个，批复实施2个，投入资金总额187.5万元，内容涉及绿化工程、环境整治、安保工程、环境整治、健身器材安装及附属设施建设。社区申报辖区滨河居委会2个老旧居民小区，以公益事业项目为契机，完善小区基础设施建设。（罗梨方）

【整脏治乱】　2017年，社区组织300余人次，对辖区内主次干道、背街小巷、校园周边、小区院落开展整脏治乱大行动。铲除各类野广告1000余张，清理卫生死角50余处，清理各类杂物3吨，清理违规设置广告牌、破损广告牌40余处，清理排水沟200米，垃圾房安装铁门。清理辖区内的占道经营5000余次。对违停车辆进行贴单处理70余次，签订门前三包100份，协助枫阳小区、红林小区物管对小区绿化地种菜和小区内单元楼里的乱堆乱放进行清理。增加户外大型垃圾桶80个。社区制止违法建筑抢建15起，拆除违章建筑4起、2708平方米；另有3户按照法律程序依法处理。开展春秋两季灭害工作。3个居委会投放鼠药约150千克，投放杀蟑饵剂180包，顺式氯氰菊酯9瓶。（罗梨方）

【社会治理】 2017年，社区完善信访维稳工作调度机制，做好重要时间节点及重点时期信访维稳值班备勤、重点人员重点群体盯防、信息报送等工作。社区有吸毒人员54人，其中社区戒毒6人、社区康复5人、严重违反社区康复协议1人、戒断三年未复吸15人、强戒12人、死亡6人、社会面8人、参加药物治疗1人。禁毒专干与社区民警对接，核对辖区吸毒人员基本情况，对“数据禁毒应用”平台“四定一动”数据及时、准确录入，对检查出现的问题，及时对档案资料和数据系统进行整改完善。全年组织23次“向毒品说‘不’，打一场禁毒的人民战争”主题禁毒宣传活动，在辖区主要通道悬挂横幅12条，制作宣传栏3期（9块），发放禁毒宣传资料3000余份，开展禁毒宣传进场所活动2次，对辖区网吧、小旅馆及从业人员开展针对性宣传，开展进校园宣传2次，入户宣传1次，广大居民的防毒、拒毒意识日趋增强。健全防范网络，开展联防联控，全年召开警务联席会、警民议事会10次，对美城新都等发案相对较高地区采取针对性的防控措施，控制刑事案情反弹。强化宣传发动，在辖区各小区开展“两严一降”系列宣传活动40次，发放宣传资料3000份，悬挂宣传横幅27条，开展入户宣传4次，采集居民意见建议70条，发放宣传资料及宣传品各5000余份，完成省群众安全感满意度调查APP问卷405份。开展“C级锁芯”“小喇叭”等安装摸底工作，上报需新装“C级锁芯”526户。（罗梨方）

【卫计工作】 2017年，社区开展卫计工作如下：加强队伍建设，确保经费投入。配齐配强计生干部，确保人员在编在岗，按时发放计生专干工资和育龄妇女小组长报酬；按月兑现“三按月”奖惩；按季度兑现“双诚信双承诺”计生困难户。独生子女保健费发放37人、1.1625万元，其中1人享受独生子女一次性奖励费950元；失独扶助16人，11.616万元，其中1人另享受一次性抚慰金5万元。圆梦小康发放9人、2.25万元。加强计生管理。常住人口出生率13.7‰、常住人口自然增长率8.56‰、常住人口符合政策生育率97.25%，政策外多孩率控制在2.2%，达到区级目标。及时准确上报计生统计报表，报表质量达到统计质量标准。做好PIS系统常住人口消重工作。全年出生人口173人，死亡数65人。手术完成35列。现孕66人，待孕209人，新婚58人。全年免费孕前优生检查18对，宫颈癌筛查50人。实行一孩、二孩生育登记服务制度，优化再生育审批办事流程，加大全面两孩政策宣传力度，做好网上生育登记工作，办理一孩证81人、二孩证64人。加大出生人口性别比综合治理工作力度，确保年度内出生人口性别比控制在正常值域（103~107）。完成关爱女孩和出生人口性别比综合治理系列宣传活动，开展抵制两非活动，将孕产期全程服务管理纳入“三按月”绩效管理。严格14周岁以上终止妊娠手术审批。深化社区流动人口管理，全员人口录入14111人，流动人口现孕信息平台反馈率100%，加大流动人口基本公共计生服务均等化，确保流动人口签订“双诚信双承诺”承诺书100%。加大计生工作宣传力度，完成宣传栏更新十期，各项宣传活动14次，报送计生工作信息30篇。按照上级部门要求，慢病宣传栏五期，每月组织辖区居民开展健康活动4次，知识讲座等完成10次。兑现26户诚信计生困难户7900元。

（罗梨方）

【网格管理】 2017年，配合实施“社会和云”工程建设，完成“社会和云”数据共享交换工作及数据采集更新任务。完成“和贵阳”APP安装100%，已有网格易账号签到100%。推进网格化服务管理工作，网格划分、调整率和网格化服务管理工作覆盖率均达100%。推进社区网格化管理，建立网格化管理服务模式，分为3个网格区（分别是枫阳居委会网格区、松花江居委会网格区、红林居委会网格区），41个网格，网格化管理员41人，在网格管理工作中匹配专项工作经费。社区群众全部录入网格系统，纳入服务范畴。社区覆盖率100%。

（罗梨方）

金欣社区

【概　况】 2017年，金欣社区服务中心辖区内总户数4863户，总人口12252人，常住人口出生人数42人。

（金欣社区）

【社会事业发展状况】 2017年，社区社会事业发展状况如下：劳动就业保障工作。完成城镇新增就业目标任务，持续达标率100%；城镇失业人员50人，城镇登记失业率控制在1.31%。城乡居民社会养老保险应参保目标人数89人，实际参保目标人数88人，完成率98.88%，续保率完成率111.11%。建立戒毒康复人员台账，每月上报戒毒康复人员相关报表。落实小额担保贷款、税费减免、社会保险补贴、创业奖励及场租补贴等扶持政策。健全工作台账。建立健全促进创业带动就业工作台账，定期报送就业统计报表、适时报送促进创业带动就业工作信息和简报。

民政工作。完善低收入家庭建档立卡数据，做好贫困识别、分类管理，贫困退出工作。2017年，社区取消低保户8户22人，新增2户6人。10月，社区有32户60人享受低保，涉及低保金213130元。社区网格员以日常入户工作为基础，发现新增困难群众，由专人对情况核实后及时申请相应的救助。10月，为19人次申请临时救助款33487元；为6人次申请到医疗救助款50960.8元，为2人申请低保教育救助4500元；扩大医疗保险参保人群。全年社区完成城镇居民基本医疗保险扩增126人、完成城乡居民社会养老保险参保88人，征缴养老保险金额2.36万元。

残联工作。定期走访残疾人家庭，准确了解和掌握残疾人家庭情况变化，提供帮扶救助。为辖区1位困难残疾人家庭子女申请就读补助，为65名残疾人办理乘车卡，为24人申请重度残疾人补贴，为5人申请辅助器具，为贫困残疾人子女申请补助金3500元。

双拥工作。2017年度贵阳优抚APP安装率71%；为复退伍军人免费办理IC卡A卡15张，B卡67张；开展清明节、端午节宣传活动，“八一”、公祭日走访慰问活动4次。辖区劳动年龄范围的67位复退军人（含已退休5人）中，就业55人、创业4人、未就业8人。对未就业复退军人走访29人次，对已就业的复退军人进行定期回访。

公租房保障。2017年，有77户居民进行廉租住房申请登记，经过社区工作人员对申请人条件严格把关，入户核实，有38户居民成功登记并上报；至10月，社区享受廉租住房的居民91户。

（金欣社区）

【为民办实事】 2017年，社区结合居民群众所反映的问题，对辖区内基础设施进行整治。清掏排水沟渠200余米、沥青铺设路面30平方米、更换人行道砖70平方米、修复路面220米、路面修复240平方米、维修路灯6盏、新装楼道灯30盏、更换老旧线路700米、粉刷墙面8200平方米、垃圾清运100车、僵尸车处理7辆、新画停车位40个、斑马线3条、补植补绿120平方米、清理门头

500平方米。发挥金溪、金农两个居委会治安值守岗亭和守楼护院点的防控作用，全年投入约20万元用于新增80个监控摄像头的日常管护，并纳入公安监控系统，加大辖区治安死角的监控；在辖区新增19盏路灯，维修朝晖厂家属区防盗门23扇，维修加固朝晖厂大桥防护栏，在齿轮厂增加路灯5盏，加强治安防控体系建设。依托千园之城工作，建设社区公园2个，新增绿地面积120平方米。社区服务中心2017年申报新型社区·温馨家园（“三年千院”行动计划）朝晖厂家属区二期改造工程项目完成，新增地面硬化1500余平方米，墙面粉刷2000余平方米。（金欣社区）

黄河社区

【概　况】　2017年，黄河社区服务中心辖4个行政村，有村民小组33个。辖区有人口近13000户、近41000余人，其中常住户1973户、7790人；流动人口11000余户、33000余人，流动人口占总人口数的80%。社区党委有6个基层党组织（农村党支部4个，非公有制企业党支部1个，机关党支部1个），党员300名，其中农村党员274名、非公有制企业党组织党员4名、机关党员22名。发展党员5名，为党员干部举办两次反“四风”讲座，5次警示教育。社区成立“讲习所”，社区班子、村两委成员带头宣讲中共十九大精神，大型宣讲19场，流动讲习40余场，听讲党员群众1400余人次。社区服务中心下设“两办五部”（综合办公室、网格办公室、党建工作部、社会服务部、城乡管理部、群众工作部、经济服务部），设立便民利民服务大厅，大厅设有5个综合服务窗口，分别负责提供涉及民政民族事务、劳动和社会保障、计生、城市管理和住房建设、综治调解和法律咨询等各项服务。社区行政编制5人、事业编制16人、实际在岗人数19人、班子成员人数4人、临聘50人（其中城管下派18人，由城管局发工资），村两委人员37人，网格数39个、网格员39人。（张　颖）

【社会事业】　2017年，城乡居民基本养老保险缴费人数401人，缴费金额14.19万元，待遇享受373人；城乡统筹培训60人；城镇居民医疗保险参保119人；新增创业实体237户，注册创业资金5337.68万元；失地农民老年补贴发放234480元；就业失业登记证办理53本；灵活就业认定0人；公岗两补444821.68元；劳动协管员两补190959.27元；退休托管人员联系35人次，生病慰问1人金额146.6元，悼念2人480元，组织活动一次花费2370元，农村低保金发放47236元；城镇低保金发放65316元；医疗救助金发放48264元；临时救助金发放33774元；两参人员生活补贴发放16.2万元；80岁及以上高龄补贴28140元。社区育龄妇女13992人，出生人口370人（其中符合政策生育360人，不符合政策生育10人），符合政策生育率常住人口98%，流动人口94%，人口出生率5.7‰，同比上升24.18%，人口自然增长率4.98‰，同比增长60.65%，出生人口性别比110。社区精准识别出8户13人的低收入困难群体，经

12月28日，黄河社区开展“不忘初心 牢记使命”宣传党的十九大暨元旦文艺活动（黄河社区　供稿）

区扶贫办和黄河社区扶贫开发领导小组研究决定，建立由社区班子牵头，村支两委、党员、干部、网格观察员组成的帮扶工作组，责任到人，具体负责结对开展帮扶工作。利用“3·15”、全国科普宣传日等，组织辖区1000余名村民在网上进行“百万公众网络学习工程”的答题活动。配合学校开展“9+3”计划工作，各村“控辍保学”工作小组配合当地小学，宣传《中华人民共和国义务教育法》《中华人民共和国未成年人保护法》《中华人民共和国妇女儿童权益法》《贵州省义务教育条例》等教育法律法规。全年组织20余名村民无偿献血。（张　颖）

【社会治安综合治理】　2017年，以平安社区创建工作为契合点，在辖区继续推进监控摄像头、单元防盗门安装维护工作，安装监控摄像头227个、维修单元防盗门36扇、路灯20盏。在各村制作打击犯罪、安全防范黑板报、宣传栏58块，发放《市民安全防范手册》2400本；在村寨主要路段、村民住宅区悬挂、张贴宣传横幅、标语105条。印制发放法制便民服务卡、温馨提示及公开信、宣传单约23000余份，便民服务卡上印有经开区公安分局、黄河派出所、大兴派出所、长江派出所报警电话、黄河社区服务中心值班电话。开展小喇叭宣传工作。各村巡逻队员每晚7点至8点共同完成小喇叭宣传工作，宣读公开信并呼吁村民锁好门窗。社区将网格化管理模式引入辖区综治管理工作，实行社区党政班子成员包片、工作部门干部分片包干，各村治保人员包保到户责任机制，定期走访村民，并发放公开信、《市民安全防范知识手册》、禁毒等宣传资料等2万余份。全年辖区四个村各类刑事案件发120起，与2016年同期发案139起相比下降19起，下降13.67%。化解各类历史信访积案5件。开展“讲文明树新风”活动，张贴公益广告宣传画报500余张，LED显示屏5处，宣传栏15处。建设社区“爱心银行”，成立黄河社区志愿服务队伍，并在服务站通信大厅及各村服务大厅成立学雷锋“绿丝带”志愿服务站；分别成立文明交通志愿服务队、文明旅游志愿服务队、网络文明传播志愿服务队等，开展文明交通引导活动约100余次，发动志愿者约400余人次，宣传和劝导辖区群众文明出行约2000余人次；开展文明旅游宣传活动2次，宣传涉及约600余人次；开展网络文明传播志愿活动约300余次；开展“文明餐桌”行动2次，开展关爱自然、关爱社会、关爱他人志愿服务活动8次。（张　颖）

三江社区

【概　况】　2017年，三江社区有人口50809人，其中常住人口14142人，流动人口36667人。有党员425人。辖区重点项目有市政项目：轻轨一号线（毛寨段）、麻堤河污水处理厂项目；工业项目：格力空调、富巨热效能产业园、海跃模具产业园、汽车零部件产业园；城中村改造项目：孙家院城中村改造、龙王村城中村改造、大寨村城中村改造、三江口综合功能中心板块。（三江社区）

【社会事业发展状况】　2017年，社区社会事业发展状况工作：劳动就业。完成城乡统筹就业1259人，其中城镇新增1159人、农村富余劳动力转移100人。发放就业失业登记证87本。

社会保障。有19户26人次享受城镇低保金，发放金额17万余元；有31户51人享受农村低保金，发放金额19万余元；为辖区10户困难群众申报临时生活困难救助，发放金额2.4万元，为辖区5户困难群众申报大额医疗救助，发放金额67997元；为辖区内145位80岁以上高龄老人发放高龄营养补贴5.22万元；为辖区老年人办理老年证22个；为2户贫困家庭子女考入大学申请助学金（每人2500元，合计5000元）；为辖区复退军人办理免费乘车卡287张。

卫生计生。辖区6个村完成“双诚信、双承

诺”工作方案，成立评议小组、监督小组、理财小组。签约10232户，进入实质性评议兑现阶段。把“三按月”作为人口计生工作总抓手，将流动人口服务管理工作纳入“三按月”绩效考核，落实个案任务到人，明确两委主要领导责任，督促落实，严格考核及奖惩兑现，全年发放奖励20925元，处罚7220元。落实奖励扶助机制。全年社区奖励扶助实际发放总金额566885元。

教育事业。走访辖区学校，对辖区学校的学生辍学情况进行检查登记，配合教育局，搞好辖区中小学生户籍情况核实表，做好辖区控辍保学相关工作。对辖区所有学校进行逐一走访，检查各学校的安全情况，完成相关数据采集，针对存在的安全隐患提出整改意见，对无证办学的学校提出整改要求。完善留守儿童、少年的相关信息的收集和取证工作，建立相应的台账，进行动态管理。（三江社区）

【环境整治】 社区结合2017年全国创文复检工作及省“多彩贵州文明行”整脏治乱行动，以市“三创”工作推进为契机，取缔鑫中路122户木材加工作坊；搬离水厂门口花溪河沿岸12户潲水猪养殖户，搬离生猪800余头；在辖区范围内开展环境卫生专项整治50余次、清理卫生死角200余处、暴露垃圾100余吨、乱堆乱放150处，治理污水外溢30余处，清理“野广告”2000余处，整治公厕40余次，整治农贸市场50余次。拆除不规范广告牌及布幅150余块，取缔各类占道经营1300余次。

（三江社区）

【网格化服务管理】 2017年，三江社区紧跟大数据的步伐，通过加入贵阳网格化信息管理平台，将社区休眠或停留在原始台账资料上的数据激活起来，同时以此平台为基础，将网格、民政、就业、社保、计生、党建等社区的主要工作和各类管理服务资源数据纳入平台集成管理。通过网格长、网格员在自己的工作辖区里对“人、地、事、物、情、组织”等六类数据及就业失业、残疾、低保、老龄化人员及优抚对象等多项专业数据实时采集后上传至社区，与社区其他平台进行对接，从而实现整个社区的基础管理数据有效采集、实时更新。通过信息平台，社区可以全面掌握社区老、弱、病、残、幼等详细信息，为其提供精细化服务。在社区不定期滚动播出的就业信息，在各村的劳动信息网上也能看到，来村里进行失业登记的群众，可以根据现有的就业岗位更加方便快捷地找到就业岗位。通过数据平台，还可以为村民提供民政、住房、人口、计生、劳保等政务办理流程信息的发布，并对社区及村近期正在办理事项进行贴心提醒，如1—6月的退休认证、5～6月购买新农保、12月前办理的新农合等。

（三江社区）

【平安社区建设】 2017年，社区党委针对辖区外来人口密集，地理环境复杂等实际，抓好人防工作。各村联防队在辖区校园周边及易发案地段开展义务巡逻防控工作，维护社会稳定和谐。同时通过警务联席会以及发案信息比对分析，动态掌握辖区发案的重点时段和地段，按照防控随着警情走的原则有针对性地开展巡逻防控。建立大数据平台，启动平安在线安装工程。社区党委在区级安装平安在线的基础上，对辖区各村寨治安盲点以及辖区重点稳控对象、吸毒人员、法轮功人员等的居住地启动平安在线视频监控安装工程。一期安装206个视频监控投入使用。经努力，社区安全感测评2014年得分94.79分，全市排名49名；2015年得分97分，全市排名46名，2016年安全感分值96.11分，全市排名38名，排名呈逐年上升趋势；辖区2017年1—10月发案283起，同比2016年1—10月的339起下降17%。

（三江社区）

小孟社区

【概　况】　2017年，小孟社区服务中心总人口19307人，其中常住人口12498人，流动人口6809人。中心有工作人员54名，在册职工24人，其中行政编制6人、事业编制18人、临聘及下派人员30人。社区党委有党员361，预备党员5名，入党积极分子20个，递交入党申请39人。社区成立以党委书记、社区服务中心主任为组长，各班子成员为副组长的双组长工作领导小组，开展一对一帮扶活动。对于重新识别的困难户，要求每一个贫困户都有帮扶责任人，并开展摸底调查，制定脱贫规划。与各个包村单位签订目标责任书。现有贫困户24户56人，其中重点保障户18户37人（低保户17户36人，特困户1户1人），低收入困难户6户19人。社区与低收入困难户签订帮扶协议，每户兑现2000元帮扶资金。社区推进信访维稳“一号工程”，办结各类信访案件25件；2017年3月底启动阳光驿站建设，站点建档16本、心理档案14本、健康档案15本，完成出站2人。社区对辖区内各项目实行包保制度，完成大数据安全产业示范园及花冠路南段道路工程项目（经开片区）土地征收及房屋搬迁工作，征收房屋420栋138851平方米，土地征收289亩。（小孟社区）

【社会事业】　2017年，社区上报出生人口数255人，出生性别比126，人口出生率13.6‰、人口自然增长率10.7‰，符合政策生育率95.3%，其中政策外多孩6人，政策外多孩率2.5%。城镇新增就业900人，完成901人，完成率100.11%；城镇登记失业率控制在4.2%以内，辖区失业率0.76%；完成职业技能培训60人，完成60人，完成率100%。全年农村社保费工作目标任务69万元，完成收缴农村社会养老保险（新农保）保费78.9724万元，完成率114.17%；应参保缴费人数2949人，实际参保人数1512人，续保率50.61%；城镇居民医保目标任务30人，完成44人，完成率146%；城镇退休职工指纹认证628人。元旦春节期间，发放慰问贫困残疾人（15户）慰问金4500元；申报2017年残疾人驾驶机动轮椅燃油补贴5人；完成重度残疾人两补90人申报、复核、录入工作；完成重度残疾人阳光家园托养2人申报工作；完成2018年农村残疾人合医补助30人申报发放工作；残疾人办理免费乘车卡101张。

社区组织妇检2次（妇检率90%以上），计划怀孕夫妇免费孕前优生检查105对，宫颈癌筛查408人。按照药具管理规定，对孕产妇、受术者进行上门访视，药具使用率95%以上，有效率95%以上，随访率100%；加强出生缺陷干预，药物干预率100%。全年社区无孕情消失情况，无“两非”案例发生，无孕产妇死亡，无婴幼儿死亡，无非法接生。发放高龄老人长寿补贴157人，发放金额56060元。

完成辖区内的两参人员、退役军人优抚工作。春节、元旦慰问以及乘车卡办理工作，办理乘车卡144张；发放优抚金24.75万元；春节慰问发放5.51万元；办理优抚医疗4人，发放补贴765元；办理临时救助1人，发放救助金5000元；办理辖区居民医疗救助3人，发放救助金73094元。

（小孟社区）

【安全工作】　2017年，小孟社区组建12人半专业化森防工作应急队，配合各村森防应急队开展森防应急行动20余次。开展森林防火宣传活动5次，印发资料500余份，树立警示牌7块，悬挂张贴标语30余条，流动宣传车200余人次。设置巡防卡点14个。在重要时段、重要节点开展安全生产检查5次。针对小企业、小作坊、易燃易爆行业、消防、地质灾害、堰塘堰湖、道路交通、学校等行业领域组织检查组150个，检查人员350人次。检查企业300家次，排查出一般隐患103项，树立警示标牌70余个，整改101项。（小孟社区）

【文化宣传活动】 2017年，小孟舞蹈队获市健康舞蹈比赛三等奖、区健康舞蹈比赛二等奖。举办送文化下乡演出7场，吸引群众千余人。举办十九大知识竞赛，辖区7个村均派代表队参加比赛。开展“讲文明树新风”公益广告宣传活动，开展集中宣传活动20余起，张贴横幅、喷绘80余处，开展“图说我们的价值观”公益广告宣传活动，将宣传工作深入到村到户，发放宣传手册1000余份，张贴大型核心价值观宣传喷绘30余幅，并联合园区办相关企业，制作墙体绿色宣传，制作张贴海报200张、扇形广告牌30余块；成立学雷锋“绿丝带”志愿服务站，广泛开展雷锋志愿服务活动50余起，“绿丝带”公益活动80余起；暑假期间组织留守儿童、贫困儿童开展夏令营活动，进行心理辅导。社区新增图书室藏书200余册。

（小孟社区）

金竹社区

【概　况】 2017年，金竹社区党委有5个党支部，有党员227名，预备党员3名，入党积极分子15名，无流动党员。下辖3个村委会，共有“两委”干部23名，“两委”委员“交叉任职”5名；100%高中以上学历，35岁以下的3名。辖区内有2所小学：金山小学有学生183人，教师12人；竹林小学有学生227人，教师13人。辖区内有2所社区卫生室，有工作人员3人，其中专业卫生人员3人。全年完成诊疗3500人次。（谢　勇）

【社会事业】 2017年，社区新增城镇就业岗位126个，完成157.5%；完成园区就业21个，为年度目标的52.5%；就业失业证办理74人；1～9月，完成城乡统筹培训40人（创业培训集中培训30人，个人创业培训2人，职能培训8人），为区年度目标60人的66.67%；新增参保人数44人（其中待遇领取17人），累计参保人数2220人，完成目标任务2185人的101.60%；交费607人次（其中待遇领取人员15人），收费16.5万元，完成目标任务262095元的62.95%；完成灵活就业养老、医疗保险办理7人，城镇居民基本医疗保险办理17人；完成全民参保计划入户信息调查及录入734人；完成自主创业经营场所租金补贴材料初审及入户核实5户。2017年，社区农低保对象有58户105人。发放临时困难救助10户35人，金额72360元；医疗救助4人，金额40751元。优抚医疗救助1人，金额534元。关爱残疾人、留守、困境儿童，建立辖区困难留守儿童台账，联动区各职能部门对辖区留守儿童进行帮扶。做好移民服务工作。全年收集移民子女教育补助申请45人次、移民技能培训补助申请292次。精准扶贫建档立卡低收入困难户前期统计83户174人。低保户58户105人，其中3840～4800元的低收入困难户共计22户59人。转为特困供养人员3户3人（金山村王尔昌、罗跃林，竹林村王良明）。社区领导干部遍访32户低收入困难户，此次遍访包含问卷调查以及制定帮扶措施。辖区符合政策生育率95.3%，流动人口巡查率100%。辖区有流动人口重点对象22人，其中滥泥村13人、竹林村1人、金山村8人均建

11月23日，金竹社区开展十九大知识抢答赛（金竹社区　供稿）

档。以单元或独立楼栋为单位，填写辖区内出租屋示意图，出租房屋2657间，出租房屋登记率95%以上，辖区新增流动人口276人，比对信息293条，录入全员人口信息平台流动人口10116人，其中烂泥村8215人，金山村1216人，竹林村685人。（谢　勇）

【重点工程项目】　2017年，社区重点工程项目竹林村项目推进情况。竹林村贵州大众合力种植农民专业合作社，发展200亩有机蔬菜精品蔬菜种植，建成芽苗菜生产大棚300平方米，摸索芽苗菜规模化生产技术；规划2000亩用地发展食用菌（野生菌）栽培，完成技术论证和实地考察；贵阳梦之源果蔬种植农民合作社规划600亩用地，种植精品树莓，计划投资2000万元，完成土地流转40%。

金山村项目推进情况。金山村与贵州合源农业科技有限公司进行合作，开发精品水果及种植业，地点位于金山村金家山背后山，一期占地约200亩。金山村争取移民资金用于修建部分基础设施，用集体土地与该公司合作，占股10%。村民采取土地入股或保低分红的方式合作，如土地入股，该片土地涉及的村民占公司利润的20%；如保低分红，涉及的村民占公司利润的5%，二者取其高。金山村对土地进行科学测量，得出面积并公示，计划投资5000万元，项目用地93亩。贵阳黔美多果蔬农民专业合作社，拟投资50万元，发展大球盖菇制种技术、大球盖菇露地栽培技术、大球盖菇保鲜技术三项研究，完成可研报告编制。

滥泥村项目推进情况。贵阳鑫宇苗木花卉种植农民专业合作社，在原有的规模上，继续投资2000万元，拟流转800余亩土地，进行花卉种植，完成土地流转200亩；另由村两委干部牵头，与村民合作，成立金秋花卉种植农民专业合作社，参与人数200人。策划完毕，准备申报入项，同时相关股权划分也在策划当中。（谢　勇）

【拆违控违工作】　2017年，社区配备巡查车、巡查摩托车、望远镜、相机、摄像机和录音笔等，利用工作日延时巡查和周末轮值巡查机制，从“点”“线”“面”各层级上巡查，不留违建“盲点”和死角。2017年1—10月，拆除违建235起，41587.5平方米。其中，滥泥村226起，40527.5平方米；金山村6起，807平方米；竹林村3起，253平方米。（谢　勇）

花孟社区

【概　况】　2017年，花孟社区有居民1832户，总人口7150人，其中流动人口1515人。总面积20.4平方千米。下辖4个基层党支部，党员212名，党小组长15名；3个行政村（麦乃村、把伙村、杨中村），村两委成员25名，有16个村民组，村民组长18名，村民代表88名。社区核定编制

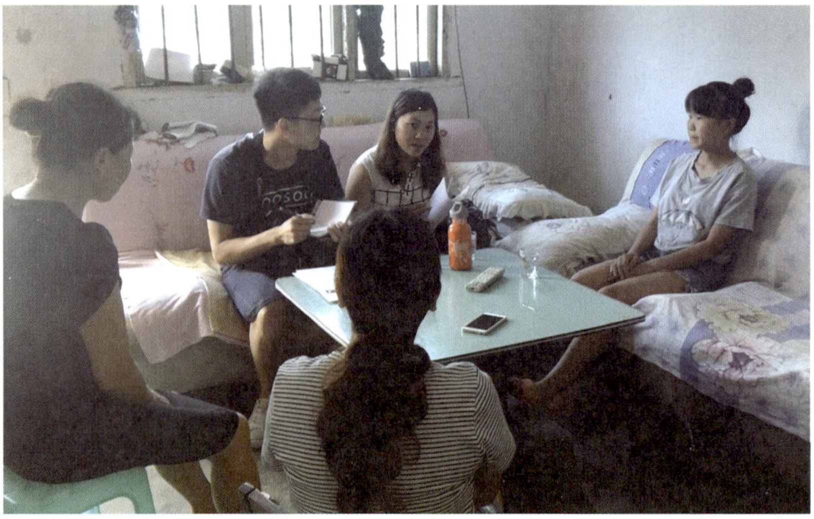

10月30日，花孟社区服务中心上门帮助困难大学生申请助学资金

（花孟社区　供稿）

23名，其中党委成员6名。实有在册干部职工22人，其中书记1名，主任1名，副书记1名，纪委书记1名，政法委书记1名，副主任1名，副主任科员2名；在编职工15名。 （花孟社区）

【基础设施建设】 2017年，社区协调争取资金90余万元改善辖区水、电、路、讯、房、林、电商等与民生相关的基础建设。实施把伙村饮水管网改造项目及杨中村饮水设施改造、麦乃村排洪沟疏浚等。 （花孟社区）

【社会事业发展情况】 2017年，社区社会事业发展情况：民生保障工作。社区有低保户28户54人，全年发放低保金25877元；申报2018年合医补贴30户，56人（其中包括2名特困人员），6720元；临时救助11户，救助金额4.48万元；医疗救助2户，救助金额25857元；为辖区低收入家庭发放23吨取暖用煤，46户，每户500千我；发放低价粮油票各469张。发放两参生活费153750元，25人；发放农村籍60岁以上退伍老兵生活补助18人，3.09万元；发放过节慰问经费45995元。发放高龄补贴53480元，为辖区的60、70以上老人办理28人次的老年证，投入6万元用于把伙村农村幸福院建设。应参保人数1502人，累计参保人数1496人，参保率99.1%；应征缴16.41万元，缴费金额21.09万元，缴费率128%。城镇新增就业目标任务80人，完成95人，完成率118.7%；园区新增就业目标任务40人，完成44人，完成率110%；失业人员再就业目标任务5人，完成5人，完成率100%；农村富余劳动力转移目标任务50人，完成50人，完成率100%；园区旅游业新增就业人员33人，达到新增就业人员人数的25%以上；小额担保贷款走访宣传26户、目标任务是9户，完成目标任务289%。

农业农村工作。完成辖区公益林补偿，发放补偿金132875.2元。完成土地确权1034户，申请颁证面积5917.59亩。发放粮食植补1067户438861元，辖区内种植水稻农户水稻保险农户承担部分均由村集体经济为其投保，投保1009户，2301亩，10358元。

人口工作。人口出生率14.5‰，符合政策生育率94%，人口自然增长率6.37‰，人口出生性别比为106（正常值103 ~107）。全年新生109人，落实手术1161例，手术库存0例。发放奖励扶助资金225065元。 （花孟社区）

【推进“两学一做”】 2017年，花孟社区党委推进“两学一做”常态化、制度化（学党章、党规，做合格党员），党委中心组学习4次，集中专题通报学习12次，党委书记上党课2次，各党支部书记上党课每季度1次，开展主题党日活动5次。社区按要求派遣干部参与上级组织开展的集中培训。党委班子成员带头撰写学习心得。为强化社区党委的表率作用，修订《花孟社区党委委员自我约束八条规定》。选好配强村级党支部。制定《花孟社区村级后备干部选拔推荐工作实施方案》，完成花孟社区9名村级党支部后备干部选拔推荐、审核、批复、储备工作。2017年，预备党员转正3人，党员发展2人，入党积极分子4人。推动产业党支部建设（即杨中村“1+n产业党支部”、把伙村“城市乡愁”产业党支部建设、麦乃村“1+3”产业党支部建设）。社区党委对4名存在组织纪律散漫等情况的干部在社区干部大会上进行通报，并由党委书记对4人约谈。以区委第二轮巡察为契机，对照检查，立行立改。制定和完善7项制度，收到立行立改问题24个，整改24个；信访转办件6件，调查回复6件。党委班子成员签订过节廉洁承诺书、在编在职干部签订党风廉政建设承诺书、全体干部职工签订遵章守纪承诺书。全年，从严治党主体责任各类约谈43人次，监督责任约谈29人次。社区纪委立案查处辖区违规建房党员2人，协助区纪委查办辖区违法党员1人，给予开除党籍处分。社区党委制定和修订《花孟社区干部职工测评办法》《花孟社区临时工作者管理办法》等制度，加强对下派各类人员的考核管理。制定《花孟社区评先选优办法（试行）》，对16名优秀共产党员、优秀党务工作者、优秀党小组长和优秀党支部进行表彰。（花孟社区）

【治安防控工作】 2017年，社区制定《花孟社区矛盾纠纷分级调处办法》，排查调处各类矛盾纠纷30余起。全年发案24起，群众安全感93分。社区登记在册上网的吸毒人员19名。做好与派出所动态管控网管理人员，完成人员情况数据比对，确保派出所动态管控网与社区禁毒数据应用平台情况数据一致。2017年，完成辖区52户危房改造户的验收，下达责令限期整改通知书184份，拆除违法建筑231户、18208平方米。投入经费50余万元用于环境卫生整治，“多彩贵州文明行动”成效得到提升，通过“全国文明城市”复评。社区服务中心组织成立森林防火应急分队，组织社区干部及村两委参与森林山火扑灭4次。配合区安监局组织辖区各企业进行安全生产培训2次、检查12次。辖区所有企业全部签订安全生产目标责任书，无重大安全事故发生。（花孟社区）

【重点项目】 2017年，社区围绕“全域文化旅游创新区”及“千亿级开放创新平台”重点项目。完成房屋征拆31529平方米，土地征收502亩，迁坟30余座，协调解决项目矛盾纠纷30余起。社区坚持以农村“三变”（资源变资产、资金变股金、农民变股东）改革为抓手，盘活农村发展要素，探索各村集体经济发展壮大的路子，为辖区失地农民实现可持续生计发展和“农村常住居民加速实现人均两万元可支配收入”指标提供有力的路径支撑。全面清产核资。在完成农村“三资”清产核资的基础上，辖区村集体资源资产进行再核查清理，建立规范的资产、资源、资金等三资备案台账，理清和明晰农村集体资源资产权属。完成农村集体经济组织成员资格认定、起草分配办法等工作。杨中村、把伙村完成农村专业合作社的组建。杨中村作为花孟社区“三变”改革工作的示范点，成立贵阳杨中腾达农产品销售农民专业合作社，于2017年4月18日在工商部门成功注册。合作社成立后，引进贵州华美旅游投资开发有限公司，于同年8月23日签订杨中村陇头旅游项目联合开发框架协议，将杨中村七组开发成以“田园综合体”为主题的农业旅游项目。

（花孟社区）

人　物

领导人名录

本名录收录花溪区2017年度各级各部门各企事业单位副科级以上领导人姓名，凡人名之后标注有“*”的，均为2017年度内免职。

中共花溪区委员会

书　　记：钟　阳
副 书 记：梅　俊　薛昌柱　许世均(挂职)
　　　　　陈启榆(挂职)
常　　委：卢代康　赵代刚　韩匡时(挂职)
　　　　　薛昌柱　谢秩刚　禄　竹　马　彪
　　　　　秦永康　张　瑜

中共花溪区委员会各工作部门

办公室

主　　任：安中发(兼)
副 主 任：周　治　龙礼云　范如松

区委政策研究室

主　　任：田丽梅
副 主 任：曾　菲

督办督查局

主　　任：龙礼云
副 主 任：姚　立

机要局

局　　长：刘海川

保密局

局　　长：雷安远

深改办

专职副主任：刘海峰

群众工作委员会

副 书 记：张　波（常务）　李　宏　石　军

网格中心主任：张　娜

群工中心

副 主 任：石　军（常务）（兼）　周培涛（兼）

组织部

部　　长：薛昌柱*　张瑜

副 部 长：池晓静（常务）　方毓琴*　贺　智　陈建新　赵明镜

部务委员：陈方霞*

组织员办主任：黄　宇

远教办专职副主任：张旭元

党务公开办主任：陈　娟

人才办主任：邹　雯

宣传部

部　　长：卢代康

副 部 长：侯申（常务）*　杨晓娟（常务）　蔡　越　戴佳村

文明办

主　　任：蔡　越

副 主 任：李文义

统战部

部　　长：禄　竹

副 部 长：王家才（常务）*　蒙秉中（常务）　杨通强（兼）*　尹　磊

政法委

书　　记：马　彪

副 书 记：李文和（常务）*　刘显福（常务）　杨方红　游　浩

纪工委书记：李文和*　刘显福

维稳办

副 主 任：赵　权

综治办

主　　任：游　浩

副 主 任：魏惠强

国安办

主　　任：游　浩

副 主 任：安能文

禁毒办

主　　任：杨方红

副 主 任：左丽达

机构编制委员会办公室

主　　任：田晓筑

副 主 任：张路莎　郑金萍

编委办机构编制专职督查员：尹　梅

直属机关工作委员会

书　　记：尹文君

副 书 记：杨洪媛　余云云

纪工委书记：杨洪媛

离退休干部工作局

局　　长：陈建新

副 局 长：陈玉和　高　源

老年大学

副 校 长：周国琴（常务）

党史研究室

主　　任：郭　涯

副 主 任：黄依莉

党校

校　　长：薛昌柱

副 校 长：杨桂林（常务）　张庭跃

办公室主任：赵文忠

后勤总务室主任：覃　英

中共花溪区纪律检查委员会

书　　记：谢秩刚

副 书 记：汤　娜　任海峰

常　　委：程家新　岳　莉　王效宙　周　刚

监察局

局　　长：汤　娜

副 局 长：任海峰

第一纪工委(区监察局第一监察分局)

书　记(局　长):王效宙

副书记(副局长):杨扉扉* 杨洪媛

第二纪工委(区监察局第二监察分局)

副书记(副局长):

第三纪工委(区监察局第三监察分局)

书　记(局　长):岳　莉

副书记(副局长):赵　平

第四纪工委(区监察局第四监察分局)

书　记(局　长):任海峰

副书记(副局长):周　平*

办公室主任:刘　宇

干部室(纪检监察干部监督室)

主　　任:漆文林

第一纪检监察室

主　　任:周　刚

第二纪检监察室

主　　任:付　旭* 杨　磊

第三纪检监察室

主　　任:李新佳

案件审理室

主　　任:徐显奇

党风政风监督室

主　　任:苏　峰

信访室

主　　任:骆建伟*

纪检检察机关举报中心

主　　任:姚　立*

花溪区第十六届人大常委会

主　　任:秦建军

副 主 任:孙　剑　王小兵　邹吉鸿　吴治岑
　　　　　张贵昇　吴小强

党组书记:秦建军

副 书 记:王小兵

办公室

主　　任:杨晓娟* 禹　易

副 主 任:周　海* 刘　涛　王万春

花溪区第十六届人大常委会各专委

选举任免联络工委

主　　任:龙兴灿

内务司法工委

主　　任:刘贤忠*

财经工委

主　　任:吴诚书

科教文卫工委

主　　任:郭际昕

农经民宗工委

主　　任:陈正华

城建与环资工委

主　　任:王培华

花溪区人民政府

区　　长:梅　俊

副 区 长:赵代刚(常务)　秦永康　张宝祎
　　　　　袁　莉　管　路　周　印
　　　　　范振新(挂职)　李建兰(挂职)
　　　　　韩匡时(挂职)

党组书记:梅　俊

花溪区人民政府各工作部门

办公室(外事侨务办、国有资产监督管理办公室)

主　　任:黄亚军

副 主 任:池　巍　彭科芬　田　晓
　　　　　罗　充　李　斌* 安雄鹰*

纪检组长:骆建伟

国有资产监督管理办公室

副 主 任:马鸿飞(常务)

应急办

主　　任：黄亚军（兼）

副 主 任：杨万军（常务）

国防教育办

主　　任：车　伟

信访局

局　　长：石　军

副 局 长：周培涛

法制办

主　　任：赵萍萍

人防办（交通战备办）

主　　任：姚险峰

政务服务中心

主　　任：石　雄

副 主 任：白荣智　李　媛

金融工作办公室

副 主 任：刘　容

发展和改革局

局　　长：安中发*　邓彩红

副 局 长：徐国霞*　李　健

党委书记：安中发*　邓彩红

纪委书记：罗呈敏

价格监督检查局

局　　长：刘文云

节能减排监察大队

大队长：刘泽非

教育局

局　　长：甘　健

副 局 长：罗维佳　田　萍

党委书记：甘　健

纪委书记：周　平*　付　旭

教育督导室副科级督学：卫文灿*　樊晓文　冯　霞

科学技术局（知识产权局）

局　　长：贺　智*　侯　申

副 局 长：李　琛　王　青

党组书记：侯　申

纪检组长：贺承铁

工业和信息化局（大数据发展局）

局　　长：曾兴宽

副 局 长：龙玉昆　杨　勇　曾志云*

党委书记：曾兴宽

纪委书记：向　超

旅游局

局　　长：王　伟*　危大勇

副 局 长：蒋先美

党组书记：王　敏

纪检组长：唐琳莉*　杨扉扉

旅游执法大队

队　　长：邹振海

民族事务局（宗教事务局）

局　　长：杨通强

副 局 长：夏筑生　赵克忠

党组书记：杨通强*

纪检组长：周汝阳*　雷　兰

民政局

局　　长：蔡　舟

副 局 长：雷　兰*　肖　莎　杨德忠

党委书记：蔡　舟

纪委书记：杨泽珍*　周琴云

老龄委办公室

专职副主任：欧阳贵姿

司法局

局　　长：王春风

副 局 长：董仁滨　汤　森

党组书记：王春风

纪检组长：曾　敏

政工科科长：文　江

公证处

主　　任：高卫政

财政局(农业综合开发办公室)

局　　长:周会智
副 局 长:叶　刚　　罗　倩
党委书记:周会智
纪委书记:童师慧*　王　敏

基层财政管理局

局　　长:沈小平

国库集中支付中心

主　　任:张万菊

财政局社区中心分局

局　　长:王　丽*　尤　羚

财政局孟关乡分局

局　　长:田　凤

财政局青岩镇分局

局　　长:王　彦

财政局马铃乡分局

局　　长:何正东

财政局燕楼镇分局

局　　长:周　勋

财政局麦坪镇分局

局　　长:熊燕芳

财政局久安乡分局

局　　长:朱国林

财政局石板镇分局

局　　长:刘祖坤*

人力资源和社会保障局

局　　长:方毓琴*　贺　智
副 局 长:雷　进　　陈婷婷
党委书记:方毓琴*　贺　智
纪委书记:杨扉扉*　童师慧

就业局(区创业指导服务中心)

局　　长:侯红波

劳动保障监察大队

队　　长:夏安楠

社会保险收付管理中心

主　　任:张吉英

人事劳动争议仲裁院

院　　长:鲁惠敏

人才交流储备中心(区人才市场管理委员会办公室)

主　　任:蒋明华

生态文明建设局(环境保护局、林业绿化局)

局　　长:张君发
副 局 长:刘荣祥　胡万福*　徐应周　吴忠斌
党委书记:张君发
纪委书记:谢能红

林业公安派出所

所　　长:王春秋

住房和城乡建设局

局　　长:卓　荦*　张建军
副 局 长:殷丽霞　　欧阳旭燚
党委书记:卓　荦*　张建军
纪委书记:吴利霞

房屋征收局

局　　长:谢　冬*　莫　飞
副 局 长:明祖平*　徐　焱*　王光进
　　　　　冷正毕

棚户区城中村改造办公室

副 主 任:杨天斌

交通运输局

局　　长:尹文君*　谢　冬
副 局 长:陈小进　　宋亚菲
党委书记:尹文君*　谢　冬
纪委书记:杨条江

地方海事处

副 处 长:周文林

公路管理所

所　　长:何传琦

农业局(扶贫开发办公室)

局　　长:徐群红*　周　治
副 局 长:雷　英　　陈晓虎
党委书记:徐群红*　周　治

动物卫生监督所

所　　长：彭　羽

动物疫病防控中心

主　　任：吴亨进

扶贫开心服务中心

主　　任：李震宇

水务管理局（两库一河保护局）

局　　长：张建军*　卓　荦

副 局 长：艾　素　焦明书

党委书记：张建军*　卓　荦

纪委书记：田　耘

商务局（粮食局）

局　　长：班士平*　王　伟

副 局 长：徐世海*　龙海波

党委书记：班士平*　王　伟

纪委书记：徐园琴

商务综合执法大队

队　　长：邵朝海

卫生和计划生育局

局　　长：黄兴翠

副 局 长：黎昌华*　唐　鸽*　姚　军*
李雪斌

党委书记：黄兴翠

纪委书记：周琴云*　杨泽珍

卫生监督局

局　　长：严　翔

卫生和食品药品监督管理局合医办

主　　任：汪　莉

食品药品稽查执法大队

教 导 员：伍凤金

疾控中心

主　　任：张著秋

人口与计划生育行政执法大队

大队长：张　珊

审计局

局　　长：吴　萍

副 局 长：熊玉云　杨　帆

党组书记：吴　萍

纪检组长：王仁桂

城市管理局（城市综合执法局）

局　　长：余光平

副 局 长：王　贵*　吴洪刚　唐　鸽

党委书记：余光平

纪委书记：吴敞文

城市综合执法大队

教 导 员：杜　军

市政管理所

所　　长：罗梅迟

环境卫生管理所

所　　长：聂　雁

统计局

局　　长：邓彩红*　徐国霞

副 局 长：涂贻荣　田　艳

党组书记：邓彩红*　杨　刚

纪检组长：王兴芬

乡镇统计管理办公室（花溪区第三产业统计调查中心）

专职副主任：杨　俊

文体广电局（新闻出版局、版权局）

局　　长：杨　旭

副 局 长：阮启彬　龙聚盛

党委书记：杨　旭

纪委书记：王　敏*　唐琳莉

文化馆

馆　长：曹　新

安全生产监督管理局

局　　长：王明放

副 局 长：周文林*　徐会全

党组书记：王明放

纪检组长：王永龙

安全生产监督执法大队

队　　长：邓　钦

市场监督管理局（工商行政管理局、质量技术监督局、食品药品监督管理局）

局　　长：邓松江
副 局 长：李　洁　盛建钧　赵　明
党委书记：邓松江
纪委书记：袁　敏

档案局（档案馆、区地方志编纂委员会办公室）

局　长（馆长、主任）：杨　忠
副局长（副馆长、副主任）：杨　琴
纪检组长：吴　琦
党组书记：杨　忠

水利水电工程移民局

局　　长：秦永康（兼）
副 局 长：左华忠　王　丽
纪检组长：赵廷举

爱国卫生运动委员会办公室

主　　任：胡　鸿
副 主 任：张能源*

投资促进局（会展经济促进办公室）

局　　长：黄昌伟
副 局 长：王　斌*　刘燕华
党组书记：黄昌伟
纪检组长：杨云深

新闻信息中心

副 主 任：何　东　姜　华

气象局

局　　长：罗　松
副 局 长：张　杰　郭　晋

文化旅游创新区管委会

党工委副书记：孙　昕　李保军
副　主　任：孙　昕　李保军

纪检监察室

主　　任：张丽娜*　周平
副 主 任：冉婷婷

规划建设部

副 部 长：李鸿咏

对外联络部

部　　长：刘光强
副 部 长：郭　远

党政办公室

副 主 任：陈勇建

财政审计部

副 部 长：赵黎波

国家城市湿地公园管理处（花溪公园管理处）

处　　长：李保军*
副　处　长：王定忠*
党 委 书 记：李保军*
党委副书记：王定忠*

综合协调部

副 部 长：王天丽

环境整治部

部　　长：吴　军
副 部 长：吴　军*

经营管理部

副 部 长：唐永洁

天河潭风景区管理处

处　　长：吴镇地
副 处 长：林　华

青岩景区管理处

副 处 长：莫　飞*　梁小涛

全域旅游数据中心

副 主 任：除　俊

产业园区管委会

副 主 任：徐国敏

综合协调办公室

副 主 任：张啟勇　朱　毅

工业办

副 主 任：李迎春

商贸物流办

主　　任：王　颖

副 主 任：陈　源

农业办

副 主 任：明祖平

大数据办

副 主 任：沈　洋

文化旅游办

副 主 任：邹亚东

供销合作社联合社

主　　任：陈华信

副 主 任：毕　蓉　艾凌云

党委书记：陈华信

纪委书记：苏　峰*

机关事务局

局　　长：王忠华

副 局 长：周前超　黄作云

清华中学

校　　长：兰　珩

副 校 长：宋文琳　韦朝中

党委书记：兰　珩

纪委书记：李　谦

花溪区人民医院

院　　长：张应碧

副 院 长：叶　凌　吴　铎　田　巍

党委书记：张应碧

花溪区中医院

院　　长：李红阳

副 院 长：祖　鹏

党委书记：李红阳

政协花溪区委员会

主　　　席：宋　力

副　主　席：楚湘黔　张朝洲　张吉林

李　瑾　何　勇　练余天

秘　书　长：吴　硕

副秘书长：车　荣　徐　辉

党组书记：宋　力

办公室主任：吴　硕

政协花溪区委员会各专委

提案法制委员

主　　任：曾少海

经济科技委员会

主　　任：田为民*

副 主 任：齐　松

文史宣传学习委员会

主　　任：郭　霞

教文卫体委员会

主　　任：项彦丽*　田为民

委员联络办公室

主　　任：梁国同

人口资源与环境委员会

副 主 任：欧阳桂枝

区智力支边办

主　　任：赵　欣*

公检法部门

贵阳市公安局花溪分局

局　　　长：胡文院

副　局　长：吴立新（常务）　周　勇　雷　军

周坚信　刘健林（挂职）

张兴鸿（挂职）

政　　　委：王海涛

副　政　委：汤惠恩

党委书记：胡文院
纪委书记：李　凌
政工室主任：赵　忠

花溪区人民法院

院　　长：吴　莎
副 院 长：王　冰　伍　威　谢　彪
党组书记：吴　莎
纪检组长：郑品超
政工科科长：杨　志

花溪区人民检察院

检察长：李　钧
副检察长：沈重实　范湘丽　周　伦
党组书记：李　钧
纪检组长：罗　康
反贪污贿赂局局长：罗贤刚
反渎职侵权局局长：杨　鲲
职务犯罪预防局局长：苏剑青

群众团体

总工会

副主席：游廷志（人选）*　沈新秀（人选）
　　　　余开阔（人选）

共青团花溪区委

书　　记：刘　天
副书记：李　茸

妇女联合会

主　　席：李德琼
副主席：刘正琴

科学技术协会

主　　席：盛亚平*
副主席：余开阔*

文学艺术界联合会

主　　席：石文辉
副主席：刘华兴

工商业联合会（花溪区商会）

主　　席：李亦然
副主席：赵　娟

残疾人联合会

理事长：熊　忠
副理事长：徐忠云

红十字会

会　　长：禄　竹*　袁　莉
专职副会长：姚　军
秘书长：刘建明

计划生育协会

会　　长：王小兵*　吴小强
专职副会长：熊　伟*　秦长芳
秘书长：秦长芳*　冉茂山

乡　镇

中共青岩镇委员会

书　　记：孙　昕
副书记：宫连虎　欧阳宇航
纪委书记：侯忠昶
政法委书记：谭永龙
组织委员：汤正彩
青岩镇人大主席团
主　　席：李　博

青岩镇人民政府

镇　　长：宫连虎
副镇长：谭永龙（兼）　徐　金（人选）
　　　　石坤文
武装部部长：徐　金

中共孟关乡委员会

书　　记：简秀华
副书记：简秀华*　徐世海
纪委书记：张　鹏

政法委书记：卢兆亮
组 织 委 员：安 燕
孟关乡人大主席团
主　　　席：安能云

孟关乡人民政府

乡　　　长：简秀华
副　乡　长：郭 姣 卢兆亮(兼)

中共黔陶乡委员会

书　　　记：张 波*
副　书　记：杨 艳 刘 飞* 郭 鑫
纪 委 书 记：罗 刚
政法委书记：邹建云
组 织 委 员：陈春婕
黔陶乡人大主席团
主　　　席：罗 永

黔陶乡人民政府

乡　　　长：杨 艳
副　乡　长：唐克昌(兼) 邹建云(兼) 吴春常
武装部部长：唐克昌

中共高坡乡委员会

书　　　记：赵福兰
副　书　记：唐家贵 刘明高
纪 委 书 记：赵 伟
政法委书记：邱 波
组 织 委 员：魏华英
高坡乡人大主席团
主　　　席：龙礼云* 李 斌

高坡乡人民政府

乡　　　长：唐家贵
副　乡　长：王家乾(兼) 邱 波(兼) 许建伟
武装部部长：王家乾

中共马铃乡委员会

书　　　记：班士秀
副　书　记：罗 军 范如松*
纪 委 书 记：李 丹
政法委书记：安永德
组 织 委 员：易思宇
马铃乡人大主席团
主　　　席：张顺忠

马铃乡人民政府

乡　　　长：罗 军
副　乡　长：安永德(兼) 穆廷刚(兼) 郭仁松
武装部部长：穆廷刚

中共燕楼镇委员会

书　　　记：王效宇
副　书　记：杨 云
纪 委 书 记：李明珠
政法委书记：吕 钢
组 织 委 员：班 艳
燕楼镇人大主席团
主　　　席：魏绍伦

燕楼镇人民政府

镇　　　长：杨 云
副　镇　长：吕 钢(兼) 王金礼(兼) 左 波
武装部部长：王金礼

中共麦坪镇委员会

书　　　记：周 治* 罗 宇
副　书　记：罗 宇* 金洪峰 陈 勇
纪 委 书 记：曾志刚
政法委书记：姚金义
组 织 委 员：余 莅
麦坪镇人大主席团
主　　　席：周晓强

麦坪镇人民政府

镇　　　长：罗 宇* 金洪峰

副　镇　长：姚金义（兼）　李利健（兼）
丁明超

武装部部长：李利健

中共久安乡委员会

书　　　记：赵　蓉

副　书　记：王明友　王洪斌

纪委书记：汪小波

政法委书记：李　军*　左明信

组织委员：王晓友

久安乡人大主席团

主　　　席：罗孝伦

久安乡人民政府

乡　　　长：王明友

副　乡　长：李　军（兼）*　刘　龙（兼）*
雷红梅　左明信（兼）

武装部部长：刘　龙*

中共石板镇委员会

书　　　记：徐书培

副　书　记：王文敬　安雄鹰

纪委书记：杨益翔

政法委书记：吴　波

组织委员：李绍明

石板镇人大主席团

主　　　席：杨炳祥

石板镇人民政府

镇　　　长：王文敬

副　镇　长：吴　波（兼）　徐明友（兼）
代　薇

武装部部长：徐明友

社　区

中共明珠社区委员会

书　　　记：杜凤琴（兼）

副　书　记：徐　昕（兼）

纪委书记：王　刚

政法委书记：刘　亚

组织委员：徐　昕

明珠社区服务中心

主　　　任：单长发（兼）

副　主　任：冯　莹*　徐　昕*　何　耘
张兆琳

武装部部长：刘　亚（兼）

中共阳光社区委员会

书　　　记：朱洪峡（兼）

副　书　记：刘家庆（兼）*　谢　梅　冉茂山*

纪委书记：徐国猛

政法委书记：吴松杰

阳光社区服务中心

主　　　任：刘家庆（兼）*　谢　梅

副　主　任：林芝国*　周恒莉*

武装部部长：吴松杰（兼）

中共贵筑社区委员会

书　　　记：沈　鹏（兼）

副　书　记：周春成*　曾涛峰　冯　莹

纪委书记：袁耕耘

政法委书记：王　欢

组织委员：冯　莹（兼）

贵筑社区服务中心

主　　　任：周春成*　曾涛峰

副　主　任：王　欢*　李　波　张君学

武装部部长：王　欢（兼）

中共清溪社区委员会

书　　　记：刘宝菊（兼）*

副　书　记：周森林*　何才伟　程华强（兼）

纪委书记：谭　梅（兼）

政法委书记：胡兰波

组织委员：程华强（兼）

清溪社区服务中心

主　　任：周森林* 何才伟
副 主 任：何爱国*
武装部部长：胡兰波(兼)

中共溪北社区委员会

书　　记：李　智(兼)
副 书 记：赵福春　孙定学
纪委书记：张能源
政法委书记：彭　庆
组织委员：孙定学(兼)

溪北社区服务中心

主　　任：赵福春
副 主 任：陈　洋　夏俊石
武装部部长：彭　庆(兼)

中共黔江社区委员会

书　　记：曾　军(兼)
副 书 记：肖明珠*　唐　玲(兼)　夏　曦
政法委书记：蒋泽滔
组织委员：夏　曦(兼)

黔江社区服务中心

主　　任：肖明珠*　唐　玲(兼)
副 主 任：曾　挺(兼)　蒋泽滔(兼)
武装部部长：蒋泽滔(兼)

中共清浦社区委员会

书　　记：倪笑波
副 书 记：钟　浩　胡　乐
组织委员：胡　乐(兼)

清浦社区服务中心

主　　任：钟　浩
副 主 任：王丽珍

中共瑞华社区委员会

书　　记：王轶楠(兼)*　蔡　强
副 书 记：刘　松(兼)*　单文梅
纪委书记：张　东
政法委书记：汤锡伟(兼)

瑞华社区服务中心

主　　任：刘　松(兼)*　单文梅
副 主 任：汤锡伟(兼)　李新梅
武装部部长：汤锡伟(兼)

中共兴隆社区委员会

书　　记：张海波(兼)
副 书 记：张　伟　余　海
纪委书记：赵　欣
组织委员：余　海(兼)

兴隆社区服务中心

主　　任：张　伟
副 主 任：张　东*　何　禯(兼)

中共平桥社区委员会

书　　记：万红梅(兼)
副 书 记：蔡　强*　周恒莉　朱　雷(兼)
政法委书记：何爱国
组织委员：朱　雷(兼)

平桥社区服务中心

主　　任：蔡　强*　周恒莉
副 主 任：何爱国(兼)　冯小芳
武装部部长：何爱国(兼)

中共航天社区委员会

书　　记：王尤平(兼)
副 书 记：唐　玲*　周森林(兼)*　颜　奇(兼)
纪委书记：罗　波
政法委书记：王建敏(兼)
组织委员：颜　奇(兼)

航天社区服务中心

主　　任：唐　玲*　周森林(兼)*
副 主 任：王建敏(兼)　何丹丹
武装部部长：王建敏(兼)

中共航空社区委员会

书　　　记：王　军* 　周春成(兼)
副 书 记：刘　蓉　(兼)
纪委书记：赵利晖
政法委书记：国兴香

航空社区服务中心

主　　　任：刘　蓉(兼)
副 主 任：国兴香(兼)
武装部部长：国兴香(兼)

中共金欣社区委员会

书　　　记：李承龙(兼)*
副 书 记：徐　刚(兼)* 　肖明珠(兼)
马　剑(兼)
政法委书记：赵志刚
组织委员：马　剑(兼)

金欣社区服务中心

主　　　任：肖明珠(兼)
副 主 任：赵志刚(兼)
武装部部长：赵志刚(兼)

中共黄河社区委员会

书　　　记：黄筑东(兼)
副 书 记：屠　波　宋弗曦*
纪委书记：徐　亮
政法委书记：屠　波*
组织委员：宋弗曦*

黄河社区服务中心

主　　　任：屠　波
副 主 任：屠　波* 　黎　超
武装部部长：屠　波*

中共三江社区委员会

书　　　记：田　野* 　蒋顺强
副 书 记：蒋顺强(兼)* 　杜昌云
纪委书记：吴永斌
政法委书记：刘祖坤
组织委员：杜昌云(兼)*

三江社区服务中心

主　　　任：蒋顺强(兼)* 　杜昌云
副 主 任：莫　飞* 　赵　杰(兼)　王　军
武装部部长：刘祖坤(兼)

中共小孟社区委员会

书　　　记：田　野(兼)
副 书 记：刘振宇* 　刘家庆(兼)　刘　伟
政法委书记：李　林(兼)
组织委员：刘　伟(兼)

小孟社区服务中心

主　　　任：刘振宇* 　刘家庆(兼)
副 主 任：李　林* 　尹　华　李光耀
武装部部长：李　林(兼)

中共金竹社区委员会

书　　　记：梅　丽(兼)
副 书 记：周忠林(兼)　黄元鸿(兼)
纪委书记：郭益乾
政法委书记：王安华(兼)
组织委员：黄元鸿(兼)

金竹社区服务中心

主　　　任：周忠林(兼)
副 主 任：王安华(兼)* 　李朝刚
武装部部长：王安华(兼)

中共花孟社区委员会

书　　　记：张　恩(兼)
副 书 记：王　贵　黎　茵
纪委书记：张建红
政法委书记：刘文拔
组织委员：黎　茵(兼)
花孟社区服务中心
主　　　任：练余天* 　王　贵
副 主 任：曾　珂
武装部部长：刘文拔(兼)

新任副区长

赵代刚

2017年4月，任贵阳经济技术开发区党工委委员、管委会副主任（正县级，试用期一年），中共花溪区委常委，区人民政府副区长（分管常务工作）、党组副书记。主要简历如下：

1993.09—1996.07　黔东南民族农校土肥专业学习；

1996.07—1996.08　待业；

1996.08—1998.08　开阳县冯三镇农技站工作员（1996.08—1998.07借调到冯三镇党政办公室工作）；

1998.08—1999.04　开阳县冯三镇经科办副主任；

1999.04—2001.02　开阳县冯三镇经科办主任；

2001.02—2003.05　开阳县金中镇人民政府副镇长（1998.09—2001.07在贵州省委党校法律专业函授学习）；

2003.05—2005.09　开阳县龙岗镇党委副书记、镇长（2002.07—2005.01在贵州省委党校法律专业函授学习）；

2005.09—2006.05　开阳县米坪乡党委书记；

2006.05—2006.11　开阳县龙岗镇党委书记；

2006.11—2011.07　开阳县龙岗镇党委书记、人大主席（2007.04—2007.07市委党校中青班学习，2008.09—2008.11省委党校乡镇党委书记班学习）；

2011.07—2012.11　小河区人民政府副区长、党组成员；

2012.11—2013.02　贵阳国家经济技术开发区管委会副主任（副县级）；

2013.02—2013.03　花溪区人民政府副区长；

2013.03—2016.01　花溪区人民政府副区长、党组成员；

2016.01—2016.09　中共花溪区委常委，区人民政府副区长、党组成员；

2016.09—2017.01　中共花溪区委常委，区人民政府副区长（分管常务工作）、党组成员；

2017.01—2017.04　中共花溪区委常委，区人民政府副区长（分管常务工作）、党组副书记。

新任区委副书记

薛昌柱

2017年8月，任中共花溪区委副书记，区委群众工作委员会书记（兼），区委党校校长（兼）。主要简历如下：

1985.09—1988.07　贵州省水利电力学校农村水电站机电设备专业学习；

1988.07—1991.08　乌当区水利电力局管理股技术员；

1991.08—1995.11　共青团乌当区委书记；

1995.11—1996.08　乌当区物价局副局长（保留正科级，1990.09—1996.01在武汉水利电力大学电力系统及其自动化专业函授学习）；

1996.08—1999.07　乌当区工商行政管理局副局长（保留正科级）；

1999.07—2001.06　乌当区物价局副局长（保留正科级，1997.09—2000.07在贵州省委党校经济管理专业函授学习）；

2001.06—2005.07　乌当区永乐乡党委副书记、乡长（2001.09—2003.09在长春税务学院会计专业研究生课程进修班学习）；

2005.07—2005.10　乌当区纪律检查委员会常

务副书记；

2005.10—2011.11　乌当区纪律检查委员会常务副书记、区监察局局长；

2011.11—2012.07　乌当区纪律检查委员会副书记、区监察局局长；

2012.07—2014.10　贵阳市纪律检查委员会宣传教育室主任；

2014.10—2016.01　贵阳市纪律检查委员会组织部部长；

2016.01—2016.02　中共花溪区委常委；

2016.02—2017.04　中共花溪区委常委、组织部部长，区委教育工作委员会书记（兼）；

2017.04—2017.05　中共花溪区委副书记、组织部部长，区委教育工作委员会书记（兼）；

2017.05—2017.08　中共花溪区委副书记，区委群众工作委员会书记（兼）。

新任组织部长

张　瑜

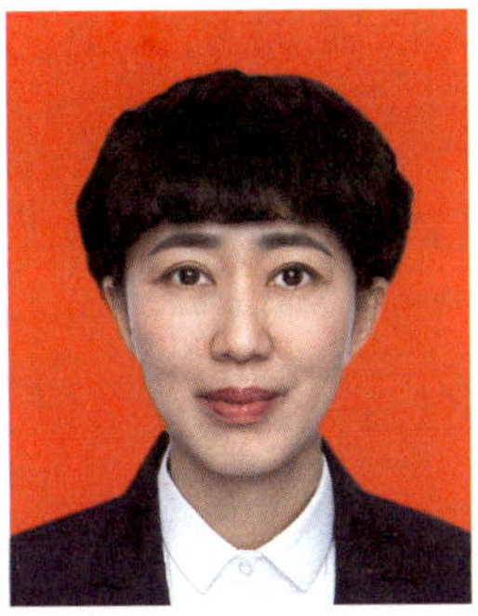

2017 年 5 月，任中共花溪区委常委、组织部部长，区委教育工作委员会书记（兼）。主要简历如下：

1989.09—1993.07　贵州农学院植保系植物保护专业学习；

1993.07—1993.08　毕业待分配；

1993.08—1997.07　贵阳市云岩区农林水利局干部（1997.02—1997.07 借调贵阳市委办公厅工作）；

1997.07—2001.12　贵阳市委办公厅秘书三处科员（2000.01—2001.08 在贵州师范大学基础心理学专业管理心理与教育心理方向研究生课程进修学习）；

2001.12—2005.12　贵阳市委办公厅秘书三处副处长（2001.11—2002.01 在花溪区花溪乡洛平村开展农村“三个代表”重要思想学习教育活动驻村指导工作）；

2005.12—2010.06　贵阳市委办公厅机关党委副书记（2008.07—2009.07 挂职任开阳县禾丰乡党委副书记）；

2010.06—2014.12　贵阳市委办公厅人事处处长（2012.03—2012.06 在贵阳市委党校春季中青班学习，2014.09—2014.12 在贵阳市委党校秋季中青班学习）；

2014.12—2015.08　贵阳市委办公厅副调研员、人事处处长；

2015.08—2017.04　贵阳市委办公厅副调研员（2015.11—2016.11 在北京朝阳区发改委挂职任主任助理）；

2017.04—2017.05　中共花溪区委常委。

新任人大常委会主任

秦建军

2017 年 1 月，任花溪区人大常委会主任、党组书记。主要简历如下：

1986.09—1990.07　西南政法大学法学系法学专业学习；

1990.07—1992.11　贵阳市南明区法院助理审判员；

1992.11—1997.09　贵阳市人民政府法制局科员；

1997.09—2000.03　贵阳市人民政府法制局行政法规审理处副处长；

2000.03—2001.01　贵阳市人民政府法制局行政法规审理处处长；

2001.01—2001.09　贵阳市人民政府法制局副

局长；

2001.09—2010.01 贵阳市人民政府法制办公室副主任（2003.03—2003.06在贵阳市委党校县干班学习，2009.03—2009.05在省委党校妇干班学习）；

2010.01—2011.04 贵阳市政府法制局副局长、党组成员；

2011.04—2012.03 贵阳市委群众工作委员会副书记；

2012.03—2012.04 贵阳市委群众工作委员会副书记，市政协提案委员会副主任（兼）；

2012.04—2012.09 贵阳市委群众工作委员会（市社会管理综合治理委员会）副书记，市政协提案委员会副主任（兼）；

2012.09—2015.07 贵阳市委群众工作委员会、市社会管理综合治理委员会副书记（正县级），市政协提案委员会副主任（兼）；

2015.07—2016.01 中共花溪区委副书记（保留正县级）；

2016.01—2016.10 中共花溪区委副书记（保留正县级）、区委群众工作委员会书记（兼）；

2016.10—2016.11 中共花溪区委群众工作委员会书记（兼）（保留正县级）；

2016.11—2017.01 花溪区人大常委会党组书记（保留正县级）。

新任人大常委会副主任

吴小强

2017年12月，任花溪区人大常委会副主任、党组成员，区计划生育协会会长。主要简历如下：

1995.09—1997.07 贵州民族学院计算机应用与管理专业学习；

1997.07—1998.11 花溪区高坡乡政府小康办工作人员；

1998.11—1999.04 花溪区高坡乡政府办公室秘书（1999.01—1999.04借调到花溪区委组织部工作）；

1999.04—1999.08 花溪区委组织部工作人员；

1999.08—2002.04 花溪区委组织部科员；

2002.04—2003.06 花溪区委组织部干部科科长；

2003.06—2006.12 花溪区委组织部副主任科员、干部科科长（2001.09—2004.04在贵州省委党校法律专业本科函授学习）；

2006.12—2007.02 花溪区委组织部副部长、干部科科长；

2007.02—2008.05 花溪区委组织部副部长、办公室主任；

2008.05—2010.01 花溪区委组织部副部长（2005.09—2008.06在贵州省委党校公共管理专业在职研究生学习）；

2010.01—2010.04 花溪区孟关乡党委副书记；

2010.04—2012.02 花溪区孟关乡党委副书记、人民政府乡长；

2012.02—2012.03 花溪区孟关乡党委书记、人民政府乡长；

2012.03—2017.01 花溪区孟关乡党委书记；

2017.01—2017.03 花溪区人大常委会副主任、党组成员，孟关乡党委书记；

2017.03—2017.12 花溪区人大常委会副主任、党组成员。

新任副区长

周　印

2017 年 1 月，任花溪区人民政府副区长、党组成员。主要简历如下：

1994. 09—1998. 07　贵州师范大学化学教育专业学习；

1998. 07—1998. 09　毕业待分配；

1998. 09—2004. 03　贵州省织金县教育局工作员；

2004. 03—2005. 03　共青团贵阳市委青工部工作员；

2005. 03—2005. 12　共青团贵阳市委青农部科员；

2005. 12—2007. 04　共青团贵阳市委青农部副主任科员（主持工作）；

2007. 04—2007. 10　共青团贵阳市委学校部、少年部副主任科员，主持工作（2006. 06—2007. 06 挂职任贵州省贵阳市修文县小箐乡党委副书记、“双千”工作组组长）；

2007. 10—2008. 08　共青团贵阳市委权益部副主任科员（主持工作）；

2008. 08—2010. 09　共青团贵阳市委青工部部长（2010. 06—2010. 09 借调到花溪区委政研室工作）；

2010. 09—2011. 07　花溪区委督查室主任（保留正科级干部待遇）；

2011. 07—2011. 09　花溪区发改局党委委员；

2011. 09—2011. 10　花溪区发改局党委委员、副局长，招商服务中心主任（兼，保留正科级干部待遇）；

2011. 10—2012. 03　花溪区发改局党委委员、副局长（保留正科级干部待遇）；

2012. 03—2012. 08　中共花溪区委员会办公室常务副主任；

2012. 08—2016. 09　中共花溪区委员会办公室主任（2014. 12 毕业于云南大学软件工程专业，2012. 06—2013. 06 挂职任花溪区孟关乡党委副书记）；

2016. 09—2017. 01　中共花溪区委员会办公室主任，提名为花溪区人民政府副区长候选人。

李建兰

2017 年 4 月，挂职任贵阳市工业和信息化委员会党委委员、总会计师，花溪区人民政府副区长（挂职）。主要简历如下：

1981. 09—1983. 08　贵阳市财经学校财务会计专业学习；

1983. 08—1983. 09　毕业待分配；

1983. 09—2001. 12　贵阳市经济贸易委员会生产计划调度处办事员、科员；

2001. 12—2005. 06　贵阳市经济贸易委员会经济运行处副处长（2000. 09—2003. 01 在贵阳市委党校经济贸易专业业余大专学习）；

2005. 06—2011. 02　贵阳市经济贸易委员会经济运行处处长（2003. 09—2006. 01 在贵州省委党校法律专业函授学习）；

2011. 02—2012. 08　贵阳市工业和信息化委员会工业经济运行协调处处长；

2012. 08—2017. 04　贵阳市工业和信息化委员会党委委员、总会计师。

新任区政协主席

宋　力

2017 年 1 月，任政协花溪区委员会主席、党组书记。主要简历如下：

1979. 12—1983. 01　中国人民解放军 87116 部队战士；

1983. 01—1989. 08　贵阳市妇联办事员、科员（1985. 09—1987. 07 在贵州广播电视大学法律专业学习，大专文凭）；

1989. 08—1995. 01　贵阳市委政法委科员；

1995. 01—1998. 04　贵阳市委政法委研究室副主任科员；

1998. 04—2001. 01　贵阳市委政法调查研究室副主任；

2001. 01—2002. 04　贵阳市委政法委员会研究室主任；

2002. 04—2004. 06　贵阳市维护社会稳定领导小组办公室维稳处处长（1999. 09—2002. 06 在省委党校法律专业函授学习）；

2004. 06—2006. 09　贵阳市维护社会稳定领导小组办公室副主任；

2006. 09—2011. 10　中共息烽县委常委、政法委书记；

2011. 10—2012. 11　中共小河区委常委、政法委书记；

2012. 11—2013. 02　贵阳国家经济技术开发区党工委委员（保留副县级）；

2013. 02—2013. 03　中共花溪区委常委；

2013. 03—2016. 10　中共花溪区委常委、政法委书记；

2016. 10—2016. 11　中共花溪区委政法委书记；

2016. 11—2017. 01　政协花溪区委员会党组书记。

新任区政协副主席

练余天

2017 年 3 月，任政协花溪区委员会副主席。主要简历如下：

1999. 09—2003. 07　贵州大学农学专业学习；

2003. 07—2003. 10　毕业待分配；

2003. 10—2004. 08　花溪区青岩镇工作员；

2004. 08—2006. 02　花溪区青岩镇农业服务中心副主任（主持工作）；

2006. 02—2007. 01　花溪区青岩镇城管办主任、城管中队中队长（2004. 03—2006. 03 挂职任花溪区青岩镇达夯村主任助理）；

2007. 01—2007. 03　花溪区青岩镇村镇建设及城市管理综合办公室主任、城管中队中队长；

2007. 03—2010. 11　花溪区青岩镇副镇长；

2010. 11—2012. 08　花溪区水利水电工程移民局局长；

2012. 08—2014. 06　花溪区统计局局长（其间，2010. 09—2013. 11 在贵州省委党校政治学专业在职研究生学习）；

2014. 06—2016. 09　花溪区城市管理局（城市综合执法局）局长；

2016. 09—2017. 01　花溪区花孟社区服务中心主任；

2017. 01—2017. 03　政协花溪区委员会副主席，花孟社区服务中心主任。

新任花溪文化旅游创新区管委会副主任

黄亚军

2017年10月，任贵阳市花溪文化旅游创新区党工委委员、管委会副主任（试用期一年），花溪区人民政府办公室主任兼区突发公共事件应急委员会办公室主任。主要简历如下：

1992.09—1996.07　贵州大学行政管理专业学习；

1996.07—1996.11　毕业待分配；

1996.11—1997.04　花溪区黔陶乡党委办公室秘书；

1997.04—1998.09　花溪区黔陶乡综治办主任；

1998.09—2000.08　花溪区黔陶乡计生委副主任（1999.03—2000.08借调到花溪区人民政府办公室工作）；

2000.08—2002.07　花溪区人民政府办公室秘书；

2002.07—2003.06　花溪区人民政府办公室秘书科科长；

2003.06—2010.02　花溪区人民政府办公室副主任；

2010.02—2010.11　花溪区人民政府办公室副主任兼机关事务局局长；

2010.11—2012.01　花溪区人民政府办公室常务副主任；

2012.01—2012.02　花溪区人民政府党组成员、办公室主任、应急办主任；

2012.02—2014.12　花溪区人民政府党组成员、办公室（外事侨务办公室、国有资产监督管理办公室）主任兼区突发公共事件应急委员会办公室主任；

2014.12—2017.01　花溪区人民政府党组成员、办公室（外事侨务办公室、国有资产监督管理办公室）主任兼区突发公共事件应急委员会办公室主任（2014.12—2015.11挂职任花溪区马铃乡党委副书记）；

2017.01—2017.09　花溪区人民政府办公室（外事侨务办公室、国有资产监督管理办公室）主任兼区突发公共事件应急委员会办公室主任；

2017.09—2017.10　贵阳市花溪文化旅游创新区党工委委员，花溪区人民政府办公室（外事侨务办公室、国有资产监督管理办公室）主任兼区突发公共事件应急委员会办公室主任。

新任产业园区管委会副主任

安中发

2017年7月，任花溪区产业园区管理委员会党委委员、副主任（副县级，试用期一年），中共花溪区委员会办公室主任（兼）。主要简历如下：

1999.09—2003.07　贵州大学农林经济管理专业学习；

2003.07—2003.10　毕业待分配；

2003.10—2004.03　花溪区发展计划与经济贸易局产业发展科工作员；

2004.03—2004.08　花溪区发展计划与经济贸易局经济运行科副科长（主持工作）；

2004.08—2005.05　花溪区发展和改革局经济运行科副科长（主持工作）；

2005.05—2005.08　花溪区发展和改革局经济运行科科长；

2005.08—2007.03　花溪区发展和改革局发展与改革科科长（2006.03—2006.09挂职任区落实

重点招商项目领导小组综合办公室副主任，2006.10—2007.03挂职任区落实重点招商项目领导小组基础设施融资办公室副主任）；

2007.03—2010.11　花溪区发展和改革局党委委员、副局长（2007.07—2009.10兼任花溪区贵阳环城高速公路南线建设指挥部规划建设办公室副主任）；

2010.11—2011.02　花溪区发展和改革局党委委员、常务副局长；

2011.02—2012.01　花溪区发展和改革局党委副书记、常务副局长；

2012.01—2014.11　花溪区人民政府办公室常务副主任（2012.06兼任区贵阳二环四路城市带开发建设指挥部副指挥长、办公室主任；2013.03兼任花溪区“十里河滩新城”指挥部办公室主任；2012.06—2013.06挂职任花溪区溪北社区党委副书记；2013.09—2014.10挂职任北京市朝阳区发改委主任助理）；

2014.11—2014.12　花溪区发展和改革局党委书记；

2014.12—2017.04　花溪区发展和改革局党委书记、局长；

2017.04—2017.06　花溪区产业园区管理委员会党委委员，区发展和改革局党委书记、局长；

2017.06—2017.07　花溪区产业园区管理委员会党委委员、副主任（副县级，试用期一年），区发展和改革局党委书记、局长。

2017年先进人物名录

全国五一劳动奖章获得者

吴　勇　花溪农商银行

全国敬业奉献道德模范

毛腊生　贵州航天风华精密设备有限公司

全国优秀法官

高　燕　花溪区人民法院

全国机要先进生产者

温良富　花溪区邮政局

全国最美家庭

刘伟明　清浦社区

党的十九大维稳安保省级先进个人

刘显福　区委政法委

贵州省“家庭美德之星”

周文英　花溪区青岩镇

贵州省“五一劳动奖章”获得者

吴　莎　花溪区区法院

贵州省“第四届行业道德标兵”

吴　莎　花溪区区法院

赵　云　花溪区农业局

饶鸿飞　花溪区联通花溪分公司

贵州省脱贫攻坚先进个人

杨通帅　花溪区农业局

“明礼知耻·崇德向善”贵州好人榜

杨　英　花溪区农业局

贵州省农业安全生产工作先进个人

李　季　花溪区农业局

贵州省档案工作先进个人

杨　琴　花溪区档案局

贵州省“十大消防卫士”

贺光磊　花溪区公安消防大队

贵州省乡村少年宫优秀校长

王红东　花溪区石板中心完小

贵州省乡村少年宫优秀辅导员

罗　乐　花溪区黔陶乡中心完小

贵州省教育系统安全工作优秀个人

刘　鸿　花溪区教育局

冉茂文　花溪区二十五中

贵阳市基层理论十佳宣讲员

唐沁、杨蔓、郑旭　区委党校

贵阳市“基础教育教研、科研先进工作者”

王建勇　花溪第一实验小学

贵阳市“最美老人”

车素珍　花溪区阳光社区

贵阳市政法委先进个人

安能文、赵权、胡晓亭、万朋、白洋

贵阳市优秀教师

周景崇　贵阳市清华中学

魏柳周　花溪区燕楼镇中心完小

刘巧巧　花溪区第二实验幼儿园

邓　志　花溪区溪南高中

马晓静　花溪区漓江小学

王建勇　花溪区第二中学

蒲琼华　花溪区教育培训研究中心
余列英　花溪区青岩幼儿园
邓文基　贵阳市第三十八中学
王　芳　花溪区华阳小学
韩　露　花溪第一中学
张　翼　花溪区第五中学
肖逢春　贵阳市第三十四中学
兰　琳　花溪区第四实验学校
刘孝艳　贵阳市第二十五中学

贵阳市教育工作先进个人

张小艳　花溪区第二小学
韦朝中　贵阳市清华中学
蓬　辉　花溪区高坡甲定小学
莫卫文　花溪区第七小学
侯若男　花溪区第二实验幼儿园
黄　娇　花溪区青岩幼儿园

新闻人物

雷月琴

2017年8月27日21点50分，中央电视台财经频道（CCTV－2）播出《对话》栏目，一个贵州身影——贵州“环保卫士”雷月琴出现在荧屏上，分享自己的环保理念。雷月琴保护水源的事迹，先后被中央、省、市多家媒体报道过，引起社会各界的广泛关注。多年来，雷月琴还收获了“贵阳市身边好人”“贵阳市五星级志愿者”“最美志愿者”等称号；成功入选全国十大“江河卫士”等一大批荣誉。

雷月琴是贵阳市花溪区人，80岁，在她的心里，花溪河是一条纯净优美的河流，是一个城市充满灵气与魅力的重要所在。从1984年退休到2017年，30多年来，雷月琴为保护水资源倾注了大量的心血。她的足迹踏遍了贵阳的山山水水，只要看见有人有污染河流、水库、湖泊的行为，她就会上前劝阻和制止，被人们亲切地称为“护水老人”。而她也是贵阳市“两湖一库”环保基金会的第一个注册环保志愿者。

正是在她的建议下，贵阳市创建了母亲河保护的新模式，全民“认领”河流。认领团体或家庭组成志愿者巡河小组，对上百条河流行使水环境保护监督权。已经有400多名市民加入护水行列，这个数字仍在扩大。

这一切正好印证了雷月琴在《对话》节目中说的那种：我们虽然是老百姓，但却都是一个家的家庭成员。河水污染不分上游下游，环境保护也不分你家我家。（付文芸）

车素珍

2017年8月16日，在贵阳市“福彩杯”“最美老人”评选活动中，花溪区老人车素珍喜获殊荣。

车素珍，86岁，1960年加入中国共产党，同年获得中共中央、国务院授予的全国先进工作者（全国劳动模范）荣誉称号，出席全国文教群英会，并受周恩来设国宴招待，之后又被授予全国优秀少先队辅导员、全国“三八”红旗手、全国先进儿童工作者称号。

1988年退休后，她积极发挥余热，用实际行动继续谱写共产党员的奉献精神，赢得了广大群众的爱戴和敬佩。在退休后又到当时的花溪镇政府协助参加居委会工作，处处以身作则，努力为辖区群众办实事，自己所得的补贴，分发给居委会其他工作人员和用来帮助辖区困难群众。年复一年，在居委会任劳任怨干了十几年。离开居委会后，车素珍一如既往地热衷于公益事业。当她得知居住的小区管理人手少，就主动担当起了小区的义务监督员，把小区的卫生、绿化、美化管理作为分内的事，倾注了大量的心血。

车素珍经常挂在嘴边的一句话就是：“党是母亲，自己是孩子。没有母亲，哪有今天的幸福生活？为了党的事业，做什么都值。现在我年龄大了，有些事情做不了了，但是一些小事我也要尽我的余力去做。”

（徐小平）

责任编辑　杨　琴

附　录

2017年花溪区国民经济和社会发展统计公报

花溪区统计局

2018年4月28日

2017年，在以习近平新时代中国特色社会主义思想为指导下，全区上下坚定不移贯彻新发展理念，坚持以提高发展质量和效益为中心，牢牢守住发展和生态两条底线，全力推进供给侧结构性改革，全面加快全域文化旅游创新区建设，全区经济社会保持平稳健康发展。

一、综合

初步核算，2017年全区生产总值602.28亿元，比上年增长12.3%。分产业看，第一产业增加值20.1亿元，比上年增长6.3%；第二产业增加值357.24亿元，比上年增长11.0%；第三产业增加值224.94亿元，比上年增长14.6%。三次产业结构占比为3.34∶59.31∶37.35，第一产业、第二产业比重都下降0.14个百分点，第三产业比重提高0.28个百分点。人均生产总值达91313元，比上年增长10.1%。

2017年，全区非公有制经济实现增加值261.64亿元，比上年增长20.1%，占全区生产总值的比重达43.4%。

2017 年花溪区生产总值表

指　　标	绝对数（万元）	比上年增长（%）
生产总值	6022762	12.3
第一产业	201024	6.3
第二产业	3572371	11.0
工业	2877262	9.9
建筑业	695109	16.0
第三产业	2249367	14.6
交通运输、仓储和邮政业	274844	10.1
批发和零售业	222645	-1.0
住宿和餐饮业	145622	6.7
金融业	438705	10.5
房地产	213399	16.4
营利性服务业	301699	59.3
非营利性服务业	640088	12.1

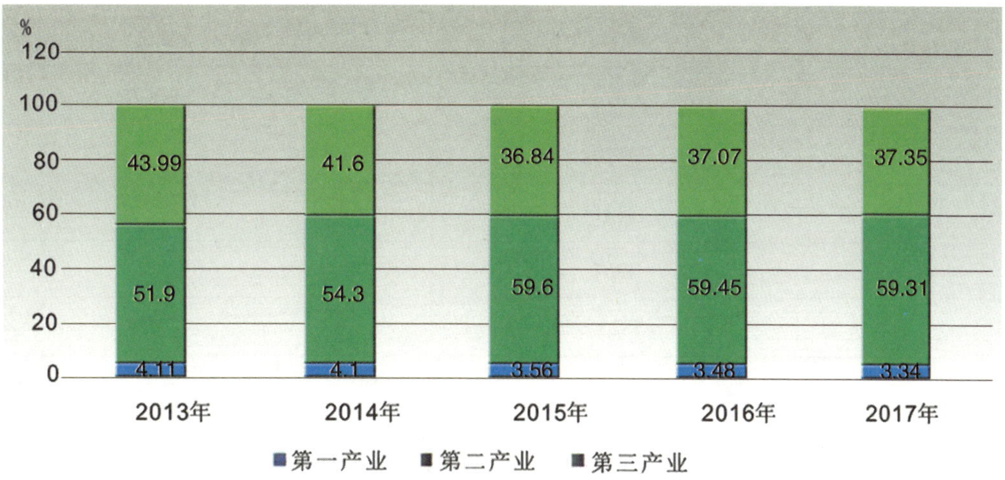

花溪区 2013—2017 年三次产业增加值占生产总值比重工业图

二、农业

全年粮食作物播种面积 8335 公顷，比上年下降 2.6%；油菜籽种植面积 2088 公顷，比上年下降 8.6%；蔬菜种植面积 16239 公顷，比上年下降 9.2%。

全年粮食总产量 45065 吨，比上年增长 1.0%；油菜籽产量 3531 吨，比上年下降 9.5%；蔬菜产量 400927 吨，比上年下降 8.0%。

年末生猪存栏 68390 头，比上年下降 11.5%；家禽存栏 1460921 只，比上年增长 38.6%。全年生猪出栏102100头，比上年增长2.1%；肉类总产量13373吨，比上年增长1.5%；禽蛋产量6002吨，比上年增长13.2%；家禽出栏1206401只，比上年增长4.3%。

2017年主要畜产品和水产品产量表

指　标	单位	绝对数	比上年增长（%）
肉类总产量	吨	13373	1.5
禽蛋产量	吨	6002	13.2
猪出栏数	头	102100	2.1
家禽出栏数	只	1206401	4.3
水产品产量	吨	56	3.7

2017年主要农产品产量及其增长速度

指　标	绝对数（吨）	比上年增长（%）
粮食	45065	1.0
夏粮	2952	-13.2
秋粮	42113	2.2
蔬菜	400927	-8.0
油料	3650	-10.8
油菜籽	3531	-9.5
水果	4364	8.9
茶叶	823	-0.4

三、工业和建筑业

全年实现规模以上工业（年主营业务收入2000万元及以上口径）增加值260.39亿元，比上年增长9.9%。其中，烟草制造业增加值145.97亿元，比上年增长0.3%；汽车制造业增加值17.29亿元，比上年增长13.9%；医药制造业增加值15.4亿元，比上年增长124.2%；计算机、通信和其他电子设备制造业增加值10.41亿元，比上年增长6.0%。

2017 年规模以上工业（2000 万元及以上）企业主要产品产量及其增长速度

指　　标	单位	绝对数	比上年增长（%）
饲料	吨	140015	4.62
饮料	吨	236631	12.91
卷烟	万支	4694674	-6.72
多色印刷品	对开色令	273918	-4.16
农用氮、磷、钾化学肥料（折纯）	吨	106127	-4.60
水泥	吨	1396203	42.53
商品混凝土	立方米	3270063	7.72
钢材	吨	406148	-16.35
电力电缆	千米	109035	-0.61
彩色电视机	台	1183572	-0.84

2017 年规模以上工业（2000 万元及以上）分行业增加值及其增长速度

指标名称	单位	绝对数	比上年增长（%）
酒、饮料和精制茶制造业	万元	50406.8	46.4
烟草制品业	万元	1459698.5	0.3
医药制造业	万元	154018.5	124.2
非金属矿物制品业	万元	62277.2	-2.4
金属制品业	万元	43983.1	-17.4
通用设备制造业	万元	91458.8	19.4
汽车制造业	万元	172923.8	13.9
铁路、船舶、航空航天和其他运输设备制造业	万元	99087.5	2.3
电气机械和器材制造业	万元	77621.7	24.6
计算机、通信和其他电子设备制造业	万元	104106.9	6.0

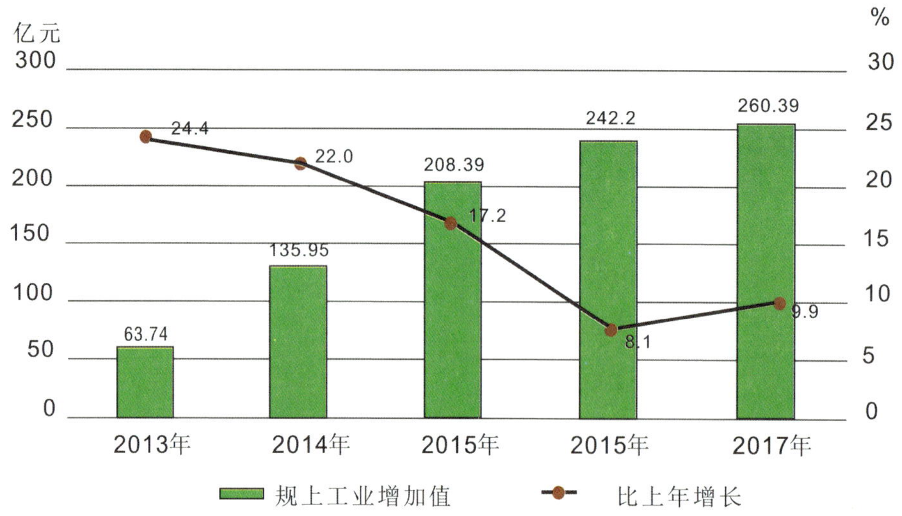

花溪区 2013—2017 年规上工业增加值及其增速图

全年建筑业实现增加值 69.51 亿元，比上年增长 16.0%。年末全区具有资质等级的总承包和专业承包建筑业企业 28 户，完成建筑施工面积 137.89 万平方米，房屋建筑竣工面积 30.71 万平方米。

四、固定资产投资

全年固定资产投资（500 万元及以上口径固定资产投资和房地产开发投资）535.62 亿元，比上年增长 22.5%。分产业看，第一产业投资 3.58 亿元，比上年增长 5.4%；第二产业投资 86.66 亿元，比上年下降 17.9%；第三产业投资 445.38 亿元，比上年增长 35.7%。

年末，全区房地产开发经营企业 88 户，实施房地产开发项目 64 个，完成投资 164.35 亿元，比上年增长 35.1%。全年全区实现商品房销售面积 193.34 万平方米，比上年增长 23.7%。

2017 年固定资产分产业投资（500 万元口径）及其增长速度表

指　标	单位	绝对数	比上年增长（%）
500 万元固定资产投资	亿元	535.62	22.5
#第一产业投资	亿元	3.58	5.4
第二产业投资	亿元	86.66	-17.9
第三产业投资	亿元	445.38	35.7

五、市场消费

全年实现社会消费品零售总额 262.88 亿元，同比增长 11.5%。其中，批发业销售额 79.42 亿元，同比下降 9.3%；零售业销售额 192.5 亿元，同比增长 4.7%；住宿业营业额 1.86 亿元，同比增长 8.0%；餐饮业营业额 0.56 亿元，同比增长 2.2%。分商品类别看，全区限额以上汽车类零售额 171.92 亿元，同比增长 3.0%，占全区社会消费品零售总额的比重达 89.4%。

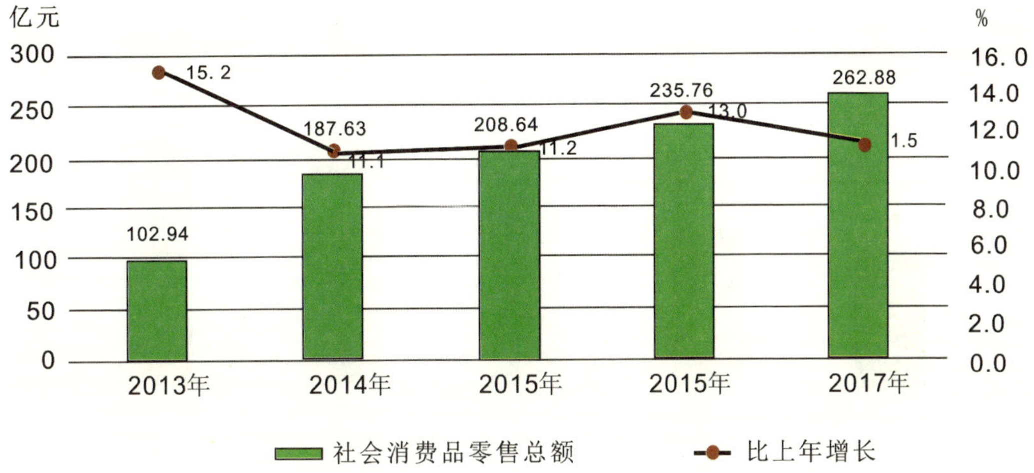

花溪区 2013—2017 年全社会消费品零售总额及其增长速度图

六、对外经济

全年招商引资签约省级调度重点项目 21 个，市级调度重点项目 24 个；招商签约项目 149 个。成功引进重大项目 13 个，全区引进省外实际到位资金 281.88 亿元；实际直接利用外资 25268 万美元，比上年增长 20.3%；外贸进出口总额 6585 万美元，比上年增长 6.6%。

七、交通、邮电和旅游

年末客运车辆 532 辆，比上年下降 6.2%；客位量 8811 位，比上年增长 17.4%；载货汽车 21530 辆，比上年下降 19.6%；载货吨位 12.60 万吨，比上年下降 11.7%。

全年投放客运车辆 532 辆，建成农村招呼站 37 个，推进贵阳市旅游公路环线、“组组通”公路建设，完成 X1W1 花溪区青岩歪脚至黔陶公路、黔陶至高坡石门公路改造工程，实现花溪至燕楼、花溪至久安、花溪至芦荻、花溪至平寨和花溪至马铃共 5 条农村班线公交化改造。对花溪至天河潭、花溪至大学城、花溪至燕楼公交车进行升级改造，共投放 34 辆纯电动公交车。

全区固定电话用户 9.31 万户，比上年增长 14.8%；移动电话用户 105.68 万户，比上年增长 11.2%；宽带（光纤）用户 28.75 万户，比上年增长 20.2%。年末全区邮政业务收入 953.11 万元，比上年增长 60.8%；移动业务收入 85918 万元，比上年增长 23.0%；联通业务收入 7743.69 万元，比上年增长 7.4%。

在全市率先成立旅游法庭、旅游警察、旅游市场监管及花溪全域旅游综合执法指挥调度中心（简称区旅管委）。青岩古镇景区成为贵阳市第一个国家 AAAAA 级旅游景区，花溪翰林苑酒楼荣获贵州省五星级乡村旅游经营户称号，花溪爱书山房文化客栈、随园客栈、寿福寺客栈荣获贵州省精品级乡村旅游客栈。全年旅游总人数 2928.63 万人次，比上年增长 34.2%。实现旅游总收入 268.1 亿元，比上年增长 35.6%。

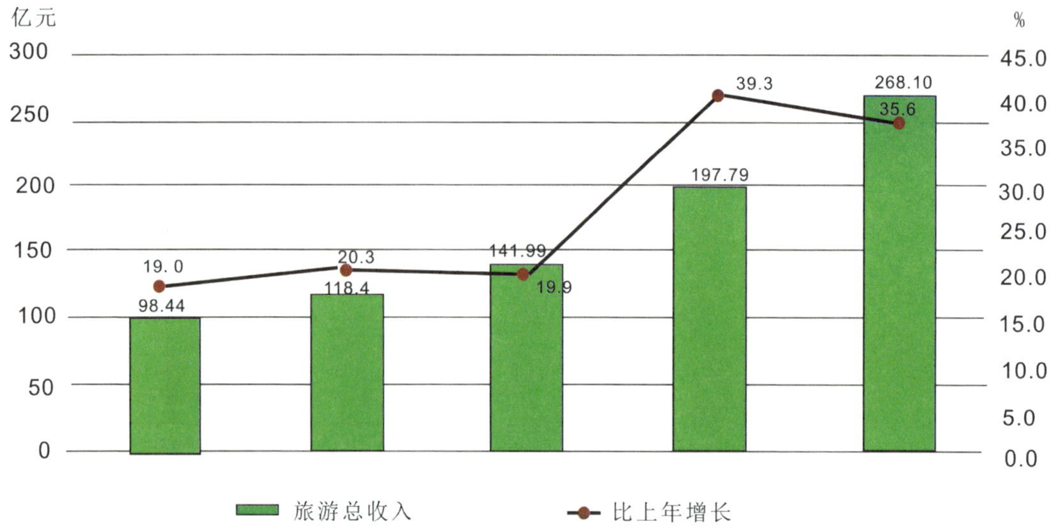

花溪区 2013—2017 年旅游总收入及其增长速度图

八、财政与金融

2017 年，全区实现财政总收入 92.09 亿元，比上年增长 29.6%。公共财政预算收入 41.88 亿元，比上年增长 14.7%；公共财政预算支出 77.70 亿元，比上年增长 29.5%。

年末花溪片区（不含经开区）金融机构人民币各项存款余额 524.47 亿元，比上年增长 3.6%；人民币各项贷款余额 375.71 亿元，比上年增长 10.1%。

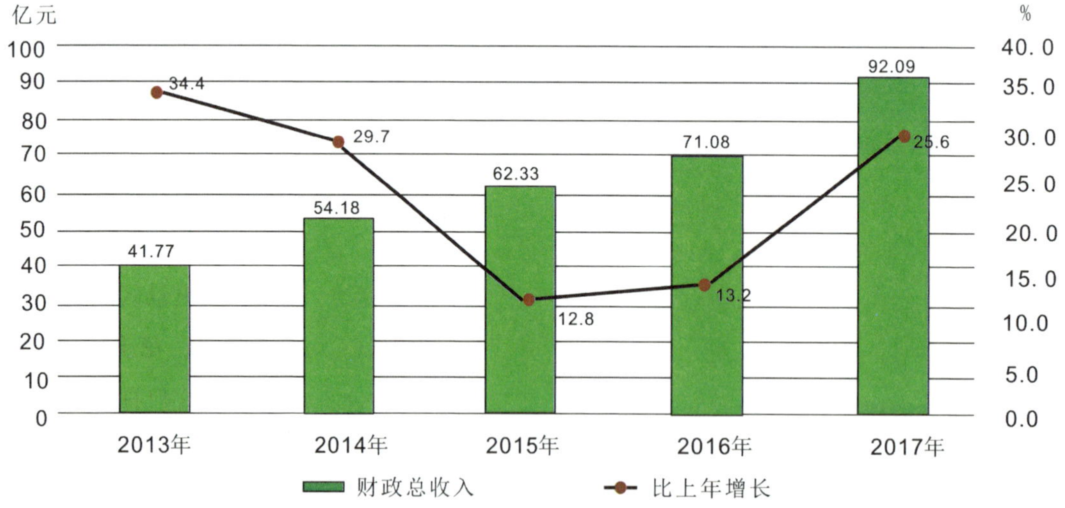

花溪区 2013—2017 年财政总收入及其增长速度图

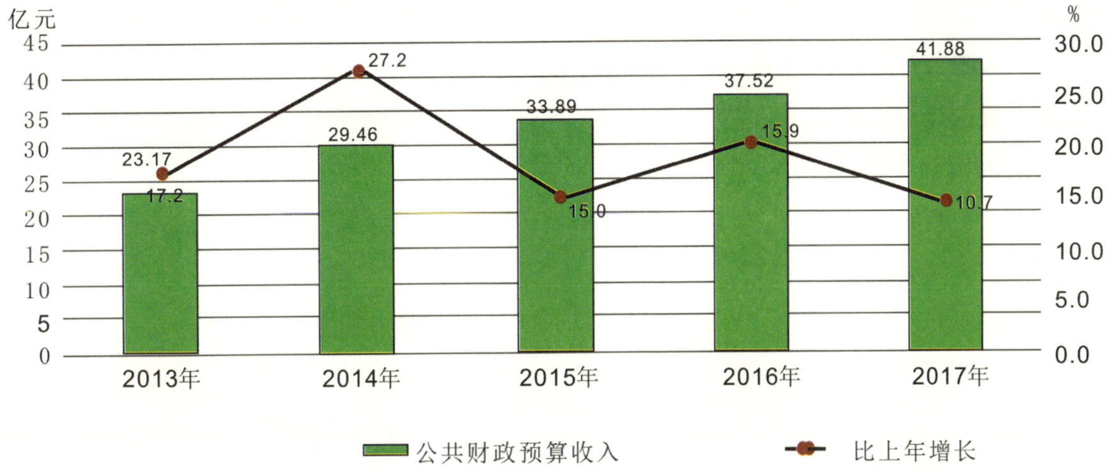

花溪区 2013—2017 年公共财政预算收入及其增长速度图

九、教育和科学技术

全力推进教育扶贫，着力改善学校办学条件，全面做好新高考改革衔接，继续优化教师队伍，全面启动实施“互联网＋教育”工程，大力实施“西部教学改革支持活动”。全区新建幼儿园 7 所、改建幼儿园 1 所，实施全面改薄义务教育学校 15 所。小学和初中辍学率分别为 0.36%、0.84%，残疾儿童入学率 87.89%，义务教育巩固率 93.27%，高中阶段毛入学率 91.39%，进城务工人员随迁子女义务教育就读公办学校的比例达到 70.25% 以上。

全区共有各类学校 265 所，其中城区 163 所、镇区 38 所、乡村 64 所；幼儿园 133 所，九年义务教育阶段学校 120 所（小学 77 所，初级中学 43 所），高中教育阶段学校 10 所（完全中学 4 所，高级中学 3 所，十二年一贯制学校 3 所），特殊教育学校 1 所，工读学校 1 所。全区共有各类毕业生 28419 人，其中学前教育毕业生 10114 人，小学毕业生 7120 人，初中毕业生 6871 人，高中毕业生 3980 人，工读学校毕业生 331 人。全区招生 32973 人，其中学前招生 11809 人，小学招生 10114 人，初中招生 6446 人，高中招生 4325 人，特殊教育招生 19 人，工读学校招生 260 人。全区共有在校生 108520 人，其中学前教育在校生 24712 人，小学在校生 51504 人，初中在校生 19505 人，高中在校生 12451 人，特殊教育在校生 88 人，工读学校在校生 260 人。

全年有效发明专利 1256 件，申请专利 4510 件，专利授权 1592 件。新增 2 家知识产权试点企业，高新技术企业 4 家，获市级贯标企业 2 家，区级专利质押融资试点企业 1 家，区级专利保险企业 1 家，中国专利优秀奖 2 家。企业工程技术研究中心 3 个，企业技术中心 5 个，新增科技型企业备案数 22 个。全年综合科技进步水平指数 98.92%。

十、文化、卫生和体育

全年开展演出活动 163 场，其中组织开展送文化下乡（村）、下基层活动 30 场，社区文化活动 42 场、广场演出活动 80 场、其他文化活动 11 场。组织开展“我们的节日”主题活动 33 场，完成“我们的节日——花溪区 2017 年春节民族民间歌舞大联欢”活动 1 场，利用文化服务流动大篷车深入乡（镇）社区开展辅导、培训工作 33 次，积极开展民族文化进校园系列活动 12 次。年末区图书馆接待读者 6.7 万余人次，图书借阅量达 8.15

万余册，新办借书证396个，新建乡镇广播影视综合服务站2个，放映公益电影2099场。

全区各级各类医疗卫生机构309所。其中，三级医院2所、二级医院3所、一级医院13所、个体医疗诊所102所、基层医疗卫生机构186所、公共卫生机构3所。医疗机构床位总数3500万张。卫生技术人员4968人。其中，执业医师1767人（含注册全科医师94人）、注册护士2771人、医技人员430人。每千人口拥有床位5.68张、卫生技术人员8.31名、执业医师2.95名、注册护士4.63名，每万人口拥有全科医生1.57名。

全年成功举办“冬泳表演”“庆三八妇女节”趣味运动会、“东盟—中国十周年”健步走活动、区职工足球赛、“喜迎十九大”花溪区自行车挑战赛等活动，参加贵阳市“百村农民”暨花溪区“小康杯”篮球赛，建成“花溪区市民健身中心”和3个“村级全民健身工程”。

十一、人口与就业

全区年末常住人口66.71万人，比上年末增加1.50万人。

城镇新增就业20839人。完成职业技能培训2911，农村劳动力转移就业3458人。年末城镇登记失业率3.1%。发放创业担保贷款新增贷款金额1462万元，新增扶持人数133人。新创建充分就业社区3个，累计创建37个，创建率为86%。

十二、人民生活与社会保障

全年全区城镇常住居民人均可支配收入31559元，比上年增长9.3%；城镇常住居民人均消费支出20717元，比上年增长8.3%。农村常住居民人均可支配收入14782元，比上年增长9.8%；农村常住居民人均消费支出14172元，比上年增长8.3%。

全区城乡低保对象41942户72876人，其中，城市低保对象19606户31852人，农村低保对象22336户41024人。城市低保标准由583元/月提高到641元/月，农村低保标准由3336元/年·人提高到3840元/年·人；全年累计发放城乡低保金，元旦、春节“送温暖”慰问活动等资金共计3441.15万元。特困救助供养对象1300户次1333人，全年共发放资金112.98万元。对744人次发放医疗救助资金共计385万元。为703户次城乡困难群众发放临时或急难救助资金共312.52万元。足额发放孤儿及艾滋病儿童补助资金22人，共计26.32万元。

年末，全区参加城镇职工基本养老保险人数128801人，失业保险参保人数51680人，城镇职工医疗保险参保人数76555人，工伤保险参保人数71681人，生育保险参保人数75786人，城镇居民基本医疗保险参保人数132695人，城乡居民社会养老保险参保人数79998人。

十三、生态环境和安全生产

统筹推进百山治理，对花溪区61个山体进行治理，共治理24个地块，共205.67亩；规划统领千园建设，新建成公65个，其中城市公园37个、社区公园7个、森林公园13个、山体公园8个；提升森林覆盖率，全区林地保有量59.32万亩，林下经济利用林地面积5000亩，特色经济林5万亩，林业有害生物测报准确率达90%以上，无公害防治率达90%以上，种苗产地检疫率100%，森林覆盖率48.4%。高坡乡成功创建“省级生态乡镇”，石门村、平寨村、云顶村、水塘村、杉坪村、高寨村和甲定村获省级生态村。

全区林业生态建设保护和发展综合指数90.67，大气环境质量及管理指数1.72，水环境质量及管理指数2，土壤环境质量及管理指数1.96，全年环境空气质量优良率93.8%。饮用水源水质达标率100%。

全年平均气温15.9℃，极端最高气温33.0℃，极端最低气温零下0.9℃。全年平均相对湿度81%，年降水量1111.7毫米，日照时数1312.4小时。

全年共发生各类生产安全事故26起，比上年下降16.1%；死亡21人。亿元GDP生产安全事故死亡率0.035。

注释：

1. 公报中所列数据为初步统计数，统计指标相对数按同口径计算。

2. 公报所列数据按行政区统计，如无特殊说明统计口径均包括经开区、贵安新区直管区党武镇和湖潮乡。

3. 部分数据因四舍五入的原因，存在着与部门统计数据不完全一致的情况。

4. 生产总值、各产业增加值和人均生产总值绝对数按现价计算，增长速度按可比价格计算。

5. 部门统计资料来源于相关行业主管部门，经开区有关统计资料来源于经开区产业发展局。

调研报告

花溪区公立医院党建工作调研报告

中共花溪区委组织部

（2017年5月5日）

为及时落实省委组织部《关于开展公立医院党建工作调研的通知》文件精神要求，切实掌握花溪区公立医院党建工作情况，近日，由区委组织部牵头，区直机关工委配合，会同区卫计局进行了调研。现将调研情况报告如下：

一、花溪区公立医院基本情况

花溪区公立医院为花溪区人民医院和花溪区中医院。花溪区人民医院党委和花溪区中医院党委属花溪区卫生和计划生育局下属的二级党委；9家乡镇卫生院及溪北社区卫生服务中心属花溪区卫计局下属党支部。

花溪区人民医院有5个支部（后勤支部、门诊支部、内科支部、外科支部、离退休支部），拥有编制数280人，实有人员214人，临聘人员482人；党员数187人（在职126人、离退休61人）。花溪区中医院有4个支部（行政支部、医技支部、临床支部、离退休支部），拥有编制数74人，实有人数58人，临聘人员197人；党员数53人（在职44人、离退休9人）。9家乡镇卫生院编制数156人，实有人员129人，临聘人员106人；党员数51人（在职48人、离退休3人）。溪北社区卫生服务中心编制数19人，实有人员17人，临聘人员20人；党员数6人（在职6人、离退休0人）。

二、体制状况

花溪区人民医院、花溪区中医院主要实行党政一肩挑，党组织发挥领导核心和政治核心作用。花溪区9家乡镇卫生院和溪北社区卫生服务中心实行院长负责制，党组织发挥政治核心作用。

三、决策机制运行情况

花溪区人民医院主要采取的决策机制为召开党委会、召开院长办公会、召开院务会、召开党政联席会等方式；花溪区中医院采取召开党政联席会的方式；9家乡镇卫生院和溪北社区卫生服务中心采取召开院务会的方式。

四、主要做法和成效

（一）落实责任，全面履职抓党建。认真履行抓班子、带队伍、做表率的职责，深入研究谋划党建工作。健全完善“一把手负总责，分管领导各负其责，班子成员齐抓共管、院办组织协调”的领导体制和工作机制。年初，层层签订了党建工作责任书和党风廉政建设责任书，确保责任明确到位、工作落实到位。制定了党风廉政建设主体责任任务清单，建立落实党建工作考评机制，把党建工作列入全局重点工作目标任务，与业务工作同部署、同检查、同考核、同评比。

（二）廉洁从政，注重原则抓党建。通过聘请义务监督员、设立举报电话、举报信箱、成立督查小组等形式，加强对党组织党风廉洁的督促指导，强化党员思想建设。严格遵守中央“八项规定”、省委“十项规定”和市委“二十九条实施细则”，严格落实“一把手”不分管人事、财务、重大工程项目等要求，规范权力运行，在重大决策上，实行民意征询、专家论证、风险评估，增强了决策的科学性。

（三）学习保障，注重教育抓党建。严格执行“三会一课”制度、中心组学习制度，学习、宣传、贯彻执行党的理论和路线方针政策及中央、省委、市委、区委和上级党组织的决策部署。认真执行民主集中制原则，积极开展党员谈心谈话活动。通过微型党课、组织生活会等形式，开展集中学习与自学，形成常态化的学习机制。

（四）创新载体，围绕服务抓党建。以业务工作为突破口，创新党建载体。免费为10311名35～64岁农村妇女进行宫颈癌检查，完成农村孕产妇住院分娩补助1845人，免费为4065对计划怀孕夫妇开展孕前优生健康检查。免费为25112名65岁以上老人健康体检。实现了卫生院标准化建设、基层医疗卫生机构执业医师、农村中小学校医、县级医院远程诊疗、城乡居民大病保险五个全覆盖。

（五）深入开展“两学一做”学习教育，示范引领抓党建。组织党员干部认真学习《党章》党规和系列讲话，尤其是党的十八届六中全会、省委十一届八次全会精神，以“基础在学、关键在做”为引领，党员教育取得一定实效。一是亮身份、晒承诺。为党员干部统一制作党员示范岗标识牌，自觉接受群众监督。开展了为民办事“四个一”（一张笑脸、一声问好、一杯热茶、一个答复）和为民服务“三个零”（零投诉、零差错、零违纪）活动。二是履职责、作表率。2016年，共6次送医送药下乡、义诊340多人次、免费发放药品5000多元、开展6次健康教育巡讲或健康咨询宣传。在医院推选了优秀共产党员国绯、代金。积极参与2016年“百优医生”“百优护士”推荐评审活动，推荐“百优医生”人选3名，“百优护士”人选2名，其中有2名医生和1名护士入围评选名单。推选了“双百”科室和个人。2016年9月，参加“贵阳市基层卫生岗位练兵和技能竞赛活动”中，分别荣获城市全科个人组、农村全科个人组、社区护理个人组二等奖、团体组三等奖，努力形成比学赶超、你追我赶的良好氛围。

五、存在的困难和问题

通过调研，结合平时的了解、工作的督查，花溪公立医院党建工作整体上较好，能够将党建工作与业务工作合理融合，医院主要负责同志对党建工作也高度重视和负责，但也存在一些问题和不足，主要有：一是缺乏创新意识。在落实公立医院改革、基础设施项目建设、公共卫生服务等工作中，党员队伍创新工作方法不多。二是存在薄弱环节。党内组织生活制度执行、理论学习等不够，基层党建工作缺少压力和动力。三是队伍素质参差不齐。少数党员干部服务意识、服务态度、服务质量还有待加强。

六、对策建议

以问题为导向，针对花溪公立医院在党建工作上存在的主要困难和问题，下一步我们将重点抓好以下几个方面：

一是抓主体责任。按照今年市委及区委关于党建工作的要点及相关要求，及时签订党建目标责任清单，通过细化“一岗双责”，强化党委班子成员的责任和党组织负责人的“第一责任人”责任，忠诚履职，敢于担当，形成一级抓一级、层层抓落实的格局。

二是抓党内政治生活。持续推进“两学一做”学习教育常态化和制度化工作，加强指导和督查力度，从思想建设和制度落实上下功夫，真正将“三会一课”“民主生活会”“组织生活会”等制度在公立医院落到实处，做到不虚不空，推动党内政治生活常态化。

三是抓作风建设。配合区纪委监察局，以持续查处“四风”、加强党员干部效能建设和为民办实事为抓手，加强对重要岗位、重要环节、重要项目的监督检查，建设强有力的基层组织和党员干部队伍，营造风清气正的良好环境。

四是抓工作创新。结合今年市委提出的创新型党组织创建工作，围绕“五大工程”，积极探索党建工作新思路，加强业务工作和党组织建设的互相渗透，特别加强对窗口服务、惠民政策落实、医疗一线等创新载体的培养，为群众提供优质高效服务，为全域文化旅游创新区建设奠定坚实基础。

（执笔：王永康）

花溪区专业技术人才队伍建设“人岗相适”情况调研报告

为进一步加强专业技术人才队伍建设，大力培养使用本土人才、着力引进急需紧缺人才、全力优化人才发展环境，助推花溪区人才队伍建设发展，现对花溪区专业技术人才情况展开调研，并形成调研报告如下。

一、专业技术人才队伍现状

截至2016年12月，全区共有专业技术人才27237人。其中，事业单位专业技术人才4852人，公有经济组织专业技术人才6859人，非公经济组织专业技术人才15526人。事业单位专业技术人才队伍中女性3398人，少数民族1412人，中共党员2172人。学历层次构成：硕士研究生148人，大学本科3259人，大学专科1202人，中专226人，高中及以下17人。年龄层次构成：35岁及以下1887人，36~40岁944人，41~45岁751人，46~50岁644人，51~54岁498人，55~59岁128人。岗位等级层次构成：副高及以上职称426人，中级职称2022人，初级职称1840人，其他等级564人。行业层次构成：教育系统3932人，占81.04%，卫计系统462人，农业系统85人，生态系统41人，文化旅游系统33人，乡（镇）、社区126人，其他行业173人。

二、主要做法及成效

近年来，花溪区大力实施人才优先发展战略，认真贯彻落中央、省、市关于专业技术人才工作的政策和要求，建立健全工作机制，加大经费投入，专业技术人员队伍迅速发展壮大，较好地发挥了在花溪区文化旅游创新区建设中的积极作用。

（一）党管人才工作格局渐趋完善。一是成立了由区委书记任组长的人才工作领导小组，“一把手”抓“第一资源”的责任更加明确；成立了组织部长、常务副区长任组长的人才工作协调小组，组织部门牵头抓总，职能部门各司其职，社会力量广泛参与的人才工作格局渐趋完善；组建了区人才工作协调小组办公室，配齐配强工作队伍。二是制定了《花溪区高层次人才引进及服务管理办法（试行）》《花溪区引进高层次人才工作实施细则（试行）》《花溪区高层次人才年度考评奖励办法（试行）》《花溪区区管专家选拔管理办法（试行）》《花溪区委常委和人大、政协主要领导联系专家和优秀人才工作制度》等一系列文件，人才引进、培养、服务、管理工作更加规范有序。

（二）用人视野更加开阔。为更好地拓宽用人视野，一是有效利用省人博会等平台积极引进高层次人才，将人才引进与招商引资相结合，形成招财引智相互促进。2014年以来，共引进文化旅游、大数据、生态、农业、金融、教育、医疗卫生等领域高层次人才126人，其中副高职称9人、全日制硕士研究生117人。二是创新人才引进机制，不拘一格引进急需紧缺型人才。在高层次人才引进面试程序中采用“1+N+1”（即1次竞职陈述演讲，回答“流动考官”N个专业化问题，1周实习测试）模式，获得市委组织部2013年度十佳创新工作奖。三是建立“花溪区发展智库”，集聚19名具有影响力、符合乡（镇）发展需求、在发展规划上具有指导作用的专家型人才，帮助乡

（镇）理清发展思路，突破发展瓶颈。四是搭建校地合作平台。与贵州大学、贵州民族大学、贵州师范大学建立“卓越法律人才教育培养基地”“创新农村社会治理加强群众工作教学实践基地”，与贵州医科大学附属医院共建“医事法学专业实践教学基地”，与贵州民族大学合作共建“审判专业学位研究生工作站”，与辖区高校建立长期稳定的合作关系，为全面推进花溪区与高校联动合作，建立资源共享机制奠定了坚实的基础。

（三）人才管理系统更加科学。一是开展区管专家评选工作，更好的发挥各类优秀人才在各行业、各领域的示范引领作用，激励专家为花溪经济社会发展和同步小康作出贡献，2014 年评选出第一批区管专家共 23 人；二是开展高层次人才年度考评奖励工作，切实加强对引进人才的管理和对人才引进效果评估，激发人才工作积极性，2014 年以来，共评选出 72 名（组）优秀人才，共发放奖金 51.5 万元；三是开展人才资源统计监测工作，2016 年“人才综合发展指数”得分 70.78，在 18 个城区方阵中排名第 9，比 2015 年上升 5 个位次。

（四）人才培养力度明显加大。坚持重点人才重点培养、紧缺人才加紧培养的思路，不断整合资源，拓宽培训渠道，狠抓各类人才培养工作。一是采取挂职、外派等方式，选派优秀人才到科技院校和发达地区挂职锻炼学习，增强人才开拓创新和服务区域经济建设的能力。2014 年以来共选派 1 名“甲秀之光”访问学者，选派 317 名专业技术人才到上级部门或省外进修培训，推荐 39 人参加贵阳市高层次创新型青年教师培养。二是与省内外知名大学培训机构建立培训合作，按照大规模培训干部、大幅度提高干部素质的原则，培训对象由各级党政干部向专业技术人才、企业经营管理人才、农村实用技术人才和各类社会人才不断延伸，坚持请进来与送出去、理论学习与实践锻炼、系统培训与专题讲座、短期培训与长期进修相结合，大力加强人才培训。2014 年以来，花溪区共开展 72 期自主办班专题培训和 62 期专题讲座，累计培训各类人才 17429 人次。

（五）人才发展环境日趋优化。强化完善人才激励措施，不仅能引得来人才，留得住人心，更能不断激发人才潜力。2014 年以来，发放高层次人才生活津贴和住房补贴 114.8 万元，高层次人才年度考评奖励 53.5 万元，区管专家工作经费 55.2 万元，为 21 名高层次人才办理“贵阳市人才绿卡”，积极落实县级领导联系优秀人才制度，每年组织区委常委、人大、政协主要领导对优秀专家人才进行慰问，并认真听取各位专家人才对花溪发展提出的宝贵建议，同时了解人才工作和生活情况，及时为其排忧解难，进一步增强对人才的精神鼓励，用荣誉感和社会认同感吸引留住人才。

（六）人才作用发挥更加凸显。花溪区引进和培养的优秀人才在学科建设、科研开发、技术转化等方面成绩显著，在各行业领域中引领作用明显。2014 年以来，花溪区人才获得专利授权 3375 件，争取区级以上科技项目 65 件。泰邦生物科研团队承担了国家重大科技攻关项目、数个填补国内医药行业该领域空白的新药研发项目，近年来已成功申请发明专利十余项，年产值 10.4 亿元；星天电线电缆研发团队是贵州省科技厅“2015 年工业攻关项目”主要参与者，研发成果还获得市政府颁发贵阳市优秀新产品一等奖；区文化馆艺术人员创编的《射背牌》舞蹈获第十届中国舞蹈荷花奖民族民间舞蹈“十佳作品奖”、贵州省首届群星奖“一等奖”；区级拥有市级名师工作室 2 个，省级“特级教师”5 名；市管专家实现零的突破，现已有市管专家 5 名。一大批优秀人才在引领学术创新、成果转化方面产生了积极作用，成为花溪区经济社会发展的“助推器”，为全区经济社会创新发展、和谐发展提供了坚强的人才保障。

三、存在的主要问题

（一）专业技术人才总量不足，高层次人才匮乏。近年来，虽然专业技术人才数量有所增长，但人才总量由于受到编制、岗位设定和高科技含量企业为数不多的影响仍然较少、高层次专业技术人员数量远低于发达地区的水平（副高级及以上专业技术人才数量仅占全区事业单位总量的8.8%），如花溪区每年通过新建、改建和接收房开配套教育设施等途径，将新增一定数量的中小学、幼儿园，均存在无编制机构、无人员编制核定的问题，现有预留编制数量不足，无法招聘补充教师，无法适应快速增长学龄儿童的需要。在人才培养方面投资少，继续教育力度不够，目前仅仅限于网络在线教育培训和讲座，培训内容综合性多，专业性少，缺乏针对性、操作性，一定程度上没有达到缺什么补什么的目的。专业技术人员知识更新慢，对新知识、新理论、新方法掌握不够。

（二）专业技术职称行业分布不均，部分领域创新创业人才短缺。花溪区专业技术人才受所在系统、行业、岗位的影响，发展极不平衡。专业技术人才主要集中在教育、卫生系统（教育、卫生系统的专业技术人员占全区事业单位总量的90.6%），乡（镇）、社区专业技术人才量很低，与花溪区文化旅游创新区建设相关的专业技术人才队伍少之又少，而且部分高级专业技术人员知识老化，所具有的技能和水平与该专业技术职务的要求还有一定的差距，缺乏主持高新技术项目的高素质人才。在企业经营管理和专业技术人才队伍中，高学历人才就更少，企业经营管理人员多数未受过现代工商管理知识的专门培训，缺乏领军人物，难以提升。目前，花溪区熟悉和能够驾驭经济、城市规划、文化旅游发展、大数据方面的专业技术人才不多，高层次人才严重短缺，缺乏创造力。如花溪区乡（镇）村管所专业技术人员中获中级以上职称的只有1人，旅游系统也缺乏专业人才，一定程度上影响花溪区文化旅游创新区建设。

（三）专业技术人才队伍建设没有完全做到“人岗相适、人尽其才”。由于基层专业技术人才队伍受到编制、岗位设置等情况影响，现有的人才培养、使用、评价、流动、激励保障等机制不尽完善，花溪区事业单位“招人难”和拓展基层专业技术人才职业发展空间等问题，导致不能最大限度激发人才创新创业活力，让专业技术人才价值未能最大限度地发挥出来。如花溪区行政编制有限，部分综合性岗位工作是事业编制人员在从事具体工作，导致这部分专业技术人员由于缺乏专业工作成绩影响了职称评定。又如在近年人才引进和事业单位招考中，由于受岗位设置影响，部分新进专业技术人才考入到事业单位管理岗位上从事事务性工作，导致其所学专业技术知识、研究内容与工作实际不符，也不能评定、晋升职称。

四、对策建议

通过深入贯彻落实中央、省、市《关于深化人才发展体制机制改革的意见》精神，草拟《花溪区关于深化人才发展体制机制改革的意见》，全面加强基层专业技术人才队伍建设，努力做到“人岗相适、人尽其才”，最大限度激发人才活力，实现人才发展与基层经济社会发展深度融合。

（一）完善教育培训体系，提高人才综合能力。充分利用继续教育方式、各类教育培训机构和远程教育等资源，开展形式多样的继续教育活动，不断提升基层专业技术人才岗位适应、职业发展和实践能力。一是利用现有的专业技术人才培训网络，调整学习内容，有目的性开发、引进相关课件内容，构建分层分类的专业技术人才继续教育体系。二是提高专业技术人才的实践能力，着力培养创新型中青年科技人才。以提高创新发展能力为核心，通过学历教育、专业培训、业务比赛、技术交流、课题攻关、外培学习等方式，继承和建立“师带徒”制度，不断提高专业技术人员解决实际问题的能力和实践创新能力。重点抓好产业带头人、学科带头人、技术带头人的培养工作，培育出一批高级专业技术人才。每年从全区选拔50名左右工作业绩突出的中青年专业技术人员，送往省内外高校、职业学院、医疗机构、科研机构或人才基地、继续教育基地进修培训，提升专业能力水平。同时，发挥项目、基地等载体在专业技术人才培养中的作用，建立人才与产业发展互动机制，推动产学研结合。三是提高专业技术人才的创新创业能力。加大创新型人才培养力度，鼓励专业技术人才开展创新活动，引导专业技术人才在创新活动中产生新理论、新技术，扶持专业技术人才利用自主知识产权或核心技术自主创办高新技术企业。

（二）改革专业技术人才评价机制。一是坚持德才兼备，突出以品德、能力、业绩和贡献为主的评价导向，建立体现专业技术人才工作实际和特点的评价标准。克服唯学历、唯论文等倾向，提高履行岗位职责的实践能力、工作业绩、工作年限等评价权重。对论文、科研等不作硬性要求，可用能够体现专业技术工作业绩和水平的工作总结、教案、病历、技术推广总结、工程项目方案、专利成果等替代。技术人才参加职称评审时外语和计算机应用能力可不作要求。二是改进职称评价方式，建立以同行评价为基础的评价机制，灵活采用考试、评审、考评结合、考核认定等不同评价方式，严格规范评价程序，加强评价全过程监督，提高评价质量和公信力。对长期扎根农村基层、艰苦边远地区工作，做出重要贡献业绩的专业技术人才，可破格参加职称评审。三是完善和落实职称倾斜政策。全面推开中小学教师、基层卫生专业技术人才职称制度改革，保证有关倾斜政策规定落实到位。结合工程技术、农业技术、科学研究等专业技术领域职称制度改革，研究制定对专业技术人才倾斜支持政策。

（三）完善基层事业单位公开招聘和岗位管理制度。一是改进事业单位公开招聘方式。事业单位引进高层次和急需紧缺专业技术人才，可采取直接考察等方式。二是优化事业单位岗位管理制度。建立事业单位岗位结构比例动态调整机制，适当提高基层事业单位中、高级专业技术岗位结构比例。“定向评价、定向使用”的事业单位高级专业技术岗位实行总量控制、比例单列，不占专业技术高级结构比例。乡（镇）事业单位通过特设岗位引进的急需高层次人才，其所聘岗位等级可放宽至专业技术八级，不受单位岗位总量、结构比例限制。

（四）加大专业技术人才激励力度。一是健全完善收入分配制度。深入推进基层事业单位实施绩效工资工作，建立健全与岗位职责、工作业绩、实际贡献等紧密联系，充分体现人才价值、激发人才活力、鼓励创新创造的分配激励机制。二是加大优秀人才激励力度。坚持精神奖励和物质奖励相结合，建立以政府奖励为导向、单位奖励为主体、社会奖励为补充的专业技术人才奖励体系，充分保护和调动广大基层专业技术人才工作热情和创新创业积极性。

（五）加强高层次人才引进工作，鼓励和吸引国内外优秀人才。一是建立健全高层次人才联系服务制度，努力为引进高层次人才提供职业培训、能力提升及个人发展的机会，扎实优化留住高层次人才的工作环境；二是柔性引进高层次人才。结合花溪区经济社会发展项目开展开发性研究，推进学术成果转化，深入拓展鼓励高层次人才创新的学术环境。在创新、创业、生活等方面，充分发挥花溪区创业投资基金等基金的引导作用，加强科技创业服务中心和科协基层组织建设，促成人才干事的创业环境。完善高层次人才引进政策，以“中国贵州人才博览会”及海内外高层次人才招聘等活动为载体，充分利用国际国内人才资源，坚持全职引进和柔性引才并重，围绕花溪区重点产业、重点领域、重点学科和重大科研项目，积极引进花溪区经济社会发展急需紧缺的领军人才、创新创业人才和专业技术人才。三是创新双向挂职、对口支援、短期工作、项目合作、兼职等灵活多样的人才柔性流动政策，组织各类人才到基层创新创业和开展服务活动。

（执笔：邹　雯）

从严从实努力建设高素质专业化干部队伍

党的十九大报告对做好新时期组织工作提出了一系列新思想、新任务、新部署，是推进党的建设新的伟大工程的宣言书，是做好当前和今后较长时期组织工作的纲领性文献。报告指出“坚定不移全面从严治党，不断提高党的执政能力和领导水平”，全面从严治党的核心和关键在于从严治吏，“严”的标准和“实”的作风已成为干部管理和干部行为规范的新标准、新理念。花溪区始终坚持严管和厚爱结合、激励和约束并重，不断完善干部考核评价机制，探索制定系列干部管理制度，激励保障干部“主动作为”，惩戒约束干部“不敢不为”，努力建设一支高素质专业化干部队伍，为打造公平共享创新型中心城市、建设全域文化旅游创新区提供坚强的组织保证。

一、主要做法及成效

（一）严格选拔标准，营造良好选人用人氛围

按照好干部“二十字”标准，坚持“不唯票”论人品、“不唯分”论能力、“不唯 GDP”论实绩、“不唯年龄”论资历选拔干部，充分考虑干部的性别、年龄、民族、学历、专业、党派等因素，选优配强领导班子。突出政治标准，坚持德才兼备、以德为先，重视关怀长期扎根基层、埋头实干的干部，把德才兼备、实绩突出、群众公认，有发展思路、有发展本事、有发展办法，忠诚干净担当的干部提拔到领导岗位上来。2017 年，共提拔干部 59 人，平级转任重要岗位 18 人。对干部进行分类管理，促进干部“人岗相适”匹配度达到最佳值。从特长上，把干部划分为综合管理类、经济发展类、规划建设类、文化旅游类、大数据类等，根据工作实际和结构需要选配到相应岗位；从年龄上，把干部划分为 30 岁以下、30～40 岁、40～50 岁、50 岁以上等几个梯次，针对岗位需要的精力、经验、阅历等进行调配，实现既有明方向的“掌舵人”，又有可培养的“接班人”。

（二）严格考核标准，科学设置考核评价体系

构建全方位多渠道干部考核评价体系，增强考核方式的完整性和系统性，全面提升干部考核评价科学化水平，让想干事的干部有机会、能干事的干部有舞台、干成事的干部有位置，始终保持昂扬向上的状态。结合工作目标和岗位职责，建立“干部‘动态业绩’台账”，加强对干部的平时考核管理，坚持“正面业绩 + 负面影响”相结合，定期收集干部实绩表，把干部的平时考核、年度考核与任前考察、届中届末考核有机结合起来，注重在“三重”工作中考察识别干部，综合运用好各种考核结果，分析研判干部的决策能力、协调能力、执行能力和创新能力，着力解决考核失真失实问题，增强考核的准确性和实效性，真正把党和人民需要的好干部发现出来、使用起来，切实做到不唯票、不唯分、不唯 GDP、不唯年龄。

（三）严格制度标准，从严从实管理干部队伍

结合中央《推进领导干部能上能下若干规定（试行）》、省委《关于建立工作目标、岗位责任、正向激励保障、负向惩戒约束“四位一体”从严管理干部机制的意见》，以《花溪区、经开区从严管理干部双向能动办法（试行）》为基础，探索建立《干部干事创业容错纠错实施办法》等系列干部管理配套制度，激励保障干部“主动作为”、惩

戒约束干部“慢作为乱作为”，实现干部既“上得去”又“下得来”双向流动、双向流通。严管与厚爱结合，强化对干部的日常监督管理，拓展延伸监督范围和手段，注重抓早抓小抓预防，综合运用领导干部个人事项报告、谈心谈话、述职述廉、走访调研，以及信访举报、考察考核、巡察等方式，全面了解干部的工作、生活和学习情况，及时发现干部思想上、行为上的苗头性问题，及时提醒帮助，全面形成干部监督管理工作合力。

（四）严格培养标准，提升干部综合能力素质

把提高干部的思想政治素质、综合协调能力、解决实际问题能力作为重点，明确培养措施及方向，丰富培训内容，拓宽培训渠道。采取“派出去学”“请进来教”“走出去看”等方式，加强对党的十九大及习近平总书记参加贵州省代表团讨论时发表的重要讲话精神的专题培训，教育引导党员干部自觉做共产主义远大理想和中国特色社会主义共同理想的坚定信仰者和忠实实践者，牢固树立“四个意识”和“四个自信”。充分利用各种培训资源，按照“缺什么补什么”的原则，有计划有步骤地组织开展法律法规、行政管理、大数据应用、城乡三变、文化旅游、城建规划、经济发展等各方面知识的学习和培训，全面提升干部能力素质。区分干部的不同类型和特点，制定具体的培养措施和培养方向，有针对性地对干部采取挂职锻炼、抽调项目指挥部、交流轮岗等方式，推动他们开阔视野、增长才干、砥砺品质，为干部选拔任用积聚“源头活水”。

二、存在问题及下一步工作打算

（一）存在问题

1. 干部“能下”的制度体系不够健全。虽然出台了《花溪区、经开区从严管理干部双向能动办法（试行）》《花溪区干部职工健康体检制度》《花溪区干部带薪休假制度》等系列干部管理配套制度，在推动干部监督管理方面作出了积极探索，但在着力破解“能下”的问题上，还存在不好量化和把握的问题，没有形成一整套健全完整的制度体系，还需要作进一步探索创新。

2. 对新提任领导干部的管理力度不够。对新提任领导干部的日常管理还有欠缺，新提任领导干部有的有试用期，有的没有试用期。比如，是否能胜任岗位、是否能进入工作角色和状态、是否能推动工作等，没有形成完备有效的管理体系。

3. 对干部的监督范围和监督方式不够全面。存在重提拔轻管理的情况，对干部“八小时以外”的“社交圈”“生活圈”等方面的监督管理措施和手段不多，对惩治性的事后监督比较重视，预防性的事前、事中监督稍显薄弱。

（二）下一步工作打算

1. 进一步健全完善“能上能下”配套制度，着力破解“能下”的问题。坚持以问题为导向，进一步完善干部管理有关配套制度，积极稳妥推进干部“能上能下”，重点是针对“能下”的问题，出台有关配套制度。加大对干部履职情况进行考察的力度，有针对性地制定履职考察方案，全面了解干部履职情况，着力破解好“能下”的问题。

2. 进一步强化对新提任领导干部的管理。积极探索出台新提任领导干部管理制度，规范对新提任领导干部管理、考核及考察工作，全面了解掌握新提任领导干部适应角色、推动工作等方面情况。通过跟踪了解和分析研判，切实提高选人用人精准度。

3. 进一步强化对干部的日常监督管理。进一步拓展延伸干部日常监督管理的范围和手段，把对干部的日常监督管理措施前移，注重抓早抓小抓预防，综合运用领导干部个人事项报告、谈心谈话、述职述廉、走访调研，以及信访举报、考察考核、检查巡视等方式，全面了解干部的工作、生活和学习情况，及时发现干部思想上、行为上的苗头性问题。（执笔：蒋　敏）

外媒看花溪

绿色农产品“泉涌”

花溪区久安乡在产业转型后，围绕“茶”发展茶产业，直接带动两个贫困村近6000贫困人口脱贫“摘帽”。久安的茶产业和茶旅一体化发展，是花溪区围绕“百姓富、生态美”的要求，实施绿色农产品“泉涌”工程的一个缩影。花溪区立足大生态、服务大扶贫、利用大数据，围绕资源禀赋、市场需求、农民增收，完善区级农业产业发展规划，编制区、乡（镇）、村三级农业产业发展规划，坚持都市现代农业的发展方向和助推全域文化旅游创新区的发展需要，优化农业特色产业品种结构、区域布局和产业规模，重点发展农旅结合的高效农业，着重发展“茶、蔬、果、花、菌、旅”6大农业产业。按照“绿色、有机、无公害”的要求，实施最严格的生态保护措施，防止环境污染，守护农业基础资源；制定一系列技术规程规范，建立以大数据应用为主要手段、覆盖农产品生产、运输、加工全过程的质量安全监管体系。按照一业一主打品牌原则，在特色优势产业和龙头企业中遴选和培育一批花溪农旅品牌，支持贵茶公司发展相关茶叶品牌，打造花溪蔬菜、花溪红米、花溪冷水鱼等一批知名农业品牌，培育以“溪南十锦”等一批乡村旅游和观光农业品牌。2017年9月29日，花溪区举办首届富美乡村旅游文化节，揭开以青岩、黔陶和高坡为主的“溪南十锦”乡村旅游带，沿线还建成黔陶村国泰大金现代中药种植园、马场村标准化茶叶种植园、力合台湾兴农科技创业园、赵司万亩香葱种植园、高坡一草一木现代中药种植园和五寨村2000亩辣椒种植园等农业产业园。

——（原载《贵州日报》2017年10月17日第T09版，作者戴佳村、付文芸、狄良军）

花溪水库（杨小平　摄）

种子市场监管

2017年3月，花溪区农业局种子站牵头，组织执法大队、植保站、蔬菜站、土肥站等部门对青岩、燕楼、孟关等乡镇集贸市场粮种、蔬菜种子销售情况开展集中检查，加大种子市场监管力度，杜绝假冒伪劣种子流入市场，保障全区春耕备耕工作开展。区农业部门派出春耕生产服务队对全区春耕农业生产情况和农资贮备情况进行摸底调查、开展技术培训，与市场监管等部门结合春耕备耕实际，把搞好市场种子、化肥、农药监管作为重点，不定期深入到各乡镇、社区集贸市场开展检查。截至3月7日，派出30余人次，开展10余次农资市场监管和查处行动，并对5家农资经营网点下达整改要求。

——（原载《贵阳日报》2017年3月9日第6版，作者徐小平）

农业产业结构提调整

2017年，花溪区落实省委脱贫攻坚春季攻势行动令，推进农业供给侧结构性改革，围绕精准实施产业扶贫，优化产业产品结构，以“户户有增收项目、人人有增收门路”为目标，依托其他各乡（镇）资源优势，继续做大做强“茶、蔬、果、中药、畜”五大主导产业，把解决更多就业作为旅游扶贫的重点方向，促进农业增效、农民增收，巩固脱贫成效。久安乡作为全区精准实施产业扶贫的重点乡镇之一，通过组建现代高效茶叶示范园区，带动全乡三分之二的农户从事茶产业，每年季节性就近转移劳动力3万人次以上。

——（原载《贵阳日报》2017年3月9日第6版，作者詹燕）

蔬菜示范基地建设

2017年，花溪区农业局建成五个蔬菜示范基地，种植面积5600亩：在高坡五寨建2000亩辣椒示范基地，在青岩新楼建600亩地膜蔬菜高产栽培示范基地，在马铃革约建1000亩地膜蔬菜高产示范基地，在黔陶马场、赵司建香葱生产示范基地2000亩。

——（原载《贵阳日报》2017年3月23日第4版，作者詹燕）

特色作物病虫害调查

2017年，花溪区农业局植保站技术人员在全区各特色作物种植片区及基地，开展特色作物病虫害调查，并结合实际现场培训、指导特色作物种植企业及大户进行绿色防控。植保站技术人员先后来到黔陶乡赵司村、马场村调查香葱锈病及蓟马危害情况，为种植农户提供绿色防控方案，提高香葱种植户病虫害防控技术水平，对种植户在实际生产中遇到的问题及困难进行详细解答；在花溪区马铃乡鑫果农业发展有限公司葡萄园区指导种植户安装、调试太阳能多功能扇吸式智能捕虫器，针对当地种植的葡萄主要病虫害，及时提供相关技术支撑；为桐木岭草莓种植大户提供草莓病虫害绿色防控技术，指导农户安全用药；在久安乡贵茶基地，开展茶树主要病虫害防治调查，并根据企业生产实际需求，针对茶树主要病虫害发生情况，提供绿色防控技术，提高茶叶质量，保护生态环境。

——（原载《贵阳日报》2017年7月6日第6版，作者詹燕）

农产品泉涌

2017年5月31日，贵州省委书记、省人大常委会主任陈敏尔到贵阳市花溪区天河潭景区、久安现代高效茶叶示范园区，调研旅游业和绿色农产品发展情况。久安现代高效茶叶示范园区作为贵州省“5个100工程”之一，近年来依托珍稀的古茶树资源，打造都市近郊茶旅文化示范园区。陈敏尔走上茶山，了解园区苔茶种植、销售等情况，询问古茶树历史、生长、分布等情况，得知该茶园共有54000多株古茶树，叮嘱当地干部加强古茶树保护管理和经营，提高古茶树效益，探索通过“三变”改革帮助茶农增收致富。陈敏尔到贵茶公司生产基地加工中心，考察茶产品加工生产情况。陈敏尔强调，要抓实抓好绿色农产品“泉涌”工程，发挥贵州省农产品品质良好的优势，坚持因地制宜，突出发展重点，打造一批拳头农产品，推动绿色农产品“泉涌”发展。一要保证高品质，深入推进农业供给侧结构性改革，抓好产学研，搞好产加销，提高农产品质量和效益。二要实现可持续，推动绿色农产品生产规模化和营销网络化，让贵州绿色农产品风行天下。三要扩大惠及面，处理好工商企业利益、村集体利益、农民利益三者的关系，让广大农民特别是贫困群众从中获益，让绿色农产品更多惠及人民。

——（原载《贵阳日报》2017 年 6 月 1 日第 6 版，作者许邵庭）

“溪南十锦”项目

自 2015 年 11 月起，花溪区围绕“一核四带六线”的全域旅游发展总体布局，利用青岩、黔陶、高坡沿线山水林田的自然风光、古韵乡愁的民俗优势，将沿线 24 个行政村组合成“溪南十锦”项目进行重点打造。“溪南十锦”中的环青岩古镇风情区，主要依托青岩古镇、大兴国寺等，打造龙井山体公园、狮子山公园、玉带河公园、油杉林生态文化园等，形成以文化体验、旅游服务、文化创意、生态体验、乡村电商中心为主要功能定位发展；黔陶产业休闲区，主要依托老榜河及森林公园，通过升级现有的旅游服务设施，打造溯溪游线、林溪休闲露营地、生态度假设施，形成具有旅游服务，溪林露营、溯溪、漂流、经果采摘、生态度假等多种功能的溪林休闲旅游景带；高坡山顶生态运动区，则突出险、奇、专业、酷玩，以玩家俱乐部、体育赛事、户外运动、高端拓展训练营为主的生态休闲，拉动“青黔高”一线的旅游发展，并依托半坡土司文化、石门生态景观、扰绕布依文化，建设摄影基地，发展文化体验与观光旅游。“溪南十锦”沿线先后建成黔陶村国泰大金现代中药种植园、马场村标准化茶叶种植园、力合台湾兴农科技创业园、赵司万亩香葱种植园、高坡一草一木现代中药种植园和五寨村 2000 亩标准化辣椒种植园。

——（原载《贵阳日报》2017 年 7 月 14 日第 5 版，作者詹燕）

稻水象甲疫情防控

2017 年 7 月，花溪区农业局植保站组织技术人员前往“市级稻水象甲疫情防控示范区”燕楼镇同心村开展技术培训，向农户发放稻水象甲宣传资料和价值 1.2 万元的防控药剂，到田间地头指导，详细讲解防控技术知识。

——（原载《贵阳日报》2017 年 7 月 14 日第 5 版，作者詹燕）

精准扶贫

2017 年，花溪区开展区、乡、村千名领导干部遍访帮扶困难村、困难户活动，组织花溪区和经开区副县级以上领导干部、科级干部、部分单位股级干部、驻村帮扶干部、乡镇和社区党员干部，对高坡乡石门村、大洪村、扰绕村、五寨村、马铃乡谷中村、久安乡打通村等 118 个村（居）共 2456 户低收入困难户进行遍访帮扶，用“绣花”功夫精准推进扶贫“大比武”。在开展遍访帮扶困难户活动中，花溪区以精准实施党建扶贫、精准掌握贫困状况、精准确立开发思路、精准落实帮扶措施、精准发展集体经济、精准调处矛盾纠纷“六个精准”入手，打造扶贫开发“升级版”。通过实施结对帮扶、产业发展、教育培训、危房改造、生态移民、社会保障精准扶贫“六个到村到户”和小康寨、小康水、小康房、小康电、小康讯、小康路基础设施“六个小康建设”，改善低收入困难群众生产生活条件，拓宽困难群众增收门路，提高低收入困难群众自我发展能力，推进精准识别、精准帮扶，以确保低收入困难户人均可支配收入水平到2017年底整体越过4800元。

——（原载《贵阳日报》2017年7月28日第3版，作者詹燕）

久安茶产业

久安茶园，位于花溪区久安乡，面积超过2万亩。久安乡位于花溪区西北部，曾是产煤大乡。20世纪80年代至90年代中期，有大小煤窑400多个，七个行政村有3000名村民以挖煤为生。关闭煤矿后，久安乡在54000株古茶树基础上发展茶产业。久安乡于2011年3月份引进贵茶公司，形成“公司+基地+集体+农户”发展模式，贵茶公司流转村民土地12000亩于2016年底建成标准茶园，另外8000亩分散在村民各自田地里。久安茶园茶叶种植严格按照绿色生产的要求，种植、除草、采摘等过程均由人工完成，久安有机茶达到欧盟检测标准，远销美国、加拿大、阿拉伯、欧盟等多个国家和地区。

——（原载《贵阳日报》2017年8月14日第3版，作者黄菊）

久安乡林下食用菌种植

花溪区在抓农村资源变资产、资金变股金、农民变股民的“三变”改革中，结合扶贫攻坚“大比武”工作，落实“大扶贫、大数据、大生态”发展战略，通过辖区各乡镇特色优势产业的大发展，打造都市现代农业的“升级版”，推动绿色农产品实现“泉涌”发展，将林下食用菌种植产业作为久安乡继“茶产业”之后的又一支柱产业进行打造。在发展壮大村集体经济工作中，久安乡采取“领导带动、部门联动、干部行动”的工作模式，由乡领导、包村部门、村干事协作制定“一村一策”，结合当地气候条件和生态环境，选定以打通村为试点，种植“绿色健康、天然有机、营养养生”的猴头菇，发展高端绿色农业，让“百姓富、生态美”落地生根。

——（原载《贵阳日报》2017年10月19日第8版，作者詹燕）

三变改革

花溪区在抓农村资源变资产、资金变股金、农民变股民的“三变”改革中，结合扶贫攻坚“大比武”工作的安排部署，鼓励农民通过合作与联合的方式，发展规模种养业、农产品加工业和农村服务业，让更多农民分享到农业全产业链和价值链增值收益。黔陶乡谷洒村利用“支部+合作社+农户年底贫困户分红”模式，发展村集体经济，确保贫困农户增收。2017年，全村入股合作社的黑山羊400多只，村里低收入户全变成股东。

——（原载《贵阳日报》2017年10月26日第9版，作者詹燕）

精准扶贫遍访

2017年，花溪区组织千余名干部开展精准扶贫遍访工作，遍访全区贫困村、贫困户和低收入困难户，运用“贵阳大数据精准帮扶APP”，按照致贫原因和帮扶需求，由教育、医疗、卫生等方面的专业技术干部分别包保帮扶，实现精准扶贫到户到人。

——（原载《贵阳日报》2017年12月28日第4版，作者田兰兰）

农村土地确权登记颁证通过省级验收

2017年12月，贵州省验收专家组到花溪区高坡乡、黔陶乡、马铃乡，对农村土地承包经营权确权登记颁证工作进行随机检查，花溪区通过验收。

——（原载《贵阳日报》2017年12月28日

第4版，作者金亮）

畜禽养殖禁养区划定

2017年12月，花溪区出台《贵阳市花溪区（含经开区）畜禽养殖禁养优化调整方案》，划定畜禽养殖禁养区。《方案》最终划定饮用水水源保护区、风景名胜区、自然保护区的核心区和缓冲区、城镇居民区和文化教育科学研究区、法律法规规定其他禁止建设养殖场的区域共5个畜禽禁养区，面积达497.66平方公里。其中，辖区内地级以上饮用水水源保护区有花溪水库，花溪河饮用水一、二级保护区，阿哈湖水库花溪片区的二级保护区；乡镇集中式饮用水水源有燕楼镇堰鲁小燕，高坡乡三碗井、黄泥井和阴河洞，马铃乡麻窝坑，青岩镇海爬井、龙潭、龙井沟地下水源的一、二级保护区。风景名胜区畜禽养殖禁养区包括天河潭景区、十里河滩景区、高坡云顶景区、黔陶峡谷景区、青岩历史文化名胜景群及花溪公园独立景点六个城郊型省级风景名胜区。自然保护区的核心区和缓冲区划为禁养区为青岩油杉县级自然保护区，总面积18.73平方公里。花溪城区、经开全区，麦坪镇乡镇府所在集镇范围，青岩镇、石板镇、燕楼镇、高坡乡、孟关乡、黔陶乡、马铃乡、久安乡8个乡镇集镇规划建成区范围化为禁养区。《方案》还规定，法律、法规、规章规定禁止畜禽养殖的区域以及确需纳入禁养区范围内进行特殊保护的区域，已划定文物保护单位或具有特殊历史、文化、科学、名字意义的保护地周边500米范围内为禁养区。

——（原载《贵阳日报》2018年1月4日第4版，作者杨静　金亮）

索　引

使用说明

一、本索引采用内容分析索引法，按索引要目汉语拼音字母顺序排列。

二、索引标目后的数字表示内容所在的页码。

D

E

F

G

H

J

K

L

M

N

P

Q